ISBN 978-0-267-04979-0
PIBN 11290589

Kritische Jahrbücher

für

deutsche

Rechtswissenschaft.

Im Verein mit vielen Gelehrten

herausgegeben

von

Dr. *Aemilius Ludwig Richter*,
Professor der Rechte an der Universität Leipzig.

Zweiter Jahrgang.

Dritter Band: *Januar — Juni.*

Leipzig, 1838.
Verlag von Carl Focke.

Vorwort.

Indem der Unterzeichnete das erste Heft der kritischen Jahrbücher für das Jahr 1838. veröffentlicht, hält er es für seine Pflicht, zuvörderst über die bis jetzt erreichten Resultate Rechenschaft abzulegen und durch dieselbe die von den Jahrbüchern inmitten der rechtswissenschaftlichen Literatur eingenommene Stellung zu bezeichnen.

Als die erste Ankündigung im October des Jahres 1836. erlassen wurde, hatte die von dem verstorbenen Schunck redigirte Zeitschrift zu erscheinen aufgehört, und *es war mithin*, da auch eine andere, später ebenfalls eingegangene, nur schwache Lebenszeichen von sich gab und geben konnte, die Herstellung eines neuen Organs für die juristische Kritik ein wahrhaftes Bedürfniss. Hieraus erklärt sich die lebendige Theilnahme, welche sich überall aussprach und der neuen Zeitschrift viele tüchtige Kräfte aus fast allen deutschen Ländern zuwandte. Während also in dieser Weise die günstigsten Bedingungen sich vereinigten, waren auf der andern Seite auch die Schwierigkeiten nicht zu verkennen, welche dem Streben nach dem vorgesteckten Ziel sich entgegenstellen würden. Viele von diesen sind rein äusserlicher Natur, und kehren mehr oder minder bei jeder ähnlichen Unternehmung wieder; dagegen war und ist eine andere, innerliche, vorhanden, welche in dem Gebiete der rechtswissenschaftlichen Literatur vorzugsweise sichtbar wird, eine Schwierigkeit, gegen welche ähnliche Unternehmungen vergeblich angestrebt haben, bis sie endlich unterlegen sind, — jener feindliche Gegensatz zwischen der Lehre und einer sogenannten Praxis, welcher noch immer in Vielen unausgeglichen waltet, ja von manchen Seiten absichtlich genährt und gepflegt wird. Die Jahrbücher sollten nach ihrer in der Ankündigung ausgesprochenen Bestimmung allen den verschiedenen Richtungen der juristischen Literatur folgen, damit in ihnen und durch sie ein treues Abbild des geistigen Strebens unserer Zeit auch in diesem Gebiete aufgestellt und erhalten werden könnte. Sie mussten also in ihren Kreis ziehen, was nur immer von den verschiedenen Seiten her hervortrat und mit gleicher Sorgfalt das theoretische wie das praktische Element umfassen. Wenn aber diess geschehen musste, so traten sie ebendadurch in jenen Gegensatz mitten hinein, indem sie in sich zu vereinigen hatten, was von beiden Seiten schon von vorn herein abgewiesen wird, weil es ohne wissenschaftliche Unterlage dem sofortigen Gebrauche, oder der Wissenschaft dienen sollte, ohne für das Geschäftsleben sofortige Anwendbarkeit zu gewähren. Für jene nun, welche über den Parteien stehen, und sich darüber klar geworden sind, dass jede ächt wissenschaftliche Leistung auch dem Leben dient, weil sie ihm seine Grundlagen bereitet, mögen diese nun tiefer, oder näher zu Tage liegen — kann hierin überhaupt kein Anstoss vorhanden sein; dagegen giebt es Andere, — und sie zählen unter denen, auf deren Unterstützung gehofft werden musste, nicht die geringere Zahl — welche alle Forschungen im Gebiete der Geschichte und Philosophie des Rechts als überzählig oder doch als gleichgültig zu betrachten sich gewöhnt haben. Dass dem so sei, ist eben so gewiss als beklagenswerth; weil es aber einmal so ist, so ergab sich für die Jahrbücher neben ihrer oben angedeuteten *allgemeinen* Bestimmung auch noch die besondere, hier vermittelnd einzutreten, und dahin zu wirken, dass jener Gegensatz mehr und mehr schwinde, und die Einheit der Wissenschaft und des Lebens überall zum Bewusstsein komme. *Dass* die Lösung dieser Aufgabe schwierig sei, ist klar. Indessen sind die Befürchtungen, welche im Anfang sich aufdrängten, nicht in Erfüllung gegangen; vielmehr ist auch in dieser Beziehung schon in den vorliegenden Anfängen durch die Hülfe verehrter Mitarbeiter so Vieles geleistet worden, schon jetzt haben die Jahrbücher einen so ansehnlichen Kreis wohlwollender Freunde gefunden, dass der Unterzeichnete hier seinen aufrichtigsten Dank auszusprechen sich freudig gedrungen fühlt. Die Zahl der aus den einzelnen Fächern gelieferten Recensionen, *in denen zum* Theil die Resultate langjähriger Forschungen niedergelegt worden sind, steigt bis nahe an *hundert* hinauf; ausserdem sind über die Literatur der Zeitschriften und akademischen Dissertationen und Programme *zahl*reiche Berichte erstattet worden, welche das Vereinzelte zu allgemeinerer Kunde gebracht haben; endlich hat die Miscellenrubrik mit einer nicht geringen Anzahl der trefflichsten Notizen ausgestattet werden können. Gestützt auf so sprechende Thatsachen — für welche allein schon das dem letzten Hefte des Jahrgangs 1837. beigegebene Sachregister Zeugniss geben wird — so wie auf die fortwährend erklärte Bereitwilligkeit der geehrten Mitarbeiter glaubt daher der Unterzeichnete sich der Hoffnung hingeben zu dürfen, dass auch die begonnene Fortsetzung der Jahrbücher sich theilnehmende Freunde und Förderer in nicht geringerer Zahl erwerben und erhalten, und ebendadurch zur Erreichung des vorbezeichneten Zieles nicht minder kräftig beitragen werde. — Die äussere Einrichtung derselben wird, einige im Interesse der Leser von der Verlagshandlung angeordnete Modificationen im Drucke abgerechnet, keiner Aenderung unterliegen, da sie sich als zweckmässig bewährt hat; doch sollen in dem berichtenden Theile künftig noch Nachweisungen über die anderwärts erschienenen Recensionen juristischer Schriften aufgenommen werden, um der Zeitschrift auch von dieser Seite die erwünschte Vollständigkeit möglichst zu sichern. — Nicht minder soll das Bemühen der Redaction auch ferner dahin gerichtet sein, dass, soviel nur irgend die Verhältnisse gestatten, das neuerscheinende den Lesern auch als wirklich Neues vorgeführt werden könne. Hiermit wird zugleich den Verfassern selbst ein Dienst geschehen, wesshalb an diese hier zugleich die Bitte gerichtet werden möge, die Zusendung ihrer Schriften an die Redaction oder Verlagshandlung möglichst bald nach der Veröffentlichung zu vermitteln. — Endlich wird möglichst dahin gestrebt werden, den Jahrbüchern da, wo es noch nicht hat geschehen können, Mitarbeiter im Fache des besonderen Rechts der einzelnen Länder zu erwerben, damit auch in dieser Beziehung ihre Aufschrift immer mehr und mehr zur Wahrheit werde.

Leipzig, am 1. Januar 1838.

Richter.

Wohlwollende Mitwirkung haben bis jetzt verheissen:

Herr Prof. Dr. *Abegg* zu Breslau.
" Zolldirectionsrath Dr. *Bender* zu Frankfurt.
" OARath Dr. *Bickell* zu Cassel.
" Obertribunalpräsid. *von Bolley* zu Stuttgart.
" Advocat *Bopp* zu Darmstadt.
" Dr. jur *Brandis* zu Hildburghausen.
" Prof. Dr. *von Buchholtz* zu Königsberg.
" Dr. jur. *Büchel* zu Marburg.
" Reg. R. *Buddeus* zu Leipzig.
" Prof. Dr. *Bülau* zu Leipzig.
" Dr. *Carové* zu Frankfurt.
" Staatsrath Dr. *von Closius* zu Giessen.
" Dr. jur. *Deurer* zu Heidelberg.
" Prof. Dr. *Dieck* zu Halle.
" Kreisdirector Dr. *von Falkenstein* zu Leipzig.
" OARath Dr. *Francke* zu Jena.
" Hofgerichtsacc. Dr. *Fuhr* zu Darmstadt.
" Prof. Dr. *Gärtner* zu Bonn.
" Prof. Dr. *Gaupp* zu Breslau.
" Domherr u. Ordin. Dr. *Günther* zu Leipzig.
" Facultätsassessor Dr. *Günther* zu Leipzig.
" Prof. Dr. *Hänel* zu Leipzig.
" Dr. jur. *Heimbach* zu Leipzig.
" Consistorialrath Dr. *Helfert* zu Prag.
" Hofrath Dr. *Henke* zu Halle.
" Prof. Dr. *Herrmann* zu Kiel.
" Obertribunalrath *von Hufnagel* zu Esslingen.
" Prof. Dr. *Huschke* zu Breslau.
" Prof. Dr. *Jacobson* zu Königsberg.
" Prof. Dr. *Kämmerer* zu Rostock.
" Landgerichtsdirector *Kaupisch* zu Erfurt.
" Gymnasiallehrer Dr. *Klee* zu Leipzig.
" Domherr Dr. *Klien* zu Leipzig.
" App.-Rath Dr. *Krug* zu Zwickau.
" Geh.-Rath Dr. *von Langenn* zu Dresden.
" Prof. Dr. *Laspeyres* zu Halle.
" Prof. Dr. *Lippert* zu Würzburg.
" Prof. Dr. Freih. *von Löw* zu Zürich.
" Prof. Dr. *Luden* zu Jena.
" Prof. Dr. *von Madai* zu Dorpat.

Herr Hofrath Dr *Marezoll* zu Leipzig.
„ Prof. Dr. *Maurenbrecher* zu Bonn.
„ Prof. Dr. *Michaelis* zu Tübingen.
„ Geh.-Rath Dr. *Mittermaier* zu Heidelberg.
„ Dr. jur. *M. Mittermaier* zu Heidelberg.
„ Synd. *Möhnert* zu Dresden.
„ Prof. Dr. *Mohl* zu Tübingen.
„ Prof. Dr. *Paulsen* zu Kiel.
„ Landrichter Dr. *Puchta* zu Erlangen.
„ Hofrath Dr. *Puchta* zu Leipzig.
„ Dr. jur. *Reimarus* zu Tübingen.
„ Prof. Dr. *Reyscher* zu Tübingen.
„ Prof. Dr. *Röstell* zu Berlin.
„ Dr. jur. *Sachsse* zu Heidelberg.
„ Prof. Dr. *Scheurlen* zu Tübingen.
„ Domherr Dr. *Schilling* zu Leipzig.
„ Prof. Dr. *Schilling* zu Leipzig.
„ Prof. Dr. *Reinh. Schmid* zu Bern.
„ Prof. Dr. *Rob. Schneider* zu Leipzig.
„ App.-Rath Dr. *Siebdrat* zu Zwickau.
„ Prof. Dr. *Sintenis* zu Giessen.
„ Prof. Dr. *Stahl* zu Erlangen.
„ App.-Rath Dr. *Steinacker* zu Leipzig.
„ App.-Rath Dr. *Tausch* zu Klagenfurt.
„ App.-Rath Dr. *Treitschke* zu Dresden.
„ Canzler Dr. *von Wächter* zu Tubingen.
„ Hofrath Dr. *Warnkönig* zu Freiburg.
„ Prof. Dr. *Weiske* zu Leipzig.
„ Prof. Dr. *Weiss* zu Giessen.
„ Prof. Dr. *Wilda* zu Halle.
„ Prof. Dr. *Witte* zu Halle.
„ Dr. jur. *Zachariae* zu Heidelberg.

I. Recensionen.

Forschungen, Erfahrungen und Rechtsfälle für Philosophie des Rechts und der Rechtspflege von *Dr. J. G. Claus.* Frankfurt a. M., Andrä, 1837. XXXVIII. u. 191 S. 8. (20 gr.)

Bücher, wie das, dessen Titel gegenwärtiger Anzeige voransteht, setzen den, der von ihnen Rechenschaft geben soll, in nicht geringe Verlegenheit. Was ist der Zweck des Buches? Wer eigentlich sein Verfasser? Welche philosophische Ansicht liegt den fragmentarischen Ausführungen zum Grunde? In welchem Verhältniss steht dieselbe zur Wissenschaft? Das anzuzeigende Werkchen enthält eine Art Vorrede, dann zwölf Artikel, theils Rechtsfälle, *theils* staats- und völkerrechtliche Begriffsbestimmungen, endlich eine flüchtige Skizze für ein künftiges möglich es (!!) Naturrecht. Man muss das Ganze lesen, um aus den verschiedensten Stellen zu errathen, wie obige Fragen zu beantworten sein möchten. Der Verfasser ist ein seit 40 Jahren thätiger Sachwalter in Frankfurt, der (nach S. 75.) in Jena 1794 eine Dissertation de natura delictorum schrieb, die in Martins Sammlung criminalistischer Dissertationen abgedruckt ist. Er nennt den verstorbenen Feuerbach einen jüngern Freund. Im Jahr 1806. gab er eine anonyme Schrift heraus: *über den neuesten Standpunct und das Princip der juridischen Lehre vom Ersatz der Kriegsschäden.* Aus diesem Werkchen sind mehrere Aufsätze der *Forschungen* entnommen. Die Absicht des Verfassers bei vorliegender Publication scheint eine dreifache zu sein: einmal um ein Memoire über den ersten seiner Rechtsfälle vor das grössere gelehrte Publicum zu bringen, dann um einige Ansichten Klübers zu bestreiten oder zu parodiren, endlich um seine eigne Auffassung des Naturrechts mitzutheilen.

Welches diese ist, werden wir angeben, wenn wir zunächst den Inhalt des Büchleins werden angezeigt haben. Die Vorrede oder Einleitung hat den wunderlichen Titel: *Vorläufige Wanderungen und Blicke* und der *Traum des Johann Ludwig Klüber.* Sie ist pikant und in quasi Jean Paul'scher Manier geschrieben, aber doch nur dem ganz verständlich, der des Verfassers Ausfälle und Anspielungen zu deuten weiss. Klüber's Name wird nur zweimal genannt. Sein *Traum* scheint zu sein die bekannte Schrift *über die Unabhängigkeit des Richteramts.* Gerade gegen die Gefahren dieser Unabhängigkeit ist Herrn Clausens Vorrede vorzüglich gerichtet. Das deutsche Richteramt ist in des Verfassers Augen tief herunter gesunken. Der Mangel einer höheren Controle über dasselbe ist des Uebels Hauptquelle. Die französische Gerichtsverfassung bietet ihm die Garantieen, welche uns fehlen. Ein allgemeiner deutscher Cassationshof (S. VIII), eine bescheidene Oeffentlichkeit (S. XI), unentgeldliche Justiz (S. XII) und Friedensgerichte werden als Heilmittel der Krankheit vorgeschlagen und das Ausschreiben einer Preisaufgabe über die beste und ausführlichste Besetzung der Gerichte (S. XV). Den Gerichten soll verboten werden, Staatsverträge zu interpretiren (S. XVII.), darauf folgen Anpreisungen einer preussischen Cabinetsordre vom Jahr 1831 über die Gränzen landeshoheitlicher und fiscalischer Rechtsverhältnisse (S. XXIII.). Dann wird der Stab gebrochen über das bisherige Naturrecht, dessen Grundsätze zerbrechliche *Nürnberger Waaren* seien: des Verfassers metaphysische Erörterungen aber werden als *Früchte und Gebilde* seiner Jugend, ja schon seiner akademischen Periode charakterisirt.

Schlüsslich berührt er die Mängel des Strafrechts und der Strafrechtspflege, wünscht zu deren Heilung Geschwornengerichte und ein anderes Strafsystem, als das jetzt allgemein angenommene, nämlich Verschiedenheit der Strafen nach der Standesverschiedenheit des Verbrechers, da aus der jetzigen Nivellirungssucht das Unrecht hervorgehe, dass der Gebildete zu hart, der Ungebildete aber für das gleiche Verbrechen zu gelinde bestraft werde. Und hierin stimmen wir ihm bei. Bestraften doch bekanntlich die Römer die honestiores anders als die humiliores. Am besten widerlegte ein Pariser Fiacre die herrschende Straftheorie, der zur degradation civique (unsrer Infamie) verurtheilt, den Präsidenten der Assisen fragte: ob ihn diess hindere Kutscher zu sein, und auf die verneinende Antwort sagte: Dans ce cas, M. le Président, je m'en f... Die Vorrede des Verfassers wird gewissermaassen fortgesetzt am Ende des Büchleins, aus dem man dessen Anfang erst eigentlich begreift.

Der erste Artikel des Buches ist nun ein *Merkwürdiges Beispiel von Justizmangel*, oder *Recurs des Grafen* (d. h. des ehemaligen Reichsgrafen) *Mathias von Hallberg an die deutsche Bundesversammlung, dessen reichsschlussmässige auf die vormalige Abtei Schüs-*

venrid radicirte Rente betreffend. Es ist diess ein förmliches Memoire für die seit 33 Jahren betriebene bekannte Hallbergische Processsache, um zu zeigen, dass in derselben ein déni de justice begangen werde, indem man das „*anerkannt nichtige*" Urtheil nur deswegen nicht cassire, weil kein Gerichtshof dafür vorhanden sei. *Der* Justizmangel finde sich im Königreich Würtemberg!! Der gräfliche Sachwalter, unser Verfasser, führt sein Thema klar und einleuchtend durch. Könnte man mit der Deduction eine gegnerische vergleichen, um das Audiatur et altera pars anzuwenden, so wäre für jeden ein Urtheil über die Sache möglich. Vorerst ist aber die Entscheidung der deutschen Bundesversammlung abzuwarten. Wollte man freilich fragen: was gewinnt durch diese Geschichte die Rechtsphilosophie? so muss die Antwort sein, wenig oder gar nichts. *Und sollte*, wie der Verfasser S. 1. sagt: „die *Vernunft* (die seinige oder welche? —) *in allen profanen Verhältnissen als oberster Richter*" auch anerkannt werden, so müsste dennoch jedes Urtheil aufgeschoben werden, so lange es nicht vergönnt ist, alle Thatsachen zu überschauen *und* das Gewicht aller Gründe zu wägen. —

Lesenswerth ist aber jeden Falls der 78 Seiten lange Aufsatz, auch wohl von Seiten eines eingeweihten Würtemberg'schen Publicisten einer Beantwortung werth.

Der zweite Rechtsfall, überschrieben mit dem Satze der Lex Rhodia: Omnium contributione sarciatur, quod pro omnibus datum est, enthält den Wiederabdruck eines Theiles der im Jahre 1806. vom Verfasser anonym herausgegebenen Schrift: *über den neuesten Standpunkt und das Princip der juridischen Lehre vom Ersatz der Kriegsschäden.* S. 71—94.

Darauf folgen III. Die Erwerbsgesellschaft und ihre Abart (*welche?*) durch einen Rechtsfall erläutert. S. 95—101. IV. Die bürgerliche Gesellschaft im Gegensatz der Erwerbsgesellschaft, ein analytischer Versuch (S. 102—110.). V. Der Staat als Vernunftidee und der Staat als Erscheinung oder das erste Erbreich und seine Legitimität. S. 111—117. VI. Der Beitrag Aller zum Zwecke des Staats. S. 118—122. Diese drei letzten Artikel stehen in einem *engen Zusammenhang* und enthalten des Verfassers politisches Glaubensbekenntniss. Völkerrechtlich sind die vier folgenden: VII. Das Völkerrecht und die juridische Beschränkung eines möglichen Kriegszustandes der Staaten. VIII. Das Meer als Völkerstaat und die Kaperei. IX. Die Lehre vom Ersatz der Kriegsschäden und ihr Princip. X. Das Privateigenthum im Auslande. —

Endlich als eigne Artikel stehen da die Ehegeschichte des Herrn Reichsgrafen W. G. F. Bentinck vor dem Richterstuhle des Naturrechts S. 144—158. und XII. der über Civilrecht und Volkserziehung S. 159—169. Alle Aufsätze mit Ausnahme von No. I.-III. und XI. stehen in einiger Verbindung mit dem Schlussartikel des Buches, nämlich der *flüchtigen Skizze* für ein mögliches Naturrecht.

Der Verfasser hat es dem Leser sehr leicht gemacht, auf den ersten Blick seine Naturrechtslehre aufzufassen. Sie ist S. 170 — 171 in vierzig Zeilen zusammengedrängt, die wir deshalb, da wir nicht kürzer sein können, hier herübertragen:

Es wird wohl eine Zeit kommen, wo das sogenannte Naturrecht nach einem von dem bisherigen ziemlich verschiedenen Ideengang wird hingestellt werden. Das Staatsrecht wird wohl den Eingang bilden und das Haus erst gebaut werden, ehe man es meublirt. Vielleicht wird man von dem Zweckvermögen und seiner Freiheit ausgehen. Dann die Thatsache einer Personenmehrheit (Vielheit, Individualität) als Erfahrungssatz aufnehmen. Hierauf die Vergleichung des absoluten, eine absolute Einheit bildenden und der nicht absoluten zufälligen Zwecke. Dann die Zurückführung auch der letzteren auf Einheit durch Unterordnung und selbst durch wechselseitige Unterordnung, Societät (II. oben). Demnach absolute (communio primaeva) und nicht absolute oder bedingte Societät, Sodann in Folge des Vernunftpostulats. Die bedingte Societät als Mittel zur Verwirklichung der unbedingten oder des Rechtsstandes. Universelles Mandat deshalb schon als Ausfluss der Societät und die Möglichkeitslehre seiner Vollziehung, oder: allgemeine Staats- oder Rechtsstandslehre. Hierauf die Technik des allgemeinen Rechtsstandes und zwar der reine Theil derselben oder die Entfernung des Widerspruchs in der Materie, nämlich dem Object der Zwecke durch Einwirkung auf letzteres (nicht auf die Form der Zwecke; denn diese bleibt der Moral, deren Gebiet sich hierdurch scheidet); demnach allgemeines Civilrecht (vulgo Naturrecht).

Hierauf der praktische Theil der Technik oder die Lehre von dem Beitrag Aller zum Zweck des Staats. Diese zeichnet den erlaubten Umkreis der positiven Gesetzgebung vor, oder der durch die Erfahrung als nothwendig gerechtfertigten Hülfsmittel für die Sicherung und Stabilität der Staatszwecke; nämlich der negativen zur Sicherung und Erleichterung der Rechtspflege (positives Civilrecht), der positiven, durch geforderte wirkliche Beiträge und Aufopferungen (Abgaben und Polizeigesetze) und der vertheidigenden, durch Anordnung von Strafen als Schutz wider die Angriffe gegen den Staat; es sei nun gegen das Princip aller Staatsverbindung überhaupt (Criminalstrafen) oder gegen positive Beitragsgesetze (Polizeistrafen). In beiden Fällen muss aber die Absicht, den Ausspruch des Richters über Mein und Dein zu umgehen oder vergeblich zu machen, vorleuchten, weil sonst nur Rechtirrung und kein Angriff gegen den Staat vorläge. — Endlich wird sich das Völkerrecht anschliessen, das ebenfalls wieder von einem sociellen Zustande und zwar eigener Qualification der darin figurirenden moralischen Personen ausgeht. Auch hier regulirt das Recht und seine Wissenschaft nur die Formen des geselligen Zustandes. Wir gehen nur in das Einzelne zurück!!

Diesen Umriss des Naturrechts beleuchtet der Verf. auf den folgenden Seiten seines Büchleins bis zu Ende, nicht ohne polemische Seitenhiebe gegen die älteren und neueren Schriftsteller des Faches, und mit Verweisungen auf die vorangeschickten Ausführungen. Besonders feindlich erklärt er sich gegen die historische Schule und *Stahls* Versuch einer Rechtsphilosophie derselben, gegen *Herbarts* neustes hierher einschlagendes Werk und dessen Recensenten in den Göttinger gelehrten Anzeigen (Nov. 1836.). Von des Verfassers Standpuncte aus beschaut kann ihm freilich *Stahl* und die historische Schule nicht behagen, da schon an und für sich die philosophischen Fundamentallehren beider weder klar noch in strenger Deduction von irgend jemand gegeben sind. *Hegels* Naturrecht scheint er ganz zu abhorriren.

Haben wir den Verf. richtig verstanden, so besteht nach ihm das Naturrecht in nichts anderem, als der logischen Analyse der Bedingungen, unter welchen ein freies sociales Zusammenleben der *Menschen* möglich ist. Deshalb ist die Idee des *Staates* ihm das erste, die *Freiheit* das zweite und die Deduction der möglichen Realisirung der letzten im ersten das dritte, und die eigentliche philosophische Staatslehre. Er schliesst sich demnach zunächst an Kant und *Fichte* an, von welchen aber nur der erste in des Verfassers Ausführung berücksichtigt ist. — Warum der neuste Zustand der Wissenschaft ausser Acht gelassen bleibt, mag wohl daher kommen, dass des Verfassers Ideen *Bilder* früherer Zeiten sind — und vielleicht gar dem letzten Decennium des vorigen Jahrhunderts angehören.

Die Wissenschaft des Naturrechts oder der Rechtsphilosophie befindet sich jetzt in einer Uebergangsperiode. Die Ansichten der rationalistischen Schulen Deutschlands haben ihren früheren Credit verloren. Die Zeiten sind vorbei, wo man an die Allmacht des „*Vernunftrechts*“ glaubte. Eine neue Zeit bereitet sich vor; aber noch ist keine Theorie zur Reife gediehen, aus der ein neues den Bedürfnissen und dem Ideengange unsrer Tage entsprechendes System hervorgehen kann. Die verschiedenen Versuche *Stahls*, *Herbarts*, *Reinholds*; der Bd. I. S. 483. dieser Zeitschrift analysirten *Beiträge zur Philosophie* des Rechtes, das vorliegende Buch von *Claus*, ja selbst Goeschels geistreiche zerstreute Blätter sind Vorläufer künftiger Doctrinen, von welchen der Rechtsgelehrte nicht weniger als der Philosoph eine endliche Lösung des schweren Räthsels de natura juris erwartet. Sehen wir noch eine Weile zu, die Grundwissenschaft des Rechts kann ja nicht untergehen!

...*g*.

Almae Georgiae Augustae prima sollemnia saecularia d. XVII. Sept. MDCCCXXXVII., Gustavo Hugoni ejusdem Universitatis Litt. Doctori celeberrimo semisaecularia mox celebranda ex animo gratulatur Eduardus Schrader, olim Gottingensis, nunc Tubingensis. — Additur *editionis Digestorum Tubingensis specimen complectens D. de orig. iuris l. 2, 1. 2, §. 41—44.* Berolini MDCCCXXXVII. apud G. Reimerum. VI. u. 14. S. 4.

Unter den vielen Zeichen allseitiger Theilnahme, welche das Jubelfest der Georgia Augusta hervorgerufen hat, sind die meisten auch für die übrigen Universitäten bedeutungsvoll, da sich in ihnen eine gerade in der gegenwärtigen Zeit höchst wohlthuende Anerkennung des unvergänglichen Werths dieser Anstalten kund giebt. *Eine* Gattung von Theilnahmsbeweisen gehört aber der Hochschule, deren hundertjähriges Wirken gefeiert wurde, ausschliesslich an. Es sind diess die zahlreichen Schriften aus den verschiedensten Zweigen der Wissenschaft, in welchen ehemalige Mitbürger der Georgia Augusta ihre Glückwünsche ausgesprochen haben. Sie sind für das segensreiche Wirken der Gefeierten zur Herstellung des gegenwärtigen, wissenschaftlichen Zustandes die sprechendsten Zeugen, indem sie der alma mater den Dank und die Huldigung von Söhnen darbringen, welche wir selbst wiederum als die Zierde ihrer Wissenschaften verehren.

Dass nun unter diesen dankbaren Schülern die Juristen nicht fehlen würden, liess sich erwarten, wenn man bedachte, von welchen Männern in den letzten 80 Jahren in Göttingen gelehrt worden sei, und dass namentlich das geistlose Treiben auf dem Gebiete des Civilrechts und der Geschichte desselben dort den tüchtigsten Bekämpfer, die Wissenschaft den unermüdlichsten Reformator gefunden habe. So liegen denn auch in der That mehrere von Rechtsgelehrten eingesandte Glückwunsch-Schreiben dem Publicum vor, deren Bedeutung nicht allein durch die in ihnen ausgesprochne edle Gesinnung oder durch das für die Georgia Augusta abgelegte ausdrückliche Zeugniss bestimmt wird, sondern welchen vielmehr auch um der Beigaben willen, mit welchen sie dieses Zeugniss stillschweigend bekräftigen, für die Wissenschaft ein bleibender Werth zugeschrieben werden muss. Indem Rec. hier eine dieser Schriften zur Anzeige bringt, glaubt er nach den gegebenen Andeutungen nicht noch weiter das Sinnige und Bedeutsame der Beziehung hervorheben zu müssen, welches in der auf dem Titel angegebenen Verbindung des Jubelfestes der Universität mit dem bevorstehenden 50jährigen Doctorjubiläum eines ihres gefeiertsten Lehrer hervortritt.

Die vorliegende Abhandlung gewährt in wissenschaftlicher Hinsicht nicht allein dadurch das grösste Interesse, dass sie mehrere für die Geschichte der Bearbeitung des Rechts bei den Römern wichtige Stellen des *Pomponius* mit grösserer Vollständigkeit und Gründlichkeit, als es bisher geschehen, kritisch und exegetisch behandelt, sondern vorzüglich auch dadurch, dass sie seit längerer Zeit das erste öffentlich gegebene Zeichen des Fortschreitens eines Werkes enthält, dessen Bedeutung Rec. am treffendsten bezeichnen kann, wenn er es die *Lebensaufgabe eines Schrader* nennt. Welches Verlangen nach diesem Fortschreiten herrscht, bedarf keiner weiteren Andeutung, da Rec. *hier* blos zu Juristen spricht. Aus Rücksicht auf dieses Verlangen muss er aber zuvörderst aus dem kurzen Praemonitum ad lectores mittheilen, was hier über den Fortgang des grossartigen Werkes gesagt ist. Einen empfindlichen Verlust hat *Schrader* durch den Tod eines treuen Gehülfen, *Maier's*, erlitten. Dagegen hat nicht nur *Tafel* seinen tüchtigen Beistand forthin gewährt, sondern ein günstiges Geschick hat auch in zwei neuen Mitarbeitern eine sehr erfreuliche Unterstützung zugeführt; sie sind *Bierer* und *Reimarus*, von denen der letztere durch seine Untersuchungen über die Inscriptions-Reihen der Pandekten-Fragmente und neuerdings wiederum durch die Bearbeitung des Speculum juris canonici des Petrus von Blois sein kritisches Talent trefflich bewährt hat. Mehr findet sich in der *obigen Beziehung* in dem Vorworte nicht ausgesprochen, und wenn dieses Wenige die Erwartung der Leser nicht befriedigen sollte, so darf nicht vergessen werden, dass *Schrader*, den langen Vorreden an sich abhold, durch seine rastlose Thätigkeit und unwandelbare Liebe zu dem Riesenwerke eine sicherere Bürgschaft für die möglichst baldige Fortsetzung desselben gewährt, als Worte sie zu geben irgend im Stande sein würden.

Bevor Rec. zu einer näheren Betrachtung des Inhalts übergeht, kann er es nicht unterdrücken, etwas rein Persönliches zu berühren, wofür er bei dem Leser um so leichter Entschuldigung zu finden hofft, als er dadurch eines Theiles zugleich der Pflicht der Dankbarkeit zu genügen, andern Theiles den Verdacht einer übertriebenen Selbstliebe, in welchen er durch die in dieser Anzeige häufig vorkommende Erwähnung seiner eigenen, früher ausgesprochenen Ansichten leicht kommen könnte, von sich abzuwenden sucht. Die Stellen des *Pomponius* nämlich, welche *Schrader* hier einer Revision unterworfen hat, sind meistens dieselben, welche Rec. bei seinen Untersuchungen über die wissenschaftliche Stellung des *Servius Sulpicius Rufus* vorzüglich ins Auge fassen und kritisch und exegetisch behandeln musste. Wie es nun deshalb schon an sich gerade ihm höchst willkommen und belehrend sein muss, dass eben diese Stellen jetzt von einem Meister in der Kritik und Exegese bearbeitet worden sind, so gereicht es ihm auch zur ganz besondern Freude, seine Schrift von dem Herausgeber durchgängig berücksichtigt, und die von ihm aufgestellten und vertheidigten Ansichten von demselben fast überall, mit wenigen Ausnahmen, gebilligt zu sehen. — Von selbst ergiebt sich aus diesem Verhältniss die Aufgabe für den Rec., die Stellen, in welchen *Schrader* mit ihm übereinstimmt, nur kurz zu berühren, bei denjenigen aber, wo die von ihm und dem Rec. aufgestellten Ansichten von einander abweichen, länger zu verweilen. — Noch muss, was sich eigentlich schon von selbst erwarten lässt, wenigstens mit einigen Worten bemerkt werden, dass der Herausgeber für seine Kritik mit dem reichsten Apparat ausgerüstet ist; das Vorwort zählt vorläufig (indem genauere und vollständigere Angaben der Ausgabe der Digesten selbst vorbehalten werden) 29. der besten Mscpte und alten Ausgaben (bis zur Taurellischen, Flor. 1553.) auf, welche benutzt worden sind. Insbesondere sind die Lesarten der Florentina nicht blos aus den gewöhnlichen Hülfsmitteln, sondern auch aus den von der Göttinger Bibliothek dem Herausgeber mitgetheilten Papieren *Brenkmann's* entlehnt worden, unter denen namentlich die Collation der Handschrift manches noch Ungedruckte und Unbenutzte darbietet. — Die glänzenden Eigenschaften des Herausgebers als Kritikers und Exegeten sind aus der Institutionen-Ausgabe hinlänglich bekannt; daher nur die Bemerkung, dass sie auch hier in demselben reichen Maasse wiederzufinden sind.

Im §. 41. der C. 2. de orig. jur., mit dessen Erläuterung diese Abhandlung beginnt, sagt *Pomponius* vom *Q. Mucius*: „*jus civile primus constituit, generatim in libros decem et octo redigendo*“ was unsere neueren Rechtshistoriker meistens von einer *systematischen* Bearbeitung des Rechts verstanden haben. Nur *Hugo* R. G. S. 859 f. deutet es dahin: Q. M. sei der erste wissenschaftliche Schriftsteller gewesen, und giebt von *generatim* die Erklärung: dass es wohl der Entscheidung einzelner Fälle (*species*), wie sie sie sich etwa fanden, entgegengesetzt sei. Diese letztere Ansicht hat Rec. in s. Quaestionum de Servio Sulp. R. Spec. I. p. 30. sqq. als die allein richtige zu begründen und weiter auszuführen gesucht, worin ihm jetzt *Schrader* beistimmt, mit der einzigen Modification, dass er nicht allein die libri de jure civili, sondern auch den lib. sing. ὅρων als Repraesentanten jener wissenschaftlichen Richtung des *Q. Mucius* ansieht. Hiergegen lässt sich nun in der That auch nichts weiter einwenden, als dass einzig und allein gerade die libri de jure civ., und nicht jener liber sing. von *Pomponius* in der angegebenen Beziehung genannt werden. Es ist übrigens diese Beistimmung *Schrader's* um so erfreulicher, als auch noch der Verfasser der neusten Rechtsgeschichte, *Walter* S. 442., im Sinne der alten Meinung dem *Q. Mucius* „das erste systematische Werk über das gesammte Civilrecht" beilegt. — Der §. 42. des *Pomponius* nennt die Schüler des *Q. Mucius*, deren Unterricht *Serv. Sulpicius* genoss, und gedenkt der Schriften derselben. Auch hier findet Rec. eine durchgängige Uebereinstimmung der Bemerkungen *Schrader's* mit den von ihm ausgesprochenen Ansichten, ausgenommen in einem Puncte. Nachdem nämlich *P.* gesagt, jene Schüler des *Mucius* würden vom *Servius* genannt, ihre Schriften selbst aber seien keineswegs sehr im Gebrauch, fährt er fort: „*sed Servius libros suos complevit, pro cujus scriptura ipsorum quoque memoria habetur.*" Rec. hat mit Anderen diese letzteren Worte für verdorben gehalten, und vorgeschlagen mit Handschriften: „*per cujus scripta*" (oder „*scripturam*") zu lesen, wodurch der ganz passende Sinn entsteht, dass das Andenken jener Männer durch die Schriften des *Servius* erhalten werde („*habetur*" so viel als: *est*, *exstat*). *Schrader* vertheidigt dagegen die obige Lesart der Florentina und anderer Handschriften, indem er vermuthet, dass die Worte des *P.* ungeschickt zusammengezogen worden seien, und der Epitomator sich bei dem obigen Satze etwa gedacht habe: „*pro eo, quod in Servii libris de ipsis scriptum est,*" oder „*pro dignitate scriptorum ejus.*" Wollte man aber ein Mal von der Lesart der meisten Handschriften abgehen, (was nicht geschehen dürfe, sobald sie nur irgend einen passenden Sinn gäben), so müsse er die Conjectur *Tafel's*: „*cujus scriptura pro ips. mem. hab.*" den übrigen vorziehen. Rec. verkennt die Leichtigkeit und Trefflichkeit dieser Conjectur nicht; aber sie bleibt doch nur eine gute Conjectur, während die von ihm gebilligte Lesart handschriftlich bestätigt, und auch dadurch unterstützt wird, dass *pro* und *per* so oft verwechselt werden. Was aber die von *Schrader* gegebene Erklärung der gewöhnlichen Lesart anlangt, so gesteht Rec aufrichtig, dass er auch durch diese Umschreibung keinen ganz passenden Sinn finden kann; denn würde es verständlich sein, wenn wir sagen wollten: für das, was über sie in den Büchern des *Servius* geschrieben steht, wird ihr Andenken oder die Erinnerung an sie gehalten? Uebrigens erklärt sich *Schrader* für die Schreibart *Aquilius*; Rec. erlaubt sich für das von ihm beibehaltene doppelte *l* sich auf *Orelli* und *Baiter* im Onomasticon Tullianum P. 2. (Cic. Opp. Vol. VII. P. 2.) u. d. W. *Aquillia gens* p. 60. b. zu berufen. — Die Erzählung des *P.* wendet sich im §. 43. zum *Serv. Sulpicius* selbst. Der Herausgeber verweist gleich zu Anfang wegen der Stellen, in welchen des *Servius* bei den Alten gedacht wird, auf die Schrift des Rec.; das in derselben gegebene Verzeichniss ist allerdings, schon weil es auch die erst in neuerer Zeit wiederaufgefundenen Quellen berücksichtigt, das vollständigste; aber eine und vielleicht auch zwei Stellen (welche sich aber ebenso, wie manche andere, auch nicht bei dem vom Herausgeber p. 9. a. citirten *Ant. Augustinus* finden,) hat Rec. aus Versehen weggelassen, und er ergreift diese Gelegenheit, um sein Versehen selbst wieder gut zu machen. Es ist nämlich zu den im Spec. I. p. 81. aufgezählten 28 Stellen aus *Ulpian's* libri ad Edictum, in welchen *Servius* angeführt wird, noch eine aus l. LXXVII., die L. 15. §. 32. D. *de injur.* XLVII. 10. hinzuzufügen. Zweifelhaft ist es aber, ob von einer anderen aus l. V. ad Ed. dasselbe zu sagen sei. In der L. 4. §. 3. D. de in jus voc. II. 4. wird nämlich gewöhnlich „*Severus*" gelesen, wobei man an den *Valerius Severus* denken könnte, welcher nicht blos, wie schon *Zimmern* R. G. Bd. 1. §. 90. S. 332. anführt, in der L. 30. D. de neg. gest. III. 5., sondern auch in der L. 8. pr. D. de procur. III. 3. und in der L. 1. §. 21. D. de aqua quot. XLIII. 20. vorkommt. Allein da er in diesen Stellen immer mit jenem doppelten Namen bezeichnet wird, so ist es um so wahrscheinlicher, dass in der L. 4. §. 3. D. cit. „*Servius*" zu lesen sei, als einer Seits der hier citirte Jurist in Verbindung mit *Labeo* (und zwar: „*Labeo existimat, ... Sev. dicebat*") erwähnt wird, anderer Seits *Dirksen* in d. Civilist. Abhandl. Bd. 1. S. 338. die Lesart „*Servius*" aus der Königsberger Handsch. und aus alten Ausgaben nachgewiesen hat. Weitere Untersuchungen hierüber behält Rec. sich für einen anderen Ort vor. — In Beziehung auf den Inhalt des §. 43. selbst, hat

Schrader zuvörderst mit dem Rec. die Zweifel, welche gegen die Glaubwürdigkeit der von *P.* erzählten Zurechtweisung des *Servius* von Seiten des *Q. Mucius* erhoben worden sind, (welche Rec. erst kürzlich bei einer anderen Gelegenheit in diesen Jahrbüchern S. 988. berührt hat,) für nichtig erklärt. Vielleicht lässt sich aber *P.* auch gegen den Vorwurf eines Irrthums in der Chronologie, welcher ihm höchstens gemacht werden kann, auf folgende Weise vertheidigen. *Cicero* sagt in der Rede pro Quintio c. 1. §. 4. selbst: „*Ita, quod mihi consuevit in ceteris causis esse adjumento, id quoque in hac causa deficit*;" wonach er also schon vor jener Rede, und so möglicher Weise auch schon vor dem Tode des *Q. Mucius*, als Redner aufgetreten ist. Nun stimmt zwar hiermit die eigene Angabe *Cicero's* im Brut. c. 90. §. 311., dass das letztere recuperata republica erfolgt sei, nicht ganz genau überein; allein in dieser Stelle war es ihm wohl nicht um streng historische Data zu thun, und er hatte vielleicht nur seine berühmt gewordenen Reden, p. Quintio, p. Roscio Amerino im Sinne. — In derselben Erzählung hat der Herausgeber die auch vom Rec. gutgeheissene Lesart: „*tactus*," welche der letztere neulich in diesen Jahrb. a. a. O. S. 986. gegen *Ziegler* in Schutz nehmen musste, in den Text aufgenommen, und auf eine Weise gerechtfertigt, durch welche jene vom Rec. versuchte Vertheidigung derselben nicht wenig unterstützt wird. — Ferner hat *Schrader* auch den vom Rec. gemachten Unterschied zwischen *audire*, *instilui* und *instrui*, so wie die Bemerkung, dass schon zu *Cicero's* Zeit ein absichtlicher Rechtsunterricht Ausnahmsweise vorgekommen sei, gebilligt. Rec. kann diess zu seiner grossen Freude auch von einem unserer berühmtesten Philologen sagen. Vgl. *Eichstaedt* in s. Vorrede zum Index scholarum in Univ. Litt. Jen. per hiemem a. 1834. habendarum p. 3. not. 2. Auch hat *Walter* a. a. O. S. 448. Anm. 88. jetzt in Bezug auf den Rechtsunterricht für *Cicero's* Zeit etwas Aehnliches angenommen. — Mit Recht erklärt sich der Herausgeber auch gegen die Meinung, dass *Aquillius Gallus*, der Lehrer des *Servius*, nicht derselbe gewesen sei, welcher mit *Cicero* zugleich die Praetur bekleidete, und also ungefähr von gleichem Alter mit den beiden letzteren war. Eine Widerlegung derselben Meinung findet sich aus der neusten Zeit auch in *Orelli's* und *Baiter's* angeführten Onomasticon p. 61. a. — In der schwierigen Stelle: „*qui fuit Cercinae*" etc. weicht *Schrader* von den in der Schrift des Rec. enthaltenen Ansichten in einigen Puncten ab. Die Erklärung *Gottfried Hermann's* (welche Rec. in der Vorrede zu Spec. II. p. IV.

mitgetheilt hatte,) nach welcher „*qui*" auf den *Servius* zu beziehen sei, billigt er nicht, vielmehr bezieht er es, wie auch Rec. im Spec. I. p. 16. sqq. gethan hatte, auf *Aquillius*. Dasselbe ist auch von *Eichstädt* a. a. O. und von *A. v. B.* in der Recension der Schrift des Rec. (Allg. Lit. Zeit. 1838. Ergänzungsbl. Nr. 8. S. 59.) geschehen, welcher Letztere aber jeden Falls mehr in die Worte legt, als sie sagen, wenn er den Sinn so angiebt: „*G. Aquillius* war aus Cercina *gebürtig*." Rücksichtlich der vielen auf den Namen „*Cercina*" bezüglichen Conjecturen stimmt zwar *Schrader* mit dem Verdammungsurtheil des Rec. überein, dagegen weicht er darin von demselben ab, dass er annimmt, *Aquillius* und *Servius* seien zusammen in Cercina gewesen, und jener habe diesen daselbst im Recht unterrichtet. Wider diese Ansicht muss Rec. sich aber auf die „simplicissima verborum interpretatio," auf welche *Schrader* mit Recht so sehr hält, noch immer berufen, da *P.* durchaus nur von dem *Aquillius* sagt, dass er in Cercina gewesen sei. Offenbar ist der ganze Satz von *qui* bis *confecti* als Parenthese zu betrachten, welche *P.* blos in Bezug auf *Aquillius* einschiebt, und wenn *Schrader* dieser Annahme entgegensetzt: „absque causa fere insipidi sermonis eum accuses," so findet sie auf der andern Seite doch eine wesentliche Stütze in dem Chronikenstyl des ganzen Fragments, in welchem die verschiedenen, dem Verfasser wichtig scheinenden Facta ohne besondere Rücksicht auf historische Kunst und auf geordnete Darstellung aufgezählt werden. Unter diesen Umständen kann es um so weniger auffallen, wenn *P.* eine Notiz über die schriftstellerische Thätigkeit des *Aquillius* und den Ort, wo er mehrere seiner Bücher schrieb, da einschiebt, wo er der wissenschaftlichen Bemühungen desselben in anderer Beziehung, nämlich als Lehrers des *Servius*, gedenkt; da zumal er *Aquillius* allein früher noch nicht erwähnt hatte. Wenn übrigens der Herausgeber die Sitte der Römer, in entferntere Gegenden sich zurückzuziehen, auch durch den Aufenthalt des *Servius* zu Samus belegen will, so möchte diess deshalb bedenklich sein, weil derselbe wohl nicht freiwillig dahin ging, sondern durch die Kriegsereignisse genöthigt dort eine Zuflucht suchte. Vergl. des Rec. Spec. I. p. 101. sq. Beiläufig mag noch bemerkt werden, dass in der oben angeführten Recension der Schrift des Rec. gegen die von demselben bewiesene (Spec. I. p. 17. sq.) Behauptung, dass *Servius* im Jahr 705. zu Anfang des Bürgerkriegs in Africa gewesen sei, mit Unrecht angeführt worden ist,

Servius sei während des Kampfes zwischen *Cäsar* und *Pompejus* in *Italien* gewesen; denn die deutlichsten Zeugnisse sagen, dass er sich damals (nach jenem Aufenthalt in Africa) nach Asien gewendet hat. (S. Spec. I. p. 67.) Ebensowenig ist Rec. damit einverstanden, wenn die vom Aufenthalt in Africa handelnde Stelle (*Caes.* de bello civ. II. c. 44. ex.) in derselben Recension auf den Sohn des *Serv. Sulpicius* bezogen wird, wornach dieser damals gewiss noch sehr junge Mann schon Senator gewesen wäre. — Der §. 44. des *P.* handelte von den Schülern des *Servius*. Hier hat vorzüglich der Umstand die Aufmerksamkeit der Kritiker erregen müssen, dass *P.* ausdrücklich sagt, es seien zehn Schüler von ihm genannt, während es doch nach der gewöhnlichen Lesart nur eilf sind. Den Sitz des Fehlers hat Rec. mit Anderen in dem zu Anfang als Name eines Juristen vorkommenden „*Cajus*" (*Alfenus Varus*, *Cajus*, *Aulus*, *Ofilius*, etc.) gesucht, und dasselbe ist auch von *Schrader* geschehen. Allein Rec. hat mit *Ditmar* „*Cajus*" auf *Alfenus Varus* bezogen, jedoch jenen Vornamen nicht, wie der Letztere, an der bisherigen Stelle zu lassen, sondern vor „*Alfenus*" zu setzen vorgeschlagen. *Schrader* bezeichnet diese Aenderung der in allen Handschriften vorkommenden Ordnung als „*temeraria*;" die Meinung *Ditmar's* aber findet er deshalb unzulässig, weil, wenn auch Beispiele der Nachsetzung des praenomen vorkämen, diese sich doch nicht auf solche „sollemnes enumerationes" bezögen. Er selbst bezieht „*Cajus*" auf den folgenden *Aulus Ofilius*, wodurch dann dieser zwei praenomina erhält, was freilich aus der Zeit der Republik und der früheren Kaiser ohne Beispiel ist. — Ferner hat im §. 44. den Exegeten die Stelle zu verschiedenen Vermuthungen Veranlassungen gegeben, in welcher vom *Aufidius Namusa* gesagt wird, die von acht Schülern des *Servius* vorhandenen Schriften seien von ihm in 140. Büchern verarbeitet worden („*digesti*"). *Schrader* hat die Ansicht des Rec. gebilligt, nach welcher hier nicht an eine blosse Sammlung jener Schriften, sondern an eine solche Verarbeitung derselben zu denken ist, bei welcher die in den verschiedenen Schriften vorkommenden denselben Gegenstand betreffenden Sätze unter gewisse Abschnitte und Rubriken zusammengestellt wurden; auch ist *Schrader* der von Anderen aufgestellten und vom Rec. angenommenen Meinung beigetreten, dass dieses Werk zu verstehen sei, wenn spätere Juristen die *Servii auditores* citiren. — Endlich lassen die von den Schriften des Ofilius in dem citirten §. vorkommenden Worte: „*libros de jure civili plurimos, et qui omnem partem operis fundarent, reliquit: nam de Legibus vicesimae primus conscripsit, de jurisdictione, idem edictum Praetoris diligenter composuit: nam ante eum Servius duos libros ad Brutum perquam brevissimos ad edictum subscriptos reliquit,*" mehrere Zweifel zu. Der Herausgeber bezieht den Satz: „qui omnem partem operis fundarent," auf eine „diligens omnium eorum, quae jurisconsulti sunt, tractatio," und nimmt dabei *fundare* in einem ähnlichen Sinne, wie im §. 39., wo vom *P. Mucius, Brutus* und *Manilius* gesagt wird: „*fundaverunt jus civile;*" zugleich erklärt er sich gegen die Beziehung der Worte: „*omnem partem operis*" auf eine Bearbeitung zum Vortrage auf Rechtsschulen (s. *Hugo* a. a. O. S. 801. 830. 832.). In der letztern Hinsicht stimmt Rec. dem Herausgeber ganz bei, dagegen hält er die Erklärung der obigen Worte für entsprechender, dass *Ofilius* die Rechtswissenschaft (*opus* s. namentlich §. 46.) in allen ihren Theilen (*omnem partem*) durch seine Schriften fest begründet habe, so dass er das von seinem Lehrer *Servius* begonnene, aber nicht auf das ganze Gebiet des Rechts erstreckte oder nicht überall gleichmässig durchgeführte Werk durch grössere Ausdehnung vollendete. Darum scheint absichtlich *P.* nachher Beispiele von Schriften des *Ofilius* aus so verschiedenen Rechtstheilen anzuführen, und namentlich beim prätorischen Recht zu bemerken, dass derselbe hier die kurze Bearbeitung des *Servius* durch ein „*diligenter componere*" (d. h. durch eine genaue Bearbeitung des ganzen Stoffs) übertroffen habe. — Was ferner die Schrift de Legibus vicesimae anlangt, so bezieht *Schrader* dieselbe vorzugsweise auf die Lex de vicesima manumissionum v. J. 396. und andere über dieselbe oder andere vicesimae gegebene Gesetze, von welchen wohl nicht alle zu unserer Kenntniss gelangt sind; mit Recht aber nicht auf die Lex Julia de vicesima hereditatum von 759., wogegen sich auch *Zimmern* erklärt hatte a. a. O. §. 79. S. 294. Anm. 16. — Die Worte: „*diligenter composuit*" zuletzt bezieht *Schrader* mit Recht nicht auf eine bessere Zusammenstellung der Edicte selbst, sondern auf eine Bearbeitung und Darstellung des in diesen Edicten enthaltenen Rechts. Vergl. auch *Hugo* a. a. O. S. 718. und 801.

R. Schneider.

Abhandlungen aus dem gemeinen deutschen Strafrechte. Von **Dr. Heinrich Luden**, ausserordentlichem Professor der Rechtswissenschaft zu Jena. Erster Band. Ueber den Versuch des Verbrechens nach gemeinem deutschen Rechte. Göttingen, Vandenhöck und Ruprecht, 1836. XVI. u. 524 S. 8. (2 Thlr.)

Der Unterzeichnete bedauert, dass ihm im vorigen Jahre, wo er in dem ersten Hefte dieser Jahrbücher die Reihe der criminalistischen Kritiken mit einer Anzeige von dem Werke *H. A. Zachariä's* über „die Lehre von dem Versuche der Verbrechen" eröffnete, das jetzt anzuzeigende Werk noch nicht zugekommen war. Hätte er sich zu einer Vertagung einer der Redaction gegebenen Zusage entschliessen können, die ihm nicht gerechtfertigt erschien, so würde eine vergleichende Zusammenstellung der beiden Werke für den Beurtheiler einen eigenthümlichen Werth erhalten, und ihm die Gelegenheit zu mehrern Bemerkungen gegeben haben, die sich an die besondere Betrachtung einer einzelnen Schrift weniger passend anschliessen; die Arbeit würde jedenfalls für ihn selbst lehrreich geworden, und hoffentlich auch den Lesern von einigem Interesse gewesen sein. Indessen lässt sich auch wohl der anderen Betrachtungsweise, die sogar die gewöhnlichere ist, eine Seite abgewinnen, um die Vortheile einer wissenschaftlichen Kritik zu erreichen, besonders wenn man dem Verf. gestattet, jene frühere Anzeige vorauszusetzen und Manches daselbst Vorgetragene in Bezug zu nehmen. Wenn dann die gegenwärtige Kritik über ein Werk, welches bei grösserer Raumersparniss im Drucke fast die doppelte Seitenzahl anfüllt, verhältnissmässig kürzer erscheint, so wird jener Umstand es rechtfertigen, und der Grund nicht in geringrer Theilnahme an einer Leistung gesucht werden, die wir mit Freude willkommen geheissen haben. Dass zu gleicher Zeit zwei Monographien über eine so wichtige Lehre erschienen sind, ist schon an sich ein erfreuliches Zeichen, es kommt aber insbesondere auch der Sache zu Statten. Wir haben daher auch nicht nöthig, eines dieser Werke auf Kosten des andern zu erheben, oder zu tadeln, da die Wissenschaft beide, und alle andere dem Gegenstande in neuerer Zeit gewidmeten Beiträge, dankbar im Zusammenhang aufnimmt, und sie durcheinander selbst ergänzt und berichtigt.

In jener frühern Anzeige hat der Ref. den allgemeinen gemeinschaftlichen Gesichtspunct dargelegt, von welchem aus, mit

Rücksicht auf die Rechtssitte der Völker, und näher als einer Geschichte der Zurechnung und Würdigung der Handlung, die Lehre vom Versuche und der Vollendung, und die von dolus und culpa aufzufassen ist, womit dann, um das Ganze der Handlung zu umfassen, die Lehre von der sogenannten Urheberschaft und den verschiedenen Arten der Theilnahme an einem Verbrechen zu verbinden ist. In der That kann sich dieser im Begriff der Sache gegründete nothwendige Zusammenhang, wie er sich in der wirklichen Handlung herausstellt, auch bei der Betrachtung nicht verläugnen, und es wird bei der abgesonderten Behandlung einer dieser Lehren nicht vermieden werden können, noch dürfen, die andere mitzuberühren. Doch mag das Allgemeine, und die Begründung jenes organischen Zusammenhanges aus dem System des Strafrechtes überhaupt vorausgesetzt werden *), und wir wollen nicht rechten, wenn es in der besondern Darstellung da, wo es hingehört, in der Einleitung vermisst, und nur etwa gelegentlich berücksichtigt wird. Hr. Dr. Luden, welcher am Schlusse der Vorrede weitere Abhandlungen über jene andere erwähnten Lehren verheisst, hat jenen Zusammenhang wohl anerkannt.

Die allgemeine Uebersicht des Inhalts (S. IX.) welche durch eine specielle (S. XI.) näher bestimmt wird, theilen wir mit, um die Weise der Darstellung und der Auffassung des Rechts zu zeigen. *Erstes Capitel. Einleitung.* Die Rechtsquellen. Das Verhältniss derselben zu einander. Die Hülfsmittel ihrer Auslegung. *Zweites Capitel.* System des römischen Rechts. *Drittes Capitel.* System des einheimisch deutschen Rechts. *Viertes Capitel.* System der italienischen Praktiker. *Fünftes Capitel.* System der Carolina.

Gegen diese einfache Ordnung lässt sich im Ganzen nichts

---

*) Bei der Verschiedenheit der Ansichten findet man diese Forderung selten beachtet. Was die Handlung für wesentliche Momente habe und wie die zum Begriff derselben gehörigen Bestandtheile mit einander in Verbindung stehen und durch *einen* Gedanken beherrscht werden, habe ich in meinem System der Crim.-R.-W. §. 68., in dem Lehrbuche §. 69. ausgeführt. Aber, wie oft sieht man die Zurechnung hinter die Lehre von *dolus* und *culpa*, und ganz abgesondert dargestellt, da doch überhaupt keine Zurechnung Statt findet, als entweder zum dolus oder zur culpa, und jene die unerlässliche Bedingung und Grundlage ist; oder das Moment, worin der Wille und dessen Aeusserung, die Handlung, gegründet ist, die subjective Ursache und Urheberschaft, neben hinausgestellt, als ob diese gar nicht dazu gehörte? Der durch den Begriff gebotenen Methode kann keineswegs die Rücksicht auf die leichtere Fasslichkeit für den Anfänger selbstständig und ausschliessend entgegengesetzt, und daraus ein Tadel der erstern entnommen werden. Ohnehin ist die letztere Rücksicht, wie sie behauptet wird, nicht einmal durchgängig gegründet.

erinnern, da in dem vierten Capitel nicht blos von den italienischen Praktikern die Rede ist, sondern auch von den einheimischen deutschen vor und nach Abfassung der C. C. C., ohne welche die erforderliche Vermittlung fehlen, und die italienische Praxis für uns nicht von der Bedeutung sein würde, die ihr zukommt: und da ferner, in dem fünften Capitel, welches das System der C. C. C. darlegen soll, auch, wenn gleich nicht erschöpfend, von unserm spätern durch die bekannten fernern Quellen und Einflüsse fortgebildeten Rechte gehandelt wird.

Aber von einem „*System*" der Lehre des Versuchs kann man wohl, insbesondre wie nach der Ausführung des Verf. die Quellen denselben behandeln, nicht eigentlich sprechen. Weder das röm. R., noch die C. C. C., die nur in einem einzigen Artikel des Versuchs namentlich als solchen gedenkt, stellen hier ein *System* auf, und können es auch nicht: sondern was hier gemeint ist, sind einzelne Bestimmungen und daraus abstrahirte Grundsätze.

Die Gliederung hingegen, wie sie hier gemacht ist, erscheint nicht organisch und lässt sich logisch nicht billigen. Die Eintheilung in fünf Capitel, und so dass das Ganze sofort mit dem *ersten* Capitel beginnt, ist durch keine höhern Gründe, durch keine vorausgehende Einleitung gerechtfertigt. Zwar kommt *eine Einleitung* vor, aber als untergeordnet dem ersten Capitel, welches selbst demnach mit seinen Nachfolgern, die es erst später bezeichnet (S. 84. „Plan des Folgenden"), nicht eingeleitet ist. Die Eintheilung aber, die in einer wissenschaftlichen Darstellung nicht eine willkürliche, sondern durch ein Princip bestimmt ist, kann eben so wenig erst dann erfolgen, wenn bereits ein den übrigen coordinirtes Capitel begonnen hat, als es sich gutheissen lässt, jenen Anfang zu machen, ohne das Verhältniss des zu behandelnden Gegenstandes zu den andern Lehren und dessen Stelle im System zu bestimmen. Es möge verstattet sein, hierüber auf die Beurtheilung des andern Werkes zu verweisen. Letzteres hatte die Einleitung in die Vorrede aufgenommen, und diese besonders einer Uebersicht der Literatur gewidmet. Eine solche findet sich bei unserm Verf. nicht, obschon grade in einer Monographie der Ort ist, wo man dergleichen wohl eher in einer gewissen Vollständigkeit erwartet, als in Lehrbüchern eines grössern Rechtstheils, welche nicht die Bestimmung haben, Repertorien der Literatur zu sein, und in denen eine Menge Büchertitel, die das Werk über Gebühr vergrössern und vertheuern, meist müssig stehen. Eine wahrhafte Bedeutung erhält nämlich die Literatur in Verbindung mit der Dogmen- und Literar-Geschichte einer Lehre, und als Quelle und Beleg derselben, in welcher Hinsicht wir dem Plane des Verf., welcher den Praktikern ein eignes Capitel da widmet, wo sie die Vermittlung der ältern Quellen mit dem spätern Rechte machen, völlig beistimmen würden, wenn er, was vorhin zu dem fünften Capitel erinnert wurde, sich die Aufgabe weiter gestellt und die spätere Behandlung umfassender erörtert hätte, da unser jetziger „Standpunct in dieser Lehre." mit der Darstellung des Systems der C. C. C. weder bezeichnet, noch auch genügend vorbereitet ist.

Wir würden daher, nach unserer durch die Sache bedingten und sonst auch von dem Verf. gebilligten Methode, in drei Hauptabtheilungen von der Lehre im Allgemeinen und ihrer philosophischen Seite, von der geschichtlichen Gestaltung, und auf dieser Grundlage, von dem heutigen Rechte und dessen dogmatisch-praktischer Ausbildung, diese Lehren dargestellt wünschen, da dann, was die Einleitung hier im ersten Capitel giebt, gleichfalls vorausginge, das zweite bis vierte Capitel die zweite Haupt-Abtheilung ausmachen, das fünfte mit dem, was wir noch hinzu fordern, den Inhalt der dritten darbieten würden.

Da jedoch nicht überall, besonders in positiven Wissenschaften, ein solch' unmittelbarer Zusammenhang von Form und Inhalt Statt findet, vermöge dessen letzterer durch das System bestimmt wird, so mag auch eine theilweise Nichtbeachtung jener Forderungen für die Behandlung des Gegenstandes ohne Nachtheil sein. In der That muss man letzterer alle Gerechtigkeit widerfahren lassen. Des Verf. fleissige Arbeit ist ein tüchtiger Beitrag zu unserer Wissenschaft, und nimmt neben andern Werken eine ehrenvolle Stelle ein. Die sorgfältige Berücksichtigung der Quellen und die geschichtliche Methode, für deren Verbindung mit den andern wesentlichen Seiten der wissenschaftlichen Behandlung sich derselbe mit dem Rec. bekennt, haben ihn meist sicher geleitet. Es ist ihm dadurch gelungen die gebührende Unbefangenheit zu bewahren, und sich von dem Einflüsse sogenannter vorgefasster allgemeiner Theorieen meist frei zu halten: man kann gegen Einiges in letzter Hinsicht sich erklären, gegen manche Auslegungen der positiven Sätze und Gesetze Bedenken erheben, aber man wird desshalb doch nicht umhin können, den Werth der Leistung zuzugestehen. Uebrigens behauptet, ohne dass man in die entgegengesetzte Weise von der, welche als hier befolgte gebilligt wird, eingeht, unvermeidlich eine individuelle Ansicht auch ihr Recht. Wir legen zwar, wie öfters erinnert ist, kein Gewicht auf eine Originalität als solche, wenn sie nur darin sich äussert, den *begründeten* Ansichten Anderer, allgemeiner Uebereinstimmung und den Quellen entgegenzutreten, aber wir erkennen sie gern an wo sie auf einer wahrhaften Grundlage gerechtfertigt erscheint. Ist in dieser Hinsicht stets die Vergleichung der Ansichten verschiedener Schriftsteller von Interesse, und lässt sich damit vertheidigen was uns Ausländer nicht selten zum Vorwurfe machen, das häufigere Anführen anderer Autoren, da es ja genüge seine eigne Meinung darzulegen *) so ist es zwiefach interessant, in zwei fast gleichzeitig, jedenfalls ganz unabhängig von einander über denselben Gegenstand erschienenen Werken zu betrachten, wie vielfach verschiedene Seiten und Gesichtspuncte sich dem Gegenstande abgewinnen lassen, wie die Verfasser bald zu den natürlichen Ergebnissen auf abweichenden Wegen gelangen, bald, von gleichen Grundansichten und Anhaltspuncten ausgehend, zu entgegengesetzten Resultaten geführt werden.

Zu jenen vorgefassten Meinungen, gehört es aber, wenn der Verf. in dem *ersten Capitel*, welches (nach der speciellen Uebersicht S. 1.) den „allgemeinen Begriff von Vollendung und Versuch" darlegen soll, mit Berufung auf „die Feuerbach'schen Grundsätze" nulla poena sine lege etc. behauptet: „Es ist lediglich das Gesetz, was eine Handlung zum Verbrechen macht, und ohne ein Gesetz giebt es kein Verbrechen." So entschieden ist, was er hier zu Grunde legt, keineswegs, und die Sache wird auch dadurch nicht beseitigt, dass später mit Verlassung solcher Sätze nur auf die positiven Bestimmungen Rücksicht genommen wird. Was nämlich ein „*allgemeiner Begriff*" und was dessen Gegensatz hier sein solle, kann man nicht recht einsehen, wenn nicht etwa jener Ausdruck den Begriff der Sache an sich bezeichnen soll, im Verhältniss zu den Bestimmungen, die sich aus den positiven

*) Bequemer zum Lesen sind daher z. B. die Werke der Franzosen. Aber jene deutsche Methode, wenn sie nur in ihren gebührenden Gränzen gehalten wird, erscheint nicht nur als eine gerechtere, die dem, was Andere früher geleistet und begründet, die zustehende Anerkennung gewährt, und fremde, auch abweichende Meinungen anerkennt, und mindestens der Erwägung werth erachtet, sondern sie ist auch wichtig für die Literar-Geschichte und für die Geschichte des allmäligen Fortschreitens in der Erkenntniss der Wahrheit.

Rechtsquellen ergeben. Allein auf diese weiset gleich anfangs der aufgestellte Grundsatz hin, *nulla poena sine lege*, welcher, wenn man die Uranfänge der Strafe im germanischen Rechte in der Fehde, Rache, und später der an deren Stelle tretenden Composition sucht, für das germanische Recht erweislich falsch ist. Auch die Bildung des Thatbestandes eines bestimmten Verbrechens, z. B. Tödtung, Diebstahl, geht nicht zunächst vom Gesetze aus, da jenes nichts enthalten kann, was nicht schon im Begriffe der Handlung nach der Volksansicht und dem Sprachgebrauche liegt; und wenn später bei Aufzeichnung der Volksrechte und noch weiter auf dem Standpuncte der Gesetzgebung im engern Sinne — durch welche bekanntlich das Recht nicht erst geschaffen wird — das Wort und dessen Auslegung entscheidet, und hiernach bestimmtere Merkmale als Bedingungen der Strafe aufgestellt werden, so gehört dieses einer andern Seite an. Der Verf. hat sich aber, auch da, wo er das Allgemeine betrachten will, sofort auf diesen Standpunct versetzt. Giebt man ihm dieses zu, so mag man dann nicht weiter rechten über die Folgerungen, die er daran knüpfte. Ein strafbarer Versuch soll nämlich nicht anders, als auf den Grund ausdrücklicher gesetzlicher Anordnung vorkommen können, entweder, indem, wie im röm. Recht, „auch die Handlungen, welche, mit Rücksicht auf die Absicht des Handelnden, als Anfang eines Verbrechens zu betrachten sind, so bezeichnet werden, dass sie der Form nach als vollendete Verbrechen erscheinen, oder indem im Allgemeinen, wie es die P. G. O. gethan, der Grundsatz ausgesprochen wird, dass angefangene Verbrechen strafbar sein sollen, so dass alsdann diese Handlungen als nicht vollendete, als unternommene oder versuchte Verbrechen zu betrachten und zu bestrafen sind.“ Giebt man auch zu, dass der Gesetzgeber nicht wohl beide Wege zugleich einschlagen könne, so folgt doch nicht deren gänzliche Unvereinbarkeit und der behauptete logische Widerspruch „eines Versuches des Versuches,“ indem der allgemeine Grundsatz der Strafbarkeit des Versuchs auch auf jene Handlungen bezogen werden müsste, welche nach der Absicht des Handelnden nur die Anfänge des Verbrechens, aber nach dem Gesetze vollendete Verbrechen waren. Es ist nämlich keineswegs nöthig, dass einzelne besonders bezeichnete Handlungen, die im Verhältniss zu einer bestimmten Absicht als Versuchshandlungen erscheinen, und daher schon von dem allgemeinen Grundsatze getroffen worden, deshalb als selbstständige vollendete Verbrechen von dem Gesetz aufgestellt werden Nur, wo, wie unläugbar bei vielen, jedoch nicht bei allen Fällen des römischen Rechts, die hieher gehören, eine solche Fassung gebraucht ist, wie sie der Verf. meint, ist sein Bedenken gegründet. Sonst aber haben nicht nur neuere Gesetzgebungen den im Allgemeinen aufgestellten Grundsatz bei der Behandlung der besondern Verbrechen durch eine nähere Bezeichnung nicht selten durchgeführt, sondern selbst in der P. G. O. lässt sich dieses nachweisen. Jedenfalls, und damit stimmt der Verf. überein, müsste, wenn zwei solche verschiedene Weisen nebeneinander, und als in *einem* jetzt geltenden Rechte recipirte, vereint Statt finden, wie es in dem gemeinen Rechte der Fall ist, auch die Aufgabe sein, dieselben so viel als möglich zu vereinigen. Von dem Gegensatze des römischen und einheimischen Rechts, dem Inhalte nach, wollen wir hier nicht reden; ohnehin hat diesen der Verfasser richtig gewürdigt, indem er, wenn wir ihn recht verstehen, es anerkennt, dass die Behauptung, jenes fasse lediglich die subjective, dieses die objective Seite der Handlung auf, in solcher Unbeschränktheit und Einseitigkeit falsch sei. Der Form nach waltet *der* Unterschied, der sich keineswegs auf die fragliche Lehre beschränkt, und daher auch nicht ausschliessend für *diese* geltende Folgerungen zulässt, dass nämlich überhaupt das römische Recht, in seinen eigentlichen Gesetzen, mit Vermeidung der Aufstellung eines Gattungsbegriffs, die einzelnen, dem Gesetze und der Strafe desselben verfallenden Handlungen, die Objecte u. s. w. des Verbrechens aufzählt *), während das einheimische Recht, vornehmlich auf Gewohnheit und Herkommen fussend, und die Volksansicht zu Grunde legend, das Verbrechen durch einen in seinem Begriffe vorausgesetzten Ausdruck bezeichnet, z B. „böse Tödung, Mord, Diebstahl, Falsch", ohne sich auf eine Angabe einzelner Handlungen in jedem Falle einzulassen. Dadurch hat es überhaupt den höhern Standpunct er-

*) Wenn daher in einer *systematischen* Darstellung der Lehre der besondern Verbrechen, die nach ihrem Begriffe und Thatbestande geordnet werden, zugleich eine *geschichtliche* Erörterung gegeben wird, so muss nothwendig bei dem römischen Rechte, welches nicht selten eine und die nämliche Handlung, bei jener Aufzählung der Fälle, unter verschiedene Gesetze und Rubriken stellt, eine Wiederholung Statt finden, d. h. es muss bei einer gründlichen quellenmässigen Behandlung desselben Verbrechens unter mehrern Gesichtspuncten, die es darbietet, und an verschiedenen Orten gedacht worden, und es ist eine Verkennung dieser Nothwendigkeit, welche daraus einen Grund des Tadels des Systems entnimmt.

reicht, Principien an die Stelle der Einzelheiten zu setzen, die unter jene zu subsumiren sind, und diesen Fortschritt hätten, beiläufig gesagt, ältere und neuere Tadler der P. G. O. anerkennen sollen. Folgerichtig ist demnach die Bestimmung des Art. 178., der von „Straff unterstandener Missethat“ überhaupt handelt, wogegen das römische Recht, in der Periode der *leges* im technischen Sinn, seiner Weise treu bleibt, und auch die Anfänge der Verbrechen als eigne.

gesagt, geht diess nicht blos auf den *Versuch*, den man sich in

solchen zu bezeichnen, ge-

, wie denn das im römischen

nach dem Wegfallen des alten

den extraordinariae cognitiones,

in der Anordnung und Macht des

lungen traf, die *wir* Versuche nennen, und ob sie durchgängig wie das vollendete Verbrechen geahndet wurden, kann für jetzt ausser Betracht bleiben — um so mehr, als auch von einem technisch vollendeten Verbrechen nicht, sondern davon in den eigentlichen leges die Rede ist, wer diesem oder jenem Gesetz verfallen sei (lege Cornelia — tenetur, qui). Im spätern Rechte, und in dem Uebergang zu Principien, wie zu den Grundsätzen einer nähern, der Verwirkung entsprechenden Strafzumessung, so wie bei den Anfängen einer auch von Amtswegen eintretenden Rüge der Missethaten, deren deutliche Spuren nicht weggeläugnet werden können, ist die Aufstellung eines Unterschiedes im Strafmasse nach dem relativen Gesichtspuncte, der dem Gegensatze der Vollendung und des Versuches zu Grunde liegt, nicht zu verkennen. Will man nun Alles auf die Auslegung des Gesetzes beziehen, was geschichtlich wenigstens für die frühere Periode unrichtig ist, wo das Gesetz nicht das Erste und Entscheidende ist, und wo vielmehr dieses nur feststellt, was als Volksrecht anerkannt ist, als jus moribus introductum gilt, so kann man allerdings den Versuch als eine schon theilweise Uebertretung jenes Strafgesetzes betrachten, so dass es nicht unbedingt einer Verpönung des Versuches bedarf, wenn die Handlung, zu der diese führen soll, strafbar ist. Sowohl nach dem System der individuellen Rache für erlittene Unbill, als nach dem der gesetzlichen Ahndung würde

*) Ohne jedoch damit eine allgemeine Regel aufzustellen.

es unerklärlich sein, Jemanden deshalb ausser allem Anspruch zu lassen, weil er seinen verbrecherischen Plan nicht in aller Vollständigkeit auszuführen vermochte, so fern er überhaupt gefrevelt hatte *). Die Continuität der Handlungen, die bei den meisten Verbrechensarten zur Vollbringung erfordert wird, und auf welche der Verfasser mit Recht an mehrern Stellen ein besonderes Gewicht legt, muss von selbst in die Augen fallen und dahin führen, sie auch dann nach der ihnen wahrhaft eigenthümlichen Seite, dass sie verbrecherisch sind, zu würdigen, auch wenn das, was wir Vollendung nennen, nicht eingetreten ist.

Doch wir wollen nicht diese Andeutungen zu einen selbstständigen Artikel über den Gegenstand erweitern, sondern zu dem nächsten Inhalt unseres ersten Capitels zurückkehren.

Dieses ist *vornehmlich* der Betrachtung der Quellen hinsichtlich *der in Frage* stehenden Begriffe gewidmet, wo denn der Verfasser in einer Exegese mehrerer Stellen, die man grossentheils als gelungen anerkennen darf, zu der, sonst schon ausgesprochenen Ansicht kommt, dass „den römischen Juristen der Begriff *des vollendeten* und des nicht vollendeten Verbrechens nicht als ein *technischer* Unterschied (eine nicht deutliche Wortfassung) vorgeschwebt habe," und dass „es im römischen Rechte kein allgemeines formelles Gesetz über die Strafbarkeit des Versuches gebe." Das Dasein eines solchen in dem Art. 178. der P. G. O. — der übrigens nicht in höherem Grade allgemein und unbestimmt ist, als eine Menge anderer Artikel jenes Rechtsbuches, und auch auf keine andre, als die in der P. G. O. selbst vorgeschriebene Weise zu vervollständigen ist, nämlich durch die Hülfsrechte, macht *nur* den unterscheidenden Charakter von dem hiemit keinesweges unvereinbaren röm. Rechte aus. Diess giebt auch der Verfasser zu, der hier zwar wieder vor „dem Undinge eines versuchten Versuches" warnt, aber doch anerkennt, dass „das römische Recht von praktischer Bedeutung sei für die Lehre von dem Versuche." In beiden Gesetzgebungen sei von demselben Gegenstand in materieller Hinsicht die Rede. Das römische Recht wolle durch die zahlreichen Stellen, in welchen es für Verbre-

*) Es ist daher auch kein Widerspruch dieses anzuerkennen und das Wesen des Versuches in eine theilweise oder begonnene Uebertretung des Gesetzes oder die Vornahme widerrechtlicher Handlung zu setzen, und zugleich auf Grundlage der Quellen zuzugestehen, dass die P. G. O. diesen Grundsatz auf solche Uebertretungen beschränke, welche *peinlich* bestraft werden.

chen erklärt, was wir gegenwärtig Versuch nennen, wie der Verfasser dieses etwas auffallend ausdrückt, dasselbe erreichen, was die C. C. C. durch ihren Art. 178. „Darum ist in dem römischen Recht ein vortrefflicher Commentar enthalten für die richtige Auslegung und Anwendung der C. C. C., indem was in dieser als allgemeiner Grundsatz für alle Verbrechen aufgestellt ist, in jenem bereits für die einzelnen Verbrechen entschieden ist." Hiermit könnte der gleich darauf folgende Satz in Widerspruch erscheinen: „Aber aus dem Art. 178. ergiebt sich auch ferner, dass derselbe überhaupt gar nicht auf das römische Recht bezogen werden könne, sondern in seiner Anwendung auf diejenigen Verbrechen beschränkt werden müsse, welche in der C. C. C. namentlich hervorgehoben sind." Dieser nicht sofort deutliche Satz wird nämlich nachher näher erläutert, und obschon der Verfasser wohl zu viel Gewicht auf denselben legt, doch, in der Bedeutung die er haben kann, für das gemeinrechtliche System gerechtfertigt. Was hier beigebracht wird, ergiebt sich nicht gerade aus dem Art. 178., sondern aus der gesammten Eigenthümlichkeit beider Rechte, wie sie der Verfasser in Beziehung auf den Gegenstand der Untersuchung darstellt, der übrigens gerade die Einheit derselben für uns zu erkennen als Aufgabe erwähnt, und die gegenseitigen Beziehungen und Ergänzungen anerkennt, wie denn die Praxis den Art. 178. nicht in der zuletzt gedachten Beschränkung nimmt. Bestimmter wird mit Rücksicht auf die Verbrechen, bei welchen der Art. 178. unmittelbar zur Anwendung kommt, d. h. von denen das einheimische Recht namentlich handelt, und, wo dieses nicht der Fall ist, d. h. die das „deutsche Gesetzbuch nicht erwähnt," dem römischen Rechte für die Lehre von dem Versuche eine Anwendbarkeit noch in doppelter Weise beigelegt: einmal nämlich materiell und mittelbar, und zweitens formell und unmittelbar (S. 41.).

Die Betrachtung nun der verschiedenen Principien und ihres Verhältnisses zu einander, welche in dem fünften Capitel weiter Statt finden soll, führt zu einer kurzen Prüfung der Lehre in neuern Compendien, wobei schon die nur geringe Uebereinstimmung in den wesentlichsten Puncten, bei angeblicher Begründung aus dem positiven Rechte, zu dem Argwohn führe, dass den Schriftstellern „weniger das positive Recht, als vielmehr ihre philosophische Speculation und Ansicht vom Strafrechte zur Quelle gedient habe." Man kann dieses nicht wohl in Abrede stellen, nur muss man namentlich bei dem, was über *Feuerbach*, *Martin* u. A. bemerkt wird, so billig sein, anzuerkennen, dass sie doch an eine für die praktische Darstellung nicht von vorn herein zu verwerfende Quelle, an das frühe ausgebildete Dogma und die Praxis, sich gehalten haben. Mag es sein, und es ist gewiss richtig, dass die Eintheilungen in Grade dem positiven Rechte fremd ist, und dass, was nicht zu beweisen ist, die C. C. C. ohnerachtet der Vorschrift, es solle „in dem einen Falle härter gestraft werden, als in dem andern," doch keine Grade gemeint habe, so darf jene Rücksicht, die ein so festes Dogma geworden ist, dass sie fast in alle neuere Gesetzgebungen übergegangen ist, nicht so sehr bei Seite gesetzt werden, dass den Verfassern von Lehrbüchern des Strafrechts in seiner heutigen Gestaltung ein unbedingter Vorwurf gemacht werde. Es ist zu billigen, in der positiv geschichtlichen Erörterung alles abzuweisen, was nicht positiv begründet zu werden vermag, aber es muss demselben, wie es sich behauptet oder in sich rechtfertigt, auch an seiner Stelle sein Recht zu Theil werden. Der Verfasser hofft zu beweisen, „dass es *nur einen Grad* des Versuches gebe" (S. 49.), d. h. da hier denn von Graden nicht die Rede sein kann, eben nur *den Versuch* gegenüber der Vollendung. Aber, wie er auch jene Stelle des Art. 178. auslegen möge, Abstufungen der Strafbarkeit gesteht er einmal zu, und es ist dann fast nur Wortstreit, ob diese auf Grade des Versuches, oder auf die Grösse des rechtsverletzenden Erfolgs bezogen werden. Die P. G. O. geht von dem wahrhaften Grundsatz aus, die Handlung in ihrer Erscheinung und ganzen Eigenthümlichkeit zu würdigen, und an ihrer Quelle den verbrecherischen Willen zu ahnden, was der Art. 178. („solcher böser Wille") bestimmt genug sagt. Hiermit reichen wir aus, und finden es dem Gerechtigkeitsprincip angemessen; so wollen wir denn allenfalls die Lehre der Grade, die wir in dem gewöhnlichen Sinn nicht unbedingt in Schutz nehmen, vorläufig Preis geben.

Uebrigens ist schon hier zu bemerken, dass auch der Verfasser keinen *culposen Versuch*, und keinen *Versuch einer culposen Uebertretung* annimmt, worüber im Ganzen die Ansichten übereinstimmen.

Das *zweite Capitel*, das, wie gesagt, „*System des römischen Rechts*" überschrieben ist, bildet nach Inhalt und Umfang (S. 87—301.) den Mittelpunct der ganzen Abhandlung, und verdient besondere Auszeichnung. Mit grossem Fleiss, und nach sorgfältiger Prüfung sind die auf geschichtlichem und exegetischem Wege erlangten Ergebnisse dargestellt, und man wird kaum eine Stelle von Bedeutung finden, welche nicht die gebührende Berücksichtigung gefunden hätte. Das Capitel zerfällt in drei Abtheilungen:

I. Geschichtliche Vorbemerkungen (S. 57—86.)
II. Neuestes römisches Recht (S. 87.)
III. Allgemeine Grundsätze des römischen Rechts über den Versuch (S. 257.).

Erstere, das *ältere* Recht, soweit es die Beschaffenheit der Quellen zulässt, betrachtend, sollen das Verständniss der letzteren erleichtern. Diese gründliche Methode verdient Beifall.

Dem ältesten Rechte der Römer kann man, so weit uns dessen Entwickelungsgang bekannt ist, so wenig eine selbstständige Hervorhebung des Versuchs zuschreiben, als eine scharfe Unterscheidung von *dolus*, *culpa* und *casus*. Gegen die durch Quellenzeugnisse unterstützte Ausführung des Verfassers, welcher dabei meine *Diss. de antiquissimo Romanorum jure criminali* in Bezug nimmt, habe ich nichts zu erinnern. Gewiss ist es, dass in der Periode der Anfänge der Rechtsbildung eine Sonderung der Begriffe, die hier später eintritt, nicht gesucht werden darf. Den Mittelpunct macht überhaupt die Zurechnung; aber dass diese zunächst mehr nur auf die äusserlich wirklich gewordene That, auf den herbeigeführten Erfolg bezogen, der Wille im Allgemeinen ohne genauere Unterscheidungen von dolus und culpa gewürdigt wird, erklärt sich aus dem Standpuncte der Bildung, und findet seine Unterstützung in der gleichen bei den Orientalen, den Griechen, so wie den älteren Germanen vorkommenden Ansicht. Die *That*, aber auch nur sie, wie sie vorliegt, wird von dem Subject in ihrem ganzen Umfange übernommen, als dessen Schuld, und als ein Schicksal, das es mit seinen Folgen zu verantworten und zu tragen hat. Entscheidet aber der Erfolg, das Geschehene, auch ohne Rücksicht, ob dieser entschieden gewollt war, oder nicht, mit anderen Worten, wird die Absicht nicht allein, sondern auch culpa und sogar der casus als unglückliches Ereigniss gebüsst, und die Seite des Willens weniger selbstständig beachtet, so wird auf das, was herbeigeführt werden sollte und wollte, auf den Versuch, nicht gesehen, und ohne dass man dem Positiven eine sogenannte willkürliche Ansicht unterlegt, darf man dieses, was geschichtlich bestätigt ist, auch als eine für den ersten Standpunct der

Gesittung natürliche Erscheinung anerkennen. Wenn am Ende der Republik und nachher in so fern ein entgegengesetzter Gesichtspunct vorwaltet, als vorzugsweise auf die Absicht, und nicht blos auf den Erfolg gesehen wird, wie z. B. in der Lex Cornelia de sicariis, so darf man unbedenklich annehmen, dass nicht plötzliche Neuerungen, sondern allmählige Uebergänge Statt gefunden haben. Vielleicht liesse sich aus anderen, als gesetzlichen Quellen, insbesondere aus der sonst bekannten Bildungsgeschichte und aus dem, was hier aus der Analogie anderer uns bekannter Völker geschlossen werden darf, Einiges ergänzen, da hier von einem Punct die Rede ist, der, wie die Auffassung der Zurechnung, am wenigsten geeignet erscheint, lediglich durch Gesetze erschöpft zu werden. Was der Verfasser (S. 71—81.) vorbringt, ist sehr beachtenswerth. „Mag also die Sulla'sche Gesetzgebung den Grundsatz gleicher Strafbarkeit des Versuchs und der Vollendung aussprechen" — *erfunden* und zuerst *aufgestellt* hat sie ihn nicht. Wir können aber, die Richtigkeit der Sache angenommen, dem Verfasser nach seinen eigenen Ausführungen, diese Wendung oder Ausdrucksweise (er sagt, jener *Grundsatz* sei *entschieden ausgesprochen*) nicht, sondern nur so viel zugestehen, dass die Anwendung eines solchen Grundsatzes, der vielmehr nirgends als solcher ausgesprochen ist, anerkannt wurde. Auch scheint der Einfluss der Gesetze Sulla's auf die späteren leges, wenigstens formell, zu hoch angeschlagen, da jene selbst in ihren Bestimmungen nicht willkürlich, sondern Bestätigungen der allmählig aufgekommenen Ansichten sind. Allerdings aber bilden jene mit den unter J. Caesar und Augustus rogirten Gesetzen die Grundlage des römischen Strafrechts, welches die spätere Zeit weiter ausgebildet, aber nicht wesentlich umgestaltet hat (S. 80.). Der Verfasser giebt selbst zu, dass die Gesetze der beiden späteren Imperatoren, insbesondere über Staatsverbrechen, welche die Sulla'schen verdrängten, vielleicht ihrem Inhalte nach von diesen nicht wesentlich verschieden waren. Namentlich sei in der Lex majestatis von Sulla nicht wesentlich von dem früheren Recht abgewichen, und wiederum habe Cäsar in die seinigen den Inhalt desjenigen von Sulla aufgenommen. Der Grund aber, warum denn diese Machthaber eigene Majestätsgesetze erlassen haben, da doch der Inhalt der früheren ausreichte, müsse darin gesucht werden, „dass jeder, der auf eine ungewöhnliche Weise zu ungewöhnlicher Gewalt gelangt, leicht auf den Gedanken kommen könne, dieses Gesetz an seine eigne Person binden zu müssen, um ihm *) dadurch grösseres Ansehen zu verschaffen." „Und gewiss," fährt er fort, „hatte es zu Sulla's Zeit ein grösseres Gewicht und machte es einen grösseren Eindruck, wenn die Handlungen, welche der römischen Majestät zuwiderliefen, *ex lege Cornelia* gestraft würden, als wenn dieses aus der früheren *lex Apuleia* oder *Varia majestatis* geschehen wäre. Und aus gleichen Gründen liess wohl *Cäsar* dergleichen Handlungen lieber aus seiner eigenen *lex Julia* bestrafen, als aus der früheren *Lex Cornelia*." Diese Ansicht, die übrigens nur beiläufig geäussert und für die Betrachtung des Gegenstandes der Abhandlung ohne Einfluss ist, hat viel für sich. Allein es steht ihr doch manches Erhebliche entgegen. Die Machthaber, selbst späterer Zeit, besonders *Augustus* und zum Theil dessen nächste Nachfolger, suchten noch immer den Schein zu retten, und sich nicht in dem Sinn und Maass zum Mittelpunct zu machen, wie es hier behauptet wird. Der Schein der Willkür würde gewiss eher vermieden, und das Gehässige, die persönliche Beziehung, entfernt, wenn dergleichen Handlungen auf Grund eines früheren, unter anderen Verhältnissen erlassenen, Gesetzes geahndet würden, als wenn ein unmittelbar von dem jetzigen Machthaber ausgegangenes Gesetz zur Anwendung gebracht würde. Finden wir nun dennoch die entgegengesetzte Erscheinung, so dürfen wir wohl noch einen anderen, als jenen Grund, und gewiss nicht sowohl jene egoistische Rücksicht, annehmen, die zwar unzweifelhaft vorhanden, aber bei aller Frechheit und Anmaassung jener Herrscher, doch eher sich zu verbergen und hinter mehr objective Gründe zur wenigstens scheinbaren Rechtfertigung sich zu verstecken geeignet war, — als vielmehr eine theilweise Unzulänglichkeit jener Bestimmungen für die neueren Verhältnisse, die durch die Gesetzgebung, zu welcher ohnehin grössere Neigung vorwaltete, festgestellt werden sollten.

Was nun der Inhalt der ferneren Darstellung des Verfassers ist (II. S. 87. „neuestes römisches Recht"), deren Verdienstlichkeit bereits anerkannt wurde, so möge dieser mit dessen Worten angegeben werden, da ohnehin ein näheres Eingehen ins Einzelne zu einer nicht gestatteten Ausführlichkeit nöthigen würde. Der Anfang nämlich, und zugleich die Summa dieser Betrachtung,

---

*) Dem Gesetze? oder *sich* durch das auf seine Person und deren Schutz berechnete Gesetz?

die wir hiermit charakterisiren, ist *Folgendes*: „In dem ersten Capitel dieser Abhandlung ist bemerkt worden, dass es im römischen Rechte kein *formelles* Gesetz gebe, welches die Strafbarkeit des Versuches *als* allgemeinen Grundsatz ausspräche. Es ist ferner bemerkt worden, dass viele Handlungen, welche nach der Fassung der römischen Gesetze vollendete Verbrechen sind, materiell Nichts weiter enthalten, als den Versuch eines Verbrechens. Es ist endlich bemerkt worden, dass die unmittelbare Anwendung dieser Gesetze durch den Art. 178. zwar ausgeschlossen sei, aber dennoch dieselben für das richtige *) Verständniss dieses Artikels von der grössten Bedeutung seien. Denn in dem römischen Rechte finden wir den allgemeinen Grundsatz, den der Art. 178. enthält, bereits angewendet auf die einzelnen Verbrechen. Ich gehe daher *nunmehr* dazu über, die Versuchshandlungen zu den einzelnen Verbrechen anzugeben, welche nach römischem Recht bestraft wurden. Daraus werden sich alsdann am Schlusse des Capitels einige allgemeine Grundsätze ableiten lassen, welche die römischen Juristen bei Bestrafung des Versuchs befolgt zu haben scheinen." **)

Es folgt nun eine ausführliche Untersuchung über die in den röm. Quellen abgehandelten crimina, in der bei jedem die Vollendung den Handlungen gegenübergestellt wird, die, ohne dieselbe zu begründen, doch unter das Strafgesetz gezogen werden, und die wir als Versuche bezeichnen; so dass der Verfasser selbst sich hier öfters des Ausdrucks Versuch bedient, was jetzt, nach der früheren Ausführung, keinem Missverständniss mehr ausgesetzt ist. Mit der Weise, wie derselbe die Reihefolge rechtfertigt, bin ich aber gerade deshalb nicht ganz einverstanden, weil ich mich auf seinen sonst so richtig gewählten Standpunct versetze. „Bei der Darstellung der einzelnen Verbrechen aber und der Versuche derselben," (so bemerkt der Verfasser) „befolge ich die Ordnung, welche mir die natürlichste zu

*) Im Text steht wichtige; wohl ein Druckfehler.

**) Man sieht wohl, was der Verfasser hier sagen will, aber es ist nicht gut ausgedrückt. Zunächst, da die römischen Gesetze (leges im technischen Sinn) die Handlungen verpönen, welche *wir* als Versuch bezeichnen, und bereits Anwendungen eines allgemeinen Grundsatzes enthalten, jene aber älter sind, als die Juristen, so sollten nicht diese genannt werden. Ferner, wenn sich wirklich allgemeine Grundsätze *ableiten* lassen, so sind es solche nur, sofern sie wahrhaft galten und nicht blos befolgt worden zu sein *scheinen*. Letzterer Ausdruck soll wohl nur darauf gehen, dass der *Verfasser* seine Meinung nicht als eine ganz unzweifelhafte hinstellen will. *Grundsätze* werden aber überhaupt nicht abgeleitet, was ein Widerspruch ist, sondern aus den besonderen Anwendungen erkannt und nachgewiesen.

sein scheint, dass ich die Verbrechen zusammenstelle, je nachdem sie durch die Rechtsverletzung, auf welche sie gerichtet gewesen waren, unter einander verwandt sind. Ich fange bei den Privat-Verbrechen an, und zwar bei denjenigen, welche gegen die Persönlichkeit des Menschen gerichtet sind. Das schwerste dieser Verbrechen ist das Verbrechen der Tödtung."

Weder gegen den hier leitenden Gedanken, noch gegen die dadurch bestimmte Anordnung des Systems an sich, kann ich etwas einwenden. Im Gegentheil finde ich hier gerade eine Uebereinstimmung mit den in solcher Weise zuerst von mir aufgestellten Grundsätzen; so namentlich in der Unterscheidung der Verbrechen gegen die Persönlichkeit unmittelbar (S. 88.), und gegen die *Rechte* der Person, Vermögen u. s. w. (S. 174.) und darf mich auf vielfache Ausführungen deshalb beziehen *). Aber eine andere Frage ist es, ob diese, für eine systematische Darstellung des Strafrechts nach dem Standpuncte unserer Zeit passende, Anordnung nach Grundsätzen, die, wie die Rücksicht auf den Gegenstand der Verletzung, jetzt sich geltend machen und anerkannt werden müssen, dem *geschichtlichen* Standpuncte und dem römischen Rechte überall angemessen sei? Diese Frage glaube ich verneinen zu müssen. Schon, dass hier der Verfasser von Privatverbrechen spricht, und gleich darauf von der Tödtung nach den Bestimmungen der *lex Cornelia* handelt, erregt Bedenken. Denn wenn gleich die Tödtung nach jetziger Ansicht über den Gegensatz von öffentlichen und Privat-Verbrechen, und ihrem Begriffe und Gegenstand nach, bei uns zu den Privat-Verbrechen gehört, so ist sie doch im römischen Recht, bei welchem die processuale Rücksicht und die lex entscheidet, welche judicii publici ist, keineswegs dahin zu zählen, und es hätte um so mehr für die römische Darstellung jener Ausdruck vermieden werden sollen, als im Verlaufe der Erörterung auch von *delicta privata* im Sinne der Römer die Rede ist, bei welchen in Ansehung des Versuchs ganz andere Grundsätze gelten, da, wie auch der Verfasser richtig annimmt eine solche bei Vergehungen, die mit Vermögensbusse (der Strafe des mehrfachen Ersatzes) geahndet und im Wege der *actio*, nicht der *accusatio* verfolgt wurden, gar nicht Statt fand, d. h. nicht als strafbar, oder als Grund einer Entschädigungsforderung

*) In meinen Untersuchungen, dem System und dem Lehrbuche der Straf-R.W. und insbesondere in der diesem Gegenstande gewidmeten Abhandlung im Archiv des Criminalrechts. J. 1835. S. 367.

galt, als welche stets den wirklich herbeigeführten und in bestimmter Maasse zu berechnenden Schaden, oder das vollendete Verbrechen voraussetzte. Hierzu kommt, dass gerade bei der Fassung der *leges*, welche einzelne strafbare Handlungen aufzählen, der Gesichtspunct der Rechtsverletzung nicht hauptsächlich entscheidet, indem durch solche keineswegs die charakteristischen Unterschiede gegeben sind. So werden oft mehrere verschiedenartige Handlungen unter dasselbe Gesetz gestellt, und wiederum eine und die nämliche verletzende Handlung unter verschiedene Gesetze gezogen, wie eine Vergleichung der *leges Maj., de vi, Cornelia, Pompeja* selbst nach der Angabe des Verfassers zeigt. Man betrachte z. B. nur die *Brandstiftung.* Und gerade für diese Lehre ist die Berücksichtigung der Worte der einzelnen Gesetze, die Angabe der Fälle, die unter diesen stehen, das, worauf es ankommt; wogegen der Begriff der Verbrechen, besonders wenn wir unsere jetzigen dem römischen Recht unterlegen, hier nicht entscheidet. Der Verfasser hat, wie seine Ausführung zeigt, dieses nicht verkannt; aber eben darum wäre es besser und für die Sache fruchtbarer gewesen, die Darstellung des neuen römischen Rechts auch im römischen Geist und Colorit wieder zu geben. Wir würden die einzelnen leges, wo solche die Quelle sind, und zwar nach der Zeit ihrer Entstehung verfolgt, und dann den Uebergang zu deren Gegensätze, zu den *extraordinaria crimina* gemacht haben, um auch den innern nicht gerade stets äusserlich sichtbaren Entwickelungsgang möglichst aufzuzeigen.

Zum Theil, aber freilich aus äusseren Gründen, fallen die römischen und heutigen Gesichtspuncte für die Unterscheidung und Classificirung zusammen, und so macht sich der Missstand, wenigstens dem Inhalte nach, im geringeren Grade fühlbar. Nur Einzelnes bemerken wir gelegentlich. S. 94. gedenkt der Verfasser der Möglichkeit, „dass es von der Willkür des Richters habe abhängen können, je nachdem es ihm aus dem Julischen oder Cornelischen Gesetze zu entscheiden *beliebt*, ob Jemand, der einer und derselben Handlung schuldig war, mit der Strafe der aquae et ignis interdictio oder mit der Strafe des Schwertes belegt werden sollte.“ Er erklärt dieses selbst für unzulässig, „es lässt sich verständiger Weise nicht annehmen, weil es im höchsten Grade ungerecht gewesen wäre,“ und folgert daraus, dass die in dem einen und dem andern Gesetz bezeichneten Fälle, *qui pubes cum telo in publico fuerat* und *qui hominis occidendi causa cum telo ambulaverat,* auf zwei ganz verschiedene Handlungen zu beziehen seien, und nicht für gleich geachtet werden dürfen. Dieses zugegeben, so ist der Grund hiervon keinesweges zunächst der von ihm angeführte, dass es ungerecht gewesen wäre, der Willkür des Richters solche Gewalt einzuräumen, und dass diese deshalb verständiger Weise nicht anzunehmen sei. Es konnte überhaupt nach dem römischen Processe gar nicht vorkommen, dass der Richter — ein einzelner urtheilte ohnehin nicht — beliebig nach einem oder dem andern Gesetze entschied: die Anklage musste auf den Grund eines bestimmten Gesetzes, bei der hierfür angeordneten Quästion, angebracht, und es durfte im Fall der Concurrenz mehrerer Anklagen wegen einer Handlung, die unter verschiedene Gesetze gestellt werden konnte, zwar der Ankläger wählen, aus welchem Gesetze er auf Ahndung des Verbrechens antragen wollte, nimmermehr aber das Gericht, welches nur mit strenger Beobachtung der nach diesem Gesetze normirten Anklage zu verurtheilen oder freizusprechen hatte. Und selbst im letzteren Falle ist die Anstellung einer neuen Anklage aus einem andern Gesetze nur beschränkt gestattet. Der Verfasser scheint dieses (S. 983.) selbst anzuerkennen, und hätte daher obigen Satz weglassen sollen. Ferner nimmt derselbe in der beifallswürdigen Auseinandersetzung der Bestimmungen der *Lex Cornelia de sicariis* an, dass stets ein *bestimmtes* Individuum als Gegenstand des Verbrechens von vorn herein der Absicht des Schuldigen untergestellt worden sein müsse (S. 117.) verbis: „Gift verkauft, in der Absicht einen Menschen zu tödten, was aber, wie schon oft bemerkt worden ist, nur auf einen *bestimmten* Menschen bezogen werden kann," und „der Verkäufer wusste, dass die Substanz für einen *bestimmten* Menschen *bestimmt* war"). Hier legt er aber dem Gesetze, gegen das Verbrechen der Tödtung, eine zu beschränkte Bedeutung bei, ohne durch die Quellen dazu genöthigt zu sein. Auch wenn die mörderische Absicht zunächst eine unbestimmte war, irgend einen Menschen, oder einen aus einer grösseren Zahl bestimmter Personen ums Leben zu bringen, so fern nur in der Folge, und wo die Absicht in Handlung übergeht, die Unbestimmheit aufgehoben wurde, gerade wie bei dem Fall der sogenannten *aberratio delicti*, fand das Gesetz Anwendung *).

Zur *Lex Pompeia* rechnet der Verfasser (S. 121.) als Object auch *filii* (mit Berufung auf L. unic. Cod. IX. 17) und S. 123. „wahr-

*) L. 18 §. 3. D. de injuriis.

scheinlich auch Stiefsöhne." Aber jenes gehört einer viel spätern Erweiterung der Grundsätze jener Lex an, deren ursprüngliche, uns erhaltene Fassung, bei dem damals bestehenden *jus vitae et necis* des Vaters über die in der potestas stehenden Kinder, letztere nicht nennen konnte, sondern im Gegentheil bei der genauen Aufzählung der Personen, welche Object des Verbrechens sind, die Kinder weglässt; und auch noch später wird rücksichtlich dieser auch die *Mutter* als Subject des Verbrechens erwähnt, weil diese keine patria potestas, folglich kein Tödtungsbefugniss haben konnte *). Die L. 15. §. 1. D. de inj. erklärt der Verfasser S. 132., so wie sie Ref. in diesen Jahrbüchern (I. S. 89.) geglaubt hat, erklären zu müssen. *Zachariä* und *Luden* sind der, wie Ref. glaubt, richtigen Meinung, dass hier nicht von einer versuchten, sondern vollendeten Injurie die Rede sei. Wenn aber nur eine *utilis actio* Statt fand, so liegt der Grund, wie dort ausgeführt ist, nicht in der Annahme einer *symbolischen* Injurie, und der Verfasser hat wohl mit Recht eine solche hier nicht, sondern eine wirkliche angenommen, die schon in der drohenden Handlung liegt. — *Nicht* ganz einverstanden bin ich damit, dass S. 138. das Wort *praesumpserint* von dem Versuche und dem Gegensatze der Vollbringung verstanden wird. „*Qui castrare praesumpserint*" in Nov. 142. Cap. 1. soll entgegengesetzt sein dem „*castraverint*" (nämlich so müsse man es denken, da solcher Gegensatz nicht in der Stelle ausgedrückt ist.) Aber jener Versuch, der selbst bestraft werde, müsse natürlich in Handlungen übergegangen sein, und zwar in solche, die mit der Vollendung in nahem und unmittelbarem Zusammenhange stehen, darum heisse es: sancimus, ut qui hoc facere *praesumpserint*, ipsi patiantur quod aliis *fecerunt*, und der Verfasser erklärt letztern Satz von dem Versuche einer Castration, wenn die Haupthandlung zwar begonnen, aber die Entmannung selbst nicht gelungen war. Allein, ohne zu läugnen, dass jene solchergestalt beschaffene Handlung, die wir jetzt Versuch nennen würden, nicht ungeahndet blieb, so dürfte doch letztere Stelle nicht die Vollendung ausschliessen. In der Sprache der Constitutionen, wo ohnehin weniger technische Ausdrücke gefunden werden **), kommt diese Wendung *si quis praesumat*, *praesumserit* etc. häufig und für unzweifelhaft vollendete Verbrechen vor; es heisst nicht, wenigstens nicht

*) Meine Comm. de ant. Rom. jure crim. §. 36. N. 116.
**) Meine Strafrechtstheorien §. 25. Not. 75.

durchgängig oder ausschliesslich, wenn Jemand sich die oder jene Uebelthat vornimmt, gleichsam als Versuch, sondern geradezu: „wer sie *begeht*," so wie etwa bei uns gesagt wird, „wer sich unterfängt oder untersteht, das zu *thun*," in einer andern Bedeutung, als der Art. 178. von Straff *unterstandener* Missethat spricht*). Lieset man aber die Nov. 142., und nicht blos Cap. 1., sondern auch Cap. 2. ganz durch, so wird man sich besser als aus den wenigen Worten, die der Verfasser anführt, überzeugen, dass hier gerade von vollendeten**) Verbrechen die Rede sei. Im Cap. 1. heisst es: qui — quamcunque personam castrare praesumunt, aut etiam praesumpserint, siquidem viri sint, qui hoc facere praesumpserint aut etiam praesumunt, idem hoc, quod aliis fecerunt, et ipsi patiantur. — Sin vero mulieres sunt, quae id egerint, afficiantur et ipsae supplicio. Von dem Gegensatze, qui castraverint, ist nirgends gehandelt, und die ganze Bestimmung des Gesetzes bezieht sich auf das vollendete Verbrechen wenigstens auch, und wohl eher allein: und Cap. 2. si qui — aliquos detinere apud se castratos praesumpserint; damus etiam ipsis castratis licentiam, was, wie der weitere Inhalt des Gesetzes, wo am Ende nochmals jener Ausdruck vorkommt, nur von dem vollendeten Verbrechen verstanden werden kann. Ich verbinde hiermit eine verwandte Bemerkung, zu welcher S. 139. Veranlassung giebt. In L. 5. *ad leg. Jul. maj.* werden eine Reihe von Handlungen aufgezählt, welche dem Gesetze verfallen; dann heisst es am Schlusse: „*quive quid eorum, quae supra scripta sunt, facere curaverit.*" Letzteres bezeichnet der Verfasser als eine allgemeine Clausel, dass auch Jeder, der eines dieser Verbrechen *versucht* habe, gestraft werden solle." Diese erscheint ihm selbst hier als etwas Singuläres, nicht Auszudehnendes, so dass man daraus wohl schliessen dürfe, „dass, wo eine solche allgemeine Clausel nicht ist, auch keine andere als die im Gesetze einzeln beschriebenen Handlungen, und dass namentlich von diesen keine Versuche bestraft werden können." Der Verfasser giebt aber durch Annahme jener Clausel mehr zu, als nöthig ist. In der That ist kein Grund vorhanden, die Worte *facere curaverit*, abweichend von dem ge-

---

*) Die P. G. O. braucht selbst das Wort „unterstehen" nicht blos für den Versuch, sondern auch, wie nach dem gewöhnlichen Sprachgebrauche, für das Vollbringen des Unerlaubten, z. B. Art. 134. a. E. „leichtfertige leut die sich *artzenay understehen*, und der mit keinem grundt gelernet haben." Vergl. hierzu *Gobler* und *Remus* bei Art. 134 mit Art. 178.

**) Vergl. u. a. auch Nov. 117. c. 11. verb.: Si autem — adulteri puniantur.

wöhnlichen Sprachgebrauche, auf den Versuch zu beziehen, und dadurch einen Gegensatz zu den anderen, als vollendet bezeichneten Handlungen anzunehmen. *Curare* heisst hier, wie in ähnlichen Fällen *), veranlassen oder dafür sorgen, dass ein Andrer etwas thue, und bedeutet hier das, was wir intellectuelle Urheberschaft oder Anstiftung nennen, im Gegensatz zu der physischen oder unmittelbaren Verübung der verbrecherischen Handlungen, welche das Gesetz namhaft macht. Diess bestätigt sich noch mehr, wenn man die mit dem Schlusssatz, der nicht beendigt ist, sondern in die folgende Stelle hinüberleitet, in Verbindung stehende L. 4. berücksichtigt, welche gleich fortfährt: *Cujusve dolo malo jurejurando quis adactus est, quo adversus Rempublicam faciat:* etc. Auch entspricht dieses der in anderen Gesetzen beobachteten Weise, nicht nur den unmittelbaren Thäter, sondern auch den als der Strafe verfallen zu bezeichnen, *cuius dolo malo, ope, consilio* etc. *factum erit* etc.

Doch ich kehre zu der früheren Abhandlung zurück, um noch zu erinnern, dass, wie bestritten auch der Begriff der *directarii* sein möge (S. 193.), zwar mit Recht die Handlung derselben mit unseren qualeficirten Diebstählen verglichen wird, denn das ergiebt sich durch die Bestimmung *plus, quam fures puniendi sunt* unmittelbar. Aber dass „unter Directariat nur ein *Versuch* des Diebstahls zu verstehen sei," ist unerwiesen. Allerdings ist die Handlung, wie sie beschrieben wird, schon strafbar, wenn das *dirigere furandi animo* Statt gefunden hatte; aber darin liegt eben, ohne dass nothwendig der Diebstahl selbst erfolgt sein musste, das Charakteristische des Verbrechens, welches *als solches* ein eigenes vollendetes ist, und der Grund der gesetzlichen Auszeichnung liegt, wie ich an einem andern Orte ausgeführt habe, in dem *gewerbmässigen Treiben* solcher Frevel, wie denn die Römer Leute, die wir Diebe von Profession nennen würden, und die gerade auf bestimmte Arten des Diebstahls ausgehen, als *fures balnearii, abigei, saccularii* etc. und eben so *directarii* einer harten Ahndung unterwerfen, welche nicht nach den Grundsätzen des furtum als Pri-

*) Z. B. L. 15. §. 10. D. de injur. *si curaverit quis convicium alicui fieri, non tamen factum sit: non tenebitur.* Der Verfasser führt diese Stelle, die ihn auf die rechte Bedeutung hätte führen können, bei einer andern Gelegenheit an (S. 259.), wo er sie ganz richtig von einem Versuche versteht, oder bestimmter von der Nichtvollendung. Aber dieses ergiebt sich nicht aus dem Worte curaverit, sondern aus dem: non tamen factum sit. Der Beauftragte leistet nicht Folge, das Vergehen wurde gar nicht verübt, darum könnte auch der *Anstifter* nicht belangt werden.

valdelict bestimmt, und wobei nicht eine *furti actio* erfordert, sondern eine *extraordinaria cognitio* veranstaltet wird *).

In jener Abhandlung habe ich auch der *incendiarii* gedacht, und die Vermuthung ausgesprochen, dass, wie bei dem Worte *plagiarii*, ein gewerbmässiger Betrieb, eine Wiederholung, gemeint sei. Der Verfasser will (S. 204.) die Worte des Callistratus: „*Incendiarii capite puniuntur, qui ob inimicitias vel praedae causa incenderint intra oppidum, et plerumque vivi exuruntur,*“ von einer versuchten und nicht einer vollendeten Brandstiftung verstehen, doch setzt er selbst zweifelnd hinzu: „vielleicht.“ Wäre dieses der Fall, so würde eine ungemeine Härte entstehen; aber nicht nur spricht die Geschichte dieser Lehre, welche die Talion hier als ordentliche Strafe kennen lehrt, die in der Folge nur auf die schwersten Fälle beschränkt vorkommt, dafür, dass hier eine vollendete Brandstiftung gemeint sei, deren Begriff aber wohl nicht von dem Herbeiführen einer Feuersbrunst abhing, sondern es ist diese Strafe ohne Zweifel nur für *gewerbmässige* Brandstifter gesetzt, wofür auch die Worte *ob inimicitias vel praedae causa* sprechen. Sollte hier ein blosser, wenn auch nächster, Versuch zu verstehen, und nicht etwa eine, man weiss nicht welche, den Feuertod an Härte übertreffende, Strafe für die Vollendung gesetzt sein, so müsste man annehmen, dass Versuch und Vollendung gleich schwer geahndet worden wären, und so würde dieses Ergebniss die Auslegung von dem Versuche selbst wieder aufheben, da kein Grund vorhanden wäre, denselben von der Vollendung zu unterscheiden. Und in der That möchte man, nach römischen Grundsätzen, gerade bei diesem Verbrechen, dessen Erfolg so sehr ausser der Gewalt und Berechnung des Thäters steht, eine solche Gleichstellung oder die Erweiterung des Begriffs der Vollendung annehmen; wobei wir denn auch hier noch weniger zugestehend, als der Verfasser, welcher dem strafbaren Versuch engere Grenzen setzt, mit ihm übereinstimmen, dass andere, nur vorbereitende und jetzt sogenannte entfernte, Versuchshandlungen nicht in den Umfang der Strafbarkeit gezogen worden seien.

Nach der Erörterung, wie sie oben mit N. II. angegeben und mit wenigen Bemerkungen begleitet ist, kommt nun der Verfasser unter N. III. (S. 287.) auf „*allgemeine Grundsätze des römischen Rechts über den Versuch.*“ Er stellt zuerst das Er-

*) Im Archiv des Crim.-Rechts. Jahrgang 1836. S. 508.

gebniss hin: „Nach dem Bisherigen unterliege es keinem Zweifel, dass der Sache nach der Versuch des Verbrechens bestraft wurde.“ Nur, wie schon erinnert, gebe es kein allgemeines Gesetz, welches formell die Strafbarkeit des Versuchs als Grundsatz ausspreche. Darum sei nicht unbedingt die gewöhnliche Lehre richtig, dass bei *del. ordinaria* der Versuch regelmässig bestraft, bei *extraordinaria* und *privata* aber straflos erachtet worden — weder das eine, noch das andre finde sich ausgesprochen. Zwar sei meist der Sache nach es so, dass bei den *leges jud. publ.* Handlungen geahndet wurden, die wir als nicht vollendetes Verbrechen ansehen, bei den andern in der Regel erst nach vollständiger Rechts-Verletzung und gestiftetem Schaden die Rüge eintrat. Nur könne man nicht hinsichtlich der formellen Anwendbarkeit der römischen Gesetze andere Grundsätze für die eine und die andre Art der Delicte behaupten; vielmehr gelte für alle, ohne Ausnahme, der Grundsatz, dass nur solche Handlungen als strafbar angenommen werden können, welche im Strafgesetze beschrieben sind, und dass es von diesen keine weiteren strafbaren Versuche giebt.

Bei der Aufstellung der allgemeinen Grundsätze, die aus den speciellen Anwendungen durch Abstraction gefunden sind, beobachtet der Verfasser eine lobenswerthe Vorsicht. Dieser Theil seiner Abhandlung, wenn gleich es an Stoff zur Disputation nicht gebricht, muss besonders hervorgehoben werden. Um dem Leser eine vollständige Uebersicht zu gewähren, würde es nun nothwendig, die fünf Grundsätze (genau genommen ist eine solche Zahl unmöglich, als Grund kann nicht fünferlei, sondern nur einerlei gelten, woraus sich wohl einige *Regeln* ableiten lassen,), die hier aufgestellt werden, wörtlich und mit Bemerkungen mitzutheilen. Allein diess unterlasse ich schon desshalb, weil ich nicht eine solche Darlegung der Ergebnisse beabsichtige, die als Ersatz für das eigne Studium eines Werkes dienen sollte, das vielmehr zu solchem auch durch die gegenwärtige Anzeige dringend empfohlen werden soll, wenn es dessen bedürfte. Also nur folgendes: der Versuch wird lediglich bezogen auf Handlungen, die mit erweisbarem determinirten dolus unternommen waren, ein Verbrechen bestimmter Art und resp. bestimmter Grösse zu begehen: bei indeterminirtem dolus und bei culpa giebt es keinen Versuch *);

*) Ueber diese Unterscheidungen des *dolus*, wobei der Verfasser S. 261. noch eventuellen und alternativen dolus als gleichbedeutend nimmt,

ferner muss die Versuchshandlung von der Art sein, dass der Handelnde ohne neue Vorbereitungen und weitere Unterbrechungen das Verbrechen vollenden konnte. Von diesem Momente an giebt es keine weiteren Grade des Versuchs, welche eine verschiedene Strafe begründeten *). Ist dann das Gebiet des strafbaren Versuchs betreten, so kann der Schuldige sich nicht auf Reue berufen, um sich von der Strafe zu befreien. Die Strafbarkeit des Versuchs gründet sich auf durch die Handlung bekundete Absicht das Verbrechen zu vollenden; nur diese Handlung lässt mit Sicherheit auf jene Absicht schliessen, und es fällt daher, wenn sie vorliegt, die Strafbarkeit weder dadurch hinweg, dass die Versuchshandlung an und für sich rechtlich erlaubt oder gleichgültig ist, noch dadurch, dass aus irgend einem Grunde das Verbrechen nicht zu seiner Vollendung gebracht werden konnte. Endlich, was wohl am meisten mit den bisher fast allgemein angenommenen Ansichten streitet: „Es giebt keine versuchte Theilnahme und Beihülfe zu den Verbrechen, weder physisch noch intellectuell, und die Strafbarkeit des physischen Urhebers hängt nicht zusammen mit der Strafbarkeit der Theilnehmer.“ Hier würde eine Lehre, die selbst noch näherer Begründung bedarf, nach dem von mir oben angedeuteten Zusammenhange in Bezug genommen werden, um sichere Ergebnisse zu gewinnen. Wie sehr auch die vorliegende Ausführung beachtenswerth erscheint, so sind doch die Acten noch nicht für geschlossen zu halten.

Das dritte Capitel: „*System des einheimisch deutschen Rechts*“ beginnt mit einer Einleitung über den Bildungsgang des germanischen Strafrechts, einer Vergleichung der Principien desselben mit denen des römischen Rechts, welche mit dem Ergebniss schliesst, dass das erstere das, was wir Versuch nennen, gelinder ahnde, als die Vollendung, dass aber dieser Unterschied doch nicht von grosser Bedeutung sei. Zuweilen werden beide gleich hart gebüsst, weil überhaupt nicht so streng, wie bei uns, zwischen ihnen unterschieden wird; jedenfalls bezieht sich dieses nur auf jetzt sogenannte nächste Versuche; und nicht einmal alle Hand-

---

liesse sich so fern sie dem römischen Recht mit praktischen Folgen untergelegt wird, Einiges erinnern. Allein da der Verfasser diese Lehre selbst weiter auszuführen verheisst, so möge für jetzt ein näheres Eingehen unterbleiben.

*) Der letzte Satz folgt wohl nicht aus dem ersten für eine Periode, wo auch der römische Richter nicht mehr an absolut bestimmte Strafgesetze, sondern auch an das arbitrium gewiesen ist.

lungen, die wir als solche ansehen, wurden als Versuch bestraft. Da sich auch in den germanischen Rechtsquellen der allgemeine Grundsatz der Strafbarkeit des Versuchs nicht ausgesprochen findet, so lassen sich die Grundsätze nur an den einzelnen Verbrechen nachweisen. Diess hat der Verfasser „bei den wichtigsten Verbrechen" gethan. Wir müssen es uns versagen, hier näher in die verdienstliche Leistung einzugehen, die einen dankbar anzuerkennenden Beitrag zur Geschichte des germanischen Strafrechts liefert. Vielleicht wäre besonders für die Einleitung eine sorgfältigere Berücksichtigung dessen, was in der neuern Zeit zur Aufklärung des älteren deutschen Strafrechts geschehen ist, zu wünschen *); doch darf man zugeben, dass dieses für die Hauptsache, für den Gegenstand des Werkes nicht einen solchen Einfluss hätte haben müssen, der den Verfasser zu einer Aenderung seiner Ansichten veranlassen konnte — die etwanige Polemik hat sich innerhalb des von ihm selbst betretenen Gebiets zu bewegen. Es bleibt immer bemerkenswerth, wie die beiden vom entgegengesetzten Standpuncte ausgehenden Rechte auf ganz verschiedenem Wege der Bildung zu einem in der Hauptsache übereinstimmenden Ergebnisse gelangen. Nur ist nicht zu übersehen, dass, wie bereits erinnert ist, jene Grundsätze keineswegs so schroff sind, wie man sie wenigstens behauptet, und da haben wir auch den Verfasser auf unserer Seite; ferner, dass in einigen späteren germanischen Rechten unverkennbare Spuren des Einflusses des römischen Rechts gefunden werden, und dass endlich auch das canonische Recht, wenn es auch für diese Lehre nicht als eine unmittelbare Quelle zu betrachten ist, doch unter den bekannten *Verhältnissen* eine Vermittelung unter jenen verschiedenen Rechten herbeiführt, welche sich dann auch in den Arbeiten der Praktiker und Schriftsteller späterer Zeit findet, und daher von besonderer Wichtigkeit für die Gestaltung und das Verständniss des späteren Rechts, namentlich des einheimischen, ist. Von diesen handelt das *vierte Capitel*, welches mehr gewährt, als die Ueberschrift: *„System der Italienischen Praktiker"* besagt, indem auch die einheimischen, und zwar nicht blos die älteren, sondern auch die mit der P. G. O. gleichzeitigen und späteren, wenn auch nicht vollständig in den Kreis der Betrachtung gezogen werden. In

*) S. unter andern meine Untersuchungen S. 223., meine historisch-praktischen Erörterungen. Erste und zweite Abhandlung; *von Woringen* Beiträge zur Geschichte des deutschen Strafrechts. Berlin 1836.

letzterer Hinsicht erscheint es nicht ganz passend, dass von der P. G. O. erst in dem folgenden Capitel gehandelt wird, da denn nun schon früher von deren Auslegern die Rede ist; und da die P. G. O., obgleich sie durch Aufstellung eines allgemeinen Grundsatzes hier formell Epoche macht, doch dem Inhalte nach sich an die dogmatisch praktischen Ansichten der Zeit anschliesst, so würde ich auch hier eine Ordnung vorziehen, wie sie z. B. *Biener* in der Geschichte des Inquisitionsprocesses aufstellt, und ich selbst in den Beiträgen zur Geschichte des Beweisverfahrens im Strafprocesse, insbesondere zur Geschichte und Kritik des Reinigungs-Eides, durchgeführt habe *). Das Ergebniss, dass nach der italienischen Praxis der Versuch nicht bei leichteren Vergehen, sondern nur bei *atrociora delicta*, und auch hier meist nur als naher bestraft wurde, ist bekannt und auch von Andern oft hingestellt.

Nur Einiges erlaube ich mir kürzlich zu bemerken. Der Verfasser verlässt, auch in dem vierten Capitel selbst, man sieht nicht ein weshalb, die chronologische Folge. Er hebt die Wichtigkeit von *G. Remus* hervor, bemerkt in der Note (S. 427.), dass des *J. Gobler* Uebersetzung älter sei, und fügt dann hinzu (S. 428.): „Noch *etwas älter* ist *Chilian König*" und „ein anderes praktisches Werk dieser Zeit ist: der gerichtlich Process, aus geschriebenen Rechten und nach gemeinem im heiligen Reich deutscher Nation Gebrauch und Uebung. Frankfurt 1588." **) Von J. Gobler's Version heisst es: das Buch ist selten, aber niemals in grossem Ansehen und mir nicht zur Hand gewesen. Nur letzteres, nicht auch jenes, darf man zugestehen. Allerdings sind nur etwa vier Exemplare in Deutschland bekannt, und die wenigsten Gelehrten haben Gelegenheit gehabt dasselbe zu benutzen. Jetzt ist es durch die von mir ohnlängst veranstaltete Ausgabe den Freunden der Wissenschaft zugänglich ***). Aber so wie es über-

---

*) In den historisch-praktischen Erörterungen aus dem Gebiete des strafrechtlichen Verfahrens. Berlin 1833. S. 86—131.

**) Gleichfalls von *Gobler* S. meine Abh. im Archiv des Crim.-R. J. 1835. S. 1—25. und *Wächter* das. J. 1836. S. 128.

***) Es wird erlaubt sein, hier auf diese Ausgabe, die einem bisher oft gefühlten Bedürfniss abhilft, aufmerksam zu machen, besonders da die Wichtigkeit der Goblerschen Uebersetzung durch *Wächters* Lehrbuch mehr hervorgehoben ist. Während sie hier nicht benutzt ist, haben neuerlich *Zachariä* (die Lehre vom Versuch) und *Böhmer* (im Archiv. J. 1836. S. 533.) nur Abschriften der betreffenden Stellen aus dem in der Bibliothek zu Celle befindlichen Exemplar durch Vermittelung von Freunden erhalten können. S. jetzt noch meine Abh. im Archiv J. 1837. S. 306.

haupt wichtig ist, als Werk eines Zeitgenossen, so ist es auch insbesondere für den Art. 178. nicht ohne Bedeutung. Schon die Worte, die der Verfasser aus Walch's Gloss. anführt, „*adparentibus factis ad effectum sive completionem maleficii conducentibus*" sind für die entsprechende deutsche, und als neue Ansicht für eine Stelle, die verschiedentlich ausgelegt wird, erheblich; wie denn für einen andern, weiter unten zu berührenden Satz die Vergleichung von *Gobler* und *Remus* deshalb interessant ist, weil jeder eine andre Ansicht in Schutz nimmt. Hierauf, wie auf andre ältere Rechtsbücher, z. B. *Ulrich Tengler*, und einige wichtige Particularrechte und Sammlungen wäre es der Mühe werth einmal noch genauer zu achten. *Remus*, dessen Wichtigkeit der Verfasser für das Verständniss der C. C. C. hervorhebt, ist gerade hier, wie öfter, dem *Gobler* nachzusetzen. Er trägt weit mehr in die Stelle, und geradezu die Autorität einiger italienischen Praktiker, und für die Worte, die wir oben mitgetheilt haben, als Umschreibung der: „etliche scheinliche Werke, die zur Vollbringung der Missethat dienstlich," ist er viel zu ungenau: *si quis non extrinsecis tantum et remotis factis, ut apparatu telorum, veneni mali praeparatione* etc., *sed* p r o x i m i s, *quae ad perfectionem criminis pertingunt, maleficium designare conetur* etc." obgleich man ersieht, welcher Ansicht *er* sich ausschliesst. Doch finden wir später Veranlassung darauf zurückzukommen. — Ueber das Verhältniss von *Damhouder*, besonders zu dem Preuss. Criminal-Process von 1620, welches der Verfasser S. 431. Not. 1. nach Biener berührt, beziehe ich mich auf das, was ich in einer andern Schrift ausführlicher dargelegt habe *).

Den Beschluss macht das *fünfte Capitel*: „System der Carolina," welches nun auf Grundlage des Vorhergehenden dargestellt werden soll. Ein System stellt aber die P. G. O., selbst davon abgesehen, dass sie nur in dem einzigen Art. 178. von dem Versuche ausdrücklich spricht, und dafür einen allgemeinen Grundsatz angiebt — nirgends hierüber auf, und konnte es auch nach dem Gegenstande nicht, der zwar selbst eine Stelle im System einnimmt, aber nicht geeignet ist, ein System zu bilden.

Wir folgen dem Verfasser, welcher aus dem Art. 178., den er mit Recht zum Mittelpunct macht, einige Resultate ableitet, die

---

*) Meine Geschichte des Strafrechts und der Gesetzgebung der Brand. Preuss. Lande. Berlin 1835. S. 116. §. 20.

theils einfach angegeben, theils mit einigen Bemerkungen begleitet werden sollen.

Erstens. „Der Versuch ist weder Polizeivergehen noch Milderungsgrund der Strafe.“ Hiermit kann man sich nur einverstanden erklären.

Zweitens. Der Art. 178. bezieht sich nur auf den physischen Urheber des Verbrechens, d. h. nicht auf den sogenannten intellectuellen, weil von diesem „etliche scheinliche Werke“ nicht ausgehen können, und nicht auf den, der Hülfe und Beistand leistet zur Begehung eines Verbrechens. Denn nur wer an Vollbringung der Missethat wider seinen Willen verhindert wurde, wer also die Missethat selbst vollbringen wollte, ist als derjenige bezeichnet, der unter unseren Artikel fallen kann.“ Letzteres, und dass für diese, die deshalb nicht unbedingt straflos sind, der Art. 177. ausreiche, kann man zugeben; über Ersteres lässt sich streiten. Jedenfalls zugestanden, dass der Art. 178. nach wörtlicher Auslegung nur auf den physischen Urheber zu beziehen sei, dürfte deshalb nicht auf Straflosigkeit zu schliessen sein, wenn sich die Möglichkeit eines Versuchs hier darthun liesse, und in dieser Hinsicht müsste dann das römische Recht aushelfen, auf welches und seine desfallsige frühere Ausführung der Verfasser sich hier bezieht, der eine Erörterung hier geliefert hat, die, bei einer noch nicht erledigten, vielmehr jetzt erst wieder recht in ihrer Bedeutung hervortretenden Streitfrage zur genauesten Prüfung zu empfehlen ist.

Nach diesen, mehr remissiven Sätzen, folgt die positive Angabe des Inhalts des Art. 178. Wir dürfen hier den *dritten* Satz nicht anders als wörtlich wiedergeben, da er von besondrer Wichtigkeit ist, und die Auslegung des Verfassers, wie viel Widerspruch sie auch finden möge, durch seine geschichtliche Grundlegung nicht wenig unterstützt wird. „Die Anfangsgränze des Versuches liegt in dem Beginn derjenigen Handlung, durch welche das Verbrechen ohne neue Vorbereitungen und ohne weitere Unterbrechungen vollendet werden konnte und sollte. Es ist aber gleichgültig, ob diese Handlung eine wirklich positive war, oder ob sie nur in einer Unterlassung bestand. Eben so gleichgültig ist es, ob das Verbrechen im einzelnen Falle vollendet worden sein würde, wenn auch der Verbrecher nicht durch äussere Hindernisse unterbrochen worden wäre.“

Alles dieses folgert der Verfasser aus den Worten „etliche scheinliche Werke, die zur Vollbringung der Missethat dienstlich sein mögen," indem die P. G. O. nichts von dem römischen Rechte und den Ansichten der Praktiker Abweichendes einführen wollte. Wenn man lediglich die Worte „scheinliche Werke" berücksichtige, so könne dieses als gleichbedeutend gelten, mit „in die Augen scheinend" oder „äusserlich erkennbar," im Gegensatz zur blossen *cogitatio*, *cuius poenam nemo patitur*, aber so, dass auch blosse Vorbereitungen zu dem Verbrechen in jenem Ausdrucke begriffen seien. Hier hätte der Versionen gedacht werden sollen. *Gobler*, der sich meist streng an die Worte hält, aber als Zeitgenosse wichtig ist, sagt „*apparentibus factis*," und dürfte eher die hier verworfene Meinung unterstützen. *Remus* dagegen, der hier unzweifelhaft die italienische Praxis wiedergiebt, unterstützt des Verfassers Meinung, wonach jene Worte so viel sagen, als „beweisend, ausser Zweifel stellend, und zwar beweisend dafür, dass die Vollbringung des Verbrechens gewollt war," eine Ansicht, die, da sie wesentlich ist, auch durch die erstere nur weiter gehende, mehr umfassende, und die Anfangsgränze minder eng ziehende Auslegung nicht ausgeschlossen ist: „*Si quis non extrinsecis tantum et remotis factis, ut apparatu telorum, veneni mali praeparatione* etc., *sed* *p r o x i m i s*, *quae ad perfectionem criminis pertingunt, maleficium* *d e s i g n a r e conatur* etc." Nur auf diesen Beweis sollen sich auch die Worte beziehen: „Werke, die zu Vollbringung der Missethat dienstlich sein mögen," weil andre Handlungen als auch zu anderen Zwecken unternommen ausgelegt, und daher nicht als scheinliche für das beabsichtigte Verbrechen, d. h. nicht als beweisend dafür genommen werden können, dass Nichts Anderes, als ein bestimmtes Verbrechen durch dieselbe bezweckt war. Der Rechtfertigung seiner Ansicht fügt er die Erörterung der zwei, allerdings verschiedenen, Fragen hinzu, „ob ein strafbarer Versuch begangen werden kann auch durch blosse Unterlassungshandlungen?" und „ob auch von Unterlassungsverbrechen ein Versuch begangen werden könne?" — Fragen zu deren Beantwortung es nöthig ist, den Begriff der Unterlassung festzustellen *) und den Unterschied anzuerkennen zwischen solchen, die ihrer Natur nach selbst Handlungen, ein bestimmtes Benehmen und somit auch etwas Positives sind, und solchen, die in dem Nichterfüllen einer zur besondern Pflicht gemachten positiven Thätigkeit bestehen, und deren Thatbestand,

*) Mein Lehrbuch der Straf-R.-W. §. 73. 78. 91.

ohne Rücksicht auf einen Erfolg, nur in der Unterlassung besteht, mit welcher sie vollendet sind, und bei denen der Natur der Sache nach ein Versuch als solcher nicht Statt hat. Diess führt den Verfasser auf eine andere Streitfrage, die er, als durch jene Auslegung beseitigt, nur kurz berührt, nämlich auf das gewöhnlich aufgestellte Erforderniss eines Causalzusammenhanges. Derselbe bezieht nämlich, wie bemerkt, die Worte — „zur Vollbringung dienstlich" — nur auf den aus den scheinlichen Werken sich ergebenden *Beweis* der Absicht, wodurch um so mehr die Auslegung ausgeschlossen werde, welche das Erforderniss der Zweckmässigkeit der angewendeten Mittel aufstellt, als der Art. 178. gar nicht von *dienlichen Mitteln*, sondern von *dienlichen Werken* spreche, d. h. von Handlungen, die nicht anders, als auf den Zweck, eine Missethat zu vollbringen, gedeutet werden können. Durch diese Auslegung, die in dem von der P. G. O. aufgestellten Beweissystem nicht eben unterstützt wird, führt der Verfasser eine Härte ein, die er bei seiner sonstigen Beschränkung der Strafbarkeit des Versuchs entfernt hatte. Auch hier wollen wir die Version beachten. *Gobler* in den Worten: „*factis ad effectum seu completionem maleficii conducentibus*, spricht für die gewöhnliche Meinung; *Remus* in der Umschreibung: „*factis — proximis, quae ad perfectionem pertingunt*" könnte als übereinstimmend betrachtet werden, wenn nicht der Nachsatz — *maleficium designare* der entgegengesetzten Ansicht günstiger erschiene. Aber, wenn wir auch die Worte „scheinliche Werke" in der vom Verfasser vertheidigten Bedeutung nehmen, so nöthigt doch nichts, den Nachsatz lediglich auf diese, auf den *Beweis der Absicht* zu beziehen, die ohnehin auch ganz gut damit zu vereinigen ist, wenn wir die Worte — „zur Vollbringung dienstlich" von dem sogenannten Causalnexus verstehen, da gerade dann um so unzweifelhafter die Absicht erhellen wird, so fern es an den sonstigen Erfordernissen nicht gebricht. Denn eben bei diesem, nicht bei undienlichen Mitteln, wird sich die Deutung auf den Zweck, eine Missethat zu vollbringen, am meisten rechtfertigen, und es versteht sich, dass der Verfasser, indem er gegen die gewöhnliche Auslegung, so fern sie eine Beschränkung aufstellt, hier auftritt, sie durch seine umfassendere Auslegung nicht ausschliesst, d. h. er hält nicht dafür, dass die Handlungen nicht zweckdienlich sein sollen, sondern er erklärt den Umstand „für gleichgültig im Betreff der Strafbarkeit, ob durch dieselben das Verbrechen wirklich *vollendet* werden konnte, oder nicht." Nur hätte dann die Regel (S. 489.) „Handlungen, durch welche das Verbrechen ohne neue Vorbereitungen und ohne weitere Unterbrechungen vollendet werden *konnte und sollte,*" etwas anders ausgedrückt werden müssen, da diese Worte „vollendet werden konnte" in der That mehr zugeben, als der Verfasser geneigt ist, — allenfalls „konnte *oder* sollte," so wie auch das: „ohne weitere Unterbrechungen," wohl nur in unmittelbarer Verbindung mit dem Vorhergehenden, „ohne neue Vorbereitungen" zu verstehen ist, d. h. nicht auf die äusseren, von dem Willen des Schuldigen unabhängigen Unterbrechungen — wodurch der Versuch erst bestimmt wird — sondern auf solche, die der Handelnde selbst verursacht, indem er noch erst Vorbereitungen u. s. w. bedarf, bezogen werden muss. Wo solches der Fall wäre, würde nämlich der Anfangspunct des Versuchs *noch nicht* vorhanden sein. Das Gewicht, welches darauf gelegt wird, dass von „dienstlichen *Werken*" und nicht von „dienstlichen *Mitteln*" die Rede ist, ist zu hoch angeschlagen. Gegen eine möglichst wörtliche Auslegung der P. G. O. mag man im Ganzen nichts einwenden, obschon man nicht die äusserste Präcision des Ausdrucks fordern darf, und nicht selten ein etwas über die Wortbedeutung hinausgehender Gesichtspunct sich behauptet. Aber die *Anwendung* eines *Mittels*, so fern es „scheinlich" ist, gehört schon zu den *Werken*, und ein Werk bezogen auf einen *Zweck* (eine Beziehung, die der Verfasser selbst aufstellt), ist im Verhältniss zu diesem ein *Mittel.* Auf diese Worte ist aber auch deshalb weniger Gewicht zu legen, weil sie auch nicht gegen den Verfasser sprechen, wenn man auch Werke für Mittel *nimmt.* Denn, in so fern sie Mittel für seinen Zweck sein *sollten*, und seinen „bösen Willen" bekunden, so bleibt es immer eine andre Frage, ob sie Mittel (media) — Vermittlungen, im Verhältniss zu dem zu Vollbringenden waren oder sein konnten, und ob dieses Erforderniss in dem gedachten Satze aufgestellt sei, oder nicht. Aber geht der Verfasser nicht zu weit, wenn er, um zu zeigen, dass es für die Strafbarkeit gleichgültig sei, ob durch die Handlungen das Verbrechen wirklich vollendet werden konnte, oder nicht, sich folgendermaassen erklärt: „Man kann sogar sagen, dass immer, so oft eine verbrecherische Handlung blos bis zum Versuche kommt, dieselbe unzweckmässig war für die Vollendung. Denn da es immer eine Voraussetzung des strafbaren Versuches ist, dass der Verbrecher die Vollendung *wollte*, so folgt, dass er nur darum bei dem Versuche stehen blieb*), weil er dieselbe nicht erreichen *konnte*; wer aber Handlungen unternimmt, durch welche sein Zweck nicht erreicht werden kann, handelt in so fern immer unzweckmässig." — Hier gilt der Ausspruch von Gaius: speciosa magis, quam vera ratio. Der Verf. bezieht übrigens diese Auslegung auf zwei an sich verschiedene Fälle, den einen des fehlenden Causalnexus, der Unzweckmässigkeit der Mittel, und den andern, wenn das Verbrechen aus dem Grunde nicht vollendet werden konnte, weil das Object des Verbrechens gar nicht vorhanden war. In beider Hinsicht hält er die Grundsätze des röm. Rechts, wie sie von ihm entwickelt sind, für allein entscheidend. Folgerichtig ist für letzteren Punct z. B. der Satz S. 484. Not. 2, der hier freilich nur wie eine Behauptung steht.

Viertens. „Die Ausgangsgränze des Versuches ist die Vollendung des Verbrechens." Diese Bestimmung, abstract genommen, ist nicht zu bestreiten; in concreto fragt es sich, wann ein Verbrechen nach seinem besondern Thatbestande als vollendet anzusehen sei. Der Verf. nimmt mit Recht an, dass die P. G. O., deren allgemeiner Grundsatz auch für die Verbrechen nicht ohne alle Bedeutung bleibe, für welche das röm. R. die einzige Quelle der Entscheidung darbiete, sich hier eine genaue Gränze gedacht habe. Diess führt ihn zu der Erörterung über die Unterscheidung von Versuch und Vollendung nach der Carolina, mit Rücksicht auf die nicht ohne mannichfache Ausnahme geltende Regel, dass das einheimische Recht zur Consummation des Verbrechens einen gewissen Erfolg erfordere. Denn allerdings muss man hier das, was für das Strafmaass, und das, was für die Vollendung an sich in Betracht kommt, unterscheiden. Wenn nun im Allgemeinen das Verbrechen *vollendet* ist, so bald Alles geschehen und bewirkt worden, was zu dessen Begriffe gehört; *versucht*, wenn eine Handlung unter den angegebenen Erfordernissen zu diesem Zwecke unternommen war, aber denselben nicht erreicht hat (S. 499.), so wird ein Versuch nur bei solchen Verbrechen möglich sein, die nicht mit der ersten physischen Handlung, durch welche sie aus-

*) Der Satz ist vielmehr so zu fassen: nicht *er* blieb bei dem Versuche stehen, sondern *es* blieb bei dem Versuche stehen; und man kann die äusseren von dem Willen des Verbrechers unabhängigen Hindernisse der Vollendung nicht in eine Classe mit jenen, man kann die in der Handlung selbst liegende Unmöglichkeit der Vollendung nicht auf *eine* Stufe mit dem stellen, wodurch er wieder seinen Willen gehindert wird, und letztere sind dann mindestens in einem ganz andern Sinne unzweckmässig.

geführt werden, sogleich consummirt sind, als bei denen vielmehr Versuch und Vollendung gar nicht zu unterscheiden sind, sondern bei solchen, welche *Romagnosi* zusammengesetzte Verbrechen nennt; eine nicht gut gewählte Bezeichnung für Fälle, die eine Continuität von Thätigkeiten, die in die äusserliche Erscheinung fallen, erfordern. Nach der Meinung des Verfs. bezeichnet dieses die P. G. O. durch das Wort „etliche," d. h. *mehrere* „scheinliche Werke." Ohne Zweifel ist die Lesart „*etliche*" der andern „*ehrliche*" vorzuziehen, obgleich auch letztere in dem Sinne, wie die Anzeigen „redliche" genannt werden, sich vertheidigen lässt. Aber, wenn daraus auf das Erforderniss einer *Mehrheit* von Handlungen geschlossen werden soll, so ist dieses zu weit gegangen, und sicher kann auch eine einzige Handlung, z. B. das Führen des die Tödtung beabsichtigenden, aber nicht bewirkenden Streiches den Versuch nicht ausschliessen, so fern man nicht das sog. delictum perfectum ganz vom Versuche trennt. — Der Betrachtung des Thatbestandes der einzelnen Verbrechen nach der P. G. O. dürfen wir nicht mit ausführlichen Bemerkungen folgen; nur möge zu S. 491. über *die* richtige Bedeutung des Wortes „*Ursache*" *in Art.* 127. u. Bamb. 152. in Bezug genommen werden, was oben gegen *die* S. 289. behauptete Bedeutung von „*curaverit*" erinnert ist, da auch dort nicht „Versuch," sondern intellectuelle Urheberschaft gemeint ist. Richtig erklärt sich der Verf. S. 494. Not. 2. dahin, dass ein Beschwören dessen, was man *nicht kennt,* als *Wahrheit,* auch wenn es nicht als Unwahrheit objectiv erscheint, doch Meineid, und keineswegs kein Verbrechen sei, und stimmt hierin meiner Ausführung über diese Streitfrage bei *). Ueber Manches in der ganzen beachtenswerthen Ausführung lässt sich allerdings rechten, und es möge das, durch äussere Rücksichten des Raumes nöthige Uebergehen des Einzelnen nicht als ein unbedingtes Zugeständniss gelten.

Hieran schliesst sich die *fünfte Regel.* „Zwischen den angegebenen beiden Gränzen des Versuchs giebt es keine verschiedenen Grade desselben, in so fern man darunter die grössere Nähe *oder* Entfernung versteht, welche der Verbrecher bis zur Vollendung *der* Haupthandlung noch zurückzulegen hatte. Dagegen hat der Versuch desselben Verbrechens verschiedene Grade der Strafbarkeit, je nachdem er einen grösseren oder geringeren verbreche-

*) Im Archiv des Crim. R. J. 1834. S. 579, zu welcher Abh. ein Nachtrag schon vor längerer Zeit zum Druck abgegangen ist.

rischen Erfolg bereits wirklich hervorgebracht hatte oder mit Wahrscheinlichkeit hervorgebracht haben würde."

Die Rechtfertigung dieser Behauptung, die freilich der gangbaren Theorie entgegen ist, liefert die weitere Betrachtung, wobei man dem Vf. die Consequenz, mit der er aus seinen früheren Vordersätzen und der Auslegung der oben betrachteten Anfangsworte des Art. 178. hier argumentirt, nicht bestreiten kann. Wohl aber liesse sich diesen und seiner ferneren Argumentation Manches entgegensetzen. Die Worte, dass „in einem Falle härter gestraft werden solle, als in dem andern, angesehen Gestalt und Gelegenheit der Sache," sollen nicht auf Grade desselben Verbrechens, sondern auf verschiedene Verbrechen und Erfolge gehen. Aber dieses ist denn doch auch die praktische Bedeutung der Unterscheidung der Grade (die freilich, da „böser Wille" bestraft werden soll, nicht bei diesem, als einer Theilung unfähig, wohl aber bei der Art seiner Aeusserung, und wie er sich zu erkennen giebt, in Betracht kommen), dass die Handlung nach ihren beiden Seiten, der subjectiven und objectiven, gewürdigt werde, und dann schliesst die eine Rücksicht ja die andere nicht nothwendig aus. Darum soll schon allgemein der Versuch gelinder, als die Vollendung geahndet, das Nähere aber dem Ermessen nach den concreten Umständen überlassen bleiben, wobei, wenn die P. G. O. hier verweiset auf „Gelegenheit und Gestalt der *Sache*," diess nicht nothwendig einen ausschliessenden Gegensatz macht zu den Stellen, wo sie von „Gelegenheit der *Person* und der *Sach*" spricht, sofern nämlich auch das persönliche Verhältniss in Betracht kommt, wie es bei gewissen Verbrechen der Fall ist. Beachtenswerth ist auch hier der vom Verf. nicht berührte Unterschied der Versionen. *Gobler* überträgt: „*Sed in alio casu severius quam in alio, ex respectu et qualitate causarum*," und lässt bei diesem strengen Festhalten am Texte dieselben Zweifel wie dieser selbst. *Remus* giebt *seine* Meinung zu erkennen, die auch hier wieder dem Verf. zur Seite steht: „*extremo supplicio quibusdam a t r o c i o r i b u s casibus percellenda est: aliquando tamen gravius, interdum observato d e l i c t i g e n e r e levius punitur conatus.*" Aber hier ist dann mehr Dogmatik, als Uebersetzung.

Die *sechste Regel* ist: „Zu den Versuchen gehört der determinirte dolus, ein bestimmtes Verbrechen vollenden zu wollen. Wo der Wille der Vollendung fehlt, oder während der Versuchshandlung erlischt, ist kein strafbarer Versuch vorhanden." Die nöthigen Beschränkungen, unter denen dieser Satz und die Lehre der Reue anzunehmen ist, sind beigefügt, da sonst jene Regel missverstanden werden könnte. Jedenfalls, selbst wenn der Begriff eines strafbaren Versuches hier hinwegfällt, ist damit nicht überhaupt die Straflosigkeit der Handlung ausgesagt*).

Endlich, was mit der fünften Regel in Verbindung steht: „Der Versuch ist peinlich zu strafen, und zwar im Verhältniss zu der Strafe des vollendeten Verbrechens.“ Zweierlei folgt daraus, einmal, die gelindere Strafe, als für die Vollendung, aber doch mit Rücksicht auf die Strafe, die dem vollendeten Verbrechen gesetzt ist, worauf das Gesetz hinweiset, und was auch die Versionen bestätigen; und dann, nicht alle Verbrechen, sondern nur die, welche peinlich gestraft werden, lassen, wenn überhaupt, einen strafbaren Versuch zu, andere geringere nicht, womit freilich der Gerichtsgebrauch nicht ganz übereinstimmt. Aber hält man sich an das Gesetz, so muss man auch anderseits zugeben, dass, so fern für manche Verbrechen jetzt „*nicht peinliche* Strafen durch die Praxis eingeführt sind, mit der Strafart nicht auch der Grundsatz aufgehoben sei, dass das Verbrechen ein solches sei, von welchem auch der Versuch bestraft werde; nur ist ein solcher nicht zu ahnden bei Verbrechen, die so gering sind, dass die C. C. C. peinliche Strafe auf dasselbe zu setzen nicht für gut befunden hat.“

Das Gesetz stellt aber noch eine engere Gränze auf, die auch der Verf. anerkennt, ohne sie als eigene Regel aufzustellen. Nämlich der *Versuch selbst soll peinlich* bestraft werden (nach Art. 178. an Leib oder Leben), was noch etwas anderes ist, als dass der Versuch der peinlich (und nicht etwa geringer) zu bestrafenden Verbrechen geahndet werden soll. Daraus muss man denn doch wohl schliessen, dass die P. G. O. nur den höchsten oder nächsten Grad des Versuchs mit solcher Strafe belegt wissen wollte. Unsere Praxis und die auf sie gegründeten neuen Gesetzgebungen sind aber nicht hierbei stehen geblieben, sondern haben das allgemeine Princip der Strafbarkeit des Versuchs, ohne jene Beschränkung auf peinliche Verbrechen, auf peinliche Strafe auch des Versuches, angenommen. Im schwersten Falle kann nach dem Gesetze selbst eine

*) S. 517. heisst es: darüber, dass bei Mangel des dolus keine Strafbarkeit vorhanden sei, sei das römische Recht mit der Carolina vollkommen einverstanden. Diess ist, da die Sache sich geradezu umgekehrt verhält, und auch der Verf. der C. C. C. das römische Recht kennen konnte, ein Anachronismus und eine Ungenauigkeit des Ausdruckes, die man vermeiden sollte, und so wenig vertheidigt werden kann, als z. B. die Wendung S. 497. „der Dieb wollte gar keinen deutschrechtlichen Diebstahl begehen.“

Lebensstrafe, im geringsten Falle müsste doch wenigstens eine peinliche Strafe eintreten. Wendet man jedoch den Grundsatz auf unsere neueren Rechte an, so weit diese durch das gemeine Recht zu ergänzen sind, und dasselbe nicht etwa ganz ausschliessen, so würde unzweifelhaft nicht die Bedingung gelten können, dass das Minimum einer Strafe für den Versuch in jedem Falle auch eine peinliche Strafe sein müsste. Insbesondere wo die Unterscheidung von Graden des Versuchs dogmatische Gültigkeit erlangt hat, oder wo verschiedene Stufen der Strafbarkeit angenommen werden, könnte es vorkommen, dass die Strafe des Versuchs eines Verbrechens, welches im Falle der Vollendung mit dem niedrigsten Maasse peinlicher Strafe geahndet wird, unter dieses Maass sinkt (da er gelinder gerügt werden soll) und folglich nicht eine peinliche wäre — was schon von der P. G. O. abweicht, und ferner, dass zwar auch auf den Versuch im Allgemeinen noch eine peinliche Strafe stünde, die aber für den concreten Fall wieder zu einem, diesen Charakter ausschliessenden, Minimum herabsinke, wie diess nach den neuesten Gesetz-Entwürfen und der Unterscheidung der peinlichen und bürgerlichen Strafen Statt findet.

Doch genug. Wenn ich mir versagen muss, weiter ins Einzelne einzugehen, so ist doch diese Anzeige ausführlich genug geworden, um dem Verf. den Beweis zu geben, mit welcher Theilnahme und Aufmerksamkeit ich dessen verdienstliche Leistung zum Gegenstande des Studiums gemacht habe, und den wohlwollenden Lesern bemerklich zu machen, welche Bereicherung die Literatur durch eine in so vieler Hinsicht gelungene Arbeit erhalten habe. Den Schluss der dem andern Werke gewidmeten Anzeige darf ich auch hierher beziehen*).

J. F. H. Abegg.

*) Indem ich diese längst für unsere Jahrbücher bestimmten Blätter abzuschicken im Begriff bin, erhalte ich die in diesen (Heft IX.) befindliche Anzeige meines Lehrbuchs, als deren Verf. Herr Dr. *Luden* sich nennt. Ich trage kein Bedenken meine Arbeit an den Ort der Bestimmung abgehen zu lassen, da ich hoffen darf, meine nur im Interesse der Wissenschaft gemachten, nirgends etwas anders als die Sache selbst betreffenden, Bemerkungen nicht durch die Thatsache der gegenseitigen Recension gemissdeutet zu sehen, die mir unbekannt war. Auch wird der Leser wohl sehen, dass ich weder durch die wohlwollende Anerkennung meiner wissenschaftlichen Leistungen, und das mir über mein Verdienst beigelegte Lob bestochen, noch durch die gemachten Ausstellungen, deren Richtigkeit ich nicht durchgängig zugestehen kann, eingenommen bin, wie ich denn auch diese Anzeige, ganz unabhängig von jener seitdem erschienenen, so wie sie sich bei dem Durchlesen des Werkes gebildet hatte, ausgearbeitet habe.

Staatsrechtliche Bedenken über das Patent S. M. des Königs Ernst August von Hannover vom 5. Julius 1837. (Aus der Allgemeinen Zeitung.) Zweite verm. und verb. Aufl. Stuttgart u. Tübingen, Cotta, 1837. IV. und 30. S. gr. 8. (24 kr.)

Das k. hannoversche Patent, die deutschen Stände und der Bundestag. Publicistische Skizze. Leipzig, Brockhaus, 1837. XII. und 81. S. 8. (36 kr.)

Es ist schwer zu sagen, ob es eine grössere Verlegenheit ist, wenn der Vertheidiger einer auffallenden Handlung solche scheinbare Gründe vorbringt, dass man im ersten Augenblicke trotz des tiefen Gefühles des begangenen Unrechtes doch keine schlagende Widerlegung aufzufinden weiss, oder wenn ein solcher gar keine irgend erträgliche Rechtfertigung seiner Meinung oder That entwickelt. Auch in letzterem Falle nämlich steht man ihm verlegen gegenüber, theils weil man strauchelt, ob nicht doch nur die eigene Stumpfheit an dem Auffinden und Begreifen versteckterer Gründe hindert; theils in dem Zweifel, wie man unter solchen Umständen den Satz des zureichenden Grundes begreiflich machen soll. Man ist freilich dann leicht geneigt, sich kurzweg mit einer kategorischen Apostrophe zu helfen; allein dieses Verfahren ist doch weder überall rä'hlich, noch wird man dadurch eigentlich weiter gefördert.

Der Unterzeichnete gesteht offen, dass er sich jetzt in einer Verlegenheit dieser letzteren Art befindet, da es sich für ihn davon handelt, bei einer Anzeige der vorstehenden kleinen Schriftchen auf die Rechtsgründe der hannöverischen Patente vom 5. Juli und 1. Nov. 1837. prüfend einzugehen. So weit wenigstens seine Kenntniss der Geschichte und des öffentlichen Rechtes geht, ist kein Actenstück vorhanden, welches einen Schritt von ähnlicher Wichtigkeit mit so wenig stichhaltigen Gründen zu stützen versuchte, als sie die genannten Patente, besonders aber das letztere, vorbringen. Die Suspension, ja den Umsturz der Verfassung eines ganzen Königreiches auf eine solche Weise zu rechtfertigen! Es ist ohne Beispiel. Und dass es den Verfassern der beiden Manifeste nicht am Willen gefehlt hat, das Beste zu sagen, was sie für das Unternehmen zu sagen wussten, beweist schon die Thatsache ihrer Bemühung um einen Beweis. Sie wollen offenbar dem

Volke zeigen, dass kein Act der Willkür, sondern eine rechtbegründete Handlung vorgenommen werden soll; sonst hätten sie zu einfachem Handeln ohne weiteres Raisonnement gerathen. Liegt also der Grund dieser Nichtigkeit der vorgebrachten Gründe in der inneren Unvertheidigbarkeit der Sache, in der Persönlichkeit der Verfasser der Actenstücke, oder in Beiden vereinigt? Folgende kurze Bemerkungen mögen dienen, dem Leser die Beantwortung dieser Frage zu erleichtern. Ihre Entwickelung ist auch in so fern nicht vergeblich, als sie die Charakterisirung der vor uns liegenden Schriften, somit die unmittelbare Aufgabe, vorbereitet und abkürzt.

Es ist ohne Zweifel am zweckmässigsten, zuerst die Thatsachen, welche von staatsrechtlicher Wichtigkeit sind, festzustellen; sodann die Gründe aufzuführen, welche für den jüngsten Versuch gegen die Verfassung von 1833. vorgebracht worden sind; drittens dieselben zu würdigen, sowohl an sich, als in ihrer Bedeutung für die verantwortlichen Urheber der beiden Patente; endlich noch einige Bemerkungen über die rechtliche und politische Bedeutung der fraglichen Patente beizufügen.

I. Die *Thatsachen.*

Wenige deutsche Länder trugen, ehe sie durch die französische Revolution erreicht wurden, so sehr den Stempel des Geschichtlichen und Zufälligen in ihrer ganzen Einrichtung, als das Kurfürstenthum Hannover. Kaum konnte es Ein Staat genannt werden, sondern nur ein Aggregat von verschiedenen Provinzen. Namentlich hatte es keine gemeinschaftliche Stände-Versammlung, sondern jeder der Hauptbestandtheile besass seine eigenen Stände, mit eigenen Schatzcollegien, Steuern, Schulden. So waren die Calenbergischen, die Lüneburgischen, die Hoya'schen, die Bremen-Verdeschen, die Sachsen-Lauenburgischen und die Hadeln'schen Stände; sämmtlich unter sich wieder mehr oder weniger im Einzelnen verschieden, doch — mit Ausnahme der im Lande Hadeln — hauptsächlich in den Händen des Adels.

Alle diese Einrichtungen stürzte der Sturm der französischen Eroberung um, und es nahm der zu Frankreich geschlagene Theil des Landes an der französischen, der übrige an der westphälischen Reichs-Verfassung Antheil.

Als aber im J. 1813. Hannover zurückkehrte unter seine angestammten Fürsten, wurde auch wieder ein beträchtlicher Theil der alten Einrichtungen erweckt, und selbst die Zahl der provinciellen Stände-Versammlungen (welche um die Hadelnsche vermindert blieben) durch die Einsetzung von Osnabrückischen, Hildesheimischen und Ostfriesischen Ständen vermehrt. Jedoch trat dabei eine wesentliche Aenderung ein. Es wurde nämlich bald nach Wiedereinrichtung einer hannöverischen Regierung unter dem 12. Aug. 1814. auch eine *allgemeine* Vertretung des ganzen Landes zusammenberufen, und zwar in der Form eines aus 10 Abgeordneten ehemaliger geistlicher Stifte, 43 des Adels, 29 der Städte und 3 der unadeligen freien Landbesitzer bestehenden provisorischen allgemeinen Landtages. Nicht alle Verbesserungen der Fremdherrschaft sollten nämlich vertilgt werden; eine Vereinigung aller Provincial-Schulden zu einer allgemeinen Staatsschuld; so wie die Vereinigung der verschiedenen Steuerverfassungen zu einem Landessteuer-Systeme schien auch für die Regierung so zuträglich, dass man sich *dem Opfer* einer theilweisen Annäherung an das Einheits-System glaubte unterziehen zu müssen.

Diese ganz neue Einrichtung (mit welcher die in schweren Kriegszeiten wohl früher auch einberufenen Deputationen der einzelnen *Landschaften* nicht verglichen werden können) ging *lediglich von der Regierung* aus, ohne dass die einzelnen Landestheile oder die Stände derselben irgend um ihre Zustimmung befragt worden wären; nur wurde, so viel bekannt geworden ist, mit der einberufenen Versammlung über ihre Einrichtung und über die den Provincial-Landschaften zu belassenden Rechte Berathung gepflogen. Mancherlei wichtige Staatsangelegenheiten, theils von vorübergehender, theils von bleibender Natur wurden mit dieser provisorischen Versammlung verhandelt; ob mit allgemeinem Beifalle, mag dahin gestellt bleiben.

Erst durch Schreiben vom 8. Januar 1819. kündigte der Prinz Regent an, dass er beabsichtige, eine *bleibende* allgemeine Landesvertretung zu errichten, und verlangte über die Einzelnheiten das *Gutachten* des Landtages. Es sind die Anträge des letzteren nicht bekannt gemacht worden; allein es erhellt aus dem Eingange des Patentes vom 7. Dec. 1819., dass sie keineswegs alle angenommen wurden; denn es heisst, „dass in Ansehung der Puncte, bei welchen eine Abänderung von ihr (der provisorischen Ständeversammlung) in Antrag gebracht worden, deren Wünsche thunlichst berücksichtigt worden seien.“ Dessenungeachtet wurden die provisorischen Stände nun aufgelöst und durch das eben angeführte Patent ohne weitere Verhandlung *nach der von der Regierung ein-*

seitig beschlossenen Form eine allgemeine Stände-Versammlung angeordnet und am 15. Dec. eröffnet.

Die neue Versammlung bestand aus zwei Kammern. In die erste Kammer sollten eintreten: die Standesherren, der Erblandmarschall, die ritterschaftlichen Besitzer eines Majorates von 6000. Thaler Einkünften, der Präsident des Obersteuercollegiums, die ritterschaftlichen Mitglieder des landschaftlichen Schatzcollegiums, die Präsidenten der Lüneburgischen und der Bremischen Landschaft, 33. von der Ritterschaft zu wählende Abgeordnete, die katholischen Bischöfe und die protestantischen Aebte der höheren Stifter. In die zweite Kammer wurden berufen: die nichtadeligen Mitglieder des Schatz-Collegiums, 3. Abgeordnete der geistlichen Güteradministration, die Abgeordneten der kleineren Stifter, ein Abgeordneter der Universität Göttingen, 29. Abgeordnete von Städten, 22. Abgeordnete der nicht ritterschaftlichen Grundbesitzer. — Hinsichtlich der Stände-Versammlung wurde ausgesprochen, dass es keineswegs die Absicht sei, eine ganz neue Verfassung auf der Grundlage nach unerprobter Theorieen zu errichten, und dass daher auch, wie bisher, mit den Provincial-Landschaften werde über örtliche Angelegenheiten communicirt werden; sondern dass es sich nur davon handle, der allgemeinen Ständeversammlung in Beziehung auf die das ganze Königreich betreffenden Gegenstände die schon längst den Provincial-Landtagen in ihrem Kreise zugestandenen Rechte einzuräumen. Demgemäss sollten die allgemeinen Stände namentlich das Recht der Verwilligung und Mitverwaltung der Steuern, bei allgemeinen Landesgesetzen aber eine berathende Stimme haben. Die übrigen Verhältnisse der Ständeversammlung, namentlich die Geschäftsordnung und die Bestimmungen über Vertagung und Auflösung, wurden einfach in einem von der Regierung den Ständen bei ihrer Eröffnung übergebenen Reglement vorgeschrieben. — Der König behielt sich (in §. 8. des Patentes) ausdrücklich vor: „nach den zu sammelnden Erfahrungen in der Organisation der allgemeinen Stände-Versammlung diejenigen Modificationen eintreten zu lassen, deren Nothwendigkeit sich etwa im Verlaufe der Zeit an den Tag legen möchte.“

Die unter dieser octroirten Verfassung geführte Regierung des Landes wusste bekanntlich die allgemeine Stimmung nicht für sich zu gewinnen. In Folge der Juli-Revolution entstanden Aufruhr-Bewegungen, und wenn auch diese schnell unterdrückt wurden, so machte sich doch eine so tiefe Aufregung der nichtprivilegirten Stände bemerklich, dass sich die Regierung 1831. zu deren Beseitigung entschloss, ausser einigen anderen auf Erleichterung der zahlreichsten Classen berechneten Maassregeln, den Entwurf eines neuen Grundgesetzes von einer Commission unter Zuziehung von je 7. Mitgliedern der beiden Kammern bearbeiten zu lassen. Weil zu einer Beendigung der Berathung des Grundgesetzes mit der bestehenden Stände-Versammlung, deren Mandat nächstens zu Ende ging, doch keine Hoffnung war, so wurde die Wahl einer neuen Versammlung ausgeschrieben, und zwar dieser, *durch einseitige königliche Bestimmung*, ein Zusatz von 16. Abgeordneten des bisher nicht genugsam vertretenen Bauernstandes gegeben. Nach langen und mühseligen Verhandlungen zwischen den beiden, in den wichtigsten Puncten sehr verschiedene Richtungen verfolgenden Kammern kam endlich im März 1833. eine Uebereinkunft derselben zu Stande, welcher gemäss sie im Wesentlichen dem Verfassungs-Entwurfe ihre Billigung gaben, doch manche Veränderungen in demselben verlangten. Die Regierung machte unter dem 26. Sept. 1833. das neue Grundgesetz bekannt, in der Einleitung des Patentes erklärend, dass sie den meisten Vorschlägen der Stände ihre Billigung nicht versagt habe, und nur in 14., einzeln aufgeführten Puncten diese einer Abänderung bedürftig gefunden habe. Diese Abänderungen waren in das Grundgesetz, so wie es verkündet wurde, bereits aufgenommen.

Am 8. Dec. 1833. trat die neue, durch dieses Grundgesetz angeordnete, und nach ihren Vorschriften ernannte oder gewählte, Stände-Versammlung zusammen. Vom Vice-König mit einer Thronrede eröffnet, trat sie ihren Wirkungskreis mit einer Dankadresse (vom 17. Dec. 1833.) an, in welcher sie erklärte, das Staatsgrundgesetz, *so wie es vom Könige publicirt sei*, anzunehmen. Auch bei keiner andern Gelegenheit wurde eine Verwahrung gegen die von der Regierung wider die Ansicht der begutachtenden Versammlung einseitig aufgenommenen Puncte eingelegt. Den näheren Inhalt dieser Verfassungsurkunde hier anzugeben erscheint als überflüssig, da es sich zunächst noch nicht von der Gültigkeit einzelner Bestimmungen handelt; nur sei so viel bemerkt, dass in Beschränkung der königlichen Rechte dieses Grundgesetz die Bestimmungen mancher anderen von den neuen deutschen Verfassungen nicht einmal erreicht, und dass durch dieselbe, nach dem Vorgange anderer solcher Verfassungen, die Domanialgüter sämmtlich dem Staate als Krongut überlassen und dagegen dem Könige für sich und seine Familie die Zinsen aus einem in dem englischen Fonds angelegten Capitale (von 600,000. Pf. St.) und ein Reinertrag von 500,000. Thlrn. aus einem auszuscheidenden Complexe von Domanial-Gütern und Rechten ausgesetzt worden sind. Der Schluss der neuen Verfassungs-Urkunde enthält die Bestimmung, dass Abänderungen derselben nur in Uebereinstimmung des Königes und der allgemeinen Stände-Versammlung getroffen, und nur in Folge eines, auf zwei nach einander folgenden Diäten gefassten gleichmässigen Beschlusses angeordnet werden können.

Vom Jahre 1833. an wurden alljährlich die verfassungsmässig gebotenen Landtage gehalten und, freilich oft genug an dem Widerstande der Bevorzugten scheiternde, Versuche zur Durchführung der Folgen des neuen Grundgesetzes gemacht. Die ständischen Geschäfte rückten langsam, auch jetzt wieder wenig von der Meinung des grösseren Theiles des Volkes gebilligt, allein gesetzlich fort.

Nach dem Tode des die Verfassung verkündenden Monarchen, *Wilhelm's* IV., kam in dem jetzt wieder von England getrennten Königreiche der älteste Bruder, *Ernst August*, bisher Herzog von Cumberland, zur Regierung. Anstatt dass der neue König die in §. 13. des Grundgesetzes verlangte Versicherung der unverbrüchlichen Festhaltung der Landesverfassung ertheilt hätte, wurden vielmehr alsbald die gerade versammelten Stände vertagt, und es erschien unter dem 5. Juli 1837. ein Patent, in welchem erklärt war, dass die Verfassung vom Jahre 1833. den König weder formell noch materiell binde, dass derselbe die Frage, ob und welche Aenderungen etwa einzutreten hätten, einer reifen Erwägung unterstellen und das Ergebniss derselben der allgemeinen Stände-Versammlung eröffnen werde. Die Contrasignatur dieses Patentes, hiess es weiter, sei von den auf das Staatsgrundgesetz verpflichteten Ministern nicht verlangt, sondern von dem mit Weglassung der Verpflichtung auf das Grundgesetz in Eid genommenen (bisherigen Geheimerath) Cabinets-Minister *v. Schele* allein vorgenommen worden. — Nachdem wirklich zuerst eine Commission unter dem Vorsitze des Ministers *v. Schele*, später der Justizkanzleidirector *Leist* (früher als Staatsrechtslehrer bekannt) mit einem Gutachten beauftragt worden waren, erschien unter dem 30. Oct. eine Proclamation, durch welche die am 30. Juni vertagten Stände aufgelöst wurden, und unter dem 1. Nov. ein zweites Patent, in welchem auf den Grund jener Gutachten abermals das Grundgesetz als für den König nicht bindend und demnach für erloschen erklärt, die gesammte Staatsdienerschaft ihres Eides auf diese Verfassung entbunden, und die alsbaldige Einberufung der durch die Verfassung von 1819. angeordneten Ständeversammlung zum Behuf der Vorlegung weiterer königl. Anträge angekündigt würde. In diesem Patente wurden dann auch die in dem ersteren gänzlich übergangenen Gründe der Ungültigkeit des Grundgesetzes von 1833. erörtert, einige Andeutungen über die vom Könige in Betreff der neu zu gründenden Verfassung zu machenden Anträge gegeben, und endlich das Versprechen beigefügt, an der Personen- und Gewerbe-Steuer vom 1. Juli 1838. an jährlich 100,000. Thlr. nachzulassen.

Schon gegen das Patent vom 8. Juli hatten die Stände-Versammlungen, oder wenigstens einzelne Kammern, in Baden, Bayern, Königr. Sachsen und Kurhessen sich erklärt, ihre Regierungen zum Schutze gegen die bedrohte hannöverische Verfassung durch Einwirkung auf den Bundestag aufgefordert; gegen das Patent vom 1. Nov. erklärte sich noch die inzwischen zusammengetretene Versammlung des *Herzogth.*-Braunschweig. In einigen dieser Staaten *suchten zwar* die Regierungs-Commissäre den Gegenstand als *nicht zum* Bereiche ständischer Wirksamkeit gehörig zu bezeichnen; in keinem aber wurde eine Billigung des Schrittes selbst ausgesprochen. Welche Wendung die Dinge in Hannover selbst nehmen werden, ist bis jetzt (Anfang December 1837.) noch nicht zu ermessen. Der deutsche Bund hat nach Bekanntmachung des Patents vom 1. Nov. seine gewöhnlichen Ferien gemacht, ohne vorher einen Beschluss zur öffentlichen Kenntniss zu bringen.

II. *Die zur Rechtfertigung der Aufhebung der Verfassung von 1833. angeführten Gründe.*

In dem Patente vom 5. Juli sind *gar keine* Gründe angegeben, warum das Grundgesetz von 1833. S. M. den König Ernst August weder formell noch materiell binde, man müsste denn die beiden Sätze für Gründe gelten lassen: „dass das fragliche Gesetz *den* nur auf die Förderung des Wohles der getreuen Unterthanen *gerichteten* Wünschen des Königs in vielen Puncten nicht entspreche“ und „dass derselbe darin eine hinreichende Gewähr für das dauernde Glück der getreuen Unterthanen nicht finden könne.“

Das Patent vom 1. Nov. dagegen sucht den Satz, dass das Staatsgrundgesetz nicht bindend sei, ausführlich zu vertheidigen. Die vorgebrachten Gründe zerfallen in folgende Sätze:

Regierung und Stände seien bei Errichtung des Staatsgrundgesetzes davon ausgegangen, dass dasselbe nur vertragsmässig durch einhelliges Zusammenwirken des Königes und der Stände zu Stande kommen könne. Nun sei aber dieser Grundsatz auf mehrfache Weise verletzt worden, denn es seien mehrere von der Stände-Versammlung gemachte Anträge von der Regierung nicht gebilligt, sondern dasselbe mit den für nöthig erachteten Aenderungen, ohne vorherige Mittheilung an die Stände noch Genehmigung derselben, bekannt gemacht worden.

Durch dieses Zustandekommen des Gesetzes sei der Art. 56. der Wiener Schluss-Acte zum Nachtheile der bis dahin in anerkannter Wirksamkeit gestandenen Verfassung von 1819. verletzt worden.

Das Grundgesetz enthalte überdiess mehrere Vorschriften und Bestimmungen, welche sich als vollkommen ungültig und unverbindlich aus dem Grunde darstellen, weil sie die *agnatischen Rechte* des Königs tief kränken; eben so solche, welche selbst seine Regierungs-Rechte wesentlich verletzen.

Der König habe den dem Staatsgesetze anklebenden Fehler der Ungültigkeit auch durch eine Anerkennung desselben nicht gehoben, sondern vielmehr offen seinen Widerspruch zu erkennen gegeben und wiederholt seine Unterschrift verweigert.

III. *Würdigung dieser Gründe.*

Handelte es sich von einer minder wichtigen Sache, so würde man natürlich stillschweigend vorübergehen, wenn als Vertheidigungsgrund der Nichtanerkennung eines in jedem Falle thatsächlich bestehenden Gesetzes angeführt werden wollte, dass dasselbe den Ansichten und Wünschen eines Betheiligten nicht entspreche. Niemand kann wirklich im Ernste glauben und somit behaupten, dass aus einem solchen Missvergnügen irgend etwas hervorgehen könne, als höchstens der Versuch, eine Veränderung auf dem für die Bewirkung einer solchen vorgeschriebenen verfassungsmässigen Wege herbeizuführen. Da aber doch hier eine ganze Verfassung auf dem Spiele steht, so wäre eine Nachahmung der Wortkargheit der Verfasser des Patentes ein Fehler, und sei somit gestattet zu bemerken, dass Glück und Wohl der Unterthanen nicht fester begründet werden können, als durch Achtung gegen Gesetz und Recht, unter deren Schutz allein ihre Lebenszwecke gedeihen können; durch Enthaltung von einseitiger Umänderung des Bestehenden, welche jeden Falls auch auf der andern Seite ähnliche Gedanken hervorrufen, und somit das äusserste Elend mehr als Einer Generation veranlassen kann. Welches Glück, welches Behagen kann in einem Staate bestehen, wenn bei jedem Thronwechsel der ganze Rechtsstand und alle auf demselben ruhende Interessen einem Umsturze ausgesetzt sind, weil die subjective Meinung des neuen Fürsten je nach seinen Neigungen und Lebensverhältnissen einzelne Bestimmungen und Formen anders wünschte? Ist diese Abneigung eine vernünftige, so wird, namentlich in dem Rosenschimmer eines Regierungsantrittes, die Bewirkung einer gesetzlichen Veränderung sehr leicht sein. Hat sie aber keinen Grund, und ist sie doch so stark, dass der Gedanke mit dem einmal Bestehenden zu leben, nicht ertragen werden kann, so liegt ein sehr einfaches Mittel vor, sich dem Verhassten zu entziehen, *nämlich* Entsagung der Krone, welche unerträglich drücken würde. — Doch, genug über diese hingeworfenen Worte, welche selbst von den Verfassern des Patentes nicht können als ein Grund gemeint gewesen sein.

Wohl aber denken dieselben einen Grund zu geben, wenn sie *die Verfassung* von 1833. als nicht gültig zu Stande gekommen erklären wegen Mangels einer Einhelligkeit der Betheiligten. Es ist dieser Grund sogar, wie seine ausführliche Behandlung und selbstbewusste Auseinandersetzung zeigt, die Lieblingsstütze, das Erzeugniss „der sorgfältigsten Prüfung," gut befunden nach viermonatlicher doppelter Untersuchung. Mit ihm soll die ganze juristische Beweisführung stehen und fallen. — Untersuchen wir denn, ob er steht. Vor Allem ist zu bemerken, dass die bei der Zustandebringung des Grundgesetzes gültige Verfassung von 1819. den Ständen des Königreiches kein Einwilligungs- und Verweigerungs-Recht bei neuen Gesetzen einräumte. Im §. 6. des Patentes vom 7. Dec. ist ausdrücklich gesagt, dass „es keineswegs die Absicht des Königes sei, eine neue auf Grundsätzen, welche durch die Erfahrung noch nicht bewährt seien, gebaute ständische Verfassung einzuführen;" also sollte die allgemeine Ständeversammlung, wie bisher die Provincial-Landschaften und die provisorische Versammlung, nur „das Recht auf *Zuratheziehung* bei neu zu erlassenden allgemeinen Landesgesetzen" ausüben. Dass nun der Stände-Versammlung der Entwurf des neuen Grundgesetzes mitgetheilt, von ihr in langen, unter beständiger Anwesenheit von Regierungs-Commissären vorgenommenen Verhandlungen berathen wurde, ist notorisch. Hiermit aber war die Vorschrift der bestehenden Verfassung erfüllt, und wenn sogar die Regierung von dem Gutachten der Stände auf eine sehr wesentliche Weise abgegangen wäre und das Grundgesetz nur nach ihrer Ansicht verfasst hätte, so wäre sie ganz in ihrem Rechte gewesen. Sie hätte dabei nicht mehr und nicht weniger gethan, als sie im J. 1819. bei dem eben erwähnten Verfassungs-Patente that, in welchem sie die Anträge der Stände auch nur „thunlichst" berücksichtigte; als sie sogar im J. 1832. that, als sie, ohne Jemandes Widerspruch, die zweite Kammer eben zum Behufe der Verhandlungen über das Grundgesetz wesentlich verschieden zusammensetzte. Da nun aber gar der König in den wesentlichsten Puncten die Anträge der Stände genehmigte und in das von ihm erlassene Gesetz aufnahm, und er nur bei verhältnissmässig ganz wenigen und minder bedeutenden von seinem Rechte der eigenen Bestimmung Gebrauch machte, so kann nicht einmal (so gleichgültig in rechtlicher Bedeutung dieses wäre) von einer unbilligen und unzweckmässigen Anwendung seiner Regierungsrechte die Rede sein. Hiergegen wendet freilich das Patent vom 1. Nov. ein: die Ständeversammlung habe den Grundsatz ausgesprochen, dass die neue Verfassung nur durch einhelliges Zusammenwirken des Königes und der Stände zu Stande gebracht werden könne; die Regierung habe diesen Grundsatz angenommen, und es sei also nicht von einer dem Lande vom Könige zu gebenden, sondern von einer vertragsmässig zu errichtenden Verfassung die Rede gewesen. Es bedarf keines grossen Scharfsinnes um die völlige Nichtigkeit dieser Behauptung einzusehen. Vorerst ist es an sich einleuchtend, dass die Aeusserung der Stände, es sei „einhelliges Zusammenwirken" nöthig, keineswegs gleichbedeutend ist mit „vertragsmässiger" Errichtung, und dass dieser Forderung vollständig entsprochen war, wenn nur die Regierung fortlaufenden thätigen Antheil an den Verhandlungen nahm, und am Ende im Wesentlichen eine Uebereinstimmung Statt fand. Sodann scheint es sogar thatsächlich durchaus unrichtig zu sein, dass die Regierung die fragliche ständische Aeusserung wörtlich in dem Sinne verstanden habe, die Verfassung könne nur auf vertragsmässigem Wege zu Stande kommen. Das Patent selbst führt durchaus keinen Beleg für diese seine Behauptung an, und in gleichzeitigen, somit in Beziehung auf den *jetzt* entstandenen Streit völlig unparteiischen Nachrichten, wird gerade das Gegentheil angegeben*); davon ganz ab-

*) Man sehe z. B. *Venturini*, Chronik von 1833. S. 347., wo erzählt

gesehen, dass das ganze Betragen der Regierung beim Schlusse der Verhandlungen und bei der Verwerfung der in Frage stehenden 14. ständischen Puncte unverkennbar ihre Ueberzeugung, frei handeln zu können, darthut. Allein selbst wenn die Stände jenen Satz behauptet und die Regierung demselben wörtlich und thatsächlich zu widersprechen nicht für gut gefunden hätte, so wäre doch die bestehende Verfassung in einem ihrer wesentlichsten Puncte nicht bloss durch diese einseitige Erklärung der Stände und ohne förmliches Gesetz rechtsgültig abgeändert worden. War sie aber nicht gültig abgeändert, so bestand sie noch, und der König brauchte nur das Gutachten und nicht die Einwilligung der Stände. Man sieht freilich, das Patent ist billig. Dieselbe Freiheit, mit welcher es selbst eine Verfassung aufhebt, will es seiner Seits auch Andern gerne einräumen. Schade nur, dass Solche, welche es genau mit Gesetz und Recht nehmen, weder ihm noch diesen Andern solche Befugniss zugestehen können. — Doch nicht genug an allem Diesen. Selbst angenommen, aber nicht zugegeben, dass der König von Hannover eine Veränderung in der allgemeinen Landesge*setzgebung nur* mit Einwilligung der das Volk vertretenden Stände *vornehmen* könnte, so ist damit die Behauptung des Patentes, dass das Grundgesetz von 1833. ungültig sei, durchaus noch nicht erwiesen; vielmehr übersieht es theils bei dieser seiner Behauptung die einfachsten und unzweifelhaftesten Rechtsprincipien, theils folgt in keinem Falle ein so weit gehender Satz aus dieser Prämisse. Was Ersteres betrifft, so ist einmal unbestritten, dass eine, bei ihrer Entstehung nur wegen mangelnder Zustimmung eines Betheiligten ungültig vorgenommene Rechtshandlung durch spätere Zustimmung *desselben* Gültigkeit erlangt; zweitens aber, dass eine Zustimmung nicht nur mit Worten, sondern eben so bindend durch concludente Handlungen gegeben werden kann. Nun aber ist notorisch, dass die vom Könige publicirte Verfassungs-Urkunde theils ausdrücklich von der ersten nach ihren Vorschriften einberufenen Stände-Versammlung im Namen des Landes anerkannt, theils diese Anerken*nung* der Stände auch von dem ganzen Volke und allen speciell Be*theiligten* thatsächlich genehmigt wurde, so dass — wenn je eine Unregelmässigkeit in Sache oder Form begangen worden wäre —

---

wird: „allem ständischen Widerspruche sei ein Ende gemacht worden durch die Regierungserklärung: es sei keineswegs die Absicht des Königes gewesen, auf dem Wege des Vertrages die Verfassung entstehen zu lassen.

dieselbe als vollständig beseitigt zu betrachten wäre. Vergebens würde man einwenden wollen, die einstimmende Stände-Versammlung sei nicht die zur Verhandlung über das Grundgesetz einberufene gewesen. Diess ist allerdings der Fall, allein war nicht die eine wie die andere die Stellvertreterin des Volkes, und war nicht auch die zweite zur Einwilligung in Regierungs-Vorschläge Namens des Volkes ermächtigt? Was hinderte sie also, diejenigen Puncte, über welche die Regierung mit der letzten Versammlung sich nicht mehr vereinigte, jetzt zu genehmigen, so dass zwei constituirende Versammlungen, nur sehr verschieden nach dem Umfange ihrer Thätigkeit, auf einander folgten? Dieses Recht kann um so weniger bezweifelt werden, als es durch die vollständigste thatsächliche Anerkennung des ganzen Volkes bestätigt, und, wenn je nöthig, supplirt wurde. Oder haben etwa die durch die neue, angeblich ungültige Verfassung in die Stände-Versammlung Berufenen ihre Sitze nicht eingenommen; haben die Wahlmänner nicht jedesmal gewählt; ist nicht seit dem J. 1833. regelmässig alle Jahre Landtag gehalten worden; hat eine der späteren Stände-Versammlungen oder hat eine Mehrheit der Nation auf irgend eine Weise Verwahrung gegen einen angeblich verfassungswidrigen Zustand eingelegt, beim deutschen Bunde Hülfe gesucht; ist nicht vielmehr der Eid auf diese Verfassung von Allen, die ihn zu leisten hatten, so namentlich von Herrn v. *Schele* selbst als Geheimerrath und als Mitglied der Stände-Versammlung, bereitwillig abgelegt worden; sind nicht die von der angeblich unbefugten Ständeversammlung bewilligten Gesetze und Steuerverwilligungen allgemein befolgt worden; mit Einem Worte, ist nicht durch unzählige concludente Handlungen und Unterlassungen von allen Seiten und von allen einzelnen Individuen des ganzen Volkes die Verfassung als gültig und bindend anerkannt worden? — Selbst aber wenn auch dieses sich Alles nicht so verhielte, wenn also bei Gründung der Verfassung von 1833. die Regierung ihre Befugnisse in Beziehung auf die 14. mehr besprochenen Puncte überschritten hätte, und eine spätere Genehmigung dieses Uebergriffes nicht Statt gefunden hätte, so wäre nichts unrichtiger, als die Annahme des Patentes, dass nun desshalb das ganze Grundgesetz nichtig und unverbindlich sei. Vielmehr würden alle Bestimmungen mit einziger Ausnahme der unbefugten Abänderungen in ihrer Kraft bestehen. Es darf als eine im Rechte unerhörte Behauptung bezeichnet werden, dass ein Rechtsgeschäft null und nichtig sei, weil der Concipient der Urkunde unbefugter Weise in die Ausfertigung einige nicht allseitig festgestellte Puncte aufnahm. Offenbar sind in solchem Falle nur eben diese Puncte ungültig, alles Andere bleibt bestehen. Ob aber die Verfasser des Patentes vom 1. Nov. den Rechten ihres Königes einen grossen Dienst erweisen, wenn sie gerade die im Interesse dieser Rechte getroffenen Bestimmungen als ungültig darzustellen suchen, mag nur nebenbei gefragt werden. Zum Glücke ist die ganze Argumentation so unrichtig, dass ihre Urheber nicht einmal ihrem königlichen Herrn damit schaden können.

Verhält es sich nun aber so, wie bisher gezeigt worden, mit der angeblichen Ungültigkeit des Grundgesetzes von 1833. wegen fehlender Vertragsmässigkeit, so ist kaum ein Wort darüber zu verlieren, wie unhaltbar der zweite vom Patente vorgebrachte Grund ist, nämlich dass durch solches der Art. 56. der Wiener Schluss-Acte verletzt worden sei. Dieser Artikel bestimmt bekanntlich, dass eine in anerkannter Wirksamkeit bestehende Verfassung nicht anders als auf verfassungsmässigem Wege abgeändert werden dürfe. Das Grundgesetz ist nun von den Ständen begutachtet, von dem Könige gebilligt und verkündigt worden; Anderes aber verlangte die im *Jahre 1819.* bestehende Verfassung nicht. Auch hat sich der *deutsche Bund* vollkommen bei dieser Art der Zustandebringung beruhigt, wie gewiss nicht geschehen wäre, wenn er sich nicht von der Gesetzmässigkeit des Verfahrens überzeugt gehabt hätte. Mögen die Verfasser des Patentes vom 1. Nov. dem Bunde ganz ruhig die Wahrung seiner Rechte überlassen; er bedarf ihrer Hülfe nicht. Allerdings wird, so ist wenigstens der Wunsch aller wahren Freunde des Vaterlandes und des monarchischen Principes, von Seiten des Bundes noch das Weitere aus Art. 56. der Wiener *Schlussacte* argumentirt werden: nur wohl schwerlich im Sinne des Patentes; und es war eine in jeder Beziehung merkwürdige Zuversicht, des Artikels 56. der Schlussacte bei der einseitigen Aufhebung einer bestehenden Verfassung Erwähnung zu thun. — Doch hiervon unten gelegentlich noch Weiteres.

Die beiden nächsten gegen die Rechtsverbindlichkeit des Grundgesetzes geltend gemachten Gründe, nämlich die Verletzung von *agnatischen* und von *Regierungs*-Rechten des Königes, mögen gemeinschaftlich beleuchtet werden. Vorerst fällt auch hier in die Augen, dass wenn beide Vorwürfe wirklich begründet wären, sich hieraus keineswegs die Nichtigkeit der ganzen Verfassungs-Urkunde, sondern nur die Nothwendigkeit einer Abänderung dieser beschwerenden Bestimmungen ergeben würde. Wie sollten denn die materiell untadelhaften Satzungen eines formell gültig zu Stande gekommenen Gesetzes dadurch sämmtlich unverbindlich werden, weil andere, mit ihnen in keinem nothwendigen Zusammenhang stehende Vorschriften dieses Gesetzes bei näherer Prüfung als rechtsverletzend erscheinen? Schon dem, welcher nicht vom Fache ist, muss es einleuchten, dass zwar bei einem formell ungültig erlassenen Gesetze der ganze Inhalt unverbindlich ist, eben weil ihm die erforderliche äussere Sanction fehlt; dass aber bei einem formell gültigen Gesetze von dem materiellen Werthe des einen Theiles auf einen andern Theil gar kein Schluss Statt findet. — Wenn also auch, beispielsweise angenommen, die Rechte S. M. des Königes in Beziehung auf die Familien-Güter durch die Bestimmungen über die Domänen sollten verletzt und seine Einwilligung hierzu nicht eingeholt worden sein, so sind doch damit nicht auch die Bestimmungen über die staatsbürgerlichen Rechte, über die Befugnisse und Form der Ständeversammlung, über den Eid auf die Verfassung u. s. w. auf irgend eine Weise berührt. Keineswegs würde damit ein Umsturz der ganzen Verfassung, sondern nur ein Verlangen an die Stände auf Abänderung jener Satzungen, und im Weigerungsfalle eine Berufung auf das Bundesschiedsgericht begründet gewesen sein. — Allein ist denn die Behauptung, dass Rechte des Königes durch die Verfassung verletzt seien, auch wirklich thatsächlich triftig? Vergebens sucht man in dem ganzen Patente nach einem Beweise der Verletzung, ja auch nur nach einer Aufzählung dieser angeblich verletzten Rechte. Zweierlei ist hier gleich unzweifelhaft. Einmal, dass eine solche nackte Behauptung auch nicht von dem mindesten rechtlichen Gewichte ist. Es ist ein einfacher Satz, dass jeder eine thatsächliche Behauptung beweissen muss, wenn er auf sie einen Anspruch gründen will, und dass man bis zu Erbringung dieses Beweises berechtigt ist, das Ganze völlig unbeachtet zu lassen. Zweitens ist es schwer, sich eines bittern Gefühles zu enthalten, wenn man sieht, dass die verantwortlichen Urheber eines Angriffes auf eine Verfassung es nicht der Mühe werth erachten, die Vorwürfe gegen dieselbe auch nur mit Einem Worte zu belegen. Und sie mögen sich nicht ausreden mit dem Wunsche kurz zu sein. Hier war, wenn irgendwo, der Ort, ausführlich und verständig Gründe anzugeben; der Raum kam nicht in Betracht, und er hätte jeden Falls gewonnen werden können, wenn minder Nöthiges weggeblieben wäre. Auch werden die Verfasser des Patents nicht verlegen, dass man ihr Wort als Bürgschaft der rechtlichen Begründung ihrer Sätze annehme; es handelt sich hier nicht vom Glauben, sondern von Ueberzeugung. Oder ist etwa gar die Behauptung in der Absicht ohne Beleg und Ausführung geblieben, damit die Gegner, in der Ungewissheit, welche Gründe denn eigentlich zu bekämpfen seien, still schweigen und somit der Anschein eines unbeantwortbaren Beweises entstehe? Eine solche Absicht kann indessen doch nur halb gelingen. Wenn nämlich auch allerdings auf den allgemeinen Vorwurf der Verletzung agnatischer Rechte des Königes eine Antwort unmöglich ist, — denn wer kann möglicherweise errathen, was die Rechtsgelehrten des Patents unter agnatischen Rechten verstehen und begreifen? — so ist doch in Beziehung auf die Behauptung, dass Regierungsrechte verletzt seien, eine Antwort möglich, weil dieser Begriff ein objectiver und unzweifelhafter ist. Das hannöversche Grundgesetz enthält die Bestimmungen über die Einführung einer repräsentativen Monarchie. Eine solche Staatsform ist bekanntlich im deutschen Bunde erlaubt und sogar, als eine der beiden *gleich möglichen* Auslegungen des Art. 13. der Bundesacte, *beziehungsweise* vorgeschrieben. Im Wesen dieser Staatsart liegt aber, dass der Fürst in der Ausübung gewisser Regierungsrechte beschränkt wird; und diese Beschränkung darf nur, nach Art. 57. der Wiener Schluss-Acte (und auch nach richtigen Begriffen) nicht so weit gehen, dass dem Fürsten die Staatsgewalt entzogen würde, und die Stände mehr als die Mitwirkung in der Ausübung bestimmter Rechte besässen. Wenn somit die Behauptung des Patentes irgend relevant sein soll, so muss nachgewiesen werden *können*, dass das Grundgesetz diese Vorschrift nicht beachtet. Ist dem also? Man nehme diese so hart angefochtene Urkunde zur Hand, und lese: „Der König, als Oberhaupt des Staates, vereinigt in sich die gesammte Staatsgewalt“ (§. 6.). „Der König vertritt das Königreich in allen Beziehungen zu dem deutschen Bunde, zu den einzelnen Bundesstaaten und in allen auswärtigen *Verhältnissen*“ (§. 7.). „Ebenmässig geht auch im Innern alle *Regierungsgewalt* vom Könige aus. Kein Landesgesetz tritt in *Gültigkeit*, bevor es vom Könige verkündet ist. Dem Könige steht die Kirchenhoheit zu. Die bewaffnete Macht und deren Einrichtung, so wie alle sie betreffenden Anstellungen, Anordnungen und Befehle sind allein vom Könige abhängig“ (§. 8.). „Die Gerichtsbarkeit geht vom Könige aus“ (§. 9.). „Der König bestellt die Regentschaft" (§. 17). „Verordnungen, welche zur Vollziehung oder Handhabung der Gesetze erforderlich sind, werden von der Regierung ohne Mitwirkung der Stände erlassen. Ausserordentlich dringende Verfügungen gehen von der Regierung allein aus" (§. 87.) „Ein Eingreifen in die Verwaltung steht der Ständeversammlung nicht zu." (§. 90.) „Die Stände-Versammlung hat die Verpflichtung für die Deckung der für den ordentlichen Dienst nothwendigen Ausgaben." (§. 140.) Diesen Bestimmungen gemäss bleibt dem Könige die Vertretung gegen Aussen, die Gesetzgebung, die Regierung im Innern, die Verfügung über das Heer; die nöthigen Geldmittel dürfen ihm nicht verweigert werden, die Stände sich nicht in die Verwaltung mischen. Und doch soll das Grundgesetz Regierungsrechte (in dem oben angegebenen gesetzlichen Sinn) kränken! Es ist eine Thatsache, dass die hannöversche Verfassung in der Beschränkung des Fürsten hinter mehreren deutschen Verfassungen bedeutend zurückbleibt, so z. B. hinter der kurhessischen; sie schliesst sich im Inhalte und in der Fassung auffallend an die württembergische an, welcher doch noch Niemand den Vorwurf einer unerlaubten Beschränkung des Königes gemacht hat. Wo soll denn also das Unrecht, die ursprüngliche Nichtigkeit wegen Verletzung der Regierungsrechte des Königs sein? Doch es bedarf nicht vi ler Worte. Der deutsche Bund hat volle vier Jahre sie anerkannt, was er nach Art. 57. der Wiener Schluss-Acte weder gethan hätte, noch hätte thun dürfen, wenn wirklich den königlichen Rechten durch sie zu nahe getreten wäre. Es darf und muss somit unbedenklich die Behauptung, als verletze das Grundgesetz die Regierungsrechte des Königes, als eine völlig unbegründete bezeichnet werden.

Noch bleibt der letzte Grund der angeblichen Unverbindlichkeit übrig, nämlich die Nichteinwilligung S. M. des Königes bei der Gründung der Verfassung. Hier sei zuerst im Vorübergehen auf einen abermaligen Beweis der Inconsequenz der Verfasser des Patents aufmerksam gemacht. Sie sagen, „der dem Staats-Grundgesetze anklebende Fehler der Ungültigkeit sei durch eine von Seiten des Königs erfolgte Anerkennung nicht gehoben werden." Nun erinnere man sich aber, dass die Ungültigkeit namentlich auch desshalb behauptet wurde, 1) weil die 14. Puncte nicht *von den Ständen* berathen und bewilligt worden seien; 2) weil die Art der Entstehung der Verfassung ein Gesetz des deutschen Bundes verletze; 3) weil wesentliche, ebenfalls vom Bunde vorgeschriebene, Regierungsrechte missachtet seien. *Solche* Mängel sollten nun „durch Anerkennung des jetzt regierenden Königes getilgt werden, er also die fehlende Einwilligung der Stände und des Bundes rechtsgültig ergänzen können"!! — Allein auch abgesehen von diesem Mangel an juristischer Logik ist dieser ganze Satz voll von publicistischen Fehlern. Aus der Behauptung, dass S. M. der König, als Herzog von Cumberland, dem Staatsgrundgesetze seinen Beifall versagt habe, ergiebt sich — deren, anderwärts auch schon in Zweifel gezogene, Richtigkeit angenommen, — weiter gar nichts, als eben die Thatsache, dass ein apanagirter Prinz mit einer Regentenhandlung des Staatsoberhaupts nicht einverstanden war, wie Solches wohl tagtäglich geschieht. Allein was diese verschiedene Meinung auf die Rechtsgültigkeit der Handlung irgend für Einfluss haben soll, ist lediglich nicht abzusehen. Oder sollten wirklich die Verfasser des Patentes gemeint seien, den Satz aufzustellen, dass ein Agnat das Recht habe, die zur Zeit ihrer Entstehung materiell und formell gültig erfolgten Regentenhandlungen eines Vorgängers aus dem einfachen Grunde, weil er damit unzufrieden sei, umzustossen, die daraus erworbenen Ansprüche für nichtig zu erklären? Sollten sie in ihren Behauptungen vielleicht sogar soweit gehen wollen, dass sie die Regierung einer constitutionellen Monarchie unter den Begriff des Lehns oder Fideicommisses zu bringen, und demnach jede Veräusserung eines Bestandtheiles und Rechtes von der Einwilligung der Agnaten abhängig zu machen versuchten? Es ist doch kaum erlaubt, eine solche Verwirrung aller Begriffe, ein so gänzliches Ignoriren aller Veränderungen, welche mit und seit dem Untergange des Reiches in dem Wesen der übrig gebliebenen deutschen Staaten vorgegangen sind, bei ihnen anzunehmen. Welcher Antwort würde sich der Vertheidiger einer solchen Ansicht in England selbst von dem entschiedensten Tory aussetzen, wenn er im Falle einer Besteigung des britischen Throns durch S. M. den König *Ernst August* die Unverbindlichkeit der Reformbill für denselben behaupten wollte? Nun ist aber zwischen Hannover und England durchaus kein Unterschied mehr zwischen den beiderseitigen Grundlagen des Staatsverbandes. Beide sind Rechtsstaaten und keine Familiengüter; in beiden hat der regierende König die gültigen Gesetze anzuerkennen, gleichgültig wie der Vorgänger hiess, welcher sie sanctionirte; in beiden sind die Agnaten einfach Unterthanen, welchen kein weiteres Recht in Staatsangelegenheiten zusteht, als welches ihnen etwa ein Amt oder ihre einfache Stimme in der ersten Kammer einräumt; in beiden können sie, wenn das Schicksal sie auf den Thron beruft, nur im verfassungsmässigen Wege ihren persönlichen Ansichten über Staatsangelegenheiten Geltung zu verschaffen suchen. Und diess Alles ist gar kein Unglück, noch unerträgliche Beschränkung. Dem Gesetze sich zu fügen, wenn man es auch materiell missbilligt, ist leicht in der Erinnerung an die Vortheile eines geordneten Rechtsstandes, namentlich muss es, so sollte man wenigstens meinen, einem Fürsten leicht werden, wenn er bedenkt, welche Vortheile er dem Gesetze, und nur diesem zu verdanken hat. Sollte aber der, begründete oder unmotivirte, Widerwille gegen die einmal bestehende Verfassung des anererbten Staates unüberwindlich, die Anerkennung derselben mit Gewissen und Ehre vermeintlich unvereinbar sein, und auch keine Hoffnung auf eine billige Abänderung gehegt werden können: so giebt es, wie oben schon bemerkt, ein nahe liegendes Rettungsmittel, nämlich die *Entsagung* auf die Regierung.

Wir sind am Ende der Erörterung der Gründe angekommen, welche das Patent vom 1. Nov. gegen die Gültigkeit des Grundgesetzes von 1833. anführt. War es zu viel gesagt, wenn sie als „beispiellos nichtig" bezeichnet wurden? Ist die allgemeine Stimme über sie ungerecht? Wenn dem nun aber nicht so ist, was Anderes folgt daraus, als dass die beiden Patente durchaus jeder Begründung und somit der Wirkung aus dem Gesichtspuncte des Rechts entbehren?

Natürlich geht aus diesem Schlusse nun unmittelbar der weitere hervor, dass die verantwortlichen Urheber, Vertreter und Vollstrecker dieser Patente sich eines Angriffs auf die Verfassung schuldig gemacht haben. Die Folgen dieses Unternehmens für sie sind in §. 151. und 152. des von ihnen angegriffenen Gesetzes zum Voraus ausgesprochen. Sie müssen, sobald das Grundgesetz auf diese oder jene Weise wieder in ungehinderte Wirksamkeit getreten sein wird, von der Stände-Versammlung vor das Oberappellationsgericht in Celle als vor den Staatsgerichtshof gestellt werden. Dass die wiederhergestellten Stände wirklich diesen Gang gehen werden, dafür bürgt ihre Pflicht der Selbsterhaltung, dazu fordert sie auf Achtung vor dem Rechte und Bewahrung der Heiligkeit des Eides. Und sie dürfen um Beispiele solcher Nemesis wegen Versuchen gegen die Landesverfassung sich nicht jenseits des Kanales oder des Rheins umsehen; auch in Deutschland sind, selbst bei noch weniger entwickelten Begriffen von Verfassung und Ministerverantwortlichkeit, ähnliche Fälle vorgekommen. Der §. 6: des Grundgesetzes bestimmt, dass die Person S. M. *des Königes* heilig und unverletzlich ist.

Zwar ist hiermit die rechtliche Beurtheilung des Hauptpunctes geschlossen, allein es können

IV. *einige weitere Betrachtungen über das Patent*

nicht übergangen werden.

Zuerst zieht die *Entbindung der Staatsdiener von ihrem auf die Verfassung geleisteten Eide* unsere Aufmerksamkeit auf sich. Das Patent enthält in dieser Beziehung folgende Stelle: „Ist nun das bisherige Staatsgrundgesetz von Uns für aufgehoben erklärt, so ergiebt sich daraus von selbst, das die sämmtlichen königl. Diener — — ihrer auf das Staatsgrundgesetz ausgedehnten eidlichen Verpflichtung vollkommen enthoben sind. Gleichwohl erklären wir *noch ausdrücklich*, dass Wir dieselben von diesem Theile ihres geleisteten Diensteides hiermit entbunden haben wollen.“ Selbst nach allen dem, was die bisherigen Erörterungen über die Art und Weise, wie die Verfasser des Patentes Rechtsbegriffe behandeln, zu denken geben, muss doch der hier ausgesprochene Grundsatz noch in Erstaunen setzen. Der auf die Verfassung abgelegte Eid wird für aufgehoben erklärt, und zwar nicht etwa, weil die Verfassung an sich ungültig ist, und dieses bewiesen wurde; sondern weil der König sie für nichtig erklärt hat! Man bedenke, wohin eine folgerichtige Anwendung dieses Grundsatzes nothwendig führen muss. Keine noch so heilige Verpflichtung, keine Achtung der Rechte Dritter besteht mehr, sobald die Regierung erklärt, dass sie nicht mehr zu achten sei. Ein Richter z. B. hat geschworen, nur nach dem Gesetze Gerechtigkeit zu üben; es beliebt aber einmal einem Fürsten, diese Pflicht als eine nicht bestehende zu *erklären*, und der Richter ist von seinem Eide entbunden, mag nach *Belieben* Unrecht sprechen. Der Staat schliesst einen Vertrag mit fremden Regierungen über ein gemeinschaftliches Zoll-System; die Zoll-Beamten werden darauf beeidigt, dem Vereine treu zu sein und nicht dem besonderen Vaterlande einen vertragswidrigen Vortheil zuzuwenden; unter der Hand erklärt der Landesherr diese Pflicht und diesen Eid für nichtig, gebietet seinen Dienern, die

Verbündeten zu betrügen. Solche Maassregeln erscheinen nur als Anwendungen des jetzt aufgestellten Grundsatzes. Mit Recht ist die Anmaassung der Päpste im Mittelalter, von den gegen Dritte geschworenen Eiden zu entbinden, als eine unerträgliche Quelle von Unruhe, Unrecht und Unsittlichkeit betrachtet worden: hier wird nun aber für einen weltlichen Regenten dasselbe Recht in Anspruch genommen. Möchte doch nur bloss das bedacht worden sein, welchen unersetzlichen Schaden eine solche Entwürdigung des Volkes und der Ehre aller Staatsdiener der Regierung selbst bringen müsste, und welches üble Beispiel für den pflichtmässigen Gehorsam der Unterthanen und für ihre Wahrheitsliebe gegenüber von dem Staate gegeben würde!

Kann über die Art des Gefühles, mit welchem dieser Theil des ganzen betrübenden Verfahrens erfüllen muss, wohl kein Zweifel sein, so ist man dagegen desto ungewisser, wie man das Versprechen eines Steuernachlasses von 100,000 Thalern zu betrachten und zu besprechen hat. Der Gedanke ist gar zu seltsam, einem ganzen Volke ein Geld-Geschenk zu machen, damit es sich die Zerstörung seiner, namentlich auch gegen pekuniäre Ueberbürdung gerichteten, Verfassung mit grösserem Gleichmuth gefallen lasse. Das Seltsame steigert sich noch, wenn man die gebotene Summe betrachtet. Netto 18 Pfennige kommen auf den Kopf der Bevölkerung; und was noch das Beste ist, es ist nicht gesagt, dass in demselben Betrage die Ausgaben gemindert werden sollen; vielmehr ist, bei der in Aussicht gestellten Rückziehung der Domänen, eher eine Vergrösserung der Ausgaben für Hofhaltung, Bezahlung von Privatschulden u. s. w., zu erwarten. Somit müssten natürlich die Steuern anderwärts erhöht werden, wo dann leicht die 18 Pfennige wieder darauf gehen möchten!

Mit edler Freude darf man hinblicken auf die Gesinnungen, welche sich in allen deutschen *Stände-Versammlungen* seit dem Erscheinen des ersten Patentes aussprachen. In der Form verschieden waren sie alle in der Sache einig, und die Vertreter eines beträchtlichen Theiles des deutschen Volkes haben ihr Missvergnügen und ihren Ruf um Hülfe für das bedrohte verwandte Recht ertönen lassen. Mit Gewissheit darf angenommen werden, dass auch diejenigen, welchen ein späterer Zusammentritt erst künftig Gelegenheit zur Erklärung ihrer Gesinnung geben wird, dem Beispiele treu und kräftig folgen werden. So lange solche Besonnenheit bei gleichem Rechtsgefühle in allen deutschen Landen lebt, darf man unbesorgt auf die Versuche zur Aenderung der Verfassung blicken. Und wie irrig würde derjenige die Gesinnungen der Regierungen dieser glücklicheren Staaten beurtheilen, welcher in dem schwachen Widerspruche der Regierungscommissäre eine Billigung der hannöverschen Patente sehen wollte. Es ging lediglich derselbe aus dem Wunsche hervor, die Stände abzuhalten von einem Eingriffe in das Recht des Fürsten, seinen Bundestagsgesandten nach seiner eigenen Ueberzeugung zu instruiren. Gewiss wird aber seiner Zeit dem Volke Gelegenheit werden, die Verfassungstreue seiner Regierungen preisend anzuerkennen.

Endlich seien noch die so oft gehörten Fragen auch hier aufgeworfen: Welches Ende wird und muss die ganze Sache haben? Was hat der deutsche Bund zu thun? — Niemand kann voraussagen wollen, was zunächst in Hannover geschehen *wird*. Wohl aber kann man sagen, was rechtlich geschehen *darf*. Die Legitimation jedes Bürgers von Hannover zur Berufung auf den deutschen Bund um Anwendung des Art. 56. der Wiener Schluss-Acte kann keinem Zweifel unterliegen, denn ein Jeder hat einen Rechtanspruch auf Bestehen der Verfassung. Der Erfolg aber von solchen Klagen kann nach dem Rechte und nach den Forderungen einer richtigen Politik nicht zweifelhaft sein. Der Bund ist durch den oben angeführten Artikel eines seiner Grundgesetze so berechtigt wie verpflichtet, die gefährdete gesetzliche Verfassung wieder herzustellen und, falls dieses ja nöthig sein sollte, alle Mittel zur Vollziehung seines Beschlusses anzuwenden, welche die Executions-Ordnung zu seiner Verfügung stellt. Und es bedarf geringerer politischer Weisheit, als über welche die vereinigten Cabinete von ganz Deutschland verfügen, um einzusehen, dass diese, freilich in gewisser Beziehung nichts weniger als angenehme, Aufgabe für den Bund in anderen weit überwiegenden Rücksichten von ihm selbst als eine höchst schätzenswerthe Gelegenheit zu betrachten ist, seine Natur und seinen Nutzen in ein helles und in allen Gauen Deutschlands freudig und dankbar anerkanntes Licht zu setzen. Der Bund hat bisher hauptsächlich nur Gelegenheit gehabt, seine Aufgabe der Rechtssicherung in Beziehung auf Angriffe auf die *landesherrlichen* Rechte zu lösen, und er hat dieses kräftig geleistet: nun ist ihm auch die Gelegenheit gegeben zu zeigen, dass er das *Recht der Völker* eben so wohl zu achten und zu schätzen weiss. — Wer an dem Gewinn zweifeln möchte, der blicke nur um sich. Wer sind diejenigen, welche allein an den hannöverischen Wirren eine Freude haben? Ausser einigen unverbesserlichen, ihrer Zahl und Intelligenz nach gar nicht in Anschlag zu bringenden mittelalterlichen Don Quixoten, lediglich nur die Anhänger der überspanntesten politischen Ansicht, welche mit Schadenfreude das Werk der Beruhigung und Zufriedenstellung erschüttern sehen, und auf den dadurch so allgemein erzeugten Missmuth zur Wiederbelebung ihrer Hoffnungen und Plane rechnen mögen. Wer aber empfindet mit tiefen Schmerzen das Beginnen in Hannover und dessen Folgen? Die aufrichtigen Anhänger der Gesetzlichkeit und Zufriedenheit; die aufgeklärtesten Anhänger des monarchischen Princips in seiner Verbindung mit vernünftiger Freiheit und naturgemässer Entwickelung. Wir wiederholen es, der Kern der Nation wünscht und hofft eine baldige und kräftige grundgesetzliche Thätigkeit des Bundes. Eine Täuschung dieser Erwartung wäre — und zwar nicht bloss für Hannover — ein grosses Unglück.

Doch genug, nicht sowohl in der Sache, welche noch manche Erörterung gestattete, als vielmehr an diesem Orte. — Noch bleibt aber übrig, die kleinen Schriften näher zu bezeichnen, welche Veranlassung zu den vorstehenden Bemerkungen gegeben haben.

Beide haben die gemeinschaftliche Aufgabe, die Rechtmässigkeit des Patentes vom 8. Juli zu untersuchen, (sie sind vor dem 1. Nov. erschienen;) beide verneinen das Recht des Königs zu diesem Schritte, und beide zeigen in ihrer Entwickelung bei grosser Haltung und Mässigung in der Form eben so viel klaren Verstand als rechtsbegründete Freimüthigkeit. Der Unterz. rechnet beide zu dem Besten, was er in jüngerer Zeit über öffentliche Rechtsfragen des Tages gelesen hat. So lange Deutschland einen solchen Fonds von Bildung und Rechtssinn besitzt, dass aus ihm dergleichen Stimmen fast unbewusst im ersten Augenblicke eines gewagten oder begangenen Unrechtes hervorgehen, ist keine Gefahr, dass gesetzliche Freiheit und Recht bleibend verletzt werden können.

Sollten die beiden Schriftchen näher charakterisirt werden, so würde der Unterz. hauptsächlich den Unterschied hervorheben, dass die „Bedenken“ (als deren Verf. er ohne Zweifel einen der ausgezeichnetsten Germanisten Deutschlands begrüssen darf,) sich beinahe ausschliesslich an die eigentlich juristische Seite der Frage halten, und mit grosser Umsicht alle Puncte, welche sich im ersten Stadium der Sache herausstellten, einzeln und mit ausführlicher juristischer Argumentation verfolgen; während Herr *Wurm* mehr die allgemeinen und politischen Rechtsfragen aus dem Standpuncte des gebildeten Laien hervorhebt und in schlagender Kürze für ihm ähnliche Leser den entscheidenden Punct bezeichnet. Auch in so fern ist in der Form ein Unterschied zwischen beiden, als die „Bedenken" nur die Zweifelsgründe entwickeln, ohne aber förmlich eine Entscheidung auszusprechen, freilich mit hinreichender Hindeutung auf diese Entscheidung; die Abhandlung des Herrn *Wurm* dagegen sich kategorisch gegen die Grundlage des Patents vom 8. Juli und seine einzelnen Sätze äussert. Sehr anzuerkennen ist namentlich auch in der erstgenannten Schrift, dass sich der Verfasser nicht durch Scharfsinn und seinen Eifer für die Sache zu dem, so leicht möglichen, Fehler verleiten liess, dem im Ganzen im Unrechte befindlichen und zu bekämpfenden Gegner auch in solchen Puncten gegenüberzutreten, wo er entweder Recht hat oder die Sache eines Streites nicht werth ist.

Nichts könnte dem Unterzeichneten mehr Freude machen, als wenn die Verfasser dieser beiden Schriften ihn als einen ebenbürtigen Kampfgenossen anerkennen wollten. Auch er sieht in der hannöverschen Sache die Bildung, das Recht und die Förderung des Wohles der Mehrzahl im Gegensatz gegen einzelne Bevorzugte in Frage gestellt. Und er rechnet es sich zur Ehre, einem Stande anzugehören, dessen Mitglieder *Albrecht*, *Dahlmann* und ihre berühmten Genossen sind. Es wird dieser jetzt über das öffentliche Recht eines Theils des Gesammtvaterlandes hinbrausende Sturm sich auch wieder legen, und dann nur die doppelte Folge übrig bleiben, dass das angegriffene Recht tiefer in dem Boden wurzelt, und dass Mitwelt und Geschichte den Ehrenmännern, welche mit Gefahr und Verlust treu bei Ueberzeugung und Gesetz standen, die verdienten Kränze reicht.

R. Mohl.

Die Patrimonial-Gerichtsbarkeit als Grundlage einer festen Landes-Communal-Ordnung, von **Carl von Mutius**, Rittmeister a. D. und Landes-Aeltestem. Breslau, Aderholz. 1837. 20 S. 8. (4. Gr.)

Der Verfasser dieser kleinen Schrift stellt den Satz an die Spitze, dass es neben den hellen Lichtgestalten politischer Verbesserungen im Preussischen Staate auch noch trübe Schattenbilder gebe, und dass als ein solches namentlich die jetzige ländliche Communalverfassung zu bezeichnen sei. Hierin kann man ihm unbedenklich beistimmen; die rosenfarbene Schilderung des früheren Zustandes aber, wobei der Verfasser nur den vor Aufhebung der Erbunterthänigkeit im Auge zu haben scheint, und mit ziemlich torystischer Gesinnung und geringer historischen Sachkenntniss die vermeintlichen Vorzüge desselben ausmalt, auf sich beruhen lassen. Die Hauptfrage ist: wie soll es besser werden? Alle Polemik des Verfassers richtet sich hierbei gegen die heutige Justitiarienverfassung. Es ist ihm ein Gräuel, dass die Justitiarien zu unabhängigen, unabsetzbaren, lebenslänglichen Beamten gemacht, damit aber, wie er sich ausdrückt, die alte Patrimonialgerichtsbarkeit de facto aufgehoben, und der bisherige Verwalter zum Herrn umgewandelt worden sei. Patrimonialgerichtsbarkeit heisst ihm nämlich diejenige, wo der Grundherr selbst den Richter im neueren, den Urtheiler im alten Sinne abgiebt. „In der Vergangenheit unseres Volkslebens, wird auf S. 12. gesagt, vereinigte mit Recht der Gutsherr als alleiniger freier Obereigenthümer des gesammten Grundes und Bodens auch die Macht des Regiments, richterlich wie polizeilich, ungetrennt in seiner Hand allein.“ Man sieht, wie tief der Verfasser in das Wesen der älteren deutschen Gerichtsverfassung eingedrungen ist. Die ursprüngliche Bedeutung eines deutschen Richters, welcher gar nichts mit dem Rechtsprechen zu thun hatte, weil diess Sache der Schöffen war, scheint ihm gänzlich unbekannt geblieben zu sein: nicht minder auch, dass es zu allen Zeiten und in allen Theilen von Deutschland zahlreiche freie Bauern mit wahrem Eigenthum an Grund und Boden gegeben hat.

An jene Polemik gegen den jetzigen Zustand knüpft der Verfasser einen Vorschlag für die Zukunft. Nachdem nämlich aller Grund und Boden frei geworden, und alle seine Besitzer bis zu dem kleinsten herab zu einer neuen *Rusticallandschaft*, als jüngere Brüder des älteren *Gutsherrnstandes* erwachsen seien, könnte, wie es S. 12. heisst, auch ihnen Antheil am Regiment übertragen werden, das heisst, sie müssten mit aufgenommen werden bei der Handhabung der richterlichen wie der polizeilichen Macht. „Die alte Patrimonialgerichtsbarkeit, als Inbegriff aller Justiz und Polizei, ruhe fortan auf der Gesammtheit der Grundbesitzer einer Commune. Es mag der fremde eingesetzte richterterliche *Herr* als solcher wieder ausscheiden, und das einheimische unabsetzbare Oberhaupt mit seinen natürlichen Beiständen in wahrer Freimüthigkeit zusammentreten, um einen neuen Schöppenstuhl zu errichten, auf dem sie sich wieder *oben* an (setzen), und den Justitiarius als ihren berathenden Rechtsfreund wie früher *bei*sitzen lassen."

Eine richtige Idee blickt durch diesen Vorschlag hindurch: die Nothwendigkeit einer neuen Grundlage der ländlichen Lebenszustände. Preussen ist allen anderen deutschen Staaten mit Herstellung einer freien Gemeindeverfassung in den Städten vorangegangen. Aber man ist dann stehen geblieben, und hat das Princip derselben nicht auch auf das platte Land ausgedehnt, wie diess in vielen anderen süd- und westdeutschen Staaten geschehen ist. Dennoch erscheint diess als ein dringendes Bedürfniss; denn die Grundherrlichkeit, diese Monarchie im Kleinen, ist jetzt im Allgemeinen zu einer völlig untauglichen Basis des ländlichen Daseins geworden; und wo sie diese Bedeutung factisch noch wirklich einnimmt, da ist diess lediglich aus zufälligen Gründen abzuleiten, und entweder Folge eines durch mehrere Geschlechterreihen fortgesetzten alten Besitzthums einer Familie, auch wohl die Wirkung ausgezeichneter grundherrlicher Persönlichkeit, oder es muss wohl gar umgekehrt, wie vielleicht in manchen Gegenden Oberschlesiens und des rechten Oderufers, auf Rechnung der niedrigen Bildungsstufe und geistigen Verdumpfung eines zwitterhaften, weder Deutschen noch Slawischen Landvolks geschrieben werden. Es thut jedoch wahrlich Noth, der Auflockerung, ja zum Theil gänzlichen Auflösung aller moralischen Bande der ländlichen Lebensverhältnisse kräftig-t entgegen zu wirken. Für das einzige hierzu passende Mittel halten wir, nicht eine Patrimonialgerichtsbarkeit, wie sie der Verfasser wünscht, und sie offenbar im Reiche der Unmöglichkeit liegt, sondern eine freie ländliche Gemeindeverfassung überhaupt. Denn sie allein entspricht der geschichtlichen Entwickelung des deutschen Volkes im Allgemeinen eben so wie den Anforderungen der Gegenwart. In derselben würde auch der Gutsherr seine Stelle, und zwar mit Rücksicht auf seinen grösseren Besitz, mithin auch grösseres Interesse, eine bevorrechtete einnehmen müssen; denn mit der höheren Bildung würde es heute zum Theil bedenklich aussehen, da man (fast liesse sich sagen, leider) noch nicht auf die Idee gekommen ist, die Fähigkeit ein Rittergut zu erwerben, von dem Besitze gewisser, wenn auch nur der allernothdürftigsten Kenntnisse abhängig zu machen. Und doch würde eine Bestimmung dieser Art dem Character einer Zeit vollkommen entsprechen, welche über die Leerheit der Ansprüche einer blossen Geburts-, so wie blossen Geldaristokratie, zu dem deutlichsten Bewusstsein gelangt ist. Aber auch für den Justitiarius würde sich in jener freien Gemeindeverfassung ein natürlicher Platz finden lassen. Denn zwar nicht „den Inbegriff aller Justiz und Polizei" würde man den Dorfgemeinden überlassen können, und schwerlich hat sich der Verfasser überlegt, welch' ein dem ganzen heutigen Staate widersprechendes und mit ihm völlig unvereinbares Princip in dem Verlangen ausgesprochen ist, dass der Inbegriff aller Justiz und Polizei fortan auf der Gesammtheit der Grundbesitzer einer Commune ruhen solle. Wohl aber würde sehr viel gewonnen sein, wenn den Dorfgemeinden, mit selbstständiger Stimmführung aller oder, nach Beschaffenheit der Umstände, einer gewissen Anzahl ihrer Mitglieder, den sogenannten Gutsherrn (denn streng genommen passt dieser Name heute nicht mehr), und den Justitiarius stets mit eingeschlossen, eine eigene Handhabung der niedern Polizei, der Criminaljustiz bei geringeren Vergehen und Verbrechen, namentlich bei kleinen Diebstählen und körperlichen Verletzungen, und selbst der Civiljustiz in minder wichtigen Sachen übergeben würde. Insonderheit erscheint auch das Vormundschaftswesen und die Verwaltung der Mündelgelder ganz geeignet, einer allgemeinen Berücksichtigung von Seiten der Commun unterworfen zu werden. Bei allen diesen Gegenständen müsste ein so einfaches Verfahren als möglich, im Wesentlichen ein mündliches und öffentliches, mit kurzer, dem Justitiarius, als dem verantwortlichen Gesetzkundigen zu übertragender Protokollführung, angeordnet werden, und sicher würde sich dabei gar Manches aus der älteren, jetzt so oft missverstandenen Dreidingsverfassung auch heute noch als brauchbar bewähren. Eine wahrhaft höhere Bildung des Gutsherrn, so wie ein lebendigeres Interesse desselben an den Gemeindeangelegenheiten, dürfte eines höchst wohlthätigen Einflusses auch in dieser Form gewiss sein. Aber wir zweifeln, dass eine Ordnung dieser Art im Sinne des Verfassers obiger Schrift liegen würde.

Gaupp.

Provinzialrecht der Preussischen Oberlausitz. In genauen Abdrücken aller im Collectionswerke enthaltenen, noch gültigen Verordnungen, nach der Materienfolge des Landrechts. Mit Bemerkungen. Breslau, Aderholz, 1837. 252. S. 8. (1 Thlr. 8 gr.)

Der grösste Theil des Inhalts dieser Schrift, als deren Herausgeber der Oberlandesgerichtsrath *Hahn* in Glogau genannt wird, erscheint nicht als ein Gegenstand der Kritik, aber die Art ihrer Einführung ins Publicum ist nicht zu loben. Der Leser fragt mit Recht, was unter dem Collectionswerke, dessen der Titel gedenkt, zu verstehen sei; sieht sich jedoch vergeblich nach irgend einer Aufklärung darüber im Buche um, denn der Herausgeber hat es gemacht, wie jemand, der einen Fremden in eine Gesellschaft einführt, denselben aber dort vorzustellen zu unbequem findet. Weil man den Namen *Collectionswerk*, welches gar nicht einmal der wirkliche Titel des gemeinten Werkes ist, in Glogau, Görlitz u. s. w. versteht, deshalb dürfte eine Erläuterung desselben für das übrige Publicum keinesweges unterbleiben. Die Sache ist kurz diese. Johann Gottfried Fiedler, Landsyndicus im Budissinischen Kreise, begann im Jahre 1770. eine Sammlung der für das Markgrafthum Oberlausitz ergangenen Verordnungen herauszugeben, welche späterhin anderweitig fortgesetzt worden ist. Den vollständigen sehr langen Titel des ersten Bandes dieser „Collection derer den Statum des Markgrafthums Oberlausitz — — betreffenden — — Verordnungen u. s. w.“ findet man bei *von Kamptz*, Provinzial- und statut. R. in der Pr. Mon. Th. III. S. 625. Der erste Band erschien Budissin 1770. in 4.; der zweite 1771.; der dritte als „Continuation der Collection“ 1786.; der vierte, welcher bis zum Schlusse des Jahres 1797. reicht, und wieder einen selbstständigen Titel: „Collection der das Markgrafthum Oberlausitz betreffenden Gesetze und Anordnungen“ führt, im J. 1799. Die zwei noch folgenden Bände sind dem Rec. nicht zugänglich gewesen; bei *von Kamptz* werden nur die drei ersten Bände angegeben.

So viele von jenen alten Verordnungen nun auch heute schon antiquirt sind, so hat sich doch ein beträchtlicher Theil derselben bis jetzt als gültiges Recht erhalten. Die grosse Collection ist jedoch theuer und schwer zu haben, und hierdurch hat sich der Herausgeber bewogen gefunden, für die Gerichte der jetzigen preussischen Oberlausitz und das Glogauer Oberlandesgericht die oben genannte Collection zu excerpiren, und die noch gültigen Verordnungen nach der Materienfolge des Landrechts zusammen zu stellen. Dass diese Arbeit den Mitgliedern der betreffenden Gerichte sehr willkommen gewesen sein werde, lässt sich nicht bezweifeln. Uebrigens haben in der neuen Sammlung auch einige preussische Verordnungen, welche die ehemals sächsischen Provinzen und Districte betreffen, sogleich an der Spitze das Patent wegen Einführung des Allgemeinen Landrechts in jenen Gegenden, vom 15. November 1816., einen Platz gefunden.

Die beigefügten Bemerkungen enthalten zum Theil nur kurze Verweisungen auf andere Gesetze, zum Theil aber sind es auch selbstständige Aufsätze, und unter diesen zeichnen wir als besonders interessant die „Bemerkungen über die Eigenthümlichkeiten des Oberlausitzischen Lehnrechts" S. 110. fg. aus. Dabei glauben wir darauf aufmerksam machen zu müssen, wie sich in der Entwickelung der particulären Lehnrechte in den sogenannten slawisch-deutschen Ländern ein Gemeinsames erkennen lässt, welches bisher in dieser Eigenschaft wohl nur sehr wenige Berücksichtigung gefunden hat. Denn in unsern Lehrbüchern über das Lehnrecht herrscht die Rücksicht auf den lieber feudorum vor, und Darstellungen eines particulären Lehnrechts pflegen sich eben nur auf dieses zu beschränken. Das Lehnsinstitut des Mittelalters gehörte nach unsern heutigen Begriffen eben sowohl dem öffentlichen als dem Privatrechte an. Die slawischen Völker kannten dasselbe nicht, allein mit der fortschreitenden Germanisirung des östlichen Deutschlands nahm es auch in diesen Gegenden überhand, jedoch nirgends ohne sehr weitgreifende Modificationen seiner ursprünglichen Natur. Um diese richtig zu würdigen, ist es von Wichtigkeit, die politischen und die privatrechtlichen Elemente des Instituts zu unterscheiden. Die ersteren drangen auch in die slawisch-deutschen Länder ein, der Staat nahm auch hier den Charakter eines germanischen Lehnstaates an; die letzteren wurden zum grossen Theile von ihnen fern gehalten, denn fast durchgäng bildete sich eine Opposition der Vasallen gegen die privatrechtlichen Beschränkungen, welche eine vollständige Einführung des Lehnwesens auch in diesen Ländern nach sich gezogen haben würde, und schon der Umstand, dass die Mehrzahl der Lehen in fast allen diesen Gegenden auf dem Wege der Oblation entstand, brachte eine veränderte, und zwar eine günstigere Stellung der Vasallen hervor.

Aus diesem Gesichtspuncte sind die meisten der Irregularitäten zu erklären, welche unter andern die Mecklenburgischen, Pommerschen, Schlesischen und sodann auch die Lausitzischen Lehen an sich tragen, und von dieser Seite betrachtet, gewähren die von dem Verfasser hervorgehobenen Eigenthümlichkeiten des Oberlausitzischen Lehnrechts Stoff zu sehr lehrreichen Vergleichungen. Uebrigens ist es ein Irrthum, wenn in der historischen Vorbemerkung behauptet wird, dass der Name *Lausitz* erst im vierzehnten Jahrhundert aufgekommen sei. Denn selbst abgesehen von urkundlichen Beweisen, so wird ja „die Marke zu Lusitz" schon im Sachsenspiegel III. 62. als eines der sieben sächsischen Fahnlehen genannt.

Druck und Papier sind der Sache ganz angemessen.

Gaupp.

II. Berichte über akademische Dissertationen und Programme.

Verisimilium capita V. Scripsit et Ill. ICtorum ordinis auctoritate pro loco quem in eo obtinuit d. XIX. m. Dec. a. MDCCCXXXVII. h. l. q. c. defendet **Dr. Georg. Frid. Puchta,** iuris Pandect. P. P. O. des. etc. Lipsiae typ. Staritzii. 19 S. 4.

Nach einer kurzen die Veranlassung dieser Schrift betreffenden Vorrede behandelt der Verf. in derselben mehrere Stellen aus dem vierten Buche der Institutionen des *Gajus*. Im Cap. I. *De quattuor actionum generibus e generibus sponsionum*, stellt der Verf. die Ansicht auf, dass diejenigen alten Juristen, welche nach *Gajus* IV. §. 1. vier actionum genera angenommen haben, als solche die actio in personam, die in rem, die per sponsionem praeiudicialem, und die per sponsionem poenalem (Gaj. IV. §. 94.) angesehen haben. Das Cap. II. ist überschrieben: *De sacramenti in personam actione et lege pinaria.* Der Verf. erklärt sich hier zuerst gegen die Art, auf welche *Heffter* die Lücke in der Handschrift des *Gajus* p. 192. ausfüllen will, und stellt eine andere Form für die Sacram. actio in pers. auf. Sodann schlägt er in den die Verordnung der L. Pinaria betreffenden Worten (§. 15.) die Ergänzung der Lücken durch: „*post diem trigesimum*" und (*legem*) „*nunquam*" (*dabatur* etc.) vor. Endlich will er am Ende von §. 15. statt *causae collectio* gelesen wissen: *causae conjectio*. — Das Cap. III.: *De actione per sponsionem ad sacramenti actionis similitudinem constituta*, vergleicht die Eigenthümlichkeiten der sacramenti actio und der actio per sponsionem, und verbreitet sich zugleich über *Gaj.* IV. §. 94., wo mit *ideo autem app.* etc. ein neuer Satz nach einem Punkt anzufangen und in dem vorhergehenden Satz mit *Savigny*: „*is, cum quo agitur, non restipulatur,*" zu lesen ist, und über §. 95., wo die Zahl *CXXV.* vertheidigt, und dieselbe statt XXV. im §. 93. vorgeschlagen, als Name der lex aber, welche ausgefallen ist, *Aebutia* vermuthet wird. — Im Cap. IV.: *De concipiendis formulis*, wird zuerst das von *Goeschen* IV. §. 44. z. A. eingeschobene: „*semper*" gemissbilligt, und der Sinn dieser Stelle erläutert, wodurch zugleich die an ihr versuchten Conjecturen zurückgewiesen werden. Sodann wird die Bedeutung der demonstratio angegeben. Diess gibt Veranlassung, den §. 55. zu besprechen, wo der Verf. die von *Heffter* versuchte Ausfüllung der Lücke tadelt, und selbst: „*quia nil in judicium deducitur*" zu setzen vorschlägt. — Das Cap. V. endlich handelt: *De falsa demonstratione*, ad *Gaj.* IV. 58—60. Hier werden zuerst §. 58. und 59. erklärt, und in der letztern Stelle statt „*idem* agat," was *Goeschen* hat, unter Missbilligung der Vermuthung *Heffter's*, die Conjectur *Huschke's* „*deinde* agat" gutgeheissen, zugleich aber auch: „*quandoque* ag." vorgeschlagen. Hierauf wird §. 60. besprochen und ausser der Erläuterung des Inhalts auch eine

Ergänzung der grösseren Lücke gegeben („in ea vero, quae in factum concepta *esse dicitur*, *initio non demonstretur res*, *de qua agitur*, *sed* designetur"), sowie der wahrscheinliche Inhalt Dessen, was p. 210. über die falsa demonstratio bei der iniuriarum actio gestanden haben mag, zu ermitteln gesucht. — In den Anmerkungen kommen noch mehrere kritische und exegetische Bemerkungen über Stellen in juristischen und nichtjuristischen Autoren vor.

Ordinarius, Senior atque reliqui Assessores Facultatis juridicae Lipsiensis memoriam Joa. Frid. Mayeri etc. die VI. m. Dec. a. MDCCCXXXVII. etc. celebrandam indicunt. — Inest: Commentatio de usu iurisiurandi in reprobatione directa. (Verf. ist Hr. Ordinarius etc. **Dr. Günther.**) 15. S. 4.

Die Regel, dass der Eid mit andern Beweismitteln nicht verbunden werden dürfe, ist sowohl (nach der richtigern Meinung) dem gemeinen Recht bekannt, als auch in dem Sächsischen Recht (P. O. Tit. XVIII. §. 3.) ausdrücklich ausgesprochen. Nicht so einfach wie dieses Princip an sich, ist die Anwendung desselben, welche nicht blos beim eigentlichen Beweise, sondern auch beim Gegenbeweise zu machen ist. Denn eine allzu grosse Strenge in der Anwendung kann leicht dahin führen, dass man den Parteien ohne Noth ein so wirksames Beweismittel entzieht. Diess zeigt sich namentlich in einem hier angegebenen Rechtsfalle, in welchem der Beklagte im Gegenbeweise über zwei Artikel den Eid angetragen hatte, welche scheinbar mehreren auf Zeugen gestützten klägerischen Beweisartikeln direct widersprachen. Deshalb wurde in dem Pro- und Reproductions-Urthel, dessen Entscheidungsgründe mitgetheilt werden, der Eid über jene beiden Beweisartikel aberkannt. Allein die Leipz. Jur. Facultät, an welche die Acten in Folge der Läuterung des Beklagten versandt wurden, liess den Eid über jene Artikel zu, indem sie in den hier ebenfalls abgedruckten Entscheidungsgründen von der vom Hrn. Verf. begründeten Ansicht ausging: die Regel, dass, wenn der Beweis durch Zeugen oder Urkunden geführt sei, der directe Gegenbeweis nicht durch Eidesantrag geführt werden könne, gelte nur von dem *natürlichen* directen Gegenbeweis, nicht auch von dem *künstlichen*, wie ihn der Gegenbeweisführer in dem zu entscheidenden Falle unternommen hatte.

III. Berichte über rechtswissenschaftliche Zeitschriften.

Zeitschrift für Civilrecht und Process. Herausgegeben von **Dr. J. T. B. Linde**, Grhz. Hess. Geh. Staatsrathe u. s. w., **Dr. Th. G. L. Marezoll**, K. Sächs. Hofr. u. o. Prof. d. R. zu Leipzig, **Dr. A. W. v. Schröter**, Gh. Meckl. OAGR. zu Parchim. Elfter Band. Erstes Heft. Giessen 1837, Ferber. S. 1 — 182.

I. *Aus welchem Grunde und von welchem Zeitpuncte an haftet der malae fidei possessor für fructus percipiendi? Vom Hrn. Hofr. u. Prof. Dr. v. Madai in Dorpat. S. 1—19.*

Es wird hier eine nähere Begründung der Ansicht versucht, welche der Verf. in seiner Schrift über die Mora S. 337. Note 709. ausgesprochen hat: dass selbst der m. f. possessor richtiger vielleicht erst vom Zeitpuncte der erfolgten Litiscontestation (nicht schon vom Augenblicke des erworbenen Besitzes an) für vernachlässigte Früchte verantwortlich gemacht werden dürfte. Vorausgeschickt sind Bemerkungen über die Begriffe m. f. possessor und praedo (welche nicht verwechselt werden dürften), dann folgt eine Untersuchung der Stellen, auf welche die gewöhnliche Theorie gestützt wird, und zuletzt eine Rechtfertigung der hier aufgestellten.

II. *Was ist Gegenstand der Klagen aus Obligationibus ad faciendum überhaupt und der actio emt. im Besondern, d. i. worauf sind diese nach heutigem Rechte zu richten, wie ist die Verurtheilung zu fassen, und wie die Hülfe zu vollstrecken? Von Hrn. Dr. Sintenis, ord. Prof. d. R. zu Giessen. S. 20—88.*

Nach vorausgeschickter, sehr umfassender Geschichte und Kritik der hier einschlagenden Controversen (§. 1—5.) wird, da nach der Ansicht des Verf. die Sache sich nur auf dem processualisch-historischen Wege genügend aufklären lässt, im §. 6 — 8. die Condemnatio zur Zeit des Formularprocesses betrachtet. Hierauf werden im §. 9. die beiden ersten aufgestellten Fragen so beantwortet: der Kläger kann nach seinem Ermessen auswahlsweise entweder auf das Factum selbst oder auf das Interesse klagen, und, je nachdem die Klage abgefasst ist, erfolgt die Verurtheilung. Die dritte Frage aber wird im §. 10. nach Röm. Recht dahin entschieden, dass eine Sententia de faciendo nicht exequirbar sei, sondern nur eine Condemnatio in id, quod interest, dass also in jenem Falle nichts übrig bleibe, als dass der Richter den Kläger zur Aestimation des Schadens oder zum Beweise seines Interesse zulasse; im §. 11. aber wird gezeigt, dass die Reichsgesetzgebung hier nur auf das Justin. Recht zurückweise, und aus Particular-Gesetzen und den Ansichten der neueren Processlehrer für das heutige Recht der Satz aufgestellt: dass, wenn im Hülfsverfahren die Zwangsmassregeln ohne Erfolg gewesen sind, eine Handlung des Beklagten zu veranlassen, der Richter dem Impetranten eine Frist verstatten müsse, sein Interesse zu beweisen und zwar auf Kosten des Verurtheilten und in contumaciam gegen ihn, so dass ihm kein Widerspruchsrecht zustehe, worauf ein förmlicher Bescheid des Richters erfolgen müsse, gegen welchen dem Verurtheilten keine Anfechtung zustehen dürfte.

III. *Ueber den Armeneid im gemeinen Civilprocesse. Von Hrn. Prof. Dr. Albrecht in Marburg. S.* 89—123.

Die Tendenz dieses Aufsatzes ist: die absolute Nothwendigkeit des Armeneides gegen die neuernde Abweichung, in Folge welcher man statt desselben eigentliche Beweismittel zulassen will, oder wohl gar von ihm ganz zu abstrahiren scheint, darzuthun, zugleich auch die geschichtliche Ausbildung dieser Verbindlichkeit und des Armeneides überhaupt zu zeigen.

IV. *Bemerkungen über die Zulässigkeit der Gewissensvertretung und des Gegenbeweises wider dieselbe. Von Linde. S.* 124—152.

Der Verf. setzt die Gründe aus einander, aus welchen er auch jetzt noch bei seiner früheren Ansicht: dass dem Deferenten die Befugniss zugestanden werden müsse, gegen den Beweis zur Gewissensvertretung Gegenbeweis zu führen, verbleibt, indem er die gegen diese Ansicht von *Höchster* in d. Zeitschr. f. Civilr. u. Proz. Bd. IX. S. 401. f. aufgestellten Behauptungen prüft und zu widerlegen sucht.

Archiv merkwürdiger Rechtsfälle und Entscheidungen der Rheinhessischen Gerichte, mit vergleichender Berücksichtigung der Jurisprudenz von Frankreich, Rheinbaiern und Rheinpreussen. Herausgeg. von der Anwältekammer in Mainz. Neue Folge. I. Bd. 2. Heft. (S. 97—192.) Maynz, v. Zabern, 1837. (vergl. Jahrb. 1837. S. 948.)

Wissenschaftseid. — Delation und Relation desselben (S. 101.)

Zur Relevanz eines Wissenschaftseides wird erfordert, dass aus der Weigerung, ihn zu leisten, das positive Wissen des Bestehens einer Obligation oder Liberation resultirt. Wird die Relation für unzulässig erklärt, so kann der Referent den deferirten Eid wieder acceptiren; — bejaht durch Erkenntniss des Obergerichtshofs zu Mainz vom 18. März 1837.

Abwesenheit. — Testamentserben des zur Zeit des Verschwindens noch lebenden Präsumtiverben des Abwesenden. (S. 108.)

Das Recht auf Einweisung in das Vermögen eines Abwesenden geht auf die Testamentserben derjenigen, die im Augenblicke seines Verschwindens seine Präsumtiverben sind, über, Art. 120. b. G. B. Dieser Uebergang findet auch dann Statt, wenn der Präsumtiverbe stirbt, ohne selbst die Einweisung verlangt zu haben. Der Testamentserbe eines der Präsumtiverben kann dieselbe selbst dann noch verlangen, wenn die noch lebenden Präsumtiverben bereits eingewiesen worden sind; — bestätigt durch Erkenntniss des Cassationshofs in Darmstadt vom 18. April 1836.

Rangordnungsverfahren — Cassation — Geldstrafe. (S. 117.)

Bei einem Cassationsgesuch gegen ein im Rangordnungsverfahren ergangenes Urtheil sind so viele Geldstrafen zu hinterlegen, als der Recurs gegen Gläubiger gerichtet ist, die auf verschiedene Titel hin producirt hatten und contestirt wurden. Diese Vervielfältigung der Strafe ist auch dann erfordert, wenn diese verschiedenen Gläubiger den in Anspruch genommenen und bestrittenen Rang auf eine und dieselbe Urkunde stützen, wenn nur der Angriff dergestalt formirt wird, dass dem einen und dem andern Gläubiger gegenüber ein verschiedenes Resultat als möglich gedacht werden kann; — bestätigt durch Erkenntniss des Cassationshofes in Darmstadt vom 18. April 1836.

Appellable Summe — Cassations-Succumbenz-Gelder. (S. 121.)

Wenn die Gerichte zur Vereinfachung der Procedur mehrere Sachen, Behufs der in einem Processgange zu bewirkenden Entscheidung verbinden, von denen jede für sich die appellable Summe nicht erreicht, so wird die Sache um desswillen nicht appellabel, weil das Gesammtobject die Summe von 1000. Franken übersteigt. Im Falle der Cassationseinlegung gegen ein Arrêt, welches dennoch die Berufbarkeit erkennt, bedarf es nur einer einfachen Amende. Bestätigt durch Erkenntniss des Cassationshofes zu Darmstadt vom 23. November 1834.

Faustpfand — Arrest — Distributionsverfahren — jus. appropriationis. (S. 130.)

Kann eine als Faustpfand bestellte Forderung noch Gegenstand der Execution von Seiten eines andern Gläubigers mittelst Arrestanlage werden?

Kann nicht mindestens einem Distributionsverfahren dadurch vorgebeugt werden, wenn der Pfandgläubiger den Antrag stellt, dass ihm die Forderung, worauf das Faustpfand haftet, der Art in solutum adjudicirt werde, damit nach Maassgabe der Zahlung des so überwiegenden Schuldners Liberation für den Pfandschuldner eintrete?

Die zweite dieser Fragen ist bejaht durch Erkenntniss des Obergerichtshofs zu Mainz vom 27. August 1836., die erste aber in dem nämlichen Erkenntnisse wenigstens in soweit verneint, als die Zulässigkeit der Arrestanlage auf den Fall beschränkt ist, wenn der Faustpfandgläubiger zuvor wegen Capital, Zinsen und Kosten seine volle Befriedigung erlangt hat.

Maternitätsklage — Anfang eines Schriftbeweises — Rückwirkende Kraft der Gesetze. (S. 139.)

Wird eine Klage auf Anerkennung der Maternität unter der Herrschaft des bürgerlichen Gesetzbuchs angestellt, so ist dieselbe nur dann zulässig, wenn der im Art. 341. C. c. vorgeschriebene Anfang eines Schriftbeweises vorliegt, das uneheliche Kind mag nun vor oder nach der Publication jenes Gesetzbuches geboren sein.

Ueberhaupt, so oft das Gesetz die richterliche Sicherstellung einer Thatsache entweder ganz verbietet oder doch deren Zulässigkeit an gewisse, wenn auch nur die Beweisart normirende Voraussetzungen knüpft, so umfasst dasselbe alle Fälle, die nach seiner Promulgation zur gerichtlichen Verhandlung kommen, wenn auch ihr Entstehungsgrund in einer früheren Zeit liegen sollte. Der Beweis des Besitzes des in Anspruch genommenen status familiae ist nur zur Sicherstellung legitimer Abstammung zulässig. Diese Grundsätze sind bestätigt durch Erkenntnisse des Obergerichtshofes zu Mainz vom 11. Juli 1835. und des Cassationsgerichtshofs zu Darmstadt vom 14. März 1837.

Klage gegen einen Civilstandsbeamten — Competenz des Kreisgerichts — priesterliche Einsegnung der Ehen. (S. 176.)

Jede Klage, mithin auch die auf die verweigerte Celebration einer Ehe, kann gegen einen Civilstandsbeamten vor dem Kreisgerichte als competenter Behörde angestellt werden, und es bedarf — da der Civilstandsbeamte kein Agent des Gouvernements ist — keiner vorgängigen Ermächtigung der Regierung, um ihn vor Gericht zu laden.

Ein im Inlande von einem Ausländer mit einer Inländerin nur durch priesterliche Einsegnung eingegangenes Bündniss ist unwirksam, und kann den Abschluss einer anderweiten Ehe nicht hindern; die einzige Ausnahme besteht für die im Auslande nach den daselbst geltenden Gesetzen abgeschlossenen Ehen, wohin auch gehört, wenn der Bräutigam das beneficium der Exterritorialität geniesst und die Ehe nach den Gesetzen des Landes, dem er angehört, abgeschlossen wurde — bestätigt durch Erkenntniss des Kreisgerichts vom 26. März 1837.

Interrogatoire sur faits et articles — Opposition — Eidesdelation. (S. 183.)

Gegen ein Urtheil, welches ein Interrogatoire sur faits et articles verordnet, ist das Rechtsmittel der Opposition zulässig. Das Gericht kann alsdann sein diessfallsiges Urtheil zurücknehmen, wenn bei dem Vortrag über die Opposition der Opposit eventuell über dieselben Thatsachen, worüber er die Gegenpartie interrogirt haben will, den Eid deferirt. — Bestätigt durch Erkenntniss des Obergerichtshofs zu Mainz vom 29. Juli 1837.

Blätter für Rechtsanwendung, zunächst in Baiern, herausgeg. von **Seuffert** und **Glück.** Erlangen, Palm, 1837. (vergl. Jahrb. 1837. S. 751. ff.)

Beitrag zur Lehre von der Obervormundschaft. (S. 165—172.)

Die obervormundschaftliche Behörde, also nach §. 37. des Organ. Edicts v. 24. Juli 1808. das Appellationsgericht, hat, wenn ein Ehegatte stirbt, und nächst dem überlebenden Ehegatten minderjährige eheliche Descendenten hinterlässt, deren Erbrecht nach besonderen Statuten sehr zweifelhaft ist, das vom Vater den Pflegebefohlenen gemachte Vergleichsanerbieten, ohne den Rechtsweg wegen Vornahme einer förmlichen Vorausregulirung einzuschlagen, zu genehmigen.

Ueber materielle Einreden in der Executionsinstanz. (S. 173—178.)

Derartige Einreden können auch aus dem Inhalte des zu vollstreckenden Erkenntnisses selbst entspringen, wenn sie die unrichtige Vollziehung desselben betreffen, in dem Falle, wo das Urthel auch dem obsiegenden Theile eine Verbindlichkeit als Bedingung der Urthelsvollstrekkung auferlegt hat.

Ueber Verzicht auf Wechselfähigkeit in Bayern, vom Wechselgerichtsrath Gett in Memmingen. (S. 181—186.)

Die Statthaftigkeit eines solchen ist durch die Verleihung der Wechselfähigkeit blos an berechtigte Handelsleute und Fabrikanten in Ges. v. 11. September 1815. §. 4. nicht aufgehoben, da diese keine moralische Person im Staate bilden, und der Absicht des Gesetzgebers durch einen derartigen Verzicht nicht entgegen getreten wird.

Ist die Schenkung eines Siegelmässigen (bezüglich der Summe) an das Erforderniss der Insinuation gebunden? vom Reg.-Assess. Dr. Lauk. (S. 205—208.)

Bei der Auslegung des betr. Edicts §. 2. ist, da es die in Frage befindlichen Privatrechtsverhältnisse nur in der Gestalt auffasst, welche sie in der altbayerischen Gesetzgebung haben, auf das Landrecht zu recurriren, aus dessen P. III. C. VIII. §. 7. No. 5. u. §. 8. No. 1. hervorgeht, dass die Insinuation erforderlich ist.

Zur Lehre von den Förmlichkeiten der Protokolle nach der Preuss. Gerichtsordnung. (S. 213—215.

Die *Schlussbemerkung* der Vorlesung und Genehmigung gehört nicht zu den — bei Vermeidung der Nichtigkeit zu beobachtenden Erfordernissen eines Protokolls, da sie erst in §. 44. Th. II. Tit. III. der G. O. erwähnt wird, und, sie in logischen Zusammenhang mit dem Inhalt des §. 43. zu setzen, eine ganz fehlerhafte Abfassung voraussetzte; die *Thatsache* derselben Acte aber gehört nach Rescr. v. 5. März 1798. eben so wenig dazu.

Ueber die Stabilität von Hausofficianten, insbesondere in standesherrlichen Familien. (S. 237—241.)

Die Ausfertigung eines Bestallungsdecrets, in welchem ein jährlicher fixer Geldgehalt bestimmt ist, erhebt einen solchen Vertrag für die eben bezeichneten Personen zu einem Anstellungsvertrag, der, wenn diessfalls nicht ein besonderer Vorbehalt gemacht ist, einseitig nicht gekündigt werden kann.

Ueber die Berufungsfrist in Sponsaliensachen (S. 245—247.)

Sie ist eine 60tägige, wie §. 6. der Verordnung v. 6. Mai 1836. vorschreibt, denn die Processnovelle v. 22. Juli 1819. ist kein das ganze Verfahren umfassendes Gesetz und kann daher durch ihr Stillschweigen über eine Vorschrift sie nicht aufheben, was noch durch die in §. 38. ausgesprochene Bestimmung unterstützt wird *).

Ist bei Löschung einer Hypothekforderung die Vorlage des Hypothekenbriefs oder Recognitionsscheines, und im Verlustfalle Amortisirung absolut erforderlich? Vom Rechtspraktikant G i r i s c h. (S. 253—255.)

Diese Frage ist gegen *Gönner* zu verneinen, da der Hypothekenbeamte nach §. 80. 82. u. 26. d. H.G. gar keine Haftung hat, wenn er nur den Gläubiger vor Gericht abquittiren lässt.

Zur Lehre von den Rechtsmitteln in Strafsachen. (S. 261—275.)

Die Frage, ob gegen ein zur Abwendung der Specialinquisition auf den Grund des Art. 102. II. des B. St G. B. ergriffene, aber vom Crim.-Ger. 1. Instanz abgewiesene Vertheidigung noch ein Rechtsmittel zum O.A.Gerichte Statt finde? ist wegen der Unbestimmtheit der Art. 101. 103. u. 104. hins. der Instanzen, wegen der Freiheit, die Art. 327. dem Richter in Bezug auf Specialinquisition einräumt, und weil Art. 102. nur Rechtsmittel *mit* Suspensivkraft ausschliesst, zu bejahen.

Zur Lehre von der Bescholtenheit in Beziehung auf die Ansprüche aus dem ausserehelichen Beischlafe. Nach preussischem Rechte. Von G l ü c k. (S. 277—284.)

Die Frage, ob der Umstand, dass die Klägerin in dem bezeichneten Falle, Anderen vor der vom Kläger erlittenen Schwängerung den Beischlaf gestattet habe, sie zu einer bescholtenen Frauensperson im Sinne des preuss. L. R. macht, und sie sich daher im Falle des Beweises dieses Umstandes, mit der in §. 1028. sq. Th. II. Tit. II. Abschn. 11. vorgeschriebenen ersten Art der Entschädigung begnügen müsse, ist zu verneinen, weil sie nicht zu den in §. 1037—1043 als bescholten bezeichneten Individuen gehört und §. 1114. sie nur als schlechter Aufführung verdächtig, nicht als berüchtigt bezeichnet.

---

*) Hiervon macht, zufolge Berichtigung in No. 88. S. 308., das ehemalige Grossherzogthum Würzburg eine Ausnahme, in welchem nicht jene Verordnung, sondern die 1806—14. emanirten Novellen zur bayer. G. O. gelten.

Zur Lehre von der Ehescheidung unter den Juden. (S. 293 – 295.)

Das Erkenntniss, dass die Wiederverehlichung zu gestatten sei, beseitigt nicht die Hindernisse, welche in jüdischen Ritualgesetzen sich gegen dieselbe vorfinden, z. B. die nicht erfolgte Vornahme der darin vorgeschriebenen Scheidungs-Ceremonie.

Ueber das, was Rechtens ist, wenn ein Jude, welcher sich zum Eide schon gerichtlich angeboten hat, vor der wirklichen Eidesleistung stirbt. Von Dr. Feust. (S. 301—306.)

In diesem Falle gilt zwar nicht der in der G. O. Cap. 13. §. 2. No. 7. aufgestellte Satz, dass der Tod statt des Eides gelte, da hiebei die G. O. ein *„christliches Versterben"* *voraussetzt*, aber eben so wenig ist der Eid für verweigert zu halten, sondern von den Erben zu leisten.

Zur Lehre von der Syndicatsklage. (S. 309—312.)

Die Syndicatsklage ist gegen das ganze Collegium zu richten, welches dann die betreffenden Votanten nahmhaft zu machen hat, da auch der Beschluss im Namen des Collegium ergangen ist.

Miscellen.

1. Nekrolog.

Dr. *Carl August Möllenthiel* *).

Am 7. Juni v. J. starb zu Ansbach der königl. Appellationsgerichts-Rath Dr. *Carl August Möllenthiel.* Er war am 20. Januar 1795. in Mannheim geboren, und kam schon in frühester Jugend mit seinen Aeltern nach Neuburg an der Donau, indem sein Vater, der geheime Hofrath Dr. Möllenthiel, der verwittweten Frau Herzogin Maria Amalia von Pfalz-Zweibrücken, königl. Hoheit, als deren Leibarzt dahin folgte. Dortselbst besuchte er das Gymnasium, hierauf das Lyceum in München und sodann die Universität Erlangen, an welcher er im Jahre 1818. zum Doctor der Rechte promovirt wurde. Seine erste Anstellung im königl. bayerischen Staatsdienste erhielt er am 19. Dec. 1820. als Kreis- und Stadtgerichts-Assessor in Augsburg, von wo aus er am 3. October 1821. zum Assessor bei dem Appell. Gerichte zu Neuburg befördert wurde. Vom 28. Oct. 1823. bis 19. Sept. 1833. war er bei dem königl. Staatsministerium der Justiz, zuerst als Bureau-Secretair, dann als geheimer Secretair und zuletzt als functionirender General-Secretair. Während dieser Function wurde er am 12. August 1827. zum App.-Ger.-Rathe bei dem hiesigen Gerichtshofe ernannt und bei diesem Collegium durch allerhöchstes Rescript vom 19. Sept. 1833. wirklich eingereihet.

In allen Verhältnissen seines Lebens hat er sich auf das Vortheilhafteste bewährt. Bieder und charakterfest — empfänglich für alles Gute, Schöne und Erhabene — menschenfreundlich, bescheiden und anspruchlos — gründlich und vielseitig gebildet — klar und bestimmt in seinen Ansichten — gewissenhaft in der Erfüllung jeglicher Pflicht — treu und liebevoll gegen Vaterland, Verwandte und Freunde; durch Vereinigung so vieler Vorzüge des Geistes und Herzens galt er Allen, die ihn kannten, als liebenswerth und hochachtbar. — Seine gediegene Abhandlung: über die Natur des guten Glaubens bei der Verjährung (Erlangen, 1820.) erwarb ihm auch in der literarischen Welt einen bleibenden Namen. Musterhaft und belehrend sind seine Collegialarbeiten. — Er war eine Zierde des Collegiums, dem er angehörte und welches nun seinen Verlust innigst betrauert.

2. Ehrenbezeigungen.

Der vormalige Professor der Rechte zu Göttingen, Hr. Hofrath Dr. *Albrecht*, ist von der philosophischen Facultät zu Königsberg zum Doctor Phil. ernannt worden. — Hr. Landrichter Dr. *Wolfg. Heinr. Puchta* hat von des Königs von Bayern Maj. den Orden h. Michael empfangen.

---

*) Wir entlehnen die vorstehenden Notizen über einen Rechtsgelehrten, dessen Tod wir früher nur kurz berichteten, aus *Seufferts* und *Glücks Blättern für Rechtsanwendung* No. 24.

I. Recensionen.

Handbuch des im Königr. Sachsen geltenden Civilrechts von **Dr. Carl Friedrich Curtius** (vormal.) K. S. Apellationsrathe in Dresden, Theil II. Abtheil. 2., dritte vermehrte und nach den neuesten gesetzlichen Bestimmungen ergänzte Ausgabe (von **Philipp Heinrich Friedrich Hänsel**, Stadtgerichtsrathe und Dirigenten des Handelsgerichtes zu Leipzig), Leipzig, Schwickert, 1837. X. und 928 S. 8. (3 Thlr. 12 Gr.)

Auch unter dem besondern Titel:

Das im Königr. Sachsen geltende Erbrecht, nach **Curtius** Handb. d. i. S. g. Civilrechts — zweiter Theil, §. 641—978. — zusammengestellt und nach den neuesten gesetzlichen Bestimmungen ergänzt und berichtigt.

Wir empfangen in der That, wie der zweite Titel obigen Buches andeutet, in dieser fortgesetzten Bearbeitung des Curtius'schen Handbuches ein ganz neues Werk, das, da es die Darstellung einer in sich abgeschlossenen Lehre enthält, auch recht gut für sich bestehen kann. Denn wenn gleich der Verfasser seinem in der Vorrede zum ersten Theile angekündigten Plane, seine Ergänzungen so viel als möglich überall dem Vortrage des Curtius'schen Handbuches anzuschliessen und die Zahl der §§. unverändert zu lassen, im Ganzen auch hier treu geblieben ist, so zeigt doch schon die blosse Vergleichung des äusseren Umfanges der Hänsel'schen Bearbeitung mit dem der 2. Ausgabe des Curtius — der sich in dem vorliegenden Bande ziemlich wie 4. zu 1. verhält — dass erstere einen ganz veränderten Charakter an sich tragen müsse; und diess bestätigt sich bei näherer Prüfung vollkommen. Wenn sich das Curtius'sche Werk hauptsächlich durch die Neuheit und Zweckmässigkeit seines Planes, durch die praktische Auffassung des vorhandenen Stoffs und durch die grosse

Einfachheit und Klarheit der Darstellung auszeichnete, so konnte es auf der andern Seite dem Vorwurfe der Unvollständigkeit in manchen wesentlichen Puncten, und einer gewissen Dürftigkeit in der Ausführung des Details und in den literarischen Nachweisungen nicht entgehen, was seiner Brauchbarkeit gerade in derjenigen Sphäre, für die es hauptsächlich bestimmt war, in der Praxis nämlich, einigen Abbruch that. Diesen Mängeln von Grund aus abzuhelfen, ist nun das sichtliche Bestreben des Verfassers gewesen. Die Vervollständigung des Curtius'schen Werkes, der auch in den früheren Abtheilungen ganze Capitel gewidmet sind, hat auch in den vorliegenden einige neue Abschnitte (vgl. S. 649—694.) und eine Menge von Zusatzparagraphen veranlasst. Die weitere Ausführung des Details ist meistens in die Noten verwiesen worden, welche dadurch zum Theil das Ansehn und den Umfang von Excursen erhalten haben, wie z. B. die Anmerkungen über legatum praes. herede relictum S. 253—262.; öfters ist aber auch der vorhandene Stoff in die §§. selbst verarbeitet. Der Verfasser ist hierbei in der That so weit gegangen, als er seinem Plane gemäss — die Gränzen eines Handbuchs nicht zu überschreiten — nur gehen konnte. Es liesse sich sogar fragen, ob dieses Detail nicht bisweilen zu reichlich ausgefallen sei, wie z. B. in der Lehre von den Vermächtnissen, die gegen die frühere Ausgabe um mehr als das Fünffache erweitert ist und 206. Seiten einnimmt. Ganz ohne Zusatz ist kaum ein und der andere Uebergangsparagraph geblieben. Der Klippe, welche jedem Bearbeiter eines fremden Werkes gefährlich wird, nämlich, überall das Zusammengehörige zusammenzubringen, und Wiederholungen zu vermeiden, ist der Verfasser meist glücklich ausgewichen. Einzelne Wiederholungen finden sich in §. 704. not. c. vgl. mit §. 872. not. b., in §. 739. no. 4. vgl. mit §. 734. not. a., in §. 697. no. 4. vgl. mit not. d. zu diesem §. zu Ende; und wo diese und jene Lehre oder Bemerkung nicht ganz an ihrem Orte zu stehen scheint, werden wir weiter unten zu bemerken Gelegenheit haben.

Allein nicht bloss auf Bereicherung des Inhaltes, sondern auch auf Vervollkommnung der Darstellung hat der Verfasser sein Augenmerk gerichtet, indem er hier und da durch Einschiebungen oder Zusätze die in loser Aufeinanderfolge sich anreihenden Sätze des Handbuches in systematische Verbindung zu bringen und für die Auffassung der vorgetragenen Lehren allgemeinere wissenschaftliche Gesichtspuncte zu eröffnen gesucht hat. Diesem Bestreben verdankt z. B. §. 692., eine Einleitung in das Notherbenrecht enthaltend, seine jetzige Gestalt.

Schon aus dieser Uebersicht wird sich ergeben, welchen Fleiss der Verfasser auf seine Arbeit verwendet hat, was um so dankbarer anzuerkennen ist, da ihm bei seinen umfassenden Berufsgeschäften gewiss nur ein kleiner Theil des Tages dazu übrig blieb. Dieselbe Sorgfalt bewährt sich auch durch die Beschaffenheit der von ihm herrührenden Zusätze. Ueberall zeigt sich das redliche Bestreben, seinen Gegenstand dem Höhepuncte der Wissenschaft möglichst nahe zu bringen, und nicht bloss eine vollständige dogmatische Zusammenstellung der geltenden Rechtssätze zu geben, sondern dieselben, so weit es in der vorgezeichneten Kürze geschehen konnte, auch historisch und exegetisch zu begründen; und obwohl der Verfasser mit seiner gewohnten Bescheidenheit nur das Verdienst in Anspruch nimmt, das, was von berühmten Rechtsgelehrten älterer und neuerer Zeit gelehrt worden ist, kurz wiedergegeben und darauf die Aufmerksamkeit der Leser gelenkt zu haben, so wird man doch nirgends eigne und selbstständige Prüfung vermissen. Wenn er dagegen bei streitigen Fragen nicht selten mit seiner eigenen Ansicht zurückgehalten hat, eine Eigenthümlichkeit, die auch in anderen Schriften desselben Verfassers sich wiederfindet, so wird man darin gerade bei einem Handbuche keinen wesentlichen Mangel erblicken, sofern nur der Leser durch Zusammenstellung der beiderseitigen Gründe, oder durch literarische Nachweisungen in den Stand gesetzt wird, sich selbst eine Meinung zu bilden.

Was nun die literarischen Nachweisungen anlangt, so beziehen sie sich dem grössten Theile nach auf die für jede einzelne Materie vorhandenen Monographien, von denen man wenige vermissen wird. Am auffallendsten erscheint es, dass das mehrfach rühmlichst erwähnte Werk von *Bluntschli*, Entwickelung der Erbfolge gegen den letzten Willen u. s. w. Bonn, 1829. nicht einmal genannt ist. Eben so ungern vermisst man bei dem Zusatzparagraphen 732 b. eine Berücksichtigung der Abhandlungen von *Hollius* im civilist. Magazin Bd. 6. H. 3. über die actio personalis ex testamento und von *Francke* im Archiv f. civ. Prax. Bd. 19.. über Anerkennung ungültiger letztwill. Dispositionen, deren Inhalt keineswegs uninteressant ist. Auch von den *Guyet*schen Abhandlungen sind nur einige angeführt. Bei der Ausarbeitung der Zusätze sind ausser den umfassenderen Monographien von *Francke*, *Rosshirt* u. A. vorzugsweise *Glück's* Commentar mit den Fortsetzungen von *Mühlenbruch* und die Systeme von *Mühlenbruch* und *Schweppe* benutzt worden. Dagegen findet sich *Thibauts* System nur einmal (S. 342.), *v. Wening-Ingenheim* und andere neuere Systematiker gar nicht citirt, wiewohl gerade des Letzteren Lehrbuch sich durch die Sorgfalt seiner historischen Entwickelungen und Thibaut gerade im Erbrechte durch manche eigenthümliche Ansichten vortheilhaft auszeichnet. Der Verfasser hat sich hierin wahrscheinlich der sächsischen Praxis accomodirt, die sich allerdings an den Gebrauch des Schweppischen, und neuerlich auch des Mühlenbruch'schen Compendiums, vorzugsweise gewöhnt hat, während man im Süden von Deutschland auch Thibaut und Wening Gerechtigkeit widerfahren lässt. Auch die älteren französischen, holländischen und deutschen Civilisten findet man nur selten benutzt, häufiger die Schriften älterer und insonderheit sächsischer Praktiker, von denen bisweilen selbst ganz singuläre Meinungen angeführt werden. Wo diese Meinungen von in der Praxis viel gebrauchten Schriftstellern herrühren, wie z. B. die von *Hommel* S. 230. S. 334. not. b. lässt sich diess aus dem praktischen Zwecke eines Handbuches wohl rechtfertigen.

Wenn wir nun dem Verfasser durch die einzelnen Abschnitte seines Werkes folgen, so beabsichtigen wir damit, theils unsern Lesern noch einen vollständigeren Ueberblick der Bereicherungen und Verbesserungen, welche das Curtius'sche Handbuch durch den Verfasser erhalten hat, zu gewähren, theils hier und da einige Gegenbemerkungen und Zweifel zur Sprache zu bringen, die sich beim Durchlesen des Buches uns aufgedrungen haben.

Ueber die Definitionen von „Vermögen," „Erbschaft" und „Erbrecht," womit die Einleitung (S. 1—7.) beginnt, wollen wir mit dem Verfasser nicht rechten, da sie aus der älteren Ausgabe unverändert herübergenommen sind. Indess hätte es wohl bemerkt werden können, dass zu dem Vermögen weder staatsbürgerliche noch Familien-Rechte und Verbindlichkeiten gehören, wodurch auch der Begriff der Erbschaft eine engere Begränzung erhält. Dagegen kann die Bemerkung S. 8., dass zwischen den verschiedenen Gründen der Delation die im §. 642. angedeutete Ordnung (Letzte Willensordnung — Vertrag — Vorschrift der Gesetze) zu beachten sei, zu dem Missverständnisse Veranlassung geben, als ob das vertragsmässige Erbrecht durch das Vorhandensein eines Testaments ausgeschlossen werde. — Von letztwilligen Verfügungen im Allgemeinen handelt ein Zusatzparagraph (644 b). Wenn aber hierbei in der Note a. behauptet wird, dass nach sächsischem Rechte gerichtliche Form für die Errichtung von Erbverträgen blinder, tauber und stummer Personen um so mehr für nothwendig zu achten sei, weil die Vorm.-Ordn. diese Form sogar für *widerrufliche* letztwillige Verfügungen vorschreibe (eine Bemerkung, die übrigens wohl in die specielle Abhandlung der Lehre von den Erbvertr. gehört), so können wir dieser interpretatio extensiva des Gesetzes nicht beipflichten, da dessen ratio nicht in der Wichtigkeit des Geschäfts, sondern darin zu suchen ist, dass bei letztwilligen Dispositionen kein *Vormund* concurrirt, dessen Concurrenz bei Erbverträgen nach Cap. XIII. §. 15. und Cap. XXIV. §. 6. der V. O. unentbehrlich zu sein scheint.

Im ersten Capitel des 1. Abschnitts (S. 8—18.), von der Fähigkeit zur Errichtung eines Testaments handelnd, begegnen wir gleich zu Anfange (§. 648.) dem Bestreben, den Vortrag des Handbuches dem Rechtssysteme mehr anzupassen, indem die persönlichen Erfordernisse zur Testamentserrichtung durch eine Einschaltung auf den Begriff der testamenti factio activa zurückgeführt werden. Allein gerade diese Einschaltung muss Rec. unter die minder glücklichen rechnen, da sie nicht auf das *echte* System des römischen Rechts, sondern auf das willkürlich gebildete neuerer Rechtslehrer gegründet ist. Dass die Ausdrücke t. f. *activa* und *passiva* nicht classisch sind, ist bekannt. Allein auch der Ausdruck testamenti factio hat als terminus technicus in den Quellen gewiss eine andere und engere Bedeutung, als in welcher er hier genommen wird. Der Verfasser wird schwerlich eine Stelle in den Quellen nachweisen können, wo unter diesem Worte die *natürlichen* Erfordernisse der *Handlungsfähigkeit* (die allerdings auch bei der Testamentserrichtung vorauszusetzen sind) mit begriffen werden. Wenn *Gaius* Lib. II. §. 114. (L. 4. D. qui test. fac. poss.) sagt: „Si quaeramus, an valeat testamentum, inprimis advertere debemus, an is, qui fecerit, habuerit testamenti factionem," so begreift er hierunter jene natürlichen Erfordernisse keineswegs, sondern er *übergeht* sie nur, und zwar aus demselben Grunde, wesshalb er auch im ganzen ersten Buche seiner Institutionen von dem status naturalis nicht redet, nämlich, weil er nur ius civile lehrt. Vielmehr scheint t. f. als Kunstausdruck *nur* die auf dem bürgerlichen status beruhenden Erfordernisse der Testamentserrichtung, oder, mit andern Worten, den Theil des römischen Bürgerrechts, welcher auch als commercium mortis causa bezeichnet wird, und für die Römer dadurch, dass er den Latinis Iunianis entzogen war, eine besondere Wichtigkeit erhielt, zu bedeuten. Dafür spricht, dass in den Institutionen des Gaius, so weit wir sie besitzen, jener Ausdruck nur noch einmal im §. 71. des dritten Buches und zwar in Verbindung mit den Latinis Iunianis vorkommt, und auch *Ulpian* denselben (XXII, 1. 2.) nur in Beziehung auf Verhältnisse des öffentlichen Rechts braucht, während er sonst nur von testamentum facere posse spricht. Auch hat wohl der Ausspruch *Papinians* in L. 3. D. qui test. fac. poss.: „Testamenti factio non privati sed publici iuris est," etwas mehr zu bedeuten, als den triviellen Satz, dass die Testamentsfähigkeit nicht von der Privatwillkür abhänge. Ist diese Ansicht richtig, so hat man auch nicht nöthig, mit dem Verfasser S. 11. not. *) von dem Satze, dass t. f. auch zur Zeit des Todes vorhanden sein müsse, für das Civilrecht irgend eine Ausnahme zu machen; auch zerfällt dann die S. 31. not. ff. berührte Streitfrage, ob, um als Zeuge bei einem Test. concurriren zu können, t. f. activa oder nur passiva erforderlich sei, in sich selbst. Nach alle dem hatte aber wohl jedenfalls der Verfasser des Handbuchs guten Grund, die Ausdrücke t. f. a. und p. zu vermeiden. — S. 14. not. b. thut der Verfasser dem sächsischen Erbgesetze vom 31. Jan. 1829., dem er überhaupt nicht sehr gewogen zu sein scheint, wohl Unrecht, wenn er behauptet, nach §. 104. dieses Gesetzes scheine ein durch Zwang und Betrug veranlasster letzter Wille zu bestehen, und nur der Zwingende oder Betrüger des durch selbigen erlangten Vortheiles verlustig zu werden, obwohl der Gesetzgeber schwerlich alle aus diesem Satze folgende Consequenzen habe billigen wollen. Es enthält nämlich jener §. des Erbg. bloss den Satz, dass der Zwingende oder Betrüger *seines gesetzlichen* Erbrechtes verlustig werde, wozu §. 110. noch Verlust des testamentarischen Erbrechtes hinzufügt, von dem Einflusse aber, welchen Zwang und Betrug auf das Bestehen der dadurch veranlassten Disposition äussern, sagt dasselbe gar nichts, es lässt also in *dieser* Beziehung Alles beim Alten. Gesetzt also, es zwingt jemand, den der Erblasser in einem *früheren* gültigen Testamente bedacht hatte, oder der denselben ohnehin zu seinem Antheile ab intestato beerbt, diesen Erblasser, ihn in einem Codicill oder Testamente noch besser zu bedenken, so verliert er nach jenen gesetzlichen Bestimmungen nicht nur, vermöge der

Ungültigkeit der letzten Verfügung, die erzwungene bessere Erbportion, sondern auch das, was er ohne diese letzte Verfügung erhalten haben würde. Auch ist wohl der Satz im §. 680., dass eine durch Zwang, Furcht, Betrug oder hinterlistige Ueberredung abgenöthigte letzte Willensordnung ohne rechtliche Wirkung sei, etwas zu allgemein gefasst, denn die Unwirksamkeit kann sich wohl nur in so weit erstrecken, als Zwang und Betrug auf den Inhalt der Disposition eingewirkt haben. Oder sollen etwa auch die dem Betrüger selbst zu Gunsten dritter Personen auferlegten Legate unwirksam werden? Ueberhaupt scheint diese Lehre noch keine ganz befriedigende Bearbeitung erhalten zu haben. — Bei dem Satze, dass Haussöhne nur über ihr peculium castrense testiren können (S. 14.), hätten die auf L. 28. §. 1. D. de m. c. donat. und Cap. 4. de sepulturis in VI. gestützten Ausnahmen erwähnt werden sollen, deren eine sich jedoch im §. 782. not. f. erwähnt findet.

In der Lehre von den bei Errichtung eines Testaments zu beobachtenden äusseren Feierlichkeiten (Cap. 2. S. 16—30.) sind besonders, wie billig, die durch sächsische Gesetze vorgeschriebenen Formen, und die dabei vorkommenden Controversen ausführlich entwickelt. Wir haben dabei nur zu erinnern, dass auch bei einem *mündlich* zum gerichtlichen Protokolle gegebenen Testamente die gerichtliche *Niederlegung* keineswegs zu den Formalien gehört, wie solches von dem Verfasser S. 23. not. g. in Hinsicht auf schriftliche Testamente ausdrücklich bemerkt worden ist; dass ferner die S. 30. not. a. dubitativ erwähnte Competenzbeschränkung der Militärgerichte durch die Ausführungsverordnung zu dem dabei allegirten Gesetze, §. 8., ausser Zweifel gesetzt wird, und dass endlich S. 42. not. a., wo der Theorie von der superscriptio testamenti Erwähnung geschieht, wohl auch der Urheber dieser Theorie, *Savigny* in der Gesch. des R. R. im Mittelalter Bd. 2. S. 182. f. hätte genannt werden sollen, dessen Ansicht übrigens auch nicht ganz richtig wieder gegeben worden ist.

Im dritten Capitel, von der Erbeinsetzung (S. 80—160.), werden von §. 678. an die aus der Rechtsregel nemo pro parte etc. folgenden Grundsätze vollständig vorgetragen, und das neuere sächsische Recht wird nur als Abweichung eingeschaltet. Dagegen liesse sich nun wohl im Ganzen nichts einwenden, da jene Regel auch nach dem neuesten sächs. Rechte nicht als völlig unpraktisch betrachtet werden kann. Allein gerade bei dieser Anordnung des

Stoffes kann es zu Missverständnissen führen und den richtigen Gesichtspunct für das sächsische Recht verrücken, wenn S. 67. not. d. unter 1. gesagt wird, es sei durch das Erbgesetz in Ansehung der Anwendung des Satzes n. p. p. der Willkür des Testirers freier Raum gegeben, ja derselbe solle mit seinen Folgen sogar *wegfallen*, wenn eine andere Absicht des Testirers nachgewiesen werden könne. Hiernach sollte man glauben, dass bei jedem Testamente die quaestio facti entstehen müsse, ob der Testator den Satz n. p. p. habe angewendet wissen wollen, oder nicht, und dass im Zweifel für Ersteres zu entscheiden sei, während sich doch die Sache gerade umgekehrt verhält, indem jener Satz durch das Erbgesetz aufgehoben ist, einzelne Folgen desselben jedoch nach §. 7. noch eintreten können, wenn erwiesen wird, dass diess die Absicht des Testirers gewesen sei. Beruht obige Bemerkung nicht auf einem blossen Versehen, so wissen wir sie uns nicht anders zu erklären, als dass der Verfasser dabei §. 4. des Erbges. im Sinne gehabt habe, nach welchem noch ein Theil jenes Satzes bestehe, der aber nach der Absicht des Testirers *auch* wegfallen könne. Allein die im §. 4. enthaltene Disposition, dass, wenn mehrere Erben ohne Angabe, wie viel jeder erhalten solle, eingesetzt sind, das auf den Wegfallenden kommende seinen mit ihm auf gleiche Art ernannten Miterben zuwachse, steht mit dem Satze n. p. p. wohl nur in sehr entfernter, oder in gar keiner Verbindung, auch wüssten wir nicht, wie hier eine probatio contrariae voluntatis vorkommen könnte.

In der Lehre von der nothwendigen Erbeinsetzung, welche den zweiten Abschnitt des 3. Capitels bildet (S. 98—160.), und bei deren Darstellung der Verfasser sich hauptsächlich an *Francke* und *Mühlenbruch* anschliesst, hat Rec. besonders *ein* Satz bedenklich geschienen, den der Verfasser *gegen* die Auctorität dieser beiden Schriftsteller vertheidigt; der Satz nämlich, dass noch heutzutage vermöge der successio ordinum entferntere Notherben (insonderheit Adscendenten) die Erbeinsetzung eines Testamentes, in welchem der nächste Notherbe den Vorschriften der Nov. 118. zuwider enterbt oder präterirt ist, vermöge des ihnen *selbstständig* zustehenden Rechts anfechten könnten, und zwar nicht nur dann, wenn der vorgehende Notherbe vor dem Testirer verstorben sei, sondern auch, wenn dieser von seinem Rechte keinen Gebrauch macht (S. 106. not. f.). Wäre dieser Satz richtig, so würde er jedenfalls nicht zu den empfehlenswerthen Partien unseres positiven Erbrechtes gehören, denn dem gesunden Rechtsgefühle wird es schwerlich einleuchten, dass ein Testament, welches der enterbte Sohn aus Pietät gegen den Erblasser unangefochten lässt, nun doch noch von dem Vater des Letzteren, oder einem noch entfernteren Adscendenten solle umgestossen werden können. Auch hat bereits Mühlenbruch bemerkt, dass man nicht eigentlich sagen könne, der Testator habe lieblos gehandelt, weil er denjenigen Verwandten nicht berücksichtigte, dem näher Berechtigte vorgingen, eine Bemerkung, welcher der Verf. a. a. O. sogar beizupflichten scheint. Die Beantwortung der vorliegenden Frage hängt nun allerdings hauptsächlich davon ab, welches System man bei der Interpretation der Nov. 118. befolgt. Durch consequente Durchführung des reinen Inofficiositätssystems kommt man auf jenen Satz allerdings, und noch mehr durch das reine Nullitätssystem, denn sowohl bei der querela inoff. testam. als bei der Intestaterbfolge, welche bei strengem Festhalten an dem Begriff der Nullität in ihrem ganzen Umfange und mit allen ihren Eigenthümlichkeiten eintreten müsste, galt successio ordinum et graduum, wiewohl bei der Querel nicht ohne Beschränkung. Auch hat der Verfasser seine Argumente von beiden Systemen hergenommen. Allein, was die qu. inoff. test. anlangt, so scheint *ihr* ja der Verfasser selbst im neuesten Rechte nur eine sehr beschränkte und modificirte Anwendbarkeit einzuräumen; auch würde er, wenn er dem Inofficiositätssystem huldigte, nicht umhin können, die successio der Adscendenten auch dann eintreten zu lassen, wenn die Descendenten bereits geklagt, aber unterlegen haben, was er S. 107. doch nicht zugesteht; was aber die Nichtigkeit des Testamentes betrifft, so giebt der Verfasser S. 878. 879. selbst zu, dass in der Novelle mehr von einer beschränkten und *respectiven Nichtigkeit*, d. h. von Ungültigkeit der Erbeinsetzung *zu Gunsten der verletzten* Notherben die Rede zu sein scheine, indem sie in Ausdrücken rede, die sich eher durch das lateinische rescindere wiedergeben lassen, und in der versio vulgata auch wirklich durch dieses Wort wiedergegeben sind. Auch sagt die Novelle keineswegs, dass bei Nichtbeobachtung ihrer Vorschriften die reine Intestaterbfolge eintreten solle, sondern ihre Worte im cap. III. sind: „nullum *exheredatis liberis praeiudicium* generari, sed — ad parentum hereditatem *liberos tanquam* ab intestato ex aequa parte venire.“ Im Cap. IV. ist der Ausdruck allerdings etwas allgemeiner: „rescisso testamento eis, qui ab intestato ad hereditatem vocantur, res eius dari disponimus.“ Allein Justinian konnte ja mit diesen Worten recht gut die mit dem Enterbten *zunächst* zur Intestaterbfolge berufenen Adscendenten bezeichnen, und damit nur der Meinung begegnen wollen, als ob, wie bei der Querel, diejenigen, die zur Anfechtung des Testamentes ebenfalls berechtigt gewesen wären, davon aber keinen Gebrauch gemacht hätten, von der Succession ausgeschlossen seien. Jedenfalls hat wohl der Gesetzgeber einer Verletzung der Adscendenten nicht grössere Wirkungen beilegen wollen, als einer Verletzung der Descendenten; die Worte des cap. IV. sind daher aus cap. III. zu interpretiren. Zu der richtigen Ansicht scheint folgende Betrachtung zu führen. Die Novelle 115. enthält (gleich der Nov. 118.) eine Fortbildung des prätorischen Rechtes, indem sie zu den durch dieses eingeführten und durch einige frühere Constitutionen bereits modificirten Bedingungen (vgl. *Mühlenbruch*, Erl. d. Pand. Bd. 37. §. 1422. S. 91. ff.) noch die Anführung einer gesetzlich gebilligten und erweislichen Ursache hinzufügt, und dadurch das verhasste und subsidiäre Rechtsmittel der querela inoff. test., das früher bei einer grundlosen, sonst aber legalen Enterbung die einzige Hülfe gewährte, für Descendenten und Adscendenten entbehrlich macht. Auch in dem Satze, dass nur die Erbeinsetzung ungültig werde, schliesst die Nov. sich keinesweges an das Recht der Querel (wie *Mühlenbruch* a. a. O. Bd. 37. S. 119. behauptet), sondern an die Grundsätze der bonorum possessio contra tabulas über Vormundschaftsbestellung und Prästation der Legate an personae coniunctae an. Bei der b. p. c. t. konnte nun aber von einer successio ordinum nicht die Rede sein, weil sie nur den liberis zustand; aber auch succ. graduum scheint nach L. 3. §. 3. h. t. (37, 4.) L. 13. §. 1. eod. L. 3. de coniung. c. emanc. liberis (37, 8.) nicht Statt gefunden zu haben (vgl. v. *Wening-Ingenheim* S. 171. d. 4. Ausg.). Vielmehr hatte die b. p. c. t. nur den Zweck, den wirklich Verletzten zu helfen, und wenn diese, die liberi, von dieser Hülfe keinen Gebrauch machten, so trat b. p. secundum tab. ein (L. 2. pr. de b. p. s. t.). Warum sollte nun Justinian weiter gegangen sein, und warum sollten wir diess annehmen, da seine Worte nicht nothwendig darauf hinführen, vielmehr eine gleiche beschränkte Absicht (nullum exheredatis liberis praeiudicium generari) nicht undeutlich zu erkennen geben? Wenn endlich der Verfasser sich für die Begründung seiner Ansicht nach *sächsischem* Rechte noch auf die Worte des Erbges. §. 88. bezieht: „*so weit sie — die Successionsordnung trifft*,“ so müssen wir gestehen, dass uns diese Worte gerade gegen ihn zu streiten scheinen. Denn wer erst durch successio ordinum zur

Erbfolge gelangt, von dem kann man nur uneigentlich sagen, dass die Successions- (i. e. Erbfolge-) Ordnung ihn *treffe*.

S. 109. wird wieder das Erbgesetz getadelt, dass es im §. 56. den Pflichttheil der Verwandten als portio hereditatis und nicht als portio portionis ab int. bezeichne, und der Verfasser scheint anzunehmen, dass diess bloss aus Versehen geschehen sei. Wir glauben diess nicht, sind vielmehr der Meinung, dass das Erbgesetz allerdings den Pflichtheil überall als portio hered. berechnet wissen wolle, und dass diese Bestimmung mit den übrigen Dispotionen desselben wohl harmonire. Die Ungereimtheiten, welche, wie der Verfasser sagt, aus einer solchen Berechnung nach *römischem* Rechte hervorgehen, können theils nach dem neueren sächs. Rechte nicht mehr eintreten, theils sind sie keine Ungereimtheiten, sondern nur Abweichungen von dem Resultate der entgegengesetzten Berechnungsweise, und daher, so weit sie überhaupt rechtlich begründet sind, durch das Erbgesetz gebilligt. Der Grund jener Abweichung vom röm. Rechte scheint aber in der Absicht zu liegen, den Pflichttheil der Verwandten mit dem der Ehegatten hinsichtlich seiner Berechnung in Uebereinstimmung zu bringen, und dadurch Schwierigkeiten abzuschneiden, welche aus der Verschiedenheit dieser Berechnungen hervorgehen würden. Besteht z. B. der Nachlass in 12000 Thlrn., so ist es nach dem sächs. Erbges. unzweifelhaft, dass der überlebende Ehegatte, der mit 5 Kindern concurrirt, 3000 Thlr. erhält, und die Kinder unter sich 6000 Thlr. theilen, mithin jedes 1200 Thlr. erhält; wäre aber der Pflichttheil der Letzteren portio portionis, so würde es zweifelhaft sein, ob bei Berechnung der Intestatportion die Mutter als Intestaterbin mitzurechnen sei, oder nicht. Letzteren Falls würde das Resultat mit dem obigen gleich sein, ersteren Falls aber die Intestatportion jedes Kindes nur 1800 Thlr. und der Pflichttheil desselben 900 Thlr. betragen. Eben so wenig können wir dem Verfasser beistimmen, wenn er S. 112. not. c. sagt, es scheine die Meinung des Erbgesetzes zu sein, dass, wenn *bloss* Enkel vorhanden seien, die alle von *einem* Kinde des Testators abstammen, der Pflichttheil derselben nach der Zahl der Personen berechnet werde. Vielmehr scheint uns das Gegentheil aus §. 56. des Erbges. vgl. mit §. 32. und 33. ganz deutlich hervorzugehen, und wir dürfen das, was hier, in einem correctorischen Gesetze, als Regel ausgesprochen wird, nicht willkürlich durch eine wenn auch im röm. Rechte begründete Ausnahme beschränken.

Einen ferneren Anstand nahm Rec. beim Durchlesen des Buches an dem in §. 709. no. 1. ersichtlichen Satze: „der Pflichttheil der Ehegatten hat mit dem Pflichttheil anderer Notherben gemein, dass er nicht durch einseitige Verfügungen des Ehegatten entzogen, geschmälert und belästiget werden könne;“ in sofern hierin die Behauptung zu liegen schien, dass Verfügungen unter den Lebenden in dieser Beziehung den Verfügungen auf den Todesfall ganz gleich zu achten seien. Auch *Kori* in der neuesten Sammlung seiner Erörterungen Th. 3. no. 32. scheint dieser Ansicht zu sein. Allein sie widerstreitet den klaren Worten des Gesetzes, welches in drei auf einander folgenden Paragraphen (§. 70. 71. 72.) die Worte „auf den Todesfall“ *dreimal* ausdrücklich wiederholt. Auch ist ja eine solche Unterscheidung bei der Veräusserungsbefugniss nichts Unerhörtes, vielmehr kommt sie beim fideicomm. eius, quod superfuturum est und bei Erbverträgen auch vor, und die Analogie der Erbverträge passt hier ganz besonders, da man das Notherbenrecht der Ehegatten füglich als einen gesetzlichen Bestandtheil des Ehevertrages betrachten kann. Ueberdiess würde die Gleichstellung der Veräusserungen unter den Lebenden mit denen auf den Todesfall einem Verbote aller Liberalität ziemlich gleichstehen. Denn da der Pflichttheil des Ehegatten in den meisten und gewöhnlichsten Fällen dessen ganze Erbportion ist, so würde *jede* Schenkung und *jedes* dieser gleichzuachtende Geschäft eine Verkürzung desselben herbeiführen, sofern es zur Intestatsuccession käme, und nicht etwa der Schade durch neue Erwerbungen des Erblassers ausgeglichen wäre. Der Erblasser konnte also seine Schenkungen nur dadurch aufrecht erhalten, dass er dem Ehegatten mittels letztwilliger Verfügung so viel zuwendete, dass dessen Erbtheil dadurch wieder seine ursprüngliche Grösse erhielte. Auf wessen Kosten würde diess aber geschehen? — auf Kosten der concurrirenden Verwandten, der Kinder und resp. der Aeltern des Erblassers. Indess ergiebt sich aus not. c. zu §. 704. und not. b. zu §. 872., dass obige Bemerkung nur gegen die Wortfassung des §. 704. gerichtet sein kann. Denn an den letztgedachten Orten gesteht der Verfasser selbst dem Ehegatten nur dann eine Rescissionsklage zu, wenn die Veräusserung unter den Lebenden in fraudem legitimae geschehen ist, also in der *Absicht*, dem anderen Ehegatten einen Theil seines Vermögens auf den Todesfall zu entziehen. Wenn der Verfasser die dessbalb zuständige Klage ein Analogon der querela inoff. donationis nennt (S. 636.), so geht er dabei von der richtigen, allein in praxi nicht stets befolgten Ansicht aus, dass zu dieser Klage der animus defraudandi gehöre (L. 87. §. 3. de leg. I. L. 1. 8. C. h. t. [3, 29.]). Auch abgesehen von dieser Klage kann man aber ein Klagrecht in diesem Falle aus dem Gesetz selbst ableiten, weil eine Schenkung, wobei der Schenker die Absicht hat, seinem Ehegatten einen Theil seines Vermögens auf den Fall seines Todes zu entziehen, sich in der Regel als eine verschleierte mortis causa donatio (m. c. d. est, si quis habere magis *se* vult, quam eum cui donat, magisque eum cui donat, quam heredem suum, L. 35. §. 3. de m. c. d.) darstellen wird. In dieser Maasse ist auch von dem A. G. zu Zwickau kürzlich entschieden worden.

Bei Aufzählung der Enterbungsursachen wird S. 148. not. i. die Frage aufgeworfen, ob nicht die dem sächs. Rechte eigenthümliche Enterbungsursache wegen heimlichen Verlöbnisses durch die neuerliche Aufhebung der Klagbarkeit der Verlöbnisse in Wegfall gekommen sei. Allein diese Frage hätte nicht aufgeworfen werden sollen, da die Enterbung ja auch nach dem früheren Rechte kein *klagbares*, sondern gerade ein ohne Vorwissen der Aeltern eingegangenes Verlöbniss voraussetzte. Vgl. auch *Wächter* Abhandl. aus d. Strafrechte S. 354. und S. 355. not. 28. Dagegen wäre wohl bei §. 707. no. 12., wo des Indignitätsfalles wegen Vernachlässigung wahnsinniger Aeltern, und des darauf gegründeten Erbrechts derer, die sich der Wahnsinnigen annehmen, Erwähnung geschieht, zu untersuchen gewesen, ob das römische Recht in diesem Puncte mit §. 105. und 131. des Erbgesetzes vereinbar sei. Ausserdem haben wir in diesem Abschnitte einige Ungenauigkeiten im Ausdrucke anzumerken. Im §. 694. hätte der Satz: die nothwendigen Erben müssen, *wenn das Testament bei Kräften bleiben soll*, wenigstens in einem gewissen Theile der Erbschaft, welchen man Pflichttheil nennt, eingesetzt sein, einer Berichtigung bedurft, da erstlich nur *gänzliche* Ausschliessung (vermöge der sonst eintretenden actio suppletoria) einen Einfluss auf die Gültigkeit des Testaments äussert, und zweitens auch diese nicht das Testament, sondern nur die Erbeinsetzung ungültig macht. — Im §. 695. ist ungenau gesagt: die nach einem öffentlichen Verlöbniss *gezeugten* Kinder (hätten den Pflichtheil zu fordern): im Gesetze steht „gezeugten oder *geborenen*," was einen bedeutenden Unterschied macht. Indess ist dabei auf §. 55. und 842. verwiesen, wo das Richtige steht. — Endlich muss es im §. 711., welcher mit Uebergehung dessen, was in den früheren Ausgaben von Pflichttheile der Geschwister gesagt war, von den Gründen zur Enterbung der Ehegatten handelt, im 3. Satze statt der Worte: „dass *bei der Behörde* der Sühneversuch Statt gefunden habe," heissen „dass *bei dem zuständigem Gericht* u. s. w." weil man sonst auch an den Sühneversuch beim Pfarrer denken könnte. Uebrigens ist im §. 710. als eine dankenswerthe Zugabe auch der Fall *irrthümlicher* Uebergehung eines Notherben besonders berücksichtigt.

Es folgt nun im 4. Cap. die Lehre von der Nacherbeneinsetzung (S. 160—185.), besonders im §. 722. und 723. in Betreff der substitutio quasi-pupillaris beträchtlich erweitert. Anstoss haben wir dabei nur an dem Grunde genommen, aus welchem der Verfasser S. 180. bezweifelt, dass auch emancipirten Kindern, insonderheit etablirten Söhnen und verheiratheten Töchtern quasi pup. substituirt werden könne. Der Verfasser meint nämlich, wenn auch bei dieser Subst. keine väterliche Gewalt erfordert werde, so könne man doch daraus nicht schliessen, dass sie auch von der *älterlichen* Gewalt völlig unabhängig sei. Allein das römische Recht, auf welchem diese Lehre doch ausschliesslich beruht, weiss von einer älterlichen Gewalt nichts (das iudic. domesticum, von welchem *Klenze* in der Zeitschr. f. histor. Rechtswissenschaft handelt, und welchem allerdings auch Cognaten unterworfen waren, ist etwas ganz Anderes); die L. 3. C. de impuberum etc. spricht ganz allgemein, und erwähnt die verheiratheten Töchter ausdrücklich, man müsste denn unter den liberis mente captae personae *uneheliche* Kinder verstehen. Hierzu kommt, dass ja die pup. subst. sowohl als die quasipup. auf das eigene Beste der Kinder gegründet ist, und dass diess gerade bei einer verheiratheten Tochter leicht gefährdet sein kann, wenn sie in Wahnsinn verfällt und der Ehemann weiss, dass ihm und seinen Kindern die Intestaterbfolge in deren Vermögen nicht entzogen werden kann.

Das fünfte Capitel, von ungültigen und unwirksamen Testamenten (S. 185.—214.), ist ebenfalls mit einem Zusatzparagraphen vermehrt, welcher von den Folgen der angeführten Mängel handelt. Dahin schlägt die Bemerkung S. 187. ein, dass ein Testament ungültig sei, wenn zu dem an sich vollendeten Act des Testirens nach dem Willen des Testators noch eine Förmlichkeit (schriftliche Redaction — gerichtliche Uebergabe) hinzukommen sollte, indem es auch dann als test. ratione solennitatis imperfectum zu betrachten sei. Diesen Satz möchte

Rec. nicht so unbedingt zugeben. Es scheint vielmehr darauf anzukommen, in welcher Absicht der Testator den Zutritt jener Förmlichkeit noch gewünscht habe, ob, weil er sich noch besinnen wollte, und vielleicht den Hinzutritt jener Förmlichkeit für nothwendig hielt, oder nur, um sich die Ausführung seines letzten Willens auf jede mögliche Weise zu sichern.

Im sechsten Capitel, von privilegirten Testamenten (S. 214—239.), welches in den Amerkungen zum §. 743., das Test. der Eltern unter den Kindern betr., ebenfalls bedeutende Zusätze erhalten hat, hätte der erste Satz des 734. §. (von Test. der Soldaten) einer Abänderung bedurft, denn wie er da steht, sagt er zu viel und tritt mit §. 735. in Widerspruch. Bei der Frage, ob die Privilegien der Soldaten auch für die Winterquartiere gelten, hätte *v. Wening-Ingenheim* Bd. 3. S. 271., der sich auf *Pufendorf* bezieht, als dissentiens genannt werden können. Das Argument endlich, womit S. 219. die Ausdehnung der Grundsätze vom test. quasi-militare auf Ehefrauen der Soldaten und Marketenderinnen nach sächs. Rechte bestritten wird, passt wenigstens nicht auf solche Ehew. und Market., die der Armee ins Feld folgen (und von solchen kann doch nur die Rede sein); denn diese stehen nach §. 47. des Gesetzes über privileg. Gerichtsstände allerdings unter den Militärgerichten und fallen daher auch unter die Bestimmungen der Ordonanz Th. II. §. 90.

Es folgt nun die sehr ausführlich behandelte Lehre von den Vermächtnissen (Cap. 7. S. 239—444.). Die hauptsächlichsten Zusätze und Abänderungen finden sich in den Noten zu §. 751. (leg. praes. herede rel.) und in den §§. 758. 759. (leg. liberationis) §. 768—771. (leg. universitatis rerum u. quantitatis, leg. reditus, leg. fundi, leg. alimentorum) §. 779. (Anwachsungsrecht der Collegatare, früher äusserst dürftig abgehandelt) §. 789. 790. (Berechnung der qu. Falcidia und Anwendung derselben auf Substitutionsfälle). Alle diese §§. sind entweder ganz neu, oder doch völlig umgearbeitet. Der Aufführung der einzelnen Legate nach ihren verschiedenen Gegenständen hätte wohl die allgemeine Bemerkung vorausgeschickt werden sollen, dass die Bestimmungen, welche darüber im corpus iuris vorhanden sind, als gesetzliche Interpretationsregel und Vermuthungen für den Willen des Testirers zu betrachten seien, und daher dem erweislichen abweichenden Willen des Testators weichen müssen. Im §. 794. no. 2. wird zwar diese Bemerkung nachgeholt, allein der Verfasser ist derselben nicht durchaus treu geblieben, indem er S. 328. not a. am Ende behauptet, beim leg. supellectilis komme voluntas testatoris nur in sofern in Betracht, als Sachen, von denen es an sich zweifelhaft sei, ob sie zum Hausrathe gehören, dahin gerechnet werden, oder nicht, je nachdem der Testirer diese oder jene Ansicht gehabt habe. Allein die dabei alleg. Gesetze sagen nur, dass nicht gerade von den Gewohnheiten und Ansichten, die der Testirer bei Lebzeiten in dieser Hinsicht befolgt hat, auf seinen Willen geschlossen werden könne; ist aber der Wille auf andere Art erweislich, so muss dieser erweisliche *Wille* auch hier entscheiden. — Die Bemerkung S. 295. not. *), dass durch das legatum dotis constituendae der Ehemann unbedingt den Vortheil erlange, den er an jedem Einbringen der Frau habe, dürfte wohl, wenigstens in dem Falle, wenn das Legat von einem extraneus herrührt, eine Beschränkung leiden. Es ist dann als eine donatio (a test. relicta ab herede praestanda) sub modo — nämlich ad ferenda matrimonii onera — zu betrachten, und daraus scheint unter Anderm zu folgen, dass dem Ehemanne, auch wenn er in Concurs geräth, die Administration dieser dos und die Verwendung ihrer Früchte ad ferenda matrimonia onera (eine Art beneficium competentiae ex iure tertii) nicht entzogen werden könne. — Bei der Frage über die retrotractive Kraft der Bedingungen wäre wohl auf *Thibauts* civil. Abhandlungen und dessen System, §. 92. und 954. d. 8. Ausg. Rücksicht zu nehmen gewesen. Namentlich scheint L. 105. de cond. et dem. die retrotractive Kraft bei Legaten nicht zu beweisen, sondern aus den Grundsätzen über unerlaubte Veräusserungen erklärt werden zu können. — Ueber Einrechnung percipirter Früchte in die qu. Falcidia (zu S. 405. not. q.) enthalten die *Mittheilungen des voigtl. Vereins* H. 3. no. 7. einen interessanten (obwohl durch viele böse Druckfehler entstellten) Rechtsfall; der freilich dem Verfasser wohl noch nicht bekannt sein konnte.

Auch die Lehre von der ademtio und translatio legatorum ist im §. 793. (incl. der Noten 18 Seiten lang) sehr sorgfältig und fast ganz neu bearbeitet worden. S. 441. not. mm. wird dabei der, so viel dem Rec. bekannt, ganz allgemein angenommene Satz, dass die wörtliche Translation, in sofern sie das Legat auf einen andern als den ursprünglich genannten Legatar übertragen solle, in der gehörigen Form geschehen müsse, in Zweifel gezogen, weil L. 34. pr. de leg. I. und L. 20. de adim. leg. nur von der Fähigkeit dessen, auf den das Legat transferirt wird, sprechen. Allein jener Satz beruht auch nicht, wenigstens nicht ausschliesslich, auf diesen Gesetzen, sondern zunächst darauf, dass die Translation (im engern Sinn, im Gegensatz der blossen detractio und adiectio — L. 32. de adim. leg.) zugleich eine ademtio *und* die Errichtung eines neuen Legates enthält, findet aber auch seine positive Bestätigung in §. 1. I. de ademt. leg. verbis: sive in eodem testamento, sive in codicillis id faciat. Den Satz, dass eine ungültige translatio doch als ademtio bestehen könne, hat der Verf. gar nicht erwähnt, obwohl er durch dessen vorerwähnte abweichende Meinung nicht völlig unbrauchbar wird, sich auch keineswegs so ganz von selbst versteht.

In der Lehre von den Fideicommissen (Cap. 8. S. 445—514.), auch durch einen Zusatzparagraph (805 b) und reichliche Anmerkungen, besonders über Familienfideicommisse, vermehrt; ferner im Cap. 9., von Codicillen (S. 514—529.) und Cap. 10., von Eröffnung und Vollstreckung letzter Willen (S. 529—544.) hat Rec. nichts Wesentliches zu bemerken gefunden, es wäre denn, dass S. 757. not. 6. no. 2. der Satz: Derjenige sterbe nicht kinderlos, der eine schwangere Wittwe hinterlasse, nach L. 18. quando dies leg. auf den Fall: „si tamen postumus natus fuerit" zu beschränken sein dürfte.

Bedeutend erweitert und umgearbeitet erscheint auch wieder die Lehre von den Erbverträgen, welche den 2ten Abschnitt des Buches ausmacht (S. 544—589.). Ein Theil des Neuhinzugekommenen, nämlich §. 836 b., von Constituirung besonderer Successionsordnungen handelnd, gehörte wohl eher in die Lehre von den Fideicommissen, da es hierzu nicht gerade eines Vertrages bedarf und das Wesen solcher Successionsordnungen immer auf einem fideicomm. successivum beruht. Eigenthümlich ist die Ansicht des Verfs. S. 572. not. i., dass die sächsische const. 1. P. III. (gerichtliche Aufrichtung einer donatio m. c. omnium bonorum anordnend) auch bei lucrativen Erbverträgen über omnia bona anzuwenden sei. Sie unterscheidet sich von der bei *Haubold* §. 333. gebilligten darin, dass letztere zwischen lucrativen und anderen Erbverträgen keinen Unterschied macht. Auch gestattet das Hauboldsche Argument (dass die const. 1. unter donatio m. c. Erbverträge verstehe), von welchem der Vf. ebenfalls Gebrauch macht, eine solche Unterscheidung nicht, des Verfs. eigenthümliches Argument aber, dass doch bei einer unwiderruflichen Erklärung dieser Art nicht weniger geschehen könne, als bei einer widerruflichen, hat gegen sich, dass man auf der andern Seite bei widerruflichen

Erklärungen auch leichtsinniger zu Werke geht, als bei unwiderruflichen. — Die §. 835. not. a. aufgeworfene Frage, ob der Vertragserbe die Erbschaft auch ausschlagen könne, wird weder hier, noch §. 905. not. a. no. 2., wo sie wiederkehrt, zu definitiver Entscheidung gebracht. Indess wird hier für die verneinende Meinung das Argument angeführt, dass ja der Erbe vermöge *Vertrags* in des Erblassers Rechte und Verbindlichkeiten eintrete. Dieses Argument können wir aber nicht gelten lassen, denn zu dem Erbvertrage gehört ja, seiner Natur nach, keineswegs das Versprechen, die Erbschaft anzutreten, er begründet daher auch nicht für den Erben eine Verbindlichkeit, in des Erblassers Rechte und Verbindlichkeiten zu succediren, sondern nur von Seiten des Erblassers die Verbindlichkeit, die Erbschaft keinem Andern zukommen zu lassen, und von Seiten des Erben das *Recht*, sie zu erwerben. Gesetzt aber auch, es wäre dem Erbvertrage ausdrücklich ein pactum de hereditate adeunda hinzugefügt, so fragt es sich sehr, ob ein solches pactum, welches dem Erblasser ein erst nach seinem Tode realisirbares Recht einräumt, gültig sei, und jedenfalls würde den Gläubigern, wenn sie sich darauf berufen wollten, die Regel: „pacta tertio nec prosunt nec nocent" entgegenstehen.

Eine fast ganz selbstständige Arbeit des Verfs. liegt in der Darstellung der Intestaterbfolge des heutigen sächs. Rechts, und insonderheit des Erbrechts der Ehegatten vor (Cap. 1. und 2. des dritten Abschnitts, S. 589 — 624 — 644.), wobei jedoch überall auch das früher geltende Recht, so weit nöthig, berücksichtigt ist. Die Bestimmungen des Erbgesetzes vom 31. Jan. 1829. sind auf eine sehr klare und übersichtliche Weise zusammengestellt, und die Vergleichung mit dem gemeinen Rechte, so wie die Betrachtung der Consequenzen, zu denen das neue Recht führt, hat den Verf. zu mehren sehr interessanten Erörterungen veranlasst. Wir verweisen hauptsächlich auf §. 868. not. b. §. 877. not. c. §. 894. not. f. Grade in dieser Lehre sind freilich viele sich darbietende Zweifel von dem Verf. nur hervorgehoben, nicht entschieden worden; allein bei dem gänzlichen Mangel aller Vorarbeiten würde die Erledigung aller Zweifel allerdings eine unverhältnissmässige Ausführlichkeit nöthig gemacht haben. Auch in diesem Abschnitte bieten sich indess einige Gegenbemerkungen dar.

Zuvörderst können wir die Behauptung im §. 838. no. 2., dass, wenn Intestaterbfolge gegen ein Testament oder neben demselben eintrete, als Intestaterbe auch der concurrire, der in dem Testament gesetzlich enterbt sei, in dieser Allgemeinheit nicht gelten lassen. Zur Begründung dieser Behauptung wird in der Note auf not. e. zu §. 732 b. und auf *Mühlenbruch* verwiesen. Das am ersteren Orte ersichtliche Argument aber, dass mit dem Testament auch die Enterbung falle, passt auf alle diejenigen Fälle nicht, wo nicht das Testament, sondern bloss die Erbeinsetzung fällt, also insonderheit nicht auf Testamente, welche gegen die Nov. 118. verstossen. *Mühlenbruch* behauptet allerdings auch hier Concurrenz des Enterbten, allein nur aus dem Grunde, weil Justinians Bestimmung: es solle Intestaterbfolge eintreten, ganz allgemein sei. Allein grade diese Consequenz sollte uns bedenklich machen, den Worten der Novelle eine so allgemeine Deutung zu geben; denn es würde dadurch stillschweigend etwas eingeführt werden, was weder bei der b. p. contra tab. noch bei der Inofficiositätsquerel galt. (*Mühlenbruch*, Erl. d. Pand. Bd. 37. S. 8. f.). Ist aber, wie wir oben darzuthun suchten, in der Nov. 118. nur den *verletzten* Notherben das *Recht* ertheilt, ihre Erbportion *tanquam* ab intestato zu erhalten, so folgt daraus von selbst, dass diess dem gesetzlich Enterbten nicht zu Statten kommen könne. Wer dessen Erbportion erhalte, möchte nach gemeinem Recht zweifelhaft erscheinen; die Analogie der b. p. c. t. würde für die Intestaterben sprechen (*Mühlenbr*. a. a. O.); nach sächsischem Rechte aber ist arg. §. 2. ff. des Erbges. für den eingesetzten Erben zu entscheiden. — S. 604. not. a. wäre wohl die Frage zu berücksichtigen gewesen, ob, um ein Erbrecht der ex matrimonio putativo geborenen Kinder zu begründen, *beide* Ehegatten in bona fide gewesen sein müssen, oder ob die bona fides des *einen* genüge. Letzteres ist nach cap. 14. X. qui filii sint legit. entschieden das Richtige. Dagegen wird es (zu §. 847.), um die Succession des Vaters in das Vermögen seines Kindes zu begründen, nicht ausreichen, dass des Letzteren *Mutter* in bona fide gewesen sei. — Der S. 607. §. 848. aufgenommene Satz: Die aus Ehebruch und Blutschande erzeugten Kinder haben weder auf die väterliche *noch auf die mütterliche* Verlassenschaft ein Erbrecht, findet sich zwar fast in allen Compendien, doch ist er keineswegs unbestritten (vgl. *v. Wening-Ingenh*. Bd. 3. S. 181.) und aus Nov. 89. cap. 15. schwerlich herzuleiten. Denn hier wird nur von den aus incestis nuptiis entsprungenen Kindern gesagt, sie sollen „neque quoddam *ad praesentem legem* participium" haben; in dem ganzen Gesetze ist aber, so wie in der Auth. Ex complexu nur von der Succession in die Erbschaft des Vaters die Rede. Wir können daher auch den Unwillen nicht theilen, der in der Bemerkung

S. 608. not. h. am Ende: „dass namentlich die von einer Ehefrau aus Ehebruch erzeugten Kinder mit dem betrogenen Ehemanne succediren s. §. 98. des Erbges." sich kund zu geben scheint. Ein honetter Ehemann lässt in solchem Falle sich scheiden, succedirt mithin gar nicht. — S. 614. not. a. findet der Vrf. Schwierigkeiten bei Anwendung von §. 19. des Erbgesetzes: Haben uneheliche Kinder denselben Vater und dieselbe Mutter, so sind sie doch nur als Halbbürtige zu betrachten. Wir glauben diese Disposition keineswegs bloss auf den vom Verf. angegebenen allerdings ganz singulären Fall, sondern namentlich auch auf den Fall anwenden zu müssen, wenn eine Frauensperson, die früher im Concubinate mit A. zwei Kinder erzeugt hatte, später mit dem B. ein eheliches Kind bekommt. Stirbt dann (nach dem Tode der Aeltern) eins von den mit A. erzeugten unehelichen Kindern, so soll das andere Kind dieses Vaters, obgleich es ein *voll*bürtiges Geschwister des Erblassers ist, doch keine doppelte Portion vor dem halbbürtigen, aber ehelichen mit B. erzeugten Kinde voraushaben. Wir finden auch diese Disposition rationell und zweckmässig, rationell, weil überhaupt im Erbrechte auf uneheliche Abstammung vom Vater nicht gesehen wird, zweckmässig, weil sie schwierige Filiationsfragen abschneidet. — S. 621. und 624. scheinen einige Bemerkungen nicht ganz am rechten Orte zu stehn, indem auf beiden Seiten ein Theil der daselbst ersichtlichen Anmerkungen unter b. in die unter a. gehört, und S. 633. im §. 869., wo von dem Pflichttheile der im Ehebruch erzeugten Kinder in Concurrenz mit dem Ehemann der Ehebrecherin die Rede ist, fehlen die Worte des Gesetzes: „dessen sie (die Mutter) sich während der Ehe *mit ihm* (dem concurrirenden Ehemanne) schuldig gemacht hat.

Dem dritten Capitel des zweiten Abschnittes hat der Verf. statt der Ueberschrift „von Gerade und Heergeräthe" die: „von einigen Gegenständen, welche bei mehreren, oder bei allen Arten der Erbfolge in Betracht kommen," gegeben. Gerade und Heergeräthe werden unter dieser Rubrik, wie billig, nur kurz erwähnt (S. 644—649), und der hierdurch ersparte Raum ist zur Einschaltung mehrerer sehr schätzenswerthen Zusätze über Materien, „welche in der ältern Ausgabe entweder ganz fehlten, oder an andern, zum Theil ganz unpassenden Orten dargestellt worden waren" (Vorrede S. VIII.) benutzt. Sie handeln: von den nächsten Folgen der Delation (hereditas iacens, cura hereditatis, ius deliberandi S. 640—662.); vom ius accrescendi (S. 662—678.); von provisorischen Verfügungen über eine deferirte Erbschaft (b. p. ventris nom., furiosi nom.

und ex Carbon. ed. S. 679—685.); vom dreissigsten, eine sehr dankenswerthe Zusammenstellung (S. 685—688.); von der mortis causa capio (S. 688—691.) und von der regula Catoniana (S. 691—694.). Hätte der Verf. ein eigenes Handbuch zu schreiben gehabt, so würde er wahrscheinlich für manche dieser Materien einen andern Platz gewählt haben. Namentlich war die frühere Stellung des benef. deliberandi in sofern zweckmässiger, als dadurch das Verhältniss desselben zum benef. inventarii mehr veranschaulicht und namentlich für das sächsische Recht die Interpretation der 57. Decision erleichtert wurde, welche nunmehr an ganz verschiedenen Orten zerstückelt vorkommt. Was übrigens die Bestimmung dieser Decision, dass derjenige, der das spat. delib. ohne Erklärung verstreichen lässt, ferner mit der Renunciation nicht zugelassen werden, sondern die Erbschaft, so weit sie sich erstreckt, *vertreten* solle, zu bedeuten habe, darüber erhält man weder §. 888. not. f., noch §. 915. not. 5., noch §. 945. not. d. genügenden Aufschluss. Die Frage wird hauptsächlich dann zur Sprache kommen, wenn sich noch hinterher Insolvenz des Nachlasses zeigt, und auf Concurseröffnung angetragen wird. Dass dann noch immer der Concurs nur zu dem Erbschaftsbestande zu eröffnen sei, dafern er sich nur von dem Vermögen des Erben sondern lässt, ist gewiss. Allein die Verwaltung der Concursmasse brauchen die Gläubiger nicht zu übernehmen — denn dadurch würde ihnen ja die Erbschaft abgetreten — auch brauchen sie sich desshalb keinen Abzug gefallen zu lassen. Die Folge wird daher sein, dass solchen Falls die Concurskosten von dem *Erben*, welcher den Nachlass *vertreten* muss, zu bezahlen sein werden. So hat das A. G. zu Zwickau kürzlich entschieden.

Der vierte Abschnitt handelt von dem Erwerbe der Erbschaft, der Antretung (S. 696—814.) und der Ausschlagung derselben, wobei die Lehren von der Collation und der Erbtheilung mit vorgetragen werden. Auch dieser Abschnitt und namentlich die Lehre von der Collation hat eine völlige Umarbeitung erfahren. Der Verf. schickt hierbei S. 740. fg. eine rechtsgeschichtliche Uebersicht voraus, deutet auch die dogmatischen Meinungsverschiedenheiten der Rechtslehrer an, hält sich aber beim Vortrage selbst mit Recht an das in praxi recipirte System, wonach Gleichstellung der Kinder für die ganze Lehre das leitende Princip ist. Wir haben bei diesem Abschnitte nur zu erinnern, dass im §. 906. mit den Worten: letztere (stillschweigende Erbantretung) ist vorhanden, wenn jemand solche Handlungen unternimmt, welche nur ein Erbe unternehmen *kann*, zu viel gesagt ist. Eher möchte es heissen: zu denen der Erbe als solcher berechtigt ist — oder, welche dem Erben, als solchem, zunächst zukommen. Auch die angeführten Beispiele passen nicht zu jener Definition, denn Erbschaftsschulden und Vermächtnisse auszahlen, Schuldforderungen einziehen, Vergleiche mit den Gläubigern abschliessen, sind Handlungen, die theils jeder dritte, theils wenigstens ein curator hereditatis oder ein Testamentsvollstrecker vornehmen *kann*. — Die Bemerkung S. 682. not. k. no. 3. gehört nicht dahin, sondern zu §. 907., wo sie vermisst wird.

Der fünfte und letzte Abschnitt endlich S. 834—917. handelt von den aus dem Erbrechte entspringenden Klagen. Die Wirkungen der hereditatis petitio sind in 5 Zusatzparagraphen (§. 956. a—e) sehr ausführlich und im Ganzen befriedigend dargestellt. Auffallend ist es, dass gerade bei dieser dem Verf. ganz angehörenden Darstellung die literarischen Nachweisungen seltner sind, als sonst. Die Abhandlungen von *Löhr*, *Fabricius*, *v. Buchholtz* und *Arndts* sind zwar theils vor, theils hinter dieser Darstellung angeführt, scheinen aber bei derselben nicht benutzt worden zu sein, ungeachtet sie, wenn man auch nicht gerade Alles in denselben billigen will, doch gewiss viel Brauchbares enthalten. Namentlich scheint der Verf. *Fabricius* Unrecht zu thun, wenn er S. 871. ihn als einen von denen citirt, welche die hered. pet. zur actio personalis machen wollten. Fabricius behauptet nur, dass auf die hered. pet. manche Eigenthümlichkeiten persönlicher Verhältnisse und namentlich der negot. gestio übertragen seien, und in so weit ist er wohl auch durch Arndts nicht widerlegt. Hieraus aber dürften sich namentlich gegen die Anwendbarkeit der 2. Decision von 1746., welche der Verf. S. 855. „so weit thunlich" behauptet, gegründete Bedenken herleiten lassen. — Bei Darstellung der querela inoff. test. hat sich der Verf. an die vom Verf. des Handbuchs adoptirte Ansicht angeschlossen, wonach dieses Rechtsmittel auch nach der Nov. 115. eintritt, wenn Descend. und Ascend. zwar förmlich, aber aus einer wahrheitswidrigen Ursache enterbt worden sind. Er hat sogar diese Ansicht in not. c. zu §. 960. durch das Argument zu vertheidigen gesucht, dass man Wahrheit der Enterbungsursache doch nicht unter die formalia testamenti nehmen könne. Diess würde etwas für sich haben, wenn die übrigen Bestimmungen der Novelle solche Formalien wären, die absolute Nichtigkeit des Testamentes herbeiführten. Geht man aber davon aus, dass die Nov. gewisse *Bedingungen* für die Gültigkeit der Enterbung vorschreibt, dass unter diesen Bedingungen Erweislichkeit der Enterbungsursache ausdrücklich genannt ist, dass die Wirkung der Nichtbeachtung dieser Bedingungen in allen Fällen (auch wenn die angeführte Ursache eine unwahre ist) dieselbe, und zwar eine sowohl von den Wirkungen der absoluten Nullität, als von denen der Inofficiosität verschiedne ist, nämlich Ungültigkeit der Erbeseinsetzung zu Gunsten der verletzten Notherben, mit Aufrechthaltung der Legate (§. 963.) und anderen Verordnungen des Testamentes, so sieht man in der That nicht ein, warum das Rechtsmittel, das aus der Nichtbeachtung jener Bedingungen entspringt, ein verschiedenes sein soll. Rec. für seine Person kann nicht umhin, bei der Ansicht zu bleiben, nach welcher aus Nov. 115. ein eigenes Rechtsmittel entspringt, das in allen Fällen, wo gegen dieses Gesetz gehandelt worden, zur Anwendung kommt, und dessen Eigenthümlichkeiten aus dem Inhalte und der Absicht des Gesetzes zu bestimmen sind, und er kann es für kein Unglück ansehen, wenn hierdurch das geltende Recht vereinfacht, und ein grosser Theil dessen, was Pandekten und Codex enthalten, zur gelehrten Antiquität wird.

Angehängt ist eine Reihe von Zusätzen und Verbesserungen S. 918—925., von denen sich viele auf Druckfehler beziehen. Letztere sind jedoch bei Weitem nicht alle angezeigt. Wir wollen diejenigen beifügen, die wir uns beim Durchlesen notirt haben. S. 111. Z. 1. v. unten fehlt *und;* S. 115. Z. 1. fehlt *wird;* S. 131. Z. 16. am Ende fehlt *jemand,* wodurch die Stelle unverständlich wird. S. 171. auf der vorletzten Zeile steht Adventi*tion,* st. Adventitien; S. 193. Z. 1. fehlt nach dem Worte veros das Wort *nicht;* S. 194. zu Ende der not. e. steht a. das Erbg. statt *arg. des* Erbg., was auch noch anderwärts vorkommt. S. 205. Z. 9. und 10. muss es statt „unwirksam sei" heissen „*nicht aufhebe*", Z. 16. statt „um" „nur", Z. 3. von unten statt „konnte" „*kannten*". S. 206. Z. 23. statt „bei" „*keine.*" Alle diese 4 Druckfehler stehen in not. a. zu §. 732., die überhaupt einer nochmaligen Ueberarbeitung zu bedürfen scheint. S. 213. Z. 23. l. *abgetreten* statt angetreten; S. 307. Z. 9. muss es statt „insbesondre" heissen „*im Allgemeinen.*" S. 310. not. k. liest man: vgl. über das Vermächtniss von Büchern, die höchst interessant (sind?), L. 52. etc. — st. die höchst interessan*te* mit Wegfall der Kommata. S. 394. Z. 2. v. unt. l. *expilatio* her., st. explicatio. S. 614. Z. 3. muss st. Seitenverwandte *Geschwister* gelesen werden. S. 661. Z. 2. l. *Antritt* st. Eintritt. S. 704. not. a. fehlt nach den Worten: actiones privatas der Zusatz: ex delicto.

Druck und Papier sind gewöhnlich, letzteres oft unegal und durchdringend.

Wir scheiden von dem Buche mit dem Wunsche, dass die letzte Abtheilung, die Lehre von den Servituten und dem Pfandrechte enthaltend, bald nachfolgen möge.

Krug.

Ueber *Dare, Facere* und *Praestare*, als Gegenstand der Obligationen. Von **Marezoll.** (In der Zeitschr. für Civilr. u. Proc. von **Linde, Marezoll** und **von Schröter.** B. X. H. 2. Nr. VIII. S. 219—312.)

Der hochgeehrte Verfasser beginnt diese Abhandlung mit dem Vorwort, dass er bei einer genauern Bearbeitung der Lehre von der Eintheilung der Klagen in bonae fidei und stricti juris judicia, ihrem Verhältnisse zu den arbitrariae actiones und ihrem Einflusse auf das ganze Obligationen- und Actionensystem der Römer, deren Resultate er in einem besondern Werke dem Publicum vorzulegen gedenke, auch über die Bedeutung der häufig vorkommenden Ausdrücke: *dare*, *facere* und *praestare* manche neue Aufschlüsse gefunden zu haben glaube, die er schon vorläufig um desswillen zur Prüfung vorlege, um über diese speciellern Resultate seiner Forschungen das Urtheil der Sachverständigen früher zu vernehmen, als er mit dem übrigen umfassendern Theile seiner Behandlung des oben erwähnten Gegenstandes öffentlich hervortrete, da erstere nicht ohne bedeutenden Einfluss auf die Behandlungsweise des Ganzen bleiben könnten und daher eine zeitige Billigung oder Berichtigung derselben ihm angenehm und förderlich sein würde. — In Gemässheit dieses Vorworts hofft der Unterzeichnete durch Mittheilung seiner Ansicht über das Resultat der vorliegenden Abhandlung dem Wunsche ihres Verfassers zu entsprechen, und zugleich dem letzteren, nunmehr seinem geehrten Collegen, einen Beweis der Anerkennung und Aufmerksamkeit zu geben, mit welcher er den Untersuchungen desselben immer gefolgt ist.

Der Gang der Abhandlung ist folgender: §. 1. *Von dem Ge-*

genstände der Obligationen überhaupt. Hier wird, nach Vorausschickung einiger bekannter und unbestrittener Sätze über das Wesen und den Gegenstand der Obligationen, darauf aufmerksam gemacht, dass im Röm. Rechte eine Classification der Obligationen nach den verschiedenen möglichen, ihnen zum Grunde liegenden Leistungen, wenn sie erschöpfend sein und zugleich praktische Bedeutung haben sollte, sich eng an das Actionensystem habe anschliessen müssen. Diess sei nun aber wirklich der Fall bei der bekannten Eintheilung aller Obligationen, je nachdem sie auf ein *dare*, oder auf ein *facere*, oder auf ein *praestare* gerichtet sind, wie sich aus l. 3. D. de obligat. et act. in Verbindung mit *Gaj.* IV. §. 2. ergebe. Auffallend aber sei es, dass in vielen andern Stellen, wo doch ebenfalls, wie es scheine, die verschiedenen Arten der obligationsmässigen Leistungen haben erschöpfend angegeben werden sollen, bloss das *dare* und *facere* ohne das *praestare* genannt, und wiederum zuweilen weder ein *dare* noch ein *facere* für sich allein, sondern ein vereinigtes *dare facere*, als Gegenstand der Obligationen und Actionen erwähnt werde. — §. 2. *Von dem dare insbesondere.* Dieses Wort bezeichne im weitern und gewöhnlichen Sinne so viel, wie das Hingeben einer Sache überhaupt, gleichviel zu welchem Zweck; im engern oder strengern Sinne aber werde es, wenigstens bei stricti juris Obligationen, dem facere scharf entgegengesetzt, und bezeichne dann so viel, als: rem ita dare, ut fiat accipientis. Doch beschränke es sich auch in dieser Beziehung nicht bloss auf das Geben einer Sache zum Eigenthum, sondern gehe auch auf die Uebertragung von Servituten, nicht aber auch auf die Einräumung anderer Rechte an fremden Sachen. — §. 3. *Prüfung einiger abweichender Theorien über den Begriff des dare.* Hier wird sowohl die Ansicht des jüngern *Hasse*, dass *dare* im strengen Sinne, namentlich in der Formel: dare oportere, ursprünglich nicht: Eigenthum übertragen, sondern nur: Eigenthumsbesitz übertragen, bedeutet habe, und dass der engere technische Begriff von *dare* erst der spätern Jurisprudenz angehöre, als auch die von *Bucher*, wonach *dare*, im Gegensatz von *facere*, auf alle Obligationen, deren Gegenstand eine Sache (res im eigentlichen Sinne), eine res corporalis oder incorporalis, ist, ausgedehnt werden soll, widerlegt, und ausserdem bemerkt, dass hinsichtlich des Worts *dare* ein ganz eigenthümlicher Sprachgebrauch des Röm. Rechts in der häufig vorkommenden technischen Redensart: *operas dare*, sich zeige. — §. 4. *Allgemeine Bemerkungen über das dare.* Unter ihnen ist, nach der ganzen Richtung der vorliegenden Abhandlung, die wichtigste die: dass, wenn gleich die Ausdrücke *dare* und *facere* im weitern Sinne auch bei bonae fidei Obligationen gebraucht werden, doch ihr strengerer, technischer Sinn sich nur auf das Verhältniss von stricti juris Obligationen beschränke. Die übrigen Bemerkungen beziehen sich theils auf das gegenseitige Verhältniss von *dare* und *facere*, theils auf eine genauere Bestimmung der Fälle, wo eine dandi obligatio vorhanden sei, oder nicht. — §. 5. *Was heisst facere?* Dieses Wort bezeichne in einem sehr weiten Sinne eine jede mögliche Leistung, auf welche überhaupt eine Obligation gerichtet sein könne, selbst das dare und solvere mit inbegriffen, in einem andern Sinne aber eine jede obligationsmässige Leistung, welche nicht zunächst auf das Hingeben, Weggeben einer Sache gerichtet sei, und im strengsten Sinne, wo *facere* bei stricti juris Obligationen dem *dare* entgegengesetzt werde, bezeichne es jede obligationsmässige Leistung, welche nicht der ursprünglichen, ersten Abschliessung des Obligationsverhältnisses nach, auf Eigenthumsübertragung oder Constituirung einer Servitut gerichtet sei, so dass namentlich auch das reddere, restituere, exhibere und tradere dahin gehöre. — §. 6. *Von der sogenannten mixta obligatio.* Man unterscheide gewöhnlich zwischen der *mera facti obligatio*, welche auf ein merum s. nudum factum gerichtet sei, und der *mixta*, welche, ihrem Gegenstande nach, zum Theil auf ein facere, zum Theil auf ein dare gehe; allein in Fällen der letztern Art liege keineswegs eine, von der dandi und faciendi obligatio, ihrem Gegenstande nach, verschiedene dritte Art von Obligation vor, sondern vielmehr eine zufällige Mischung oder Verbindung zweier, auf verschiedenartige Leistungen gerichteter und selbstständig neben einander bestehender Obligationen. — §. 7. *Was heisst praestare?* In einer ganz allgemeinen Bedeutung bezeichne es eine jede obligationsmässige Leistung, eine jede solutio, sie bestehe worin sie wolle, so dass sowohl dare, als das facere, und zwar bald jedes einzeln, bald beides vereint, darin liege, im engern Sinne aber bezeichne es eine dritte, sowohl vom dare, als vom facere verschiedene Gattung des obligationsmässigen Leistens, und zwar, da der scharfe technische Gegensatz von dare und facere sich zunächst nur auf die stricti juris obligationes beziehe, dasjenige, was aus bonae fidei Obligationen die Parteien einander gegenseitig als Leistung schuldig seien. Daher seien auch diejenigen Stellen, wo der Gegenstand der Obligationen bloss auf dare oder facere beschränkt werde, lauter solche, worin vom Gegenstande der stricti juris Obligationen, namentlich der Stipulationen, die Rede sei, während dagegen in denjenigen Stellen, wo daneben auch noch des praestare Erwähnung geschehe, ganz allgemein von allen Obligationen gehandelt werde. Es werde indessen der Gegenstand der bonae fidei Obligationen auch durch *dare facere zusammen* ausgedrückt; aber dieser vereinigte Ausdruck entspreche vollkommen dem *praestare*, welches Wort technisch die Verbindlichkeit zur Leistung des Interesse (praestare id, quod interest) bedeute, und eben darum den bonae fidei Obligationen angehöre, weil diese immer auf wechselseitige Leistung das Interesse gerichtet seien, oder ihrem eigentlichen Zwecke und letztem Gegenstande nach, sich in lauter gegenseitige Ansprüche und Verbindlichkeiten zur Leistung des id, quod interest, auflösten. — Das in der bisherigen Relation schon angedeutete Ergebniss der vorliegenden Abhandlung wird am bestimmtesten S. 302. und 310. dahin ausgesprochen: dass den Gegenstand der bonae fidei Obligationen weder zunächst ein bestimmtes dare, noch ein bestimmtes facere, sondern ein praestare bilde, und dass die erstern beiden Ausdrücke die beiden möglichen Arten von einseitigen Leistungen aus stricti juris Obligationen, besonders aus Stipulationen, das letztere Wort dagegen die gegenseitigen Leistungen aus bonae fidei judiciis bezeichne; (woneben am Schlusse der Abhandlung S. 312. noch die Vermuthung aufgestellt wird: dass die Ausdrücke *satisfacere* und *restituere* als die charakteristischen zur Bezeichnung der Leistungen des Beklagten aus den arbitrariis judiciis betrachtet worden seien).

So sehr nun auch des Verfassers grosse Belesenheit in den Quellen und der Fleiss in der Zusammenstellung der für seine Behauptungen sprechenden Quellenzeugnisse die Anerkennung verdienen, welche der Unterzeichnete auch hier ihm darbringen zu können wahrhaft erfreut ist, ferner so schätzbare Bemerkungen auch über einzelne Puncte in der vorliegenden Abhandlung sich finden, z. B. was zur Widerlegung der oben angeführten Ansicht des jüngern *Hasse* über den Begriff von dare S. 243. fg., desgleichen zur Erklärung der l. 82. §. 1. D. de verb. obligat. S. 268. fg. gesagt ist, so wenig kann doch der Unterzeichnete mit dem Resultate dieser Untersuchung einverstanden sein. Zwar hat dem Verf. selbst nicht entgehen können, dass sowohl praestare zuweilen bei Stipulationen, als auch die Ausdrücke dare und facere bei bonae fidei Obligationen zur Bezeichnung der Leistung Eines der Interessenten vorkommen; allein er sucht das daraus hervorgehende Bedenken gegen seine Theorie S. 294. durch die Bemerkung zu beseitigen, dass alsdann jene Ausdrücke nicht in der strengern technischen, sondern in einer weitern, weniger streng geschlossenen Bedeutung gebraucht wurden, und behauptet, dass nirgends bei bonae fidei Obligationen das dare oder facere als der eigentliche Gegenstand der Obligationen oder Actionen, sondern immer nur als das Mittel oder die Art, wie die praestatio bewerkstelligt werden könne, erwähnt werde. Diess scheint nun aber dem Rec. eine reine petitio principii, oder eine unerwiesen gebliebene und unerweisbare Behauptung zu sein. Im Gegentheil sprechen dafür, dass die Worte *dare* und *facere* (disjunctiv oder conjunctiv) eben sowohl bei bonae fidei, als bei stricti juris Obligationen und Actionen zur Bezeichnung ihrer Gegenstände gebraucht werden, folgende Gründe: 1) Die bei *Gaj.* IV. §. 47. 60. 131. und 136. für die persönlichen Klagen, und zwar sowohl für die bonae fidei actiones, als für die auf ein incertum gerichteten stricti juris act., vorkommenden Formeln: „quidquid ob eam rem ..... *dare facere* oportet;“ wie denn auch schon bei *Cic.* pro Rosc. Com. c. 4. durch die Formel: „quantum aequius melius, id *dari*,“ das arbitrium, im Gegensatz des judicium, charakterisirt wird. 2) Die Formel der auf Novation *aller* bisherigen Obligationsverhältnisse berechneten *Aquiliana* stipulatio: Quidquid te mihi *ex quacunque causa dare facere* oportet......“ §. 2. I. quib. mod. oblig. toll. u. l. 18. §. 1. D. de acceptilat. 3) Die Formeln, auf welche *Paulus* in der l. 5. pr. D. de praescript. verb. die sog. Innominatcontracte, die doch wegen der Gegenseitigkeit der Leistungen zu den bonae fidei contractus zu rechnen sind, zurückführt: *do ut des, do ut facias, facio ut des, facio ut facias*; und dass dabei das Wort *dare* (von welchem der Verf. selbst S. 227. zugiebt, dass es hier als eine Art von juristischem Kunstwort gebraucht werde), auch in der Bedeutung von Geben zum Eigenthum vorkomme (was der Verf. S. 258. zu bezweifeln scheint), beweist der in diese Kategorie gehörige Tauschcontract l. 1. pr. §. 1. u. 3. D. de rer. permutat. 4) Die Definitionen der persönlichen Klagen von *Gajus* IV. §. 5. „Appellantur (autem in rem quidem actiones *vindicationes*), in personam vero actiones, quibus *dari fierive* oportere intendimus, *condictiones*,“ im §. 15. I. de action. „Appellamus (autem in rem quidem actiones *vindicationes*) in personam vero actiones, quibus *dare facere* oportere intenditur, *condictiones*," und von *Ulpian* in der l. 25. pr. D. de obligat. et act. „(actionum genera sunt duo: in rem, quae dicitur *vindicatio*, et in personam, quae *condictio* appellatur ....) In personam actio est, qua cum eo agimus, qui obligatus est nobis ad *faciendum* aliquid vel *dandum* ....." Dass nämlich diese Definitionen auf *alle* persönlichen Klagen, sie mögen bonae fidei oder stricti juris actiones sein, gehen, ergiebt sich klar aus dem Gegensatz der in rem actiones oder vindicationes, und eben darum lässt es sich auch nicht bezweifeln (wie es gleichwohl vom Verf. S. 293. u. 294. Anm. 2. geschieht), dass *condictio* in dem hier gebrauchten *weitern* Sinne *jedwede* persönliche Klage bezeichnet; was auch *Theophilus* IV. 6. §. 15. ausdrücklich bemerkt: „......πᾶσαι αἱ περσονάλιαι κονδικτίτιοι προσαγορεύονται...." — Was hiernächst das Wort *praestare* anlangt, so kommt es zwar sehr häufig bei bonae fidei Obligationen vor, keineswegs aber ausschliesslich; vielmehr müsste dessen Anwendbarkeit auf stricti juris Obligationen schon dann angenommen werden, wenn man die technische Bedeutung desselben mit dem Verf. S. 286. auf die Verbindlichkeit zur Leistung des Interesse beziehen wollte, da diese, wenn die Leistung des eigentlichen oder ursprünglichen Obligationsgegenstandes gar nicht oder nicht gehörig erfolgt ist, doch eben so gut bei stricti juris, als bei bonae fidei Obligationen eintritt (daher z. B. duplam praestare in Folge der für den Fall der Eviction eingegangenen duplae stipulatio l. 41. pr. D. de evict.). Aber auch für die Leistung des ursprünglichen Obligationsgegenstandes wird *praestare* nicht selten bei stricti juris Obligationen gebraucht, z. B. in Bezug auf Legate bei *Gaj.* II. §. 202. u. 208., in Bezug auf Stipulationen bei *Gaj.* IV. §. 53. u. 131., desgl. in d. L. 2. §. 3. D. de eo, quod cert. loc. Dagegen bezeichnet auch bei bonae fidei Obligationen und Actionen *praestare* an und für sich nicht nothwendig die *gegenseitigen* Leistungen der Parteien. Diess ergiebt sich theils aus der in d. l. 3. pr. D. de obligat. et act. vorkommenden Beschreibung der obligationum substantia: „ut *alium nobis obstringat* ad ..... *praestandum*," theils aus dem von *Gaj.* IV. §. 2. angegebenen Zweck der in personam actio überhaupt: „cum *intendimus*, dare, facere, *praestare* oportere," da doch des Klägers Intention hierbei nur auf die ihm von Seiten des Beklagten zu gewährende Leistung gerichtet ist, theils und vornehmlich auch daraus, dass die Gegenseitigkeit der Leistungen durch eine nähere Bestimmung des praestare, z. B. *invicem* praestare, oder quod *alte-*

rum alteri praestare oportet u. dergl., hervorgehoben zu werden pflegt. *Cic.* Top. c. 17. u. de offic. III. 17. *Gaj.* III. §. 137. §. 3. I. de cons. obligat. §. 30. I. de action. l. 5. D. de oblig. et act.

Die Bedeutungen jener drei Worte scheinen vielmehr, ohne Unterschied zwischen stricti juris und bonae fidei Obligationen, so bestimmt werden zu müssen: *Dare* bezeichnet im weitern Sinne das Hingeben einer Sache überhaupt, gleichviel zu welchem Zwecke, (Belegstellen dazu finden sich S. 226—228.) im engern und eigentlichen Sinne aber das Hingeben einer Sache zum Zweck der *Eigenthumsübertragung*. (Belege dazu bieten, ausser den vom Verf. S. 228. u. 229. angeführten Stellen, auch dar: *Gaj.* III. §. 90. 91. 99. u. 141. — §. 2. I. de usufr. pr. u. §. 1. I. quib. mod. re contrah. oblig., §. 2. I. de inutil. stipulat., §. 2. I. de emt. et vend., l. 16. D. de condict. caus. dat. c. n. s., l. 1. §. 3. D. de rer. permutat., l. 5. §. 1. D. de praescript. verb.). Doch wird es auch für das Einräumen eines andern dinglichen Rechts gebraucht, namentlich einer Servitut, z. B. l. 19. D. de servit. praed. rust. l. 126. §. 1. u. l. 136. §. 1. D. de verb. oblig., desgleichen eines Pfandrechts, z. B. l. 1. pr. l. 5. §. 2. l. 11. §. 2. u. 3. l. 15. pr. l. 16. pr. — §. 2. D. de pignor. u. s. w. (Zwischen diesen beiden Fällen macht indessen der Verf. S. 230. fgg. einen Unterschied, indem er das *servitutem dare* zur engern Bedeutung von *dare*, nämlich ita dare, ut nostrum fiat, gerechnet wissen will, bei dem *pignus* oder *hypothecam dare* aber eben so, wie bei der Redensart: *rem pignori* oder *hypothecae dare*, einen weitern Sinn des letzten Wortes annimmt.) Endlich kommt *dare* auch für andere Arten des Hingebens, Einräumens oder Bestellens in verschiedenen Verbindungen vor, also nicht nur in der, welche der Verf. S. 230. als einen sehr speciellen, eigenthümlichen Sprachgebrauch des Röm. Rechts hervorhebt: *operas dare*, sondern auch in andern, z. B. *cautionem*, *stipulationem*, *satisdationem*, *procuratorem dare*. Vergl. *Brisson* v. *dare* No. 7. 16. 17. u. 19. — *Facere* geht im weitern Sinne auf jedwede Handlung, selbst das dare mit inbegriffen, l. 175. 189. u. 218. D. de verb. signif., im engern Sinne aber auf eine vom dare verschiedene Handlung, l. 5. pr. u. §. 2—4. D. de praescript. verb., l. 33. §. 1. D. de fideicommiss. libert., l. 2. pr. D. de verb. oblig., und zwar vorzugsweise auf eine Handlung von positiver Art, im Gegensatz des *pati* und *non facere*. l. 75. §. 7. D. eod., §. 7. I. eod., l. 15. §. 1. D. de servitut., l. 8. pr. in f. D. de condit. institut., l. 124. in f. D. de verb. signif., l. 121. D. de regul. jur. — *Praestare* endlich umfasst im weitesten Sinne ebenfalls jedwede Leistung, so dass es für dare und facere zusammen gebraucht wird, l. 13. §. 6. D. de action. emt. et vend., l. 11. D. rem pupilli salv. for.; doch wird es vorzugsweise auf die Leistung des Interesse, oder auf andere Nebenleistungen ausser der Hauptsache, bezogen, z. B. *aestimationem* oder *litis aestimationem*, *fructus*, *causam* oder *omnem causam praestare*, und bezeichnet insbesondere auch das Haften oder Einstehen für die Folgen einer Handlung oder Begebenheit, z. B. in den Redensarten: *factum*, *dolum*, *culpam*, *casum praestare.* Vergl. *Brisson.* v. *praestare* No. 1—3.

Dr. *Friedrich Adolph Schilling.*

Untersuchung der Frage: Ob nach Justinianischem Recht die Professoren der Jurisprudenz ein Honorar zu fordern berechtigt gewesen? Zur Erläuterung des Fr. 1. §. 7. [oder vielmehr §. 5. *Rec.*] D. de extr. cogn. (I. 13.) und der L. 6. C. de Profess. (X, 52.). — Von **Dr. Ferd. Kämmerer.** Güstrow, Opitz. 1837. II. u. 33. S. 8. (6 Gr.)

Der Verf. hat sich schon früher durch die gründliche Untersuchung mehrerer specieller Puncte der Römischen Rechtsgeschichte ein nicht geringes Verdienst erworben; denn je weniger solche Forschungen, deren wir zur vollständigen Erkenntniss der Wissenschaft schlechterdings bedürfen, mit den durch sie erzielten Resultaten Epoche machen können, um so verdienstlicher ist es, wenn Gelehrte ihnen ein Opfer an Zeit und Fleiss bringen, dessen Grösse mit dem Erfolge in keinem Verhältnisse steht. Aus jenen frühern Abhandlungen des Verfs. ist es auch hinlänglich bekannt, mit welchem tüchtigen, durch eine seltene Belesenheit gewonnenen, Rüstzeug derselbe seine Untersuchungen anstelle, und mit welcher unermüdlichen Genauigkeit er seine Gegenstände bis auf das kleinste Detail verfolge und zu ergründen suche. Diess zeigt sich auch wieder in der obigen kleinen Schrift, welche der Verf. „der Universität zu Göttingen am Tage ihres ersten hundertjährigen Jubiläums" gewidmet hat. Er hat in derselben über eine eigenthümliche Einrichtung beim Rechtsunterricht der Römer, welche man bisher als unverändert auch noch für das Justinianische Recht zu halten pflegte, eine dieser gewöhnlichen Annahme widersprechende Ansicht aufgestellt, und, nach des Rec. Ueberzeugung, auch so unterstützt, dass die Richtigkeit derselben kaum bezweifelt werden dürfte. Bisher nahm man nämlich ziemlich allgemein an, dass der von *Ulpian* in der L. 1. §. 5. D. de extraord. cog. aufgestellte Grundsatz, nach welchem die juris professores zwar ein Honorar sollen annehmen, aber nicht einklagen können, auch noch zur Zeit *Justinian's* geltend gewesen sei. Zwar behaupteten *Cujacius* (Observv. VII. c. 25.) und *v. Ludewig* (Opusc. Miscellan. Tom. II. lib. 3. Opusc. 4. §. 2. not. f. p. 892.), dass schon *Antoninus Pius* diese Einrichtung geändert, und also *Ulpian* nur altes Recht vorgetragen habe; allein die L. 4. D. eod., auf welche sie sich stützten, spricht von *juris studiosi*, unter welchen auf keinen Fall die Lehrer des Rechts verstanden werden dürfen, und bezieht sich also keineswegs auf Honorarforderungen der Professoren. Indem diess vom Verf. nachgewiesen wird, zeigt er zugleich auf andere Weise, dass jener Grundsatz im neuesten Justinianischen Recht aufgehoben worden sei. Er beruft sich auf eine im Codex *Justinian's* stehende, aber für diesen Zweck noch gar nicht benutzte Verordnung des Kaiser *Constantin* (L. 6. C. de profess. et med.), welche jedoch, wie eine Vergleichung mit ihrer Gestalt im Theodosischen Codex (L. 1. eod.) ergiebt, sehr bedeutende Abänderungen durch die Compilatoren erlitten hat. Hier wird in Bezug auf die „*medici et maxime archiatri vel ex archiatris, grammatici et professores alii literarum, et doctores legum*“ [diese beiden letzteren Worte stehen nur im Justin. Codex] unter Anderem auch verfügt: „*Mercedes etiam eis et salaria reddi jubemus, quo facilius liberalibus studiis et memoratis artibus multos instituant.*“ Mithin sollten den genannten Personen, und insbesondere auch nach dem von den Compilatoren gemachten Zusatz, den Rechtslehrern Honorare und Jahrgelder oder Besoldungen entrichtet werden; woraus denn das Recht, Beides im Falle der Verweigerung durch Anstellung einer Klage geltend zu machen, nothwendig folgt. Der Verf. entwickelt diess mit vieler Gelehrsamkeit, und es möchte sich seiner Interpretation mit Erfolg Nichts entgegensetzen lassen. Denn wollte man einwenden, dass auch schon *Ulpian* von dem Honorar sagt: „*in ingressu sacramenti efferri debuit*, und dasselbe dennoch nach seiner eigenen Angabe nicht durch eine Klage eingefordert werden durfte, so müssen wir doch, wenn eine kaiserliche Verordnung auch bloss sagt: *reddi jubemus*, diesen Befehl als eine vollkommen wirksame betrachten, d. h. wir müssen durch ihn eine mit den gewöhnlichen Rechtsmitteln, also namentlich durch eine Klage zu erzwingende Verbindlichkeit als ausgesprochen annehmen. — In einem Puncte ist jedoch der Rec. mit der Erklärung des Verfs. nicht einverstanden. *Ulpian* sagt nämlich a. a. O.: „*Proinde ne juris quidem professoribus jus dicent; est enim res quidem sanctissima civilis sapientia, sed quae pretio numario non sit aestimanda, nec dehonestanda, dum in judicio honor petitur, qui in ingressu sacramenti offerri debuit.* Der letzte Satz, insbesondere das: *in ingressu sacramenti*," ist sehr dunkel und von den Interpreten auf die verschiedenste Weise gedeutet worden. Einige haben es, schon nach dem Vorgang der Glosse, von einem Amtseid der Professoren erklärt, Andere haben es mit dem bekannten sacramentum bei einer der legis actiones in Verbindung bringen wollen, noch Andere von einem Eide der Zuhörer verstanden. Der Verf. stimmt dieser letzten Deutung bei, indem er den Mangel von Nachrichten über einen solchen Eid für keinen gewichtigen Gegengrund hält, vielmehr bemerkt: „Auch ist in der That nicht einzusehen, warum es denn so gar unwahrscheinlich sein soll, dass eine dem Rechtslehrer von seinen Zuhörern gegebene Versicherung, ein Versprechen des Fleisses u. s. w." (d. h. wohl: und der Sittenreinheit) „— meiner Ansicht nach scheint es nicht absolut nothwendig, unter dem Ausdruck sacramentum gerade ein eidliches Versprechen zu verstehen — zu *Ulpian's* Zeiten und vorher gebräuchlich gewesen sei." Bei dieser Ansicht des Verfs. ist es zu verwundern, dass er sich nicht auf eine, freilich erst aus der spätern Zeit bekannte, aber vielleicht in ähnlicher Art schon früher vorgekommene Einrichtung bezogen hat, nach welcher von den angehenden Studirenden allerdings, wenn auch nicht ein Versprechen, doch eine feierliche Erklärung beim Anfange des Studiums abgegeben werden musste. Es verordnen nämlich *Valentinian*, *Valens* und *Gratian* im J. 370. (L. 1. Th. C. de studiis liberal.): *Quicunque ad urbem discendi cupiditate veniunt, primitus ad magistrum census provincialium judicum, a quibus copia est danda veniendi, ejusmodi literas perferant, ut oppida hominum, et natales, et merita expressa teneantur, deinde ut in primo statim profiteantur introitu, quibus potissimum studiis operam navare proponant; tertio ut hospitia eorum sollicite censualium norit officium, quo ei rei impertiant curam, quam se asseruerint expetiisse.*" etc. — Dass diese Einrichtung, oder wenigstens eine Betheiligung der Censualen beim Unterrichtswesen vielleicht schon unter *Antoninus Caracalla* bestand, dafür könnte man sich auf Vat. Fr. §. 204. berufen, wo ein Rescript jenes Kaisers erwähnt wird, welches die studiorum causa zu Rom sich Aufhaltenden betrifft und an Caerealis *a censibus* gerichtet ist. — Rec. hat aber doch gegen die Erklärung des Verfs., und also auch gegen die hier beigebrachte Unterstützung derselben das Bedenken, dass *sacramentum* niemals ein blosses Versprechen ohne Eid heisst, und seiner Zusammensetzung nach heissen kann, und dass, wenn wirklich ein eidliches Versprechen des Fleisses und der Sittenreinheit hätte geleistet werden müssen, diess sicher in jener Verordnung, welche sich absichtlich und ausführlich mit der Aufführung der Studirenden beschäftigt, erwähnt worden wäre; denn die Kaiser würden nicht ermangelt haben, an die Heiligkeit des geleisteten Eides zu erinnern, statt dass sie blos der Würde der studia liberalia gedenken. Viel mehr scheint es dem Rec. für sich zu haben, wenn man entweder der, auch von dem Verf. erwähnten Ansicht *Treitschke's*, (in der Uebersetzung des Corp. jur. civ.) folgt, welcher die fraglichen Worte durch: „beim Eintritt ins Heiligthum," übersetzt hat, oder eine ähnliche Bedeutung des Wortes *sacramentum* annimmt, wie: heiliges Verhältniss u. dergl. Denn erstlich entsprechen diese Bedeutungen der Etymologie des Wortes recht gut; auch möchten sie nicht ganz ohne Auctorität sein, indem *sacramentum* zuweilen bildlich so gebraucht wird, dass an einen eigentlichen Eid nicht zu denken ist, wie z. B. bei *Petron.* Satir. c. 80.: „*Ego mori debeo, qui amicitiae sacramentum delevi.*" Zweitens wissen wir, dass *Ulpian* nicht selten in seiner Sprache von der gewöhnlichen Ausdrucksweise abweicht, und darum kann uns auch eine seltenere Bedeutung eines Wortes bei ihm nicht auffallen. Drittens spricht für jene Bedeutung auch der ganze Zusammenhang der Stelle; *Ulpian* nennt kurz vorher die Rechtswissenschaft eine „*res sanctissima*;" dieser rednerischen Sprache ist es ganz gemäss, wenn er nun auch den Anfang des Unterrichts als einen Eintritt in ein Heiligthum oder in ein heiliges Verhältniss bezeichnet, zumal wenn man bedenkt, dass er an einer andern bekannten Stelle von den Rechtsgelehrten sagt: *cujus (sc. juris) merito quis nos s a c e r d o t e s appellat.*" — Man könnte übrigens vielleicht auch, da *sacramentum* bekanntlich vorzugsweise vom Soldateneid gebraucht, und dann auch häufig auf den Soldatenstand bezogen wird, hier an eine Vergleichung des Rechtsstudiums mit dem Soldatenstand denken, wenn diess nicht doch zu gesucht, und eine solche Vergleichung, wenigstens so viel der Rec. weiss, für *Ulpian's* Zeit ohne Beispiel wäre.

Es bedarf kaum noch einer besonderen Erwähnung, dass der Verf. in seine Erörterung viele schätzbare Bemerkungen über einzelne mit ihr zusammenhängende Stellen und Ausdrücke der Alten, z. B. über doctores legum S. 18. ff., über mercedes und salaria S. 25. ff. verwebt und dieselben mit einer reichen Auswahl von Auctoritäten belegt hat.

10.

Monumenta Germaniae historica inde ab anno Christi usque ad annum 1500 auspiciis societatis aperiendis fontibus rerum Germanicarum medii aevi edidit **G. H. Pertz.** Legum tomus I. Hanoverae impensis bibl. aul. Hahniani 1835. XXVI. u. 578. S. fol. Tomus II. ibid. 1837. XXIV. u. 582. Pars altera 218. S. fol. (20 Thlr. 16 Gr.)

Obgleich nur mit der Anzeige des zweiten Bandes der leges beauftragt, glaubte ich doch den ersten mit berücksichtigen zu müssen, da beide Bände genau zusammenhängen und aus einem und demselben Standpuncte zu beurtheilen sind. Gewiss mit wahrer Freude hat jeder Freund des deutschen Rechts und der deutschen Geschichte den Fortgang eines Werks vernommen, welches in warmer Liebe zum deutschen Vaterlande beschlossen, mit besonnenem Muthe und ernster Wissenschaftlichkeit bis daher fortgeführt worden. Der Ruhm, durch Wort und That die erste Anregung zu Herausgabe der Monumenta gegeben zu haben, gebührt bekanntlich dem Freiherrn von Stein, das Verdienst, dasselbe, seit 1831. seines edlen Unterstützers beraubt, gleichsam neu gegründet zu haben, den deutschen Regierungen, welche in Folge einer vom Bunde ausgegangenen Einladung zu ansehnlichen Unterstützungen sich bewogen fanden. Allein die Ausführung des Werks verdanken wir grossentheils der Beharrlichkeit und dem Talente des Herrn Bibliothekars und Archivraths *Pertz*, welcher, schon früher für die Bearbeitung einzelner Theile gewonnen, seit 1824. die Herausgabe des Ganzen übernahm, mit unermüdetem Eifer die Archive in Deutschland, in der Schweiz, in Italien,

Frankreich, England und in den Niederlanden durchsuchte, aller Orten zu dem gleichen Zwecke Verbindungen anknüpfte, jetzt Handschriften verglich und abschrieb, dann wieder Aufsätze und ermunternde Nachrichten in das Archiv der Gesellschaft für ältere deutsche Geschichtkunde einrückte, und so die Theilnahme für das Unternehmen rege zu erhalten suchte, welche auf Seite des Publicums wie auf Seite der Mitarbeiter öfters zu erkalten schien.

Es ist eine allgemeine Wahrnehmung, dass rein geschichtliche Untersuchungen, insbesondere Urkundenwerke, in dem heutigen Deutschland auf keine so zahlreiche Theilnahme zu rechnen haben, wie in dem alten Reiche, was nicht sowohl daraus zu erklären sein möchte, als ob dieselben etwa nicht mehr so sehr im Geschmacke der Zeit wären, als vielmehr aus dem rein äusserlichen Umstande, dass die Zahl der öffentlichen Bibliotheken, welche gerade mit Schriften jener Art sich vorzugsweise bereicherten, seit den Mediatisirungen und Secularisationen zu Anfang dieses Jahrhunderts unverhältnissmässig abgenommen hat. Der Sinn der Gebildeten im Volke hat sich, zu deren Ruhme sei es gesagt, nicht von der Geschichte abgewandt, sondern im Gegentheile das Bedürfniss empfunden, dem Streben der Zeit in derselben eine solide Unterlage zu geben; und vielleicht hängt eben hiermit zusammen, dass fast zu gleicher Zeit zwei durch historische Forschungen hoch stehende Männer: Pertz und Moné, für die Redaction politischer Zeitschriften in Anspruch genommen wurden, jener in Hannover, dieser in Carlsruhe, wohl in der richtigen Voraussetzung, dass eine gründliche Betrachtung der Vergangenheit die beste Vorschule sei für die Beurtheilung der Gegenwart.

Was auch die subjectiven Gründe gewesen sein mögen, welche Herrn Pertz vermocht haben, auf diese Weise seine Kräfte zu theilen und die sonst nur gelehrten Arbeiten zugewandte Musse der politischen Journalistik zuzuwenden (und sie konnten nur ehrenwerth sein!), so war doch sein Rücktritt von dieser, nicht unter allen Umständen zusagenden, Beschäftigung für Viele eine sehr erfreuliche Nachricht, indem sich die Hoffnung anschloss, es werde nun seine ganze Thätigkeit wieder auf Vollendung der angefangenen Denkmäler-Sammlung gerichtet sein. Und es scheint nicht, dass diese Hoffnung werde getäuscht werden; denn, wie wir hören, schreiten die Fortsetzungen unter den vereinten Bemühungen des Herrn Herausgebers und seines vortrefflichen Mitarbeiters, Herrn *Dr.* Böhmer, rasch vorwärts, so dass wir wohl in nicht allzugrosser

Zeitferne ein Unternehmen wieder beendigt sehen, welches sich den italienischen, englischen und französischen Werken ähnlicher Art mindestens an die Seite setzen kann.

Was die beiden vorliegenden Bände betrifft, so schliessen sich dieselben als tomi III. u. IV. den vorausgegangenen tomi I. u. II. der Monumenta an. Während diese die Geschichtschreiber (scriptores) der Karolingischen Periode umfassen, enthalten jene die Gesetze (leges), und zwar nicht blos aus der s. g. Karolingischen, sondern theils schon aus früherer, theils und noch mehr aus späterer Zeit. Freilich muss man bei dem Worte: „leges" nicht an die gewöhnliche engere Anwendung desselben im Sinne von Volksgesetzen denken, sondern an die Bedeutung von Gesetzen überhaupt; denn nur die s. g. Capitularien der fränkischen Könige und die Constitutionen der deutschen Könige sind zunächst hier gesammelt, die Volksrechte aber werden erst in einem späteren Bande folgen. Indess auch diese weitere Bedeutung, wonach die constitutiones regum unter leges mitbegriffen sind, lässt sich rechtfertigen; ja sie erscheint als nothwendig, wenn wir nicht von allgemeinen, für das ganze fränkische, später für das deutsche Reich verbindlichen leges überhaupt absehen wollen: denn, obgleich die königliche Gewalt nicht für sich Quelle der Gesetzgebung war, sondern nur in Verbindung mit der Volksautonomie (consensus *populi*), so offenbarte sich diese Autonomie doch schon in der frühesten Zeit ebensowohl auf den Reichsversammlungen oder Reichstagen, als auf den Volksversammlungen oder Landtagen. Auch die s. g. Capitularia sind nämlich nicht einseitig von den Königen ausgegangene, sondern mit Vorberathung und unter Zustimmung der den verschiedenen Stämmen und Ländern vorgesetzten und dieselben vertretenden Personen, insbesondere vom Adel und der Geistlichkeit, getroffene Bestimmungen; und vielleicht trug eben diese Form der Verabschiedung dazu bei, dass das Wort capitulare, capitulatio, abgeleitet von capitula, in welche die Reichsgesetze meist abgetheilt waren (Capit. de ao. 788.), schon frühe die Nebenbedeutung einer vertragsmässigen Uebereinkunft erhielt, welche noch in der späteren Bezeichnung: Wahlcapitulation, sowie in dem heutigen Sprachgebrauch aufs Bestimmteste hervortritt. Mag man übrigens von dieser historischen oder von der etymologischen Bedeutung des Wortes ausgehen, jedenfalls ist kein innerer Grund vorhanden, die s. g. Capitularien blos dann, wenn sie in ein besonderes Volksrecht aufgenommen worden, den leges gleichzustellen;

vielmehr sind sie ihrer Form, wie ihrer Rechtsverbindlichkeit nach nichts anderes, als die späteren *deutschen* Reichsgesetze, nur mit dem Unterschiede, dass jene im Zweifel für das ganze *fränkische*, diese nur für das spätere *deutsche* Reich verbindlich waren, was aber für die Unterscheidung fränkischer und deutscher Reichsgesetze hinreichend ausgedrückt ist.

Erscheint hiernach die Aufnahme der s. g. Capitularien unter die leges allerdings gerechtfertigt, so möchte dagegen für die Folge Zweierlei zu wünschen sein: 1.) dass an die in den vorliegenden beiden Bänden enthaltenen leges imperii die weiteren Reichsgesetze bis Ende des 18. Jahrhunderts unmittelbar sich anschliessen, und 2.) mit den Volksgesetzen, z. B. der lex Alamannorum, Saxonum u. s. f. die späteren Rechtsbücher, z. B. Schwaben- und Sachsenspiegel, auf gleiche Weise in Verbindung gebracht werden möchten, so dass diese sich an jene der Zeitordnung nach anschliessen. Nicht nur glaube ich, dass durch diese Trennung des Reichs- und Particularrechts die Uebersichtlichkeit gewinnen würde, sondern die Redaction würde auch dadurch Zeit erhalten, um für die Bearbeitung der Volks- und Landrechte noch manches Rückständige nachzuholen, während für die Reichsgesetze, nach den Böhmerschen Regesten zu schliessen, weniger mehr zu thun sein möchte.

Freilich scheint es, dass die Gränze zwischen Reichs- und Particularrecht schon in dem Bisherigen nicht hinreichend gewahrt sei, indem manche capitula addita s. specialia der Zeitfolge nach unter die Reichscapitularien aufgenommen wurden, welche schicklicher mit den betreffenden Volksrechten in Verbindung gelassen worden wären. Allerdings mag manches Capitulare dem Codex eines Volksrechts beigefügt worden sein, das an sich ein capitulare generale war, allein nicht alle von dem Herrn Herausgeber beigezogenen möchten zu der letzten Classe gehören; denn nicht, dass von der Reichsgewalt eine Bestimmung ausgegangen, macht dieselbe zu einer reichsrechtlichen,

zelnen Stamm, ein einzelnes Land beschränkt war. Auch aus der Zeit des deutschen Reichs kommen einzelne, dem Particularrecht

den späteren Bänden vorbehalten worden wären, z. B. Mandatum de cambiis et denariis in Saxonia d. d. 30. Apr. 1231.

Sollte indessen auch zu wünschen sein, dass die Aufgabe des Werks in dieser Hinsicht genauer erwogen worden wäre, so thut diess doch dem Urtheil über den Werth der vorliegenden Gesetzsammlung in der Hauptsache keinen Eintrag, welches durch eine Uebersicht dessen, was bisher für denselben Zweck von Andern geschehen, am zweckmässigsten vorbereitet werden wird.

Schon das Capitulare Wormatiense v. J. 829. erwähnt an mehreren Orten (cap. gen. 5. 6. cap. mund. 1. 8. cap. pro lege habenda 1. 5. 7.) einer in 4 Büchern eingetheilten Capitularien-Sammlung, welche, sowohl der Zeit als dem Inhalte der ausgehobenen Stellen nach, keine andere sein kann, als diejenige, welche dem Abt Ansegisus zugeschrieben wird. Diese im Jahr 827. entstandene Sammlung, welche einzelne Reichsgesetze Carls des Gr. und Ludwigs des Frommen enthält und vollständig auf uns gekommen ist, scheint bald darauf eine neue Bearbeitung erfahren zu haben; wenigstens verweist das Cap. Pistense de ao. 864. wiederholt auf eine Sammlung von 4 Büchern, welche nach den Citaten weder mit der Ansegisischen, noch mit der Collection des Mainzer Diacons Benedict gen. Levita übereintrifft. Was diese Benedict'sche Sammlung anbelangt, welche um das Jahr 845. zu Stande gekommen, so sollte dieselbe eine Fortsetzung der Ansegisischen Sammlung sein; Benedict selbst gesteht jedoch, nicht blos aus Reichsgesetzen seine in 3 Bücher eingetheilten Capitula geschöpft zu haben, sondern auch aus der heiligen Schrift, den Canonensammlungen u. s. w., und in der That ist der Stoff, welchen Benedict dergestalt aus fremdartigen, zum Theil unächten, Quellen zusammentrug, dergestalt vorherrschend, selbst in dem 1. Buche, wofür omnium Francorum assensus von ihm geltend gemacht wird, dass man weniger an eine Capitularien-Sammlung, als an ein pseudoisidorisches Machwerk erinnert wird. Zu diesen Sammlungen kamen noch mehrere andere von kleinerem Umfang; allein, wie alles Alte allmälig aus dem Gesichtskreise des lebenden Geschlechts verschwindet, so auch die fränkischen Reichsgesetze, ohne dass darum das Hervorgehen des deutschen Reichs aus dem fränkischen übersehen worden wäre, oder ein plötzliches Verschwinden der fränkischen Gesetze nach dem Umsturz des fränkischen Reichs müsste angenommen werden (wiewohl die von dem Herausgeber tom. I. praef. p. XIV. angef. Urkunde von 1423. nichts für deren fortdauernde Autorität beweisst). Daher kam es, dass erst im 16. Jahrhundert der erwachte wissenschaftliche Eifer wieder auf die Capitularien-Sammlungen sich warf, welche nun theils für sich, theils in Verbindung mit weiter aufgefundenen einzelnen Reichs-

und Volksgesetzen abgedruckt wurden. Auf Verbesserung des Textes und Herstellung der ursprünglichen Stücke wurde jedoch erst von Baluze Bedacht genommen, welcher zu diesem Zweck ausser französischen Handschriften einzelne Codices aus Spanien, der Schweiz, Belgien, Italien (Rom) und Deutschland (Helmstädt) benutzte (Praef. cap. 66. seq.). Was seither für die fränkischen Gesetze geschah, beruht im Wesentlichen auf den Vorarbeiten von Baluze.

Dagegen hat der Herausgeber des gegenwärtigen Werkes sich eine breitere und durchaus selbstständige Grundlage gewählt, auch demselben der Zeit nach eine weitere Ausdehnung gegeben. Die (wohl zufälligen) Gründe, welche denselben bestimmt hatten, die erste Abtheilung der Denkmäler auf die Karolingische Periode zu beschränken, haben glücklicher Weise auf den Umfang der Gesetzsammlung nicht nachgewirkt, so dass dem Plane des Unternehmens in dieser Hinsicht schon jetzt eine vollständigere Lösung zu Theil geworden ist, als hinsichtlich der vorausgehenden Annalen-Sammlung. Nicht nur ist nämlich die Merovingische Periode mit eingeschlossen, sondern auch die Reihe der *deutschen* Reichsgesetze im II. Bande bereits fortgeführt bis zum Tode Heinrichs VII. Der erste Band sollte nur die Gesetze bis zum Untergang der Karolinger, der zweite, als Fortsetzung, die deutschen Gesetze enthalten. Indessen enthält nicht nur der zweite Band manche Nachträge zum ersten, sondern es ist auch die Reihe der fränkischen Gesetze im ersten zu weit, nämlich bis 921., fortgeführt. Die Vernichtung des Frankenreichs im J. 888. wäre eine richtigere Gränze gewesen. Dass Nachkommen der Karolingischen Könige auch später noch in Deutschland und in Frankreich eine Zeit lang regierten, veränderte den Charakter der Gesetze nicht. Wollten daher, was wenigstens das Natürlichste gewesen wäre, die fränkischen Reichsgesetze im ersten, die deutschen Reichsgesetze im zweiten gegeben werden, so mussten alle nach 888. erschienenen Gesetze, soweit sie Deutschland betrafen, aus jenem wegfallen, und in diesen aufgenommen, und betrafen sie Deutschland nicht, wie z. B. mehrere von Odo von Paris und anderen französischen Kronprätendenten herrührende Urkunden, ganz weggelassen werden. Nach der Vorrede könnte es scheinen, als ob die Sammlung schon bis zu Carls IV. Regierung vorgeschritten wäre; indessen steht zu hoffen, dass auch die Regierungsperioden

Ludwigs des Baiern und Friedrichs von Oesterreich (1313—1346) nicht leer ausgehen werden.

Ausser eigentlichen leges sind viele andere historische Urkunden in die Sammlung aufgenommen, namentlich Briefe, Synodal- und Reichstagsacten, durch welche die Reihe der Reichsgesetze öfters unangenehm unterbrochen wird. Wenn schon ich den Werth dieser Documente nicht verkenne und gern zugebe, dass dadurch zum Verständniss der Gesetze selbst wesentlich beigetragen wird, so möchte ich doch diese Art der Verbindung nicht billigen, sondern annehmen, dass dieselben für eine weitere Abtheilung des Werks (diplomata, acta, epistolae) hätten zurückgelegt werden sollen. Die Concordate des Kaisers mit dem Papst (817. 962. 1020.), welche mit unächten Capitularien, kirchlichen Canonen und Bullen der Päpste in einer dem II. Bande angehängten pars altera zusammengestellt sind, hätten dagegen in der Zeitreihe eine schicklichere Stelle gefunden.

Die *Folgeordnung* ist im Allgemeinen die chronologische, gewiss bei Urkundenwerken die zweckmässigste, sofern sie nicht allein das *Nachschlagen* erleichtert, sondern auch die Einsicht in den historischen Entwickelungsgang der Quellen befördert. Die Nachträge zum ersten Bande, welche im Eingange zum zweiten gegeben sind, weil sie nicht mehr am rechten Orte eingelegt werden konnten, ebenso die Addenda zum zweiten Band, und der als anderer Theil dem zweiten Bande beigefügte Anhang, worin Betreffe aus verschiedenen Zeitabschnitten zusammengestellt sind, machen allerdings Ausnahmen; indessen wird es Jeder dem Herausgeber Dank wissen, dass er Supplemente, welche grossentheils erst auf einer wissenschaftlichen Reise nach Holland im J. 1833. von ihm aufgefunden wurden, nicht vorenthielt. Jedes menschliche Werk trägt mehr oder weniger das Gepräge der Unvollkommenheit in sich; und wenn es daher auch überraschen sollte, schon nach einem Zeitraum von 2 Jahren so reiche Nachträge dargeboten zu sehen, so darf man daraus nicht auf eine frühere Vernachlässigung des Werks schliessen, einen Vorwurf, welchen dasselbe auf jeder Seite ausschliesst, sondern im Gegentheil auf die unverkennbare Absicht des Herausgebers, seiner Arbeit die möglichste Vollendung zu geben. Auch die Reichsgesetze, welche der Ansegisischen und Benedict'schen Sammlung zu Grund liegen, sind, auf ihre ursprüngliche Gestalt zurückgeführt, der Zeitordnung nach aufgenommen, ohne jedoch diese beiden Sammlungen auszuschliessen, welche vielmehr, jene Th. I. S. 271. f., diese Th. II. S. 39. f. vollständig abgedruckt sind. Vielleicht wäre es besser gewesen, die Ansegisische Sammlung wie die Benedict'sche in die Beilage zu verweisen, da sie der Zeitfolge nach nicht recht an ihrem Platze steht und jedenfalls dort durch den Abdruck der ihr zu Grunde liegenden einzelnen Capitularien überflüssig gemacht ist.

Ueber die Benutzung von *Hülfsmitteln* geben theils die Vorreden zu beiden Bänden, theils die einleitenden Bemerkungen Aufschluss, welche je den betreffenden Urkunden und Urkundenfascikeln vorangeschickt sind. Von Originalien fränkischer Reichsgesetze haben sich aus Gründen, welche schon *Eichhorn* (Staats- u. Rechtsgeschichte §. 150.) andeutet, nur zwei erhalten: ein schon durch Ussermann bekannt gemachter Befehl Carls des Gr. vom J. 802., dass die in Allemannien vertheilten sächsischen Geissel in Mainz dem Kaiser vorgestellt werden sollen, in dem Kloster St. Paul in Kärnthen, und ein Rundschreiben des Erzbischofs Riculf zu Mainz vom J. 810., worin dieser nach dem Befehl des Kaisers die Fastenzeiten bestimmt, in St. Gallen. Alle Uebrigen Documente sind aus Abschriften entnommen, welche theils einzeln, theils in Urkundenbüchern aufbewahrt wurden und mitunter bis in das 8. Jahrhundert hinaufreichen. Zuerst kam der Herausgeber auf den Gedanken, sich mit einer neuen Sammlung von Capitularien zu befassen, in dem kaum erwähnten Kärnthischen Kloster, wo er im Jahr 1820. ausser mehreren alten Volksrechten einzelne Reichsgesetze Carls des Gr., Ludwigs I. und Lothars entdeckte. Ausser diesen benutzte er jedoch eine grosse Anzahl von codices, namentlich der Stifter und Klöster zu Mainz, Augsburg, Freisingen, Regensburg, Tegernsee, Chiemsee, St. Gallen, Weissenau, Weissenburg, Corvey, zu Monte-Casino, Cava, Susa, Verona, in Paris, Macon, Laon, Beauvais, Reims, Metz, Sens, Tours. Alle diese codices, welche jetzt zum Theil an ganz andern Orten sich befinden (z. B. ehemalige Mainzer codices in Rom und Gotha) wurden verglichen, und wenn schon keiner eine authentische oder vollständige Sammlung enthält, so dienten sie doch zu gegenseitiger Ergänzung, und zu Berichtigung der Lesarten. Auch die Ausgaben erster Hand sind dem Herrn Herausgeber vorgelegen, und er versäumte meist nicht, bei den einzelnen Betreffen die Stellung seiner Edition zu denselben zu bezeichnen. Besondere kritische Sorgfalt ward den Sammlungen von Ansegisus und Benedict gewidmet, und es ist den vereinten Bemühungen der Herren

Pertz und Knust (durch seine Untersuchungen über Pseudoisidor bekannt) gelungen, fast bei jedem einzelnen Capitulum die Quellen anzugeben, woraus jene Sammler geschöpft haben. Auch diejenige Urkunde, welche früher für eine eigene Capitularien-Sammlung K. Lothars II. ausgegeben wurde, ist Bd. II. S. 300. mitgetheilt, und, wie man sieht, nichts anderes, als, wie schon Eichhorn (St. und R. Gesch. I. §. 150. u. f.) bemerkt hat, ein officieller Auszug aus den Gesetzen Carls M. und Ludwigs d. Fr., welche K. Lothar in dieser Form seinen Unterthanen in Italien einzuschärfen für gut fand. Die Sage von einer Uebersetzung der Ansegisischen Capitulariensammlung ins Deutsche, welche anderthalb Jahrhunderte hindurch sich bei den Schriftstellern erhielt, reducirt sich immer noch auf ein einziges capitulum in jener Sammlung (lib. IV. cap. 18.). Die Version selbst, welche Brower in seinen Trier'schen Annalen mitgetheilt hat (die Handschrift, woraus er sie nahm, ward schon zur *Zeit* von Baluze vermisst), wird von *J. Grimm* in einer dem Herausgeber gemachten Mittheilung in den Ausgang des 9. oder Anfang des 10. Jahrhunderts gesetzt, und dürfte in der Gegend von Trier, in deren Dialect sie geschrieben, entstanden sein (tom. I. p. 261.).

Das Verhältniss der Pertz'schen Sammlung zu ihren Vorgängerinnen wird sich nun leicht bestimmen lassen. Während die Amerpach, Tilius, Herold, Pithou, Lindenbrog, Baron, Sirmond u. A. theils nur die Ansegisische und Benedict'sche Sammlung, theils nur einzelne wenige Capitularien ans Licht gebracht haben, während auch bei Baluze diese Sammlungen immer noch vorherrschen, treten dagegen jetzt dieselben zum ersten Mal in den Hintergrund gegen die restituirten Gesetze. Zu den bereits von Früheren hergestellten einzelnen leges kommen nämlich manche neue hinzu, z. B. Capitulare Aquense de ao. 802., de latronibus c. a. 804., Aquisgranense de ao. 805., de moneta tom. I. p. 159. Noch grösser ist die Zahl derjenigen Gesetze, welche zwar schon bisher bekannt waren, welche aber jetzt in verbessertem und vervollständigtem Texte gegeben werden, z. B. die Admonitio gen. de ao. 802., das wichtige Cap. Aquisgranense de ao. 825., welches bisher in das Jahr 823. gesetzt wurde, die constitutiones Wormatienses de ao. 829. Andere Gesetze scheinen in der Pertz'schen Sammlung zu fehlen; allein sie sind entweder absichtlich weggelassen worden, z. B. das dritte Cap. vom Jahr 813., welches als ein Particularrecht Xanthens später unter den Volksrechten abgedruckt werden wird, oder sie erscheinen jetzt unter den unächten oder zweifelhaften Capitularien am Ende des zweiten Bandes, z. B. Caroli M. decretum de expeditione Romana, welches zwar in verschiedenen Exemplaren vorgefunden worden, die aber sämmtlich auf die älteste, um das Jahr 1190. entstandene Handschrift zurückweisen. Endlich ist es als ein Vorzug des Werkes anzusehen, dass solches sich nicht auf die fränkischen Reichsgesetze beschränkt, sondern auch die deutschen Reichsgesetze und zwar aus einer Periode in sich schliesst, welche bisher noch nicht kritisch bearbeitet worden; denn bei der Goldast'schen Sammlung, welche die fabelhaftesten Dinge enthält, ist von kritischer Sorgfalt, welche man doch von jedem Sammler billig fordern kann, auch nicht eine Spur wahrzunehmen.

Hiermit ist nicht gesagt, dass das Verfahren des Herausgebers nicht auch da und dort Ausstellungen Raum gebe. Schon im Bisherigen hat sich Referent einige erlaubt. Ebenso wäre zu wünschen gewesen, dass nicht blos einzelne, sondern alle von dem Herausgeber für unächt gehaltene Capitularien unter den cap. spuria abgedruckt, oder doch betreffenden Orts die Gründe angegeben worden wären, warum sie hier nicht folgen, z. B. das Cap. de ao. 744. ex concilio regum. Auch auf solche Betreffe, welche jetzt in ein anderes Jahr gesetzt, oder unter den cap. spuria abgedruckt sind, hätte an dem Orte, wo man sie nach den bisherigen Citaten zu suchen berechtigt ist, kurz verwiesen werden sollen. Endlich treten die Resultate der vorgenommenen Vergleichungen in den dem Texte beigegebenen Noten nicht immer übersichtlich genug hervor, nicht blos wegen des sich häufig wiederholenden Alphabets, worin die Noten fortlaufen (z. B. tom. I. p. 9.), sondern auch, weil der Schlüssel zu den Ziffern der Handschriften in den Eingangs-Bemerkungen zuweilen fehlt, oder undeutlich angegeben ist (cod. p. 243. welches ist cod. 2.?).

Dennoch ist durch das Pertz'sche Werk gewiss allen gerechten Erwartungen entsprochen und ein bedeutender Fortschritt in den vaterländischen Quellenforschungen gethan. Sache der germanistischen Juristen ist es nun, diesen Fortschritt für die Geschichte und Dogmatik des deutschen Rechts zu benutzen; und sind erst die übrigen älteren deutschen Rechtsquellen, namentlich die späteren Reichsgesetze, ferner die Volksrechte und Landrechte, die Formelsammlungen und Weisthümer (die Grimm'sche Sammlung der letzteren wird in Bälde erscheinen) auf ähnliche Weise edirt, so werden sich dieselben wenigstens über Unzugänglichkeit und Zerstreutheit derselben nicht mehr, wie bisher, zu beklagen haben. Schon die vorliegenden beiden Bände, welche auch von Eichhorn für seine neueste Ausgabe der Staats- und Rechtsgeschichte noch nicht benutzt werden konnten, geben manchen Stoff zur Berichtigung und Erweiterung früherer Ansichten im deutschen Privat-, Staats- und Kirchenrecht.

Die Ausstattung des Werks in Papier und Druck lässt nichts zu wünschen übrig. Schade nur, dass der Preis desselben (20 Thaler 16 gGr., und nach süddeutschen Preisen, wobei der Thaler zu 2 fl. herkömmlich gerechnet wird, 41 fl. 20 kr.) dem weniger Bemittelten seine Anschaffung so sehr erschwert!

Reyscher.

Recht und Verfassung der alten Sachsen. In Verbindung mit einer kritischen Ausgabe der Lex Saxonum. Von **Ernst Theodor Gaupp**. Breslau, Max u. Comp., 1837. XVI. u. 228. S. 8. (1 Thlr. 8 Gr.)

Das vorliegende Werk schliesst sich in seinem Plan und in der Art der Ausführung unmittelbar an die im Jahre 1834. von demselben Verf. herausgegebene Bearbeitung des alten Gesetzes der Thüringer an. Es zerfällt in zwei Abtheilungen. Die erste enthält allgemeine Bemerkungen über das Gesetzbuch und die Verfassung der alten Sachsen, die andere rechtshistorische Erläuterungen der Lex Saxonum in Verbindung mit einem Abdruck des kritisch gesichteten Textes dieses Gesetzbuchs. Die erste Abtheilung beginnt (§. 1.) mit einigen Notizen über die älteste Geschichte der Sachsen, woran sich sodann eine Uebersicht der Hauptquellen für die älteste Verfassung (Verfassungs*geschichte*) der Sachsen in Deutschland schliesst. Es folgen (§. 3. u. 4.) zwei Abschnitte, in welchen einige Grundzüge der ältesten Sächsischen Verfassung und die Karolingischen Einrichtungen in Sachsen erörtert werden, worauf sodann von der Lex Saxonum selbst, von der Zeit ihrer Abfassung (§. 5.), von der angeblichen Dürftigkeit des Inhaltes und der Verbindung von alt Sächsischem Gewohnheitsrecht und Fränkischer Gesetzgebung in derselben (§. 6.), von dem Verhältniss der Lex Saxonum zu anderen Germanischen Rechtsquellen (§. 7.) und endlich von den Ausgaben, den Handschriften und der Kritik des Textes (§. 8.) gehandelt wird. Die ganze erste Abtheilung nimmt 82. Seiten ein; den übrigen Theil des Buches (S. 83—228.) füllen die Erläuterungen nebst dem Abdruck des Textes der Lex Saxonum. Sowie diese zweite Abtheilung dem Raume nach umfassender ist, als die erste, müssen wir sie auch in Rücksicht auf den Gehalt als den wichtigsten Theil der Arbeit, den eigentlichen Kern der Schrift, ansehen, können aber auch eben darum den Titel des Buches nicht für ganz angemessen halten, da er im Grunde etwas Anderes erwarten lässt, als man in dem Buch findet. Wenn der Verf. eine vollständige Darstellung des Rechts und der Verfassung der alten Sachsen geben wollte, müssten andere Anforderungen an das Werk gemacht werden, und die Arbeit könnte nicht für so befriedigend erachtet werden, als wenn man davon ausgeht, es habe nur eine Erläuterung der Lex Saxonum gegeben werden sollen, der die allgemeinen Bemerkungen über die Verfassung und das Gesetzbuch der alten Sachsen als Einleitung vorausgeschickt wurden. Die Gründlichkeit und umfassende Kenntniss des Germanischen Alterthums, welche der Verf. auch schon in anderen Schriften bewährt hat, machen aber allerdings den Wunsch rege, dass es demselben gefallen haben möchte, einige Abschnitte der ersten Abtheilung weiter auszuführen. Wir rechnen dahin vorzüglich die Paragraphen, in welchen die Grundzüge der Sächsischen Verfassung behandelt werden. Der Verf. wiederholt hier fast nur, was er schon früher, namentlich in der Abhandlung über die Familien der Altgermanischen Volksrechte, darüber gesagt hatte, ohne sich einer nochmaligen umfassenden Prüfung der dort entwickelten Ansichten, die hier nur in Beziehung auf einige wenige Puncte vollständiger ausgeführt werden, zu unterziehen. Rec. hätte diess um so mehr gewünscht, als er der Meinung ist, dass bei einer unbefangenen, von keinen vorausgefassten Ansichten ausgehenden Betrachtung unserer Quellen, die vom Verf. gewonnenen Resultate der Untersuchung in mehreren wichtigen Puncten zum mindesten als sehr zweifelhaft erscheinen müssen. Auch schon ein solches mehr nur negatives Resultat der Untersuchung würde nicht unwichtig sein, da man sich bekanntlich bei dem Streite über die Entstehung des deutschen Adels vorzugsweise auf die Geschichte des sächsischen Adels berufen hat, um die behauptete frühe Entstehung dieses

Standes zu beweisen. Unser Verf. gehört zwar nicht zu denjenigen Historikern, welche einen deutschen Uradel annehmen; nach seiner Ansicht hängt die Entstehung des germanischen Adels mit dem Geleitswesen zusammen, und es giebt keinen Adel, der nicht in einer Beziehung zu einem Oberhaupte gestanden hätte; allein die Entstehung dieses Dienstadels setzt er in eine Zeit, wo sie nach des Rec. Ueberzeugung nicht erwiesen werden kann, und er stützt sich dabei vorzugsweise auf die Quellen für die Geschichte der sächsischen Standesunterschiede, aus denen man nach des Rec. Dafürhalten keine Gründe zur Unterstützung dieser Ansicht ableiten kann.

Rec. stimmt darin ganz mit dem Verf. überein, dass er die Existenz eines germanischen Uradels für unerweisbar hält. Wir sind bekanntlich in Beziehung auf diese historische Controverse nur an die Berichte in der Germania des Tacitus gewiesen, die unverkennbar etwas Zweideutiges haben. Man kann gern zugeben, dass sie sich mit der Annahme eines germanischen Uradels vereinigen lassen; aber darum darf natürlich die Existenz desselben noch nicht als erwiesen angenommen werden; denn alle in der Germania gegebenen Nachrichten über den Unterschied der Stände lassen sich mindestens ebenso gut mit der Annahme vereinigen, Tacitus habe unter den nobiles nur die vornehmen und angesehenen Freien verstanden, und da diess anerkanntermaassen der Sinn ist, den die Römer mit dem Ausdrucke nobilitas zu verbinden pflegten, so muss man dabei stehen bleiben, bis durch sehr entscheidende Gründe dargethan wird, dass Tacitus den Ausdruck nobilitas in einem andern, als dem gewöhnlichen Sinn gebraucht habe. Solche Gründe fehlen aber. Die Bemerkung *Wilda's* (Krit. Jahrb. Hft. 4. 1837. S. 324.), dass Tacitus, wenn er von der Existenz eines vom Volke geschiedenen Nationaladels etwas gewusst hätte, diess ohne Zweifel klarer und deutlicher hervorgehoben haben würde, als es durch den im Munde eines Römers so unbestimmten Ausdruck nobilitas geschehen konnte, scheint dem Rec. sehr beachtenswerth, obschon er den Erklärungen, die *Wilda* von einigen wichtigen Stellen der Germania gegeben hat, nicht durchaus beitreten kann. Unser Verf. hat, wie bereits bemerkt, einen andern Weg eingeschlagen. Er verwirft zwar die Annahme eines Uradels, erklärt sich aber auch bestimmt gegen die Meinung, welche den Begriff des germanischen Adels auf den schwankenden Vorzug der Reichen und Angesehenen zurückführen möchte. Davon ausgehend, dass der germanische Adel durch die nähere Beziehung zu einem Oberhaupte, dem er sich zu Diensten verpflichtet, entstanden sei, sieht er die principes bei Tacitus, gleich den scandinavischen Häuptlingen der ältern und den friesischen *Hovetlingen* der mittleren Zeit, als die Repräsentanten des monarchischen Principes in denjenigen Staaten an, welche noch keine Könige hatten, und macht sie, wie in den monarchischen Staaten die Könige, zu den Schöpfern des Adels.

Es würde uns zu weit von unserer Aufgabe abführen, wenn wir hier untersuchen wollten, in wie weit sich diese Hypothese mit den Nachrichten über die Stellung der Principes und Nobiles in der Germania vereinigen lasse; *Gaupp* selbst geht in der vorliegenden Schrift nicht darauf ein. Dass wir durch die Annahme dieser Ansicht schon in der Zeit des Tacitus in den nichtmonarchischen Staaten gewissermaassen einen hohen und einen niedern Adel bekommen würden, von welchen der erstere aus den Häuptlingen oder Principes, der andere aus den Gefolgsleuten derselben bestände, ist schon von Anderen bemerkt worden. Wir wollen hier nur untersuchen, in wiefern die Nachrichten über die Standesverhältnisse bei den Altsachsen, auf welche sich unser Verf. vorzugsweise beruft, zur Unterstützung seiner Ansicht benutzt werden können. Er legt hier besonders darauf ein grosses Gewicht, dass bei den Sachsen die Principes oder Satrapae in der vorkarolingischen Zeit genau unterschieden würden, und bezieht sich in der Hinsicht auf die bekannte Stelle in dem Leben des heil. Lebuin (*Pertz*, Mon. II., 361.), wo allerdings die Angabe, jedem pagus habe ein princeps vorgestanden, und zu einer gewissen Zeit im Jahre seien aus jedem pagus von den drei Ständen der Edlinge, Frilinge und Lassen je zwölf Männer zu der allgemeinen Versammlung in Marklo an der Weser ausgewählt worden, darauf führt, dass die principes nicht allein den Stand der nobiles bilden konnten.

Wäre dieser Angabe voller Glaube beizumessen, so würde, wenn man auch daraus keine sicheren Schlüsse auf die Zeit, in welcher Tacitus schrieb, ziehen dürfte, die Hypothese unseres Verfs. allerdings sehr an Probabilität gewinnen; jedenfalls würde durch *Hucbald* constatirt sein, dass die nobiles der Sachsen schon in der vorkarolingischen Zeit existirten, und dass sie nicht mit den Satrapes des Beda identisch waren, da diese ganz dieselbe Stellung einnahmen, wie die principes Hucbald's. Rec. kann aber dem Verf. nicht beistimmen, wenn dieser (S. 12.) von der angeführten Darstellung der alten sächsischen Landesgemeinde sagt, die darin enthaltenen Angaben, trügen den Stempel der Aechtheit an sich; und es fände sich in den Rechtsquellen der Sachsen nicht nur nichts, was ihnen widerspräche, sondern diese würden vielmehr durch jene überall bestätigt.

Fassen wir die ganze Darstellung Hucbald's, die der Verf. S. 12. in extenso abdrucken liess, etwas näher in's Auge. Wir finden darin zuerst die Angabe, dass das sächsische Volk zu Lebuin's, wie auch noch zu Hucbald's Zeit, in drei Stände zerfallen sei, *edlingi*, *frilingi* und *lassi*; ferner jedem Gaue habe ein *princeps* vorgestanden und von jedem der drei Stände seien jedes Jahr zwölf Abgeordnete aus jedem Gaue zur Landsgemeinde gesendet worden, welche in Krieg und Frieden über die gemeinschaftlichen Angelegenheiten beschlossen hätten. Was zunächst die principes anbelangt, so haben wir allerdings keinen Grund, an der Richtigkeit der Angabe zu zweifeln, da nicht nur Tacitus, sondern auch Beda als Gewährsmänner gelten müssen. Auch dass die Sachsen von Zeit zu Zeit allgemeine Volksversammlungen hielten, ist nicht nur an sich wahrscheinlich, sondern wird auch noch durch das Paderbornische Capitulare von 785. bestätigt, wo cap. 34. den Sachsen verboten wird, allgemeine Volksversammlungen zu halten, den Fall ausgenommen, wenn dieselben vom Missus auf unmittelbaren königlichen Befehl berufen und gehalten würden (S. 38. Note 1.). Der Name Marklo wird zwar sonst nirgends erwähnt, aber es ist sehr wohl möglich, dass sich die Erinnerung an den Ort, wo ehedessen die grosse Landsgemeinde gehalten wurde, noch Jahrhunderte lang, nachdem sie verschwunden war, im Gedächtnisse des Volkes erhalten hatte. Sehr auffallend ist jedoch Hucbald's Bericht in Ansehung der Zusammensetzung dieser Versammlung. Die bestimmt geordnete Repräsentation jedes einzelnen Gaues durch die Zahl von dreimal zwölf Abgeordneten, die vom Volk gewählt wurden, die Abtheilung in drei Stände und dazu noch der Umstand, dass auch die lassi die gleiche Anzahl von Vertretern gehabt haben sollen, wie die Freien und Edlinge, diess Alles klingt sehr wunderbar und wird weder durch die Analogie anderer Völkerstämme unterstützt, noch scheint es mit dem Geist der damaligen Verfassungen übereinzustimmen, so dass wir mit allem Recht an der Richtigkeit der Nachricht zweifeln können. Wenn dem Verf., der bei allen diesen Angaben keinen Grund zu irgend einem Zweifel findet, ein ähnliches künstliches Repräsentationsverhältniss bei der Landesgemeinde irgend eines andern germanischen Volksstammes bekannt war, so wäre zu wünschen gewesen, dass er darauf aufmerksam gemacht hätte; die allgemeine Versicherung, dass Hucbald's Nachrichten durch die alten Rechtsquellen der Sachsen und durch den innern Zusammenhang der Sache auf das Vollkommenste bestätigt würden, kann hier unmöglich genügen.

Die Unterscheidung der drei Stände kann man natürlich als ein von der angeblichen Zusammsetzung der Landsgemeinde unabhängiges Factum betrachten. Dieselbe Unterscheidung finden wir schon in den Capitularien von 788. und 797., in der Lex Saxonum und auch bei den Annalisten und späteren Geschichtschreibern. Zunächst ist hier nur zu untersuchen: haben wir Hucbald Glauben beizumessen, wenn er die nobiles schon in den vorkarolingischen Zeiten neben den principes als einen eignen Stand aufführt? Rec. meint, dass diess eben so wenig sofort anzunehmen sei, wie in Ansehung seiner Berichte über die Zusammensetzung der sächsischen Landesgemeinde. Hucbald schrieb in der Mitte des 10. Jahrhunderts. Dass er alle Quellen über die früheren Verhältnisse der Sachsen benutzt habe, wie sofort Gaupp annimmt, ist nicht zu erweisen und daher bei den mangelhaften historischen Kenntnissen, die zu seiner Zeit verbreitet waren, sehr wohl denkbar, dass er den später bestehenden Standesverhältnissen irrthümlich ein höheres Alter beilegte, als sie wirklich hatten. Dasselbe muss auch von den andern Historikern jener Zeit gelten, von denen sichtbar einer den andern ausschreibt. Sie bedürfen, wo sie Nachrichten über die Zustände in frühern Jahrhunderten geben, immer der Bestätigung durch ältere Quellen. Unser Verf. scheint diese Bestätigung hauptsächlich in den Capitularien und der Lex Saxonum zu finden, indem er mit Beziehung auf Luden bemerkt, es sei nicht zu begreifen, wie man bei einer unbefangenen Betrachtung der Quellen zu dem Resultate kommen könne, dass der rechtliche Unterschied eines sächsischen Adels von den Freien eine Schöpfung Carls des Grossen sei. Rec. kann Ludens Ansicht auch für nichts mehr als eine Hypothese halten; er vermag sie eben so wenig durch bestimmte historische Zeugnisse zu unterstützen, als er findet, dass der Verf. seine Ansicht historisch begründet habe. Wo sind denn die sprechenden geschichtlichen Zeugnisse für die Existenz eines rechtlich bevorzugten sächsischen Adels in der vorkarolingischen Zeit? Man könnte vor Allem an die vom Verf. unerwähnt gelassenen alten Sagen denken, nach welchen die im 5. Jahrhundert aus Altsachsen nach Britannien übergewanderten Heerführer und nachmaligen Stifter der angelsächsischen Königreiche eines höhern Ursprungs sich rühmten, indem sie sämmtlich ihre Abkunft auf Wodan zurückführten. Da sie, so viel wir wissen, keineswegs einer und derselben Familie, noch auch nur wahrscheinlich einem und demselben Volksstamme angehörten, wie diess *Grimm* in seiner deutschen Mythologie (Anhang S. I. f.) nachgewiesen hat, so läge die Vermuthung nahe, dass wir in ihnen Mitglieder eines Standes anzuerkennen hätten, der sich durch seine mythische Abstammung von Wodan auszeichnete. Allein, diess auch zugegeben, werden wir dadurch doch eben so wenig berechtigt, ihnen nobilitas in rechtlichem Sinne zuzuschreiben, wie man diess bei den Heroen der Griechen zu thun pflegt. Die Sage liebt es immer, ausgezeichnete Geschlechter mit den Göttern in unmittelbare Verbindung zu setzen, um ihren Glanz dadurch zu erhöhen. Wodan aber scheint bei den Angelsachsen an der Spitze des ganzen Volkes zu stehen, wie Odin bei den Skandinaviern und der Mannus des Tacitus bei sämmtlichen Germanen (Vgl. *Grimm* a. a. O.). Auf diese und ähnliche Stammtafeln die Vermuthung eines alten Priesteradels bauen zu wollen, dürfte allzukühn sein. Auch finden wir bei den Sachsen und Angeln in Britannien, abgesehen von den durch gewisse Vorrechte ausgezeichneten Mitgliedern der königlichen Familien (den Aethelingen), nur einen allmälig erblich gewordenen Dienstadel, dem die Grundeigenthümer und Handelsleute rechtlich gleichgesetzt worden zu sein scheinen. Bei den Altsachsen aber finden sich aus der Zeit vor den fränkischen Kriegen gar keine Spuren von einem Adel. *Beda* (hist. eccl. I, 15.) erwähnt nur der principes oder satrapae als Gauvorsteher (ealdormen); ob ihr Amt ihnen und ihren Familien persönliche Vorzüge gewährte, erfahren wir nicht. Erst gegen Ende des achten Jahrhunderts werden von zum Theil gleichzeitigen Annalisten bei Gelegenheit der Kriege mit den Franken häufig ausgezeichnete Geschlechter, optimates, proceres, capitanei, maiores natu u. s. w. erwähnt; ob darunter aber nur im Allgemeinen die Mitglieder angesehener Geschlechter, wie sie häufig, auch wo kein Adel rechtliche Anerkennung gefunden hat, in Folge innegehabter öffentlicher Aemter und grossen Güterbesitzes hervortreten, oder ein mit erblichen Vorrechten begabter Adelstand verstanden werde, darüber erhalten wir keine Auskunft. Die ersten bestimmten Nachrichten von einem rechtlichen Unterschied von nobiles und ingenui finden sich in den Capitularien von 785. und 797. und sodann in der Lex Saxonum selbst. Dass dieser Unterschied erst in dieser Zeit und namentlich in Folge fränkischer Gesetzgebung entstanden sei, kann man daraus freilich nicht mit Gewissheit folgern, aber der Beweis des Gegentheils ist doch auch nicht zu führen. Man könnte sich den ganzen Zusammenhang recht wohl so denken: Vor der fränkischen Unterjochung gab es bei den Sachsen zwar einzelne durch Reichthum, Kriegsruhm und den fortgesetzten Besitz hoher Aemter ausgezeichnete Geschlechter, die man nobiles, proceres, optimates, maiores natu u. s. w. nannte und deren Ansehen ihnen auf eine ähnliche Weise *factisch* einen vorzüglichen Einfluss auf die öffentlichen Angelegenheiten sicherte, wie diess bei den meisten schweizerischen Republiken bis zur Revolution in Ansehung vieler Geschlechter der Fall war und in den Urkantonen zum Theil noch jetzt ist, ohne dass diese dadurch rechtlich zu einem geschlossenen Stand sich ausgebildet hätten. Wie in der Schweiz aus der Mitte dieser Geschlechter die höchsten Ehrenstellen besetzt zu werden pflegten, so mögen auch bei den alten Sachsen die Gauvorsteher (principes, satrapae, ealdormen) und die Heerführer (duces, heretogas) vorzugsweise aus der Mitte der Optimaten hervorgegangen sein. Diese hat denn auch Carl der Grosse ohne Zweifel vor Allem zu gewinnen gesucht und er that es, indem er ihnen beneficia in Gallien, auch wohl von eingezogenen Ländereien in Sachsen verlieh (Poëta Saxo ad an. 803.) und aus ihrer Mitte die comites ernannte (Ann. Lauresh. ad an. 782: constituit super eam ex nobilissimis Saxones genere comites.), um sie so dauernd durch ihr Interesse an sich zu fesseln. Sie mögen dadurch in ein ähnliches Verhältniss getreten sein, wie die fränkischen Antrustionen, nur haben die ihnen gewährten Vorrechte, zu denen das höhere Wergeld gehörte, vielleicht noch früher als bei den Antrustionen einen erblichen Charakter angenommen. Auf den Ausdruck: si de nobili genere fuerit (Capitul. Paderbr. a. 785. cap. 19.) dürfte indessen in dieser Beziehung kein allzugrosses Gewicht zu legen sein; denn wenn die nobiles der Sachsen zur Zeit Carls des Grossen wirklich nichts anderes waren, als die alten, in das Gefolge des fränkischen Königs eingetretenen herrschenden Geschlechter, so ist es sehr wohl denkbar, dass man den Ausdruck „de nobile genere“ für gleichbedeutend mit nobilis gebrauchte, wie denn auch das Capit. Saxonum a. 797. (c. 3. und 5.) den engern Ausdruck nobiliores Saxones hat. Diese Abweichungen können allerdings die Vermuthung bestätigen, dass sich damals in der lateinischen Rechtssprache noch kein terminus technicus für die bevorrechtete Classe der Edelinge festgesetzt hatte und das Verhältniss noch ein neues war. Uebersehen darf man auch nicht, dass die Capitularien und Gesetze sonst nirgends eine Nachricht über die Erblichkeit der nobilitas enthalten. Dagegen wird unsere

Annahme, dass Carl der Grosse den edlen sächsischen Geschlechtern durch die Aufnahme in den Lehnsverband zuerst eine festere *rechtliche* Stellung über den Gemeinfreien gegeben habe, durch den Umstand bestätigt, dass wir den Adel seit dieser Zeit im Gefolge des Königs der Franken finden, und dass seit dieser Zeit ein Zwiespalt zwischen dem Adel und dem Volke, welches durch ihn im Zaume gehalten und an die Herrschaft der Franken gefesselt wurde, eingetreten zu sein scheint. Eine erste Spur hiervon könnte man schon in dem Capitul. v. 785., c. 12. u. 13. finden, wo von Verbrechen die Rede ist, welche gegen den dominus (Lehnsherrn) und dessen nächste Familienglieder begangen werden; deutlicher tritt es aber später in dem Aufstande der Freien und Liten, der s. g. Stellinge, hervor, wo diese, um ihr altes Recht wieder zu erlangen, sich gegen die domini erheben, worunter nur die nobiles verstanden werden können, da Nithard, dem wir diese Nachricht verdanken, und der hier die ingenui und liti dem domines entgegensetzt, an einem andern Orte selbst des sächsische Volk in Edle, Freie und Lassen eintheilt.

Doch wir wollen diese Conjectur über die Geschichte des sächsischen Adels nicht weiter verfolgen. Rec. hatte dabei nur die Absicht, zu zeigen, wie die uns aufbewahrten Nachrichten der verschiedensten Deutungen fähig sind, und dass man wohl thut, hier die Entscheidung noch offen zu lassen. Es ist möglich, dass es schon vor Carl dem Grossen bei den Sachsen einen erblichen Adel gab, es ist aber auch möglich und sogar nicht unwahrscheinlich, dass er sich erst in Folge der fränkischen Einrichtungen allmälig ausbildete. Die Analogie anderer germanischer Völkerschaften darf man gegen die oben entwickelte Ansicht nicht geltend machen, denn der Streit über die Entstehung des Adels ist noch nicht entschieden. *Savigny* hat in der am 21. Januar 1836. der königl. Akademie der Wissenschaften zu Berlin vorgelegten Abhandlung von Neuem mit der ihm eignen Klarheit und bewunderungswürdigen Combinationsgabe Alles zusammengestellt, was sich für die Annahme eines germanischen Nationaladels sagen lässt, und dennoch muss Rec. bekennen, dass ihm durch diese Darstellung nur noch deutlicher geworden ist, auf welchem lockern Boden die ganze Hypothese ruht. Zu einer ganz klaren Einsicht in diese Verhältnisse werden wir schwerlich jemals gelangen, da dieselben, wie unser Verf. an einem andern Orte sehr richtig bemerkt, ihrer Natur nach etwas Unbestimmtes und Schwankendes haben, indem es dem Adel bei den verschiedenen Völkern bald mehr, bald weniger gelungen ist, sich über die gemeinen Freien, aus welchen er herauswuchs, zu erheben. Durch eine schärfere Kritik der Quellen, an der es leider noch immer sehr fehlt, und indem wir streng an dem Grundsatz halten, dass ein Historiker nie bestimmter sein darf, als seine Quellen sind, werden wir aber doch zu sicherern Resultaten darüber kommen, was in der Bildungsgeschichte der Stände feststeht, und was durch Conjecturen ergänzt werden muss, wenn wir die einzelnen uns aufbewahrten Nachrichten zu einem Ganzen vereinigen wollen. Der Verf. würde seine Verdienste um die Erklärung der Lex Saxonum sehr erhöht haben, wenn er seine Forschungen dieser Seite mehr zugewendet und in dem Abschnitt, welcher von den Hauptquellen für die älteste Verfassung der Sachsen in Deutschland handelt, statt eines blossen Abdruckes einiger der wichtigsten Stellen in den Werken von Beda, Poëta Saxo und Hucbald, umfassendere kritische Untersuchungen über die historische Glaubwürdigkeit und die Quellen der für seinen Zweck zu benutzenden Schriften angestellt hätte.

Viel befriedigender als die berührten Abschnitte der ersten Abtheilung sind die, welche die Lex Saxonum selbst, die Zeit ihrer Abfassung u. s. w. betreffen. Die Gründe, welche den Verf. für das Festhalten der gewöhnlichen Ansicht, nach welcher die Lex Saxonum unter Carl dem Grossen entstanden ist, bestimmten, werden siegreich gegen Luden, der eine spätere Entstehung dieser Rechtssammlung annahm, durchgeführt und mit vieler Wahrscheinlichkeit nachgewiesen, dass die Aufzeichnung im Jahre 802. oder 804. erfolgte. Die Ansicht, dass die Lex Saxonum eine Verdoppelung des Wergeldes der Edlen gegen den früher eine Zeit lang unter Carl dem Grossen bestehenden Ansatz enthalte, hält der Verf. gegen *v. Savigny* (Beitrag zur Rechtsg. des Adels S. 9. Note 2.) fest, und findet darin eine von den politischen Maassregeln Carls des Grossen, wodurch dieser die endliche Unterdrückung des immer wieder für seine Freiheit aufstehenden Volkes zu befestigen suchte.

Die Lex Saxonum gehört zu denjenigen germanischen Gesetzbüchern, bei denen es am offenbarsten hervortritt, dass man bei der Abfassung derselben unmöglich den Plan haben konnte, das alte Volksrecht auch nur seinen Hauptgrundzügen nach vollständig aufzuzeichnen. Die Dürftigkeit dieser Rechtssammlung lässt sich nur durch die Annahme erklären, dass nur solche Rechtsätze in dieselbe aufgenommen werden sollten, die entweder erst jetzt neu begründet wurden, oder die doch einer wiederholten Bestätigung und Bekräftigung zu bedürfen scheinen. Allerdings macht unser Verf.

(S. 84.) mit Recht darauf aufmerksam, dass man häufig übersehen habe, wie die germanischen Volksrechte, und namentlich auch das sächsische, in vielen Beziehungen sich selbst vervollständigen liessen. Sobald man z. B. das allgemeine Verhältniss der Stände zu einander kennt, lassen sich aus der Grösse der Bussen bei dem einen Stande die Bussanschläge bei den andern Ständen in allen gleichen Fällen mit Sicherheit gewinnen, und in der Leichtigkeit womit in alten Zeiten, als das praktische Recht grossentheils auf jenen Verhältnissen beruhete, mit diesen Begriffen gerechnet wurde, kann man ohne Zweifel mit dem Verf. einen von den Gründen suchen, warum man sich oft mit scheinbar so unvollständigen Angaben begnügte. Allein demungeachtet bleibt gar Vieles übrig, was man unmöglich unberührt lassen konnte, wenn man nur einigermaassen nach Vollständigkeit strebte. So ist z. B. von dem gerichtlichen Verfahren, über welches andere Volksrechte in der Regel mehrfache Bestimmungen enthalten, gar nicht die Rede. Welches nun die besondere Veranlassung war, gerade die hier zusammengestellten Bestimmungen in die Rechtssammlung aufzunehmen, darüber können wir, bei dem gänzlichen Mangel an directen Nachrichten, nur unbestimmte Vermuthungen hegen. Die Zeit und Umstände, unter welchen die Lex Saxonum wahrscheinlich entstand, lassen vermuthen, dass in den Veränderungen des alten Volksrechtes, welche durch die Unterwerfung der Sachsen unter die fränkische Herrschaft herbeigeführt worden waren, und durch die Nothwendigkeit, die sich nach so langen verwildernden Kriegen fühlbar machen musste, die Bestimmungen für Aufrechthaltung der öffentlichen Ordnung zu erneuern und resp. zu verschärfen, der nächste Grund zur Abfassung des Gesetzbuches lag. Diess wird denn auch durch den Inhalt des Gesetzes in sofern bestätigt, als mehrere der umfassendsten Artikel die Aufrechthaltung des öffentlichen Friedens zum Zwecke haben, wobei dann noch eine besondere Begünstigung der nobiles, gegen die sich vielleicht schon jetzt der Volkshass wendete, bemerklich ist. Im Einzelnen aber die Veranlassung zur Aufnahme dieser oder jener Bestimmung nachweisen zu wollen, würde bei dem gänzlichen Mangel einer Kenntniss des früheren Rechtes ein vergebliches Bemühen sein. Interessant sind die Untersuchungen des Verf. über diejenigen Theile der Rechtssammlung, welche sich vermöge ihres Inhaltes als fränkische Gesetzgebung kund geben (S. 87. folg.).

Die Dürftigkeit des sächsischen Gesetzbuches macht es natürlich mehr als bei irgend einem andern Volksrecht nothwendig, sich nach Hülfsmitteln umzusehen, durch welche wir die Lücken, so weit es uns möglich ist, ausfüllen und die Dunkelheiten aufhellen können. In dieser Hinsicht sind die Gesetzbücher der stammverwandten Völkerschaften die wichtigste Quelle. In wie weit hierher die longobardischen Gesetzbücher zu rechnen sind, werden spätere Untersuchungen noch genauer festsetzen müssen. Dass die Longobarden nicht zu dem niederdeutschen Volksstamme gehören, darf als ausgemacht angesehen werden; dass aber dennoch das longobardische Recht dem sächsischen in vieler Beziehung nahe steht, hat der Verf. sehr wahrscheinlich gemacht und die Leges Longobardorum oft mit Glück zur Erläuterung der Lex Saxonum benutzt. Die Thüringer sind ebenfalls ein hochdeutscher Volksstamm und als solcher den Franken näher verwandt, als den Sachsen; dass aber die Thüringer durch ihre vielfachen Bemühungen mit den Sachsen nicht auf eine ähnliche Weise diesen sich sehr genähert hätten, wie die Longobarden, scheint dem Rec. aus dem, was der Verf. an einem andern Orte (d. Ges. der Thüringer §. 24.) darüber bemerkt, noch nicht so unzweifelhaft zu erhellen, als es der Verf. S. 83. annimmt. Das friesische Recht sollte dem sächsischen seinem Ursprunge nach sehr nahe stehen; doch scheint sich die eigenthümliche Nationalität dieses Volksstammes, der, was die Sprache anbelangt, bekanntlich gewissermaassen den Uebergang zu dem skandinavischen Volksstamme bildet, auch im Rechte auszudrücken. Die neue Bearbeitung der friesischen Rechtsbücher, zu welcher *Richthofen* Hoffnung giebt, wird einem dringenden Bedürfnisse entgegenkommen. Dem altsächsischen Recht am nächsten steht ohne Zweifel das angelsächsische, als die Gesetzgebung eines Volkes, das seinen Hauptbestandtheilen nach aus dem sächsischen hervorgegangen ist. Wohl mag die frühzeitige Entstehung der königlichen Gewalt in England, noch mehr aber die Umgestaltung des Lebens in einem eroberten Lande und zum Theil neben dem durchaus fremden Volksstamm der Briten, auf die Ausbildung des Rechtes bedeutend eingewirkt haben; diess darf man bei einer Vergleichung der angelsächsischen und altsächsischen Gesetzgebung nie aus dem Auge verlieren. Dennoch hat das angelsächsische Recht unverkennbar seinen nationalen Charakter in grosser Reinheit erhalten, und der Reichthum der Quellen lässt von dieser Seite noch viele interessante Aufschlüsse hoffen. Mit dem blossen Studium der Rechtsbücher ist es hier freilich bei weitem noch nicht gethan. Das Privatrecht ist in denselben, wie in den meisten germanischen Volksrechten, nur sehr dürftig abgehandelt, und auch über das Gerichtsverfahren finden sich in denselben nur abgerissene Nachrichten. Die historischen Schriften der Angelsachsen und die zahlreichen Urkunden über Rechtsgeschäfte, von denen leider erst ein verhältnissmässig kleiner Theil durch den Druck bekannt geworden ist, lassen aber noch eine reiche Ausbeute hoffen. Dass uns das angelsächsische Recht deshalb, weil die Gesetzbücher und meisten Urkunden in der Sprache des Landes abgefasst sind, mit grösserer Verständlichkeit entgegen trete, kann nur dann einem Zweifel unterliegen, wenn man dabei bloss an das leichte Verständniss der Worte denkt, denn natürlich muss uns der nationale Charakter einer Gesetzgebung viel klarer werden, wenn wir sie in der Sprache des Lebens kennen lernen. Wenn der Verf. die Quellen des angelsächsischen Rechtes nicht in einer umfassenderen Weise benützt hat, so kann ihm diess bei dem gegenwärtigen Stand des Studiums derselben in der That nicht zum Vorwurf gemacht werden, da sich hier, trotz der Leistungen Pelham's, Phillips's und Lappenberg's Schwierigkeiten entgegenstellen, die nur durch langjährige Studien, denen sich natürlich nur wenige hinzugeben vermögen, überwunden werden können.*)

Rec. enthält sich nur ungern eines genaueren Eingehens in die Einzelheiten der Erläuterungen der Lex Saxonum, die er, wie schon oben bemerkt wurde, für den gelungensten Theil der Arbeit hält, und bei denen er nur eine grössere Gedrängtheit in

*) Der Unterzeichnete ist leider in dieser Beziehung noch immer in der Schuld des gelehrten Publicums, und ergreift gern die sich darbietende Gelegenheit, um hier über die Vollendung der von ihm begonnenen Arbeit Auskunft zu geben. Bald nachdem der Druck des ersten Theils der Gesetze der Angelsachsen vollendet war, brachte er in Erfahrung, dass die englische Recordcommission im Begriff sei, eine Ausgabe dieser Gesetze erscheinen zu lassen, bei der sämmtliche Handschriften, die der Unterzeichnete zu seinem Bedauern nicht benutzen konnte, aufs Neue verglichen seien. Um die grossen Vortheile, die dadurch nothwendig erwachsen müssen, auch für seine Arbeit, so weit es noch möglich war, benutzen zu können, beschloss er die Herausgabe des zweiten Theils bis zum Erscheinen der englischen Ausgabe zu verschieben. Nachdem von letzterer mehrere Bogen bereits gedruckt waren, starb jedoch der Herausgeber Price, und das Unternehmen kam in Stocken. Seitdem ist der durch eine englische Ausgabe der angelsächsischen Grammatik Rask's als gründlicher Sprachkenner rühmlichst bekannte Thorpe mit der Fortsetzung des Werkes beauftragt worden. Dieser hat es dem Vernehmen nach für angemessen gehalten, Price's Arbeit nach einem modificirten Plane wieder aufzunehmen. Der Druck hat schon vor längerer Zeit begonnen. Sobald der Herausgeber dieses neue Hülfsmittel, ohne welches er nur Unvollkommenes zu leisten im Stande wäre, in Händen hat, wird er seine Arbeit sofort wieder beginnen.

der Darstellung wünschte. Er fürchtet jedoch diese Anzeige zu weit auszudehnen. Nur ein Paar sprachliche Bemerkungen mögen hier noch Platz finden. Der Ausdruck *Wargida* (Cap. Sax. a. 797. c. 4.), wofür man früher *wargilda* las, kommt im Angelsächsischen in der Form *werghd* oder *waerghd* (execratio, maledictio) öfter vor, jedoch nicht, so viel Rec. weiss, in der technischen Rechtssprache. — Tit. I. c. 8. würde Rec. die Lesart von *Lind.* und *Spang.*: *vultavam* unverändert lassen oder *wlitavam* setzen, statt *vlitivam*, wie freilich auch *Grimm*, Rechtsalt. p. 630. schreibt. Tit. II. c. 1. kann sich Rec. mit der Vermuthung, *Ruoda* bedeute nichts anderes als Wergeld, nicht befreunden, er glaubt vielmehr, es werde damit, so wie mit dem praemium oder interpraemium, ein gewisser Theil des Wergeldes verstanden, der voraus an gewisse Verwandte fiel, wie nach angelsächsischem

Wunden nur die Bussansätze für nobiles angegeben werden, nicht so auffallend, dass das Wergeld der Freien ausfällt. — Tit. II.

lassen letzteres vermuthen.

Gewiss sind wir dem Verf. grossen Dank schuldig, dass er es unternommen hat, die Gesetzbücher einzelner germanischer Volksstämme zum Gegenstand so umfassender, specieller Untersuchungen zu machen. Erst wenn wir auf diesem Wege eine Zeit lang mit Erfolg fortgegangen sind, wird es uns möglich werden, mit sicherer Hand das wirklich gemeinsam Nationale in den verschiedenen Volksrechten von dem, was einzelnen Zweigen des grossen vielgegliederten germanischen Volksstammes eigenthümlich ist, auszuscheiden, und sowohl ein treues Bild des gemeinsamen germanischen Rechtslebens zu entwerfen, als auch die näheren und entfernteren Verwandtschaftsverhältnisse der einzelnen Volksrechte vollständiger zu erkennen, um die spätere Entwickelung des deutschen Rechtes in seiner nationalen Einheit, wie in der Mannichfaltigkeit seiner zahlreichen Territorialrechte daran zu knüpfen.

Möge es dem Verf. gefallen, uns bald mit einer ähnlichen Arbeit zu erfreuen. —

Reinhold Schmid.

Gesetz über die Ehe für das Königreich Polen. Berlin, Dümmler, 1837. 60. S. 8. (6 Gr.)*)

Das Streben der neuesten Zeit, den Rechtszustand in den einzelnen Staaten durch umfassendere geschlossene Gesetzgebungen genauer zu fixiren, hat, ungeachtet der erregten Bedenken, als ob die Bildung der jetzigen Rechtsgelehrten und Praktiker diesem Unternehmen noch nicht gewachsen sei und die sonstigen Umstände eher gegen, als für einen solchen Plan sprächen, doch immer mehr und mehr Anklang gefunden, und viele Entwürfe und Gesetze ins Leben gerufen, die auch, insofern sie nicht auf rein apriorischer Basis errichtet wurden, sondern vielmehr im organischen Zusammenhange mit der bisherigen Legislation verblieben, unstreitig vielen Nutzen gestiftet haben. Im Ganzen hat sich aber der Eifer für die Codification weniger dem Kirchenrechte zugewendet, das doch gerade, nach den in Folge der französischen Revolution herbeigeführten Zerrüttungen, in besonderem Maasse der Hülfe entgegensieht. Dass diess vorzugsweise auch vom Eherechte gelte, bedarf keines Beweises.

Uebrigens beschränkt sich die erweiterte gesetzgebende Thätigkeit unserer Tage nicht auf Deutschland, sondern sie hat ganz vorzüglich im russischen Reiche zugenommen und sich mit eignem Eifer auf das Kirchenrecht geworfen. Die gesetzliche Fixirung desselben dürfte aber in Russland für die herrschende Kirche viel schwieriger sein, als für die römisch-katholische und evangelische Partei, weil das griechisch-russische Kirchenrecht nach der Bemerkung eines Kundigen (in den Dorpater Jahrbüchern für die

*) Die Berücksichtigung dieses Gesetzes in den Jahrbüchern für *deutsche* Rechtswissenschaft rechtfertigt sich nicht nur wegen der Sprache und des zum Theil im deutschen Sinne gefassten Inhalts, sondern auch besonders deshalb, weil die Grundlage für dasselbe meistens das gemeine canonische Recht selbst ist. Red.

Literatur 1834. Band III. St. I. S. 25.) noch durchaus nicht wissenschaftlich entwickelt ist.

Für die römisch-katholische Kirche ist das gemeine canonische Recht stets die Hauptquelle geblieben, und auf den besondern Diöcesansynoden mit Rücksicht auf die localen Bedürfnisse unbedeutend modificirt worden. Für die evangelische Kirche wurde, nach dem Plane des Kaisers Alexander vom J. 1819, kraft Befehls vom $\frac{22.\ Mai}{3.\ Juni}$ 1828. ein Comité zur Entwerfung eines Projects niedergesetzt, worauf durch Ukase vom $\frac{28.\ Decbr.\ 1832.}{9.\ Januar\ 1833.}$ die neuen Bestimmungen publicirt wurden, nämlich 1.) Gesetz für die evangel.-luther. Kirche in Russland; 2.) Instruction für die Geistlichkeit und die Behörden der evangel.-luther. Kirche in Russland; 3.) Agende für die evangel.-luther. Gemeinden im russ. Reiche. Bemerkenswerth ist hierbei, dass diese Verordnungen sich im Wesentlichen dem preussischen Rechte anschliessen, daraus erklärbar, dass auch preussische Abgeordnete mit zugegen waren.

Mit der Sorge für das russische Reich im Ganzen wurde die für Polen insbesondere verbunden und zunächst die Gesetze über die Familienbande in Betracht gezogen. Da früher Ehesachen der Entscheidung der geistlichen Behörde in Polen unterlagen, später durch die Einführung des französischen Rechts die Ehe als Civil-Contract den Civilbehörden überwiesen wurde, beschloss die Regierung bereits im J. 1825. eine allmälige Rückkehr zu dem ursprünglichen Verhältnisse. Demnach wurde angeordnet, dass die Schliessung der Ehe vor die geistliche, die Entscheidung über die Trennung vor die Civil-Behörde gebracht werden solle (m. s. das königl. poln. Civilgesetz vom $\frac{1.}{13.}$ Juni 1825.). Endlich wurde 1833. ein allgemeineres Princip aufgestellt, nach welchem alles das, was in der Ehe geistlich ist, der geistlichen, und nur die Civil-Folgen den weltlichen Behörden überlassen sein müssten. Mit Rücksicht hierauf wurde als Anfang der Sammlung der Civilgesetze überhaupt unterm $\frac{16.}{28.}$ März 1836. das Gesetz über die Ehe zur Bekanntmachung und Vollziehung abgesendet und am $\frac{12.}{24.}$ Juni d. J. publicirt.

Das Gesetz selbst zerfällt in XI. Capitel, diese in 249. Artikel. Es behandelt nun Cap. I. die Ehen der römisch-Katholischen (Art. 1—97.), Cap. II. der griechisch-Russischen (Art. 98—123.), Cap. III. der griechisch-Unirten (Art. 124—128.), Cap. IV. der evangelisch-Augsburgischen und der evangelisch-Reformirten (Art. 129—178.), Cap. V. derer, die sich zu einem in den vorhergehenden Capiteln nicht enthaltenen Glauben bekennen (Art. 179—191.), Cap. VI. von den Ehen zwischen Personen, die sich zu verschiedener Religion bekennen (Art. 192. bis 207.). Cap. VII. von den aus der Ehe entspringenden Rechten und Pflichten (Art. 205—214.). Cap. VIII. von den Pflichten und Verhältnissen der Parteien, falls ein Grund zur Ungültigkeit obwaltet; von den Folgen der Uebertretung des Gesetzes, der Annullirung, der Auflösung einer Ehe oder der Scheidung von Tisch und Bett (Art. 218—230.), Cap. IX. von den Beweisen der Ehe (Art. 231—238.), Cap. X. von den Verlöbnissen (Art. 239—243.) und Cap. XI. transitorische Bestimmungen (Art. 244—249.).

Es würde uns offenbar viel zu weit führen, wenn wir uns in eine speciellere Würdigung des Inhalts des ganzen Gesetzes vertiefen wollten. Wir begnügen uns daher, einige allgemeinere Bemerkungen über Form und Materie desselben mitzutheilen.

Zunächst scheint uns die systematische Anlage des Gesetzes nichts weniger als beifallswerth. Da viele Bestimmungen in diesem Theile des Rechts durch die Natur des ehelichen Verhältnisses an sich als unumgänglich nothwendig geboten sind, daher auch ohne Rücksicht auf die Confession bei jeder Partei wiederkehren, und im Gesetze selbst bald vollständig wiederholt sind, bald nur durch Rückweisung auf frühere Artikel anerkannt werden mussten, wobei aber nicht nach einem bestimmten Plane verfahren ist, so wäre es offenbar zweckmässiger gewesen, wenn diese allgemeinen Vorschriften eben als gemeinsame zusammen zu einem eignen Abschnitte verarbeitet worden wären, welchen die durch den abweichenden Glauben bedingten Normen dann hätten angereiht werden können. Das Gesetz wäre dann um viele Artikel kürzer ausgefallen und leichter zu übersehen gewesen. Die Capitel VII—XI. enthalten zwar auch Bestimmungen, welche für jede Ehe gelten, jedoch nicht vollständig, da die Festsetzung über die allgemeinen Requisiten für Personen, die sich ehelichen wollen, in den vorhergehenden Capiteln mehrfach wiederkehren. Capitel VII—X. musste aber jedenfalls voranstehen, und dabei auch die Ordnung befolgt werden, in welcher die einzelnen Acte beim Abschluss der Ehe factisch und rechtlich aus einander hervorgehen. Die Lehre vom Verlöbnisse war deshalb früher in Betracht zu ziehen, als die von den Rechten und Pflichten, welche aus der Ehe folgen, und besonders als die von der Scheidung u. s. w.

Als Princip ist die Anerkennung des Rechts jeder Confession im Wesentlichen festgehalten (für die Christen a. v. O., für Nichtchristen Art. 170.). Eine Abweichung findet sich aber Art. 190. n. 3., nach welchem für Muhamedaner solche Ehen nicht gestattet sind, die ungeachtet eines noch bestehenden früheren Ehebündnisses geschlossen werden. Diese Vorschrift wird vollkommen durch den christlichen Standpunct des Staates gerechtfertiget. Vermöge dieses Anschliessens an die religiösen Ansichten ist für die gemischten Ehen der griechisch-Russischen mit andern Christen — denn Ehen zwischen Christen und Nichtchristen sind verboten, Art. 21. 128. 133. — verordnet: 1.) Die religiöse Trauung muss durch einen griechisch-russischen Geistlichen vollzogen werden, 2.) alle in solchen Ehen erzeugte Kinder müssen in der griech.-russ. Religion erzogen werden. — Eine Partei anderer Confession, die sich mit einer griechisch-Russischen verheirathet, muss das schriftliche Versprechen abgeben, dass sie ihren Ehegenossen um der Religion willen nicht verfolgen, dass sie ihn weder durch Verlockung, noch durch Drohungen, noch auf irgend eine andere Weise verleiten wolle, zu ihrem Glauben überzutreten, so wie dass die in der Ehe erzeugten Kinder in der griech.-russ. Religion getauft und erzogen werden sollen (Art. 200. 201.) *). Dagegen wird für die gemischte Ehe zwischen römisch-Katholischen und Evangelischen festgesetzt, dass die Söhne in der Religion des Vaters, die Töchter in der der Mutter erzogen werden, wenn die Aeltern nicht vor ihrer Verheirathung eine andere Uebereinkunft dieserhalb geschlossen haben (Art. 198.).

Bemerkenswerth ist auch die Bestimmung des Art. 205., dass ein Ehegatte römisch-katholischer Religion, der nach geschlossener Ehe zu einem andern christlichen Glaubensbekenntnisse übertritt, nicht aufhört, in Betreff der Gültigkeit und Unauflöslichkeit seines Ehebündnisses den für römisch-Katholische festgesetzten Vorschriften zu unterliegen. Auch bleiben die katholisch-geistlichen Gerichte für ihn competent. Diese Verfügung erstreckt sich aber nicht auf den in gemischter Ehe lebenden römisch-Katholischen,

*) Selbst hierin zeigt sich bereits ein milderes Princip, als das früher in der griech.-russ. Kirche befolgte, da eine eigentliche gemischte Ehe in ihr gar nicht zulässig war, sondern die Vermählung eines einem andern Bekenntnisse Angehörenden mit einem Russ.-Griechischem den Uebertritt zur griech. Kirche selbst für jenen nothwendig mit sich führte. M. s. z. B. einen Fall von 1796. in Henke's: Zur neuesten Gesch. der Religion u. s. w. Beitr. II. n. I. (Berlin 1806.)

der nach Abschluss der Ehe seine Confession ändert. Unter dieser Beschränkung rechtfertigt sich dieses Gesetz durch die beiden Theilen zu gewährende Parität, und setzt zugleich willkürlichen Scheidungen einen Damm entgegen.

Die sonstigen Bestimmungen beruhen auf dem Rechte der Parteien, wie dasselbe durch die spätere Praxis im Allgemeinen modificirt worden ist.

.*.

Finium culpae in jure criminali regundorum Prolusio. Scripsit **Gust. Frid. Gaertner**, J. U. Dr. Curiae cameralis Borussicae assessor, jus in universitate literaria Gryphiswaldensi privatim docens. Berolini, Duncker et Humblot, MDCCCXXXVI. VIII. et 81. S. 8. (12. Gr.)

Die Lehre von der culpa im Strafrecht hat von jeher das Interesse der Bearbeiter der Wissenschaft in Anspruch genommen, ohne dass die vielen Bemühungen auch neuerer Zeit den Erfolg gehabt hätten, den Streitigkeiten ein Ende zu machen, und etwas allgemein Anerkanntes aufzustellen. In der That kann man dieses auch nur von einem beschränkten Standpuncte aus fordern und erwarten. Die Standpuncte selbst sind aber verschieden, und zum Theil, wenigstens wie sie gewöhnlich aufgefasst werden, entgegengesetzt, so dass bei dem Streite hierüber und über die Methode, die auch bei dieser Lehre uns gleich beim Eintritt begegnet, die Gegensätze schärfer hervortreten, und deren nur äusserliche Vereinigung, da sie nicht durch eine wahrhafte, alle Momente in ihrer richtigen Bedeutung anerkennende, Methode vermittelt ist, sich unvermeidlich als mangelhaft erweisen musste. Allerdings musste, was man bei dergleichen Untersuchungen nicht selten für Philosophie ausgab — ein Raisonniren nach individuellen Ansichten und subjectiver Rationalismus, mit dem Positiven in Widerspruch treten, oder letzterem, um eine Uebereinstimmung hervorzubringen, Gewalt anthun, wodurch dann bei den Dogmatikern solcher Methode und aus Gründen, die zum Theil solche in Wahrheit nicht genannt werden können, der Philosophie selbst ihre Bedeutung abgesprochen worden. Begreiflicherweise lässt sich aber diese auf ihrem Gebiete ihr Recht nicht nehmen, wo sie unabhängig von den im positiven Rechte ausgesprochenen Bestimmungen die Sache in ihrem Begriffe und in einem grösseren Zusammenhange zu zeigen hat. Ohnehin waltet auch auf dem Gebiete des positiven Rechtes der Streit, sei es wegen verschiedener Weise der Auslegung der Quellen, sei es unter dem Einflusse der Dogmengeschichte und des Gerichtsgebrauchs, oder endlich unter dem jener s. g. Philosophie, die sich hier in verschiedener Gestalt geltend macht, bald mehr unbefangen und fast wider Willen der Ausleger, bald, wie oben bemerkt, absichtlich dem Positiven untergelegt, wozu namentlich der frühere, jetzt fast allgemein als falsch erkannte Gebrauch beigetragen hat, im Strafrechte den s. g. *allgemeinen Theil* auch rücksichtlich seines, den positiven Rechtsbestimmungen entnommenen Inhaltes, für identisch mit dem *philosophischen* auszugeben und in diesem Sinne dem *besonderen* oder *positiven Theile* entgegenzusetzen, da doch dieser Gegensatz selbst eines allgemeinen und besonderen Theiles in den Werken, die wir meinen, auf etwas ganz anderes bezogen ist, und auch, wo jene Verwechselung mit dem Philosophischen mit Recht vermieden ist, bezogen wird. Er betrifft Umfang und Inhalt, aber weder den Gegensatz des Philosophischen und Positiven, noch der Kategorien des Allgemeinen und Besonderen, welches, wenn dieser berücksichtigt würde, noch ein neuer Missgriff wäre, gegen den sich Logik und positive Wissenschaft gleichmässig erklären müssten.

Unläugbar stehen aber auch hier die nur als verschiedene nothwendige Seiten zu betrachtenden angeblichen Methoden nicht im Widerspruch, sondern sind in einer sie umfassenden, durch die Sache selbst gegebenen, vereint, und nur wenn man dieses anerkennt, wird es gelingen, die Wahrheit darzulegen. Die Lehren von dolus und culpa haben ihre Stelle wesentlich bei der Würdigung der *Handlung* des Willens und Wissens und bestimmter also bei der Zurechnung. Es gehört dann der positiven Betrachtung an, nicht nur die Bestimmungen nachzuweisen, die sich hierüber im praktischen Rechte finden, sondern auch den geschichtlichen Gang, wie man allmählig zur Feststellung der Unterschiede gelangte; während in einer früheren Periode überhaupt die *Schuld* im weiteren Sinne von dem Individuum auf sich genommen und die Vergütung derselben durch das, was anfangs statt öffentlicher Busse oder Strafe vorkam, als ein nothwendig zu tragendes

Schicksal angesehen wird; dann, wie man vielleicht in zu grosser Ausdehnung behauptet hat, nur die auf einen gewissen herbeigeführten Erfolg gerichtet gewesene *Absicht*, in Betracht gezogen, später auch die culpa gebüsst wird. Letzteres zunächst nach dem vorherrschenden Gesichtspuncte des materiellen Schadens und einer überhaupt im Strafrechte sich zeigenden mehr privatrechtlichen Ansicht, der Verpflichtung des Ersatzes jedes, auch selbst ohne darauf bezogenen Vorsatz bewirkten Nachtheils, darauf nach den Gesichtspuncten, welche einzelnen s. g. relativen Theorien angehören, die irgend eine Seite, welche das Verbrechen oder die gefährliche Handlung darbietet, hervorheben und danach die Gegenwirkung bestimmen, z. B. eben der Schädlichkeit, der Gefährlichkeit etc., bis endlich weiter gegangen, und in der culpa ein selbstständiges, gleichfalls von dem Willen, der Handlung ausgehendes, folglich dem Schuldigen zuzurechnendes *Unrecht*, welches gesühnt werden muss, erkannt wird. Auf diesem Standpuncte des neuern Rechtes beginnt aber nun der fernere Streit, theils unter dem Einflusse der verschiedenen Theorien, sofern es sich besonders um die rechtliche Würdigung der culpa handelt, theils unter dem der Ansichten über das Wesen dieser letzteren, wo es auf Feststellung ihres Begriffs und Daseins ankommt.

Der Verf. der vorliegenden kleinen Schrift scheint sich das Ziel enger begränzt zu haben; doch lässt sich darüber um so weniger ein Urtheil fällen, als hier nur der Anfang einer Erörterung geliefert wird, deren Fortsetzung und weitere Ausführung verheissen ist. Zwar wird diese im ersten Satze der Vorrede von dem Beifall abhängig gemacht, welchen diese prolusio finden werde; allein es ist dem Verf. mit dieser bescheidenen Formel wohl nicht so Ernst, als mit der Sache selbst, da gleich darauf am Schlusse der Vorrede, so wie der Abhandlung selbst, der zweite Theil mit Bestimmtheit versprochen und der Plan angedeutet wird.

Indem ich kürzlich den Inhalt der Abhandlung anzeige, vermag ich nicht zu bergen, wie gerade bei diesem Verfasser die Nichtberücksichtigung der logischen Forderungen bei der Eintheilung auffallen muss; um so mehr, als es so leicht war, die Eintheilung in *sieben* Capitel, welche ganz willkürlich, und durch keine innere Nothwendigkeit bedingt ist, gegen eine aus der Sache selbst sich ergebende organische Gliederung aufzugeben. Davon, dass auch hier, ohne alle rechtfertigende Einleitung (als wofür die *Vorrede* nicht gelten kann), gleich mit dem ersten Capitel begonnen wird, und dass in diesem, welches den übrigen coordinirt ist, erst die *loci constitutio* folgt, die allerdings vorausgesetzt werden musste, will ich nicht weiter sprechen, obgleich die Häufigkeit solches Verfahrens dasselbe nicht rechtfertigt. Die Prüfung der Meinungen mehrerer Schriftsteller macht den Inhalt von Cap. I—IV. aus, die passend, nachdem eine *Einleitung*, und in dieser die *Eintheilung* und der *Plan der weitern Untersuchung* vorausgeschickt worden wären, in *eins* hätten zusammengezogen werden können. Diesem hätte sich dann die im Cap. V. kürzlich mitgetheilte Ansicht des Verfs. angeschlossen. Dann würde Cap. VI., welches sich mit den Bestimmungen des positiven Rechts beschäftigt, als ein *zweiter* Theil jenem philosophisch-kritischen sich an die Seite gestellt haben; ein dritter, das praktische Recht darstellend, welcher zu erwarten ist, und hier in Cap. VII. mit einigen Sätzen vorbereitet, würde das Ganze beschliessen, wobei dann auch der Dogmengeschichte, die *hier* nicht im Plane des Verfs. gelegen zu haben scheint, ihre gebührende Stelle zu Theil werden dürfte.

Die gegenwärtige Abhandlung setzt uns gleich auf jenen Standpunct der verschiedenen Ansichten, wie sie sich als Erzeugnisse der Reflexion und s. g. verständigen Betrachtungsweise ergeben. Im *ersten Capitel* werden in der Kürze die Meinungen von *Wolf*, *Filangieri*, *Grolman*, *Kleinschrod*, *Klein* über dolus und culpa und das gegenseitige Verhältniss, im *zweiten* die von *Feuerbach* (und einiger Anderen, deren in den Noten gedacht ist), im *dritten* die von *Almendingen* ausführlicher mitgetheilt und geprüft. Im *vierten Capitel*: „*recentiorum opiniones recensentur.*" Hier finden sich genannt: *Salchow*, *Werner*, *Steltzer*, *G. J. Fr. Meister*, *Bauer*, *Heffter*, *Wächter*, *Abegg*, *Tittmann*, *Rosshirt*, *Weber*, *Kleinschrod*, *Michelet*, *Grolman*, *Martin*, *Welker*, *Stübel*, *Mittermaier*, *Henke*, *Carmignani*, *Romagnosi*, *Heinroth* — einige mit ausführlicher Darlegung und Kritik ihrer Ansichten, Andere öfters nur mit wenigen Worten, Manche nur aus zweiter Hand, d. h. aus Recensionen benutzt, wobei man zu bedauern hat, dass dem Verf. nicht überall die gründlichsten Berichterstattungen zu Gebote standen, und den Mangel bekannter, leicht und ohne grossen Kostenaufwand zugänglicher Werke befremdlich finden muss.*)

*) Von *Rossi's* traité de droit pénal hatte der Verf. (S. 27. Not. 74.) nur aus der kurzen Anzeige im *Archiv des Crim.-R.* XI. S. 537. Kenntniss, und blieb in Ungewissheit, ob dieser von jener Lehre handle. Diess ist

Ueber den Inhalt dieser Uebersicht lässt sich wenig sagen: meist sind die Ansichten gut referirt; hier und da möchte vielleicht ein Autor nicht ganz einverstanden sein. Was entgegengestellt wird, geht von der Ansicht aus, zu welcher sich der Verf. im *fünften Capitel* bekennt. Mit der Form bin ich aber nicht einverstanden; denn bei dieser Art der Aufzählung vermisst man einen leitenden Grundsatz, und sie erscheint willkürlich. Der Verf. hat nämlich die Zeitfolge der Erscheinung der Werke der angeführten Schriftsteller vielfach bei Seite gesetzt, ältere nach den neueren erwähnt, Andere in die Mitte gestellt, ohne dass man einen rechten Grund für die Abweichung von der Regel findet, welche durch die Zweckmässigkeit und Gerechtigkeit geboten, für die Geschichte der Wissenschaft höchst wichtig ist, und nur dann verlassen werden darf, wenn eine innere Nothwendigkeit, die Geschichte des Begriffes, sofern sie nicht mit jener äussern der Werke zusammenfällt, es fordert, letztere zu opfern. Allerdings mag gerade hier auf die chronologische Folge weniger Gewicht gelegt werden, wo die Meinungen Vieler, solche im eigentlichsten Sinne des Wortes, oft mehr Einfälle, wenn auch nicht selten recht gute, als Ergebniss einer Erforschung des Gegenstandes in seinem Begriff und Wesen sind: in einer Lehre, wo man nicht überall einen Zusammenhang der spätern Ansicht mit der frühern erkennt, welcher Statt finden müsste, wenn die Meinungen unter dem Einflusse eines bestimmten Systems oder einer Methode ständen, die ihrer Zeit angehören, da dann die Geschichte der philosophischen Systeme, und der allmälige Fortschritt nachzuweisen wären. Hier ist ein ungemeiner Wechsel sichtbar, indem etwas ganz Neues nach Inhalt oder Begründung vorzubringen, den Späteren nicht immer möglich, überhaupt da die Wahrheit nicht erst erfunden und ausgedacht zu werden braucht, gar nicht nöthig ist: so kehrt wohl ein Späterer zu einer früheren, eine Zeit lang verlassenen oder angefochtenen Ansicht zurück, während für den, der dieses thut, oder eine andere aufstellt, schon der Nachfolger bereit ist, der ihr das Schicksal erfahren lässt, das durch ihn den Vorgängern geworden ist. Wollte man aber aus diesen Rücksichten die Zeitfolge bei Seite setzen, so war eine Aufzählung der Meinungen nach Gruppen oder Classen, wie sie sich in bestimmten Kategorien

allerdings der Fall im Tom. II. Liv. II. Chap. XXII. Eine ausführliche Kritik dieses wichtigen Werkes v. J. 1831. habe ich geliefert in den *Jahrbüchern der juristischen Literatur*. Bd. XVII. Heft 3. S. 237—292.

ergeben, vorzuziehen. Eine solche scheint sich hier überhaupt mehr zu empfehlen, besonders für die, welche entweder als Ausflüsse abstract verständiger Betrachtung oder der Reflexionsphilosophie erscheinen. Und gerade hiermit liesse sich denn auch die nothwendige geschichtliche Rücksicht verbinden, indem, wie es nun eben die Beschaffenheit einer Ansicht, deren Begründung, Wichtigkeit und Einfluss — also selbst ein zugleich historisches und dogmatisches Moment — gebietet, innerhalb jeder Gruppe entweder die chronologische Folge der zu ihr gehörigen Werke beachtet, oder, wo diese als etwas Aeusserliches erschien, *das* Werk und *die* Ansicht an die Spitze gestellt würden, welche durch innere Bedeutung diesen Anspruch haben, da nicht selten eine Ansicht, die schon längst angedeutet, aber nicht begründet und bestimmt ausgesprochen, und für ihre Zeit wirkungslos war, erst später als eine zu beachtende und beachtete hervortritt. Dieser hätten sich dann die Vorgänger und Nachfolger anzuschliessen. Eine solche Weise der Aufzählung, die dann auch die Kritik erleichtert, gewährt nicht nur eine äusserliche Symmetrie, die doch auch nicht bei Seite zu setzen ist, sondern entspricht auch einer richtigen Methode, und bahnt aufs Sicherste den Weg zur Begründung der Lehre in ihrer Wahrheit. Diese liegt, da solcher Progress sich von selbst macht, und nicht wegfällt, wenn er auch in einer individuellen Darstellung unbeachtet bleibt, nicht so fern, und es ist hier möglich, auf Bekanntes sich zu beziehen, das nur mehr auszuführen bleibt. Dazu hat der Verf. im *fünften Capitel* einen guten Beitrag zu liefern angefangen.*) Die Streitfrage dreht sich nämlich hauptsächlich — einiger Nebenpuncte nicht zu gedenken — um die Bestimmung des Verhältnisses eines *Wissens* und *Denkens* und *Wollens*, wie denn bekanntlich die Meisten in der culpa entweder einen *Verstandes*- oder einen *Willens-Fehler* erkennen, den sie wieder bald als einen positiven, bald als einen negativen bestimmen. Jetzt zweifelt indess hoffentlich Niemand mehr daran, dass eine solche Trennung des Willens vom Wissen und Denken, wie man sie früher oft annahm, und wie sie von den Rechtsgelehrten bis

*) Schon die Ueberschrift des Cap. V. giebt den richtigen Standpunct an, und möge daher hier mitgetheilt werden: „voluntatis cum intellectu connexae natura adumbratur, ex adumbrata deducitur damni injuria dati resarciendi obligatio, praestandaque diligentia, quam puniendae culpae causam censent omnes, eadem esse demonstratur, qualem jubent ethica et leges civiles."

in die neuere Zeit behauptet worden ist, gar nicht besteht. Der Wille ist wahrhaft solcher, sowohl an sich, als insofern er sich entschliesst, und einen bestimmten Gegenstand der Handlung setzt, was er thun muss, um wirklicher Wille zu sein, nicht anders als sofern er weiss und denkt. Diess ist das Recht der Person, als freier, hiernach beurtheilt zu werden, aber nach der Handlung, in welcher und soweit sich jenes Wissen und Wollen bekundet. Die Zurechnung hat diese Momente zu umfassen; und sie fehlen auch im Fall der Fahrlässigkeit nicht. Diese würde nicht *Handlung* sein, nicht in das Gebiet der Zurechnung fallen (die übrigens auch hier nicht die blosse Gesinnung, und nicht den blossen Erfolg, sondern beide und zwar den einen vermittelt durch die andere, zum Gegenstand hat), wenn sie nicht jene wesentlichen Momente enthielte. Ich habe daher schon wiederholt gegen die Bezeichnungen, innere, äussere, zufällige Handlungen mich erklärt. Der Verf., der in diesem Capitel vornehmlich *Hegel's* Grundsätze ausspricht, und diesen, jedoch nicht mit allen den Stellen anführt, die hierher gehören, räumt selbst ein, dass er nichts Neues *gebe*. „Verae (sc. ideae), quam philosophi docuerunt, breviter exponendae studeamus.“ Aber es ist verdienstlich die Wahrheit zu verbreiten, besonders wenn es auf solche Weise geschieht, dass der der Sache inwohnende Begriff auch in dieser, in der geistigen und sittlichen Natur des Menschen und in der Anerkennung, die er im positiven Rechte findet — nachgewiesen wird. Die Wahrheit hat sich ohnehin in letzterem, so wie in der Praxis, was eine bekannte Erscheinung ist, meist gegen jene theoretische Willkür behauptet; sieht man ab von den verschiedenen Definitionen, so findet man hinsichtlich der Fälle, die zur culpa gerechnet werden, und der Behandlung derselben, nicht einen so erheblichen Unterschied, als man erwarten sollte. Und wenn die Zurechnung die *Handlung*, als das Gewusste und Gewollte trifft, so wie die Strafe auf den Willen bezogen wird, so führt dieses noch nicht, wie Einige behaupten, dahin, dass *nur solche* Uebertretungen geahndet, die fahrlässigen hingegen aus dem Gebiete des Strafrechts ausgeschlossen werden müssten, da auch bei der culpa diese Merkmale der Handlung nicht fehlen. Diess habe ich bei mehreren Gelegenheiten ausgeführt; auch, was in der ersten Ausgabe meines Systems, nach dem damaligen Plane nur aphoristisch angedeutet war, in der neuern Umarbeitung genauer dargelegt, die dem Verf. noch nicht bekannt war. Wenn daher dieser meine Ansicht so darstellt: „*conscientiam* et *voluntatem* affirmat A. culposae actioni, aliorsum autem ac in dolosa determinatas: quorsum non explicat.“ so durfte ich, da letzteres, was ohnehin in den *Untersuchungen* begründet ist, keinen Vorwurf verdient, ersteres aber eben das ist, was er als „*voluntatis* cum *intellectu* connexae natura“ bezeichnet, erwarten, dass meiner, jetzt von ihm ebenfalls vertheidigten Ansicht, eine andere Stelle und eine gerechtere, angewiesen würde, als die gewählte, welche weder nach dem Inhalt, noch nach der Zeitfolge die richtige ist. — Auch, dass für das Strafrecht, als Recht, nicht ein anderes Princip gelte, als welches auch dem Privatrecht zu Grunde liegt, nämlich Recht und Gerechtigkeit, habe ich zu zeigen gesucht. Um so weniger finde ich, da nur der objective Gesichtspunct in der Wissenschaft sich behaupten darf, und das Individuum nur in diesem seine Befriedigung hat, eine Veranlassung gegen den Verf. über Einzelnes zu polemisiren, dessen verdienstliche Bemühung ich bereitwillig anerkenne.

Das *sechste Capitel* ist der Betrachtung des positiven Rechts gewidmet, freilich eben so wenig erschöpfend, als das vorhergehende, was sich wohl aus der Absicht, hier nur eine prolusio zu geben, erklärt. Wir setzen die lange Ueberschrift hierher, um damit den Inhalt so anzugeben, wie ihn der Verf. selbst bezeichnet: „Num jus criminale positivum agnoscat illam praestandae culpae obligationem, disquiritur. Generalem esse et in se et objecti ratione, explicatur. Non omnem vero nec omnifariam negligentiam puniri, exemplis eorum, qui culpa vel intellectuales exstiterint criminis auctores vel opem tulerint, quive culpa vel adulterium, vel binas nuptias, vel incestum commiserint, demonstratur.“

Die Beweise, dass in der Regel nur *dolus* hinsichtlich der Urheber und Gehülfen der Verbrechen gestraft werde, sind hauptsächlich aus dem praktischen *röm. R.* und der C. C. C. entnommen: das *germanische ältere* Recht, das hier sehr wichtig ist, wird nicht berücksichtigt. Wenn aber dieser Satz, für eine Lehre, bei der doch auch dem *Canon. R.* mehr Gewicht beizulegen ist, als der Verf. thut, unbedingt richtig wäre, so würde zwischen dem allgemeinen Rechtsgrundsatz und dem positiven Recht nicht das richtige Verhältniss Statt finden. Es ist nicht schwer, bei auch nur flüchtigem Durchblicke der Quellen, solche Beweise beizubringen, und damit die Beschränkung jener allg. Regel zu bestätigen. Allein, da jede Handlung auch für sich und nach ihrer Natur gewürdigt werden muss, so kommt es darauf an, nicht etwa Ausnahmen als Regel aufzuzeigen, sondern die Fälle, wo sie nicht Platz greift, weil dieses *bestimmte* Verfahren anders als dolose gar nicht verübt werden kann. Darauf dürfte das Augenmerk mehr gerichtet werden. Jedenfalls darf man aber auch nicht aus der theilweise entgegengesetzten Richtung irgend eines positiven Rechts, das wieder in sich und aus sich selbst zu erläutern ist, einen Schluss machen. Neuerlich scheint man aber hierzu geneigt zu sein, wie denn die Bestimmungen neuerer Entwürfe, dass Fahrlässigkeit nur in ausdrücklich benannten Fällen gestraft werden solle, ähnlich wie auch der *Versuch*, dahin deutet, aber *hier*, auf dem Grundsatz beruhend, überhaupt nicht ohne eine unmittelbar gesetzliche Vorschrift zu strafen, deshalb weniger bedenklich erscheint, weil nicht leicht, auch in jener Hinsicht, ein wirklich strafbares Benehmen ohne Ahndung geblieben ist. Sonst kann man hier zu weit gehen, wie z. B. neuerlich aus dem äusserlichen Umstand, dass die C. C. C. nur den *peinlich* zu ahndenden Versuch berücksichtige, durch eine Verwechslung mit dem, was aus dem Begriffe folgt, der sich natürlich nicht durch jene Gesetzgebung binden lässt, der Satz angefochten worden ist, dass auch das versuchte Verbrechen eine Uebertretung des Strafgesetzes sei, und nicht eines andern rechtfertigenden Grundes der Strafbarkeit bedürfe, als das vollführte Verbrechen. Dass *Beihülfe* nur wissentlich Statt finde, ist im Begriffe begründet; über den Fall einer angeblich *culposen intellectuellen Urheberschaft* verweise ich auf eine Abhandlung von mir im *Archiv des Crim.-R.* Bd. XIV. S. 453., die dem Verf. unbekannt gewesen zu sein scheint, wie über die S. 86. erwähnte *corruptio* auf eine Ausführung in den *Untersuchungen* S. 414. 431.

Bei Gelegenheit des wichtigen Art. 148. der P. G. O., der hier, wie ich glaube, mit Recht auf *doloses* Handeln bezogen wird, hätte die Abhandlung von *Wächter**) nicht übergangen werden sollen, welche einen Theil der Strafbestimmungen jenes Gesetzes auf Fälle von *culpa dolo determinata* bezogen wissen will, wogegen ich die andere Ansicht in einer schon vor geraumer Zeit erschienenen Abhandlung ausführlich vertheidigt und in einem so eben erschienenen Nachtrage**) noch weiter zu begründen gesucht habe.

*) Neues Archiv des Crim.-R. Bd. XIV. St. I. S. 102.

**) Neues Archiv etc. Jahrgang 1836. St. II. S. 171. u. Jahrg. 1837. St. III. S. 449.

Das *siebente Capitel*, mit dem diese Schrift schliesst, kommt auf jene angeblichen Gegensätze des pos. Rechts und der allgemeinen Principien zurück, zeigt die Irrthümer, die in der bisherigen Behandlung dieser Lehre vorgefallen seien, nochmals kurz an, und bemerkt, auf welchem Wege der Behandlung ein befriedigendes Ergebniss, und eine richtige Feststellung der strafrechtlichen Begriffe von *dolus* und *culpa* und der Arten derselben, zu erlangen sei, wobei denn die Versöhnung der Philosophie und des positiven Rechts sich offenbar werden. Der Lösung dieser wichtigen Aufgabe, oder vielmehr, da letztere schon erfüllt ist, dem Beweise hiervon in wissenschaftlicher Form sehen wir demnach entgegen.

Die weitere Ausführung wird allerdings nicht umhin können, etwas mehr als hier geschehen ist, die Literatur zu benutzen, besonders wenn auch die dogmengeschichtliche Seite gehörig beachtet werden soll. Was die Sprache betrifft, so wird Niemand die Schwierigkeit verkennen, philosophische Ausführungen und moderne Darstellung lateinisch zu geben; man muss viele unrömische Ausdrücke bilden, oder zulassen, und selbst die Wendungen können bei speculativer Betrachtung nicht stets gut römisch sein. Ausdrücke, wie *concatenatio*, die oft vorkommen, finden sich nur bei *Augustinus*, *Tertullianus*. Hierin mag es liegen, dass die Abhandlung oft schwer verständlich ist: man versteht wohl leichter einen classischen Autor, der in *seiner* Sprache, aus dem Gebiete der Ideen seiner Zeit schreibt, als eine Schrift der Art, wie die vorliegende, wobei der Verf. sich, wie man sieht, viele Mühe gegeben hat, die Schwierigkeiten zu überwinden, welche in der Sache selbst liegen, weshalb ihm kein Billiger einen Vorwurf machen wird.

J. F. H. Abegg.

Der Beweis durch den Haupteid im österreichischen Civilprocesse. Nach den Grundsätzen der allgemeinen und der westgalizischen Gerichtsordnung mit beständiger Rücksicht auf das gemeine Recht, dargestellt von **Dr. Theobald Rizy.** Wien, Mösle's Witwe und Braumüller, 1837. XIV. u. 164. S. 8.

Der Verf. dieser Monographie ist der Sohn eines der ersten Commentatoren der österreichischen allgemeinen (oder s. g. Josephinischen) Gerichtsordnung vom J. 1781.*)

Der Gegenstand, den sich der Verf. zu seiner — so viel uns bekannt — *ersten* juristischen Untersuchung gewählt hat, eignet sich sowohl seiner Natur nach, als auch rücksichtlich der für die österr. Monarchie darüber bestehenden Normen recht wohl zu einer monographischen Darstellung, und die vielen und mancherlei Klagen, die hier, wie anderwärts, über die Eide laut werden und wahrscheinlich den nächsten Grund der neueren Erscheinungen in diesem Gebiete bilden, — machen im Vereine mit den differirenden Auslegungen verschiedener positiver Bestimmungen eine gründliche und umsichtige Bearbeitung recht wünschenswerth. Volle Anerkennung verdient hierbei die vom Verf. in der Vorrede (S. VI.) aufgestellte Behauptung: „dass jenen unscheinbaren, als mangelhaft bezeichneten Absätzen der vaterländischen Gerichtsordnungen ein tiefdurchdachtes, nach allen Seiten hin abgeschlossenes, höchst geistreich combinirtes System zu Grunde liege, welches nur einer ausführlichen, lichtvollen Darstellung bedürfte, um sich allgemeine Anerkennung zu verschaffen,“ — und es erübriget dabei nur der Wunsch, dass der Verf. hierzu „den Weg gebahnt haben möge,“ wobei er in den Leistungen *Pratobeveras* einen trefflichen Wegweiser fand.**)

Das System ist sachgemäss und ziemlich genau der Ordnung der gesetzlichen Bestimmungen angepasst. Die Monographie zerfällt nämlich in *fünf* Abschnitte; der *erste* handelt von dem Begriffe und der Natur des Haupteides; der *zweite* von den Subjecten; der *dritte* von den Objecten der Eidesauftragung; der *vierte* von der Auftragung selbst, der Annahme und Zurückschiebung, so wie von der Gewissensvertretung; endlich der *fünfte* von dem auf

*) Anmerkungen zur allgemeinen Gerichts- und Concurs-Ordnung u. s. w. gesammelt von Johann Sigmund Rizy. Drei Theile. Wien, 1786.

**) S. den 5. Band seiner Materialien für Gesetzkunde und Rechtspflege.

den Haupteid lautenden Urtheile und von der Ausführung des Beweises durch denselben. Wiewohl es nicht unpassend gewesen wäre, in die Monographie auch allgemeine Betrachtungen über das Wesen und den Begriff des Eides überhaupt aufzunehmen, wobei dann vielleicht die Anrufung Gottes zum *Zeugen* und *Rächer* der Wahrheit (S. 7. §. 4.) als unverträglich mit den Vorstellungen von den Eigenschaften des höchsten Wesens erschienen wäre; *) — so lässt sich doch nicht in Abrede stellen, dass die den Haupteid *allein* betreffenden Normen füglich unter den genannten Rubriken betrachtet und erschöpft werden können.

In der Behandlung der Sache selbst ist es zu *loben*, dass der Verf. nicht nur die Verfügungen der allgemeinen und der westgalizischen Gerichtsordnung durchweg in Verbindung brachte; **) sondern auch dei den einzelnen wichtigeren Puncten auf das gemeine Recht die gebührende Rücksicht nahm — ein Vorgang, der leider bei den meisten Leistungen in der österreichischen Processlehre nicht, oder doch nicht gehörig beachtet wird, und solchen Arbeiten die oft erwünschte und nöthige Allgemeinheit nimmt. Eine gründliche historische Entwickelung irgend einer Materie des österreichischen Civilprocesses muss fast immer auf den gemeinen deutschen Civilprocess zurückführen, weil es sich nicht läugnen lässt, dass der österr. Process dem gemeinen deutschen in seinen hauptsächlichen Grundlagen nachgebildet wurde, und daher Vieles mit jenem gemein hat. Selbst die Abweichungen im Detail können bei diesem Zurückgehen mehr beleuchtet werden, und bieten interessante Vergleichungen. Als eine wichtige Abweichung des österr. Processes von dem gemeinen deutschen, in Beziehung auf die Beweislehre, deren richtige Auffassung zum Verstehen des ersteren unumgänglich nothwendig und doch häufig ganz verkehrt aufgenommen worden ist, ***) ist *die* hervorzuheben, dass ein Theil des Beweisverfahrens schon mit dem ersten Verfahren verbunden †) und das Eventualprincip in einer grösseren Ausdehnung ††) aufgenommen erscheint, worauf hier zur Vermeidung unrichtiger Urtheile über die vorliegende Schrift aufmerksam

*) Vergl. besonders *Bayer's* Betrachtung über den Eid. Nürnberg, 1829.

**) Die italienische ist nur eine etwas modificirte Uebersetzung.

***) Vergl. *Sartorius* in *von Zu-Rhein's* Jahrbüchern des gem. deutsch. bürg. Processes 1. Bd. 1. Heft. S. 47. u. f.

†) Vergl. v. *Podewil's* Schrift: über die Vortheile des gesetzl. Princips der Beweisverbindung mit den ersten Streitverhandlungen. München, 1837.

††) Vergl. *Albrecht's* Ausbildung des Eventualprincips im gemeinen Civilprocess. Marburg, 1837.

gemacht wird. Ungern vermisst man eine sorgsame Benutzung der neuesten Leistungen im Gebiete der Literatur und Legislation, die für den gewählten Gegenstand eine reichliche Ausbeute liefern.

Geben wir von diesen allgemeinen Bemerkungen zur speciellen Betrachtung und Würdigung des Inhaltes über; so stossen wir neben vielen recht gelungenen Partien, mitunter auch auf mancherlei Anstände und Mängel, die wir neben einer kurz gefassten Inhaltsanzeige im Folgenden andeuten werden, ohne dabei dem Verf. nur im geringsten nahe treten, oder sein Verdienst schmälern zu wollen. Welchen literar. Werth die Monographie habe, wird sich daraus von selbst ergeben. Im §. 1. beginnt der Verf. mit Aufstellung des Begriffes des Haupteides im weitern Sinne, im Gegensatze nämlich vom Neben- oder Formalitätseide. Bei der Einreihung der verschiedenen Eide vermissen wir den Eid, der nach den §§. 133. und 134. der allg. G.-O. zum Echtheitsbeweise zugelassen wird. Die österr. Juristen sind über die eigentliche Natur dieses Eides noch immer nicht einig; während ihn einige für den gemeinrechtlichen Diffessionseid erklären, geben ihn andere für einen Haupteid im Sinne der G.-O. aus; und erst *neuerlich* erklärte sich eine Stimme*) dafür, dass es ein ganz eigenthümlicher Eid sei. Schon dieserwegen hätte in einer Monographie über den Haupteid darauf Bedacht genommen werden sollen. Die Verschiedenheit zeigt sich hierbei nicht etwa nur in der Benennung, es handelt sich nicht um einen müssigen Wortstreit, sondern um die Wichtigkeit der consequenten Folgen, — und der Umstand, dass der Verf. sich über die wahre Natur dieses Eides nicht erklärt, zieht noch andere Mängel nach sich, die sich bei Zurückschiebbarkeit, bei der Gewissensvertretung und selbst bei der Frage herausstellen, ob man dem Cridatar einen Haupteid auftragen könne. Ist der in die Frage gestellte Eid ein Diffessionseid, so ist von einer Zurückschiebung, so wie von einer Gewissensvertretung, wenigstens nach den gewöhnlichen Ansichten**) keine Rede; beides findet aber, wenigstens nach der österr. allg. G.-O., dann Statt, wenn dieser Eid ein *Haupteid* ist; und der Umstand, dass nach dieser Ansicht die Zurückschiebung des deferirten Eides bei widersprochener Echtheit einer Urkunde einige

*) Vergl. D. *Schwarz's* Abhandlung in der Zeitschrift für österr. Rechtsgelehrsamkeit, 1836. 8. Heft.

**) Vergl. hierüber *Bayer's* Vorträge über d. gemeinen deutschen Civilprocess. 2. Aufl. S. 444.

Verlegenheit in der praktischen Durchführung erzeugt, gab Veranlassung, der westgal. G.-O. den Vorzug einzuräumen, nach welcher hier nach des Richters Ermessen von dem irreferiblen Haupteide Gebrauch gemacht werden könnte. Ist endlich der besprochene Eid *kein* Haupteid, so entfällt auch den Vertheidigern der Ansicht: dass man einem Cridatar den Haupteid wirksam auftragen könne,*) der in praktischer Hinsicht so wichtige Grund, dass mit dem Ausschliessen des Haupteides selbst dem Urkundenbeweise ungebührliche Schranken gezogen würden — ein Grund, den freilich der Verf. bei Untersuchung jener Materie gar nicht beachtet. Im §. 2. stellt der Verf. den Begriff des Haupteides im eigentlichen Sinne der österr. G.-O. — als juramentum litis decisivum — richtig auf, und zeigt, dass er ein richterlicher und freiwilliger, so wie §. 3., dass er ein aufgetragener sei, und die Zurückschiebbarkeit nach der allg. G.-O. eine natürliche Eigenschaft bilde, ein nicht zurückschiebbarer Haupteid nur ausnahmsweise vorkommen und mit voller Rechtswirkung gar nicht aufgetragen werden könne (§§. 4. u. 5.). Die westgal. G.-O. lässt in dieser Beziehung dem richterlichen Ermessen einen Spielraum; — der Richter kann beurtheilen, in wiefern der Delat einen irreferiblen Eid anzunehmen verbunden sei. Obgleich der Schiedseid nach römischen Rechte als eine Art Vergleich erschien (jus jurandum speciem transactionis continet); so muss er doch nach österr. Gesetzen als ein *Beweismittel* aufgefasst werden (§§. 6. u. 7.); — indess hat man auch da das Vergleichsartige, das unstreitig in seinem Wesen liegt, nicht übersehen, sondern es namentlich bei Bestimmung der Eidesfähigkeit gewürdiget. Daraus zu folgern, dass alle Rechtswirkungen dabei eintreten müssen, wie sie als Wirkungen des durch neuere Gesetze normirten Vergleiches erscheinen, wäre gewiss ungereimt; eben so oberflächlich erscheint die Abläugnung des Vergleichsartigen aus dem Grunde, weil sich dabei nicht alle die angedeuteten Wirkungen mit dem Wesen des Eides vereinbaren lassen. Im §. 8. zeigt der Verf., dass man den Haupteid nicht mit dem Zeugeneide verwechseln dürfe. Da indess dieses nach des Ref. Ansicht gar häufig durch die Zulassung der s. g. *freiwilligen Vertretungsleistung* geschieht;**) so wäre eine deutliche und bestimmte Erklärung für die Sache gewiss nur

*) S. *Mayer* in der cit. österr. Zeitschrift 1837., Februar. Heft Nr. VII.

**) Vergl. die Bemerkungen dagegen in der cit. österr. Zeitschrift. v. J. 1835. 1. Bd. S. 205—216.

förderlich gewesen. Der Verf. scheint aber, wenn man das S. 31. und 34. Gesagte mit einander vergleicht, mit sich über diesen Punct nicht recht einig zu sein. Im §. 9. behauptet der Verf. richtig, dass der Haupteid nach österr. Gesetzen wohl vom Standpuncte des Richters, nicht aber von Seite der Partei aus betrachtet, als subsidiarisches Beweismittel erscheine, und nachdem er sich im §. 10. die Materie zur weitern Behandlung systematisirt, wendet er sich im §. 11. zur Betrachtung der Eidesfähigkeit, die er zuerst im Allgemeinen, dann aber, nach einer Unterscheidung zwischen der activen und passiven, von Seite des Auftragenden (§§. 12—15.) und von Seite des Schwörenden (§§. 16. u. f.) betrachtet. Unter die eidesunfähigen Personen rechnet er: die Unmündigen, Rasenden, Wahn- und Blödsinnigen und zum Theil auch die Taubstummen; dagegen behauptet er ohne Unterschied bei Verbrechern die Eidesfähigkeit. Dass sich diese Behauptung, wie es S. 25. heisst, *von selbst verstehe*, möchten wir mit Rücksicht auf den §. 23. des Strafges.-B. 1. Thls. und das, was hierüber *Nippel**) äusserte, bezweifeln. Cridatare, Gesellschaften, Mennoniten, Anabaptisten, Herrnhuter und Quäcker sind an sich betrachtet *eidesfähig*; es treten eigentlich nur Modificationen rücksichtlich der Wirksamkeit oder der Art der Ablegung des Eides ein. *Aufgetragen* kann aber, die Eidesfähigkeit vorausgesetzt, der Haupteid regelmässig nur dem *Gegner* im Processe werden, und der Litisdenunciat kann nur in so fern passives Subject der Eidesauftragung sein, als er den Hauptstreit ganz allein zu führen übernimmt, und der aufgetragene Eid sich auf eine *eigene* Handlung des Delaten bezieht. Die Beweisführung über den letzten Satz lässt diesen aber trotz der angebrachten Distinction und nach Verbesserung des Druckfehlers (Litisdenunciat, statt Litisdenunciant) noch zweifelhaft. Schon *Horack***) hat gegen *Fischer* bemerkt, dass von der singulären Bestimmung der österr. G.-O. rücksichtlich der Wirksamkeit des Geständnisses eines Streitgenossen, sich kein begründeter Schluss auf die gleiche Wirkung anderer Beweismittel ziehen lasse; — dann verträgt sich auch die An-

*) S. den von ihm mitgetheilten Rechtsfall, in der cit. österr. Zeitschrift, v. J. 1829., 1. Bd. S. 36. u. ff.

**) In seiner Recension über die Lehre von der Streitverkündigung, in der cit. österr. Zeitschrift v. J. 1833., Notizenblatt S. 48. ff. Bei Streitigkeiten, deren Gegenstand ein untheilbares Object bildet, wird dieser Punct wichtig. Vergl. auch die Bestimmung des §. 615. im Entwurfe für eine Process-Ordnung für Baden v. J. 1830.

nahme, dass der Vertretungsleister wohl Streitgenosse sei, aber kein selbstständiges, eigenes Interesse am Streit habe, und dass ihm folglich der Eid auf keinen Fall über fremde (z. B. des Deferenten) Handlungen aufgetragen werden könne, nicht wohl mit dem Begriffe des Litisconsortium. Den Sachwaltern der Partei im weitern Sinne kann auch der Eid aufgetragen werden (§. 17.); allein nur über ihre *eigenen* Handlungen, weil sie den Process in fremdem Namen führen. Den eidesunfähigen Personen, wie Unmündigen, Wahnsinnigen, kann der Haupteid mit Rechtswirkung *gar nicht* aufgetragen werden; den aufgetragenen haben die gesetzlichen Vertreter derselben mit Berufung auf die Unfähigkeit ihrer Pupillen oder Curanden zurückzuweisen (§. 18.) Da *Minderjährige* und solche Curanden, die nach erreichter Mündigkeit im Stande sind die *Wahrheit zu erfahren und an den Tag zu legen*, wie z. B. gerichtlich erklärte Verschwender als eidesfähige Personen erklärt wurden; so wäre hier wohl auch der Ort gewesen, der Ansicht derjenigen zu begegnen, die behaupten, dass die *Auftragung* des Haupteides an minderjährige Personen nicht Statt finden könne, weil sie der Richter zu der im §. 208. der G.-O. ausgesprochenen Alternative nicht verurtheilen könne, weil sie nicht als Partei erscheinen, nicht jus standi in judicio haben, und das Hofd. vom 31. August 1798., Nr. 430., nur einen Ausnahmsfall normire.*) — Handelt es sich um eine Handlung des Minderjährigen, wie bei Paternitäts- und Alimentationsklagen; so wird die Frage praktisch wichtig, weil auch dem Vater oder Vormund, als Vertreter, nur über seine eigene Handlung ein Eid aufgetragen werden kann, der Kläger also häufig keine Beweismittel haben würde. Cridatare bezeichnet der Verf. (§. 19.) als *Streitgenossen* der intelligiblen Gesammtheit der Gläubiger, — eine Behauptung, die nun auch wieder, der Wichtigkeit der Folgen wegen, gegen anders denkende schlagender zu beweisen wäre; — solchen aber könne der Eid selbst über ihre eigenen Handlungen nicht mit der Wirkung aufgetragen werden, dass er auch auf die andern Streitgenossen seinen Einfluss habe;**) es sei denn, dass der Gläubiger-Ausschuss in die Annahme des Eides von Seite des Cridatars ausdrücklich einwillige, wodurch der Cridatar aufgefordert sei, als *freiwilliger Vertretungsleister* einzuschreiten. Da die

*) Vergl. *Füger's* Verfahren in Streitsachen; 3. Auflage. II. Theil. S. 88. und 89.

**) Vergl. jedoch *Horack's* früher cit. Recension.

Gläubiger eine solche Bewilligung zu ertheilen nur selten geneigt sind; so sind wir in dieser wichtigen und schwierigen Frage durch die vorliegende Monographie eben nicht weiter gebracht worden, als es bereits durch Cresseri*) geschehen, gegen den sich jedoch die Praxis und neuerlich auch Dr. *Mayer* in der jur. Zeitschrift erklärte. Die erstere zeigt, dass österr. Gerichte fortwährend diese Eidesauftragung als zulässig erklären, und Letzterer suchte diese Ansicht auch theoretisch zu rechtfertigen. Auch für das gemeine deutsche Concursverfahren wurde die Frage wieder unbedenklich bejaht;**) denn, so heisst es, acceptirt der Gemeinschuldner den Eid, so haben die Mitgläubiger keine Ursache dagegen zu protestiren, weil dadurch ein Concurrent aus dem Wege geräumt wird; recusirt er ihn, so ist dieses ein Geständniss des Cridatars, welches sie — wie ein ausdrückliches — anfechten können, wenn sie irgend eine Gefährde wahrnehmen. Die Zurückschiebung endlich müsste man von der Einwilligung der Gläubiger abhängig machen. Der liquidirende Gläubiger, der ausser dem Haupteid kein anderes Beweismittel hat, ist dabei nicht viel besser daran, als wenn man den Eid gar nicht zuliesse.

Bei Behandlung der Frage: wer den Haupteid auftragen könne, (vom Subjecte der Auftragung, §. 20. u. ff.) unterscheidet der Verf. zwischen demjenigen, der den Eid im Processe als Beweismittel antragen, und jenem, der sich im Zurückschiebungsfalle zur Ablegung anbieten will, oder m. a. W. zwischen dem activen Subjecte der Eidesauftragung in *formeller* und *materieller* Bedeutung. Die activen Subjecte in formeller Beziehung bestimmt der §. 203. d. allg. G.-O. mit den Worten: Jene Partei, welche die Streitsache zu *vergleichen* berechtigt wäre, ist auch befugt, dem Gegner den Haupteid aufzutragen. Der Ausdruck „*Partei*" muss jetzt in einem engern Sinne genommen werden, als es früher der Fall war. Denn früher verstand man darunter nicht nur die Partei im engern Sinne — als dominus litis — sondern auch einen mit einer Vergleichsberechtigung versehenen Stellvertreter (Resolution vom 11. September 1784.); während man jetzt, wo nach dem §. 1008. d. bürg. Ges.-Buches zur Auftragung, Annahme, oder *Zurückschiebung****) eines Eides durch

*) Del vigore delle prove legali nel processo editale. Wien u. Triest 1825.

**) S. *H. Bayer's* Theorie des Concursprocesses (München 1836.), S. 198. und vergl. damit §. 875. des cit. Entwurfs für Baden.

***) Zur Gewissensvertretung würde sonach eine allg. Vertretungs-Vollmacht hinreichend sein.

einen Mandatar eine auf die Gattung dieser Geschäfte lautende Vollmacht nothwendig ist, und die Berechtigung, die Sache zu vergleichen, nicht mehr hinreicht, nur die Partei im engern Sinne dadurch bezeichnet sein kann.*). So wie ein gewöhnlicher Vertreter einer gehörigen Vollmacht bedarf**), so brauchen Vormünder, Curatoren, der Fiscus u. dergl. einer Bewilligung — Passirung —, der competenten Behörde. Würde ohne solche gehörige Legitimation ein Eid doch actenmässig aufgetragen worden sein, so könnte der Richter darauf bei Entscheidung keine Rücksicht nehmen. Wäre aber ein

materiellen Sinne sind *regelmässig* nur die *Parteien* im engern Sinne, — nicht dritte Personen, als welche nur zu Zeugen verwendet wer-

leistung nicht selten vc
als active Subjecte in
welche den Process im
über ihre *eigenen*

***) Vergl. §. 205. d. allg. G.-O. und *Nippel* am a. O. S. 71. u. 72.

streitige Facta — widersprochene Geschichtsumstände (§. 31.), wozu Ref. allerdings auch Gewohnheiten und ausländische Gesetze rechnet*); indem sie gleichfalls als Facta erscheinen, die im Widersprechungsfalle bewiesen werden müssen und dabei der Haupteid nicht ausgeschlossen ist. Zweifelhafter erschiene wohl die Frage: ob der Haupteid auch über Umstände aufgetragen werden könne, zu deren Würdigung Kunst- oder wissenschaftliche Kenntnisse nothwendig sind, z. B. über den Gemüthszustand des Erblassers nach §. 567. des b. G.-Buches. Ist der Haupteid ein *zuverlässiges* Beweismittel, wie es das Gesetz fordert? Die durch den Haupteid zu erweisenden Thatsachen können übrigens von dem Referenten selbst, oder vom Gegner im Processe angeführt worden sein (§. 32.). Diese Ansicht wurde schon von *Mayerhofer* ausgesprochen**) und von *Neupauer* bestritten***). *Neupauer's* Beweisführung unterscheidet sich auch von dem vom Verf. aus neueren Schriften hierüber entlehnten Raisonnement in Etwas, scheint aber wenigstens für die Fälle nicht treffend zu sein, wo derjenige, der das Factum angeführt, eine gesetzliche Vermuthung für sich hat, die ihn vom Beweise befreit. Die zu beweisenden Umstände müssen immer relevant sein (§. 34.). Wenn Ref. weiter (§. 35.) dem Verf. gern darin beistimmt, dass nach österr. Rechte der Haupteid cumulativ mit andern Beweismitteln *angeboten* werden könne, weil er nur für den Richter die subsidiäre Natur hat, und dass seit der Publication der a. h. Entschliessung vom 23. Mai 1835. nach misslungenem Zeugenbeweise des Richter selbst auf einen bedingnissweise angebotenen Haupteid erkennen dürfe, weil der Grund des Hofd. vom 30. October 1788. für diesen Fall wegfällt†); so scheint doch in den zwei folgenden §§. bei Beantwortung der Frage: ob der Haupteid zum Behufe eines Gegenbeweises zulässig ist, der Fall des directen und indirecten Gegenbeweises††), dann des Beweises einer Ein-

*) S. die Abhandlung über den Beweis ausländ. Gesetze in der cit. österr. Zeitschrift v. J. 1833. 2. Th., und vergl. damit *Mittermaier* im Archiv f. d. civilist. Praxis, 18. Bd., S. 67. u. ff.

**) *Mayerhofer's* Anmerkungen über die allg. Gerichtsordnung (Linz, 1793.) S. 259.

***) Oesterr. jur. Zeitschrift v. J. 1828. 1. Bd. S. 307. in der Note.

†) S. jedoch *Scheidlein's* Erläuterungen über d. allg. bürg. Gerichtsordnung (Wien, 1825.) 1. Th. S. 302. u. 303.

††) Vergl. die vom Verf. öfter cit. Inauguraldissertation von *Wegschaider*; dann *Puchta's* Dienst der deutschen Justizämter oder Einzelrichter. Erlangen, 1830. 1. Thl. S. 265.

wendung von Seite des Gegners nicht mit der gehörigen Schärfe unterschieden, auf den §. 224. d. allg. G.-O. zu wenig Rücksicht genommen, und endlich in Beziehung auf *Urkunden* der Grund zu wenig gewürdiget zu sein, dass, sobald der Haupteid gegen eine Urkunde angeboten wird, eigentlich auch die Beweiskraft derselben angefochten und zum Beweissatze gemacht werde, und dass dann die Urkunde in sofern als thema probandum und medium probans zugleich erscheine, was nicht angehe, — ein Grund, womit unseres Wissens auch die Ansicht unterstützt wurde, dass man nach der allg. G.-O. das Gewissen nicht durch Urkunden vertreten könne. Im §. 42. erklärt sich der Verf. durch die Ansicht, dass nach österr. Gesetzen die Eidesdelation im Civilrechtswege auch über verbrecherische Handlungen Statt finde, welche Behauptung auch in der a. h. Entschliessung vom 29. Mai 1835. einen Stützpunct findet. Bei dieser Gelegenheit hätte auch aufmerksam gemacht werden sollen, dass nach dem Hofd. vom 8. October 1830. (für Dalmatien) und dem Hofd. vom 20. April 1837. (für Tyrol und Vorarlberg) bei dem durch diese Gesetze normirten Verfahren in Besitzstörungsangelegenheiten eine Beeidigung der Parteien *nicht* Statt finde.

Nach der österr. Gerichtsordnung soll jedes Beweismittel gleich dort *angeboten* werden, wo das zu beweisende Factum angeführt wird; — der Haupteid aber, der nach §. 203. der G.-O. dem Gegner über die von ihm *widersprochenen* Facta aufgetragen werden kann, darf nach der Resolution vom 31. October 1785. vom Kläger über die in der Klage angeführten Facta auch noch in der Replik und vom Beklagten über ein in der Einrede behauptetes Factum in der Duplik ohne Bewilligung aufgetragen werden. Die cit. Resolution erschien *vor* der westgal. G.-O. und wurde bei der Redaction der letzteren nicht benutzt; — es wäre daher hier auch der Ort gewesen, sich darüber auszusprechen, ob dadurch eine Verschiedenheit herbeigeführt, oder ob die Resolution auch für die Provinzen gelte, wo die westgal. G.-O. eingeführt ist. *) Bei dieser und ähnlicher Gelegenheit erscheint das Hofd. vom 4. August 1835. von Wichtigkeit, in dem es heisst: „In Dalmatien, wo die durch a. h. Patent vom 18. December 1796. in Westgalizien kundgemachte Gerichtsordnung in italienischer Uebersetzung unter der Benennung: Regolamento Generale del Processo Civile, ein-

*) Vergl. *Neupauer's* Abhandlung in der österr. jur Zeitschrift v. J. 1828. 1. Bd. S. 306. u. ff.

geführt ist, finden die bis zum 18. December 1796. über Gegenstände der Gerichtsordnung ergangenen Anordnungen *eben so wenig Anwendung*, als .... Abgesehen von allen Einwendungen und Widersprüchen, welche der Delat gegen die *Zulässigkeit* des Haupteides etwa zu erheben vermag, kann er ihn auch nach österr. Rechte entweder *annehmen*, oder *zurückschieben*, oder sein *Gewissen mit Beweis vertreten* (§. 43.). Ueber die Gewissensvertretung gelten die meisten Grundsätze des gemeinen Rechts auch in Oesterreich; es fehlt aber auch nicht an Abweichungen. Der Begriff wird (§. 44.) richtig aufgestellt. Die Gewissensvertretung muss in Oesterreich noch im *Processe* (während der ersten Streitverhandlung) angeboten werden; — denn hätte der Delat im Processe sich nicht angeboten, sein Gewissen zu vertreten; so wäre er nach §. 203. der G.-O. zu verurtheilen: den Eid anzunehmen, oder zurückzuschieben. Den Beweis durch Gewissensvertretung nannte die österr. Gerichtsordnung einen *Gegenbeweis* und es entstand daher auch hier die Frage: ob dagegen ein *Gegenbeweis* Statt finden könne. Der Verf. bejaht sie kurz weg, weil der Satz reprobatio reprobationis non datur auf die Gewissensvertretung nicht passe, indem sie wohl ein Beweis des Gegners nicht aber ein Gegenbeweis sei. Gegenbeweis setze einen ersten Beweis voraus; der ist aber nicht vorhanden; der Delat übernimmt durch Anbietung selbst die Führung des Hauptbeweises. Das ist alles wahr und richtig;*) allein es fehlt die Nachweisung, wie sich diese Behauptung mit Rücksicht auf die österr. Vorschriften prakticiren lasse? Nehmen wir den Fall: Der Kläger trage schon in der Klage dem Beklagten den Haupteid auf, der Beklagte aber biete zur Gewissensvertretung einen Zeugenbeweis an. Will nun der Kläger als Deferent gegen die vom Beklagten angebotene Gewissensvertretung einen Gegenbeweis führen, so muss er etwa replicando mittelst einer *Neuerungsbewilligung* die Beweismittel dazu anbieten, wodurch es eigentlich vom Eide ganz abkommt. Werden nun die Acten inrotulirt, so muss der Richter im Beweiserkenntnisse auch die Beweislast *reguliren*.**) Diese trifft den Kläger, er wird zum Beweise zugelassen und seinem *Gegner* — früher Delat — wird der *Gegenbeweis* — früher Gewissensvertretung — vorbe-

*) Vergl. auch *Höchster* in Linde's Zeitschrift für Civilrecht u. Process. Bd. 9. S. 401—429. Anderer Meinung war auch v. Zu-Rhein in seinen Jahrbüchern a. a. O. S. 195.

**) S. von Zu-Rhein's Jahrbücher a. a. O. S. 194. u. ff.

halten werden. Durch eine restitutio kann derselbe Erfolg auch wohl noch nach geschöpftem Erkenntnisse herbeigeführt werden; allein es fällt in die Augen, dass in keinem Falle gesagt werden könne, es sei ein *Gegenbeweis* (in jenem strengen und eigentlichen Sinne)*) gegen die Gewissensvertretung geführt. Nimmt man aber den Begriff nicht so genau und spricht vom Gegenbeweis auch schon dann, wenn ein Beweismittel gegen ein anderes erst angeboten ist, — noch nicht ausgeführt —; dann ist auch eine blos angebotene Gewissensvertretung schon eine reprobatio, denn sie wird gegen den Haupteid in Vorschlag gebracht. Die §. 48. behandelte Frage: durch welche Beweismittel eine probatio pro exoneranda conscientia Platz greifen könne, ist nicht *bestimmt* genug beantwortet. Ob z. B. das aussergerichtliche Geständniss, der Erfüllungseid, die comparatio literarum, Kunstverständige dazu nach Gestalt der Dinge verwendbar seien, wird daraus nicht ersichtlich; obwohl man dieserwegen sehr häufig Zweifel und differente Ansichten bemerkt. Aus späteren §§., namentlich aus §. 50., ersieht man jedoch, dass der Verf. der Ansicht beipflichten mag, dass man durch *Kunstverständige* sein Gewissen vertreten könne. In der Regel möchten wir dieses aus dem Grunde nicht behaupten, weil die Gewissensvertretung sich unmittelbar auf den Beweissatz beziehen, und denselben *direct* oder doch *indirect* bestätigen muss; *Geschichtsumstände* aber, worüber der *Haupteid* aufgetragen werden kann, regelmässig keinen Gegenstand einer Beweisführung durch *Kunstverständige* bilden. Bei der probatio pro vitando perjurio (§. 231. d. G.-O.), wo nicht blos vom Haupteide, sondern auch von andern Eiden die Rede, kann dieses unbedenklicher behauptet werden, weil der Schätzungseid allerdings durch Kunstverständige ersetzt werden kann. In den Folgen der misslungenen Gewissensvertretung (§. 46.) unterscheiden sich die österr. Gerichtsordnungen von dem gemeinen deutschen Civilprocesse dadurch, dass der Delat, wenn der Beweis der Gewissensvertretung *nicht rechtsbeständig* ausfällt, nicht wieder zum Eide zurückgreifen könne (§. 204. d. allg. G.-O.). Die dagegen aus der a. h. Entschliessung vom 23. Mai 1838. für die Behauptung: dass nach misslungener Gewissensvertretung auf den *Haupteid* zu *erkennen* sei, entnommenen Gründe,**) wurden gar nicht berück-

---

*) Vergl. §. 169. d. allg. österr. G.-O.

**) Vergl. *Pankraz's* Inaugural-Dissertation. Prag, 1837. u. Ref.'s Bemerkungen hierüber in der österr. Zeitschrift.

sichtiget. Ist auf den Beweis der Gewissensvertretung zwar erkannt, derselbe aber vom Delaten nicht gehörig angetreten worden, so scheint nach einer Verbindung der §§. 143. u. 204. d. G.-O. dasselbe zu gelten. Die *Annahme* des Haupteides von Seite des Delaten während der Verhandlung und *vor* dem Erkenntnisse darauf, ist nach österr. Gesetze nicht bindend und präjudicirlich; er kann ihn noch immer zurückschieben oder einen andern Beweis anbieten (§. 48.); aber auch der Deferent kann den Eid widerrufen und die restitutio ob nova begehren (§. 49.); fällt aber dieser Beweis nicht rechtsbeständig aus, so kann er nicht mehr zum Eide zurückgreifen (§. 50.). Den Eid durch *früher bekannte* Beweismittel blos aus dem Grunde ersetzen, weil man von Seite des Gegners einen Meineid besorgt, geht in der Regel nicht an (§. 51.), wohl aber dann, wenn der Delat erst nach der Hand eidesunfähig geworden (§. 52.).*) Die Begründung der letzten Behauptung aus dem Patente vom 13. September 1787. ist wohl etwas gewagt, da jene Bestimmung einen ganz singulären Fall betrifft, und es am Ende darin heisst: Der Richter könne diesem Klagrechte (um Restitution) Statt geben, wenn *nichts anderes*, als der eingetretene Todesfall den zugelassenen Zeugen im Wege steht. Hiermit ist einer Ausdehnung auf andere Fälle nicht das Wort gesprochen. Wird der Eid vom Delaten zurückgeschoben, so muss er nach §. 205. d. G.-O. *ohne alle Ausnahme* angenommen werden, d. h. bei sonstigem Rechtsnachtheile; — es findet von Seite des Deferenten keine Gewissensvertretung Statt (§§. 53. und 54.). Auch kann der Delat die *während der Verhandlung* geschehene Zurückschiebung nicht mehr widerrufen: sie ist also bindend; es muss der Deferent zur Abschwörung des zurückgeschobenen Eides verurtheilt werden. Nach der westgal. G.-O. spricht dieses der Buchstabe des Gesetzes aus; allein nicht so deutlich und daher auch nicht unbestritten ist diese Behauptung mit Rücksicht auf die allg. G.-O., — am allerwenigsten überhaupt des Verf. Beweisführung.**) Der §. 205. der allg. G.-O. verfügt nur: dass, wenn der Delat keine Gewissensvertretung angeboten hat, der Richter ihn zu *verurtheilen* habe, den Eid anzunehmen oder zurückzuschieben, ohne Unterschied, ob etwas, und

*) Vergl. auch *Gustermann's* Privatrechts-Praxis. (3. Aufl. Wien, 1822.) 1. Thl. S. 227.

**) *Gustermann* a.a. Orte begründet dieselbe Ansicht anders; allein in seiner Beweisführung liegt offenbar eine petitio principii.

was hierüber schon in der Verhandlung erklärt wurde, und diese Verfügung des Gesetzes (oder die Ansicht, dass die Erklärung, welche während der Streitverhandlung abgegeben, nicht präjudicirlich sei) bildet die *Regel* für Oesterreich, nicht, wie der Verf. meint, das gemeine Recht. Wenn dann das Hofd. vom 12. März 1798. *erklärt*: *Auch* in den Fällen, wo der von dem einen oder andern Theile aufgetragene Haupteid von dem Gegentheile *angenommen* worden, findet Statt, was der §. 205. und 208. der allg. G.-O. vermag u. s. w., weil Mehrere z. B. *Mayerhofer, Födransperg* das Gegentheil behaupteten; — so ergiebt sich doch wohl die Folgerung: wenn aber der Delat den Eid zurückgeschoben hat, so findet nicht Statt, was der §. 205. vermag — nur sehr gezwungen. Gewiss würde aber dann die entgegengesetzte Ansicht entscheiden, wenn z. B. der Rechtsfreund den Eid ohne gehörige Vollmacht zurückgeschoben hätte. *)

So wie nach österr. Rechte bei jedem Beweismittel, das einer Beweisausführung bedarf, vorerst ein richterliches Erkenntniss nothwendig ist; so muss auch auf einen zulässigen Haupteid, ehe er wirksam angetreten werden kann, *gesprochen* werden, und das geschieht selbst in jenen Rechtsangelegenheiten, wo auf den Beweis durch Zeugen nur durch Bescheid erkannt wird, immer in der *Form eines Urtheils*, welches Urtheil jedoch kein Beweisinterlocut, sondern ein *bedingtes Endurtheil* ist und zugleich auch die Hauptsache nach allen möglichen Wechselfällen, die sich rücksichtlich der Eidesablegung ergeben, bedingt zu entscheiden, die Beweislast zu reguliren (§. 56.), die Art des Eides, der geschworen werden soll — oder wie der Eid zu schwören — zu bestimmen (§. 57—60.) und endlich die Eidesformel, und den darin ausgesprochenen Beweissatz gehörig festzustellen hat (§. 61.). **) Die schwierigste Frage, die hierbei zu beantworten war, ist die: wie die Vorschrift des Gesetzes: Jener, welcher den Haupteid angenommen hat, ist nur schuldig, die von Gegenseits beigebrachten Umstände seines *Wissens und Erinnerns eidlich zu widersprechen* .... zu verstehen, und was für ein Eid damit gemeint sei? Der Verf. holt in Beantwortung derselben sehr weit aus, und entscheidet sich endlich dafür: dass der Eid mit dieser Formel ein

*) Vergl. *Nippel* a. a. O.

**) Einige beispielsweise mitgetheilte Urtheilsformeln würden hierbei dankbar aufgenommen worden sein; es fehlt in der Praxis nicht an Verlegenheiten.

Glaubenseid (juramentum credulitatis) sei, bei welchem aber nicht unmittelbar das Vorhandensein eines auf was immer für unbestimmten Gründen beruhenden Glaubens im Gemüthe des Schwörenden, sondern ein bestimmter, durch das Gesetz als ausreichend gebilligter Grund des Fürwahrhaltens bestätiget wird, welcher den Schwörenden und den Richter an die Wahrheit eines im Processe angeführten Factums zu glauben bestimmt. Oder mit andern Worten: *Seines Wissens und Erinnerns eidlich widersprechen*, heisst nach dem Verf.: schwören, dass man sich an das behauptete Ereigniss nicht *erinnere* und deswegen auch an das Nichteingetretensein desselben *glaube*. Wenn also z. B. gegen den Erben ein Darlehn eingeklagt wird, welches dem Erblasser zugezählt wurde und wovon der Erbe durch den Erblasser, sonst aber Niemand in Kenntniss gesetzt wurde, und wenn nun in Ermangelung eines andern Beweismittels der Kläger dem Erben über das Factum der Zuzählung den Haupteid deferirt; so wird wohl der Erbe keinen Anstand nehmen, zu schwören: *er* erinnere sich an eine solche Zuzählung *nicht*, und habe daher genügenden Grund zu glauben, sie sei nicht geschehen. Er selbst hat die Zuzählung nicht gesehen; — er kann sich also wirklich daran nicht erinnern. Anders wäre es, wenn ihm aufgetragen würde: zu schwören, dass, *so viel er* (aus eigener Wahrnehmung oder durch fremde Mittheilung) *wisse und sich erinnere*, ein solches Darlehen nicht zugezählt worden sei. Da er aus der Mittheilung des Erblassers davon *weis*, so wird er Anstand nehmen, den Eid zu schwören, den im Zurückschiebungsfalle der Kläger ablegen kann und so ein Mittel hat, zu seinem Rechte zu gelangen. Dass dabei der Gewissenhaftigkeit des Delaten Vieles überlassen ist, und überlassen bleiben muss, kann nicht bezweifelt werden; — es bleibt immer ein schwieriger Punct zur gesetzlichen Normirung. Daher wohl auch die verschiedenen Modificationen, die man in dieser Beziehung bemerkt. *) Je umfangsreicher indess die Formel, desto mehr Anstände dürfte der Delat finden. **) — Bei Bestimmung des in die Eidesformel aufzunehmenden Beweissatzes ist dem *Richter* nach österr. Rechte in so fern ein Spiel-

*) Vergl. §. 574. des Entwurfes zu einer Process-Ordnung für Baden vom J. 1830.; den Entwurf für Baiern vom J. 1831., §. 268.; die Processordnung für die Untergerichte in Hannover vom J. 1833., §. 93.

**) In *Biener's* Systema processus judiciarii, et communis et saxonici (Ausgabe von Siebdrat und Krug, 1834.), findet die Formel Beifall: man wolle die Sache in des Beklagten Gewissen, Wissenschaft und Wohlbewusstsein gestellt haben (s. 1. Th. S. 179., Note 7.)

raum gestattet, als er, nach seinem Ermessen, unerhebliche Umstände aus der von der Partei vorgeschlagenen Formel auslassen und Schreibfehler verbessern darf; er darf ihr aber in Facto auf keinen Fall eine grössere Ausdehnung geben. Gegen das Urtheil auf den Haupteid können beide Theile das Rechtsmittel der Appellation und nach Gestalt der Sache auch die Revision ergreifen (§. 62.). Hierbei hätte der Verf. auch auf die von *Fischer* *) beantwortete Frage: ob die Abänderung der durch *rechtskräftiges* Urtheil normirten Eidesformel auf einseitiges Begehren statthaft sei? Rücksicht nehmen können. Im §. 63.: Ausführung des Beweises durch den Haupteid; giebt der Verf. nur die gesetzlichen Bestimmungen wieder; unter diesen hätte aber auch das Hofd. vom 17. Juli 1787., Nr. 697. einen Platz finden sollen; auch würde es nicht unzweckmässig gewesen sein, wenn der Verf. auch die Vorschriften über die wirkliche Ablegung des Eides und die dabei zu beobachtenden Solennitäten in Kürze aufgenommen hätte; denn Vorschriften über den Eid insgemein gelten auch für den Haupteid, und eine Monographie kann und soll den Gegenstand vollständig enthalten. Auch der in Folge eines rechtskräftigen Erkenntnisses angetretene Beweis durch den Haupteid kann noch durch eine probatio pro vitando perjurio beseitiget werden; das in Oesterreich dabei zu beobachtende Verfahren wird im §. 64. bestimmt. Auf das Urtheil, in welchem auf den H.-Eid erkannt wurde, folgt kein zweites, weil die Folgen eventuell schon in dem ersten bestimmt werden, es kommt nur noch auf die Bestätigung an, ob der Eid abgelegt wurde, oder nicht. In einigen Fällen wird zwar die Eidesleistung nur fingirt (z. B. wenn sie durch den Tod verhindert wurde, oder die gerichtliche Aufnahme unmöglich ist) und es treten dieselben Rechtsfolgen vor der Hand so ein, wie bei wirklicher Ableistung des Eides (§. 65.), indessen finden doch zwischen den Fällen der wirklichen und fingirten Eidesablegung Unterschiede Statt (§. 66. u. 67.), besonders wenn es sich um die Wiedereinsetzung handelt. Wird die Ablegung eines bereits in Folge des Erkenntnisses angetretenen, oder eines ausdrücklich oder stillschweigend zurückgeschobenen Eides verweigert; so wird das Gegentheil von dem für wahr gehalten, was hätte beschworen werden sollen und es kann den widrigen Folgen nur durch eine restitutio vorgebeugt werden (§. 68.).

Druckfehler kommen zwar mehrere vor; nur wenige davon aber sind sinnstörend.

---

*) S. dessen Beleuchtung eines Rechtsfalles in der österr. jur. Zeitschrift vom J. 1829.; 2. Bd. S. 105. u. ff.

Prof. Dr. *Haimerl* in Prag.

II. Berichte über rechtswissenschaftliche Zeitschriften.

Archiv für die civilistische Praxis. Herausgegeben von **Franke (Francke), Linde, v. Löhr, Mittermaier, Mühlenbruch, Thibaut** und **Wächter**. Zwanzigsten Bandes drittes Heft. Heidelberg, Mohr, 1837. S. 337 bis 475. (S. 476—506. Register.) (vgl. Jahrb. 1837. X. S. 942. ff.)

XI. *Beiträge zur Lehre von der Negotiorum Gestio. Von Wächter.* S. 337—361.

Die Frage: in welchen Fällen eine gültige und *für den Geschäftsherrn verbindliche* N. G. vorhanden sei, bildet eigentlich den Hauptpunct dieser Lehre, wird aber gewöhnlich in den Hintergrund gestellt und mehr nur nebenbei auf eine mit den Quellen nicht ganz im Einklang stehende Weise beantwortet, wie diess die Aussprüche der meisten neueren Compendien beweisen. Das röm. Recht geht auch hier von richtigen legislatorischen Ansichten aus. I. Es erkennt dasselbe auf der einen Seite an, dass eine unbeauftragte Geschäftsführung für Andere im allgemeinen Interesse zulässig sei, auf der anderen Seite will es aber auch nicht das Interesse des Einen den Nützlichkeitsansichten des Andern preisgeben. Deshalb betrachtet es II. die N. G. zwar als Etwas, was man bis auf einen gewissen Grad rechtlich begünstigen müsse, *aber blos für Nothfälle*, so dass eine von Anfang an und ohne Rücksicht auf ihren Erfolg gültige und den Geschäftsherrn verpflichtende N. G. nur vorhanden ist 1) wenn die vom Gestor unternommene Handlung für den Geschäftsherrn eine res necessaria war, und 2) wenn der gemachte Aufwand den Verhältnissen des letztern angemessen, und das Unternommene seinen Planen und Absichten nicht geradezu entgegen ist. III. Ist auf diese Weise vom Gestor utiliter coeptum, so ist eine vom ersten Augenblicke der Handlung an gültige und den Geschäftsherrn verbindende N. G. so vorhanden, dass der Gestor (falls er nur keine Culpa beging) für den Erfolg nicht einsteht. IV. Unternimmt dagegen der Gestor etwas blos Nützliches, so handelt er zunächst auf seine Gefahr, nicht auf die Gefahr Dessen, für den er handeln wollte. Dieser ist ihm daher auch zu keinem Ersatz der Auslagen verpflichtet, es müsste denn diese Verpflichtung aus einem ganz andern Grunde, aber blos in der beschränkten Beziehung, in welcher und soweit dieser Grund reicht, eintreten, nämlich aus dem Grundsatz: nemo cum damno alterius locupletior fieri debet. V. Diese Grundsätze werden durch die Quellen vollkommen bestätigt.

XII. *Beiträge zur Lehre vom Geständniss im Civilprocess.* Von Dr. T. *Brackenhorft*, derzeit in *Kiel*. (*Fortsetzung.*) S. 362—412.

V. So lange noch kein Urtheil oder sonstiges Moment im Processe eingetreten ist, welches den gehaltenen Vortrag als einen besondern abgeschlossenen Abschnitt des Processes darstellt, ist unbedingter Widerruf des in dem Vortrage enthaltenen Geständnisses erlaubt. Ist aber ein solches Moment eingetreten, so kann nur auf dem Wege der Restitution ein durch das Geständniss unbestritten gewordener Punct wiederum Gegenstand des Streites werden. Der Irrthum als Restitutionsgrund wird in nähere Betrachtung gezogen. — VI. Die Frage: wird ein Geständniss blos deshalb aufgehoben, weil der Gegenbeweis oder der Beweis der Unwahrheit geführt wird? ist zu verneinen. In den scheinbar widersprechenden Stellen, welche von Fällen der Unwirksamkeit des Geständnisses über das Factum beim damnum iniuria datum reden, beruht diese Unwirksamkeit auf andern Gründen, als auf der Unwahrheit. — VII. Die bisher entwickelten Grundsätze, welche fast ausschliesslich dem röm. Rechte angehören, sind auch noch im heutigen Processe anwendbar; die Hauptsätze, deren Anwendung als mit dem heutigen Verfahren im Widerspruche stehend betrachtet werden könnte, werden beleuchtet.

XIII. *Erwirbt eine Universitas den durch einen Bevollmächtigten für sie ergriffenen Besitz auch ohne ihren Willen, oder nicht?* Vom Hofr. Dr. L. A. *Warnkönig* in *Freiburg*. S. 412—420.

Gegen v. *Savigny* wird ausgeführt, dass für eine Universitas rücksichtlich des Besitzerwerbes nichts besonderes gilt, sondern dieselbe nach der allgemeinen Regel durch einen freien Stellvertreter nur mit ihrem Willen, durch ihren Sclaven aber blos dann, wenn er ex peculiari causa Besitz erwirbt, auch ohne ihren Willen denselben erwerbe.

XIV. *Ueber*
gegen die Lex Cincia.

Nach den Vat. Fr. §.
kung einer beweglichen S
nöthig sein, dass der Bes
beweglichen Sachen findet

der Leistung bei.

Bemerkung zu dem Aufsatze des Hrn. Prof. Dr. Burchardi zu Kiel, „über Ersatz der Verwendungen bei der Pfandklage,“ (Arch. XX. H. 2.) Vom Prof. Dr. Sintenis in Giessen. S. 476.

Der Verf. bemerkt, dass in seinem Handbuche d. Pfandrechts S. 580. u. 248. allerdings der obige Gegenstand mit denselben Resultaten, wie von *Burchardi*, erörtert sei, und ihn daher der von letzteren den Monographieen gemachte Vorwurf nicht treffe.

Schlesisches Archiv für die praktische Rechtswissenschaft, herausgegeben von **Koch**, O.L.G.Rath. 1. Bd. 2. 3. Hft. Breslau, Aderholz, 1837. 8. (vergl. Jahrb. I. S. 869.)

No. 17. *Brau- und Branntwein-Urbar. Bannrecht. Mühlenzwangsrecht. Zins.* (S. 187—216.)

Die Klage auf Erlass eines Zinses, den der Fiscus ursprünglich als Grundherr zu fordern hat, kann gegen den Domainen-Fiscus nicht mehr angestellt werden, wenn dieser den Zins auf den Steuer-Fiscus übertragen hat. Der für ein Bier- und Branntwein-Zwangsrecht oder für ein Mühlenzwangsrecht versprochene Zins ist durch die Aufhebung der Bannrechte (Edikt vom 28. Octbr. 1810. §. 2.) ebenfalls aufgehoben; so wie auch der für die vom Gutsherrn an einen Dorfbewohner vor 1810 übertragene Befugniss zum Bierbrauen und Branntweinbrennen auf dem Lande ausbedungene (Gewerbe-) Zins (Edikt v. 2. Nov. 1810. §. 30. 31.), wenngleich der Brau- und Branntweinberechtigte ohne diese Erwerbung, wegen des ihm mangelnden Grundbesitzes von 15000 Rthlr. am Werthe (Ges. v. 7. Septbr. 1811. §. 53.) nicht würde brauen oder brauen dürfen. Urthel des Geh. O.Trib.

No. 18. *Pfandbriefs-Zins. Recognition. Pfandrecht. Vindication.* (S. 216—242.)

Die Zinsen eines verpfändeten Pfandbriefs wie eines jeden andern zinsbaren Activi sind von selbst mit verpfändet, wenn derselben in der Verpfändungs-Urkunde keine Erwähnung geschieht. A. L. R. I, 20. §. 118. 284. Die Zinsrecognition eines ausser Cours gesetzten Pfandbriefs ist kein Pertinenzstück des Pfandbriefes, sondern das Zinsen-Recht ist ein Nutzungsrecht; die auf keinen bestimmten Inhaber lautende Zins-Recognition ist eine über das abgetrennte Nutzungsrecht lautende lettre au porteur payable, welche durch die Sperre des Pfandbriefs dem freien Verkehr nicht entzogen wird, und beides — der Pfandbrief und die Recognition — sind nicht in jeder Beziehung als ein untheilbares Ganze zu betrachten. A. L. R. I, 2. §. 92. 110. (Gegen diese Entscheidung des Geh. O.Tr. behauptet der Herausgeb. eine gleiche rechtliche Natur dieser R. und der einfachen Zinscoupons.) Der Pfandinhaber eines ausser Cours gesetzten Pfandbriefs verliert sein Pfandrecht an den Zinsen, wenn er die Zins-Recognition aus den Händen giebt, und kann auch dann den Pfandbrief nicht veräussern. A. L. R. I, 20. §. 105. 254.

No. 19. *Pfandbriefe. Sperrung. Vindication.* (S. 242—252.)

Ein ausser Cours gesetzter schlesischer Pfandbrief, und eine dazu ertheilte Zinsrecognition machen ein Ganzes aus, und nur wer beide zusammenbesitzt, kann darüber disponiren. Entsch. des Geh. O.Tr. vom Octbr. 1834. Der Inhaber des Pfandbriefs kann über diesen nicht disponiren, wenn er nicht zugleich den Zinsschein besitzt; wer den Pfandbrief erwirbt, ohne von dem auf der Zinsrecognition befindlichen Vermerk Kenntniss zu nehmen, gilt nicht für einen redlichen Besitzer.

No. 20. *Bergregal. Mineralien. Ritterguts-, Rusticalbesitzer.* (S. 252-315.)

Die von schlesischen Rittergutsbesitzern behauptete Befugniss, sich die dem Bergregal nicht unterworfenen Mineralien und Fossilien, welche sich auf den Grundstücken der Dorf-Einsassen finden, dergestalt zuzueignen, dass sie den betr. Rustikalbesitzern blos eine Entschädigung für die verlorene Oberfläche geben, ist weder in den Provinzialgesetzen — die Bergordnung v. 5. Juni 1796. §. 2. spricht, wo sie diese Rechte den „Dominiis" zutheilt, nur von den Eigenthümern im Gegensatz des Staats — noch in einer Observanz — welcher das breslauische O.L.G. (vor und nach seinem desfalls am 24. Septbr. 1831. gegebenen gutachtlichen Berichte), das O.L.G. zu Glogau und Ratibor in einer Reihe von Erkenntnissen, bestätigt vom Geh. O.L.Tr., entgegenstanden — noch in der besonderen Beschaffenheit ihres Eigenthums begründet; — der Behauptung, dass dem Rusticalbesitzer vor dem Edikt vom 19. Octbr. 1807., das Eigenthum nur, so tief der Pflug geht, gehöre, widerstreitet das Conclusum der schlesischen Fürsten und Stände vom 1. Octbr. 1652., hingegen hins. der erst durch das Edict vom 14. Septbr. 1811. zu Eigenthümern gewordenen Besitzer gilt nichts besonderes (Declar. vom 29. Mai 1826. §. 71.).

No. 21. *Jagd-Regal. Dominium.* (S. 316—344.)

Die Jagd ist nach schles. Provinzialrechte kein Regal, daher kein ausschliessliches Vorrecht der Rittergüter, vielmehr ein Ausfluss des echten Eigenthums, da in Ermangelung anderer allg. Gesetze auf den Sachsenspiegel und das gemeine deutsche Recht zu recurriren ist; jedenfalls hat die Regalität die Vermuthung gegen sich. Entsch. des Geh. O.L.Tr. vom 12. Aug. 1836.

No. 22. *Grundgerechtigkeit. Erlöschung. Einwilligung. Verzäunung.* (S. 344—359.)

Die Verzäunung ist eine solche Anstalt, dass, wenn der Wegeberechtigte deren Errichtung stillschweigend geschehen lässt, darin eine stillschweigende Einwilligung zur Aufhebung der Grundgerechtigkeit zu finden, ja diese letztere auch dann anzunehmen ist, wenn die Verzäunung nach einer nur interimistisch beigelegten Gränzstreitigkeit angelegt worden ist. So erklärte das Geh. Ob.Tr. das A.L.R. Th. I. Tit. 22. §. 43—45.

No. 23. *Bauer. Nachbar. Lichtrecht.* (S. 359—366.)

Das Gebäude des Nachbars, in welchem die Fenster sich befinden, hat von einer andern Seite kein Licht, wenn nur aus einem vorliegenden Zimmer durch eine Glasthür Licht fällt. Aus dem ungeöffneten Fenster des untern, beziehungsweise des zweiten Stockwerks (unter dem untern oder ersten wird das Erdgeschoss verstanden) muss ein Mann mittlerer Grösse (5¼ rhein. Fuss), ohne eine besondere Stellung anzunehmen, den Himmel erblicken können. So entschied zur Erläut. des A.L.R. I. 8. §. 142. fg. das O.L.G. zu Breslau.

No. 24. *Ehemann. Processkosten.* (S. 366—383.)

Der Ehemann kann die auf die Substanz des Eingebrachten verwendeten nützlichen und nothwendigen Processkosten nach Beendigung des Niessbrauchs erstattet verlangen, weil — nach der Ansicht des Herausgeb. — die entgegenstehende Bezugnahme auf §. 187. I, 1. A.L.R. nicht zulässig ist: denn sie widerstreitet indirect den in §. 190. und 228. ausgesprochenen Bestimmungen, und steht in dem Abschn. 4. „von den Rechten und Pflichten der Eheleute in Bezug auf *ihre Person*."

No. 25. *Abwesender. Statutarische Erbportion. Collatio boni proprii.* (S. 383—390.)

Wenn nach statutarischen Rechten der überlebende Ehegatte nur unter der Bedingung, dass er sein eigenes gesammtes Vermögen einwirft, eine Erbportion aus dem Nachlasse des zuerst Verstorbenen zu fordern hat, so kann diese Bedingung von dem Curator eines *abwesenden* Ehemannes durch eine willkürliche Angabe über das Vermögen desselben erfüllt werden (nach der Ansicht des Geh. Ob.Tr. v. 12. Sept. 1836.)

No. 26. *Laudemien. Priorität. Realrecht. Erbzinsklage.* (S. 391—407.)

Schuldner des Laudemii ist ganz allein der neue Erwerber. A.L.R. I, 18. §. 714. 731. Das Laudemium ist gar keine Realforderung und hat daher vor den eingetragenen Schulden des Debenten keinen Vorzug im Concurse. Der Berechtigte hat wegen eines Laudemienrückstandes die Erbzinsklage gegen den Schuldner. — Das Geh. Ob.Tr. liess diese, vom Herausg. so entschiedenen, Fragen in Unbestimmtheit.

No. 27. *Condiction. Irrthum. Zwang. Laudemium.* (S. 407—423.)

Wird zu Folge einer Executionsverfügung, nicht freiwillig aus Irrthum, eine Zahlung geleistet, zu der der Zahlende nicht verpflichtet war, so ist nicht die condictio indebiti, wohl aber die Zurückforderung aus dem Grunde widerrechtlichen Zwanges zulässig; denn eine solche von der fiskalischen Behörde erlassene Verfügung gilt für widerrechtlich, wenn auch erst durch einen nachfolgenden Process diese Qualität der Forderung festgestellt wird. A.L.R. I, 16. §. 206. Auch der Irrthum als Requisit der cond. indebiti wird schon aus dem Ausfalle des spätern Processes über den Grund der gezahlten Forderung dargethan, und ein besonderer Nachweis des Irrthums, wenn der Zahlende seine Verpflichtung anerkannte, bei nachheriger Ausführung der Nichtschuld nicht nöthig. ib. §. 178.

No. 28. *Laudemium. Grund und Boden. Gebäude.* (S. 423—432.)

Die Frage, in wiefern von dem Werthe der auf einem Laudemialpflichtigen Grund und Boden aufgeführten Gebäude das Laudemium entrichtet werden müsse, wird in einem Erkenntniss des O.L.G. zu Breslau, 2. Senat, darnach, ob diese Gebäude zu Folge der lex meliorationis zur Cultur des Erbzinsgutes gehören, oder nicht, bejahend oder verneinend entschieden, wogegen das Königl. Revisions-Collegium von Schlesien in einem vom Geh. Ob.Tr. bestätigten Erkenntnisse sie für die Regel verneint, und einen besonderern Vertrag zur Bedingung des Gegentheils macht.

No. 29. *Buchhandel. Subscription. Lieferungsvertrag.* (S. 433—441.)

Die von andern Buchhändlern, als dem Verleger, gesammelten Subscribenten können gegen den Sammler auf Aufhebung des Vertrags klagen, wenn das Werk nicht innerhalb der bestimmten Zeit erscheint, und der Rücktritt vom Vertrage sowie die Zurückgabe der bereits gelieferten Bände ist ihnen gestattet. A.L.R. I, 11. §. 981. 983. 5. §. 360 bis 367. Entsch. des O.L.G. zu Glogau.

No. 30. *Erbtheilung. Minorenne. Kaufgeld. Gewinn. Eintragung.* (S. 441—445.)

Die bei der Erbtheilung dem Uebernehmer eines Grundstücks aufgelegte Verbindlichkeit, den bei dem künftigen Verkaufe erlösten Gewinn mit seinen Miterben zu theilen, hat an sich keinen Titel zur Hypothek, und gehört nicht in die zweite, sondern in die dritte Rubrik, da dieselbe keine Einschränkung des Eigenthums, sondern nur eine künftige bedingte Schuld begründet.

No. 31. *Altentheil. Eintragung. Titel. Realrecht.* (S. 445—437.)

Der Altentheil muss, insoweit er eine Einschränkung des Eigenthums enthält, ex officio eingetragen werden, und gehört überhaupt in die zweite Rubrik des Hypothekenbuchs. Ausserdem hat er keinen gesetzlichen Titel zur Eintragung.

No. 32. *Altentheil. Wohnungsrecht. Executionsgegenstand.* (S. 457—468.)

Der Altentheil ist im Allgemeinen ein Gegenstand der Execution für die Gläubiger des Auszüglers; in Bezug auf das zum Auszuge gehörige Wohnungsrecht lässt sich solches aber nicht für alle Fälle behaupten, namentlich nicht für das Mitbewohnungsrecht der eigenen Wohnung der Belasteten.

No. 33. *Regierungen. Executionsrecht. Eintragung.* (S. 469—442.)

Hinsichtlich der grundherrlichen Revenuen und Abgaben an den Domainenfiscus, welche die Regierungen zur Leistungszeit durch Execution ungeachtet Widerspruches beitreiben zu lassen berechtigt sind, steht denselben auch deren Eintragung auf das Grundstück des Debenten, mit Vorbehalt der Rechte des Widersprechenden, zu. Entsch. des O.L.G. zu Breslau.

No. 34. *Execution. Fremdrichterliche Urtheile. Leipziger Handelsgericht.* (S. 473—489.)

Die Competenz des Messhandels- und Wechselgerichts in Leipzig gegen die dortigen messebesuchenden bundesstaatlichen, besonders preussischen Unterthanen wird in einem Rescript des Justizministerii v. 17. Juli 1826. in Folge der vom Ministerium des Innern und des Handels communicirten Einwendungen auf den Grund, dass dasselbe nur forum arresti oder contractus sein könnte, der Ansicht des O.L.G. zu Breslau zuwider verneint.

No. 35. *Ablösungen. Regulirungen. Lehen.* (S. 489—502.)

Das bei den zum Ressort der General-Commissionen gehörigen Regulirungen und Auseinandersetzungen in Bezug auf die Schweidnitz-Jauerschen Lehne zu beobachtende Verfahren wird durch einen, vom Ministerium gebilligten, Bericht im Allgemeinen dahin bestimmt, dass die Lehnsfolger, wenn der Besitzer keine lehnsfähige Descendenz hat, von der bevorstehenden Auseinandersetzung Nachricht zu geben haben, und im Interesse des Fiscus als Lehnsherr von Amtswegen auf Anlegung der Capitalablösungen zu halten sei.

No. 36. *Gesinde. Dienstentlassung.* (S. 503—506.)

Des Dienstes entlassenes Gesinde muss, wenn es für die übrige Dienstzeit Entschädigung fordern will, abgesehen von der nachzusuchenden Vermittelung der Polizeibehörde sogleich nach der Entlassung bestimmt seine Wiederannahme fordern. Ges. Ordn. v. 8. Novbr. 1810. §. 160.

No. 37. *Einlieger. Schutzgeld. Vertrag.* (S. 506—522.)

Die Einlieger in den Dörfern sind von Rechtswegen nicht verpflichtet, Schutzgeld an den Gutsherrn zu entrichten; ein desfallsiger Vertrag ist erlaubt. Nachtr. zu No. 1.

No. 38. *Grundgerechtigkeiten. Ersitzung.* (S. 527—529.)

Wer den Beweis der Erwerbung einer Grundgerechtigkeit durch Ersitzung führen will, hat hinsichtlich des Rechtsbesitzes nur zu beweisen, dass er die juris quasi possessio corpore et animo erworben habe. Der §. 14. Tit. 22. Th. 1. A.L.R. bezieht sich (A.L.R. 1. 7. §. 82. 107.) nicht auf die Eigenschaften des Besitzes, sondern auf die Erfordernisse zur Erwerbung des Besitzes an Rechten.

No. 39. *Lehne. Competenz. Auenrecht.* (S. 529—542.)

Die Generalcommissionen sind in allen bei einer Gemeinheitstheilung vorkommenden Streitigkeiten competent, wenn schon die eine Partei kein Ablösung-Interessent ist. Unbebaute Grundstücke oder Lehden und Anger (Auen) gehören präsumtiv der Grund- oder Gutsherrschaft. Ersitzung ist kein Erwerbstitel des Eigenthums an Auen für die Gemeinde oder einen Einwohner, insoweit diese Auen nicht ausserhalb des Dorfes liegen.

No. 40. *Gewohnheitsrecht. Provinzialgesetzbuch. Wenzeslausches Kirchenrecht. Brieg. Gütergemeinschaft. Juden.* (S. 542—564.)

Der Grundsatz, dass Gewohnheitsrechte und Observanzen, welche in den Provinzen und einzelnen Gemeinheiten gesetzliche Kraft haben sollen, dem Provinziallandrechte einverleibt sein müssen, gilt nur, wo das Provinzialgesetzbuch bereits abgefasst ist. Publ. Pat. v. 1794. §. VII. Das Verhältniss der vor dem 11. März 1812 verheiratheten jüdischen Eheleute gegen Dritte, wird nach den Regeln der Gütergemeinschaft beurtheilt, wo solche gilt. Ebend. §. XIV. Eine solche begründet das, in allen Städten des Fürstenthums Brieg gebräuchliche Wenzeslausche Kirchenrecht.

No, 41. *Confusion. Hypothekenrecht.* (S. 564.)

Mit Uebernahme einer auf ein Grundstück eingetragenen Schuld ad rationes pretii von Seiten des Käufers erlischt die persönliche Verbindlichkeit und zwar durch Confusion. A.L.R. I, ib. §. 976.

No. 42. *Schäfer. Miteigenthümer. Societät.*

Ein Antheils-Schäfer hat ein Miteigenthum an der Heerde und kann sein Recht auch gegen den Singularsuccessor des Herrn geltend machen; sein Antheil ist bei der nothwendigen Gutssubhastation vom Verkaufe stillschweigend ausgeschlossen, und der Adjudicator also zu dessen Abfindung verbunden. Ed. v. 16. August 1797.

No. 43. *Entscheidungen der Generalcommission* im bestätigenden Sinne zu No. 20.

III. Nachweisung von Recensionen in andern Zeitschriften.

A. Jenaische Allgemeine Literatur-Zeitung, 1838. Band I.

1. *Januar.* Nr. 5—7. S. 33—51.

Augustin. Theineri Disquisitiones criticae in praecipuas canonum et decretalium collectiones etc. Rom. in Coll. Urb. 1836. XXI. u. 447. S. App. I. II. 166. S. 4. (vergl. Jahrb. I. 785.)

Der Rec. berichtet über den Inhalt und streut Bemerkungen gegen Einzelnes ein. Im Allgemeinen erkennt er den grossen Werth dieser Sammlung an, tadelt aber, dass schon früher Gedrucktes hier unverändert wieder abgedruckt, und auf neuere deutsche Untersuchungen keine Rücksicht genommen worden sei. S. 37. f. theilt er den Anfang eines Verzeichnisses der Päpste vom heil. Silvester bis auf Gregor d. J. aus einer Wolfenbüttler Canonensammlung mit, welches mit einem von *Theiner* mitgetheilten Catalog aus der Wiener Sammlung übereinstimmt. Unter den einzelnen Abhandlungen erklärt er die 1. 2. u. 6. für die gelungensten. Zum Schluss spricht er das Gesammturtheil aus: dass das Werk, „trotz mancher in ihm enthaltener schätzbarer Beiträge, im Allgemeinen die Erwartungen, zu welchen die Mittel des Verfs. berechtigen, nicht erfüllt habe," und verlangt von dem Vf. mehr Tiefe und Gründlichkeit. (Rec. X.)

2. *Januar.* Nr. 7. S. 54—56.

Vertheidigung der landesfürstlichen Rechte gegen die Feinde der neuen Constitutionen in Deutschland von *Georg Freih. von Aretin*, k. baier. Kämmerer und Generalcommissair. Nürnberg, 1837. VI. u. 146. S. 12. (16 Gr.)

„Der Titel ist allgemeiner als der Inhalt des Buches; denn der angegriffenen Feinde sind nur wenige Schriftsteller; namentlich *Vollgraff* (Täuschungen des Repräsentationssystems. 1832.), und die Vertheidigung bezieht sich nur auf die baiersche Constitution." — Der Rec. macht Bemerkungen gegen den Verf über die Absicht der Grossmächte bei art. 13. der Bundesacte, und über den finanziellen Nutzen der ständischen Versammlungen. Er hebt noch hervor, dass sich in der Schrift belehrende Mittheilungen über die Geschichte der altbaierschen landständischen Verfassung finden. (Rec. V—W.)

3. *Januar.* Nr. 10. S. 73—80.

C. G. Zumpt über die Abstimmung des röm. Volks in Centuriatcomitien und über den M. Curius, der den Velinus abgeleitet. Zwei in der k. preuss. Akademie d. Wissenschaften gelesene Abhandlungen. Berlin, Dümmler, 1837. 30. S. 4. (8 Gr.)

Die in der ersteren Abhandlung entwickelte Ansicht, — welche im Wesentlichen schon in des Verfs. Ausgabe der Verrinischen Reden (V.

15. 38.) enthalten ist, — wird vom Rec. bestritten. Ebenso bekämpft derselbe die Meinung, welche der Verf. in der zweiten Abhandlung ausgeführt hat, und nimmt dagegen die alte Ansicht in Schutz, nach welcher *M. Curius Dentatus*, welcher im J. 290. vor Christ. über die Sabiner triumphirte, (und nicht, wie der Verf. will, der unberühmte Zeitgenosse *Cicero's*, *M. Curius*, welcher im J. 60. vor Christ. Quaestor urbanus und im J. 57. Tribunus pl. war,) der Urheber der Ableitung des lacus Velinus gewesen ist. Dabei giebt der Rec. eine andere Erklärung, als der Verf., von dem Rechtsfall bei *Cic.* ad Att. IV. 15. (Rec. *Göttling*.)

B. Jahrbücher für wissenschaftliche Kritik, 1838. Band 1.

1. *Januar*. Nr. 11 — 14. S. 81 — 110.

Monumenta Germaniae historica etc. ed. *H. H. Pertz*. Hannov. Hahn. Legum Tom. I. (1835. XXXVI. u. 578. S.) u. Tom. II. (1837. XXIV. u. 582. S. Pars 2. 218. S.) (vergl. oben S. 131.)

In diesem zweiten Artikel des Berichts über die Monumenta (der erste Artikel war im vorigen Jahrgang der Jahrbücher f. w. K. enthalten) verbreitet der Rec. sich blos über die beiden Legum Tomi. Er bespricht dabei blos referirend das Bedürfniss einer neuen Bearbeitung, die Hülfsmittel des Herausgebers, das kritische Verfahren und die Anordnung desselben, die grossen Bereicherungen und Verbesserungen, welche ihm zu danken sind, und überhaupt das hohe Verdienst, welches er sich durch diese Ausgabe erworben hat. (Rec. *Georg Waitz* in Hannover.)

2. *Februar*. Nr. 21 — 23. S. 161 — 182.

Lebensnachrichten über *Barthold Georg Niebuhr*, aus Briefen desselben und aus Erinnerungen einiger seiner nächsten Freunde. Erst. Band. Hamburg, Fr. Perthes, 1838. 603. S. 8.

Herausgeber sei *Fr. Perthes*, welcher mit *Niebuhr* viele Jahre innigst befreundet gewesen. Das Werk sei keine abgerundete Lebensgeschichte, enthalte aber die reichsten und zuverlässigsten Materialien zu einer solchen. Jedem einzelnen Abschnitt desselben sei eine Einleitung vorausgeschickt, welche von weiblicher Verwandtenhand herrühre. — Der Rec. entwirft auf den Grund der im Buche enthaltenen Mittheilungen ein lebendiges und ins Einzelne gehendes Bild von *Niebuhr's* Schicksalen und Charakter. (Rec. *K. A. Varnhagen von Ense*.)

Miscellen.

1. Ueber eine neu aufgefundene Inschrift.

Unterzeichneter benutzt das Organ dieser Zeitschrift, um das juristische Publicum auf ein Verdienst vorläufig aufmerksam zu machen, welches sein verehrter College, Herr Prof. Ritschl, durch Hervorziehung einer wichtigen Inschrift um das Studium des Römischen Rechts sich erworben hat.

Derselbe fand auf seiner wissenschaftlichen Reise in Italien zu Rom in der Bibliothek S. Maria in Vallicella (vergl. Blume's Iter Italicum III.

161. folg.) einen Codex miscellus, bezeichnet R. 26. fol., welcher unter Anderm eine Reihe von abgezeichneten oder abgeschriebenen Inschriften enthielt. Ein Theil derselben ist bereits edirt, ein anderer aber unedirt. Zu den unedirten (wenigstens so weit unsere Nachforschungen reichen) gehört nun die hier in Frage stehende Inschrift, welche auf fol. 261. a. des Codex steht und die grösste von allen ist. Die Abschrift derselben trägt den Charakter der grössten Genauigkeit und scheint mehr eine Abzeichnung als eine Abschrift genannt werden zu müssen. Nach ihr enthält die Inschrift 27. Zeilen, jede Zeile mit Ausnahme der letzten 50. bis 70. Buchstaben, doch ist das Ende sämmtlicher Zeilen abgebrochen, dergestalt, dass zwar von den obern Zeilen nur einige Sylben oder Wörter, nach unten zu aber allmählig immer mehr fehlt. Wenn, wo und von wem die Inschrift gefunden worden, darüber giebt die Handschrift selbst keine Auskunft, was um so auffallender ist, als die meisten übrigen Inschriften-Copieen, welche sie enthält, zugleich mit Angabe des Fundorts, zum Theil auch des Finders versehen sind. Ein glücklicher Zufall hat aber hier ausgeholfen. Unterzeichneter fand nämlich in dem deutschen Forcellini Tom. III. p. 677. unter dem Wort *Rosatio* folgende Notiz von Furlanetto: *Alia* (sc. inscriptio), *quae extra portam Labicanam prope aquaeductus Claudii imperat: in vinea Hieronym. de Lazaris Romae inventa et accurate descripta fuit a Jo. Zaratino Castellinio, ex cuius schedis haec habentur.* Item. XII. K. Junias die rosationis, item III. N. Januarias die natali meo etc. Die hier angeführten Worte sind nun Zeile 9. unserer Inschrift nur mit Weglassung der unvollständigen Anfangs- und Schlusswörter und mit der offenbar blos auf einem Schreibfehler oder verschiedener Lesung des einen oder andern Abschreibers beruhenden Abweichung, dass im *Cod. Vallicell.* für *N. Januarias* steht *K. Januarias*, und es kann um so weniger bezweifelt werden, dass obiges Citat aus unserer Inschrift entnommen sei, als auch der bei ersterem angegebene Fundort zu dem Inhalte der letztern durchaus passt.

Sie enthält nämlich, wie sich bei einiger Vertrautheit mit ähnlichen urkundlich erhaltenen Rechtsgeschäften des Alterthums ungeachtet der abgebrochenen aber meist leicht zu ergänzenden Zeilen mit Sicherheit feststellen liess, eine *sub modo donatio* von gewissen an der *via Labicana* vor der Stadt belegenen Gärten nebst zugehörigem Hause und Weinbergen von Seiten des C. Flavius Syntrophus an seinen Freigelassenen C. Flavius Aithalos. Der Modus besteht der Hauptsache nach darin, dass der Schenknehmer nebst Descendenz und Freigelassenen zum Genusse des geschenkten Grundstücks auch die später noch vom Schenkgeber letztwillig Freizulassenden, nebst deren Descendenz und Freigelassenen zu gleichen Antheilen zulassen und so das Grundstück stets, nach dem Ausgehen der obigen Personen selbst durch testamentarische Aufnahme fremder Personen in die *nominis familia* von Seiten des letzten Besitzers, in der Familie oder dem Namen des Schenkgebers erhalten werden soll. Dieser Modus ist aber nicht geradezu als solcher, sondern in einer Stipulation ausgedrückt, worin der Schenknehmer Prästation des Interesses uud ausserdem eine nahmhafte Strafe verspricht, wenn er jene Auflage nicht erfüllen würde. Die Formel dieser Stipulation ist nun der wirklichen Vollziehung der Schenkung voraufgeschickt. Darauf folgt diese selbst durch Mancipation und Besitzübergabe, und bei der ersteren wird des Libripens und dessen, den man antestirt habe, in ganz ähnlicher Weise gedacht, wie in der bekannten Schenkungsurkunde des *C. Flavius Artemidorus* (*Spangenberg tab. negot. solemn. p.* 154.). Das Datum der Urkunde ist in der Hauptangabe, der des Monats und Jahres, verloren gegangen, was um so mehr bedauert werden muss, als die erstere für die Geschichte der *donationes sub modo* offenbar von grosser Wichtigkeit ist. Den Beschluss machen die Unterschriften der Zeugen und des Libripens, in deren Gegenwart das ganze Rechtsgeschäft abgeschlossen worden ist.

Nach diesem Inhalte steht nun zu vermuthen, dass die Inschrift eben auf dem Grundstücke gefunden worden ist, welches sie betraf. Ihr Zweck war nicht, wie bei der vorhin gedachten und der ähnlichen Schenkungsurkunde der *Statia Irena* (Spangenberg, l. c. p. 155.), über das Eigenthum eines Monuments und die Berechtigung in dasselbe Todte hineinzubringen zu zeugen; sondern sie sollte theils das Eigenthumsrecht des Schenknehmers und seiner Nachkommen, theils aber auch deren dabei bestehende Verpflichtung für die Folgezeit bekunden, so dass Schenkgeber und Nehmer auf gleiche Weise und mehr noch jener als dieser dabei interessirt waren, dass eine auf Stein eingegrabene öffentlich lesbare und auf dem Grundstück selbst ausgestellte Inschrift das Gedächtniss dieser Stiftung erhielte.

Eine baldige Herausgabe der Inschrift, die unter denjenigen, welche über Privatrechtsgeschäfte aus der besseren Zeit sich erhalten haben, in Zukunft vermuthlich den ersten Platz einnehmen wird, ist zu wünschen und zu hoffen.

Breslau, den 15. Dec. 1837.

E. Huschke.

2. Beförderungen.

Die Herren Dr. *Schnell*, Lector zu Zürich, und Dr. *Wunderlich*, Privatdoc. zu Göttingen, sind zu ausserord. Prof. der R. zu Zürich ernannt worden. — Dem Privatdoc. d. R. zu Heidelberg, Hrn. Dr. *Sachsse*, ist die Stelle eines Secretairs bei der dortigen Universitäts-Bibliothek übertragen worden. — Hr. Hofr. u. Prof. Dr. *Warnkönig* wird von Freiburg nach Heidelberg übergehen, und dort das Fach des Badischen Landrechts übernehmen.

3. Todesfall.

Am 11. Febr. starb zu Giessen der Geh. Justizrath, Ritter u. s. w. Dr. *W. F. von Clossius*. Seinem Hingange in der Kraft der Jahre folgt die allgemeine Trauer seiner Collegen und Schüler.

Anzeige.

Der Unterzeichnete fühlt sich gedrungen, den Lesern der Kritischen Jahrbücher einstweilen die vorläufige Anzeige zu machen, dass er auf Herrn *Huschke's*, fünfzig Seiten füllende Recension seiner *Recuperatio der Römer* (Krit. Jahrb. Oct. 1837.), Hauptpuncte betreffend, geeigneten Orts die gebührende Rücksicht nehmen wird. — Schon jetzt erlaubt er sich indessen das juristische Publicum darauf aufmerksam zu machen, welche Waffen Herr Huschke, der bekanntlich früher selbst über Recuperatoren geschrieben, gegen den Unterzeichneten gebraucht hat. —

Sogleich in der fünften Zeile der erwähnten Recension sagt er, seit seinem ausführlichen Excurse über das judicium recuperatorium sei derselbe Gegenstand, „*jedoch nur theilweise*, in einer Doctordissertation von Jul. Aug. Collmann (. . . . .) bearbeitet worden," und die angedeutete Parenthese füllt er folgendermaassen aus: „de Romanorum judicio recuperatorio pars prior. Berol. 1834. — nicht commentatio Berol. 1835., wie der Verf. S. XI. auch ohne Angabe der Vornamen citirt, *daher er fast diese Schrift nicht selbst gesehen zu haben scheint*." Ein Recensent, der die Wahrheit für seine Ansichten so apodiktisch in Anspruch nimmt, wie Herr Huschke in gedachter Recension, der hätte, sollte seine Unfehlbarkeit nicht gleich von vorn herein einen harten Stoss erleiden, obige Worte nicht schreiben dürfen. Denn es geht ja aus ihnen hervor, dass ihm die im Jahre 1835 Statt gehabte *Fortsetzung* und *Beendigung* der Collmann'schen Abhandlung, die seitdem den vom Unterzeichneten richtig citirten Titel führt, völlig unbekannt geblieben ist. An dieser Unbekanntschaft wäre nun nach den Ansichten des Unterzeichneten in der That sehr wenig gelegen, wenn sie nur den Titel der Collmann'schen Abhandlung beträfe, obwohl Herrn Huschke schon dieser und noch dazu ganz ohne Grund zu bitterm Tadel gereizt hat; allein die Sache erlangt dadurch eine besondere Bedeutung, dass Herr Huschke in Gefolge deren mit dem Standpuncte der Wissenschaft in Bezug auf den von ihm früher bearbeiteten und nunmehr recensirten Gegenstand nicht vertraut ist, indem die ihm entgangene zweite Hälfte der Collmann'schen Abhandlung denselben Umfang hat, wie die erstere. (Im Ganzen zählt sie 86. Seiten, die letzteren enger gedruckt; Herr Huschke kennt sie bis zur Mitte der pag. 45.) Diess erscheint für die Würdigung des resultativen Urtheils jener Recension wichtig, wonach durch die Abhandlung des Unterzeichneten der behandelte Gegenstand „statt gefördert oder gar erschöpft, vielmehr zurückgebracht worden" sein soll. — Herrn Huschke ist es freilich als früherem Bearbeiter derselben Materie laut seiner eigenen Betheurung „*peinlich*," so hart urtheilen zu müssen. Aus diesem peinlichen Gefühle ist wohl auch unter andern obiger Vorwurf hervorgegangen, ich scheine Collmann's Schrift nicht selbst gesehen zu haben, während doch, von den häufigen Citaten derselben ganz abgesehen, sogar Stellen daraus wörtlich angeführt sind? (Vergl. pag. 10. 49.)

Giessen, im December 1837.

Professor Dr. *Carl Sell.*

Antwort.

Da es mir beim Recensiren nur um die Sache zu thun ist, und man persönlich Niemanden nichts schuldig sein soll, so halte ich mich Hrn. Prof. Sell zu der Erklärung verbunden, dass es mir leid thut, ihm durch die ausgesprochene Vermuthung, er habe die Collmann'sche Schrift nicht selbst gesehen, zu nahe getreten zu sein. Diese Vermuthung war übrigens keineswegs, wie er sie nimmt oder darstellt, als „bitterer Tadel" gemeint. Unbekannt mit der später erschienen Fortsetzung — und eine solche Unbekanntschaft ist wohl bei einer wenigstens in den hiesigen Buchhandel meines Wissens nicht gekommenen ursprünglichen Gelegenheits-Schrift sehr verzeihlich — wollte ich nur mir und den Lesern erklären, wie es komme, dass der von Hrn. Prof. Sell angeführte Titel mit dem der vor mir liegenden Schrift nicht übereinstimmte. Es kommt ja nicht selten vor, dass man beim besten Willen nicht im Stande ist, sich eine akademische Gelegenheitsschrift selbst zu verschaffen und sich mit Auszügen eines Freundes begnügen muss.

Alles Uebrige in der vorstehenden Antikritik kann ich nur als Persönlichkeiten betrachten, die ich unter solchen Umständen aus Grundsatz nicht beantworte. Dagegen will ich, da hier einmal von Berichtigungen die Rede ist, die Gelegenheit benutzen, einen später entdeckten Irrthum in der besprochenen Recension selbst zu verbessern. Ich habe S. 869. *seponere* von *sed* und *ponere* abgeleitet. Dieses ist unrichtig, da die erste Sylbe in *seponere* wie in allen ähnlich zusammengesetzten Wörtern lang ist und *sed* nach *Charisius* ehemals *sedum* hiess, woraus es also durch Apokope entstanden zu sein scheint. Dieses Beispiel muss also a. a. O. wegfallen — dem zu beweisenden Satze jedoch unbeschadet.

E. Huschke.

I. Recensionen.

Staats- und Rechtsgeschichte der Stadt und Landschaft Zürich. Von **Dr. J. C. Bluntschli**, ordentl. Prof. der Rechte an der Univers. Zürich. *Erster Theil.* Die Zeit des Mittelalters. Zürich, Orell, Füssli u. Comp. 1838. VIII. u. 496. S. gr. 8.

Das Privatrecht der deutschen Schweiz ist auch noch in seinem gegenwärtigen Zustande für den Germanisten von besonderem Interesse, weil es sich mehr als irgend ein germanisches vom Einfluss des römischen Rechts frei erhalten hat. Gar manche Institute, welche dieses in Deutschland schon längst verdrängt oder fast unkenntlich gemacht hat, finden sich in der Schweiz noch beinahe unverändert, wie in der ältesten Zeit; andere, die durch das römische Recht dort eingeführt wurden, sind hier bis auf den heutigen Tag unbekannt. So besteht z. B. im Kanton Zürich das Güterrecht der Ehegatten in der Regel noch ganz so, wie der Sachsenspiegel es darstellt, die altdeutsche Erbordnung bildet die Regel, das Repräsentationsrecht ist selten, die Testirfreiheit noch in mancher Beziehung beschränkt, das Institut der Verjährung gänzlich unbekannt u. s. w. Um so mehr ist es zu bedauern, dass für die wissenschaftliche Bearbeitung des schweizerischen Rechts bis jetzt noch so wenig geschehen ist. Die trefflichen Stadt- und Landesgeschichten von *Arx*, *Ochs*, *Puppikofer*, *Zellweger* u. a. enthalten zwar sehr viele für die Geschichte des öffentlichen Rechts interessante und wichtige Notizen. Auch ist für die Geschichte der Rechtsquellen, namentlich von Dr. *Frey*, schon manches Gediegene geleistet. Allein das eigentliche Privatrecht hat bis jetzt in allen Cantonen, ausser Zürich, Bern, Basel und Luzern, gar keine, und in diesen letzteren nur eine sehr kümmerliche Bearbeitung erfahren. Was Zürich insbesondere betrifft, so ist bis zum J. 1806 so gut als nichts geschehen.

In jenem Jahre erschien eine kleine Schrift über das zürcherische Erbrecht von *Keller* von geringem Werth, volle funfzehn Jahre später dann eine gründliche und sorgfältige Bearbeitung des Pfandrechts und Pfand- und Betreibungsprocesses von *v. Weiss*, und 1827. eine recht fleissige, aber wegen der Dürftigkeit der zürcherischen Wechselordnung für gemeines deutsches Recht nicht sehr bedeutende Abhandlung des Wechselrechts von *Pestalutz*. In jüngster Zeit sind dann einige schätzbare kleinere Abhandlungen von *Bluntschli*, *Finsler*, *Keller*, *v. Weiss* u. a. in der Zürcherischen Monatschronik erschienen.

Bei diesem Zustande der schweizerischen und insbesondere zürcherischen Rechtswissenschaft, verdient eine Arbeit, wie die vorliegende, welche mit Gründlichkeit und mit Benutzung zahlreicher ungedruckter Quellen die Geschichte des zürcherischen Rechts in ihrem ganzen Umfange behandelt, besonders dankbare Anerkennung. Da die Darstellung so gehalten ist, dass das Buch für jeden Gebildeten verständlich, so wird ihm Beachtung und Beifall im engeren und weiteren Vaterlande des Verfs. nicht fehlen. Schwerer bricht sich ein solches Werk im Auslande Bahn, und so dürfte es nicht überflüssig sein, besonders auf dasselbe aufmerksam zu machen. Ref. will zu dem Ende versuchen, ein gedrängtes Bild von dem Gang und Inhalt des Buches zu geben, und das hervorzuheben, was die deutsche Staats- und Rechtsgeschichte überhaupt durch dasselbe gewonnen, mithin namentlich nachzuweisen, in wieweit durch die Forschungen des Verf. ganz Neues erbeutet oder bisher zweifelhaft Gewesenes fester gestellt worden ist. Wünsche, die sich bei uns geregt, Zweifel, die uns entstanden, Irrthümer, denen wir begegnet, wollen wir jedoch nicht verschweigen, und erlaubt sich Ref. in dieser Beziehung die Aufmerksamkeit der Germanisten besonders auf das zu lenken, was S. 201. folg. dieser Anzeige über die Liten und Freigelassenen aus eignen Forschungen mitgetheilt ist.

Nach einem kurzen Vorwort über die Bedeutung einer zürcherischen Staats- und Rechtsgeschichte, wird in drei Büchern die Zeit bis zur Auflösung der fränkischen Monarchie (888.), die bis zur Brun'schen Verfassungsveränderung (1336.) und die bis zur Feststellung der Reformation (1531.) und zwar in jedem dieser Abschnitte zuerst das öffentliche, dann das Privatrecht abgehandelt. Der zweite Band soll in einem vierten Buche die Zeit von 1531—1798. und in einem fünften die von 1798. bis auf die Gegenwart darstellen. Dass Ref. kein Freund des Periodisirens ist und eine Abtheilung des ganzen Materials in zwei Hälften, chronologische Entwickelung der ganzen Staatsform von der ältesten bis auf die neueste Zeit und chronologische Entwickelung des Privatrechts mit Zerfällung dieses letzteren in die einzelnen Institute, für eine klare Darstellung des organischen Entwickelungsganges zweckmässiger hält, hat er bei einer andern Gelegenheit ausgesprochen und muss auch im vorliegenden Fall dabei bleiben, da namentlich bei den privatrechtlichen Instituten die schlimmen Folgen hier und da nicht ausgeblieben sind. Doch will er sich gern bescheiden, dass, wenn die Behandlung nach Perioden mit solcher Freiheit wie in unserm Werke geschieht, die Nachtheile sehr verringert werden; denn überall hat sich der Verf. nicht mit sclavischer Strenge an die aufgestellten Zeitabschnitte gebunden, sondern gar häufig, namentlich beim Privatrecht, aus einer Periode in die andere vor oder zurück gegriffen.

Wir wenden uns zum Einzelnen. Zuerst wird von der helvetisch-römischen Vorzeit, dann vom Eindringen der Alemannen gehandelt. Hier, wie sich erwarten liess, nur Bekanntes. Der Verf. theilt die Ansicht, dass die Alemannen die römische Verfassung gänzlich zerstörten, aber nicht die, dass auch alle Römer vertrieben und getödtet wurden; er bezweifelt vielmehr nicht, dass viele als unfreie Colonen der Sieger ihre Aecker fortgebaut hätten. Freie Römer und Fortdauer des römischen Rechts für sie werden niemals in den thurgauischen Urkunden erwähnt. Hier gelegentlich in Note 3. eine interessante Stelle aus einer Urkunde von 920. über Fortdauer des römischen Rechts in Rhätien. Es folgt nun eine sorgfältige Untersuchung über den Thurgau und Zürichgau. Bis zum J. 853. wird Zürich als im Thurgau gelegen erwähnt; seitdem kommt ein eigner Zürichgau vor, zu dessen Bildung, nach des Verfs. Ansicht, die königliche Stiftung der Fraumünsterabtei in Zürich Veranlassung gegeben haben soll. Die schon vor 853. in mehreren Urkunden vorkommende merkwürdige Bezeichnung: „in pago Durgaugiensi, sed in sito Zurihgawia“ erklärt der Verf. als Erinnerung an einen vielleicht schon in der celtischen Zeit vorhanden gewesenen besonderen Zürichgau. Wie wünschenswerth ist es, dass die in Deutschland so weit gediehenen wichtigen Forschungen in der Gaugeographie auch über die Schweiz ausgedehnt werden!

In §. 7. „Von Eintheilung des Bodens und Ortsnamen,“

wird mit Recht darauf aufmerksam gemacht, dass man sich die Gegend von Zürich in jener Zeit nicht als eine Wildniss, sondern als durch die Römer schon ziemlich cultivirt denken müsse; das frühe Verschwinden grosser Märkerschaften wird daraus begreiflich. Von Endungen der Ortsnamen werden die wichtigsten und am häufigsten vorkommenden erläutert. Vor allem das räthselhafte ikon. Es ist zusammengezogen aus inghoven, bedeutet also, da ing auf Abstammung hinweist, den Hof oder Aufenthalt der und der Familie; also z. B. Zollikon für Zollinghofen, Wohnung der Zollinger. Die Endung wang, wanc wird für Abhang erklärt. Allein wang ist nach Scherz Glossar und auch noch in der jetzigen Volkssprache ein angerodetes und eingezäuntes Stück Land. Die Endung würde also gleichbedeutend sein mit dem in deutschen Gebirgen häufig vorkommenden rode oder rüti (von ausroden, ausreuten) und schwand (von schwinden, wo der Wald geschwunden ist? oder vielleicht identisch mit wang, wanc, so dass das *sch* zu der vorhergehenden Sylbe gezogen werden muss z. B. Mengenschwand statt Mengens - wanc?).

Ueber die merkwürdige Dreitheiligkeit des Standes der Freien bei den Alemannen giebt der Verf. leider keinen neuen Aufschluss. Dagegen wird S. 29. das höhere Wehrgeld eines Gemeinfreien, der keine Söhne hat, auf sinnreiche Weise daraus erklärt, dass man zu dem gewöhnlichen Wehrgeldsanschlag von 160. Schilling noch das Wehrgeld eines neugebornen Kindes von 40. Schilling hinzugerechnet habe, weil durch den Tod jede Fortpflanzung des Geschlechts unmöglich geworden. Rücksichtlich der servi bekennt sich der Verf. zu der Ansicht, dass dieselben von jeher als rechtsfähige Wesen angesehen worden. Wir können nicht beipflichten. Wenn nach Tacitus dem Herrn ungestraftes Tödtungsrecht zustand, wenn nicht blos in der Lex Frisionum, die man gewöhnlich allein anführt, sondern auch gerade in der L. Alamann. VII. 1. XXXIV. u. LXXXVII. die servi res genannt und in eine Kategorie mit den Thieren gestellt werden, wenn den servis kein Recht vor Gericht gegen ihren Herrn aufzutreten, zustand, so sehen wir nicht ein, wie man sie rechtsfähig nennen und wie man die ihnen vom Herrn eingeräumten Befugnisse anders als für unbedingt widerrufliche Gnadenrechte ansehen kann. Nur so viel lässt sich behaupten, dass die servi in mehreren Volksrechten schon im Uebergangszustande erscheinen, daher denn z. B. namentlich in der L. Wisigothorum das Züchtigungs- und Tödtungsrecht aufgehoben wird. Interessant ist in dieser Beziehung auch, was bisher noch nicht beachtet worden, dass in den Zusätzen zum friesischen Gesetzbuch schon ein Wehrgeld für die servi festgesetzt wird, während das Gesetzbuch selbst Taxation vorschreibt.

Was die Liten betrifft, so denkt sie sich der Verf. wie die Clienten der Römer und die Sudras der Indier als einen ursprünglichen, dienenden, aber zum Volke gehörigen Stand, und glaubt, dass die härtere Knechtschaft späteren Ursprungs und eine Folge kriegerischer Eroberung und Verwilderung sei. Hiermit ist in Verbindung zu setzen, was dann in §. 12. von den Bewohnern der in Zürich befindlichen königlichen Burg, welche unter dem Namen Fiscalinen, Reichsleute, vorkommen, gesagt ist. Der Verf. erklärt nämlich diese in Folge einer Vergleichung der wichtigsten Stellen der Capitularien, in denen Fiscalinen vorkommen, für unfreien Standes, den Liten gleichstehend, und zur Vertheidigung der Burg verpflichtet.

Ref. hat in seiner Geschichte der deutschen Reichsverfassung S. 9. die Liten für Freigelassene, die vorzugsweise zu Kriegsdiensten gebraucht wurden, erklärt. Diese Ansicht ist dann von *Gaupp* Gesetz der Thüringer S. 149. fg. bestritten worden, während die letzte Stimme, die sich über diese interessante Streitfrage erhoben, die von *Wilda* in diesen Jahrbüchern 1r. Band, S. 329. fg., wenigstens für die Entstehung des Verhältnisses durch Freilassung sich erklärt hat. Ref. hat sich in jüngster Zeit wieder mit Untersuchung dieses Gegenstandes beschäftigt und will die Resultate, welche seine früher ausgesprochene Ansicht vollständig bestätigen, in gedrängter Kürze hier mittheilen, sich die weitere Ausführung für einen andern Ort vorbehaltend.

Was zuerst die *regelmässige* Entstehung des Verhältnisses durch Freilassung betrifft, so geht dieselbe hervor:

1.) aus den bekannten Stellen der ältesten sächsischen Geschichtschreiber über die Stände ihres Vaterlandes;

2.) aus der Ueberschrift des Tit. 25. der L. Salica, wo die liti des Gesetzes selbst mit liberti übersetzt werden. Hierauf hat auch *Wilda* a. a. O. aufmerksam gemacht.

3.) In Tit. 79. der L. Sal. stehen puer (d. h. ohne Zweifel puer regius) und libertus neben einander, während sonst immer puer regius und litus.

4.) Die homines regii und ecclesiastici des ripuarischen Gesetzes correspondiren den pueris regiis und litis des salischen; dass aber die homines ecclesiastici Freigelassene sind, ergiebt sich theils aus einer alten Glosse zu Tit. 36., theils aus ihrer Identität mit den tabulariis, welche mit Bestimmtheit aus Tit. 58., Cap. 2. 5. 8. und 11. hervorgeht.

5.) Das alemannische Gesetzbuch zählt als verschiedene Stände auf: servi mit 15. bis 45. sol., manumissi mit 80., liberi mit 160., medii mit 200., meliorissimi mit 240. In den späteren Anhängen zum Gesetzbuch findet sich dagegen folgende Stufenreihe: servus, litus, liber, minoflidus, medianus und primus. Dass minoflidus = minor, medianus = medius, primus = meliorissimus leidet keinen Zweifel. Litus correspondirt also dem manumissus, womit auch das Wehrgeld übereinstimmt. Eine direete Hinweisung auf diese Identität scheint auch das freilich corrumpirte Cap. 27. der Zusätze zu enthalten.

6.) Die den Liten gleichgestellten aldii der Longobarden werden bekanntlich als *liberti* cum impositione operarum erklärt, und statt des Wortes aldius findet sich öfter in den beigefügten Glossen und Formeln die Benennung libertus. Endlich lässt Roth. 227. den aldius wenigstens *auch* durch Freilassung entstehen. Anderes scheint freilich zu widersprechen, z. B. Roth. 206. vergl. mit 207.

7.) Die liberti der L. Angl. et Werin., der L. Burgund. und der L. Wisigoth. haben in Wehrgeld und Bussen fast ohne Ausnahme die Hälfte von denen der Freien, gerade wie diess bei den Liten des salischen, friesischen und sächsischen Gesetzbuchs und bei den homines ecclesiastici des ripuarischen der Fall ist. Eben so haben die frilaz des bairischen in den Bussen stets die Hälfte und nur beim Wehrgeld ein Viertel; allein in der That scheint aus dem *bis* octuaginta des Wehrgelds der Freien auf eine spätere Verdoppelung geschlossen werden zu dürfen.

Wir fügen diesen Beweisen nur noch eine allgemeine Bemerkung über die Freigelassenen bei. Man hat bis dahin diese Classe von Personen nicht in die Zahl der geschlossenen Stände aufnehmen wollen, hauptsächlich aus dem Grunde, weil ihr Verhältniss nicht durchaus erblich gewesen. Dieser letzte Grund scheint jedoch in der That auf einer Unrichtigkeit zu beruhen, indem nämlich wohl alle deutschen Völker zwei Stufen der Freilassung kannten, nämlich eine Entlassung in völlige Unabhängigkeit und eine, bei welcher für den Freigelassenen *und seine ganze Nachkommenschaft* ein bestimmter Complexus von Pflichten gegen den Freilasser *und dessen Nachkommenschaft* fortbestand. Man vergl. z. B. L. Rip. 58., 1. 9. 10. 14. Form. Marculf. II. 17. L. Wisigoth. V. 7. 11. 17. 20. 21. Da nun überdiess durch alle Volksgesetze die Halbirung der Freigelassenen im Verhältniss zu den Freien mit einer höchst merkwürdigen Gleichförmigkeit durchgeführt ist, da ferner, wo die Stände aufgezählt werden, sehr häufig die Freigelassenen zwischen den servis und liberis vorkommen (vergl. bes. L. Wisigoth. II. 4., 8. III.. 3., 11. V. 7., 5. VI. 4., 3. VIII. 1., 1. 5. VIII. 4., 16.), da endlich das bairische und westgothische Gesetzbuch (L. Baj. tit. 4. L. Wisig. V., 7.) sogar in ausführlichen Abschnitten ausschliesslich von ihnen handeln, so sieht man nicht ein, warum den Freigelassenen nicht gleiches Recht widerfahren soll, als den wenigstens immer noch problematischen Adlichen der ältesten Zeit.

Wir wenden uns zum zweiten Theil unserer Ansicht über die Liten, nämlich: das Charakteristische ihres Verhältnisses bestand in der Verpflichtung zu Kriegsdiensten für ihren Herrn. Die Beweise sind folgende:

1.) Die Liten wurden auch von den römischen Siegern unter dem Namen der Lacti vorzugsweise zu Kriegsdiensten gebraucht.

2.) Die Worte: *qui cum domino suo in hoste fuerit* in L. Sal. tit. 25. erscheinen als ein späteres Glossem, und wollen daher das Charakteristische der Liten angeben.

3.) Die Liten werden im salischen Gesetzbuch immer mit den pueris regiis verbunden, dass man sich aber unter diesen königliche Kriegsleute, Scharwächter, Trabanten, oder wie man sie nennen will, zu denken hat, lässt sich aus Gregor v. Tours mit ziemlicher Gewissheit nachweisen.

4.) In L. Sal 76., 7. wird lita durch miletunia erklärt, was wohl nichts anderes als ein Femininum von miles sein kann.

5.) L. Rip. 65. schreibt für die Liten, und L. Wisig. V. 7., 20. für die Freigelassenen ausdrücklich Kriegsdienste vor.

6.) Oefter geschieht der Liten gerade bei Waffen- und Gewaltthaten Erwähnung, z. B. in dem schon angeführten Hofrecht von Xanten Cap. 43. und in sächsischen Urkunden kommen sie namentlich bei den Kastellen vor.

7.) In demselben Hofrecht Cap. 42. heisst der Herr des Liten sein senior.

8.) In Cap. a. 803. Cap. 2. werden die Liten mit den Fiscalinen zusammengestellt, Fiscalinen aber werden häufig die Bewohner kaiserlicher Burgen und im alten Wormser Dienstrecht auch die bischöflichen Kriegsleute genannt.

9.) Bei den Dänen kommen *Lithsmen* oder Huskarla als Leibwache des Königs und der Grossen vor. Die letztere Benennung ist offenbar nichts anderes, als der Name Hussgenossen, Familiares, der sich für die ritterlichen Ministerialen der späteren Zeit findet.

10.) Dass ebenso nicht blos der fränkische König ausser seinen Kronvasallen, sondern auch die geistlichen und weltlichen Grossen schon zur Zeit der Volksrechte ein stehendes Gefolge von niedern Kriegsleuten hatten, ist allgemein angenommen. Welches ist aber der ursprüngliche Name gewesen? Bei den Westgothen kommt der Name buccellarii vor, d. h. wohl Schildträger od. Buckler (L. Wisig. V. 3.). Für die übrigen Völker wird gewöhnlich der Name Vasallen supponirt; allein er findet sich nirgends in den Volksrechten, und auch vassus kommt nur zweimal und zwar das eine Mal offenbar als Kronvasall, das andere Mal auf sehr zweideutige Weise (denn dass in L. Alem. 79. statt „vassos“ „vaccas“ zu lesen ist, dürfte kaum bezweifelt werden können) vor. Sollte nun nicht gerade der Name Liten die Bezeichnung für diese Krieger gewesen sein? Dass derselbe nichts anderes als „Leute“ ist, wird aus den Uebergängen luiti, liuti, luti, leuti, welche sämmtlich in den Urkunden erscheinen, sehr wahrscheinlich. Sowie nun die grossen Kronvasallen Leudes, Leute hiessen, so hätten auch diese niedern Krieger Leute geheissen. Es würde sich alsdann hiermit so verhalten, wie mit dem Namen ministeriales, welcher ja auch für Diensttbuende der verschiedensten Stufen gebraucht wird, und wie leider mit noch so vielen andern germanischen Benennungen, ein Umstand, durch welchen die Erforschung der ältesten Standesverhältnisse so schwierig wird.

In den aufgeführten Beweisen sind zugleich Andeutungen über den directen Zusammenhang der Liten mit den ritterlichen Ministerialen, welchen Ref. ebenfalls schon in seiner Geschichte der deutschen Reichsverfassung behauptet hat, enthalten. Diese Spuren verdienen genauer verfolgt zu werden, so wie manche andere noch übrig bleibende Dunkelheiten und Zweifel weiterer Aufklärung und Lösung bedürfen.

Wir kehren zu unserm Verfasser zurück. Neben der königlichen Burg bestand nun auch schon vor dem Ende dieser Periode eine Propstei und ein Frauenkloster mit Immunität in Zürich, und sowie die Burg ihre Fiscalinen, so hatten die geistlichen Stiftungen ihre freien und unfreien Hintersassen. Endlich gab es in Zürich auch schon in jener Zeit freie volle Grundeigenthümer. Alle diese verschiedenen Bestandtheile weist der Verf. aus zum Theil dürftigen Spuren mit grosser Feinheit nach. Nachdem dann mit wenigen Worten von den Rechtsquellen der damaligen Zeit geredet ist, wird in §. 18. das Strafrecht behandelt. Dass die bedeutendsten Bussen für Körperverletzungen öfters in einem bestimmten Verhältniss zum Wehrgeld stehen, z. B. Abhauen des Fusses gleich ½, Abhauen des Beins gleich ½ Wehrgeld, darauf haben auch schon *Gaupp* und *Wilda* aufmerksam gemacht. Es stimmt auch damit die L. Burgundionum überein. §. 19. Von den Gemeinden. Hier interessante Bemerkungen über den Begriff des deutschen Gesammteigenthums, welche als Ergänzung und weitere Ausführung der trefflichen Entwickelung Beselers gelten können. Das Vorhandensein von Weilern *und* Höfen wird nachgewiesen. Ob wohl auch in diesen Gegenden, wie z. B. *Schmidt* für die Wetterau, *Wigand* für die Gegend von Corvey gezeigt hat, die Zahl der Weiler im 9. Jahrhundert grösser war, als die der jetzigen Dörfer? — Von Benutzung der Allmendgüter findet sich für jene Zeit nur Ein urkundlicher Beweis in Note 184. Ein interessantes Beispiel v. J. 1303. giebt die Note 181. Noch später treten dann diese Allmenden sehr bestimmt und häufig hervor und haben sich bis auf die neueste Zeit erhalten. Rücksichtlich des Nutzungsrechts näherte sich, wie der Verf. weiter unten S. 252. fg. zeigt, das Verhältniss dem Zustand Westphalens. Vollberechtigt war nämlich nur der, welcher innerhalb der eigentlichen Dorfgemarkung (Etter) ein eignes Haus (eine Ehehofstatt) und Grundbesitz hatte, und in jenem Haus wohnte. Andern waren nur gnadenweise kleinere Berechtigungen zugestanden. Von gemeinen Marken, die nach Art der hessischen und nassauischen im Eigenthum *mehrerer* Dörfer gestanden, hat der Verf. wenige Spuren gefunden, und er glaubt daher, dass die Allmenden regelmässig nur Einem Dorf gehörten. Wenn aber auf Seite 85. doch noch vom J. 1314. ein Beispiel jener Art angeführt wird, so scheint es gewagt, ihr häufigeres Vorkommen auch für eine volle fünf Jahrhunderte frühere Zeit zu läugnen. In einem so langen Zeitraum musste der Anbau des Landes sich bedeutend verändert haben. In der Gegend zwischen Rhein, Main und Lahn gab es z. B. noch im vorigen Jahrhundert neben vielen Gemeindewäldern und Gemeindeweiden *einzelner* Dorfschaften eine grosse Zahl von Märkerschaften, die aus mehreren, zuweilen 20. 30. Dorfgemeinden bestanden. Im 19. Jahrhundert sind nun aber auch diese im 18ten noch vorhandenen Märkerschaften alle bis auf eine einzige, die Hohenweisler, in der Art getheilt worden, dass jedem einzelnen Dorfe ein besonderer Antheil des Markwaldes als sein Gemeindewald zugewiesen wurde. Solche Auftheilungen von Marken haben aber wohl ohne Zweifel zu allen Zeiten Statt gehabt. Von Westphalen ist ein Beispiel schon aus dem Jahr 1303. bekannt (Kindlinger münster. Beitr. II. Nr. 50.). Dass übrigens in Alemannien die Sache jedenfalls schon früher weiter gediehen war, als in Norddeutschland, lässt sich nicht bezweifeln und erklärt sich, wie oben schon berührt wurde, aus dem früheren Anbau jener Länder durch die Römer.

So wie wir jene Behauptung des Verfs. modificiren möchten, so eine andere S. 86. aufgestellte, dass die Zürcher Markgenossenschaften, verschieden von den oberrheinischen und westphälischen, sich nicht bloss auf den Besitz und die Benutzung der gemeinen Mark bezogen, sondern als Dorfgemeinden eine viel weiter gehende politische Bedeutung gehabt hätten. Diess kann doch nicht wohl von den vom Vf. selbst zugegebenen Ausnahmsfällen gelten, wo mehrere Dörfer Gesammteigenthümer einer Mark sind; bei ihnen bezog sich die Verbindung doch wohl auch ausschliesslich auf die Benutzung dieser Mark. Und somit wäre also der Zustand Alemanniens wenigstens von dem der oberrheinischen Gegenden nur in sofern verschieden, als hier die Zahl der ausschliesslich auf Markbenutzung sich beziehenden Genossenschaften weit grösser war als dort.

Dagegen theilt Ref. die Ansicht des Verfs., dass die Verbindung eines privatrechtlichen und öffentlichen Elements in den Dorfgemeinden älter und ursprünglicher ist, als die Trennung beider; er dehnt selbst diesen Satz noch weiter aus, indem er glaubt, dass selbst die aus mehreren Dörfern bestehenden Märkerschaften *ursprünglich* neben der privatrechtlichen auch eine politische Bedeutung gehabt, ja wohl nichts anderes als die alten Centgemeinden gewesen sind, und erst zur Zeit der Auflösung der Gauverfassung in der Regel ihre politische Bedeutung verloren haben. Wir sagen: in der Regel; denn dass sogar noch im 16. Jahrhundert zwei sehr merkwürdige Beispiele von grossen Märkerschaften, die im Besitz der Civil- und Criminalgerichtsbarkeit sind, vorkommen, hat Ref. in seiner Schrift über die Markgenossenschaften S. 5. 6. gezeigt.

In den acht letzten Paragraphen dieses Abschnittes handelt

nun der Verf. die rein privatrechtlichen Institute in folgender Reihe ab: Eigenthum; abgeleiteter Besitz; Ehe; Güterrecht der Ehegatten; Vogtschaft des Vaters; übrige Vormundschaft; Forderungen; Erbrecht. Wir heben Folgendes heraus. Von der als Regel zugegebenen Nothwendigkeit gerichtlicher Auflassung bei Uebertragung des Eigenthums an Immobilien wird eine Ausnahme dargethan für Veräusserungen an die Kirche; bei ihnen genügten Urkunden, da die Kirche von jeher einen grossen Werth auf solche gelegt; selbst an Einwirkung des römischen Rechts könne man dabei denken. An Precareien wird schon in Urkunden des 8. und 9. Jahrh. nicht blos den Söhnen der Besitz zugesichert, sondern auch den Töchtern, den Enkeln durch den Sohn, den Enkeln und Enkelinnen durch die Tochter, ja zuweilen noch entfernteren Descendenten und sogar in die Seitenlinie hinüber. Auch auf den früher nicht beachteten Vorbehalt der Wiedereinlösung von Seiten des Precareiauftragers wird aufmerksam gemacht. Von der dos des alemannischen Gesetzbuches, welche in Mobilien bestand, unterscheidet der Verf. das in Urkunden vorkommende, in Immobilien bestehende, Wittum. Starb die Frau in der Ehe, so konnten ihre Erben jene dos nicht fordern. Für diesen bisher nur als wahrscheinlich angenommenen Satz wird ein künstlicher Beweis aus L. Alam. tit. 56. entnommen, wo es heisst, wenn eine überlebende Frau ihre dos aus dem Vermögen des Mannes erhalten, nun zum zweiten Mal heirathe, und in dieser zweiten Ehe sterbe, so solle jene dos auf *ihren zweiten Mann* und dessen Söhne, also nicht an ihre Erben fallen. Bedenklich bleibt dieser Beweis immer, da durch das Erwerben der dos aus dem Vermögen des ersten Mannes, diese doch ein besonderes Gut zu sein aufhören und mit dem übrigen Vermögen der Frau vermischt werden musste, und was davon galt, nicht wohl auf ein Geschenk des zweiten Mannes selbst ausgedehnt werden darf. Auffallend ist es nun allerdings, dass *der zweite Mann oder* dessen Söhne und nicht blos die letzteren allein sie bekommen sollen. Man könnte daraus folgern, dass der Ehemann ein Erbrecht an der Fahrhabe der Frau gehabt. Allein wahrscheinlicher scheint uns doch, dass mit jenen Worten nur gesagt sein sollte, wenn die Kinder unmündig seien, solle der Vater für sie, wenn sie mündig, so sollten sie geradezu die Erbschaft der Mutter in Besitz nehmen.

Für den Rückfall des eigentlichen Wittums bei Wiederverheirathung der Wittwe wird eine Beweisstelle aus einer Urkunde in Note 234. angeführt; freilich liesse sich aus derselben auch das Gegentheil schliessen, dass nämlich, eben weil der Ehemann sich's besonders versprechen liess, *in der Regel* das Wittum bis zum Tode fortdauerte. Der Morgengabe geschieht auch in den Zürcher Weisthümern Erwähnung; interessant und ganz neu ist aber, dass in dem von Münchaltorf neben der Morgengabe für Jungfrauen auch eine Abendgabe für Wittwen festgesetzt wird, und dass nach dem Erbrecht von Flaach und Wolken Art. 1. (*Pestalutz* Samml. der Statuten des Cantons Zürich I. S. 105.) wenn eine Wittwe einen Junggesellen heirathet, sie ihm eine Morgengabe geben soll. Die letztere Stelle, welche die Bedeutung dieses Geschenks als pretium virginitatis amissae bestätigt, vermissen wir bei dem Verfasser. Ebenso ist ihm entgangen, dass das der Gerade ähnliche Institut des sog. Eherechts, welches erst in der dritten Periode hervortritt und erörtert wird, schon in dem Anhang zum alemannischen Gesetzbuch vorkommt. Es ist nämlich offenbar nichts anderes, als das dort in Cap. 29. erwähnte lectuarium, das Ehebett, welchem nur später gerade wie der Gerade und dem Heergeräthe noch andere Gegenstände beigefügt worden sind. S. 113. ein merkwürdiges Ueberbleibsel der altdeutschen Sitte, getödtete Thiere mit aufgeschüttetem Getraide zu ersetzen, aus dem Ende des vorigen Jahrhunderts; ein Bauer verlangte für seine Katze unter dem Namen des Katzenrechts eine solche Busse. Beim Erbrecht wird in Note 247. der Vorzug der Töchter vor entfernteren männlichen Verwandten im ganzen Vermögen aus den Urkunden bewiesen und die Succession der Tochter neben dem Sohn in die Mobilien wenigstens wahrscheinlich gemacht.

In dem nun folgenden zweiten Buche erforscht der Verf. zuerst die Entstehung der Stadt, d. h. das Zusammenwachsen der früher getrennten Bestandtheile in ein Gemeinwesen. Die Zeit der Umgebung des ganzen Orts mit einer Mauer setzt er ins zehnte Jahrh., weil seitdem Zürich nicht mehr locus oder castrum, sondern civitas genannt wird. Zunächst werden dann die Rechte, welche die Abtei über den ganzen Ort erwarb, nachgewiesen; es sind Zoll-, Münz- und Marktrecht und das Schultheissen- oder Civilgericht, mit welchem letzteren das ebenfalls in den Urkunden vorkommende Lehn- und Hofgericht der Aebtissin über ihre Vasallen, Ministerialen und Hintersassen nicht verwechselt werden darf. Die Reichsvögte dagegen — von denen der erste unter dem Namen Burchard im J. 972. vorkommt, während wenige Jahre vorher (964.) ein Gaugraf Burchard sich findet, so dass beide identisch, und die Umwandlung des alten nicht mehr passenden Namens in diese Zeit zu fallen scheint, — die Reichsvögte übten die Criminalgerichtsbarkeit und den Heerbann aus und erhoben die Reichssteuer; die letztere kommt unter dem Namen des Gewerffs vor, was offenbar das conjectus der Capitularien ist; 1283. wurde sie auf 200. Mark Silber jährlich festgesetzt. — Jene Trennung der öffentlichen Gewalt nun zwischen zwei Herrschaften, Abtei und Reich, ist eine Anomalie, welche die Verfassung von Zürich besonders anziehend macht. Leider ist nicht bekannt, auf welche Weise die Aebtissin in den Besitz der Civilgerichtsbarkeit gekommen. Interessant ist dagegen, was S. 136. gezeigt wird, dass die Reichsvögte in der Regel zugleich Kirchenvögte der Abtei waren; dadurch wurde die sonst missliche Trennung der öffentlichen Gewalt wieder einigermaassen gehoben.

Neben Aebtissin und Reichsvogt tritt nun schon frühe der städtische Rath hervor. Die erste noch zweifelhafte Spur findet sich im J. 1111., die erste sichere im J. 1190. Ueber die Art, wie man sich seine Entstehung zu denken hat, spricht sich der Verf. leider nicht aus. Ref. zweifelt jedoch nicht, dass er sich aus den Schöffen der Stadtgerichte hervorgebildet. Es scheint ihm, ausser den bekannten allgemeinen Gründen, besonders dafür zu sprechen, einmal, dass noch später ein Theil der Stadträthe, nämlich die Zunftmeister, scabini genannt, dann aber, dass in früherer Zeit gar kein besonderer Vorsitzer des Stadtraths erwähnt wird, und dass, wie der Verf. S. 157. wahrscheinlich macht, der Vogt oder Schultheiss damals den Vorsitz geführt hat. Die Zahl der Rathmänner war zwölf; von wem sie gewählt wurden, ist zweifelhaft. Stets bestand der Rath aus Rittern und Bürgern, doch in sehr abwechselndem Verhältniss. Unter den Bürgern hat man sich damals noch nicht die ganze Einwohnerschaft der Stadt mit Ausnahme der Ritterschaft zu denken; dass vielmehr die Gewerbtreibenden nicht zu ihnen gehörten, wird mit Bestimmtheit nachgewiesen. Nur ausnahmsweise erscheint einmal ein Goldschmidt und ein Maurer (Steinmetz) als Bürger; beide Handwerke gehörten aber bekanntlich schon früh zu den besonders geachteten. Die Gewerbtreibenden hat man sich vielmehr damals noch als Unfreie zu denken; aber doch nicht wohl, wie der Verf. will, nur als Unfreie der Aebtissin, sondern auch als Unfreie der Pfalz und des Grossmünsterstifts. Gerade diese Zersplitterung mag es dem Stadtrath erleichtert haben, die polizeiliche Gewalt über sie, in deren Besitz man ihn schon frühzeitig findet, zu erwerben. Was die dritte Classe von Stadtbewohnern, die Ritter, betrifft, so zeichnen wir eine Stelle aus dem Richtebriefe auf S. 144. als besonders interessant aus, weil in ihr so bestimmt die Steuerfreiheit als Folge des Ritterstandes angeführt wird. Es heisst: „Swel Burger in dirre Stat ist, des vatter ritter war, der sol je ritter werden, e das er drizig iar alt werde. Tuot er das niht, so sol er gewerf geben mit dien burgere alle die wile vnp er niht Ritter worden ist.“

Welche Rechte nun der Stadtrath gleich Anfangs hatte und welche er später erwarb, wird in §. 9—13. gezeigt. Sehr anziehend ist auch zu sehen, wie der Rath die Gewalt des Vogts öfter durch künstliche, scheinbar rechtliche Mittel zu brechen, und wie er aus Anfangs ganz geringer Einwirkung auf das Schultheissengericht allmählig zu einer förmlichen Oberaufsicht und von diesem zum Rechte, die zweite Instanz für jenes Gericht zu bilden, zu gelangen wusste.

Im zwei Fällen musste der Rath die Zustimmung der ganzen Gemeinde einholen, nämlich bei Erklärung über zwiespältige Kaiserwahlen und Wahl eines Schirmherrn; in vielen anderen Fällen dagegen verstärkte er sich durch eine Anzahl andrer Ritter und Bürger. Man nannte diess den Zuzug der Bürger zum Rath. Die Zahl der Zugezogenen schwankt zwischen ein- und zweihundert. Aus diesem Institut ist später der grosse Rath hervorgegangen. Es mögen wenige Beispiele existiren von so frühen Spuren dieser Behörde.

Von §. 14. an wird nun die Verfassung der Landschaft geschildert und mit der kyburgischen Stadt Winterthur begonnen. Merkwürdig ist, dass der oberste städtische Beamte, der Schultheiss, kein Ritter sein durfte. Vielleicht war der Grund derselbe, wie der, aus welchem in Lübeck keiner, der ein Amt hatte, in den Rath gewählt werden sollte. §. 16. 17. Von den Ständen auf der Landschaft. Zuerst werden die vom Herrenstand, deren Besitzungen in dem jetzigen Canton Zürich lagen, aufgezählt. Wir hätten gewünscht, dass auf gleiche Weise die einzelnen ritterlichen Geschlechter nachgewiesen worden wären. Das Verzeichniss, welches *v. Arx* vom Canton St. Gallen, *Pupikofer* vom Canton Thurgau, *Zellweger* vom Canton Appenzell gibt, wäre auf solche Weise weiter fortgeführt worden, und dass die Anschaulichkeit der mittelalterlichen Verhältnisse durch solche

Specialitäten ungemein gewinnt, wird Niemand läugnen. Ueber die im Ritterstand wieder Statt findenden Stufen und über die Zweideutigkeit des Ausdrucks Vogtleute S. 185. 186. interessante Stellen aus Urkunden. In einer Urk. v. 1301. kommt auch die Benennung „Hindersaze" vor, welche uns in so früher Zeit noch nicht aufgestossen. Unter den Unfreien bildeten die Gotteshausleute eine höhere Classe, so dass die Erhebung zu ihnen als Freilassung galt. Von freiem Züchtigungsrecht hat der Verf. keine Spur gefunden; von Veräusserungen keine ohne das Gut oder mit Einwilligung der Befreiung oder um seinen Zustand zu verbessern; hierin zeigt sich das schon weiter fortgeschrittene republikanische Element.

Die hohe Gerichtsbarkeit wurde auf der Landschaft nur von den eigentlichen Landesherren und ihren Stellvertretern ausgeübt. Die letzteren führen ausser den Namen Landvogt, Obervogt auch den Namen Landgraf, das Blutgericht den Namen Landtag. S. 200—206. eine genaue Schilderung des Verfahrens bei diesen Gerichten; über Eröffnung, Wahl des Fürsprechers, Beweisführung, Urtheilsfindung, Contumacialverfahren hier manche anziehende Specialitäten. Dem Herrbann oder Mannschaftsrecht waren unfreie wie freie Bewohner des Territoriums unterworfen; jene wie diese waren zu Steuern und zur Landwehr verpflichtet; die Walder Hofleute gaben für den landesherrlichen Schutz jährlich vier neue Rosseisen, später statt ihrer zwölf Pf. Pfennig.

Bei der Darstellung der niedern Gerichte S. 209. 219. 220. schätzbare Nachträge zu den von Grimm gesammelten Stellen über die beim Einzug der Gerichtsherren Statt findenden Feierlichkeiten. Dass bei den Hofgerichten der Stand der Hofhörigen nicht berücksichtigt ward, dass selbst unfreie Hofgenossen ein Autonomierecht hatten, wird S. 210-212. auf's Bestimmteste nachgewiesen. S. 213. 214. interessante Stellen über das Ziehen „stössiger" Urtheile an andere Höfe. Die Zahl der Züge beschränkt sich nicht auf zwei, sondern steigt sogar auf vier. Ob wohl diese Stufenleiter auch mit dem Alter der Höfe zusammenhängt, wie in Westphalen? Zu widersprechen scheint, dass der Zug immer „in der Kemnat" d. h. bei dem Gutsherren endet. Auffallend ist, dass diese gutsherrliche Gerichtsbarkeit sich nicht blos auf Streit über Grundbesitz, sondern auch auf alle Civilstreitigkeiten erstreckt, ja sogar die niedere Strafgerichtsbarkeit umfasst. Der Verf. erklärt diese Erscheinung aus einer Erweiterung der Immunitätsprivilegien. Wir sind eher geneigt, sie nur als eine widerrechtliche Ausdehnung der *leibherrlichen* Gewalt auf alle, auch die freien Hofgenossen zu betrachten. Hiermit stimmt denn auch besonders überein, dass nach §. 21. neben dem gutsherrlichen Gericht und über dieselben Leute häufig das des Vogts als Civil- und niederes Criminalgericht besteht. Dass nämlich diese Vogtgerichte, wie auch der Verf. S. 224. fgg. auf sehr lehrreiche Weise ausführt, nichts anders sind, als die alten Centgerichte, lässt sich nicht bezweifeln. In Deutschland, besonders im südlichen, kommen diese Gerichte in jener Zeit sogar häufig noch geradezu unter dem Namen Centgerichte vor, und es ist in der That auffallend, dass in der Gegend von Zürich, wo nach S. 38. im 8. und 9. Jahrh. die Centgrafen so häufig erwähnt werden, dieser ursprüngliche Name später ganz durch die Benennung Vogt verdrängt worden ist.

Ausser den Vögten kommen auf dem Lande als Beamte noch vor der Meyer, der Kellner und der Forster. Der letzte wird auffallender Weise, da man sonst ihn ganz eigentlich als herrschaftlichen Beamten sich zu denken gewohnt ist, von der Gemeinde gewählt. Meyer und Kellner, jener auf seinem Meyer-, dieser auf seinem Kellhofe, sind öfters gleichbedeutend; kommen sie neben einander vor, so hat der Kellner mehr das Finanzielle, der Meyer Polizei- und Justizgeschäfte zu besorgen. So hat man sich die Sache wohl auch schon im Capitulare de villis zu denken. Dem Stande nach waren sie in der Regel Hörige; von den Ritterbürtigen mochte auch hier gelten, was eine Corveyer Urkunde von 1176. sagt: „hoc genus hominum rare suis contentum est, sed semper plus sibi commissis usurpare solet.“ Doch werden S. 245. 246. 250. Beispiele von Meyern und Kellnern, die sich in den Stand der Ritter erhoben, nachgewiesen. Ueber die innere Einrichtung der Meyergemeinden, namentlich ob sich dieselbe jener festgeschlossenen Verfassung der niederdeutschen näherte, theilt der Verf. leider nichts mit. Nur Eine Stelle in Note 229. redet, aber freilich sehr unbestimmt, von der Sache. Gelegentlich wird in Note 232. die von *Eichhorn* in der Anmerkung zu §. 343. mitgetheilte Stelle aus dem Hofrecht der Abtei Ebersheim auf eine, wie uns scheint, einfachere Weise erklärt, indem der Meyer, welcher dort vorkommt, nicht als gewöhnlicher Bauer, sondern als Vorgesetzter der Bauern genommen wird.

Zu den privatrechtlichen Materien uns wendend, zeichnen wir folgendes Einzelne aus: Note 221. eine interessante Stelle über Blutrache aus später Zeit: „Ob aber der todschleger uit begriffen werden möcht, so wird des todten menschen lichnams fründen, die in von Sipschaft wegen zu rächen habend, der lib ertheilt vnd vnsern gnedigen Herren von Zürich das guot.“ Gewöhnliche Frevel wurden noch nicht bestraft, wenn der Verletzte nicht Klage erhob; es stand diesem frei, sich mit dem Beleidiger abzufinden; nur sollte dem Vogt seine Wette gegeben werden. S. 262. ein merkwürdiges Beispiel von der schwankenden Bedeutung der Ausdrücke „liegend und fahrend Gut“. Es heisst in der Offnung von Stäfa: „Aber sprechen sy, das korrn ligend guot Ist, byss das Es vnnder die wid kumpt, vnd win ligend guot Ist, biss das Er unter die Reiff kumpt. Aber sprechen sy, das *Hüser* farend guot Ist gegen den Fründen vnd ligend guot Ist gegen dem Herrn.“ Solche Stellen lehren vorsichtig sein bei Erklärung des Sinns germanischer Formeln. Für zu erblichem Besitzrecht überlassene Grundstücke kommt, wie in Norddeutschland, die Benennung Erbe vor. Die Güter der Hofhörigen werden schon überall auf die Descendenten und allmählig auch auf die Seitenlinie vererbt. Selbst zu Veräusserungen der Hofgüter kann der Gutsherr die Einwilligung nicht mehr versagen, wenn nur gegen die Person des Erwerbers nichts einzuwenden ist. Das Verbot, Eigen ohne Consens der nächsten Erben zu veräussern, kommt nicht vor, wohl aber die Vorschrift, dass man es den Freunden anbieten soll, ehe man es an einen Fremden veräussert. Doch auch dieses verschwindet bald, und es tritt ein „Zugrecht“ (Retract) der „Geteilen“, d. h. derer, welche früher vom Gut abgetrennte Stücke besitzen, mithin ein Gespilderecht, sowie ein Retract des Gutsherrn oder der Hofgenossen an die Stelle. Die Summe, die der Retrahirende zu zahlen hat, ist bald gradezu der Kaufpreis, bald etwas höher, bald etwas geringer. Güter der Hofhörigen sollen nicht zersplittert werden, über seine Fahrhabe darf aber jeder frei verfügen: „Item ein jeglich hoffmann ze wald mag einem sinem kind geben vnd dem andern nichtz; vnd ob er wyl, *so mag er daz sin einem hund an schwantz binden.*“ — Von Lasten des Grundbesitzers kommt ausser Frohnden und Zinsen vor der Ehrschatz, honor (das Laudemium) und der dritte Pfennig bei Veräusserung an Ungenossen oder an Bewohner einer andern Vogtei oder wenn der Verkäufer zugleich auswanderte, (dann also die Nachsteuer, gabella emigrationis), nach einer Stelle aber sogar bei jedem Verkauf ohne Unterschied, „und wurdent die eines tags nün malen verkouffet.“ Sehr merkwürdig ist noch eine Stelle, in welcher ausdrücklich gesagt wird, dass auf jedem Colonatgut ein Zins ruhen müsse: „Ist ouch das der vorgenanden deheine von sim teile vt verkoufet ald lihet vmb so vil cinses das im des guotes vt belibe ane cins, der sol mir (dem Gutherrn) von dem teile der im belibet ane cins, ein herbsthuon ze cinse geben, vönd enhein erbe an cins stan mag.“

Was die Güter der Ehegatten betrifft, so sind sie während der Ehe noch die der ältesten Zeit, nämlich beide Vermögen bilden Eine Masse, über welche dem Manne Administration und Disposition zusteht. „Die Frau,“ heisst es öfters selbst noch in Statuten des 16. Jahrh., „soll hinter ihrem Mann nicht mehr als achtzehn Heller hinweggeben.“ Für den Fall der Trennung aber zeigt sich schon Mannichfaltigkeit, wiewohl die Auflösung in die ursprünglichen Bestandtheile noch durchaus vorherrscht. Insbesondere erhält die Frau in der Regel noch all ihr vorhandenes Eingebrachtes, zurück und das Fehlende soll aus dem Vermögen des Mannes ersetzt werden. Die Statuten drücken dieses so aus: „Das Weibergut darf weder wachsen noch schweinen,“ oder: „das fahrende Gut der Frau soll in des Mannes Hand stehen, als ob es eigen oder an erbe lige.“ In der dritten Periode stellte sich die Sache dahin fest, dass beim Tode des Mannes, welchem auch unheilbares Siechthum (diess findet sich schon in LL. Roth. 176.) und Concurs gleichgestellt wird, die Frau ihr Eingebrachtes, die Morgengabe und das schon oben erwähnte Ehrecht, beim Tode der Frau der Mann sein Eingebrachtes und die sämmtliche Fahrhabe der Frau, zuweilen auch das Leibgeding an den Immobilien der Frau erhielt. Letzteres konnte übrigens auch ausdrücklich von der Frau dem Manne zugesagt werden, wovon in Note 270. ein Beispiel.

Das Zinsverbot des canonischen Rechts ward nicht strenge beobachtet; gab man die eine Hälfte des Zinses an den Rath, so durfte man die andere behalten. Spielforderungen sind nur klagbar, wenn der Schuldner Pfänder dafür hat. S. 294. interessante Schilderung des Verfahrens gegen säumige Schuldner. Die Giselschaft (das Einlager) kommt häufig und bis in später Zeit, und selbst beim Bauernstande, vor. Die Erbverhältnisse anlangend wurden die Töchter schon im 13. Jahrh. für Lehnssuccessionsfähig erklärt. Im Allodium gehen nach manchen Statuten die Vatermagen unbedingt den Muttermagen vor, nach andern stehen die letzteren wie die Halbbürtigen im Sachsenspiegel nur um einen Grad zurück. Die S. 300. aus dem Altorfer Hofrechte mitgetheilte Stelle, in welcher auch die Verwandten der mütterlichen Parentelen nach dem Vater des Verstorbenen berechnet werden, erklärt sich vielleicht auch so, dass man Vater und Mutter als Eine Person betrachtete. Einseitige letzte Willensordnungen (Gemächde) sind nie sehr durchgedrungen. Sie bedürfen z. B. der Bestätigung der Gemeinde oder der Zustimmung des Grundherrn. Auch tasten sie die Erbfolgeordnung in der Regel nicht an, sondern enthalten nur Verfügungen über einzelne Vermögensstücke, namentlich die Fahrhabe; endlich besteht die gesetzliche Erbfolge immer daneben. Bei den Colonatgütern finden sich zuweilen noch Spuren von allem Ausschluss der Collateralen. In andern Offnungen wird das Erbrecht des Herrn auf die Fahrhabe beschränkt, und das Gut fällt auf den nächsten Nachbaren, oder den Getheilen, oder wem es der letzte Besitzer durch Gemächde zugewandt; erst später erscheinen neben diesen Successoren, und selbst sie verdrängend, die Collateralen des Erblassers. Das Besthaupt kommt zunächst nur vor, wenn Kinder von Leibeigenen succedirten, später auch bei Collateralen statt der ganzen Fahrhabe, zuletzt findet es sich auch mit den Gütern auf freie Besitzer übertragen. Der Verf. betrachtet es als Ueberbleibsel des leibherrlichen Rechts, alles Vermögen des Leibeigenen sich zuzueignen, eine Ansicht, an deren Richtigkeit sich auch wohl kaum mit Grund zweifeln lässt.

Wir wenden uns zum dritten Buche. Wie die alte rathsfähige Gemeinde die Hälfte der Rathsstellen an die Handwerker abtreten musste, wie diese dann völlige Gleichstellung mit jenen erwarben, wie der grosse Rath seine Rechte immer weiter ausdehnte und endlich als Inhaber der höchsten Gewalt angesehen ward, wie dagegen der Antheil der ganzen Bürgerschaft am Stadtregiment dem grossen Rath gegenüber auf gewisse Gegenstände beschränkt wurde, wie die herrschaftlichen Rechte der Aebtissin und des Kaisers allmählig gänzlich erloschen, wie dann theils durch Ankauf, theils durch Ausdehnung einer Hoheit über die Besitzungen von Stadtbürgern ausserhalb der Stadt ein Territorium adquirirt, unter dem Namen der Landschaft der Stadt gegenübergestellt, durch Ober- und Landvögte verwaltet, ihren Bewohnern aber doch auch bald ein beschränkter Antheil an der Regierung von der Stadt zugestanden ward, wie endlich nach aussen hin der ganze kleine Staat zwischen Anschliessen an Oesterreich und die Eidgenossenschaft hin- und herschwankte, alles dieses wird in den sechszehn ersten Paragraphen dieses Abschnitts auf sehr lehrreiche und anschauliche Weise geschildert und nachgewiesen. Von Einzelnheiten dieser Verfassungsgeschichte sind besonders folgende interessant. Im J. 1405. kommen noch leibeigene Bürger in der Stadt vor; erst 1540. ward vorgeschrieben, dass kein Unfreier das Bürgerrecht erhalten solle. Schon im J. 1525. hob der Rath alle eigentlichen Leibeigenschaftslasten für die Leibeigenen der Stadt auf, und diesem Beispiele folgten auch bald die andern Leibherren. Im J. 1362. wurde von Kaiser Carl IV. nach dem Muster des Rothweiler Hofgerichts ein für das ganze Reich competentes, mit zwölf Schöffen und einem Grafen oder Freiherrn als Vorsitzer besetztes kaiserliches Landgericht errichtet, welches jedoch schon im Anfang des 15. Jahrh. allmählig wieder eingeht. Im J. 1417. kommt die erste Vermögenssteuer für die Landschaft vor; 1487. erhielt Bürgermeister Waldmann den Auftrag, die sämmtlichen Hofrodel der niederen Gerichtsherren einzufordern und zu prüfen. Die Tortur findet der Verf. erst in diesem Zeitraume hervortreten; da sie aber schon im salischen, bairischen, westgothischen und burgundischen Gesetzbuch und in dem letzteren sogar für Freie vorkommt, so ist wohl eine frühere Existenz auch bei den Alemannen nicht zu bezweifeln. Im Privatrecht dieser Periode verweilt der Verf. nur bei der Eigenthumsklage auf Fahrhabe, den Gülten, der Vormundschaft, dem Güterrecht der Ehegatten und dem Erbrecht. Da sogar die Rückforderung *gestohlener* Sachen, wenn sie der dritte auf öffentlichem Markt oder durch Vermittelung öffentlicher Mäkler gekauft hatte, nur gegen Erstattung des Kaufpreises zulässig war, so glaubt der Verf., dass auch bei freiwillig aus dem Besitz gelassenen Sachen schon früher die Regel: Hand muss Hand wahren, sich dahin umgeändert hatte, dass die Vindication nur gegen Erstattung des Kaufpretiums und der auf die Sache verwendeten Kosten gestattet war. Bei den Gülten wird der Zusammenhang des Instituts mit der Verleihung von Grundstücken zu erblichem Besitzrecht gegen einen Zins nachgewiesen. Als es Sitte wurde, dem Gültgläubiger das Recht, die Gült aufzukündigen, einzuräumen, rechnete man solche Gülten zum beweglichen, die unaufkündbaren zum unbeweglichen Vermögen.

Vom Güterrecht der Ehegatten zeichnen wir mit Uebergehung

dessen, worauf schon in den früheren Perioden gelegentlich aufmerksam gemacht worden, Folgendes aus. Es treten nun die ersten Spuren von ehelicher Gütergemeinschaft hervor. Zunächst von vertragsmässiger, indem Ehegatten die auch bei anderen Personen, namentlich bei Geschwistern in den Offnungen öfter vorkommende sog. Zusammentheilung, Theil- und Gemeinsame, Zusammenstossen, Gemeinderschaft schlossen. Ueber ihre Natur geben die Zürcherischen Rechtsquellen keine neuen Aufschlüsse. Dann aber auch Spuren gesetzlicher Gütergemeinschaft, und zwar in den Standtrechten von Zürich, Elgg und Eglisau. In Zürich sollte die Frau, wenn sie mit ihrem Manne „zu Bank und Gaden, zu Gewinn und Gewerb" steht, für die Schulden des Mannes mit ihrem ganzen gegenwärtigen Vermögen haften. Dafür zog sie wahrscheinlich nach dem Tode des Mannes ausser Zugebrachtem, Morgengabe und Eherecht die ganze Errungenschaft. Nach dem Stadtrechte von Eglisau erhält der überlebende Ehegatte im Fall kinderloser Ehe die ganze Verlassenschaft des Verstorbenen; im Fall beerbter Ehe den lebenslänglichen Niesbrauch am ganzen Vermögen mit der Verpflichtung, bei übler Wirthschaft oder Wiederverheirathung den Kindern für das mütterliche Vermögen Caution zu stellen. Das Elgger Stadtrecht stimmt mit dem Eglisauer überein, nur gestattet es, wenn die Mutter der überlebende Theil ist, der Mutter und den Kindern auf Theilung zu dringen, wo dann das gesammte Gut, nach Abzug der Schulden, zu gleichen Theilen, vertheilt wird.

Was endlich das Erbrecht betrifft, so findet selbst unter den Descendenten das Repräsentationsrecht noch nicht Statt. Das vollständige Abfinden sich trennender Kinder ist besonders auf dem Lande gewöhnlich. In den Seitenlinien wird im Ganzen nach der Parentelenordnung succedirt; doch haben die Vatermagen vor den Muttermagen einen bedeutenden Vorzug, der väterliche Grossvater ist zwischen Geschwister und Geschwisterkinder eingeschoben und Brüderkinder sollen den Schwesterkindern vorgehen. Die letzte Eigenthümlichkeit ist sehr auffallend und noch nicht genügend erklärt.

Als dankenswerthe diplomatische Zugabe finden sich am Schlusse des Bandes abgedruckt die Stiftungsurkunde der Fraumünsterabtei v. J. 853., das Stadtrecht von Winterthur v. J. 1297. und der Hofrodel von Münchaltorf angeblich von 1439., von welchem letzteren Ref. in Folge einer Mittheilung des Verf.

schon einige Proben in der seiner Einleitung in die Rechtswissenschaft beigefügten Chrestomathie hat abdrucken lassen. Rücksichtlich der Urkunde von 853. würden wir statt der Emendation „ad eundem locum," die einfachere und auch richtigere „ad eadem loca" vorschlagen.

Druck und Papier lassen nichts zu wünschen übrig. Von Druckfehlern haben wir nur folgende wenige und unbedeutende bemerkt: S. 16. Z. 3. v. o. l. welcher, S. 24. Z. 6. v. o. Colonen, S. 38. Z. 12. v. u. Gaugrafen, S. 87. Z. 3. v. o. Genealogien, S. 105. Z. 18. v. u. quod non manducavit, S. 225. Z. 6. v. o. worden, S. 424. Z. 2. v. o. aufkündigen kann, u. s. w., S. 461. Z. 2. v. u. Abhandlung.

v. Löw.

Die Lehre von der Mora. Dargestellt nach Grundsätzen des Römischen Rechts von **Dr. Carl Otto von Madai**, ausserordentlichem Professor der Rechte zu Halle (jetzt ordentl. Prof. d. R. zu Dorpat). Halle, C. A. Schwetschke und Sohn, 1836. 518 S. 8. (2 Rthlr.)

Eine neue Bearbeitung der schwierigen Lehre von der mora war bisher unläugbar für ein literärisches Bedürfniss unserer Zeit zu achten. Denn obwohl die neu entdeckten Quellen des röm. Rechts gerade für diese Lehre wenig Ausbeute gewähren, so hat doch die *wissenschaftliche* Behandlung des Rechts seit den letzten 40—50. Jahren einen solchen Aufschwung gewonnen, dass die älteren Bearbeitungen jener Lehre dem dermaligen wissenschaftlichen Standpuncte nicht mehr entsprechen; und was für dieselbe in neueren Zeiten Erspriessliches geleistet worden ist, bezieht sich meistens nur auf einzelne dahin einschlagende Puncte. Es war daher gewiss ein zeitgemässer Entschluss des Verfassers der oben bezeichneten Schrift, der Lehre von der mora in ihrem ganzen Umfange eine neue Bearbeitung zu widmen. Auch gebührt ihm das Lob, dass er mit Ernst und wissenschaftlichem Streben seine Aufgabe zu lösen gesucht hat. Ueberall in seiner Schrift beurkundet sich eben sowohl ein fleissiges Quellenstudium, als sorgfältige Benutzung der bisherigen, grossentheils schon in der Vorrede von ihm angeführten und in einigen allgemeinen Zügen charakterisirten Literatur.

Diese forderte den Verfasser oft zur Polemik auf, die ihm denn auch in den meisten Fällen gelungen ist. In dieser Hinsicht ist ihm insbesondere das zum Verdienst anzurechnen, dass er durch geschickte Bekämpfung und Zurückweisung einiger *blos vermeintlicher* Fälle und Wirkungen der mora die diessfallsige Lehre vereinfacht hat. So sehr nun also auch, nach des Unterzeichneten Urtheil, anzuerkennen ist, dass die vorliegende Schrift einen sehr schätzbaren Beitrag zur Förderung der Wissenschaft liefere, so bietet sie doch auf der andern Seite auch gar manche Veranlassung zu Ausstellungen und Berichtigungen dar. Diese werden sich am füglichsten an die Inhaltsangabe der einzelnen Abschnitte, oder auch an einzelne Bemerkungen, worauf sie sich beziehen, anknüpfen lassen.

Das ganze Werk, aus 70. §§. bestehend, zerfällt in *vier* Capitel. Das erste (von §. 1—3.) entwickelt den Begriff, das Wesen und die Arten der mora. Das zweite handelt von der Begründung der mora, und zwar so, dass im ersten Abschnitt (von §. 4—35.) von der mora debitoris, und im zweiten (von §. 36—42.) von der mora creditoris die Rede ist. Das dritte Capitel stellt die Wirkungen der mora dar, wiederum in zwei Abschnitten, deren erster (von §. 44—61.) die Folgen der mora debitoris, und der zweite (von §. 62—64.) die der mora creditoris betrifft. Das vierte Capitel (von §. 65.—70.) handelt von der *purgatio* morae. In den beiden ersten Capiteln ist ungleich häufiger auf die Ansichten und Meinungen älterer Schriftsteller, in den beiden letzten dagegen mehr auf die Lehren neuerer Rechtslehrer Rücksicht genommen worden, was, wie der Verf. sich darüber in der Vorrede S. XIV. ausspricht, seinen Grund *allein in dem Charakter der Literatur* hat. Dass nun in den beiden ersten Capiteln manche *seltsame* Meinungen älterer Schriftsteller zur Sprache gebracht und widerlegt werden (was mitunter nicht schwer war), könnte in so fern überflüssig erscheinen, als sie in den neueren Lehrbüchern bei der Darstellung der mora nicht befolgt, und so gewissermaassen der Vergessenheit übergeben worden sind; doch wird es auf der andern Seite durch den Zweck einer nach Vollständigkeit strebenden Monographie gerechtfertigt.

Erstes Capitel. *Begriff, Wesen und Arten der mora.* — §. 1. *Literärgeschichte des Begriffs.* Ungeachtet des inneren Zusammenhangs zwischen Wort und Begriff, den der Verf. in den ersten Worten seiner Schrift ausdrücklich anerkennt, erklärt er dennoch, sich sofort zu der juristischen Bedeutung von mora zu wenden, indem es ohne alles Interesse sei, sämmtliche ausserjuristische Bedeutungen dieses Worts aufzuzählen, „da dieselben in keiner wesentlichen Verbindung mit dem juristischen Begriffe stehen, noch auch besonderes Licht über denselben verbreiten.“ Hierin kann man ihm unmöglich beistimmen. Denn wenn man auch an eine juristische Monographie über die mora nicht gerade die Forderung stellen will oder darf, die blos bei nicht juristischen Schriftstellern vorkommenden Bedeutungen von mora aufzuzählen, so musste doch wenigstens *aller in unseren Rechtsquellen sich wirklich vorfindenden Bedeutungen dieses Worts*, der vulgären eben sowohl, als der technischen, Erwähnung geschehen, da ja die Kenntniss jener nicht minder, als dieser, zum richtigen Verständniss unserer Quellen erforderlich ist. Dazu kommt, dass der Verf. selbst genöthigt ist, bei der Erklärung einzelner Stellen sich auf vulgäre oder nicht technische Bedeutungen von mora zu beziehen, namentlich S. 174. Note 378. Ueberdiess liegt der juristische Begriff der mora in Bezug auf den Gläubiger der gewöhnlichen Bedeutung dieses Worts näher, als der Verf. glaubt, wie sich weiterhin zu §. 2. ergeben wird. — In Betreff der Literärgeschichte des Begriffs werden zuvörderst die von einigen älteren Schriftstellern gegen die Möglichkeit, eine befriedigende Definition von der mora zu geben, erhobenen Bedenken angeführt und widerlegt, und darauf verschiedene Definitionen dieses Begriffs von der Zeit der Glossatoren an bis auf die neuesten Zeiten erwähnt. — §. 2. *Wesen der mora.* Hier bekämpft der Verf. die Behauptung *Schömann's:* dass die mora keineswegs auf einen dolus oder eine culpa sich gründe, und sucht nachzuweisen: „dass die mora jederzeit eine dem morosus (?) — sei dieser Creditor oder Debitor — *zurechenbare* Schuld — culpa — erfordere.“ Demnach definirt er die mora so, dass sie „nicht jede Verzögerung überhaupt, sondern nur die dem Säumigen *zurechenbare*, also die *eine culpa enthaltende Säumniss bei Erfüllung einer obligatorischen Verbindlichkeit*“ sei, macht sodann einige tadelnde Bemerkungen über die Definitionen Anderer, und widerlegt zuletzt die Meinung *Faber's*, dass jede mora ihrer Natur nach bedingt sei. — Dass nun die mora des *Schuldners*, sofern sie von nachtheiligen Folgen für ihn begleitet sein soll, allemal auf einer culpa desselben beruhe, hält Rec. für vollständig erwiesen, und in soweit *Schömann's* obige Meinung für widerlegt, besonders in Hinsicht auf l. 91. §. 3.

D. de verb. oblig. (45., 1.) und l. 5. de reb. cred. (12, 1.), und auf die dem Schuldner in manchen Fällen der Verzögerung zu Statten kommenden *Entschuldigungsgründe*. Ein anderer (vom Verf. nicht benutzter) Beweisgrund für die zur mora des Schuldners erforderliche culpa lässt sich auch daraus ableiten, dass nach d. l. 5. §. 4. D. de in lit. jur. (12. 3.) selbst bei einer actio stricti judicii im Fall einer mora des Schuldners und des darauf erfolgten Untergangs der schuldigen Sache das *jusjurandum in litem* zulässig ist, welches doch allemal eine contumacia oder sonst einen *dolus* oder *lata culpa* des Beklagten voraussetzt, l. 2. §. 1. l. 4. §. 4. l. 5. §. 3. D. eod. l. 2. C. eod. (5., 53.); woraus sich sogar folgern lässt, dass die der mora des Schuldners zum Grunde liegende culpa als eine *lata* zu betrachten sei. Daher ist auch die häufig vorkommende Redensart: per eum (per te) stetit oder factum est, quominus etc., *sofern sie vom Schuldner gebraucht wird*, von einer *selbstverschuldeten* Verzögerung desselben zu verstehen, wie sich nicht allein aus der vom Verf. dafür angeführten l. 23. §. 1. D. de oper. libert. (38. 1.), sondern auch aus d. l. 15. pr. D. eod. u. l. 1. §. 13. D. de extraord. cognit. (50. 13.) ergiebt. Anders aber steht es mit der mora des *Gläubigers*. Dass auch diese, wie man gewöhnlich annimmt, eine culpa des Gläubigers voraussetze, ist nicht nur unerweislich, sondern nach Rec. Ueberzeugung auch entschieden falsch. Zuvörderst lässt sich doch eine culpa im juristischen Sinne nicht denken ohne das Vorhandensein einer Verbindlichkeit (sei es eine affirmative oder negative, eine allgemeine oder eine besondere), in deren Verletzung, dafern sie dem Urheber zugerechnet werden kann, eben die culpa besteht. Nun aber kann von einer *Verbindlichkeit des Gläubigers zur Annahme der ihm schuldigen Leistung* nicht die Rede sein. Durch die obligatio soll der Gläubiger ein Recht erwerben. Auf dieses kann er ganz verzichten; mithin muss es ihm auch, ohne culpos zu handeln, freistehen, sich zur Empfangnahme der Schuld nicht zu stellen, oder auch die ihm angebotene Zahlung zurückzuweisen. Freilich muss er, wenn er auf die eine oder andere Art in Verzug kommt, die nachtheiligen Folgen davon tragen; allein diess kommt ja auch in anderen Fällen vor, wo man in seinen eigenen Angelegenheiten säumig ist, oder seinen Vortheil unbeachtet lässt, z. B. l. 24. D. quae in fraud. creditor. (42. 8.) „...... Id, quod acceperit creditor, revocari nullo pacto potest, *quoniam alii creditores suae negligentiae expensum ferre debeant* ..... vigilavi, meliorem meam conditionem feci, *jus civile vigilantibus scriptum est* ......" Auch geschieht durch die mora des Gläubigers dem Schuldner kein Unrecht, da derselbe durch gehörige Deposition der dem Gläubiger angebotenen und von diesem zurückgewiesenen Zahlung sich sofort vom ganzen Schuldnexus befreien kann. Wollte man eine Verbindlichkeit des Gläubigers zur Annahme der Zahlung statuiren, so würde es *keine einseitigen*, sondern *überall nur gegenseitige Obligationen* geben. So wäre z. B. die *Stipulation* ein gegenseitig verpflichtender Vertrag, da nicht blos der promissor zur versprochenen Leistung, sonder auch der stipulator zur Annahme derselben verpflichtet wäre. Diess widerstreitet aber der bekannten Natur dieses Vertrags und ausdrücklichen Quellenzeugnissen, z. B. bei *Gaj.* III. §. 137. u. §. 3. I. de consens. oblig. (3., 22. od. 23.). — Mit dem so eben aus der Natur der Sache entwickelten Resultate stimmen auch unsere Quellen vollkommen überein. Nirgends findet sich in ihnen eine Hindeutung darauf, dass zur mora des Gläubigers eine culpa desselben erforderlich sei; vielmehr stehen dieser Annahme zwei Stellen bestimmt entgegen: 1) l. 18. pr. D. de pecun. constit. (13. 5) „Item illa verba Praetoris: *neque per actorem stetisse*, eandem recipiunt dubitationem. Et Pomponius dubitat, si forte ad diem constituti per actorem non steterit, ante stetit vel postea? Et puto, et haec ad diem constituti referenda; proinde si *valetudine impeditus, aut vi, aut tempestate* petitor non venit, ipsi nocere Pomponius scribit." Diese Stelle hat natürlich auch der Verf. nicht unbeachtet lassen können. Er spricht von ihr S. 260. fgg., und sucht das mit seiner Theorie Unvereinbare in ihr S. 262. durch die Bemerkung zu beseitigen, dass der Verlust der actio de pecunia constituta, worauf sie geht, nicht angesehen werden könne „als die Wirkung einer vorhandenen mora des Gläubigers, vielmehr *nur als nothwendige Folge des Nichtvorhandenseins aller, zur Begründung der Klage gesetzlich erforderlichen Requisite.*" So wie aber in anderen Fällen der Gläubiger in Verzug geräth, wenn er an dem verabredeten oder vom Richter bestimmten Tage sich nicht einfindet, l. 8. D. de lege commiss. (18. 3.) l. 1. §. 3. D. de peric. rei vend. (18. 6.) l. 5. C. de distract. pign. (8. 28.), so auch in dem Falle, von welchem jene Stelle handelt, und hier trifft den Gläubiger, nach dem prätorischen Rechte, der ungewöhnlich harte Nachtheil seines Verzugs (selbst wenn dieser unverschuldet ist), dass er die ihm durch dasselbe Recht verliehene act. de pecun. const. nicht mehr mit Wirksamkeit anstellen kann. 2) l. 3. §. 4. D. de act. emt. (19. 1.) „Quodsi per emtorem mora fuisset ...... *mora autem videtur esse*„ *si nulla difficultas venditorem impediat*, *quominus traderet*, *praesertim si omni tempore paratus fuit tradere* ......“ Hiernach soll also der Käufer (welcher hinsichtlich der ihm zu übergebenden Sache als *Gläubiger* zu betrachten ist), sich im Verzuge befinden, wenn der Verkäufer im Stande und bereit war, die schuldige Sache zu übergeben, und also der Käufer es nur an sich fehlen liess, die Sache in Empfang zu nehmen. Auf den Grund seiner diessfallsigen Säumniss kommt Nichts an; von einer culpa desselben ist nicht entfernt die Rede. — Der Verf. sucht S. 10. fgg. dieser Stelle die Beweiskraft für die hier vertheidigte Ansicht dadurch zu entziehen, dass er sagt, *Pomponius* rede hier „nur von den Bedingungen der mora emtoris in der Person des Verkäufers, nicht aber des Käufers;“ allein offenbar würde dieser Jurist sehr einseitig und unbefriedigend verfahren sein, wenn er, ungeachtet des durch die Worte: „Mora autem videtur esse,“ angekündigten Vorhabens, zu bestimmen, unter welchen Voraussetzungen eine mora des Käufers vorhanden sei? dennoch dabei blos auf das, was in der Person des Verkäufers, und nicht auch zugleich auf das, was in der Person des Käufers hierzu erforderlich sei, hätte Rücksicht nehmen wollen. Dass er aber in Bezug auf den Letzteren kein positives factum erwähnt, beweiset eben, dass derselbe, *ohne weitere Rücksicht auf den Grund*, schon durch sein *negatives* Verhalten, der Bereitwilligkeit des Verkäufers gegenüber, in Verzug kommt. — So wenig nun also in den Quellen eine Hindeutung auf das Erforderniss einer culpa für die mora des Gläubigers sich vorfindet, eben so wenig ist auch von Entschuldigungsgründen, die ihm etwa in gleicher Art, wie dem Schuldner, zu Statten kommen könnten, die Rede. Zwar wird bisweilen vom Gläubiger gesagt, dass er *sine justa causa* sich geweigert habe, die ihm angebotene Zahlung anzunehmen, z. B. l. 72 pr. D. de solut. (46. 3.) l. 17. D. de pecun. constit. (13. 5.); aber diess bezieht sich offenbar auf eine zur Begründung seiner mora nothwendige Bedingung, nämlich darauf, dass die Oblation in gehöriger Weise erfolgt sei, und also nicht etwa in ihr ein ausreichender Grund für den Gläubiger, die Annahme zu verweigern, gelegen habe. — Aus dem Bisherigen ergiebt sich, dass die oben angeführte Definition des Verf. von der mora nur auf die mora des Schuldners passt, in Bezug auf den Gläubiger aber in doppelter Hinsicht unrichtig ist, theils wegen des darin aufgenommenen Merkmals einer culpa, theils insofern die Säumniss bei der Erfüllung einer obligatorischen *Verbindlichkeit* vorkommen soll. Damit nun also die Definition der mora, ihrem Zwecke gemäss, sowohl auf die mora des Gläubigers, als die des Schuldners passe, muss sie etwa so lauten: *jeder dem Säumigen zur Last fallende* (oder zum Nachtheil gereichende) *Aufschub einer auf ein obligatorisches Verhältniss bezüglichen Handlung*. Freilich kommt mora bisweilen auch für einen dem Säumigen unnachtheiligen Verzug vor, z. B. l. 38. §. 6. in f. D. de usur. (22. 1.) l. 19. D. de vi (43. 16.), ja sogar für einen durch zufällige Umstände herbeigeführten (fortuita mora), l. 13. u. l. 26. § 3—5. D. de fideic libert. (40 5); indessen wird dann das Wort mehr in der vulgären als in der technischen Bedeutung gebraucht. — Uebrigens lässt sich gegen die bisher entwickelte Ansicht des Rec. von der mora nicht etwa einwenden, dass hiernach dieser Begriff sich auf Seiten des Gläubigers anders, als auf Seiten des Schuldners gestalte. Denn auf beiden Seiten ist der Grundbegriff der mora der nämliche, wie er in jener Definition angegeben ist; aber bei der mora des Schuldners kommt noch ein Merkmal mehr hinzu, das auf die mora des Gläubigers nicht anwendbar ist, und der Grund dieses Unterschieds liegt in der Verschiedenheit der Verhältnisse des Gläubigers, als des Berechtigten, und des Schuldners, als des Verpflichteten. — §. 3. *Verschiedene Arten und Eintheilungen der mora.* Die mora entsteht entweder ex persona oder ex re. Die gegen die letztere Art der mora von Manchen gemachten Einwendungen werden aus den Quellen (wobei auch auf die Basiliken und die Scholien dazu Rücksicht genommen ist), widerlegt, und beide Arten kurz charakterisirt. Gegen das Ende des §. wird noch des Unterschieds zwischen der mora debitoris und creditoris, so wie einiger anderer (jedoch in unseren Quellen nicht vorkommender und ganz überflüssiger) Eintheilungen der mora, desgleichen der irrigen Ansicht des *Contius* von einer plus quam mora gedacht. — Auch an dem Inhalte dieses §. lassen sich manche Ausstellungen machen. Zuvörderst ist es unrichtig, dass der Unterschied zwischen der mora ex persona und ex re an die Spitze gestellt ist; denn er ist nur auf die mora des Schuldners anwendbar, und kann also nur an diese, als eine Unterabtheilung derselben, geknüpft werden. Ferner ist es nicht genau, wenn S. 24. bei der mora ex re die culpa des

Schuldners darein gesetzt wird, „dass er die vom *Gesetz selbst* verlangte sofortige Leistung unterlässt," oder „dass er die *Vorschrift des Gesetzes* nicht achtet," wie denn ähnliche Aeusserungen auch S. 18. 25. u. 86. vorkommen. Diess klingt ja so, als ob für jeden Fall, wo eine mora ex re Statt findet, ein *besonderes Gesetz* ihren Eintritt oder ihre Annahme verfügt hätte. Nun aber heisst es in d. l. 3. C. in quib. caus. in int. rest. (2. 41.) „In minorum persona *re ipsa* et ex solo tempore tardae pretii solutionis *recepto jure* moram fieri *creditum est* ....." Hier wird also die Annahme einer mora ex re auf das Gewohnheits- oder Juristenrecht zurückgeführt; und dass unter besonderen Umständen auch von der Obrigkeit decretirt werden könne, „in re moram esse," ergiebt sich aus d. l. 23. §. 1. D. de usur. (22. 1.) Ueberhaupt ist der Begriff der mora ex re nur ein *negativer*; es ist eine solche mora des Schuldners, welche ohne vorausgegangene Mahnung (also nicht ex persona) entsteht; was freilich nur in bestimmten Fällen, als Ausnahme von der Regel, Statt findet. Endlich ist es auffallend, dass in Bezug auf den bekannten Ausspruch *Marcian's* in d. l. 32. pr. D. eod. „Mora fieri intelligitur non ex re, sed ex persona .....," der doch wohl weiter Nichts sagen will, als dass die mora in der Regel nicht ex re, sondern ex persona entstehe, vom Verf. drei verschiedenartige, und zwar ziemlich gesuchte Erklärungen vorgetragen werden, die eine S. 12, die andere S. 20. fgg., und die dritte S. 24. fgg. und auf ähnliche Art auch S. 86.

Zweites Capitel. *Von der Begründung der mora.* — *Erster Abschnitt. Mora debitoris.* I. *Mora ex persona.* — §. 4. *Einleitung.* Hier wird die Eintheilung der mora des Schuldners in die mora ex persona und die mora ex re wiederholt, und sodann eine Uebersicht des Inhalts dieses Abschnittes gegeben. — §. 5. *Vom Wesen der Interpellation überhaupt.* Gegen die Zweifel einiger Rechtslehrer wird hier befriedigend ausgeführt, dass auch eine aussergerichtliche Mahnung hinreiche, die mora des Schuldners zu begründen. — §. 6. *Charakter der gerichtlichen Interpellation.* Die Streitfrage, ob hier zur Begründung der mora des Schuldners die blosse Ueberreichung der Klagschrift hinreiche, oder die litis contestatio erforderlich sei? wird dahin entschieden, dass es zwar der Letzteren zum angegebenen Zwecke nicht bedürfe, dass aber freilich auch die blosse Ueberreichung der Klagschrift an den Richter, so lange der Schuldner noch nicht in Kenntniss davon gesetzt sei, zur Begründung der mora desselben nicht hinreiche, (obgleich diess in der Praxis gewöhnlich angenommen werde,) wohl aber die Ueberreichung der Klagschrift an den Schuldner selbst, indem diese doch jedenfalls die Wirkung einer aussergerichtlichen Mahnung habe. — Ein Quellenzeugniss für diese Behauptung vermag freilich der Verf. nicht anzuführen, wohl aber giebt es mehrere Stellen, z. B. l. 1. l. 2. in f. u. l. 4. C. de usur. et fruct. legat. (6. 47.), nach welchen *erst mit der Zeit der litis contestatio* der Anfang der aus der gerichtlichen Mahnung entspringenden mora anzunehmen ist. Auch bleibt der Verf. jener Ansicht nicht überall treu, wie zum §. 14. bemerkt werden wird. — §. 7. *Charakter der aussergerichtlichen Interpellation.* Es genügt dazu jede bestimmte Erklärung oder Aufforderung an den Schuldner, dass er seine Verbindlichkeit erfüllen solle, ohne dass dabei auf die Form weiter etwas ankommt. — §. 8. *Ort und Zeit der Mahnung.* Die Ansicht der Glosse, dass die Mahnung gültiger Weise an keinem andern Orte, als wo der Schuldner zu belangen sei, erfolgen könne, wird als irrig verworfen, und gezeigt, dass sie an jedem Orte geschehen könne, wenn nicht eine ganz besondere Unschicklichkeit darin liegen würde. Auch hinsichtlich der Zeit ist die Mahnung keiner andern Beschränkung unterworfen, als dass sie nicht vor der Fälligkeit der Forderung mit Wirksamkeit vorgenommen werden kann. — Bei Gelegenheit des Orts wirft der Verf. die Frage auf: ob nicht selbst die, an sonst unpassendem Orte vorgenommene Mahnung eine mora begründen könne? und hält die bejahende Antwort für richtiger. Dieser Ansicht aber stehen folgende Gründe entgegen: 1) Dass *Marcian* in d. l. 32. pr. D. de usur. (22. 1.) bei der Definition der mora ex persona: „id est, si interpellatus *opportuno loco* non solverit," ausdrücklich das Erforderniss hervorhebt, dass der Schuldner *an einem dazu geeigneten Orte* gemahnt worden sei. Die Worte: *opportuno loco*, können nämlich nicht, wie der Verf. meint, auf das Folgende: non solverit, sondern müssen nothwendig auf das Vorhergehende: interpellatus, bezogen werden, weil *Marcian* in dieser Stelle, wie aus dem ganzen Zusammenhang hervorgeht, nur bestimmen wollte, wann und unter welchen Voraussetzungen eine mora eintrete, nicht aber, wie die Zahlung beschaffen sein müsse. 2) Dass nach d. l. 39. D. de solut. (46. 3.), um eine mora des Gläubigers zu begründen, die oblatio *am gehörigen Orte* geschehen muss; was für die Mahnung wenigstens eine

Analogie darbietet, wenn man auch nicht so unbedingt mit dem Verf. S. 42. behaupten mag, dass oblatio und interpellatio *correlate* Begriffe seien. 3) Die Bemerkung des vom Verf. S. 41. Note 84. angeführten Scholiasten zu den Basiliken, dass durch eine *auf öffentlicher Strasse* geschehene Mahnung keine mora begründet werde. — §. 9. *Wiederholung der Interpellation.* Nach Widerlegung der von Manchen für die angebliche Nothwendigkeit einer *mehrmaligen* aussergerichtlichen Mahnung vorgebrachten Gründe, wird eine *einmalige* Mahnung, sofern sie nur ernstlich und bestimmt ausgesprochen sei, zur Begründung der mora für hinreichend erklärt. — Zu den meistens guten Gründen dieser Behauptung (worüber auch vergl. *Gottschalk* Discept. forens. Tom. III. c. 20. p. 265. seq. ed. II.), darf jedoch die S. 49. angeführte Aeusserung von *Paulus* in d. l. 87. §. 1. D. de legat. II. „...... quam (scil. moram) sufficit *semel* intervenisse ....“, nicht mit gerechnet werden, da hier nur vom einmaligen *Eintritt der mora überhaupt*, nicht aber speciell von einer einmaligen *Mahnung*, noch weniger von einer *aussergerichtlichen*, worauf es doch bei jener Streitfrage ankommt, die Rede ist. — Uebrigens nimmt der Verf. erst späterhin, wo man es nicht erwarten sollte, nämlich §. 35. S. 225. eine Ausnahme jener Regel an, indem er nach d. l. 32. §. 1. D. de usur. (22. 1.), die er hier anders erklärt, als S. 46., bei der Rückkehr des abwesenden Schuldners eine Wiederholung der in dessen Abwesenheit an ihn ergangenen Mahnung für erforderlich hält. — §. 10. *Wer muss mahnen?* Die Mahnung kann nicht blos vom Gläubiger selbst geschehen, sondern auch vom Bevollmächtigten desselben; von einem negotiorum gestor aber nur in dem Umfange der von diesem wirklich geführten Geschäftsverwaltung. — §. 11. *Wer muss gemahnt werden?* In der Regel der Schuldner selbst, jedoch, wenn er noch unmündig ist, zugleich auch sein Vormund, oder dieser allein. Eine an den Bevollmächtigten oder Diener des Schuldners ergangene Mahnung ist zur Begründung der mora des Letztern nicht hinreichend, ausser wenn der Gläubiger bestimmt nachweisen kann, dass der Schuldner von der diessfallsigen Mahnung in Kenntniss gesetzt worden sei. Dagegen ist in der Person des Erben eine Wiederholung der an den Erblasser ergangenen Mahnung nicht erforderlich. — In diesem Resultate stimmt Rec. mit dem Verf. überein; nicht so in einer hinsichtlich der l. 32. §. 1. D. de usur. (22. 1.) vorgeschlagenen Aenderung. Hier heisst es nämlich: „Et non sufficit ad probationem morae, si servo debitoris absentis denunciatum est a creditore *procuratoreve* ejus ....." Statt procurator*Eve* will nun der Verf. „procurator*Ive*" gelesen wissen; allein dieser Aenderung stehen, ausser dem von ihm selbst S. 54. bemerklich gemachten, jedoch nur *ängstlichen Philologen* zugeschriebenen Bedenken der Zurückbeziehung des Wortes *ejus* auf das entferntere *debitoris* statt auf das nähere *creditore*, noch mehrere andere Gründe entgegen. Denn hätte *Marcian* wirklich das sagen wollen, was ihm durch jene vermeintliche Emendation beigemessen wird, so hätte er unläugbar sich sehr unbeholfen ausgedrückt, da er viel leichter und zweckmässiger hätte sagen können: si servo *procuratorive* debitoris absentis denunciatum est a creditore. Sodann würde auch in den nächstfolgenden Worten: „quum, etiamsi *ipsi*, inquit, *domino* denunciatum est .....", das „*domino*" nur einen unzulänglichen Gegensatz bilden, indem es *blos* dem *servo*, nicht aber auch dem *procuratori* correspondiren würde. Dazu kommt, dass auch in den Basiliken die Lesart „procurator*Eve* ejus" befolgt ist; und diesem Umstande ist wohl mehr Gewicht beizulegen, als der vom Scholiasten dazu angeführten und noch dazu (wie der Verf. selbst S. 54. Note 117. bemerkt) ganz verkehrt benutzten Variante. — §. 12. *Prüfung abweichender Ansichten.* Dahin gehört: 1) die Ansicht *Mühlenbruch's*, dass bei den stricti juris obligationes eine *aussergerichtliche* Mahnung nicht genüge, sondern die mora erst mit der litis contestatio eintrete; 2) die Meinung einiger älteren Rechtslehrer, dass die *aussergerichtliche* Mahnung nicht hinreiche, wenn zur Leistung ein besonderes richterliches decretum de solvendo erforderlich sei, oder auch, wenn eine aussergerichtliche Interpellation bereits vorangegangen, der Gläubiger sich sodann einer sog. mora accipiendi schuldig gemacht habe, und nun durch eine neue Mahnung den Schuldner abermals in moram versetzen wolle; 3) die Behauptung *Hotman's*, dass bei bedingten Obligationen eine besondere Mahnung nicht nöthig sei, vielmehr der Eintritt der Bedingung selbst als Interpellation gelte; 4) die von Manchen bei den faciendi obligationes angenommene Eigenthümlichkeit, dass bei ihnen eine eigentliche mora gar nicht vorkommen könne, oder dass es zur Begründung derselben einer besondern Mahnung nicht bedürfe. Die Widerlegung dieser Ansichten ist im Ganzen als gelungen zu betrachten; nur ist das unbefriedigend, was der Verf. S. 65. fgg. über die l. 59. u. 60. D. de verb. oblig. (45. 1.) sagt. Nach diesen Stellen ist bei solchen Stipulationen, welche von einer Zeitbestimmung oder Bedingung abhängig sind, die aestimatio des schuldigen Gegenstandes nach dem Zeitpunct zu bestimmen, wo die Möglichkeit der Klaganstellung eintrat. Den Grund davon sucht der Verf. darin, dass die in jenen Stellen erwähnten Stipulationen sich auf sog. *fungible* Sachen beziehen. „Hier richtet sich (da Gegenstand der Obligation eben so sehr der Werth der Sache, als die Sache selbst ist,) die aestimatio natürlich nach dem Augenblick des wirklichen Eintritts der Obligation, wo sofort auf ihre Erfüllung geklagt werden könnte etc.“ Allein hierin kann der Grund nicht liegen. Denn eben so beziehen sich ja auch die in d. l. 22. D. de reb. cred. (12. 1.) u. in d. l. 4. D. de condict. tritic. (13. 3.) erwähnten Obligationen auf *vertretbare* Sachen; und doch wird in diesen Stellen ein anderer Zeitpunct, nach welchem die aestimatio des schuldigen Gegenstandes zu bestimmen sei, angegeben. Es hätten also eben so gut, als die beiden letzteren Stellen, auch die beiden ersteren vom Verf. bei der Frage über den Zeitpunct der aestimatio im §. 48. mit in Erwägung gezogen werden sollen; was jedoch nicht geschehen ist. — §. 13. *Fernere Bedingungen der mora.* Die Annahme einer mora mit ihren nachtheiligen Folgen bleibt ausgeschlossen, wenn dem Schuldner *gesetzlich gebilligte* (wohl richtiger: im Rechte als zureichend anerkannte; denn von eigentlichen *Gesetzen* ist hierbei nicht die Rede) Entschuldigungsgründe zur Seite stehen. Diese werden im Allgemeinen auf zwei Classen reducirt, je nachdem sie nämlich die Nichtachtung der geschehenen *Mahnung*, oder das Unterlassen der *Erfüllung*, wegen besonderer Schwierigkeit derselben, entschuldigen. Zur ersteren Classe werden folgende Fälle gerechnet: wenn dem Schuldner eine gültige Einrede zusteht, wenn er die Forderung des Gläubigers für ungegründet hält, und es desshalb lieber bona fide auf einen Process ankommen lassen will, oder wenn die Zögerung nur durch Umstände, welche die Sicherstellung des Schuldners bezwecken, veranlasst wird. Zur zweiten Classe rechnet der Verf. theils den Fall, wenn die Erfüllung der Obligation ohne Schuld des debitor *absolut* unmöglich wird, (was jedoch nicht auch auf die *blos relative* Unmöglichkeit oder Schwierigkeit der Erfüllung bezogen werden darf,) theils den Fall, wenn der Grund zum Aufschub der Leistung in der Person des Gläubigers selbst liegt. — Es kann aber das *absolute*, und zwar unverschuldete Unmöglichwerden der Leistung nicht füglich in diese Kategorie gestellt werden. Denn dadurch wird ja der Schuldner nicht blos gegen die nachtheiligen Folgen der mora geschützt, sondern von seiner ganzen Verbindlichkeit befreit, — impossibilium nulla obligatio est, — und es gehört also dieser Fall vielmehr zu den Erlöschungsgründen der Obligationen überhaupt. Wohl aber lässt sich zu den Befreiungsgründen von der mora der Fall rechnen, wenn durch ein natürliches oder unverschuldetes Hinderniss eine *blos temporäre* Unmöglichkeit der Leistung herbeigeführt wird. — Uebrigens wäre hier, wo nicht schon früher bei der Charakterisirung der mora, ein passender Ort gewesen, darauf aufmerksam zu machen, dass überhaupt bei Beurtheilung der Frage: ob eine mora des Schuldners anzunehmen sei? dem richterlichen Ermessen viel Spielraum gelassen ist, l. 32. pr. D. de usur. (22. 1.) l. 137. §. 2. u. 3. D. de verb. oblig. (45. 1.), und den Grundsatz hervorzuheben, dass eine unbedeutende mora des Schuldners, woraus für den Gläubiger kein namhafter Nachtheil erwächst, nicht weiter in Betracht komme. l. 135. §. 2. D. eod. l. 8. D. si quis caut. in judic. sist. (2. 11.) l. 21. D. de judic. (5. 1.) l. 24. §. 4. D. locat. (19. 2.) — §. 14. *Anfangspunct der mora.* Unter den verschiedenen hierüber aufgestellten Meinungen wird diejenige für die richtigste erklärt, welche die mora mit ihren nachtheiligen Folgen sofort nach gehörig erfolgter Mahnung eintreten lässt, obschon auch dem säumigen Schuldner eine billige Zahlungsfrist nicht zu versagen sei. — Wenn es aber zu Ende dieses §. von der gerichtlichen Mahnung heisst: „Hier beginnt die mora mit dem Augenblick der Anstellung der Klage," so steht diese Aeusserung mit zwei andern Aeusserungen des Verfs. nicht in Einklang, theils mit der oben §. 6. S. 33. vorgekommenen, dass durch die oblatio libelli apud judicem facta keine mora debitoris begründet werden könne, indem dadurch für den debitor noch keine justa causa entstehe, propter quam intelligere debet, se dare oportere, theils mit der weiter unten §. 51. S. 347. ausgesprochenen Ansicht: „Darin aber offenbart sich hier noch die Natur der actio ex testamento, als eines stricti juris judicium, dass dann als Anfangspunct des Verzuges *erst die Litiscontestation, nicht die blosse Einreichung der Klage*, angesehen werden soll." — II. *Mora ex re.* §. 15. *Einleitung.* Hier wird die schon oben §. 3. vorgekommene Beschreibung der mora ex re wiederholt und mit einigen anderweiten Bemerkungen begleitet, namentlich: dass die einzelnen dahin gehörigen Fälle lediglich auf positiven Bestimmungen beruhen, dass es ein gemeinschaftliches Princip und bestimmte gemeinsame Bedingungen für sie nicht gebe; obwohl sich behaupten lasse, dass sie insgesammt eine Anwendung des Satzes: Dies interpellat pro homine, enthalten (was jedoch späterhin §. 26. S. 152. in Bezug auf die mora ex re zu Gunsten der Minderjährigen wiederum verneint wird). — Auffallend aber ist die Bemerkung: „Die oben erwähnten Excusationsgründe gegen die Existenz einer mora müssen hier wegfallen, da der grösste Theil derselben sich darauf bezog, die Nichtbeachtung der erfolgten *Mahnung* zu entschuldigen, hier aber es einer Mahnung überall nicht bedarf, die Mora ohne alle Interpellation eintritt.“ Dieser Grund passt doch nur auf die vom Verf. §. 13. angenommene *erste* Classe der Entschuldigungsgründe gegen die mora, nicht auch auf die zweite, und man fragt daher billig, warum nicht auch hinsichtlich der mora ex re dem Schuldner es zur Entschuldigung gereichen soll, wenn die Leistung zur gehörigen Zeit wegen eines seinerseits unverschuldeten, oder in der Person des Gläubigers vorhandenen Hindernisses, z. B. wegen Abwesenheit desselben, unterblieben ist? Es wird aber aller etwaiger Zweifel hierüber vollständig beseitigt durch d. l. 17. §. 3. D. de usur. (22. 1.) „Si pupillo non habenti tutorem fideicommissum solvi non potuit, *non videri moram per heredem factam*, *Divus Pius* rescripsit ...... quid enim potest imputari ei, qui solvere, etiamsi vellet, non potuit?“ Diese Stelle citirt der Verf. selbst S. 155. fgg. mit der Bemerkung, dass hier keine mora ex re vorhanden sei; was doch wiederum mit seiner obigen Behauptung nicht in Einklang steht. — §§. 16—24. Diese neun Paragraphen von S. 87. bis 149. beschäftigen sich mit der Streitfrage über die gewöhnlich so ausgedrückte Regel: Dies interpellat pro homine. Im §. 16. berührt der Verf. die Geschichte dieser Controverse und bemerkt, dass der diessfallsige Streit, so alt er auch sei, doch bis auf die neueste Zeit fast nur mit denselben Gründen und Gegengründen, wenigstens der Hauptsache nach, geführt worden sei; und um diess desto anschaulicher zu machen, hält er es für angemessen, „eine genauere Darstellung der Argumentationen eines der älteren, wie eines der neueren Vertheidigers wie Gegners der Regel folgen zu lassen.“ In Folge dieses Planes wird nun zuerst im §. 17. *Contius*, als Gegner der fraglichen Regel, mit seinen Argumenten vorgeführt, und demselben im §. 18. *Arumäus* als Vertheidiger der Regel, gegenübergestellt. Demnächst geht der Verf. im §. 19. auf die Geschichte der Controverse in neuerer Zeit über, und erwähnt namentlich *Neustetel's* Einwendungen gegen diese, in neuerer Zeit ziemlich allgemein angenommen gewesene Regel, und sodann die von *Thibaut* unternommene Prüfung jener Einwendungen und Vertheidigung der Regel. Hierauf folgt im §. 20. die Ansicht *v. Schröter's*, als Gegners der Regel, und im §. 21. *Thibaut's* Erwiderung, woran im §. 22. *v. Schröter's* Replik geknüpft wird. Sodann werden im §. 23. verschiedene Mittelmeinungen vorgetragen, und zwar: 1) Die von *Contius*, als welcher, obgleich er die in Frage stehende Regel im Allgemeinen verwerfe, sie doch bei faciendi obligationes in so fern anerkenne, als er hier mit Ablauf des etwa festgesetzten Erfüllungstages die Klage auf Leistung des Interesse sofort verwirkt sein lasse; 2) die von *Ulr. Huber*, dass jene Regel nur bei bonae fidei, nicht aber auch bei stricti juris obligationes gelte; 3) die der so eben erwähnten Meinung gerade entgegengesetzte von *Mühlenbruch*, welche jedoch derselbe später wieder zurückgenommen; 4) die von *Ratjen*, dass die Regel zwar bei solchen Obligationen gelte, wo der Schuldner dem Gläubiger das schuldige Object zu *offeriren* verpflichtet sei, nicht aber auch bei solchen, wo es Sache des Letztern sei, zu *fordern*; 5) die von *Schömann*, dass jene Regel nur auf obligationes dandi, nicht aber auch auf oblig. faciendi anwendbar sei. Im §. 24. endlich wird das Resultat aus der vorhergegangenen Darstellung *zum Schutz der Regel* gezogen. Um diess zu begründen, sucht der Verf. zuvörderst die gewöhnliche Argumentation der Gegner zu widerlegen, und führt dann mehrere specielle Gründe für die Regel an. Den Hauptirrthum der Gegner glaubt er in der Grundansicht zu finden, dass die *betagte* Forderung durch Eintritt des Tages in eine *unbetagte* verwandelt werde, und demnach, wie bei dieser, so auch bei jener nach Eintritt des dies eine besondere Interpellation zur Begründung der mora erforderlich sei. So wenig aber die *gemahnte* Forderung je aufhören könne, eine gemahnte zu sein, eben so wenig verliere die *befristete* Forderung durch Ablauf der Frist den ihr einmal anklebenden Charakter. Im Sinne jener falschen Grundansicht der Gegner müsste man mit gleichem Rechte behaupten, „dass, wenn einer Anfangs unbetagten Forderung späterhin durch Mahnung ein Leistungstermin vorgeschrieben, dieser aber ohne Erfüllung vorübergegangen ist, die Forderung gleichfalls wieder zur unbetagten werde, da kein neuer Zahlungstermin vorhanden ist, mithin eine abermalige Mahnung erfolgen müsse, und so fort.“ Grade umgekehrt habe die Mahnung den Zweck, die bisher *unbefristete* Obligation zu einer *befristeten* zu machen, und also den Mangel eines von vorn herein bestimmten Erfüllungstermins zu ergänzen, sei mithin überflüssig, wo ein solcher bereits vorhanden sei, da nun der Schuldner wisse, dass er an einem bestimmten Termine leisten müsse. Zu den speciellen Argumenten für die Regel, die bisher nicht nachdrücklich genug hervorgehoben worden seien, rechnet der Verf. folgende: 1) die lex commissoria; 2) die l. 135. §. 2. D. de verb. oblig. (45. 1.); 3) dass bei Obligationen mit einem von vorn herein bestimmten Erfüllungstermine die aestimatio rei sich unveränderlich nach diesem richte, als wodurch derselbe als Anfangspunct der mora anerkannt werde; 4) die l. 33. D. de verb. oblig.; 5) die Auctorität der Scholiasten zu den Basiliken und zum *Harmenopulus*. Zuletzt werden noch einige Bemerkungen über die aus der Nichtannahme jener Regel in einzelnen Fällen sich ergebenden Härten und Ungerechtigkeiten beigefügt. — Ob nun das bei der ganzen Darstellung dieser Streitfrage vom Verf. beobachtete Verfahren das zweckmässigste sei, lässt sich allerdings bezweifeln. Jedenfalls hat es die Unbequemlichkeit, dass viele Gründe sowohl gegen, als für die Regel *mehrmals* angeführt werden mussten, und dass dadurch selbst die Uebersicht derselben erschwert wird. Wäre es daher nicht methodischer gewesen, *sämmtliche* Gründe für die eine, wie für die andere Meinung, gleichviel von Wem sie gebraucht worden sind, (was ja in den Noten hätte bemerkt werden können,) in ununterbrochener Reihefolge einander gegenüber zu stellen, und nach deren Abwägung das Resultat zu bestimmen? Auch das ist als ein Uebelstand zu rügen, dass §. 23. unter den Mittelmeinungen eine Ansicht von *Contius*, der doch im §. 17. als entschiedener Gegner der Regel aufgeführt ist, vorgetragen wird. Sie liess sich ja viel zweckmässiger sogleich bei diesem §. anbringen, zumal da sie, wie der Verf. selbst S. 134. bemerkt, nicht einmal eine eigentliche Mittelmeinung ist, indem *Contius* die sog. mora faciendi gar nicht als mora anerkennt. Ferner ist der Verf. bei der Darstellung der Meinungen Anderer, also ehe noch dem vorgezeichneten Plane zufolge das Ergebniss auszusprechen war, doch nicht rein historisch verfahren, insofern er der Relation der von den Gegnern vorgebrachten Gründe nicht selten sein eignes Urtheil über deren Unhaltbarkeit sofort beifügt. Ueberhaupt aber hätte er den eigentlichen Gegenstand und Umfang des Streites schärfer bezeichnen und hervorheben sollen, dass er sich nämlich nur auf die sog. *gesetzlichen*, d. h. unmittelbar nach Rechtsvorschriften eintretenden Folgen der mora bezieht; denn in Ansehung der *vertragsmässigen* Nachtheile der am festgesetzten Erfüllungstage nicht erfolgten Leistung wird die Regel selbst von den Gegnern anerkannt. Eben so hätte er sich auch darüber bestimmter aussprechen sollen, *in wie weit* er selbst die Regel als gültig betrachte, ob blos bei einem durch Vertrag festgesetzten Erfüllungstag, oder auch bei einem solchen, welcher durch letztwillige oder obrigkeitliche Anordnung oder durch ein Gesetz bestimmt ist? In Betreff eines gesetzlich bestimmten Erfüllungstages scheint er im §. 25. die Gültigkeit der Regel anzuerkennen, indem er dort von der mora ex re sagt, es sei „dahin auch der bisher erörterte Fall eines, sei es *durch Gesetz* oder durch besondere Bestimmung der Parteien festgesetzten Erfüllungstages, dies interpellans, zu rechnen;" andererseits verneint er wiederum §. 31. die Anwendbarkeit der Regel auf die für die Leistung einer versprochenen dos und für die Restitution der dos gesetzlich bestimmten Termine. Uebrigens ist Rec. in der Hauptsache mit dem Verf. einverstanden, indem er nicht nur das §. 24. ausgesprochene Resultat für richtig hält, (jedoch nur in Ansehung eines *durch Vertrag* festgesetzten Erfüllungstages; denn nur auf diesen beziehen sich alle hier einschlagenden Beweisstellen, und die Nachtheile, welche in gewissen Fällen, z. B. nach l. 1. D. de penu leg. (33. 9.) l. 5. pr. D. de oper. publ. (50. 10.) l. 2. C. de jure emphyt. (4. 66.) l. 31. §. 2. C. de jur. dot. (5. 12.) l. un. §. 7. C. de rei uxor. act. (5, 13.), mit dem Ablauf eines durch letztwillige oder obrigkeitliche Anordnung oder durch ein Gesetz bestimmten Erfüllungstages bei nicht erfolgter Erfüllung eintreten, sind von den gewöhnlichen Folgen der mora verschieden,) sondern auch die dafür vorgebrachten Gründe als entscheidend anerkennt, nur mit Ausnahme des von dem Zeitpuncte, nach welchem die aestimatio rei sich richte, entlehnten Arguments; worüber das Nähere zum §. 48. zu bemerken sein wird. — §. 25. *Uebersicht der übrigen Fälle einer mora ex re.* Dieser wird die schon im §. 3. und dann wieder im §. 15. angeführte Eintheilung der mora ex re in eine solche, quae favore, und eine solche, quae odio nascitur, zum Grunde gelegt, — eine Eintheilung, welche freilich ohne Nutzen ist, und daher, wie jede überflüssige Eintheilung, aus der Wissenschaft verbannt werden sollte. — A. *Von der Mora ex re, quae favore nascitur.* §. 26. *Mora ex re zu Gunsten der Minderjährigen.* Diese tritt bei Forderungen der Minderjährigen aus Fideicommissen, Legaten und bonae fidei contractus ein, ohne jedoch (wie *Contius* meint,) auf die diessfallsigen Forderungen gegen die Vormünder beschränkt zu sein. Es darf aber dieses Vorrecht der Minderjährigen weder auf Kirchen oder andere piae causae im Allgemeinen, noch auch auf den Fiscus oder auf Städte ausgedehnt werden; doch findet nach besondern Vorschriften *Justinian's* bei Vermächtnissen zu Gunsten einer pia causa allerdings eine mora ex re Statt. — Bei Bekämpfung der Ansicht von einem allgemeinen Vorrechte des Fiscus auf Verzugszinsen kommt der Verf. auf die Interpretation der l. 17. §. 5. D. de usur. (22. 1.) „Fiscus ex suis contractibus usuras non dat, sed ipse accipit, ut solet a foricariis, qui tardius pecuniam inferunt, *item ex vectigalibus*,“ und meint, dass die von den Abgaben und Steuern zu entrichtenden Zinsen *nicht Verzugszinsen* seien, sondern die gewöhnlichen Zinsen, die der Fiscus von jedem Schuldner auch ohne Verzug fordere. Dafür spreche auch l. 10. §. 1. D. de publican. (39. 4.) „Non solutis vectigalium pensionibus pellere conductores ..... vel ab his *usuras ex mora* exigere permittitur;“ allein nach dieser Stelle, und zwar den letzteren Worten derselben, scheint gerade das Gegentheil angenommen werden zu müssen. — §. 27. *Mora ex re zu Gunsten der Freilassungen*. Nach verschiedenen Senatusconsulten und kaiserlichen Verordnungen gelangt eine fideicommissarische Freilassung, wenn der damit Beauftragte ihre Realisirung verzögert, durch obrigkeitliche Dazwischenkunft zur Wirksamkeit. Aber auch dem Kinde einer freizulassenden Sclavin darf der Verzug hinsichtlich der Freilassung der Mutter nicht zum Nachtheil gereichen; vielmehr ist es, wenn es, noch ehe diese wirklich erfolgte, geboren wurde, nach Verschiedenheit der Fälle entweder der Mutter zur Freilassung zu übergeben, oder vom Erben selbst freizulassen, oder ohne Weiteres als ingenuus anzusehen. — Nach der Darstellung der einzelnen hierher gehörigen Fälle fährt der Verf. S. 176. so fort: „Aus dem Bisherigen ergiebt sich, dass das Vorrecht einer Mora ex re nicht zu Gunsten der fideicommissarisch Freigelassenen selbst, sondern lediglich zum Besten der *Kinder* derselben angenommen werden könne. Denn wenn auch die ersteren selbst frei und zwar liberti orcini wurden, sobald der *Manumissor* (richtiger: der mit der Freilassung Beauftragte) sich bei Freilassung derselben eine Mora zu schulden kommen liess, so ist diess doch nicht die Wirkung einer besondern Mora ex re, vielmehr *Folge einer gewöhnlichen Mora ex persona*, einer Mora, die von dem Augenblick beginnt, quo libertas petita est: während die Mora ex re zu Gunsten der Kinder der Freigelassenen eintritt mit dem Momente, quo libertas deberi coeperit, oder, wie *Ulpian* sagt: „ex quo peti libertas potuit, quamvis non sit petita." — Dieser Ansicht aber kann man nicht beipflichten. So konnte ja z. B. in dem Falle, auf den sich das SC. *Dasumianum* (welches wohl nicht, wie es vom Verf. S. 169. geschehen, *vor*, sondern erst *nach* dem SC. *Rubrianum* hätte erwähnt werden sollen,) bezog, d. h. wenn der mit der Freilassung Beauftragte abwesend war, eine Mahnung an denselben (wenigstens wenn man seinen dermaligen Aufenthalt nicht kannte,) nicht ergehen; und doch sollte in diesem Falle die Freilassung ohne Aufschub durch Vermittlung der Obrigkeit realisirt werden. Hier kann also von einer gewöhnlichen mora ex persona nicht die Rede sein. Dasselbe gilt auch von den in d. l. 30. §. 1. 2. 4. u. 7—11. D. de fideicommiss. libert. (40. 5.) erwähnten Fällen. Auch bezieht sich offenbar auf den fideicommissarisch Freigelassenen selbst, (und nicht auf dessen Kinder,) was *Ulpian* in d. l. 5. D. de minor. (4. 4.) sagt: „Si tamen is servus fuit, cui fideicommissaria libertas debebatur praesens, et fuit captus, *quum re mora ei fit* ......" Ueberdiess kommt auch der Verf. mit sich selbst in Widerspruch, wenn er in Bezug auf die fideicommissarischen Freilassungen S. 172. bemerkt: „Es hing hier alles von der näheren Anordnung des Testators ab. Hatte derselbe die Freilassung innerhalb einer bestimmten Frist geboten, so musste sie innerhalb derselben vorgenommen werden, widrigenfalls *bei ihrem Ablauf ohne Weiteres eine Mora, als Folge der Regel dies interpellat, eintrat.*" Eine solche mora ist ja nun aber nach des Verfs. eigener Darstellung §. 15. u. fgg. eine *mora ex re*. — §. 28. *Mora ex re zu Gunsten der Gläubiger gegen abwesende Schuldner.* Auf den Antrag des Gläubigers kann von der Obrigkeit gegen den abwesenden Schuldner, dafern ihm die durch seine Abwesenheit herbeigeführte Verzögerung zugerechnet werden kann, und der Gläubiger nachzuweisen vermag, dass er den Schuldner wegen Abwesenheit nicht selbst mahnen könne, eine mora ex re decretirt werden. — B. *Von der Mora ex re, quae odio nascitur.* §. 29. *Mora ex re der Diebe und gewaltsamen Besitzer.* Bei dem Diebstahl und der gewaltsamen Besitzergreifung entsteht im Augenblick des Erwerbs eine obligatio ex delicto, die den Erwerber sofort, auch ohne Aufforderung des Eigenthümers verpflichtet, die Sache demselben zu restituiren, so dass aus der

Versäumniss dieser Verbindlichkeit sogleich eine mora ex re entspringt. Dagegen ist es unrichtig, bei jeder malae fidei possessio ohne Weiteres eine mora ex re anzunehmen, wie es gleichwohl von Manchen geschieht. — Diess alles hat der Verf. sehr gut und überzeugend ausgeführt; nur in *einer* hierbei vorkommenden Argumentation kann ihm Rec. nicht beistimmen. S. 187. heisst es nämlich: „Die Verantwortlichkeit aus dolosem und culposem Handeln, also die praestatio doli et culpae, setzt das Bestehen eines obligatorischen Verhältnisses voraus, ist ohne ein solches überall nicht vorhanden. Wird nun der Besitzer einer solchen Erbschaft, (nämlich: in deren Besitz er sich *gewaltsam* gesetzt hat,) selbst *vor* angestellter Erbschaftsklage — aus der in Folge der Litiscontestation erst ein neues obligatorisches Verhältniss begründet wird — für dolus und culpa verantwortlich, so kann diess nur die Wirkung einer *obligatio ex delicto* sein, die in dem Augenblick der *unrechtmässigen* Besitzergreifung entsteht.“ — Wäre diese Argumentation richtig, so würde daraus folgen, dass bei einem andern malae fidei possessor, ausser dem, welcher durch Diebstahl oder Gewalt sich in den Besitz einer fremden Sache gesetzt hat, die Verpflichtung, für dolus und culpa einzustehen, *erst mit der Zeit der litis contestatio* einträte. Gleichwohl wird in unsern Quellen diese Verbindlichkeit eines *jedweden* malae fidei possessor *ganz allgemein*, also ohne Beschränkung auf die Zeit von der litis contestatio an, ausgesprochen, z. B. §. 2. I. de offic. jud. (4. 17.) l. 31. §. 3. D. de hered. petit. (5. 3.) l. 15. §. 3. l. 16. l. 33. l. 36. §. 1. u. l. 62. D. de rei vindic. (6. 1.), ja selbst der bonae fidei possessor muss für dolus (der auch bei ihm, da die bona fides nach dem Anfang des Besitzstandes beurtheilt wird, allerdings vorkommen kann, wenn er während der Besitzzeit über sein Recht an der Sache ungewiss geworden ist,) auch für die Zeit *vor* der litis contestatio einstehen. l. 45. D. eod. l. 20. §. 11. u. l. 25. §. 5. D. de hered. petit. Nun ist zwar die Bemerkung des Verfs. ganz richtig, dass der Besitz an und für sich kein *obligatorisches* Verhältniss zwischen Eigenthümer und Besitzer *vor* dem Augenblick der Litiscontestation erzeuge; allein dieses alsdann eingetretene Verhältniss wird *in seinen Wirkungen zurückbezogen*, und zwar bei dem malae fidei possessor bis auf den Anfang seines Besitzstandes, bei dem bonae fidei possessor aber bis auf die Zeit, wo er sich bewusst worden ist, dass die Sache ihm nicht gehöre. Daher heisst es in d. l. 25. §. 2. D. eod. „Quod ait Senatus ..... ita intelligendum est, ut et *dolus praeteritus* in petitionem hereditatis deduceretur, sed et *culpa* ....., und §. 7. derselben Stelle: „.....: coepit enim scire, rem ad se non pertinentem possidere se is, qui interpellatur; qui vero praedo est, et *ante litem contestatam* doli nomine tenebitur; hic est enim *dolus praeteritus*.“ — C. *Von einigen vermeintlichen Fällen der Mora ex re.* §. 30. 1) *Bei contractus bilaterales.* Unrichtig ist die von Manchen aufgestellte Theorie, dass bei zweiseitigen Verträgen, sobald die eine Partei ihre Verbindlichkeit erfüllt habe, sofort für die Gegenpartei, rücksichtlich der ihrigen, eine mora ex re beginne. Diese Lehre beruht auf der irrigen Voraussetzung, dass die vom Käufer nach der Uebergabe der gekauften Sache hinsichtlich des noch nicht bezahlten Kaufpreises zu entrichtenden Zinsen *Verzugszinsen* seien. — §. 31. 2) *Zu Gunsten der Dos.* Die in vielen ältern Schriften vorkommende, jedoch auch von einigen Gegnern bestrittene Behauptung, dass für die Frau, die dem Manne eine dos versprochen, sofort im Augenblick der Eingehung der Ehe, für einen andern Promittenten der dos aber nach Ablauf von 2. Jahren seit dem Anfang der Ehe eine mora ex re beginne, ist eben so unhaltbar, als die Annahme einer solchen mora auf Seiten des Mannes, wenn er nach Beendigung der Ehe die erhaltene dos nicht in den gesetzlichen Terminen restituirt. Denn die in beiden Fällen zu entrichtenden Zinsen, wozu jedoch im erstern Falle nach *Justinian's* Verordnung nicht die Frau selbst, sondern nur ein anderer Promittent der dos verpflichtet ist, sind auf ein gesetzlich bestimmtes, von dem gewöhnlichen Umfange der *Verzugszinsen* abweichendes Maas festgesetzt, und von anderweiten Folgen der mora, insbesondere von der Verbindlichkeit, für das periculum einzustehen, ist in keinem von beiden Fällen die Rede. — In so weit stimmt Rec. dem Verf. bei, obgleich die Worte *Justinian's* in d. l. 31. §. 2. C. de jure dot. (5. 12.) „.....ea post biennium observari, quae leges *post litem contestatam* pro omnibus hujusmodi rebus definiunt,“ noch einigen Zweifel erregen könnten; doch sind sie wohl auf die Restitution der Früchte zu beziehen. — Ganz verfehlt aber scheint die S. 204. fgg. vorgetragene Erklärung der l. 38. §. 1. D. de usur. (22. 1.) „Et quidem si fundus ob rem datus sit, veluti dotis causa, et renunciata affinitas, fructus quoque restituendi sunt, utique hi, qui percepti sunt eo tempore, quo sperabatur affinitas; sed et posteriores, *si in re mora fuit*, ut ab illo, qui reddere debeat, omnimodo restituendi sunt .....“ Die Worte: *si in re mora fuit*, will der Verf. auf einen solchen Fall beziehen, wo die Frau noch *minderjährig* ist; denn hier sei von dem Zeitpuncte an, wo es gewiss geworden, dass die Ehe nicht zu Stande kommen werde, eine mora ex re des Mannes hinsichtlich der Restitution der dos anzunehmen. Zwar macht er sich selbst hiergegen den Einwand: „die Frau fordere im vorliegenden Falle die Früchte zurück mit der condictio ob caussam datorum; diese aber sei, wie jede condictio, ihrer Natur nach stricti juris. Sofern nun eine mora ex re zu Gunsten der Minderjährigen nur eintrete bei Ansprüchen derselben aus Legaten, Fideicommissen und bonae fidei obligationes, sei im vorliegenden Falle die Annahme einer Mora ex re zu Gunsten der die Dotalfrüchte zurückfordernden minderjährigen Frau unstatthaft.“ Doch glaubt er diesen Einwand durch folgende Bemerkungen zurückweisen zu können: „Allein mit der condictio caussa data c. n. s. kann die Frau nur auf die Restitution der Früchte klagen, die der Mann vor Eintritt des Augenblicks, da es gewiss wurde, dass die Ehe nicht zu Stande kommen werde, percipirt hat. Nur für diese Zeit sind die Früchte anzusehen als ein caussa datum (wohl richtiger: *ob causam* datum), caussa non secuta. Sobald jedoch dieser Moment der Gewissheit eingetreten, können die nachher gezogenen Früchte unmöglich noch gelten als ein caussa datum, caussa non secuta, mithin eben so wenig mit der daraus entspringenden condictio eingefordert werden. Statt dessen kann aber die Frau klagen mit einer andern Klage, nämlich der actio rei uxoriae. Diese ist bonae fidei, hier mithin die Annahme einer Mora ex re zu Gunsten der etwa noch minderjährigen Frau vollkommen zulässig.“ — Hier entsteht zuvörderst die Frage: ob eine Braut die dem Bräutigam pränumerirte dos, falls die Ehe nicht zu Stande kommt, durch die rei uxoriae actio (oder, wie sie in den Digesten aus Rücksicht auf die bekannte Aenderung *Justinian's* gewöhnlich heisst: de dote actio oder dotis exactio u. d. gl.) zurückfordern könne? Ein Quellenzeugniss dafür hat der Verf. nicht beigebracht, und möchte es auch schwerlich beibringen können. Denn überall, wo eines solchen Falles gedacht wird, ist von der condictio (nämlich causa data c. n. s.) oder der vindicatio, je nachdem die dem Bräutigam eingehändigten Dotalsachen bereits in dessen Eigenthum übergegangen sind oder nicht, die Rede, z. B. l. 7. §. 3. l. 8. l. 9. pr. u. l. 74. D. de jure dot. (23. 3.) l. 17. §. 1. D. de reb. auctor. jud. possid. (42. 5.). Mithin kann im vorliegenden Falle die rei uxoriae actio oder die von *Justinian* an deren Stelle gesetzte ex stipulatu actio nicht für statthaft erachtet werden. Sodann ist es eine seltsame Behauptung des Verfs., dass die nach der Zeit, wo es gewiss geworden, dass die Ehe nicht zu Stande kommen werde, vom bisherigen Bräutigam noch percipirten Früchte nicht könnten durch die condictio ob causam datorum eingefordert werden, weil sie nicht ein ob causam datum seien. Freilich sind diese Früchte nicht ein ob causam datum, wohl aber das fruchttragende Grundstück selbst, und so lange dieses vom vormaligen Bräutigam noch nicht restituirt ist, kann es mit jener condictio (oder resp. der vindicatio) zurückgefordert werden, mithin auch die Früchte, als ein Zubehör desselben. Dazu kommt endlich noch das Willkürliche und Gezwungene jener Erklärung, da in der angeführten Stelle von *Paulus* eine Hindeutung auf eine *minderjährige* Braut, oder die Beschränkung der vorgetragenen Bestimmung auf eine solche, sich durchaus nicht vorfindet. Weit natürlicher ist es daher, an einen solchen Fall zu denken, wo der Verlobte bei oder nach Aufkündigung der Sponsalien sich zur Rückgabe der ihm pränumerirten dos *an einem bestimmten Termine* durch Vertrag verpflichtet, aber diesen Termin nicht inne gehalten hat, so dass hier eine Awendung der Regel: Dies interpellat, vorliegen würde. Ist diese Annahme wahrscheinlich, so ist damit zugleich die Bemerkung des Verfs. S. 205. Note 448. beseitigt: „Eine Mora ex re könnte ausserdem nur angenommen werden in Folge eines festgesetzten Zahlungstages der *Früchte* (?) der Dos. Solcher dies solutionis könnte aber nur festgesetzt sein durch vorherige Mahnung von Seiten der Frau; dann aber würde eine gewöhnliche Mora ex persona, nicht Mora ex re, von der doch *Paulus* spricht, vorhanden sein.“ — §. 32. 3) *Bei eidlich bestärkten Versprechen.* Die eidliche Bestärkung eines Versprechens begründet keine mora ex re, und hebt also das Erforderniss einer Mahnung für die mora des Schuldners nicht auf. Die von manchen ältern Schriftstellern für das Gegentheil angeführten Gründe sind sämmtlich unhaltbar. — §. 33. 4) *Bei obligationes faciendi.* Die Lehre der Aelteren, bei allen faciendi obligationes sei eine mora ex re anzunehmen, sobald so viel Zeit vergangen, als zur Vornahme der versprochenen Handlung überhaupt erforderlich gewesen, beruht auf einer unrichtigen Anwendung der Regel: Dies interpellat. Diese setzt nämlich einen *absolut* bestimmten Erfüllungstag voraus; wofür doch weder die Anordnung einer allgemeinen Frist, innerhalb deren eine Obligation erfüllt werden soll, noch auch, und noch viel weniger, der Ablauf eines Zeitraumes, innerhalb dessen die Vollendung der schuldigen Handlung möglich gewesen wäre, gelten kann. — §. 34. 5) *In einzelnen Fällen.* Eine mora ex re wird mit Unrecht angenommen: 1) Sobald ein socius Societäts-Sachen oder Gelder angreift und zum eigenen Nutzen verwendet; 2) wenn der Gläubiger nach dem Verkauf der verpfändeten Sache die etwan'ge hyperocha nicht sofort herausgiebt; 3) wenn Jemand ein schon einmal gegebenes Versprechen wiederholt; 4) in den beiden Fällen, die in d. l. 9. §. 1. u. l. 48. D. de usur. (22. 1.) vorkommen. — §. 35. *Gemeinsame Bemerkungen für die Fälle der Mora ex re.* Da die mora ex re in dem Augenblick begründet ist, wo dem Schuldner die unterlassene Erfüllung seiner Verbindlichkeit nach den diessfallsigen Rechtsbestimmungen als Schuld zugerechnet werden kann, so tritt sie auch mit diesem Moment ipso jure ein, ohne dass es dazu einer besondern richterlichen Erklärung bedarf, ausser im Falle der Abwesenheit des Schuldners, wo die mora ex re eben erst durch ein obrigkeitliches Decret begründet wird. Auch dauert die mora ex re in der Regel bis zur Erfüllung der Obligation fort, ausser wo ihre Annahme nur Folge besonders begünstigter Verhältnisse ist, wie namentlich bei Minderjährigen; denn dann muss sie zugleich mit diesem favor selbst aufhören. — Nach dieser Analogie nimmt der Verf. auch an, „dass, sobald der Schuldner, gegen den bisher auf Grund seiner Abwesenheit eine Mora ex re decretirt war, zurückgekehrt ist, fortan diese Mora ex re mit ihren Wirkungen aufhöre, mithin der Gläubiger eine neue Mahnung vornehmen müsse," wofür der Verf. auch noch den Grund anführt, dass ja auch bei der Rückkehr des abwesenden Schuldners eine Wiederholung der an den Abwesenden wirklich geschehenen Mahnung erforderlich sei. Doch möchte ihm hierin nicht beizustimmen sein. Denn jene Analogie ist darum unpassend, weil die mora ex re zu Gunsten der Minderjährigen auf einem jus singulare beruht, dessen Grund sich nur auf die Zeit der Minderjährigkeit erstreckt; wogegen die von der Obrigkeit gegen einen abwesenden Schuldner decretirte mora voraussetzt, dass es demselben zur Schuld angerechnet werden könne, nicht für einen Vertreter gesorgt zu haben, diese Schuld aber die nämliche bleibt, auch wenn er zurückgekehrt ist, indem die blosse Rückkehr desselben sich doch nicht als eine Purgation seiner mora ansehen lässt. Eben so wenig passend ist auch der zweite vom Verf. für seine Meinung angeführte Grund, da in dem Falle, wenn an einen abwesenden Schuldner eine Mahnung wirklich ergangen ist, doch die Mora desselben nach der l. 32. §. 1. D. de usur. (22. 1.) *nicht eher beginnt*, als bis nach seiner Rückkehr die Mahnung wiederholt wird; wogegen eine von der Obrigkeit decretirte mora *sofort eintritt*, und dieses Decret, woraus ja für den Gläubiger ein Recht erwächst, durch die blosse Rückkehr des Schuldners doch nicht wieder rückgängig oder wirkungslos gemacht werden kann.

- Zweiter Abschnitt. *Mora creditoris*. §. 36. *Einleitung*. Hier wird die schon im §. 2. vorgetragene Ansicht wiederholt und weiter ausgeführt, dass auch die mora des Gläubigers überall eine *schuldvolle*, demselben zurechenbare Verhinderung der Erfüllung voraussetze. — Was dieser Ansicht entgegensteht, ist bereits oben zum §. 2. bemerkt worden, und bedarf hier keiner Wiederholung. Wenn aber der Verf. weiterhin sagt: die Mora creditoris setze *wesentlich* voraus 1) gehörige Oblation von Seiten des Schuldners, und 2) Nichtannahme der offerirten Leistung von Seiten des Gläubigers ohne gehörigen Grund, so ist diess zu einseitig, indem auch auf andere Art der Gläubiger in Verzug kommen kann; was auch vom Verf. selbst §. 42. S. 263. nicht ganz in Abrede gestellt wird, aber noch in einem weitern Umfange, als er zugiebt, angenommen werden muss. — §. 37. *Wesen der Oblation überhaupt*. Ueber die Streitfrage, ob zur Begründung der mora des Gläubigers die oblatio von Seiten des Schuldners eine sog. realis sein müsse, oder ob eine sog. verbalis genüge? wird bemerkt, dass sie bei der unendlichen Mannichfaltigkeit obligatorischer Verhältnisse sich weder allgemein bejahen noch verneinen lasse; dass vielmehr die Oblation je nach der Natur der einzelnen Obligationen sich verschiedenartig gestalten werde, und dass die Entscheidung darüber mehr eine quaestio facti, als juris sei. — Da indessen nirgends in unsern Quellen ausdrücklich das *thatsächliche* Anbieten der Zahlung zur Bedingung für die mora des Gläubigers gemacht wird, vielmehr die Ausdrücke: offerre, paratum esse solvere u. dgl., eben so gut von einer blos wörtlichen Erklärung der Bereitwilligkeit zur Zahlung sich verstehen lassen, da ferner in der l. 122. pr. D. de verb. oblig. (45. 1.) das wörtliche Anerbieten der Zahlung *nicht etwa darum, weil es blos wörtlich*, sondern um desswillen, weil es an einem andern, als dem verabredeten Orte, und *vor* der festgesetzten Zeit, unter Abrechnung des interusurium, geschehen war, für unstatthaft erklärt wird, und in der l. 4. §. 1. D. de eo, quod cert. loc. (13. 4.) die Fälle: „si ibi vel *oblata* pecunia actori dicatur, vel deposita, vel *ex facili solvenda*,“ als solche, wo der Richter den Beklagten gegen Cautionsbestellung absolviren solle, erwähnt werden, da endlich *Justinian* in der Nov. 91. c. 2. zur Begründung des Anspruchs auf eine propter nuptias donatio es für hinreichend erklärt, wenn die Frau *bereit sei*, eine dos zu zahlen, oder gar *noch ein Mehreres thue, und sie vielleicht herbeischaffe:* so erscheint die Annahme vollkommen gerechtfertigt, dass zum angegebenen Zweck von Seiten des Schuldners eine *blos wörtliche* Erklärung seiner Bereitwilligkeit zur Zahlung genüge, dafern nur aus den Umständen erhellt, dass sie ernstlich gemeint sei und sofort realisirt werden könne. — §. 38. *Umfang der Oblation.* Eine nur theilweise Oblation genügt nicht, um für die Gesammtobligation eine mora des Gläubigers zu begründen. Ist indessen derselbe durch Vertrag oder Gesetz zu *theilweiser* Annahme verpflichtet, so begeht er allerdings durch Weigerung derselben eine mora für den ihm angebotenen Theil seiner Forderung. — §. 39. *Ort und Zeit der Oblation.* Hierüber entscheiden überhaupt die Grundsätze von der Solution. Die Streitfrage aber, ob auch die *vor* dem festgesetzten Erfüllungstage vorgenommene Oblation hinreiche, um für den creditor, falls dieser die Annahme verzögert, eine mora zu begründen? beantwortet der Verf. im Allgemeinen bejahend, lässt jedoch alsdann eine Ausnahme zu, wenn der Erfüllungstag der Obligation *allein* oder doch *zugleich* zum Vortheil des Creditors festgesetzt sei; was besonders häufig bei kaufmännischen Lieferungsgeschäften vorkomme. — Diese Ausnahme scheint aber entweder zu eng, oder zu unbestimmt gefasst zu sein; denn sie ist auf alle Fälle zu erstrecken, (was der Verf. vielleicht durch den Schlusssatz dieses §.: „Dasselbe tritt nothwendig überall da ein, wo die frühere wirkliche Leistung den Debitor nicht einmal liberirt haben würde,“ hat andeuten wollen,) wo die frühere Zahlung, und also auch das Anerbieten derselben, dem Interesse des Gläubigers entgegen sein würde, z. B. wenn die versprochenen Zinsen bei früherer Zahlung für die noch übrige Zeit des Contractsverhältnisses dem Gläubiger entzogen werden sollten, (worauf sich die schon vorhin besprochene l. 122. pr. D. de verb. oblig. bezieht,) desgleichen wenn das frühere Anerbieten der Zahlung zu einer dem Gläubiger *ungelegenen Zeit (inopportuno tempore*, wie es in der l. 39. D. de solut. (46. 3.) heisst,) geschieht, z. B. wenn er eben im Begriff ist, eine Reise anzutreten u. dgl. — Uebrigens stimmt zu der vom Verf. selbst anerkannten Ausnahme freilich nicht die kurz vorher S. 242. *im Allgemeinen* gemachte Bemerkung:

dass ein dies certus solutionis *allein* zu Gunsten des *Debitors* hinzugefügt werde. — §. 40. *Personen der Oblation.* Auch hier entscheidet im Allgemeinen die Analogie der solutio. Demgemäss nimmt der Verf. in Ansehung der Frage: *wer* gültig offeriren könne? gegen *Donellus* an, dass auch von einem Andern, als dem Schuldner, selbst ohne dessen Wissen, wie die Zahlung, so auch die Oblation derselben gültig geschehen könne; die Streitfrage aber, ob auch dem zur Empfangnahme der Zahlung bevollmächtigten Procurator des Gläubigers die Zahlung mit der Wirkung offerirt werden könne, dass im Fall der Nichtannahme von Seiten desselben eine mora für den Gläubiger begründet werde? beantwortet er verneinend in Bezug auf den Special-Procurator, bejahend hingegen in Bezug auf den procurator omnium bonorum. — In der ersten Annahme, dass auch ein Anderer, als der Schuldner, wirksam offeriren könne, stimmt Rec. dem Verf. bei, obwohl er einige von selbigem gegen *Donellus* vorgebrachte Argumente nicht für richtig anerkennen kann, namentlich die Aeusserung, dass auch bei der durch einen Dritten vorgenommenen Solution der Debitor *lediglich im Wege einer dadurch erworbenen exceptio* frei werde, da doch die solutio den Schuldner *ipso jure* befreit, und nach der ausdrücklichen Bemerkung im pr. I. quib. mod. oblig. toll. (3. 29.) es keinen Unterschied macht, ob der Schuldner selbst, oder ein Anderer für ihn zahlt; ferner das Argument: „Es liegt auch darin keineswegs eine Verletzung des Princips: per liberam personam nihil acquiri posse, denn eine effective Bereicherung des Schuldners tritt durch die für denselben von einem Andern vorgenommene oblatio nicht ein, da der Schuldner diesem Andern in der Regel zur Wiedererstattung verpflichtet bleibt." — Diess passt doch nicht auf den Fall, wo die oblatio von einem Andern in der Absicht einer Liberalität gegen den Schuldner geschieht. Dass aber überhaupt jenes Princip hierher gar nicht gezogen werden könne, ergiebt sich daraus, dass der Schuldner durch die von einem Andern für ihn auch ohne sein Wissen geleistete Zahlung sogar die actio pignoraticia erwirbt, l. 40. de solut. (46. 3.), und es kommt also in dergleichen Fällen lediglich das in d. l. 53. D. eod. ausgesprochene Princip zur Anwendung: „licere etiam ignorantis invitique meliorem conditionem facere." — Was aber des Verfs. Entscheidung der bemerkten Streitfrage anlangt, so macht er sich dabei einer doppelten Inconsequenz schuldig; einmal in so fern, als er für die Meinung, ein Special-Procurator könne durch Nichtannahme der ihm angebotenen Zahlung eine mora für den Gläubiger nicht begründen, Argumente vorbringt, welche eben so gut auch auf den Fall passen, wenn ein General-Bevollmächtigter des Gläubigers die ihm angebotene Zahlung nicht annimmt; und sodann in so fern, als er im letztern Fall eine mora für den Gläubiger entstehen lässt *ohne alle culpa desselben*, die er doch sonst als ein wesentliches Erforderniss für dessen mora betrachtet. In der ersteren Hinsicht argumentirt er so: Jede mora setzt eine *culpa* voraus. Eine solche kann aber dem Creditor nicht zugeschrieben werden, „dessen Bevollmächtigter ohne seinen Auftrag und Wissen die Annahme ausgeschlagen hat.“ Kann denn aber, wenn diess der General-Bevollmächtigte gethan hat, dem Gläubiger eine culpa beigemessen werden? Und doch soll hier eine mora für den Letztern entstehen. Warum? Der Verf. bemerkt in Bezug auf den procurator omnium bonorum: „Von ihm kann man noch nicht sagen, er handle praeter mandatum, wenn er eine ihm offerirte Leistung nicht acceptirt.“ Also lag es wirklich im Willen und Auftrag des Gläubigers, dass sein General-Bevollmächtigter eine ihm angebotene Leistung nicht acceptiren, und dadurch für seinen Machtgeber eine mora begründen sollte? Wenn es ferner in Bezug auf diesen Fall heisst: „Auf ein Wissen des Gläubigers kommt es auch hier nicht an, da der Prinzipal die Handlungen seines Universal-Procurators, die dieser als solcher vornimmt, im Allgemeinen zu vertreten hat,“ so fragt man billig, ob nicht der Machtgeber auch die Handlungen seines Special-Procurators in dem Kreise der ihm übertragenen Geschäfte vertreten müsse? cf. l. 10. §. 2. l. 11. u. 12. D. de pact. (2. 14.) Es findet also bei der oblatio eben so wenig, als bei der Zahlung selbst, ein Unterschied zwischen einem General- und einem Special-Bevollmächtigten Statt, l. 12. pr. D. de solut. (46. 3.), vielmehr bringt es die Natur der Sache mit sich, dass auch dem Letzteren die Zahlung, zu deren Empfangnahme er bevollmächtigt ist, mit der oben angegebenen Wirkung offerirt werden könne. Denn wenn ein Gläubiger Jemanden zur Empfangnahme einer Zahlung beauftragt, so ermächtigt er dadurch zugleich den Schuldner, diesem Bevollmächtigten die Zahlung zu leisten. l. 34. §. 3. D. eod. Bietet nun demselben der Schuldner die Zahlung an, so thut er das, was er unter den vorliegenden Umständen zu thun hatte, um seine Verbindlichkeit zu erfüllen, und es liegt also, wenn jener Bevollmächtigte die Annahme der Zahlung ohne hinreichenden Grund verweigert, fortan nicht mehr am Schuldner, dass die Leistung nicht wirklich erfolgt, sondern am Bevollmächtigten, und mittelbar am Gläubiger selbst, da dieser seinen Bevollmächtigten in Bezug auf die ihm übertragene Handlung vertreten muss; wovon eine nothwendige Folge die mora des Gläubigers selbst ist. Wollte man das Gegentheil annehmen, so würde in diesem Falle der Schuldner nicht einmal durch Deposition des schuldigen Gegenstandes sich vom Schuldnexus befreien können, da diese in der Regel eine vorausgegangene gültige Oblation und Nichtannahme der angebotenen Zahlung voraussetzt, und es würde also der Schuldner, obgleich er zur Zahlung bereit gewesen ist und den dazu geeigneten Schritt gethan hat, dennoch genöthigt sein, wider Willen länger im Schuldverhältnisse zu bleiben; was offenbar gegen Recht und Billigkeit sein würde. — Uebrigens bietet der Umstand, dass für den Gläubiger, auch ohne eigene Schuld, durch seinen Bevollmächtigten eine mora begründet werden kann, ein neues Argument gegen die, oben zum §. 2. bestrittene Ansicht des Verfs. dar, dass auch zur mora des Gläubigers eine culpa desselben erforderlich sei. — §. 41. *Von der Obsignation und Deposition.* Diese ist, ausser der Oblation, zur Begründung einer mora des Gläubigers nicht erforderlich, wohl aber zum Zweck der Beendigung des ganzen obligatorischen Verhältnisses. — §. 42. *Fernere Bedingungen der Mora.* Hier wird zuvörderst ein zweites Erforderniss für die mora des Gläubigers erwähnt, nämlich die Nichtannahme der ihm angebotenen Leistung ohne einen triftigen Grund, und daran die Bemerkung geknüpft: „Es werden mithin für den Creditor im Ganzen dieselben Entschuldigungsgründe, wie für den Debitor, gelten, sofern dieselben nicht in den besondern Verhältnissen und Verpflichtungen des Debitors ihren Grund haben." Allein den Beweis für diesen Satz ist der Verf. schuldig geblieben, indem er weder im Allgemeinen ein bestimmtes Zeugniss für die Annahme von Entschuldigungsgründen des Gläubigers gegen die mora, noch auch ein einziges Beispiel derartiger Excusationen aus den Quellen nachgewiesen hat. Denn dass die in Bezug auf den Gläubiger gebrauchten Ausdrücke: *justa causa* non accipiendi; sine *justa causa* accipere recusare u. dgl. nicht eine demselben zuständige Excusation, sondern vielmehr einen in der Art des ihm geschehenen Anbietens liegenden hinreichenden Grund, es abzulehnen, bezeichnen, ist bereits oben zum §. 2. bemerkt worden. — Sodann werden mehrere Fälle durchgegangen, wo gewöhnlich, oder nur von einzelnen Gelehrten, eine mora des Gläubigers ohne vorherige Oblation von Seiten des Schuldners angenommen wird, und zwar folgende: 1) Wenn der Gläubiger sich zur festgesetzten Zeit am festgesetzten Leistungsorte nicht eingefunden hat, der Schuldner aber gegenwärtig und zur Erfüllung bereit war; 2) wenn der Gläubiger die vom Schuldner geforderte nähere Angabe der einzelnen Schuldposten verweigert; 3) wenn er die schuldige Sache vom Debitor selbst abzuholen verpflichtet, dieselbe, ungeachtet der vom Letztern geschehenen Aufforderung, nicht in Empfang nimmt; 4) wenn er unter mehreren ihm alternativ geschuldeten Sachen ein Wahlrecht auszuüben, oder eine degustatio vorzunehmen berechtigt, diese Befugniss innerhalb der ihm auf Antrag des Schuldners vom Richter festgesetzten Frist nicht ausgeübt hat. Ueber den ersten dieser Fälle bemerkt der Verf., dass er zwar durch die l. 18. pr. D. de pecun. constit. (13. 5.), auf die man sich desshalb allgemein berufe, nicht bewiesen werde, aber doch nach der allgemeinen Natur der mora anzunehmen sei. Eben so wenig lasse sich der zweite Fall, als eine besondere Art der mora, aus der dafür angeführten l. 4. C. de usur. pupill. (5. 56.) ableiten, sei jedoch ebenfalls nach der Natur der mora zu vertheidigen. Für den dritten Fall lasse sich zwar scheinbar die l. 1. §. 3. D. de peric. rei vend. (18. 6.) anführen; doch werde auch hier, wie gewöhnlich, die mora des Gläubigers durch eine voraufgehende Oblation des Schuldners begründet. Endlich für den vierten Fall enthalte die von *Ratjen* dafür in Anspruch genommene l. 6. D. de opt. legat. (33. 5.) keinen Beweis, indem darin von einer mora des Gläubigers mit keiner Sylbe die Rede sei. — Fast in allen diesen Behauptungen muss Rec. dem Verf. widersprechen. Von der l. 18. pr. D. de pec. const. ist schon oben zum §. 2. gehandelt und bemerkt worden, dass sie allerdings von einer mora des Gläubigers zu verstehen sei. Ferner kann nicht zugegeben werden, dass der in d. l. 4. C. de usur. pupill. vorkommende Fall einer mora des ehemaligen Pupillen Folge der *gewöhnlichen Oblation* sei. Denn diese setzt doch voraus, dass über den Umfang der schuldigen Leistung, die dem Gläubiger angeboten wird, keine Ungewissheit mehr obwalte; in jenem Falle aber war erst noch eine Berechnung der Vormünder mit ihrem gewesenen Pflegbefohlenen erforderlich; denn sonst würden ihnen ohne Zweifel die Kaiser in jenem Rescripte angerathen haben, durch Deposition der schuldigen Summe sich sofort vom ganzen Schuldnexus zu befreien. Auch von der l. 1. §. 3. D. de peric. rei vend.

kann nicht füglich behauptet werden, dass in dem darin vorkommenden Falle die mora des Gläubigers, wie gewöhnlich, durch eine voraufgehende Oblation begründet worden sei; denn der verkaufte Wein sollte ja erst ausgemessen werden, und eben dadurch, dass der Gläubiger an dem zum Ausmessen bestimmten Tage sich nicht einfand, beging er eine mora. Wenn endlich der Verf. für die Meinung, dass in der l. 6. D. de opt. leg. von einer mora des Gläubigers gar nicht die Rede sei, das Argument anführt, dass der in jener Stelle erwähnte Nachtheil selbst dann den Gläubiger würde treffen müssen, wenn er durch *zufällige Umstände* an der Ausübung seines Wahlrechts innerhalb der vorgeschriebenen Zeit verhindert worden wäre, so ist diess zwar an sich zuzugeben, beweiset aber nicht das, was der Verf. dadurch beweisen will, da ja, wie oben zum §. 2. ausgeführt worden, die mora des Gläubigers nicht nothwendig eine culpa desselben voraussetzt. — Ueberhaupt ist theils nach der l. 8. D. de lege commiss. (18. 3.) l. 3. §. 4. D. de act. emt. (19. 1.) u. l. 5. C. de distract. pign. (8. 28.), eine mora des Gläubigers, ausser dem Falle der ihm gehörig geschehenen Oblation und von seiner Seite ohne hinreichenden Grund erfolgten Zurückweisung, auch alsdann anzunehmen, wenn er sich zur Empfangnahme nicht stellt, dafern diess nach ausdrücklicher Verabredung, oder nach der Natur des Verhältnisses oder den obwaltenden Umständen von ihm zu erwarten war, und überhaupt, wenn es blos an ihm, und nicht an dem Schuldner liegt, dass die Leistung des schuldigen Gegenstandes nicht zu rechter Zeit erfolgt.

Drittes Kapitel. *Wirkungen der Mora.* §. 43. *Einleitung.* Das von manchen Neueren befolgte Verfahren, *gemeinschaftliche* Wirkungen der mora, und *besondere* theils auf Seiten des Gläubigers, theils auf Seiten des Schuldners, zu unterscheiden, wird nicht allein wegen der Verschiedenheit der Ansichten darüber, was zu jenen, und was zu diesen Wirkungen zu rechnen sei, für misslich erklärt, sondern auch aus Rücksicht auf die durchaus verschiedene Natur der Verhältnisse des Gläubigers und des Schuldners gemissbilligt, und daher der ältern Methode der Vorzug gegeben, welche die Wirkungen der mora eines jeden

Der Satz: die obligatio werde durch die mora des Schuldners zur *perpetua*, bezieht sich nicht etwa auf die Klagenverjährung, so
des Schuld-
r den Sinn:
dass die Obligation nach der mora des Schuldners nicht mehr von der Fortdauer des Objects abhängig ist, also selbst nach dessen *zufälligem* Untergange, der sie sonst beendet haben würde, als fortbestehend angesehen wird. — In diesem Resultate stimmt Rec. dem Verf. bei, nicht aber auch in einigen jener gemissbilligten Ansicht entgegengesetzten Gründen. Denn wenn es S. 272. heisst: „Es setzt dieselbe das Vorhandensein eines bereits entwickelten Gegensatzes zwischen actiones temporales und perpetuae voraus, eines Gegensatzes, der *erst nach der Zeit der vorzugsweise sog. klassischen Juristen*, durch die von Theodosius II. eingeführte dreissigjährige Verjährung der Klagen, *in seiner ganzen Schärfe hervortrat*," so ist dagegen zu erinnern, dass jener Gegensatz der Klagen schon zur Zeit der classischen Juristen *in seiner ganzen Schärfe* entwickelt war, (was auch der Verf. selbst in den nächstfolgenden Bemerkungen ausführt,) und durch die angezogene Verordnung von *Theodosius* nur eine andere Bedeutung erhielt, indem der Begriff der *perpetua* actio bekanntlich nicht mehr in seiner wörtlichen Bedeutung genommen, sondern modificirt, und dadurch gerade die sonstige Schärfe jenes Gegensatzes gemildert wurde. Wenn ferner S. 276. bemerkt wird: „Es müsste sonst jede nicht perpetuirte Obligation nur eine actio non perpetua, also eine actio temporalis haben," so enthält diess eine Folgerung, die keinesweges mit Nothwendigkeit aus jener gemissbilligten Ansicht sich ergiebt; sondern nur so viel würde daraus folgen, dass die mora des Schuldners nur auf temporales actiones Einfluss haben würde, nicht auch auf solche Klagen, welche schon ohnediess perpetuae waren. — Ganz schief aber und grober Missdeutungen fähig ist die kurz vorhergehende Bemerkung: „Allerdings hat nun die perpetuatio obligationis, in der hier gegebenen Bedeutung, auch einen Einfluss auf die Klage; denn *wird die Obligation selbst eine perpetua, so muss sie auch durch eine entsprechende actio geschützt sein*." Diess sieht ja so aus, als ob eine *klaglose* Obligation (z. B. die durch eine nuda pactio begründete), durch die mora des Schuldners (z. B. durch Ablauf des verabredeten Zahlungstages) zu einer *klagbaren* werden könnte! — *Folgerungen daraus.* §. 45. *Im Allgemeinen.*

Die nothwendige Folge von der (sog.) perpetuatio obligationis besteht in der Verpflichtung des Schuldners, fortan das periculum rei zu tragen, so dass beides in dem gegenseitigen Verhältnisse von Ursache und Wirkung zu einander steht. Hierdurch, „glaubt der Verf., könnte vielleicht „zu einer allgemeinen und bestimmteren Theorie über die Beantwortung der Frage, wer in obligatorischen Verhältnissen das periculum zu tragen habe, gelangt werden." Demgemäss stellt er das Princip auf: „Das periculum trägt jederzeit derjenige, cujus obligatio est perpetua," und meint, dass die Lösung der Frage, wessen obligatio im vorliegenden Falle eine perpetua sei? sich leicht aus dem jedesmaligen eigenthümlichen Character der Obligation ergeben werde; was er dann an einigen Hauptarten derselben zu erweisen sucht. Vorher macht er noch gegen die Ansicht *Wächter's*, welcher bekanntlich die Frage: Wer bei Obligationen die Gefahr zu tragen habe? nach den beiden Grundsätzen: Impossibilium nulla obligatio est, und Casus a nullo praestantur, entschieden wissen will, verschiedene Einwendungen, die er mit der Bemerkung schliesst: „Kurz, es dreht sich die Theorie *Wächter's* in dem Cirkel herum: die Gefahr bei Obligationen hat derjenige zu tragen, der sich das „impossibilium nulla obligatio" und „casus a nullo praestantur" seines Gegners gefallen lassen muss, d. h. mit a. W. der das periculum trägt." — Kann nicht aber derselbe Vorwurf auch der eigenen Theorie des Verfs. gemacht werden? Denn da „*das periculum* sei. So heisst es z. B. in Bezug auf den Kaufcontract S. 280. „Der Verkäufer ist ein debitor speciei; geht die Sache nach abgeschlossenem Verkauf durch reinen Zufall zu Grunde, so hört *nach dem allgemeinen Rechtssatze*: impossibilium nulla obligatio, seine Verbindlichkeit auf. Nicht so die des Käufers; dieser ist ein debitor generis, nämlich des Geldes. Sofern aber *ein genus durch Zufall nicht leicht zu Grunde geht*, kann sich der Käufer auf eine durch Zufall herbeigeführte Beendigung seiner Verbindlichkeit (zur Geldzahlung) nicht berufen. Seine Obligation dauert mithin fort, ist eine perpetua, d. h. mit andern Worten: der Nachtheil des Uebergangs der ihm verkauften Sache trifft nothwendig ihn, er trägt das periculum derselben". Dieser Fall beweiset indessen nur, dass des Verfs. Princip an und für sich unzureichend sei; aber auch das Missliche seiner Anwendbarkeit ergiebt sich aus der weitern Ausführung des Verfs., namentlich aus dem, was er über den Fall, wenn mehrere Sachen alternativ Gegenstand der Obligation sind, und über die Innominat-Verträge bemerkt. In der erstern Beziehung heisst es S. 282.: „Geht hier eine derselben zu Grunde, so bleibt gleichwohl die Verbindlichkeit des Debitor rücksichtlich der andern noch existirenden Sache bestehen, und auf Grund dieser obligatio *perpetua* heisst es, der Debitor trage das periculum der zuerst untergegangenen Sache. Geht dagegen späterhin auch die andere Sache durch Zufall zu Grunde, so erlischt mit dem Wegfallen jedes ferneren Objects die Obligation des Debitors, und deshalb heisst es, das periculum der zuletzt untergehenden Sache trage der Creditor." Hier soll also die Obligation des Schuldners vom Anfange herein eine *perpetua* sein, und dann diesen Charakter plötzlich verlieren, wenn die zweite Sache zu Grunde geht. Ist diess mit dem Begriff und der Natur einer *perpetua* obligatio vereinbar? Noch auffallender ist folgende Aeusserung über die Innominat-Verträge S. 283.: „die Obligation wird erst durch einseitige Erfüllung perfect. Hat aber der eine Contrahent wirklich erfüllt, so fällt für ihn dadurch die Möglichkeit weg, durch zufälligen Untergang des Objects frei zu werden; *seine Obligation ist also dadurch im oben angeführten Sinne eine perpetua geworden*, in Folge dessen das periculum der Gegenleistung ihn trifft." Hier wird also demjenigen, der seinerseits schon erfüllt hat, und mithin aus diesem Obligationsverhältnisse durchaus Nichts schuldet, dennoch eine *obligatio perpetua* aufgebürdet. Endlich liegt in dieser ganzen Theorie auch eine sehr starke Inconsequenz. Denn das Tragen der Gefahr wird abhängig gemacht von dem „*perpetuatur* obligatio.“ Diess passt aber doch nach dem Röm. Sprachgebrauch *nur auf den Schuldner*, und kann nicht auch vom Gläubiger gesagt werden. Gleichwohl werden daraus (und zwar mitten in dem Abschnitte, der von den Folgen der mora debitoris handelt,) Folgerungen abgeleitet, welche, als Nachtheile, auch den *Gläubiger* treffen sollen. —. Aus alledem ergiebt sich wohl zur Genüge, dass man sich bei dieser neuen Theorie unmöglich beruhigen kann. Aber auch der *Wächter*'schen Theorie, so scharfsinnig sie auch durchgeführt ist, kann Rec. nicht beitreten, theils wegen der schon von Andern, z. B. von *Mühlenbruck* im Lehrbuch des Pandekten-Rechts §. 362. Note 4., dagegen gemachten Einwendungen, theils und hauptsächlich um desswillen, weil jene beiden Grundsätze, auf denen sie beruht, *blos negative* sind, und daher keine bestimmte Entscheidung der Frage, *wer* das periculum zu tragen habe? enthalten, indem besonders der zweite Grundsatz: casus a nullo praestantur, leicht von *jedem* Theile für sich angezogen werden könnte, (was auch der Verf. S. 279., wiewohl in Bezug auf beide Grundsätze gleichmässig, erinnert.) Ueberdiess würde die *alleinige* Berücksichtigung jener beiden Grundsätze in manchen Fällen zu einem entschieden falschen Ergebnisse führen. So würde z. B. beim Pachtcontracte der Pachter, auch nach dem zufälligen Untergang des erpachteten Gutes, den Pachtzins für die noch übrige Contractszeit fortbezahlen müssen; denn auf das „impossibilium nulla obligatio est“ könnte er, da seine Leistung in *Gelde* besteht, sich nicht berufen, und auch das „casus a nullo praestantur“ könnte gegen ihn eben so gut, als gegen den Verpachter, geltend gemacht werden. Gleichwohl ist das Gegentheil bestimmt ausgesprochen in der l. 15. § 2. u. 3. und l. 19. §. 6. D. locat. (19. 2.) Eben so würde beim Trödelcontracte der Trödler schlechthin den zufälligen Untergang der ihm zum Vertrödeln überlassenen Sache tragen müssen, da er ja alternativ entweder zur Rückgabe derselben, oder zur Bezahlung des angeschlagenen Werthes verpflichtet ist, und in der letztern Hinsicht sich nicht auf jenen ersten Grundsatz beziehen, und auch der zweite ihm zum Nachtheil angewendet werden könnte. Und doch wäre diess nach der l. 17. §. 1. D. de praescript. verb. (19. 5.) offenbar eine falsche Annahme. — Der Unterzeichnete bekennt daher offen, dass er durch die neuen Theorieen über die beregte Frage sich noch nicht hat bewogen finden können, das alte Princip: *Casum sentit dominus*, als eine leitende Norm für Entscheidung jener Frage bei Obligationen, wo eine Sache vorkommt, aufzugeben. Denn dass das erwähnte Princip, wenn auch nicht mit *diesen* Worten, doch der Sache nach in unsern Quellen anerkannt sei, (was *Wächter* im Arch. f. d. Civil. Prax. B. 15. S. 119. fgg. läugnet, so dass er in Betreff der ihm entgegenstehenden l. 9. C. de pignorat. act. S. 132. fgg. zu einer ziemlich gesuchten Erklärung seine Zuflucht nehmen muss,) lässt sich aus einer Reihe von Stellen nachweisen: l. 9. §. 9. D. de reb. cred. (12. 1.) „...... animo enim coepit possidere; *ergo* transit periculum ad *eum, qui mutuam rogavit* ......“ l. 14. §. 1. D. depos. (16. 3.) „...... quia aequum esset, naturalem interitum ad *actorem* pertinere, utique cum interitura esset ea res, etsi restituta esset actori.“ l. 15. §. 2. D. locat. (19. 2.) „....... *Servius* omnem vim, cui resisti non potest, *dominum* colono praestare debere ait ...... Sed et si ager terrae motu ita corruerit, ut nusquam sit, *damno domini esse* ......“ l. 9. C. de pignorat. act. (4. 24.) „Pignus in bonis debitoris permanere, *ideoque ipsi* perire in dubium non venit .....“ l. 1. C. jure emphyteut. (4. 66.) „..... hoc ..... *rei domino*, qui quod fatalitate ingruebat, etiam nullo intercedente contractu habiturus fuerat, imputetur .....“ Nur freilich leidet dieses Princip nicht nur bei einzelnen Obligationsverhältnissen aus *besondern* Rücksichten bestimmte Modificationen, sondern auch verschiedene *allgemeine* Ausnahmen; z. B. wenn eine individuell bestimmte Sache, die man einem Andern zu übergeben verpflichtet ist, noch vor der Uebergabe durch Zufall zu Grunde geht oder verschlechtert wird, (was man gewöhnlich so ausdrückt: Species debita casu perit ei, cui debetur.) Die weitere Ausführung davon gehört nicht an diesen Ort, und es erlaubt sich daher Rec., hierüber auf sein Lehrbuch für Institutionen und Geschichte des Röm. Privatrechts §. 234. zu verweisen. — §. 46. *Für den debitor morosus* (?). Dieser §. beschäftigt sich hauptsächlich mit der Streitfrage: ob der Schuldner vom Augenblick seiner mora an das periculum *unbedingt* trage, oder ob er davon befreit werde, wenn er beweist, dass die Sache auch bei dem Gläubiger von demselben Zufall betroffen worden wäre? Nach Darstellung der Geschichte dieser Controverse entscheidet sich der Verf. für die erstere Meinung, indem er auszuführen sucht: 1) dass die entgegengesetzte Ansicht mit den allgemeinen Principien der mora nicht in Einklang stehe; 2) dass die Argumente, worauf man sie gründe, unhaltbar seien, und theils auf irriger Interpretation, theils auf einer Verwechselung der malae fidei possessio mit der mora beruhen; 3) dass ihr eine Reihe von Quellenzeugnissen entgegenstehe, welche ganz allgemein, und ohne die von den Vertheidigern der zweiten Meinung angenommene Modification, den Grundsatz aussprechen, der säumige Schuldner stehe schlechthin für jeden casus, der die Sache nach begründeter mora trifft. — Diese Ausführung scheint dem Rec. sehr gelungen und befriedigend. — §. 47. *Prüfung abweichender Ansichten.* Von der im vorigen §. widerlegten Hauptansicht weichen in einigen Puncten folgende, in diesem §. geprüfte Ansichten ab: 1) die von *Glück* und *Mackeldey*, wornach zwar bei der mora ex re der Schuldner unbedingt, bei der mora ex persona aber nur dann für den zufälligen Untergang haften soll, wenn er nicht beweisen könne, dass die Sache auch bei dem Gläubiger zu Grunde gegangen sein würde; 2) die von *Thibaut* und *v. Wening-Ingenheim*, wornach selbst der Dieb und gewaltsame Besitzer durch den Beweis, dass die Sache beim Gläubiger vom gleichen casus betroffen worden wäre, da sie derselbe inzwischen auch nicht veräussert haben würde, vom Einstehen für das periculum frei werden sollen. — Auch die Widerlegung dieser Ansichten findet Rec. wohlbegründet. — §. 48. *Zeitpunct der Aestimatio.* In Bezug auf die Frage: nach welchem Zeitpuncte der Werth der untergegangenen Sache zu veranschlagen sei? stellt der Verf. die Regel auf, dass hierbei überall der Anfangspunct der mora in Betracht komme, und folglich die aestimatio rei in dem Falle, wenn die Parteien einen certus dies solutionis verabredet hätten, sich unveränderlich nach diesem Termine richte, sonst aber nach dem Augenblick der gerichtlichen oder aussergerichtlichen Interpellation des Schuldners. Doch leide dieses Princip eine doppelte Modification: 1) Bei allen bonae fidei obligationes. Hier werde nämlich, in Ermangelung eines bestimmten Erfüllungstages, die Aestimation zurückgeführt auf den Werth der Sache zur Zeit der Condemnation, oder den Anfangspunct der mora, wenn an diesem die Sache etwa einen höhern Werth gehabt. 2) Beim Diebe. Denn dieser müsse den höchsten Werth prästiren, den die Sache in der Zwischenzeit vom Augenblick der Entwendung, also der mora ex re, bis zur Restitution oder zum Untergange gehabt habe; und das Nämliche gelte auch bei der Entwendung unter Ehegatten, lasse sich aber auf den gewaltsamen Besitzer nicht ausdehnen. — Hierauf folgt eine Prüfung der verschiedenen Ansichten Anderer, die, wie der Verf. meint, der Hauptsache nach sich in der von *Glück* aufgestellten Theorie vereinigt finden. Nach dieser nämlich muss der säumige Schuldner den höchsten Werth erstatten, den die schuldige Sache vom Anfange des Verzuges bis zu seiner Verurtheilung hatte, ohne Unterschied, ob die Verbindlichkeit zur Leistung aus einer erlaubten oder unerlaubten Handlung des Verpflichteten, aus einem bonae fidei oder stricti juris Geschäft herrühre. — Die Prüfung und Widerlegung dieser Ansicht ist dem Verf. besser gelungen, als die Begründung seiner eigenen Theorie; denn hiergegen lassen sich verschiedene Einwendungen machen. Zuvörderst ist es schon ein Fehlgriff in der Darstellungsweise, etwas als *Princip* aufzustellen, wovon gleichwohl bemerkt wird, dass es bei *allen bonae fidei obligationes* eine Modification leide, da zu diesen doch die *Mehrzahl* der Obligationen gehört, und es mithin angemessener erscheint, die Sache geradezu umzukehren, oder wenigstens zwei Regeln neben einander aufzustellen, die eine in Bezug auf die stricti juris, und die andere in Bezug auf die bonae fidei obligationes. Sodann passt das vom Verf. aufgestellte Princip nicht auf solche Fälle einer stricti juris obligatio, wo etwas unter einer Suspensiv-Bedingung, oder unter irgend einer Zeitbestimmung (in diem), die nicht als ein festgesetzter Zahlungstermin angesehen werden kann, z. B. von einem ungewissen Anfangstermin an, oder innerhalb eines Zeitraums, versprochen worden ist. Hier ist nämlich zufolge der l. 59. u. 60. D. de verb. oblig. (45. 1.) die aestimatio nach dem Zeitpuncte zu bestimmen, wo die Möglichkeit der Klaganstellung eintritt (quo dies obligationis venit, oder quum peti potest). Bei bonae fidei obligationes aber ist nach der l. 3. §. 3. D. de act. emt. (19. 1.) die Alternative der hier in Betracht kommenden Zeit nicht entweder auf die Zeit der Condemnation, oder auf *den Anfangspunct der mora*, sondern vielmehr entweder auf die erstgenannte Zeit, oder auf die *des abgeschlossenen Vertrags* zu stellen. Auch in der Erklärung der l. 3. D. de condict. tritic. (13. 3.) kann man dem Verf. nicht beistimmen, und zwar um so weniger, je weniger er sich selbst hierin gleich bleibt. Denn nach der S. 314. vorgetragenen Interpretation soll *Ulpian* mit der von ihm referirten Meinung des *Marcellus* übereinstimmen, dass nämlich, sobald der Debitor eine Mora begehe, in jedem Falle, es möge die Sache nachher zu Grunde gegangen, oder nur verschlechtert worden sein, bei Ermittelung der zu leistenden aestimatio, der *Augenblick der mora* zu berücksichtigen sei. Nach der S. 328. wiederholten Erklärung derselben Stelle hingegen sollen *Marcellus* und *Ulpian* verschiedener Meinung sein. Hier heisst es nämlich: „*Marcellus*, fährt *Ulpian* fort, wolle bei der Aestimatio überhaupt die Verschlechterung der Sache berücksichtigt wissen. *Ulpian* selbst dagegen meint, die Aestimatio sei zurückzuführen auf das tempus morae, also auf den Anfangspunct der Mora." Beide Interpretationen aber kommen in der falschen Annahme überein, *Ulpian* führe im Anfange dieser Stelle die Meinung des *Servius* blos an, ohne sie zu billigen; welcher Ansicht doch offenbar die Worte: „*verius* est, quod *Servius* ait," entgegenstehen. Die beste, dem Rec. bekannte, Erklärung dieser schwierigen Stelle hat *Gans* Ueber Röm. Obligationenrecht S. 62—65. gegeben. Ferner hätte der Verf. bei der auf den Dieb bezüglichen Modification des obigen Princips auf die seiner Behauptung wenigstens scheinbar entgegenstehende l. 2. §. 3. D. de privat. delict. (47. 1.), worüber ebenfalls *Gans* a. a. O. S. 66. spricht, Rücksicht nehmen sollen; er hat sie aber ganz mit Stillschweigen übergangen. Endlich kann unter dem, was er gegen die Ausdehnung der oben erwähnten Verbindlichkeit des Diebes auf den gewaltsamen Besitzer erinnert, wenigstens der S. 319. fgg. angeführte Grund: „Es ist hier *Schuld* des Eigenthümers, wenn er in dem ihm vorzugsweise vortheilhaften Augenblick die Anstellung der Klage gegen den ihm bekannten Besitzer verabsäumt," nicht für statthaft gelten, da er unvereinbar ist mit der l. 19. D. de vi (43. 16.) „..... quum mihi interdicto Unde vi restituere debeas non solum possessionem soli, sed et ea, quae ibi fuerunt, *quanquam ego moram fecero*, quo minus interdicto te convenirem, subtractis tamen mortalitate *servis* ..... *tuum tamen onus nihilominus in iis restituendis esse*, quia ex ipso tempore delicti plus quam frustrator debitor constitutus es." — Abgesehen vom Falle des Diebstahls und der Entwendung aber, ist die Frage: nach welchem Zeitpunct sich bei der mora die Werthsbestimmung der durch Zufall untergegangenen oder verschlechterten Sache richte? nach Rec. Meinung so zu beantworten: Bei der stricti juris obligatio richtet sie sich nach dem festgesetzten Zahlungstag, l. 22. D. de reb. cred. (12. 1.) l. 4. D. de condict. tritic. (13. 3.), oder dafern die Obligation sonst von einer Zeitbestimmung oder einer Bedingung abhängig ist, nach dem Zeitpunct, mit welchem die Möglichkeit der Klaganstellung eintritt, l. 59. u. 60. D. de verb. oblig. (45. 1.); in Ermangelung solcher Bestimmungen aber nach dem Moment der litis contestatio, l. 22. u. l. 4. D. cit. u. l. 37. D. mandat. (17. 1.), oder auch, dafern schon früher durch aussergerichtliche Mahnung eine mora des Schuldners eingetreten und nachher die Sache verschlechtert worden war, nach dem Anfangspunct der mora, l. 37. D. cit. u. l. 3. D. de condict. tritic.; bei einer bonae fidei obligatio hingegen richtet sich jene Werthsbestimmung nach der Zeit der Condemnation, oder auch nach der des abgeschlossenen Vertrags, wenn damals die Sache mehr werth war. l. 3. §. 2. D. commodat. (13. 6.) l. 3. §. 3. u. l. 21. §. 3. in f. D. de act. emt. (19. 1.) Uebrigens ergiebt sich hieraus zugleich, (worauf schon oben in den Bemerkungen zum §. 24. hingedeutet wurde,) dass es viel zu einseitig sei, wenn der Verf. von dem Zeitpuncte, nach welchem sich die vom säumigen Schuldner zu leistende aestimatio richte, ein Argument für die Richtigkeit der Regel: Dies interpellat pro homine, entlehnen will. Er argumentirt nämlich in dieser Hinsicht S. 146. so: Die Ermittelung jener aestimatio richtet sich *ganz allgemein nach dem Anfangspunct der mora*. Ist nun von den Parteien ein certus dies solutionis festgesetzt, so richtet sie sich unveränderlich nach diesem; mithin ist dadurch derselbe an sich als Anfangspunct der mora, also die Regel dies interpellat anerkannt. — §. 49. *Ort der Aestimatio*. Die Frage: welcher Ort bei Ermittelung der vom säumigen Schuldner zu leistenden aestimatio zu berücksichtigen sei? beantwortet der Verf. so: „Ist von den Parteien selbst ein Erfüllungsort festgesetzt worden, so richtet sich die Aestimatio unverändert nach diesem. Fehlt es an solcher Verabredung, so soll bei stricti juris negotiis gesehen werden auf den Ort der Klageanstellung, bei bonae fidei judiciis hingegen entweder auf den Ort der Abschliessung des Vertrages oder der Klageanstellung, je nachdem der Gegenstand der Obligation an dem einen oder dem andern Orte einen höheren Werth hatte.“ — An dieser Darstellung ist nur das auszusetzen, dass die Berücksichtigung des von den Parteien festgesetzten Erfüllungsortes eben so unrichtig, wie im vorigen §. die Berücksichtigung des verabredeten Erfüllungstages, auf *alle* Obligationen *ohne Unterschied* bezogen wird, während sie doch nach den hierher gehörigen Stellen, nämlich l. 22. D. de reb. cred. (12. 1.) u. l. 4. D. de condict. tritic. (13. 3.), sich nur auf stricti juris obligationes beschränkt, wogegen bei einer bonae fidei obligatio nach der l. 3. §. 3. D. de act. emt. (19. 1.) hierbei nur entweder der Ort, wo das Geschäft eingegangen ist, oder der, wo die Klage angestellt wird, in Betracht kommt. — §. 59. *Uebersicht der folgen-*

den Darstellung. Aus der mora des Schuldners entspringt auch die Verbindlichkeit, die Früchte der schuldigen Sache, Verzugszinsen und das sonstige Interesse dem Gläubiger zu ersetzen. — Auch diese Verbindlichheit sieht der Verf. als eine nothwendige Folge von der durch die mora eintretenden perpetuatio (?) obligationis an; allein hierin hat ihn wohl das Streben, zu systematisiren, irre geleitet. Denn bei diesen Folgen der mora ist ja nicht blos von einem *Fortbestehen* der obligatio *in ihrem bisherigen Umfange*, sondern vielmehr von einer *Erweiterung* derselben die Rede. Auch kommt der Verf. mit seiner diessfalsigen Ansicht in Widerstreit, wenn er §. 57. S. 423. fgg. den Bürgen, dessen obligatio doch durch die mora des Hauptschuldners perpetuirt wird, für die vom Letztern verwirkten Verzugszinsen nicht schlechthin und in jedem Falle einstehen lässt. — Uebrigens ist es auch nicht genau, wenn S. 333. bemerkt wird: „Ist nun Gegenstand der Obligation eine Sachleistung, so wird vom Augenblick der Mora an für den Debitor das fernere Innehaben der Sache eine unrechtmässige detentio *rei alienae*;" denn dieser letztere Ausdruck passt doch nicht auf solche Fälle, wo der Schuldner zu einem dare oder tradere verpflichtet ist, da hier die schuldige Sache vor erfolgter Uebergabe in seinem Eigenthum verbleibt, mithin nicht res *aliena* genannt werden kann. — §. 51. *Prästation der Früchte.* Ueber den Grund und Umfang der Verbindlichkeit des säumigen Schuldners, die Früchte der schuldigen Sache zu ersetzen, spricht sich der Verf. dahin aus, dass diese Verbindlichkeit nicht etwa aus einer malae fidei possessio des säumigen Schuldners zu erklären, sondern vielmehr (wie auch schon im vorigen §. angedeutet worden,) als *obligatorische* Wirkung der mora zu betrachten, und daher auch ihr Umfang nicht nach den Grundsätzen der malae fidei possessio, sondern nach den Regeln über die Wirkungen der mora in Betreff der Erfüllung des Hauptinhaltes der jedesmaligen Obligationen zu beurtheilen sei. In dieser Hinsicht seien nun die Obligationen auf ein *Zurückgeben* von denen zu sondern, deren Inhalt ein anderweitiges dare, facere, praestare sei. Bei Obligationen der erstern Art erstrecke sich die Verpflichtung zur Herausgabe der Hauptsache von selbst auch auf die Früchte derselben, und zwar vom Augenblick der mora an bis zum Zeitpunct der Condemnation; doch sei der säumige Schuldner nur zur Prästation der percipirten Früchte verpflichtet, nicht aber auch wegen der sog. fructus percipiendi verantwortlich, da die Verbindlichkeit,

Gunsten der Legate und Fideicommisse, als bei welchen der säumige Onerirte schon vom Beginn seiner mora an Früchte entrichten müsse, und diese Verbindlichkeit erstrecke sich hier zwar nicht schlechthin, aber doch alsdann auch auf die sog. fructus percipiendi, wenn eine der Erbschaft oder dem Erben selbst gehörende Sache Gegenstand des Legates, und der Erbe im Besitz derselben sei, indem er hier durch die Forderung des Legatars auf Entrichtung des Vermächtnisses zum malae fidei possessor werde. Bei bonae fidei obligationes hingegen seien die Früchte schon vom Augenblick des Verzugs an bis zur wirklichen Erfüllung, also selbst *nach* rechtskräftig gewordenem Urtheil, während der sonstigen gesetzlich gewährten Solutionsfrist, zu entrichten. — Gegen diese Theorie des Verfs. aber, oder wenigstens gegen einen Theil derselben und einzelne dabei gebrauchte Argumente, hat Rec. verschiedene Einwendungen zu machen. Zuvörderst hält er, obschon er mit dem Verf. darin einverstanden ist, dass die mora an sich den Schuldner nicht in einen malae fidei possessor verwandele, doch die Meinung, dass der säumige Schuldner in der Regel nur die fructus percepti, nicht aber auch die sog. *percipiendi* zu prästiren brauche, aus folgenden Gründen für unrichtig: 1) Weil es unnatürlich und ein auffallendes Missverhältniss sein würde, wenn der säumige Schuldner, der doch in Ansehung der Verbindlichkeit, für den Zufall einzustehen, (nach des Verfs. eigener Ausführung §. 46.) *strenger* beurtheilt wird, als ein malae fidei possessor, gleichwohl hinsichtlich seiner Nachlässigkeit in der Fruchtziehung *gelinder* behandelt werden sollte, als der Letztere, dessen Verbindlichkeit, die fructus percipiendi zu erstatten, nach §. 2. I. de offic. jud. (4. 17.) l. 25. §. 4. D. de hered. petit. (5. 3.) l. 62. §. 1. D. de rei vindic. (6. 1.) u. l. 22. C. eod. (3. 32.) nicht in Zweifel gezogen werden kann; 2) weil vom säumigen Schuldner in Bezug auf die in Frage stehende Verbindlichkeit ähnliche Ausdrücke gebraucht werden, wie vom malae fidei possessor, z. B. fructus *omnimodo* restituere oder praestare, oder *omnem* causam et fructus restituere, l. 38. §. 1. 7. 11. u. 15. D. de usur. (22. 1.); 3) weil es dem säumigen Schuldner, wenn er nicht für fructus percipiendi haften müsste, frei stehen würde, ohne eigenen Nachtheil blos zum Schaden des Gläubigers die demselben schuldige Sache unbenutzt liegen zu lassen; was nach der l. 38. §. 1. D. eod. dem Bräutigam in Ansehung der ihm zum voraus übergebenen dos nicht einmal in dem Falle gestattet sein soll, wenn die Ehe durch die Schuld der Braut nicht zu Stande kam; („Ratio autem haec est, quod, si sponsus non conveniebatur restituere fructus, licuerat ei negligere fundum;") 4) weil für den Fall der mora des Gläubigers in der l. 9. D. solut. matrim. (24. 3.) ausdrücklich bestimmt ist, dass der Schuldner nur die wirklich gezogenen Früchte herauszugeben brauche, („Si mora per mulierem fuit, quominus dotem reciperet, dolum malum duntaxat in ea re, non etiam culpam maritus praestare debet, *ne facto mulieris in perpetuum agrum ejus colere cogatur*; fructus tamen, *qui pervenissent ad virum*, redduntur,") woraus für den Fall der mora des Schuldners durch ein ganz nahe liegendes argumentum a contrario das Gegentheil zu folgern ist; 5) weil nach der l. 39. §. 1. D. de legat. I. der säumige Erbe vom Legatar auf Erstattung der sog. fructus percipiendi in Anspruch genommen werden kann, („Fructus autem hi deducuntur in petitionem, *non quos heres percepit, sed quos legatarius percipere potuit*,") und sich hierbei durchaus keine Spur findet, dass diess eine *singuläre* Bestimmung sei. — Wenn nun aber der Verf. für die im Falle eines Legats, dessen Gegenstand eine der Erbschaft oder dem Erben selbst gehörende Sache ist, auch von ihm anerkannte Verbindlichkeit des Erben zur Prästation der fructus *percipiendi* S. 351. den Grund anführt, dass hier derselbe im *Besitz* sei, und durch die Forderung des Legatars auf Entrichtung des Vermächtnisses zum malae fidei possessor werde, so würde dieser Grund, wenn er richtig wäre, weit mehr beweisen, als der Verf. will; denn er liesse sich ja auf jeden Schuldner anwenden, der eine ihm eigenthümlich zugehörige Sache einem Andern zu leisten hat, und zu der Zeit, wo er zu deren Herausgabe aufgefordert wird, sich im *Besitz* derselben befindet. Es ist aber doch wohl eine ganz unrömische Vorstellung, den *im Besitz seiner eigenen Sache* befindlichen Schuldner von da an, wo er zur Herausgabe derselben vom Gläubiger aufgefordert worden ist, zum *malae fidei possessor* zu machen, da dieser Begriff doch wohl nur auf einen solchen bezogen werden darf, welcher eine *fremde* Sache mit dem Bewusstsein, dass sie ihm nicht gehöre, besitzt. Eben so unhaltbar ist das Argument, welches der Verf. für die Meinung, dass die Verbindlichkeit zur Erstattung der fructus percipiendi nicht als allgemeine Wirkung des Verzuges angesehen werden könne, S. 351. aus der Analogie der *Verzugszinsen* herleiten will. Von diesen bemerkt er nämlich, sie hätten „nicht das Maass der *Straf*zinsen, die den fructibus percipiendis gleich zu achten wären, sondern der gewöhnlichen landesüblichen Zinsen." Wer aber sagt denn, dass die fructus *percipiendi* nach einem *Strafmaasse* zu bestimmen, und in dieser Hinsicht mit *Straf*zinsen zu vergleichen wären? Es sind diejenigen Früchte, welche der Berechtigte, wenn ihm die Sache zu rechter Zeit ausgeantwortet worden wäre, hätte ziehen können; l. 62. §. 1. D. de rei vind. (6. 1.) l. 39. §. 1. D. de legat. I., und da ihre Quantität im Zweifel nach dem *gewöhnlichen* Maasse des Fleisses in der Fruchtziehung zu beurtheilen ist, so lassen sie sich sehr wohl mit den *gewöhnlichen landesüblichen* Zinsen vergleichen. — Ferner ist es wohl zu einseitig, wenn der Verf. blos bei den auf ein anderes Geben oder Leisten, als auf ein Zurückgeben gerichteten Obligationen, hinsichtlich der Verbindlichkeit zur Prästation der Früchte, zwischen stricti juris und bonae fidei obligationes unterscheidet; vielmehr kommt dieser Unterschied wohl eben so gut auch bei den Obligationen auf ein *Zurückgeben* in Betracht. Die in Betreff *dieser* Art der Obligationen vom Verf. angeführten Stellen, nämlich l. 17. §. 1. D. de rei vindic. l. 38. §. 1. 5. u. 11. D. de usur. l. 1. §. 40. D. de vi (43. 16.) u. l. 8. §. 2. D. de condict. furt. (13. 1.), beziehen sich insgesammt auf stricti juris obligationes; (denn auch von der ersten Stelle gilt diess wegen der in der litis contestatio enthaltenen novatio.) Warum soll nun das, was der Verf. S. 351. fgg. von den übrigen bonae fidei obligationes ganz richtig bemerkt, dass nämlich die Früchte vom Augenblick der mora an bis zur wirklichen Erfüllung entrichtet werden müssen, nicht auch von den auf ein *Zurückgeben* gerichteten bonae fidei obligationes gelten? Weder in ihrer Natur, noch in einem Quellenzeugnisse ist ein Grund zu einer diessfallsigen Abweichung zu finden; vielmehr passen auch auf sie alle vom Verf. für die übrigen bonae fidei obligationes angeführten Gründe. Freilich handelt die hierher gehörige Hauptbeweisstelle, l. 3. pr. D. de usur., nur von Fideicommissen; doch ist es, da das durch

Fideicommisse begründete Rechtsverhältniss nach der Analogie einer bonae fidei obligatio beurtheilt wird (Ulp. 25. §. 1. §. 3. I. de legat. u. §. 1. I. de fideicommiss. heredit.), um so weniger einem gegründeten Zweifel unterworfen, dass die in jener Stelle enthaltene Bestimmung auf *alle* bonae fidei obligationes anwendbar sei, je mehr sie dem Geist und Wesen derselben entspricht. Uebrigens kann es, aus Rücksicht auf die so eben berührte Natur der Fideicommisse, nicht gebilliget werden, dass der Verf. das, was bei ihnen über die Prästation der Früchte in Folge der mora gilt, nicht an die bonae fidei, sondern vielmehr an die *stricti juris* obligationes anschliesst, und als eine Ausnahme von der bei diesen Obligationen sonst geltenden Regel bezeichnet. — §. 52. *Verzugszinsen*. Diese haben ihren *historischen* Entstehungsgrund nicht sowohl in kaiserlichen Constitutionen, (wie *Noodt* meint,) sondern vielmehr in der Doctrin, ihren *juristischen* Grund aber in dem officium judicis und der von selbigem zu berücksichtigenden bona fides. Hieraus folgt: 1) dass es keine besondere Klage auf Entrichtung der Verzugszinsen giebt; 2) dass ihre Höbe nach der Sitte der Gegend zu bestimmen ist, in keinem Falle aber das gesetzliche Maass der Zinsen überschreiten darf; 3) dass sie nur vorkommen bei bonae fidei obligationes, denen jedoch auch hierin die Fideicommisse, und allmählig auch die Legate gleichgestellt worden sind. Bei dieser Gelegenheit verbreitet sich der Verf. über den zwischen *Gajus* II. §. 280. und der Westgothischen Epitome desselben II. 7. §. 8. extr. vorkommenden Widerspruch, und über die wahrscheinliche Ursache der diessfallsigen Verstümmelung des Originals in der Epitome. Weiterhin bemerkt er über die Dauer der Verzugszinsen, dass sie vom Anfang der mora bis zur Condemnation des Schuldners fortlaufen, indem nachher die usurae rei judicatae eintreten. Endlich prüft und widerlegt er die von Manchen für die Behauptung, dass auch bei stricti juris obligationes, wenigstens vom Zeitpunct der Litiscontestation an, Verzugszinsen zu entrichten seien, vorgebrachten Gründe. — Gegen die in diesem §. vorgetragenen Sätze hat Rec. im Wesentlichen Nichts einzuwenden; nur findet er, abgesehen von der allerdings sehr zweifelhaften Interpretation der l. 60. pr. D. pro soc. (17. 2.), wobei der Verf. S. 356. sich ganz an *Glück* in der Erläut. d. Pand. Th. 15. S. 442. fgg. Note 77. anschliesst, die S. 364. fgg. ausgesprochene Ansicht, dass vielleicht das in der l. 5. pr. D. de oper. publ. (50. 10.) angeführte Rescript von *Antoninus Pius* die Gleichstellung der Legate mit den Fideicommissen rücksichtlich der Verzugszinsen vermittelt habe, sehr unwahrscheinlich, und zwar nicht blos desshalb, weil vermuthlich schon vor jenem Rescript (wie auch der Verf. selbst aus *Gajus* bemerkt,) *Julian*, dessen Meinung bald herrschend wurde, beim sinendi modo legatum die Verbindlichkeit des Erben zu Verzugszinsen angenommen hatte, und dadurch die Doctrin und Praxis leicht veranlasst werden konnte, auch die andern Arten der Legate hinsichtlich der Verzugszinsen den Fideicommissen gleichzustellen, sondern auch hauptsächlich um desswillen, weil die in jenem Rescript vorgeschriebenen Zinsen keinesweges, wie der Verf. meint, „den Charakter *gesetzlich auferlegter Verzugszinsen* tragen," von denen sie sich schon durch die festgesetzte Quantität unterscheiden, sondern vielmehr, da sie erst im Falle des Ungehorsams der Erben gegen die obrigkeitliche Anordnung zu entrichten sind, den Charakter besonderer *Strafzinsen* haben; wie diess auch von den andern in dem nämlichen Rescript erwähnten Zinsen gilt, welche die Erben bezahlen sollen, wenn sie keine Statuen zu finden vorgeben, oder über den Ort Streit erregen. Ausserdem bezweifelt auch Rec., dass die Worte in der l. 24. D. de usufr. legat. (33.2.) „..... propter moram usuras quoque reddi placuit ....," mit dem Verf. S. 365. von Verzugszinsen, *die der Erbe dem Legatar zu entrichten habe*, verstanden werden dürfen; vielmehr scheinen sie auf Verzugszinsen von Seiten *der Schuldner des Erben* sich zu beziehen. — §. 53. *Ausnahmen.* Die Regel, dass Verzugszinsen zu entrichten sind, soll nach der Darstellung des Verfs. Ausnahmen leiden: 1) Beim Fiscus, indem dieser, wo er selbst privatrechtliche Verträge eingehe, überhaupt keine Zinsen zu entrichten brauche; wogegen er, wenn er in die Stelle eines Privatmanns eintrete, in demselben Umfange, wie dieser, Zinsen zu zahlen verpflichtet sei. 2) Bei Schenkungen unter Lebenden; welche Ausnahme jedoch auf die pollicitatio zu Gunsten einer respublica nicht anwendbar sei. 3) Bei gesetzlichen Geldstrafen. — Die unter den beiden letzteren Nummern enthaltenen Fälle aber können nicht füglich als *besondere* Ausnahmen aufgeführt werden, sondern sind vielmehr als Folgen des schon im vorhergehenden §. vorgekommenen Satzes, dass bei stricti juris obligationes keine Verzugszinsen Statt finden, zu betrachten. Denn dass die obligationes ex delicto, mithin auch die Verbindlichkeit zu einer gesetzlichen Geldstrafe, die Natur der stricti juris obligationes haben, ist wohl keinem Zweifel unterworfen; und das Nämliche ergiebt sich auch in Ansehung der Schenkung aus der l. 22. D. de donat. (39. 5.) „Eum, qui donationis causa pecuniam vel quid aliud promisit, de mora solutionis pecuniae usuras non debere, summae aequitatis est, maxime *cum in bonae fidei contractibus donationis species non deputetur*.“ Freilich wird hier vor dem zweiten Grunde noch auf die summa aequitas Bezug genommen, und dieser Grund bleibt allerdings für das heutige Recht, man mag übrigens über die heutige Anwendbarkeit der Röm. Grundsätze über die stricti juris obligationes denken, wie man will, gegen die Annahme von Verzugszinsen bei der Schenkung noch entscheidend; allein für das Röm. Recht würde, auch wenn dieser Grund unerwähnt geblieben wäre, schon aus dem zweiten Grunde die Unstatthaftigkeit der Verzugszinsen bei der Schenkung gerechtfertigt sein. Wie nun aber bei den ganz klaren Worten jener Stelle dennoch der Verf. S. 377. es bedenklich finden könne, „daraus mit der *Glosse* zu folgern, dass Schenkungen überhaupt stricti juris seien,“ ist schwer einzusehen, zumal da auch bei ihnen das Merkmal der stricti jur. oblig. überhaupt, nämlich Einseitigkeit des Verpflichtungsgrundes und Unzulässigkeit einer contraria actio aus dem nämlichen Rechtsverhältnisse, sich vorfindet. — Ausserdem kann Rec. auch die Art nicht billigen, wie der Verf. den scheinbaren Widerstreit zwischen der l. 1. pr. D. de pollicitat. (50. 12.) „Si pollicitus quis fuerit reipublicae opus se facturum vel pecuniam daturum, in usuras non conveniatur; sed si moram coeperit facere, *usurae accedunt* .....,“ und der l 16. pr. D. de usur. „Liberalitatis in rempublicam factae *usurae non exiguntur*,“ S. 379. fgg. zu lösen sucht. Er meint nämlich, die erstere Stelle rede von einer erst *versprochenen*, noch *nicht erfüllten* pollicitatio, die letztere aber von einer bereits *erfüllten* Schenkung, und bei dieser könnten hinterher, selbst wenn die Erfüllung noch so sehr verspätet worden, keine Verzugszinsen gefordert werden. So wahr auch dieser letztere Satz ist, so wäre es doch auffallend, wenn *Paulus* das, was *überall* von Verzugszinsen gilt, dass sie nämlich nach Erfüllung der Hauptobligation nicht durch eine besondere Klage gefordert werden können, bei der an eine respublica gemachten Schenkung *besonders* hervorzuheben für nöthig erachtet haben sollte. Auch ist es unrichtig, wenn der Verf. fortfährt: „Ganz im Sinne dieser unserer Erklärung übersetzen die *Basiliken* die l. 16. D. cit. ὁ πόλει δωρούμενος οὐκ ἀπαιτεῖται τόκους,“ i. e. ab eo, qui civitati *donavit*, usurae non exiguntur;“ denn ὁ δωρούμενος heisst nicht: qui *donavit*, sondern: qui *donat*. Natürlicher scheint es daher, entweder mit der Glosse unter den in der l. 16. D. cit. erwähnten Zinsen andere, als Verzugszinsen, zu verstehen, also die nämlichen, von denen auch im erstern Theile der l. 1. pr. D. cit. bis zu den Worten: sed si moram etc., die Rede ist, oder aber (was *Noodt's* Ansicht gewesen zu sein scheint,) jene Stelle auf ein sine causa gegebenes, also nicht klagbares Schenkungsversprechen an eine respublica zu beziehen, bei dessen Erfüllung, wie sie nun eben vom Promittenten geschieht, die respublica sich beruhigen muss, ohne für die Zwischenzeit vom Versprechen bis zur Erfüllung Zinsen irgend einer Art fordern zu können; wogegen bei einer klagbaren pollicitatio, von welcher die l. 1. pr. D. cit. zu verstehen ist, wenigstens Verzugszinsen in Betracht kommen. — §. 54. *Interesse.* Den Umfang des vom säumigen Schuldner seit dem Eintritt der mora zu leistenden Interesse bestimmt der Verf., nach Verschiedenheit des Gegenstandes der Hauptobligation, auf folgende Weise: 1) Ist dieser eine *Geldzahlung*, so besteht der Ersatz des Interesse zufolge der l. 19. D. de peric. rei vend. (18. 6.) nur in der Entrichtung der *Verzugszinsen*. Hat jedoch der Creditor, mit Rücksicht auf ein von ihm an einem bestimmten Ort und zu bestimmter Zeit einzugehendes Geschäft, seinen Schuldner verpflichtet, an eben diesem Orte und zur festgesetzten Zeit eine Zahlung zu leisten, und der Debitor lässt sich dann eine Mora zu Schulden kommen, so muss er dem Creditor nicht nur den, diesem dadurch verursachten Schaden, sondern selbst den entgangenen Gewinn ersetzen. Durch diese Erklärung der l. 2. §. 8. D. de eo, quod cert. loc. (13. 4.) glaubt der Verf. den scheinbaren Widerspruch derselben mit der l. 19. D. cit. zu lösen. 2) Sind *Sachen* oder irgend eine anderweitige *Leistung* Gegenstand der Obligation, so kann der Creditor nur Ersatz desjenigen Nachtheils fordern, der mit der verspäteten Erfüllung in unmittelbarer, unvermeidlicher Verbindung steht; wogegen der, erst mittelbar durch die Mora veranlasste Nachtheil unberücksichtigt bleibt. Es ist jedoch die Ermittelung und Festsetzung des zu leistenden Interesse dem richterlichen arbitrium unterworfen, um ungerechte Forderungen in Schranken zu halten. — Es scheint aber das unter Nr. 1) Bemerkte auf der einen Seite zu *eng*, und auf der andern zu *weit* gefasst zu sein. Zu *eng* nämlich in so fern, als bei der Verzögerung einer schuldigen Geldzahlung der Ersatz des Interesse regelmässig in der Entrichtung der *Verzugs*zinsen bestehen soll, diese aber nur bei bonae fidei obligationes vorkommen, und es also hiernach an einem Maassstabe für das Interesse bei stricti juris obligationes fehlt. Auch möchten nicht überall bei bonae fidei Obligationen die *gewöhnlichen* Verzugszinsen zum Ersatz des Interesse hinreichen, wie z. B. in dem Fall der l. 47. D. de act. emt. (19. 1.) nach der vom Verf. selbst S. 407. gebilligten Erklärung derselben. Zu *weit* dagegen scheint die vom Verf. angenommene Erklärung und Anwendung der l. 2. §. 8. D. cit. zu sein. Denn wenn man die Anfangsworte dieser Stelle: „Nunc de officio judicis *hujus actionis* loquendum est," desgleichen die Entscheidung: „In *hanc arbitrariam*, quod interfuit, veniet, et quidem ultra legitimum modum usurarum," berücksichtigt, so dürfte wohl anzunehmen sein, dass die hier vorkommende Bestimmung über das Interesse zu den Eigenthümlichkeiten der actio de eo, quod certo loco dari oportet, oder, wie die Glosse meint, der arbitrariae actiones überhaupt gehöre. Jedenfalls ist das gegen diese Ansicht vom Verf. vorgebrachte Argument, dass nach der l. 33. D. locat. (19. 2.) verb. *Nam et si colonus* etc. „eine Berücksichtigung des durch die Mora vereitelten *Gewinnes* auch bei der Klage des Pächters gegen den Verpächter, die doch nicht zu den arbitrariae gehört, eintreten soll," durchaus unpassend, da in dieser Stelle weder von der mora, noch von einer schuldigen Geldzahlung, sondern von der durch die Schuld des Verpachters dem Pachter entzogenen Benutzung des verpachteten Grundstücks die Rede ist. Uebrigens ist auch die gegen das Ende dieses §. vorkommende Bemerkung: „Der Creditor wird in Folge der Mora, selbst bei judiciis stricti juris, bei denen sonst das jusjurandum in litem ausgeschlossen war, zum Schätzungseide zugelassen," zu weit und unbestimmt, da diess nach der l. 5. §. 4. D. de in lit. jur. (12. 3) nur bisweilen der Fall ist, und namentlich dann, wenn der schuldige Gegenstand nach der mora des Schuldners zu Grunde gegangen ist, und daher dem judex jeder Maassstab für die aestimatio rei fehlt. — §. 55. *Vermeintliche Wirkungen der Mora.* Dahin werden, nach vorausgeschickter Erwähnung der in früheren Jahrhunderten gangbar gewesenen Ansichten über die Wirkungen der mora, folgende von Einigen unserer Rechtslehrer angenommene gerechnet: 1) Dass in Folge der mora des Schuldners der Gläubiger berechtigt sein soll, die ihm selbst obliegende Gegenleistung, bis zur Erfüllung von Seiten des Schuldners, zurückzuhalten. 2) Dass die mora des Schuldners dem Gläubiger das Recht gebe, vom Vertrage ganz abzugehen, wenn ihm derselbe durch den Verzug unnütz geworden. 3) Dass bei alternativen Obligationen der Schuldner in Folge seiner mora das ihm sonst zuständige Wahlrecht verliere. 4) Dass temporales actiones durch die mora sich in perpetuae verwandeln. 5) Dass bei einer weltlichen Emphyteusis der Eigenthümer, wenn der Emphyteuta drei Jahre hindurch den Canon nicht entrichtet hat, auf Privation klagen könne. — Der Prüfung und Widerlegung dieser Ansichten kann, wenigstens zum grössern Theile, Rec. seinen Beifall nicht versagen; doch findet er Folgendes hierbei zu erinnern: *a*) Bei der Bekämpfung der unter 2) erwähnten Ansicht geht der Verf. zu weit, wenn er S. 392. fgg. nach der l. 24. §. 4. D. locat. (19. 2.) dem Pachter nicht einmal in dem Falle, wenn er an der Benutzung der erpachteten Grundstücke vom Verpachter *gänzlich verhindert* worden ist, das Recht zum einseitigen Rücktritt vom Vertrage zugestehen will. Denn die Worte jener Stelle: „qui expulsus a conductione in aliam se coloniam contulit, non sufficturus duabus, neque ipse pensionum nomine obligatus erit, et quantum per singulos annos compendii facturus erat, consequetur," bestimmen ja deutlich, dass der aus der Pachtung Vertriebene, wenn er ein neues Pachtverhältniss eingegangen ist, und nicht zu gleicher Zeit zweien Verhältnissen dieser Art genügen kann, von der Verbindlichkeit, das Pachtgeld aus der früheren Pachtung zu zahlen, frei sein, und gleichwohl seinen Anspruch auf Ersatz des Interesse für die ganze noch übrige Pachtzeit behalten soll. Wer aber ein neues Contractsverhältniss, ohne Zustimmung dessen, mit dem er bisher in einem Vertragsverhältnisse stand, eingehen darf, und dadurch seiner bisherigen Contractsverbindlichkeit entledigt wird, dem steht doch offenbar das Recht zum einseitigen Rücktritt von diesem Vertrage zu. Hieraus ergiebt sich zugleich die Unhaltbarkeit folgender S. 393. vorkommender Behauptung: „Die Fortdauer des Vertrages selbst in diesem Falle ergiebt sich deutlich daraus, dass der Pächter auf Ersatz des Interesses klagen darf, ein Anspruch, der jedenfalls nicht rechtlich begründet sein würde, wenn dem Pächter das Recht einseitigen Rücktritts und somit der Beendigung des Vertrages zugestanden hätte." Als ob man nicht auch nach Auflösung eines Contractsverhältnisses noch einen Entschädigungsanspruch gegen den andern Interessenten, durch dessen Schuld jene Auflösung veranlasst worden ist, haben und geltend machen könnte! *b*) Den Worten der l. 95. §. 1. D. de solut. (46. 3.) „Enimvero si facto debitoris alter sit mortuus, quum debitoris esset electio, quamvis interim non alius peti possit, quam qui solvi etiam potest, neque defuncti offerri aestimatio potest, si forte longe fuit vilior ....." wird S. 398. ganz unrichtig folgender Sinn beigelegt. „Wird das eine derselben (nämlich der alternativ schuldigen Objecte) durch eine Handlung des Debitors vernichtet, so kann zwar *das andere vom Creditor nicht gefordert*, aber auch vom Debitor nicht die Aestimatio des zu Grunde gegangenen, falls dessen Werth ungleich geringer ist, dem Creditor aufgedrungen werden." Gerade umgekehrt sagen jene Worte, dass, wenn das eine der alternativ schuldigen Objecte durch eine Handlung des Schuldners, dem das Wahlrecht zustand, untergegangen ist, der Gläubiger immittelst (d. h. so lange das andere Object noch existirt,) *nichts Anderes, als eben dieses noch übrige Object* fordern könne. c) In Bezug auf die Worte der l. 2. §. 3. D. de eo, quod cert. loc. (13. 4.) „Et generaliter definit Scaevola, petitorem electionem habere, ubi petat, reum, ubi solvat, *scilicet ante petitionem*," ist es dem Verf. nicht gelungen, das wegzudisputiren, was man gewöhnlich daraus ableitet, dass nämlich der Schuldner in Folge seiner mora das Wahlrecht des Erfüllungsortes verliere. Denn wenn man auch dem Verf. zugeben wollte, was er S. 401. behauptet, dass die Worte „scilicet ante petitionem," nicht blos auf den Beklagten, sondern eben so gut auch auf den vorher erwähnten Kläger zu beziehen seien, (was jedoch unnatürlich erscheint, da der Kläger eben durch die Anstellung der Klage sein Wahlrecht des Klageorts geltend macht, und also nicht verliert,) so ist doch der mit der Klaganstellung für den Schuldner verbundene Verlust seines vorherigen Wahlrechts in Ansehung des Erfüllungsortes in so fern als eine Folge seiner mora zu betrachten, als ja (nach des Verfs. eigener Ansicht §. 6.) durch die Ueberreichung der Klageschrift an den Schuldner, oder wenigstens durch die litis contestatio, wegen der darin enthaltenen Mahnung, die mora des Schuldners begründet wird. Ausserdem ist dem Verf. eine Stelle ganz entgangen, woraus sich allerdings ergiebt, dass in gewissen Fällen der Schuldner in Folge der Klaganstellung oder litis contestatio (und also der dadurch begründeten mora) ein ihm bis dahin zuständig gewesenes Wahlrecht verliert, nämlich l. 57. D. de solut. (46. 3.) „Si quis stipulatus fuerit decem in melle, solvi quidem mel potest, antequam ex stipulatu agatur, sed si semel actum sit, et petita decem fuerint, amplius mel solvi non potest. §. 1. Item si mihi aut Titio stipulatus fuero dari, deinde petam, amplius Titio solvi non potest, quamvis ante litem contestatam posset." — Uebrigens hätten wohl auch noch einige *besondere* Wirkungen der mora des Schuldners erwähnt werden sollen, wie namentlich die bei der mora ex re zu Gunsten fideicommissarischer Freilassungen eintretenden, (wovon freilich schon §. 27., aber an einem minder passenden Orte, nämlich unter den Entstehungsgründen der mora, die Rede gewesen ist,) desgleichen die Verpflichtung zum Doppelten bei der mora in der Entrichtung des einer Kirche oder einer andern pia causa hinterlassenen Vermächtnisses. cf. §. 19. 23. u. 26. I. de action. (4. 6.) — Wenn nun aber gegen das Ende dieses §. der Verf. noch von *vertragsmässigen* Wirkungen der mora handelt, unter denen er den Verfall der Conventionalstrafe und das auf der lex commissoria beruhende Recht, vom geschlossenen Vertrage zurückzutreten, hervorhebt, so sieht man nicht ein, wie diess zur Ueberschrift dieses Paragraphen: „*Vermeintliche* Wirkungen der Mora," passe, da doch die vertragsmässigen Wirkungen der mora *nicht blos vermeintliche*, *sondern wirkliche* sind, nur freilich solche, welche sich nicht nach allgemeinen Rechtsvorschriften von selbst verstehen, sondern einen besondern Vertrag voraussetzen. Dass übrigens der Verf. S. 409. die l. 47. D. de act. emt. (19. 1.) in dem Streite für und gegen die Regel: Dies interpellat, für neutral erklärt, hält Rec., wiewohl er gern zugiebt, dass die darin erwähnten Zinsen keine gewöhnliche Verzugszinsen seien, sondern nur die Art des vom Verkäufer dem Käufer zu ersetzenden Interesse andeuten, doch in Erwägung, dass eben dieses Interesse *in Folge der durch den Ablauf des verabredeten Erfüllungstermins eingetretenen mora* vom Verkäufer zu ersetzen ist, für eben so unbegründet, als die S. 410. ausgesprochene Meinung, dass die Entscheidung der l. 23. pr. D. de recept. (4. 8.) nicht auf jede von den Parteien stipulirte Conventionalstrafe angewendet werden dürfe.

II. *Folgen für dritte Personen.* §. 56. *Uebersicht der folgenden Darstellung.* Hier bemerkt der Verf. im Wesentlichen Folgendes: Die nachtheiligen Folgen der mora des Schuldners treffen auch andere, mit ihm in einer gewissen Verbindung stehende Personen, und eben so wird auch umgekehrt der Hauptschuldner *meist* durch die mora eben dieser Personen verantwortlich. Zu den Verhältnissen, aus denen eine derartige *gegenseitige* Verbindlichkeit entspringt, gehören hauptsächlich die Bürgschaft, väterliche Gewalt, Vormundschaft, Correalverhältnisse und Erbschaft. — Es sind aber diese Bemerkungen in viel zu grosser Allgemeinheit hingestellt worden, wie sich aus des Verfs. eigenen Ausführungen im §. 57—61. ergiebt. Denn bei der Bürgschaft wirkt die mora des Bürgen nicht auch auf den Hauptschuldner zurück, und eben so wenig findet bei dem vormundschaftlichen und dem erbschaftlichen Verhältnisse unter den hierbei vorkommenden Personen eine *gegenseitige* Verbindlichkeit in Ansehung der Folgen der mora Statt. Das Correalverhältniss endlich kann hier nur *negativ* in Betracht kommen, da *niemals* die mora des einen reus promittendi dem andern schadet. — §. 57. 1) *Bürgschaft.* Die Frage, ob die Nachtheile der von dem Hauptschuldner begangenen mora auch den Bürgen treffen? ist im Allgemeinen zu bejahen, auch ohne dass ihm selbst eine Schuld zur Last fällt. Er haftet daher vom Augenblick der mora des Schuldners an für das periculum rei, kann jedoch diese nachtheilige Folge dadurch von sich abwenden, dass er seinerseits dem Gläubiger die schuldige Sache offerirt. Was aber die Zinsen anlangt, so ist des Verfs. Ansicht folgende: Für die vom Hauptschuldner versprochenen Zinsen hafte der Bürge nur dann, wenn er ausdrücklich „in omnem causam," nicht aber auch, wenn er blos schlechthin oder im Allgemeinen intercedirt habe. Auf ähnliche Weise stehe er auch für die vom Hauptschuldner verwirkten Verzugszinsen bei bonae fidei negotiis, als bei welchen allein von dergleichen Zinsen die Rede sein könne, nur dann ein, wenn er sich entweder ausdrücklich dafür verbürgt, oder überhaupt in omnem causam intercedirt, oder völlige Schadloshaltung des Gläubigers versprochen habe. In wie weit die Verbindlichkeit des säumigen Schuldners zum Ersatz der Früchte auch den Bürgen treffe? darüber erklärt sich der Verf., abgesehen von der allgemeinen Aeusserung, dass die fideiussio in omnem causam den Bürgen verpflichte, für alle Accessionen der Hauptschuld einzustehen, nicht näher, obgleich er in der Inhaltsanzeige S. XXIX. diese Verbindlichkeit, ohne weitere Unterscheidung der Fälle, auf den Bürgen übergehen lässt. Dagegen bemerkt er von den vertragsmässigen Folgen der mora speciell, dass sie ohne Weiteres auf den Bürgen nicht übergehen könnten, wenn er sie nicht ausdrücklich zugleich übernommen habe. Uebrigens könne er aus der mora des Hauptschuldners eben so lange, als dieser selbst, in Anspruch genommen werden, ausser wenn er sich ausdrücklich nur für eine bestimmte Zeit verbürgt habe; denn dann hafte er nur für die innerhalb dieser Zeit entstehenden, nicht aber auch für die erst später hinzugekommenen Verbindlichkeiten. — Es kann aber Rec. den vorgetragenen Ansichten des Verfs. über die

Verbindlichkeit des Bürgen zur Zinsenzahlung nicht beitreten, sondern ist vielmehr der Meinung, dass der Bürge auch dann, wenn er sich nur schlechthin oder im Allgemeinen, also ohne ausdrückliche Einschränkung seiner Verbindlichkeit, verbürgt hat, eben so gut wie im Fall einer ausdrücklich in omnem causam gerichteten Verbürgung, sowohl für die vom Hauptschuldner versprochenen, als für die von selbigem verwirkten Verzugszinsen haften müsse. Diese Meinung beruht nicht blos auf dem allgemeinen Grundsatz, dass Modificationen oder Beschränkungen bei Rechten und Verbindlichkeiten überhaupt nicht präsumirt werden, sondern auch auf verschiedenen Aeusserungen unserer Quellen. Dahin gehört: *a*) Dass nach der l. 54. pr. D. locat. (19. 2.) eine durch die Formel: „indemnem me praestabis?" (die doch nur den Zweck der Bürgschaft im Allgemeinen ausdrückt,) eingegangene Verbürgung für eine solche gilt, wodurch der Bürge sich in omnem causam verpflichtet hat, und daher auch für die Verzugszinsen des Hauptschuldners einstehen muss. *b*) Dass nach der l. 2. §. 12. D. de administrat. rer. ad civitat. pertin. (50. 8.) die, welche sich für einen conductor vectigalis im Allgemeinen (in universam conductionem) verbürgt haben, auch auf die Zinsen belangt werden können, „nisi proprie quid in persona eorum verbis obligationis expressum est;" woraus hervorgeht, dass eine Beschränkung ihrer diessfallsigen Verbindlichkeit *ausdrücklich im Vertrag* bemerkt worden sein müsse. *c*) Dass es in der l. 91. §. 4. in f. D. de verb. oblig. (45. 1.) heisst: „.... accessionibus quoque suis, id est fidejussoribus, perpetuant obligationem, *quia* (nicht *si*, wie es der Verf. S. 420. zugleich mit gedeutet wissen will,) in totam causam spoponderunt;" wornach die Verbürgung für das *ganze Schuldverhältniss* als der regelmässige, und, ohne ausdrückliche Verabredung des Gegentheils, sich von selbst verstehende Fall anzunehmen ist. *d*) Dass in der l. 8. D. de eo, quod cert. loc. (13. 4.) der Bestimmung, dass der Bürge in Folge der von Seiten des Schuldners nicht vollständig geschehenen Erfüllung für das bei der actio de eo, quod certo loco dari oportet, durch richterliches Ermessen zu ermittelnde Interesse nicht zu haften brauche, Folgendes entgegengesetzt wird: „Neque enim haec causa recte comparabitur *obligationi usurarum*; ibi enim duae stipulationes sunt, hic autem una pecuniae creditae est, circa cujus executionem aestimationis ratio arbitrio judicis committitur;" woraus sich ergiebt, dass für die vom Hauptschuldner versprochenen Zinsen der Bürge nach der Natur der Bürgschaft (sofern diese nicht durch ausdrückliche Verabredung modificirt worden ist,) einstehen muss. *e*) Dass nach der l. 3. D. de fidejuss. et nominat. tut. (27. 7.) und der l. 10. D. rem pupilli salv. for. (46. 6.) die Bürgen eines Vormunds in Ansehung der Zinsen eben so, wie der Vormund selbst gehalten sein sollen; was der Verf. S. 421. u. 429. fgg. aus der Art der hierbei vorkommenden Stipulation: rem pupilli salvam fore, erklären will, da doch dieselbe nur den Zweck der diessfallsigen Bürgschaft überhaupt ausdrückt, ohne specielle Erwähnung ihres in omnem causam sich erstreckenden Umfangs. *f*) Dass in der l. 1. §. 13. D. ut legat. servand. caus. cav. (36. 3.) die in Bezug auf die stipulatio legatorum nomine aufgeworfene Frage: „an haec stipulatio incrementum ex fructibus vel usuris sentiat?" so beantwortet wird: „Et recte placuit, *ex mora incrementum habituram stipulationem, ut id, quod oportebit, comprehendat.*" Diess will der Verf. S. 421. u. 430. wiederum aus der *eigenthümlichen* Natur jener Caution erklären, indem sie nämlich ausdrücklich auf omne id, quod oportebit, habe gerichtet werden müssen. Allein diese letztere Behauptung ist eine petitio principii, und beruht auf einer falschen Interpretation der Schlussworte in der l. cit., die ja nicht den Inhalt, sondern vielmehr die Folge oder Wirkung jener Stipulation bezeichnen. Bei dieser Gelegenheit mag auch erinnert werden, dass die S. 427. vorkommende Bemerkung: der Intercession auf eine bestimmt angegebene Summe sei auch der Fall gleich zu achten, da der Bürge sich ausdrücklich nur verpflichte in id, quod debitorem dare, facere oportet, indem er auch hier nicht über den Umfang des debitum principale hinaus hafte, wogegen sich die Bürgschaft in id, quod *oportebit*, auch auf alle Accessionen der Hauptschuld erstrecke, — nicht genau ist; denn die dafür angeführten Stellen, l. 76. §. 1. u. l. 89. D. de verb. oblig. (45. 1.), sagen vielmehr, dass die Stipulationsformel: „quidquid te dare facere *oportet*," sich nur auf die *gegenwärtige* Schuld beziehe, nicht aber auch auf die künftig hinzukommenden Verbindlichkeiten, welche allerdings mit umfasst würden, wenn der Formel das Wort: *oportebitve*, hinzugefügt sei. — Im weitern Fortgang dieses §. wird noch von der mora des Bürgen, ihrer Entstehung und ihren Folgen gehandelt, und zuletzt die Frage, ob die mora des Bürgen an sich auch auf den Hauptschuldner zurückwirke? verneint. Mit dieser Ansicht ist es übrigens sehr wohl vereinbar, (was der Verf.

S. 436. Note 915. zu läugnen scheint,) in der l. 32. §. 5. D. de usur. „Item si fidejussor solus moram fecerit, *non tenetur*..... sed utilis actio in hunc dabitur," die Worte „non tenetur" mit der Glosse auf den *Hauptschuldner* zu beziehen, was nicht nur nach dem Zusammenhange, da unmittelbar vorher vom reus promittendi die Rede ist, als zulässig, sondern auch wegen des darauf folgenden Gegensatzes: „*sed* .... in *hunc* dabitur," sogar als nothwendig erscheint. Auch würde, wenn man das „non tenetur" auf den Bürgen beziehen wollte, diese Stelle in Widerspruch stehen mit der l. 44. D. de oper. libert, (38. 1.) „..... fidejussor etiam *ex sua mora in obligatione retinetur*," und der l. 91. §. 4. D. de verb. oblig. „..... Quare enim facto *suo* fidejussor *suam* obligationem tollat?....;" die Erklärung des Verfs. aber, das „non tenetur" beziehe sich nur auf das Erlöschen der Hauptklage gegen den Bürgen aus der ursprünglichen Obligation, ist für diese einfachen Worte zu gekünstelt. — §. 58. 2) *Väterliche Gewalt.* Wenn aus einem vom Haussohne eingegangenen, und auch für den Vater verbindlichen Vertrage der Letztere belangt wird, soll er (nach der vom Verf. angenommenen, allerdings sehr zweifelhaften Interpretation der l. 32. §. 3. D. de usur.) aus seiner eigenen mora zu Verzugszinsen nicht gehalten sein; doch komme dem Gläubiger eine subsidiäre Klage auf das, was er vom Vater zu wenig erhalten hat, gegen den Sohn zu; in Betreff des Hauptgegenstandes der Obligation aber werde der Vater durch seine mora dem Bürgen gleich verpflichtet. Macht der Haussohn sich einer mora schuldig, so kann der Gläubiger entweder diesen selbst auf das Ganze, oder auch den Vater aus dem ursprünglichen Inhalt der Obligation bis zum Belauf des Peculiums belangen. Hat indessen der Sohn auf Befehl des Vaters contrahirt, so wird durch die mora des Erstern die Verbindlichkeit des Letztern in ihrem ganzen Umfange perpetuirt. — §. 59. 3) *Vormundschaft.* Eine mora des Pupillen ohne gleichzeitige mora des Vormundes ist nicht möglich, mithin eben so wenig eine Verantwortlichkeit des Letztern aus der einseitigen mora des Erstern. Dagegen verpflichtet die mora des tutor allerdings auch den Pupillen. — §. 60. 4) *Correalverhältniss.* Die mora des einen correus schadet dem andern nicht. Um diesen an sich unbestreitbaren Satz sowohl mit der eigenthümlichen Natur des Correalverhältnisses, als auch mit dem auf die rei promittendi bezüglichen Ausspruch von *Pomponius* in der l. 18. D. de duob. reis constit.

(45. 2.) „...... alterius factum alteri quoque nocet;" womit jener Satz in scheinbarem Widerspruch steht, zu vereinigen, bemerkt der Verf., dass das Erforderniss einer durchaus *gleichen* Verpflichtung der correi nur für die Zeit der *Eingehung* der Correalobligation gelte, wogegen im weitern Verlauf allerdings eine Ungleichheit in den Verpflichtungen der einzelnen correi, unbeschadet des Correalverhältnisses, eintreten könne; dass ferner die mora des einen correus den Gegenstand der Obligation an sich nicht afficire, sondern eine durchaus subjective Beziehung des säumigen Schuldners zum Gläubiger sei, (was mit der von *Ribbentrop* geltend gemachten Unterscheidung des objectiven Bestandes und der subjectiven Beziehung der Correalobligationen zusammentrifft). Aus der letztern Rücksicht bezweifelt der Verf. auch die Verantwortlichkeit des einen socius aus der mora des andern. — §. 61. 5) *Erbschaft:* Die aus der mora entspringenden Nachtheile, auch die verwirkte Conventionalstrafe nicht ausgeschlossen, gehen, als Vermögensverbindlichkeiten, auch auf die Erben des säumigen Schuldners über.

Zweiter Abschnitt. Folgen der Mora creditoris. §. 62. *Einleitung.* Hier wird die schon im §. 43. als misslich bezeichnete Annahme *gemeinschaftlicher* Wirkungen der mora näher geprüft und als unstatthaft verworfen; sodann bemerkt, dass es für die Wirkungen der mora creditoris an einem leitenden Princip fehle, „aus dem, wie bei der Mora debitoris aus der perpetuatio obligationis, die einzelnen Folgen jener Mora accipiendi hergeleitet werden könnten," und dass daher hier nur von einer Aufzählung der verschiedenartigen Nachtheile der mora creditoris, nicht von einer systematischen Entwickelung derselben, die Rede sein könne. — Auch hier fehlt es, wenn auch das Resultat dieser Ausführung Billigung verdient, nicht an einzelnen schiefen und unrichtigen Bemerkungen. Dahin gehört die Aeusserung S. 450: „dass da, wo den Gläubiger wirklich die Verpflichtung zur praestatio periculi trifft, diess *nicht sowohl Folge seiner begangenen Mora, vielmehr Wirkung der nothwendig vorangehenden purgatio morae, und der dadurch wegfallenden perpetuatio obligationis, auf Seiten des Schuldners*, sei." Nun vergleiche man mit dieser Bemerkung z. B. l. 84. §. 3. D. de legat. I. „Si cui homo legatus fuisset, et per legatarium stetisset, quominus Stichum, quum heres tradere volebat, acciperet, mortuo Sticho exceptio doli mali heredi proderit;" desgleichen l. 105. D. de verb. oblig., „Stipulatus sum, Damam aut Erotem servum dari; quum Damam dares, ego, quominus acciperem, in mora fui; mortuus est Dama, an putes, me ex stipulatu actionem habere? Respondit, secundum Massurii Sabini opinionem puto te ex stipulatu agere non posse; nam is recte existimabat, *si per debitorem mora non esset, quominus id, quod debebat, solveret, continuo eum debito liberari.*" Wird denn hier nicht die Befreiung des Schuldners vom periculum und der Uebergang desselben auf den Gläubiger lediglich als eine Folge von der mora des Letztern dargestellt, ohne dass sich nur irgend eine Spur von einer vorausgegangenen mora des Schuldners und einer Purgation derselben zeigt? Unrichtig ist ferner die auf derselben Seite in Bezug auf den Gläubiger aufgestellte Behauptung: „Einen eigentlichen Schaden kann er dem Schuldner durch seine Mora nicht zufügen, diesem vielmehr nur nützen, sofern er denselben dadurch von sonstigen strengeren Verbindlichkeiten befreit." Abgesehen davon, dass man nicht begreift, wie diese Behauptung mit der Ansicht des Verfs., dass auch die mora des Gläubigers auf einer *culpa* desselben beruhe, sich vereinigen lasse, (denn hiernach würde es eine culpa sein, einem Andern zu *nützen*,) so steht ihr auch mit dürren Worten entgegen die l. 8. D. de tritic. vin. legat. (33. 6.) „..... legatarium petentem vinum ab herede doli mali exceptione placuit summoveri, si non praestet id, *quod propter moram ejus damnum passus sit heres.*" Vgl. auch l. 1. §. 3. D. de peric. rei vend. (18. 6.) u. l. 38. §. 1. D. de act. emt. (19. 1.) — §. 63. *Uebergang der Gefahr auf den Gläubiger.* Nach Wiederholung der schon im §. 45. aufgestellten (und dort vom Rec. geprüften) Behauptung, dass das periculum bei Obligationen jederzeit den treffe, dessen Obligation, sei es nach der Natur des Vertrages, oder in Folge einer Verschuldung zur perpetua geworden, folgt die Bemerkung, dass, wenn das periculum rei sonst dem Debitor obliege, und der Gläubiger dann eine mora begehe, dadurch die bisherige obligatio debitoris aufhöre, eine perpetua zu sein; was zur nothwendigen Folge habe, dass fortan der Debitor durch zufälligen Untergang des Objectes frei werde, der Nachtheil also den säumigen Creditor treffe. Wenn nun aber hierauf der Verf. so fortfährt: „In sofern kann man *mittelbar* den Uebergang des periculum auf den Gläubiger als eine Folge seiner Mora accipiendi ansehen, aber nicht als eine *unmittelbare* Wirkung und Strafe dieser Säumniss, wie etwa bei der Mora debitoris die sofort eintretende perpetuatio obligationis," so findet Rec. diesen Unterschied eben so unbegründet, als die daraus abgeleitete Folgerung falsch, dass nämlich nach eingetretener mora des Gläubigers die blosse Erklärung desselben, dass er fortan zur Acceptation bereit sei, nicht genüge, um dem Schuldner wiederum das periculum aufzubürden, sondern dass es dazu einer neuen Interpellation und aller übrigen Erfordernisse der Begründung einer Mora debitoris bedürfe. Diese Annahme steht im offenbaren Widerspruche nicht nur mit der l. 17. D. de peric. rei vend. (18. 6.) „..... si per emtorem mora fuisset, deinde, *quum omnia in integro essent*, venditor moram adhibuerit, *quum posset se exsolvere*, aequum est, *posteriorem moram venditori nocere*," sondern auch mit dem, was der Verf. selbst über die Natur und die Folgen der von Seiten des Gläubigers nach seiner mora geschehenen Erklärung, dass er fortan zur Annahme der Leistung bereit sei, S. 507. bemerkt: „In dieser Erklärung liegt zugleich eine *neue Aufforderung* an den Schuldner zur Erfüllung, *eine Mahnung, die diesen, säumt er fortan, in Mora versetzt*. Folge davon ist, *dass die Nachtheile der Mora von diesem Zeitpuncte an auf den Debitor zurückfallen*, dass dessen Obligation wiederum zur perpetua wird, und die daran geknüpften mannigfachen Wirkungen eintreten." — In Ansehung der Frage, *wie* der Schuldner durch die mora des Gläubigers von der Verbindlichkeit, für den zufälligen Untergang des schuldigen Objects einzustehen, befreit werde, ob nämlich ipso jure, oder durch die doli mali exceptio? erklärt der Verf. unter den verschiedenen, in der Glosse hierüber sich vorfindenden Ansichten diejenige für die richtigste, nach welcher der debitor speciei ipso jure, der debitor generis hingegen per exceptionem liberirt wird, und begründet diese Meinung auf eine befriedigende Weise. Hiernächst wird bemerkt, dass von dem Eintritt der mora des Gläubigers an der Schuldner nur noch für dolus und lata culpa hafte, und also nur dann, wenn durch ein solches Verschulden die Sache zu Grunde geht, den Werth derselben zu ersetzen brauche. Was die Bestimmung der diessfallsigen aestimatio anlangt, so meint der Verf., dass sie hinsichtlich der *Zeit*, nach dem Augenblick der Klaganstellung, und hinsichtlich des *Orts*, bei einer bonae fidei obligatio nach dem geringern Werthe der Sache am Orte des *geschlossenen Vertrages* oder der Klaganstellung, bei einer stricti juris obligatio aber unveränderlich nach dem letztern Orte sich richte. Dieser Ansicht kann jedoch, in Betreff des *Ortes*, Rec. nicht beitreten. Es kommt hierbei, wenigstens in Ansehung der bonae fidei obligationes, auf die richtige Interpretation der l. 3. §. 4. D. de act. emt. (19. 1.) an. Hier sagt *Pomponius*: „Quodsi per emtorem mora fuisset, aestimari oportet pretium, quod sit, cum agatur, et *quo loco minoris sit.*" Die in den letzteren Worten angedeutete Verschiedenheit der Orte wird zunächst nicht näher bestimmt, und daher glaubt der Verf., dass sie aus dem vorhergehenden Paragraphen, wo von der mora des Verkäufers gehandelt, und die Verschiedenheit der bei der Werthsbestimmung der schuldigen Sache in Betracht kommenden Orte so angegeben wird: „quo loco pluris fuit, vel *quo venit*, vel ubi agatur," zu ergänzen sei; allein er hat dabei unberücksichtigt gelassen, dass im weitern Fortgang des §. 4. *Pomponius* wiederum auf die Ortsverschiedenheit zurückkommt, und sich darüber so äussert: „Item non oportet ejus loci pretia spectari, in quo agatur, sed ejus, *ubi vina tradi oportet*; nam quod a Brundisio vinum venit, *etsi venditio alibi facta sit*, Brundisii tradi oportet." Hiernach scheint also im fraglichen Falle die aestimatio nach dem geringern Preise, den die Sache entweder an dem Orte, *wo sie dem Gläubiger zu übergeben gewesen wäre* (also nicht am Orte des geschlossenen Vertrages), oder am Orte der Klaganstellung hat, bestimmt werden zu müssen. Bei einer stricti juris obligatio aber ist wohl anzunehmen, dass auch in dem Falle, wenn nach der mora des Gläubigers die Sache durch die Schuld des debitor zu Grunde geht, eben so, wie im Falle des zufälligen Untergangs derselben nach der mora des Letztern, die aestimatio zunächst nach dem von den Parteien selbst festgesetzten Erfüllungsorte, und in Ermangelung eines solchen, nach dem Orte der Klaganstellung sich richte. — §. 64. *Andere Nachtheile der Mora des Gläubigers.* Hier werden noch folgende, von Manchem angenommene Nachtheile der mora des Gläubigers aufgezählt: 1) Sie befreie den Schuldner seinerseits von den Wirkungen des Verzugs; 2) sie bewirke, dass bei einem Bilateralvertrage dem Kläger die exceptio non adimpleti contractus nicht entgegengesetzt werden könne, wenn er seinerseits zur Erfüllung des Contracts bereit gewesen, und blos durch die widerrechtliche Verweigerung des Beklagten daran verhindert worden sei; 3) der Schuldner sei berechtigt, wenn er den Gläubiger vergeblich zur Annahme aufgefordert habe, das Object der Leistung Preis zu geben, oder bei einer schuldigen Geldsumme sich durch Versiegelung und gerichtliche Deposition derselben von der Schuldverbindlichkeit zu befreien; 4) durch die mora des Gläubigers erlösche sofort die ihm vom Schuldner bestellte Antichresis, so wie auch das Recht zur Veräusserung des Pfandes. — Diese sämmtlichen Nachtheile der mora des Gläubigers, ausgenommen den unter Nr. 3) in der zweiten Hälfte bemerkten, verwirft der Verf. als unbegründet, und zwar die beiden erstern um desswillen, weil sie eigentlich Folgen der vom Schuldner gehörig geschehenen Oblation seien, den dritten aber aus dem Grunde, weil die Annahme der Berechtigung des Schuldners, nach vergeblicher Aufforderung zur Annahme, das Object der Leistung Preis zu geben, theils auf der irrigen Voraussetzung beruhe, dass die gehörige Oblation, wenn der Gläubiger die Annahme verweigere, auch ohne hinzutretende Deposition im Allgemeinen, nur mit Ausnahme von Geldzahlungen, die Wirkung der solutio habe, theils auf einer unstatthaften Ausdehnung des in der l. 1. §. 3. D. de peric. rei vend. (18. 6.) blos dem Weinverkäufer eingeräumten Rechts, den Wein, dafern der Käufer säumig ist, sich denselben der Verabredung gemäss zumessen zu lassen, im Nothfall auszugiessen; wie denn auch nur auf den Weinverkäufer nach der l. cit. sich das Recht beschränke, im Fall einer mora des Käufers die Sache auf dessen Gefahr weiter zu verkaufen. Endlich die unter 4) angeführten Nachtheile will der Verf. darum nicht gelten lassen, weil in der l. 11. C. de usur. (4. 32.) und der l. 8. C. de distract. pign. (8. 28.), worauf man sie stütze, vorausgesetzt werde, dass auf die Oblation von Seiten des Schuldners auch die Deposition gefolgt, mithin von einer Wirkung der mora des Gläubigers allein nicht die Rede sei. — Hierin aber kann Rec., soviel die l. 11. C. cit. betrifft, dem Verf. nicht beistimmen. Dieses Rescript von *Antoninus*, welches so lautet: „Ex praediis pignori obligatis creditor post oblatam sibi jure pecuniam, quam non suscepit, si fructus accepit, exonerari sortis debitum, certum est,“ wird vom Verf. auf eine doppelte, ganz verschiedene Weise erklärt. S. 257. nimmt er nämlich an, dass nach dieser Stelle das sog. pactum antichreticum in Folge der mora des Gläubigers aufhöre. S. 471. Note 993) dagegen missbilligt er ausdrücklich diese seine frühere Ansicht, und meint, jenes Rescript müsse von einer mit der Oblation verbundenen Obsignation und Deposition, wie es auch der Scholiast der Basiliken T. III. p. 469. erkläre, verstanden werden, weil die antichretisch gezogenen Früchte als *Recompensation* der *Conventionalzinsen* anzusehen seien, nun aber der Lauf der letzteren durch die blosse Oblation nicht gehemmt werde. Allein so wenig durch die Auctorität jenes Scholiasten Rec. sich bewogen finden kann, in das fragliche Rescript Etwas hineinzutragen, das in dessen Worten („post *oblatam* sibi jure pecuniam,) nicht liegt, eben so wenig vermag ihn auch der vom Verf. aus der Natur der antichretisch gezogenen Früchte hergeleitete Grund von der Richtigkeit der spätern Ansicht desselben zu überzeugen, da ja nach der l. 8. D. in quib. caus. pign. (20. 2.) auch bei einem *unverzinslichen* Capital die Antichresis Statt findet. Bezieht man nun auf einen solchen Fall die l. 11. C. cit., so liegt darin allerdings die Bestimmung, dass der Gläubiger durch seine mora das antichretische Recht verliere. Dasselbe muss auch von dem Rechte, das Pfand zu veräussern, behauptet werden, zwar nicht nach der l. 8. cit., welche allerdings der Deposition ausdrücklich gedenkt, wohl aber nach der vom Verf. ganz unberücksichtigt gelassenen l. 5. C. de distract. pign. „Si residuum debiti paratus es solvere, praeses provinciae dabit tibi arbitrum, apud quem, quantum sit, quod supersit ex debito, examinabitur; et *sive ad judicem venire adversa pars cessaverit, sive oblato superfluo ad venditionem prosiluerit, improba alienatio proprietatis tuae jus non aufert.*“ Ueberhaupt hat der Verf. mehrere Wirkungen der mora des Gläubigers übergangen, und zwar theils die allgemeine, dass derselbe den durch seine mora dem Schuldner verursachten Schaden ersetzen muss (wofür die Beweisstellen am Schlusse der Bemerkungen zum §. 62. angeführt sind), theils einige specielle, deren in der l. 18. pr. D. de pecun. constit. (13. 5.) l. 6. D. de opt legat. (33. 5.) und l. 9. C. de usur. (4. 32.) Erwähnung geschieht. — Uebrigens wird gegen das Ende dieses §. noch bemerkt, theils dass der Gläubiger durch seine mora die für den Eintritt derselben stipulirte Conventionalstrafe verwirke, theils dass die von einem unter mehrern Correal-Gläubigern begangene mora auch den übrigen schade.

Viertes Capitel. *Von der Purgatio Morae.* §. 55. *Einleitung.* Hier stellt der Verf. hauptsächlich die Ansicht auf, dass das Wegfallen der ferneren Nachtheile der mora nach eingetretener Purgation derselben nicht, wie man gewöhnlich annehme, als Folge eines besondern Schutzes, den die aequitas gegen das strenge Recht gewähre, sondern vielmehr als eine nothwendige Folge des Rechtprincips, dass das nicht mehr Existirende nicht mehr neue Nachtheile erzeugen könne, anzusehen sei; wesshalb denn die

die frühere mora, sobald sie purgirt worden, *ipso jure* aufhöre. — Es stehen indessen manche erhebliche Gründe der vom Verf. verworfenen Ansicht zur Seite, und der seinigen entgegen. Dahin gehört: 1) Das in der l. 87. §. 1. in f. D. de legat. II. von der mora ausgesprochene Princip: „quam sufficit semel intervenisse, ut perpetuo debeantur“ (scil. usurae). 2) Die Art, wie Paulus in der l. 91. §. 3. D. de verb. oblig. über die Möglichkeit des Wiedergutmachens einer einmal begangenen mora sich ausdrückt: „„... haesitatur, an, si postea in mora non fuerit, exstinguatur superior mora. Et Celsus adolescens scribit, eum, qui moram fecit in solvendo Sticho, quem promiserat, posse emendare eam moram postea offerendo; *esse enim hanc quaestionem de bono et aequo* ....;“ welche letztere Worte nach dem ganzen Zusammenhange und den Schlussworten dieser Stelle wohl auf die Frage über die Statthaftigkeit des Wiedergutmachens einer begangenen mora, nicht aber, wie der Verf. meint, auf die Frage über das Vorhandensein der Purgation im concreten Falle, zu beziehen sind, zumal da die Bedingung für dieses Vorhandensein in den unmittelbar vorhergehenden Worten: „postea offerendo,“ klar ausgesprochen liegt. 3) Dass in der l. 73. §. 2. D. de verb. oblig. und l. 72. pr. D. de solut. (46. 3.) als Folge von der Purgation der mora des Schuldners die doli mali exceptio erwähnt wird. Diese Stellen sind freilich vom Verf. S. 454. fgg. in einer andern Beziehung, und wohl auch mit Recht, benutzt worden; aber sie gehören auch hierher, in sofern aus ihnen hervorgeht, dass der Schuldner durch das Wiedergutmachen seiner mora von den fernern Nachtheilen derselben *nicht ipso jure* befreit werde. Auch stehen mit dieser Annahme die Schlussworte der l. cit.: „ipso jure desinet teneri,“ keinesweges in Widerspruch, da in dem Satze, dessen Ende sie bilden, zwar von einer mora des Gläubigers, nicht aber auch von einer vorhergegangenen mora des Schuldners und deren Purgation die Rede ist. Was sonst noch der Verf. gegen die von ihm verworfene Ansicht S. 478. vorbringt, steht in der That auf sehr schwachen Füssen. Denn wenn er behauptet, sie führe zu dem *unrichtigen* (?) Resultat, „dass es in dem Belieben des Debitor stehe, ob er auf seine purgatio morae sich berufen wolle oder nicht, ob er also auch noch ferner, trotz derselben, die nachtheiligen Folgen einer Mora tragen wolle oder nicht,“ so fragen wir, ob nicht auch in andern Fällen der Befreiung eines Schuldners es in seinem Belieben stehe, auf den für ihn vorhandenen Befreiungsgrund sich zu berufen oder nicht? Wenn ferner der Verf. jener Ansicht entgegenhält: „Es verleitet dieselbe ausserdem leicht zu dem Irrthum, dass es in der Willkühr des Richters stehe, unter Umständen die Anerkennung einer rechtlich begründeten purgatio morae zu verweigern oder derselben umgekehrt mitunter eine, über die gewöhnlichen Grenzen sich erstreckende Wirksamkeit beizulegen," so beruht dieser Einwand auf einem Verkennen des Wesens der aequitas und einer Verwechselung derselben mit regelloser Willkür des Richters. — I. *Purgatio morae debitoris.* §. 66. *Wie geschieht sie?* Entweder einseitig, indem der Schuldner nach der mora die schuldige Leistung auf gehörige Weise offerirt, auch ohne dass eine Verweigerung der Annahme von Seiten des Gläubigers, oder die Obsignation und Deposition des schuldigen Gegenstandes hinzuzukommen braucht, oder aber unter Mitwirkung des Gläubigers, sei es, dass derselbe dem Schuldner eine neue Zahlungsfrist gewährt, oder auch eine Novation mit ihm oder auch einem Dritten eingeht, und durch diese verliert er, wie alle übrigen Ansprüche aus der früheren Obligation, so auch die aus der bisherigen mora des Schuldners. Ob aber das Nämliche auch bei einer bedingten Novation vor Eintritt der Bedingung anzunehmen sei? darüber waren die Röm. Juristen, und zwar *Marcellus* in der l. 72. §. 1. u. 3. D. de solut. (46. 3.) und *Ulpian* in der l. 14. pr. D. de novat. (46. 2.) einerseits, und *Venulejus* in der l. 31. pr. D. eod. andererseits, verschiedener Meinung. Die Ansicht der erstern beiden Juristen giebt der Verf. richtig dahin an, dass sie zwar in der Regel der bedingten Novation, wegen der darin liegenden Oblation, die Wirkung einer Purgation der mora beigelegt hätten, jedoch mit Ausnahme des Falles, wenn das schuldige Object bei Eingehung der Novation nicht gegenwärtig gewesen, und, ehe es noch der Schuldner hätte erlangen können, zu Grunde gegangen wäre. Wenn er nun aber von *Venulejus* S. 491. behauptet, dieser hätte „*in jedem Falle*, wenn nur die schuldige Sache post moram untergegangen und die alte Obligation dadurch perpetuirt worden," jene Wirkung einer Purgation der mora bei einer bedingten Novation angenommen, so scheint diese Behauptung in geradem Widerspruch mit dem eigentlichen Sinne von *Venulejus* zu stehen. Denn wäre sie wahr, so würde der Schuldner, nach Eingehung der bedingten Novation, für den alsdann eingetretenen zufälligen Untergang der schuldigen Sache aus seiner früheren mora nicht mehr haften, wie denn diese Wirkung einer Novation klar ausgesprochen liegt in der l. 8. pr. D. eod. „..... desinit periculum ad promissorem pertinere, quasi mora purgata." Nun aber sagt *Venulejus* in der l. cit.

gerade das Gegentheil: „..... si hominem mihi dare te oporteat, et in mora fueris, quominus dares, *etiam defuncto eo teneris*; et si, priusquam decederet, quum jam mora facta sit, eundem a te sub conditione stipulatus fuero, et servus postea decesserit, deinde conditio exstiterit, *quum jam ex stipulatu obligatus es mihi*, novatio quoque fiet." Ferner ist es wohl unrichtig, wenn der Verf. ebenfalls S. 491. bemerkt, dass für die von *Marcellus* und *Ulpian* befolgte Meinung sich auch *Julian* erkläre in der l. 56. §. 8. D. de verb. oblig. „Si hominem, quem a Titio pure stipulatus fueram, Sejus mihi sub conditione promiserit, et is pendente conditione post moram Titii decesserit, confestim cum Titio agere potero, nec Sejus existente conditione obligetur ......" Denn wäre nach *Julian's* Ansicht mit einer bedingten Novation schon vor dem Eintritt der Bedingung eine Purgation der bisherigen mora verbunden, so hätte ja im vorliegenden Falle Titius, da der Tod des schuldigen Sclaven erst nach der unter einer Bedingung eingegangenen Novation erfolgt war, aus seiner früheren mora nicht mehr in Anspruch genommen werden können; und gleichwohl wird die Klage gegen ihn von *Julian* für statthaft erklärt. — §. 67. *Beschränkungen der purgatio morae.* Nach der Ansicht des Verfs. soll die Purgation der mora nur bis zur erfolgten Litiscontestation zulässig sein. — Allein dieser Ansicht steht das im neuern Röm. Recht, nach der Meinung der *Sabinianer*, ganz allgemein angenommene Princip: „omnia judicia absolutoria esse," entgegen. §. 2. I. de perpet. et temporal. act. (4. 12.) vergl. mit *Cajus* IV. §. 114. Eine Anwendung davon auf die vorliegende Frage findet sich in der l. 5. pr. D. de publican. (39. 4.) „..... sed tamen absolvendus est etiam, qui *post acceptum judicium restituere paratus est*;" was der Verf. für eine singuläre Rechtsbestimmung in Bezug auf die gegen die Zollpächter wegen gewaltsamer Wegnahme von Sachen der Zollpflichtigen Statt findende Pönalklage hält. Zur Begründung seiner Ansicht überhaupt beruft er sich: 1) auf die Natur der Litiscontestation, durch welche eine neue Obligation unter den Parteien begründet werde. Dieses Argument aber ist um desswillen nicht treffend, weil in gar mancher Beziehung auch auf die erst nach der Litiscontestation eingetretenen Ereignisse oder Veränderungen bei der Entscheidung Rücksicht zu nehmen ist. (Vgl. *Schrader's* Bemerkungen zur angef. Institutionenstelle.) 2) Auf die l. 84. D. de verb. oblig.; allein von dieser Stelle hatte ja der Verf. selbst S. 210. fgg. und S. 483. bemerkt, dass sie gar nicht von einer Purgation der mora handele; und gleichwohl benutzt er sie S. 493. zu dem bereits angegeben Zweck. Aber auch davon abgesehen, geht aus dieser Stelle nur so viel hervor, dass bei einer schuldigen Handlung, wenn die Zeit vorüber ist, binnen welcher sie hätte ausgeführt werden können, der Schuldner nur noch bis zur Zeit der Litiscontestation, nicht aber auch nachher noch, durch Ausführung jener Handlung sich von der Schuldverbindlichkeit befreien könne. Diese Bestimmung enthält also eine Eigenthümlichkeit der faciendi obligationes, wenn sie nicht vielleicht gar noch als ein Ueberbleibsel von der Ansicht der *Proculianer*, dass auf manche Klagen (wahrscheinlich auf stricti juris actiones) das oben erwähnte Princip der *Sabinianer* nicht anwendbar sei, zu betrachten ist. 3) Auf die l. 17. D. de pecun. constit. (13. 5.), und namentlich auf die Worte: „ut factum actoris (nämlich die Nichtannahme der ihm angebotenen Leistung) *usque ad tempus judicii ipsi noceat;*" indessen ist hier nicht gerade vom tempus *accepti* judicii, wie es der Verf. versteht, sondern überhaupt von der Zeit des Processes bis zu dessen Ausgang die Rede, so dass dadurch die Möglichkeit nicht ausgeschlossen ist, dass auch die Nichtannahme der erst nach der Litiscontestation, aber vor dem Endurtheil vom Beklagten angebotenen Leistung dem Kläger schade. — Im weitern Fortgang dieses §. werden noch verschiedene, theils blos vermeintliche und vom Verf. verworfene, theils von ihm anerkannte Beschränkungen der Purgation der mora (wiewohl beide Classen untermengt und nicht gehörig von einander gesondert,) vorgetragen. Zur erstern Classe werden folgende gerechnet: dass, wenn ein bestimmter Tag der Leistung festgesetzt worden, eine Purgation der mora nicht Statt finde, ausser wenn das nachträgliche Anerbieten bald darauf erfolgt sei; dass sie ferner unstatthaft sei, wenn die Erfüllung einer Verbindlichkeit eidlich versprochen worden, so wie auch bei der mora des Emphyteuta in der Entrichtung des Canon. Dagegen sei allerdings die Purgation der mora ausgeschlossen, wenn der Schuldner speciell darauf Verzicht geleistet habe, ferner hinsichtlich der Conventionalstrafe, sobald sie verfallen, so wie auch in Folge der lex commissoria, wenn die Bedingung ihrer Geltendmachung einmal eingetreten sei. — Uebrigens beruht die S. 497. vorkommende Bemerkung: dass bei der stipulatio judicio sisti der Verzicht *auf das aus der eingegangenen Stipulation begründete Recht* im Allgemeinen unstatthaft gewesen sei, wohl auf einem Missverständnisse der dafür citirten l. 4. §. 4. D. si quis caution. in judic.

sist. (2. 11.), da in dieser Stelle nur davon die Rede ist, dass eine allgemeine Verzichtleistung des Beklagten auf seine Exceptionen für den Fall, wenn er sich nicht zu rechter Zeit vor Gericht stellen werde, ungültig sei. — §. 68. *Wirkungen der purgatio morae.* Durch die Purgation der mora werden zwar nicht die bereits begründeten Folgen der letztern aufgehoben, wohl aber die Wirkungen derselben für die Zukunft abgewendet. Daher wird der Schuldner von da an sowohl von der Verbindlichkeit, fortan noch für den zufälligen Untergang einzustehen, als auch von fernerweiten Verzugszinsen frei. Dagegen wird der fernere Lauf der versprochenen Zinsen nicht gehemmt, wenn nicht zur Oblation auch die Deposition hinzugekommen ist. Auch die einmal verwirkte Conventionalstrafe wird durch nachfolgende Purgation der mora nicht aufgehoben, und eben so wenig das durch die lex commissoria für den Gläubiger begründete Recht des Rücktritts vom Vertrage, dafern er nicht durch späterhin erfolgte Annahme der schuldigen Leistung auf die Geltendmachung jenes Rechts factisch verzichtet hat. — In so weit stimmt Rec. dem Verf. bei. Wenn aber derselbe S. 499. behauptet, dass in Betracht der Prästation der Früchte die Purgation der mora Nichts ändere, (womit übrigens die Inhaltsangabe des §. 68. S. XXXI. in Widerspruch steht,) da der säumige Schuldner überhaupt nicht die fructus percipiendi, sondern nur die percepti zu restituiren brauche, und diese Verbindlichkeit fortdauere, so lange er die fremde Sache inne habe, so kann Rec., da er aus den zum §. 51. angegebenen Gründen die Voraussetzung, von welcher der Verf. hierbei ausgeht, nicht für richtig hält, auch die daraus gezogene Folgerung nicht gelten lassen. Allerdings ist nach Analogie der l. 9. D. solut. matrim. (24. 3.), welche freilich nur vom Fall einer mora des Gläubigers handelt, anzunehmen, dass der Schuldner von der Zeit an, wo er seine mora wieder gutgemacht hat, nur noch die wirklich gezogenen Früchte zu restituiren brauche; aber eben hierin besteht eine Aenderung seiner bisherigen Verbindlichkeit, auch die sog. fructus percipiendi zu ersetzen. — Eben so wenig kann es gebilligt werden, dass der Verf. die Entscheidung von *Scävola* in der l. 122. §. 5. D. de verb. oblig. „.... si Seja non cessasset ex stipulatione pecuniam offerre, jure usuras non deberi," S. 503. so deutet: „*Verzugs*zinsen von der noch nicht gezahlten Summe können von *Seja* nicht gefordert werden, da sie keiner Mora sich schuldig gemacht." Denn von *Verzugs*zinsen kann bei einer *Stipulation*, als einem stricti juris contractus, nicht die Rede sein, und es würde daher *Scävola*, wenn er diese Zinsen gemeint hät'e, unfehlbar den allgemeinen Grund, dass sie bei Stipulationen nicht Statt fänden, angegeben, nicht aber sich so ausgedrückt haben: „si Seja *non cessasset*," indem daraus folgen würde, dass, wenn Seja *gezögert* hätte, sie zu Zinsen verpflichtet wäre. Vielmehr sind nach dem ganzen Zusammenhang dieser Stelle unter den Zinsen wohl keine andern zu verstehen, als die *gesetzlichen*, welche der Vormund oder sein Erbe von den nach Beendigung der Vormundschaft noch in seinen Händen befindlichen Mündelgeldern bis zu deren Restitution, die im vorliegenden Falle durch Stipulation versprochen war, zu entrich'en hat; wie diess auch der Verf. selbst in Bezug auf die l. 1. §. 3. D. de usur. (22. 1.) und l. 28. §. 1. D. de administr. tut. (26. 7.) ganz richtig annimmt. Endlich kann man ihm auch darin nicht beistimmen, dass er S. 504. fgg. die Bestimmung in der l. 23. pr. D. de recept. (4. 8.) „..... Sin autem oblatum accepit, poenam petere non potest, doli exceptione removendus," für eine Eigenthümlichkeit bei dem Compromisse hält, indem hier nicht durch *säumige*, sondern durch ganz *unterlassene* Erfüllung die Conventionalstrafe verwirkt werde. Dieser Ansicht widerstreitet die ganze Fassung der l. cit. „Celsus ait, si arbiter intra Kalendas Septembres dari jusserit, nec datum erit, licet postea offeratur, attamen semel commissam poenam compromissi non evanescere, *quoniam semper verum est, intra Kalendas datum non esse*;" und so wie es bei der lex commissoria für eine factische Verzichtleistung auf ihre Geltendmachung angesehen wird, wenn der Gläubiger die ihm vom Schuldner nach dem Eintritt der mora noch angebotene Leistung annimmt, eben so gut findet diess auch hinsichtlich der Conventionalstrafe im Allgemeinen (also nicht blos beim Compromisse) Statt, zumal da mehrmals in unsern Quellen der Grundsatz ausgesprochen wird, dass nicht Beides zusammen, Erfüllung der Hauptobligation und Entrichtung der Conventionalstrafe, gefordert werden könne, wenn nicht das Gegentheil ausgemacht war. l. 28. D. de act. emt. (19. 1.) l. 4. §. 7. D. de doli mal. except. (44. 4.) l. 115. §. 2. D. de verb. oblig. — §. 69. II. *Purgatio morae creditoris.* Diese erfolgt dadurch, dass der bisher säumig gewesene Gläubiger seine Bereitwilligkeit zur Annahme der Leistung dem Schuldner erklärt, worin zugleich eine Mahnung liegt, die dem Letztern, dafern er säumig ist, die nachtheiligen Folgen der mora zuzieht. Doch leidet diess keine Anwendung auf den Fall, wenn der Schuldner sich inzwischen durch Deposition von aller Schuldverbindlichkeit befreit hat. — §. 70. *Gleichzeitige Mora und ihre Folgen.* Die gewöhnliche Annahme einer *gleichzeitigen* mora des Gläubigers und des Schuldners für den Fall, wenn Beide sich nicht zur festgesetzten Zeit und an dem festgesetzten Orte zur Zahlung und zur Empfangnahme derselben eingestellt haben, verwirft der Verf., und statuirt nur die Möglichkeit einer *successiven* mora beider Theile, so dass jede spätere mora eine Purgation der frühern mora des Andern voraussetze; und dann treffen die Nachtheile der mora allemal den, der sie *zuletzt* begangen. — In diesem Resultate stimmt Rec. mit dem Verf. überein, nicht aber auch darin, dass er glaubt, nach der l. 51. pr. D. de act. emt. habe *Labeo* allerdings die Möglichkeit einer *gleichzeitigen* mora des Käufers und des Verkäufers angenommen; diese Meinung werde aber von *Pomponius* in der l. 17. D. de peric. rei vend. (18. 6.) verworfen. Dass die mora der beiden Kaufsinteressenten *gleichzeitig* entstanden sei, wird in der l. 51. pr. D. cit. wenigstens nicht ausdrücklich gesagt, und konnte auch nach den vom Verf. selbst S. 509. aus der Natur der mora entwickelten Gründen nicht füglich von *Labeo* angenommen werden; und die in der l. 17. D. cit. ausgesprochene Abweichung des *Pomponius* von *Labeo* besteht nur darin, dass der Erstere nicht, wie der Letztere, *in jedem Falle*, wo beide Kaufsinteressenten eine mora begangen haben, die nachtheiligen Folgen derselben dem *Käufer*, sondern vielmehr demjenigen, der *zuletzt* in Verzug gekommen, aufgebürdet wissen will. Daher hält Rec. die Ansicht *Hepp's* (in der Tübinger Krit. Zeitschr. B. 4. H. 1. S. 52. fgg.) über das Verhältniss jener beiden Digestenstellen für richtiger, als die des Verfassers.

Hiermit ist nun die Darstellung der Lehre von der mora im vorliegenden Buche selbst beendiget; allein es finden sich noch zwei hierher gehörige Fragen, für die doch jedenfalls im Systeme selbst ein angemessener Platz auszumitteln war, an einem Orte, wo man es nicht erwarten sollte, nämlich in der *Vorrede* S. XV. fgg., aufgeworfen und beantwortet: 1) „Mit welcher Klage der durch die Mora seines Gegners Verletzte seine Ansprüche geltend zu machen habe?" Nach des Verf. Meinung soll diess *keine andere*, als die aus der Hauptobligation selbst entspringende, und gegen die accessorisch Verpflichteten die schon ohnehin gegen sie existirende Klage sein können. Diese Ansicht aber — für die übrigens keine Beweisstelle angeführt ist, obgleich es deren mehrere giebt, namentlich l. 49. §. 1. D. de act emt. (19. 1.) l. 13. C. de usur. (4. 32.) l. 4. C. depos. (4. 34.) — ist zu einseitig. Denn diejenigen Ansprüche aus der mora, welche auf einer *selbständigen* Obligation, z. B. der poenae stipulatio, beruhen, können allerdings durch eine *besondere* Klage verfolgt werden, arg. l. 1. C. de judic. (3. 1.) Auch ist hierbei der Fall ganz unberücksichtigt gelassen, wenn der *Schuldner aus der mora des Gläubigers* Ansprüche erworben hat. Diese kann er nämlich, dafern nicht von *gegenseitig verpflichtenden* Obligationen die Rede ist, nicht durch eine Klage, sondern nur durch eine exceptio geltend machen. l. 8. D. de trit. vin. leg. (33. 6.) — 2) „Ob, wenn der Erblasser aus einer von seinem Gegner begangenen Mora Ansprüche erworben hat, dieselben ohne Weiteres auch auf die Erben übergehen, oder erst dann, wenn der Debitor auch gegen diese sich einer neuen Mora schuldig gemacht, von ihnen also besonders gemahnt worden ist?" Der Verf. entscheidet sich richtig für das Erstere, auf Grund der l. 27. D. de usur., der auch noch l. 35. pr. D. de legat. III. beizufügen gewesen wäre. Schliesslich hat Rec. noch sein Urtheil über die *Form der Darstellung* im vorliegenden Werke auszusprechen. Dieser gebührt zwar einerseits das Lob der Klarheit und Deutlichkeit, andererseits aber auch der Tadel einer allzu grossen Breite und Weitschweifigkeit. Es hätte gewiss ein beträchtlicher Theil am Umfange des Buches erspart werden können, wenn der Verf. die Darstellung seiner Gedanken mehr zu concentriren und unnöthige Wiederholungen zu vermeiden gesucht hätte. Auch im Einzelnen findet sich manches Anstössige. Dahin gehört, dass einige *ächt-Römische* Kunstausdrücke, namentlich *mora ex re* und *lex commissoria* hin und wieder mit dem vorgesetzten Wörtchen: *sogenannt*, angeführt werden, welches man doch nur zur Bezeichnung der *modernen* Kunstausdrücke in der Rechtswissenschaft zu brauchen pflegt; und dass dagegen viele Ausdrücke der letztern Art ohne jene Vorbemerkung, gleich ächten Kunstausdrücken, passiren, z. B. *pactum commissorium*, *antichreticum*, *mora solvendi* und *accipiendi*, *oblatio verbalis* und *realis*, *rerum amotio*, *jusjurandum promissorium*, *contractus bilaterales*. Auch von den Ausdrücken: *praestatio doli*, *culpae*, *periculi*, desgl. *purgatio morae* kommen in den Quellen nur die *Zeitwörter* in dieser Zusammenstellung vor. Noch schlimmer aber ist es, dass der Verf. ein *Röm.* Wort in einem ganz *unrömischen* Sinne braucht, nämlich *morosus* für den

Säumigen, (gleich als ob dieser auch allemal ein *Mürrischer* wäre!) und dass er ein in der Röm. Sprache *nirgends* vorkommendes Wort zu einem juristischen Kunstausdruck stempelt, nämlich: *perpetuatio* obligationis, wie er denn auch für den entgegengesetzten Fall den sonderbaren Ausdruck: *Entperpetuirung* der obligatio bildet.

Ein Druckfehlerverzeichniss ist dem Buche nicht beigefügt, und doch wäre diess um so nöthiger gewesen, je mehr sinnstörende Druckfehler sich hier und da eingeschlichen haben, z. B. bei der Inhaltsangabe des §. 52. (S. XXVIII.) Weglassung des Worts: *nicht*, in der Bemerkung unter Nr. 2), ferner bei der Inhaltsangabe des §. 58. de *periculo* actio statt: de *peculio* act., und bei der des §. 67. *Zulänglichkeit* statt: *Zulässigkeit*; im Contexte des Buches selbst aber S. 64. Z. 28. *conditiones* statt: *conventiones* oder *obligationes*, S. 164. Z. 11. *condictionis* statt: *conductionis*, dagegen S. 489. Z. 11. *conditione* statt: *condictione*, S. 213. Note 467.) *forte* statt: *furti*, S. 240. Z. 13. *Rück*zahlung statt: *Stück*zahlung, S. 272. Z. 12. *an*geführte statt: *ein*geführte, S. 315. Z. 12. der *geringe* Werth statt: *derjenige* Werth, S. 380. Z. 18. *indictam* statt: *inflictam*, S. 460. Z. 11. *posse* statt: *potest* u. s. w. Auch kommen häufig Verwechselungen vor, die wohl mehr auf Rechnung von *Schreibfehlern*, als von Druckfehlern zu setzen sind, namentlich: *Creditor* statt: *Debitor* S. 69. Z. 23. und S. 91. Note 199. Z. 7., *Früchte* statt *Zinsen* S. 193. Z. 8., *Nachtheile* statt: *Vortheile* oder *Ansprüche* S. 451. Z. 29., *Käufer* statt: *Verkäufer* S. 281. Z. 8., *Deponenten* statt: *Depositars* S. 302. Z. 22., *Testator* statt: *Erben* S. 349. Z. 21., *Papinian* statt: *Pomponius* S. 447. Z. 11.

Obgleich nun aus dem Bisherigen sich ergiebt, dass der Unterzeichnete vielerlei Ausstellungen an dem vorliegenden Werke zu machen gehabt, so wiederholt er doch auch gern das schon im Eingange ausgesprochene Anerkenntniss, dass der Verf. durch dieses sein Buch einen dankenswerthen Beitrag zur Aufklärung der darin behandelten Lehre geliefert, und manche darauf bezügliche Irrthümer berichtiget habe.

Dr. *Friedrich Adolph Schilling*.

Petri Blesensis Opusculum de destiactionibus in canonum interpretatione adhibendis, sive, ut auctor voluit, *Speculum juris canonici*, e cod. Ms. olim Friderici Lindenbrogii nunc bibliothecae publicae Hamburgensis descriptum: ed. **Theophil. Aug. Reimarus** J. U. D. Berolini, sumtib. Reimeri, 1837. Ed. Princeps. LVIII. u. 122. S. 8. (1 Thlr.)

Der Unterzeichnete genügt einer vor längerer Zeit schon übernommenen Verbindlichkeit, indem er den vorl. Beitrag zur Geschichte der Dogmen des canonischen Rechts in den Jahrb. zur Anzeige bringt. Er thut diess mit um so grösserer Freude, je mehr er dem wahrhaft redlichen Fleisse, dem kritischen Tacte und der Umsicht des in einem andern Fache schon vielfach verdienten und belobten Herausgebers die vollste Anerkennung widerfahren zu lassen Gelegenheit findet.

Bekanntlich waren schon vor längerer Zeit von *Lappenberg* (in der Zeitschrift für geschichtliche Rechtswissenschaft VII. 207.) unter der Ueberschrift: *Petri Blesensis Opusc. de origine juris canonici*, Fragmente eines Hamburger Codex veröffentlicht worden. Dass diese vielversprechende Ueberschrift nicht dem Ganzen, sondern nur dem erstern, geringeren Theile (der Einleitung) angehöre, liess sich freilich theils aus den mitgetheilten Rubriken der 60 Capitel, theils aus den einzelnen abgedruckten Stücken ohnschwer errathen; indessen erschien die Bekanntmachung des vollständigen Werkes immerhin als wünschenswerth, da die Literatur bis jetzt noch kein ähnliches aufzeigen konnte, welches unmittelbar an die durch Gratian für die *wissenschaftliche* Behandlung des kirchlichen Rechts eingeschlagene Richtung sich angeschlossen hätte. In der That erscheint auch nun dieser Wunsch als gerechtfertigt; was wir erhalten haben, ist eine Darstellung der wichtigsten Controversen des kirchlichen Rechts, belegt durch zahlreiche Stellen des römischen Rechtsbuchs und der kirchlichen Sammlungen, ein Versuch, die Einheit des äusserlich geschiedenen Rechtes zu vermitteln, mithin für die Geschichte des canonischen wie des römischen Rechts von unverkennbarer Bedeutung. Wer der Verf. sei, ist noch bis jetzt, der Ueberschrift und der auf Frankreich und Chartres insbesondere hinweisenden Andeutungen ungeachtet, nur annäherungsweise ermittelt. Nach *Lappenberg* hat der bekannte Peter von Blois, dessen Briefe wir in der Bibliotheca maxima Patrum besitzen, das Werk im jugendlichen Alter geschrieben, während *Laspeyres* (nach einer Mittheilung von

Lappenberg) dasselbe desshalb zwischen den J. 1180. u. 90. entstehen lässt, weil es mehrere offenbar aus der sog. Appendix Lateranensis concilii entlehnte Decretalen enthalte. Der Herausgeber endlich hält den gleichnamigen Neffen jenes Petrus, welcher Domherr von Chartres und Freund rechtswissenschaftlicher Studien gewesen ist, für den Verfasser, indem er zugleich die Zeit der Abfassung in das J. 1180. setzt, da Papst Alexander III., dessen einige Male gedacht ist, im J. 1181. verstorben, die Appendix aber, die Quelle jener Decretalen, bald nach dem dritten Concil von Lateran verfasst worden sei. Auch der Unterzeichnete hält diese Conjectur, soweit sie die Person des Verfassers betrifft, für eine sehr scharfsinnige, namentlich möchte auch er den älteren Peter von Blois*) nicht als Verfasser anerkennen; da dessen uns überlieferte Schriften weder im Allgemeinen noch rücksichtlich der Kenntniss des Rechts eine Verwandtschaft wahrnehmen lassen. Auf der andern Seite ist in ihm jedoch rücksichtlich der von dem Herausgeber fixirten Zeit der Abfassung ein Zweifel entstanden, welcher insbesondere sich an die Appendix anknüpft. Diese soll nach dem Verf. unmittelbar nach der dritten Kirchenversammlung von Lateran, also im J. 1179. oder 1180., entstanden sein, eine Ansicht, welcher schon deshalb nicht beigepflichtet werden kann, weil bekanntlich diese Sammlung eine nicht geringe Anzahl von Decretalen späterer Päpste (bis zu Coelestin III.) enthält. Will man nun auch manche von diesen, wie diess der Unterz. in seinem Progr. de inedita Decr. coll. Lips. gethan hat, für spätere Zusätze ansehen, so werden doch die Decretalen von Lucius III. als integrirende und ursprüngliche Theile der Sammlung betrachtet werden müssen, da dieselben in die abgeleiteten Sammlungen, die von Böhmer herausgegebene Casseler, und die vom Unterz. beschriebene Leipziger übergegangen sind. Hieraus ergiebt sich also ein späteres Entstehungsjahr und es fällt mithin das von dem Verf. gebrauchte Argument in sich zusammen. Der Ref. geht jedoch noch einen Schritt weiter, indem er behauptet, dass jene vereinzelten Decretalencitate erst spä-

*) Dieser war, bevor er nach England (1171.) ging, ebenfalls Domherr von Chartres, weshalb ihm das Werk sehr wohl zugeschrieben werden könnte, wenn nicht innere Gründe allzusehr dagegen sprächen. Auch würde der redselige, eitle Mann seine Thätigkeit in diesem Gebiete sicher nicht verschwiegen haben. — Ein, so viel ich weiss, noch nicht hervorgehobenes Moment zur Geschichte des Petrus enthält das c. 3. X. de solut. III. 22. Dasselbe betrifft ein Darlehn von 15. Mark Sterling, welches Petrus während seiner Anwesenheit bei dem Concil vom Lateran (1179.) von Bologneser Kaufleuten unter Verbürgung einer Magister Stephanus aufgenommen hatte. R.

ter hinzugefügt worden seien, mithin aus ihnen auf die Zeit der Abfassung nicht geschlossen werden könne. Wenn nämlich in dem Prologus selbst das Werk etwas volltönend als „*quoddam juris canonici speculum, in interpretando canonis magistris subsidium, in allegando advocatis vehiculum, in diffiniendo judicibus instrumentum*“ bezeichnet wird, so ist es in Wahrheit völlig unbegreiflich, wie dieser Bestimmung ohne eine umfassende Benutzung der päpstlichen Gesetzgebung hätte genügt werden können, welche gerade damals einen so grossen Reichthum zu entfalten begonnen hatte. Hierzu tritt, dass jene Citate offenbar auf eine der verschiedenen älteren Sammlungen, die Appendix, oder irgend eine andere, Bezug nehmen, da an Einer Stelle auf die Extravaganten verwiesen, mithin die vollständige Entwicklung des Gegensatzes zwischen dem neuen Elemente der Gesetzgebung und dem alten Rechte schon vorausgesetzt wird. Wenn aber eine solche Sammlung dem Verf. vorlag, warum aus dem grossen Reichthume nur diese dürftigen Fragmente? Hier also liegt ein Widerspruch, der nicht anders, als durch die Annahme gelöst werden kann, dass das Ganze vor dem Erscheinen jener Sammlungen geschrieben, die Hinweisung auf die Decretalen aber erst später hineingetragen worden sei, womit denn zwei äusserliche Momente, dass die Decretalencitate sich überall gegen das Ende des betreffenden Abschnittes vorfinden, und die geringe Anzahl der citirten *Paleae* recht wohl zusammenstimmen. Eine Zeitbestimmung bis auf das Jahr, wie sie der Verf. versucht hat, bleibt freilich immerhin bedenklich. Da einmal (c. 58.) des *Bulgarus* in der Vergangenheit gedacht wird (*Bulgarus distinguebat*), so würde sich vielleicht annehmen lassen, dass der Verf. bald nach dem Tode dieses Glossators geschrieben habe. Indessen ist auch hier kein sicherer Anhaltepunct zu gewinnen, da der Verf. eben so wohl an die Zeit, in welcher er den Bulgarus hörte, gedacht haben kann (vergl. auch den Prolog: „Quaedam a magistris audita ex repetita memoria recollegi“). — Ueber die von dem Verf. benutzte Quelle hat der Verf. aus einer Mittheilung des Unterz. eine kurze Andeutung gegeben, nach welcher eine in der Leipziger Stadtbibliothek aufbewahrte Sammlung von *Brocardis* als Grundlage betrachtet werden kann. Dafür spricht, wie der Unterz. hier wiederholt, einmal das Zusammentreffen einzelner Rubriken, z. B. 54. 8. 53. 11. 33., dann dieselbe Anordnung der auch hier genau nach Für und Wider aufgezählten Beweisstellen, endlich noch die Uebereinstimmung zwischen den letzteren selbst, welche nicht selten (z. B. c. 54.) sogar in der Reihenfolge sich entsprechen. — Eine Darstellung dessen, was für die Dogmengeschichte hier Neues gewonnen ist, kann natürlich hier nicht gegeben werden; wohl aber erheischt es die Gerechtigkeit, dass schliesslich noch der vom Verf. auf die Entwirrung des übel geschriebenen Textes und die Nachweisung der unzähligen, oft nicht einmal mit dem Anfangs-, sondern mit einem beliebigen Stichworte bezeichneten Citate verwandte, wahrhaft staunenswerthe Fleiss auch hier anerkannt werde. Zahlreiche, wichtige Beiträge zu jener sind ihm von *Schrader* und *Lappenberg* mitgetheilt worden, welchem letzteren er auch das Ganze dankbar gewidmet hat; zu dieser hat der Unterz. hin und wieder vereinzelte Materialien liefern können. Diese hat jedoch der Verf., sein verehrter Freund, in der Dedication und in den einzelnen Stellen selbst allzuhoch angeschlagen; es kann versichert werden, dass sie bei Weitem nicht den hundertsten Theil dessen aufwiegen, was der Verf. geleistet hat. Möchte demselben für seine überaus mühsame Arbeit, für die Treue, mit welcher er verfahren ist, die gebührende Anerkennung werden!

Richter.

II. Berichte über akademische Dissertationen und Programme.

De litispendentiae vero initio programma. — Quo proposito ad orationem quam pro munere professoris extraord. in alma Lit. Univ. Turicensi rite adeundo publice habebit, etc. invitat Jos. Bapt. Sartorius, Wirceburg. Bavarus, J. U. D. — Turici. Hoffmann. MDCCCXXXVII. 14. S. 4.

Es beginnt diese Schrift mit Bemerkungen über die Bedeutung von lis und pendentia in dem Worte litispendentia, um darauf eine Bestimmung des Begriffs von litis pendentia zu bauen. Dieser wird p. 5. so angegeben: „conditio litis in eum statum perductae, ubi communis est inter partes in judicio, nondum autem sententia aut alio quovis modo ad exitum et certam unius vel alterius litigantis victoriam aut stragem tracta." Hierauf werden die verschiedenen Meinungen der Neueren über den Anfang der Litispendenz p. 6. sq. erwähnt, und sodann spricht der Verf. p. 7. sqq. seine eigene Ansicht dahin aus: dass von der Zeit der Litiscontestation an die Litispendenz eintrete; zur Unterstützung dieser Ansicht werden die Aussprüche der Quellen mitgetheilt und zum Theil erklärt, zuerst die des Röm. Rechts, p. 12. sq. aber auch die des Canon. Rechts und der Reichsgesetzgebung. Zuletzt wird p. 13. sq. noch der Versuch gemacht, die Einwürfe, welche *Francke* (in Kiel) im Archiv f. d. Civil-Prax. Bd. XVI. Nr. 16. gegen die *Gesterding*'sche Lehre (mit welcher die des Verfs. übereinstimmt), erhoben hat, zurückzuweisen, wobei jedoch der Verf. nur ein Argument *Francke's*, welches sich auf die im neueren Recht veränderte Bedeutung von judicium stützt, besonders hervorhebt. — Der wissenschaftliche Werth dieser Abhandlung harmonirt vollkommen mit der Latinität des Verfs.

III. Berichte über rechtswissenschaftliche Zeitschriften.

Juristische Zeitung für das Königreich Hannover. Herausgeg. v. **Dr. E. Schlüter,** Justizr. zu Stade. 12. Jahrg. 1. Hft. Lüneburg, Herold und Wahlstab, 1837. 8. (Nr. 1. bis 12. (192 S.)

No. 1.

I. Es begründet die Nichtigkeitsklage, wenn ohne freiwillige Prorogation des Gerichtsstandes ein Gericht sich die Instruction und Entscheidung eines Rechtsstreits angemasst hat, welche zu seiner Competenz nicht gehört. — Praejudicium des O.A.G. zu Celle zur Erläuterung des §. 158. der P. O. (S. 3—5.)

II. *Ueber das Successionsrecht der Seitenverwandten in Meiergüter, besonders in solche, welche in den Herzogthümern Bremen und Verden belegen sind.* (S. 5—14. No. 2. I. S. 17—20.)

Es gründet sich auf das gemeine Recht und gebührt den Seitenverwandten also sogar dann, wenn sie auch nicht a primo acquirenti abstammen.

No. 2.

II. *Ueber die Succession der von Bauerlehnsstätten abgehenden Kinder im Fürstenth. Osnabrück.* (S. 20—25.)

Sie richtet sich nach der Provincial-Verordnung v. 28. April 1797. Entscheidung der Justiz-Canzlei zu Osnabrück.

III. Praejudicium Summi Tribunalis, dass die exceptio plurium concumbentium gegen eine Satisfactionsforderung durch einen später stattgefundenen Beischlaf nicht begründet werden könne, ingleichen, dass jene Einrede bei deren Vorschützung noch keiner speciellen Angaben bedürfe, sondern auch in generellen Ausdrücken opponirt werden könne. (S. 26—30.)

IV. Die Einrede der subjectiven Klagenhäufung kann von den Beklagten nicht mehr vorgeschützt werden, wenn sie bereits in ihrer Vernehmlassung auf die angestellte Klage gemeinschaftliche Einreden vorgeschützt hatten, obwohl sie noch nicht gehörig litem contestirt hatten. (S. 30—32.) Entsch. des O.A.G. zu Celle.

No. 3.

I. *Ueber die jetzige Lage unsers Hypothekenwesens.* Zweiter Artikel. (Vergl. Jur. Zeit. 1834. Hft. 1. No. 9.) (S. 33—42. No. 4. I. S. 50—54.)

Hauptsächlich über die Gefahr der bei der jetzigen Lage unsers Hypothekenwesens zu befürchtenden Verwechselung oder Vermischung der General- und Specialhypothek, des persönlichen und Real-Credits.

II. Die generelle Uebernahme aller Lasten in einem Kaufcontracte erstreckt sich nur auf die gewöhnlichen, nicht aber auf die vom Verkäufer nicht speciell angegebenen ungewöhnlichen Lasten, wegen welcher letzteren daher Entschädigung gefordert werden darf. (S. 42—46.) Entsch. des O.A.G. zu Celle.

No. 4.

Ueber die rechtliche Natur und die Strafbarkeit des Verbrechens der Privat-Concussion. (S. 58—64.)

Es ist keine Art der Fälschung, sondern eine partielle Erweiterung des crimen vis, und bei seiner Bestrafung ist die Beschaffenheit der Drohung als das vorherrschende Moment zu betrachten.

No. 5.

II. Ein gerichtlich protokollirtes Testament, dessen Genehmigung der Testirer bei der Vorlesung nicht mehr zu erkennen zu geben im Stande ist, kann auch nicht als gültig angesehen werden. (S. 77—79.) Rescript der Justiz-Canzlei zu Göttingen. v. 1829.

No. 6.

II. *Bemerkungen über den Beweis der culpa.* Vom Hrn. Adv. *Grumbrecht* zu Fallingbostel. (S. 87—94. No. 7. I. S. 98—104.)

Culpa in dem Sinne als Rechtsverletzung (objectiv) hat immer derjenige zu beweisen, welcher darauf selbstständig Rechte gründet, wogegen, wenn es sich um culpa als Zurechnung (subjectiv) handelt, jedes Mal derjenige den Hauptbeweis führen muss, welcher aus dem Nichtvorhandensein derselben Rechte herleitet.

III. Der Oberrichter kann ein von ihm abgegebenes Erkenntniss in supplicatorio nicht anders, als nach vorgängiger Vernehmung des Supplicaten reformiren. (S. 95. fg.) O.A.Gerichts-Rescript.

No. 7.

II. Nach einem Präjudize der Königl. Justiz-Canzlei zu Stade ist die selbst nach beendigtem Processe zugelegte Liquidation und Vereinbarung von Seiten des Advocaten mit seinen Clienten rücksichtl. seines Honorars und der für denselben gemachten Auslagen inutil und ein dieserhalb errichteter Vertrag und Vergleich als ipso jure nichtig und reprobirt zu betrachten. Vom Dr. jur. *Twees* in Achim. (S. 104—111. No. 8. I. 113—124.)

No. 8.

II. *Ueber die Verjährung des Rechtes einen Rottzins zu fordern.* Nach den Rechten im Hzgth. Bremen. Vom Hofr. *Stokmann* in Stade. (S. 124—128.)

Die Gemeinheits-Theilungs-Ordnung v. 1825. §. 174. hebt hinsichtlich der frühern Theilungen das ältere Princip, nach welchem das Recht zur Erhebung des Rottzinses mit dem erfolgten Aufbruche anhob, nicht auf. Entsch. des O.A.G.

No. 9.

I. *Zur Erläuterung der Osnabrück'schen Concurs-Ordnung*, §. 34. No. 4. *in Betreff der vor drei Männern errichteten Pfandrechte.* Mitg. vom Justizrath *Struckmann* zu Osnabrück. (S. 129—142. No. 10. I. 145—153.)

Diese Männer müssen ehrbare gewesen sein, und der die Gültigkeit einer solchen Pfandverschreibung anfechtende Creditor, der diesen Umstand läugnet, hat seine Einrede zu erweisen. Die mitunterschreibenden Zeugen müssen von der im Documente geschehenen Bestellung der Hypothek Kenntniss haben, und diese Wissenschaft muss im Läugnungsfalle von dem, der das Document für sich anführt, erwiesen werden. Die Beglaubigung der Unterschriften der Zeugen ist in Gegenwart anderweitiger Instrumentszeugen, deren Gegenwart aus dem Documente constiren muss, deren Unterschrift aber nicht nöthig ist, vom Notar vorzunehmen.

No. 10.

II. Praejudicium S. Trib. 1) Dass auch ältere bereits vor dem Verbote aller Privat-Eide in der Königl. Verordnung v. 28. Decbr. 1821. erfolgte eidliche Bürgschaften und Entsagungen auf die weiblichen Beneficien der Ehefrauen für ihre Ehemänner die Verbürgungen nicht gültig machen können, wenn solche nicht in einer öffentlichen Urkunde geschehen sind, und 2) dass die Einrede der Nichtigkeit solcher Bürgschaften auch den Afterbürgen zu Gute kommt. (S. 154—157.)

III. Gesetzliche Vorschriften über die Concurrenz der Geistlichen bei Criminal-Untersuchungen in Bez. auf die gefangenen Inquisiten. (S. 158. fg.)

Zusammenstellung der Vorschriften n. l. 9. C. I, 4. l. 22. C. eod. u. C. C. C. 102. mit Hannov. Crim. Instruction v. 1736. III, 7. u. v. 1749. III, 8.

No. 11.

I. *Ueber die Streitgenossenschaft.* Vom Dr. *Nolte* in Lüneburg. (S. 163—171. No. 12. I. S. 177—185.)

Die St. ist, durch Vertrag entstehend, eine Art der Societät, *sonst* aber eine communio incidens: ein Zwang zu derselben tritt auch bei Untheilbarkeit des Streitobjects nicht ein.

II. Den Kindern steht wegen des peculii adventitii, das ihnen von andern als von ihrer Mutter oder deren Ascendenten zugefallen ist, an den Gütern ihres Vaters kein gesetzliches Pfandrecht zu (S. 171—176.)

Nach l. 8. §. 5. C. V, 9. in Verbindung mit l. 1. 2. C. VI, 60.

No. 12.

III. *Entscheidung der Frage: Können englische Pensionen (in Hannover) mit Arrest belegt werden?* (S. 188—190.)

Verneint durch Ministerial-Rescript v. 18. Juli 1834.

Annalen der deutschen und ausländischen Criminalrechtspflege, begründet von dem Crim.-Dir. **Dr. Hitzig**, fortges. von den Gerichts-Directoren **Dr. Demme** in Altenburg und **Klunge** in Zeitz. 2. Bd. 3. Abth. Altenburg, 1837. (vergl. Jahrb. I. S. 982.)

VI. *Herzogth. Sachsen-Altenburg.*

Gutachtlicher Bericht des herzogl. und Gesammt-Oberappellationsgerichts zu Jena, an des regier. Herzogs v. Sachsen-Altenburg Durchl., gesetzliche Bestimmungen über den Anzeigen-Beweis in Strafsachen betr. Eing. vom Verf. Hrn. Geh. Justiz- u. O.-A.-G.-Rath Dr. *Martin* zu Jena. (S. 215—254.).

Das Sachsen-Weimar-Eisenachische Gesetz v. 7. Mai 1819. §. 19-47. II. den Anzeigen-Beweis in Criminalsachen betr., welches in dem Herzogth.

S.-Altenburg recipirt werden sollte, wird mit einigen, hauptsächlich die Grade des Anzeigebeweises in Bezug auf den objectiven Thatbestand und die Wirkungen eines unvollständigen derartigen Beweises betreffenden Modificationen zur Annahme empfohlen. — (Beigefügt ist ein Abdruck jenes Gesetzes, mit vergleichender Hinweisung auf den in Folge dieses Berichtes den Ständen des Herzogth. Altenburg vorgelegten Entwurf, und auf das gleichzeitige Sachsen-Coburg-Gotha'sche Ges. v. 8. Febr. 1836.)

VII. *Bemerkungen*

zu dem herzogl. S.-Altenburgischen Gesetzes-Entwurf über die Zulässigkeit und die Bedingungen des Anzeigen-Beweises in Criminal-Sachen. Vom G.-R. Baron *Strombeck* in Wolfenbüttel. (S. 255—259.)

Namentlich auf Abschaffung der absolutio ab instantia gerichtet.

VIII. *Grossherzogth. Baden.*

Pragmatische Darstellung des Criminal-Processes gegen den Commis Joseph aus Coblenz, wegen Hausdiebstahls und Unterschlagung. Von *A. v. Jagemann*, Amtmann in Heidelberg. (S. 260—289.)

Der sehr zusammengesetzte Indicienbeweis ward vom Hofgericht des baden'schen Unterrheinkreises für nicht hinreichend, und Inculpat mithin für klagfrei erklärt. Der Verf. ist der entgegengesetzten Ueberzeugung.

IX. *Grossherzogth. Hessen.*

Ueber Präsumtion des dolus in Criminal-Sachen und Beweis desselben durch Indicien. (S. 290—341.)

Die verehelichte Hessler aus Sturmfeld, in der Nähe von Frankfurt a. M., gestand, ihren Ehemann, den man in der Nidda ertrunken fand, in dieselbe, jedoch ohne es zu beabsichtigen, gestürzt zu haben. Auf den Grund eines durch Indicien erwiesenen dolus stimmten 2 Referenten für Todesstrafe wegen Ermordung; das Resultat der Abstimmung entschied, dass das Verbrechen für ein doloses nicht zu achten und mit 6 Jahren Zuchthaus zu bestrafen sei.

X. *Herzogth. Sachsen-Altenburg.*

Untersuchungssache wider den Landfuhrmann August wegen Frachtunterschlagung. (S. 342—366.)

Schlussbericht des Inquirenten: Der Inculpat war der Unterschlagung von Colonialwaaren, gegen 400 Thlr. an Werth, die er von einem Magdeburger Hause unter falschem Namen zur Ablieferung an einen Kaufmann in Hirschberg übernommen, aber wahrscheinlich alle in Saalfeld verkauft hatte, dringend verdächtig. Der Referent stimmt blos für 2½ Jahr Zuchthaus, nach einer nachträglichen Zeugenabhörung erkannte der Jena'sche Schöppenstuhl auf 4jähriges Zuchthaus, was die Juristenfacultät bestätigte.

XI. *Grossherzogth. Baden.*

Homicidium in turba commissum. (Insbesondere über die Zulässigkeit und Kraft des Indicienbeweises.) Mitgeth. vom Staatsanwalt H.G.R. *Bayer* in Mannheim. (S. 367—383.)

Der Staatsanwalt stützte seinen Antrag, die gesetzliche Strafe vorsätzlicher Tödtung zu erkennen, auf den in Gemässheit des §. 14. des Strafedicts vollständig geführten Indicienbeweis, nachdem das hofgerichtliche Urtheil den Inculpaten für klagfrei erklärt hatte. Das letztere wurde gegen eine Stimme bestätigt.

XIII. *England.*

Process des Lord *de Ros.* (S. 396—414.)

Klage. Zeugenverhör. Der Lord ward des Betrugs im Whistspiel vermittelst des, sauter la coupe genannten, Taschenspielerkunststücks, beschuldigt. Die Geschworenen erkannten ihn für schuldig.

XIV. *Das Sachsen-Altenburgische Gesetz,*

der Zulässigkeit, die Bedingungen und die Wirksamkeit des Anzeigenbeweises in Criminalsachen betr. unter d. 15. April d. J. erlassen, den 18. desselb. M. publicirt. (S. 415—417.)

Bemerkungen über die Unzweckmässigkeit der Vorschrift, dass ein voller Indicienbeweis das Dasein von wenigstens Einer *gleichzeitigen* Anzeigung unter mehreren verschiedener Art verlange, und über die rückwirkende Kraft des Gesetzes.

Neues Archiv für Preuss. Recht und Verfahren, sowie für deutsches Privatrecht. Eine Quartalschrift. Herausg. v. O.L.G.R. **Ulrich**, Justiz-Rath ***Dr.* Sommer** und Land- und Stadtger.-Dir. **Boele**. 4. Jahrg. 3. Hft. Arnsberg, Ritter, 1837. S. 327. fg.

XXIV. *Die Gütergemeinschaft unter Eheleuten nach der Nassau-Katzenellenbogenschen Landesordnung.* Abhandlung vom Oberlandesgerichtsassessor *Piners* in Arnsberg. (Fortsetzung.) S. 327. fg.

Nach der genannten Landesordnung Cap. 6. §. 1. soll der überlebende Ehegatte bei kinderloser Ehe 1) die sämmtliche Fahrniss des Verstorbenen und die Hälfte sämmtlicher während der Ehe erkoberter Immobilien, und 2) niessbräuchlich die andere Hälfte der Erkoberung und sämmtliche unbewegliche Illaten und Delaten des verstorbenen Ehegatten erhalten, dafern er alle von demselben hinterlassene Schulden bezahlt. Als Immobilien sind aber nach Cap. 10. der L. O. nicht nur alle liegende Güter nebst den noch nicht separirten Früchten und Alles, was in einem Hause nagelfest ist, sondern auch Zehnten und Erbzinsen, zinsbare oder hypothekarisch versicherte Kapitale, kaufmännische Handlungen und die den Gegenstand derselben bildenden Producte und Fabricate, endlich auch Gelder von abgelösten Hypotheken und verkauften Grundstücken anzusehen, wenn sie entweder noch nicht eingegangen oder noch baar vorhanden sind. Von den Schulden, die der überlebende Ehegatte bezahlen muss, sind alle diejenigen ausgenommen, welche zum Besten der Immobilienmasse contrahirt sind; denn diese vererben sich mit der Sache selbst. Der überlebende Ehegatte ist auch zu Errichtung eines Inventars über die seinem Niessbrauch unterworfenen Güter und — im Falle er eigne Grundstücke besitzt — zu Bestellung einer Caution verpflichtet. —

Hinterlässt der verstorbene Ehegatte Kinder aus einer frühern Ehe, so verliert der überlebende den ihm Cap. 6. der L. O. zugedachten Niessbrauch, behält jedoch das ihm zugewiesene Mobiliar. Diese Bestimmungen gelten auch in dem Falle, wenn die verstorbene Ehegattin ein uneheliches Kind hinterlässt. Jeder Ehegatte kann bei kinderloser Ehe zum Nachtheile des Andern über sein Mobiliarvermögen und den Niessbrauch seiner Immobilien verfügen, insofern nicht Eheverträge etwas Anderes ausdrücklich festsetzen. Auch muss dem Ueberlebenden allezeit die Hälfte der erkoberten Güter ungeschmälert gelassen werden.

Bei beerbter Ehe erwirbt der überlebende Gatte bis zu seiner anderweitigen Verheirathung das Verwaltungsrecht des den Kindern von dem verstorbenen parens zugefallenen Vermögens und die Befugniss, solches zu seinem und der Kinder Unterhalt zu gebrauchen. Die nach römischen Recht dem Vater zuständige Niessbrauch an den Adventitien der Kinder ist als aufgehoben anzusehen und es wird ihm nur die Verwaltung dieser Güter zugestanden, wenn er dieser Mühe sich unterziehen will. — Der überlebende Ehegatte hat die Verpflichtung, die Kinder, wenn sie sich verheirathen, auszustatten und ihnen die Hälfte ihres Erbtheils herauszuzahlen, wobei er jedoch — nach einer Entscheidung des O. L. Gerichts zu Arnsberg — den Betrag der vielleicht schon früher gegebenen Ausstattung in Abrechnung zu bringen befugt ist. —

Die Leibzucht hört mit dem Tode des Leibzüchters auf; bei der Auseinandersetzung zwischen den Eigenthumserben und den Erben des Leibzüchters treten die allgemeinen Grundsätze über den ususfructus ein, insoweit nicht specielle Bestimmungen über den älterlichen Niessbrauch vorhanden sind.

Wenn sich der überlebende Ehegatte anderweit verheirathet, so erlischt das ihm über das gemeinschaftliche Vermögen bisher zugestandene Dispositionsbefugniss. Uebrigens erhält er sein eingebrachtes Vermögen und die Hälfte der Erkoberung, wogegen er die Hälfte aller in stehender Ehe gemachten und nicht auf das eigenthümliche Immobiliarvermögen eines oder des andern Theils bezüglichen Schulden zu bezahlen hat. — Nach der L. O. Cap. 7. §. 3. erhält er noch überdiess die Hälfte des von dem Verstorbenen hinterlassenen Mobiliars. Doch wird diese Bestimmung in der Praxis nicht mehr angewendet. — In jedem Falle verstattet das Gesetz dem überlebenden Ehegatten den Verzicht auf die portio statutaria, um sich der Schuldenlast zu entziehen — insoweit er nämlich durch den Erbschaftsantritt zu deren Bezahlung verpflichtet gewesen sein würde, zu welcher Schuldengattung in Hinsicht auf die überlebende Ehefrau einzig diejenigen zu rechnen sind, welche sie selbst mit contrahirt hat oder rücksichtlich deren ihr eine versio in rem nachgewiesen werden kann. Der Verzicht muss spätestens binnen sechs Wochen vom Todestage an gerechnet erklärt werden. Unstatthaft ist der Verzicht, wenn der überlebende Ehegatte mit dem Verstorbenen bei dessen Lebzeiten eine Handlung, Wirthschaft oder ein Kramgeschäft gemeinschaftlich betrieben hatte und der Verzicht den Gläubigern zum Nachtheil gereichen würde.

Alles Successionsrecht des überlebenden Ehegatten geht wegen böslicher Verlassung und Ehebruchs verloren, wenn keine Verzeihung erfolgt ist. —

Ueber den Niessbrauch an Bergwerkstheilen bestimmt eine noch jetzt gültige Verordnung d. d. Haag 21. Octbr. 1781 (Dillenb. Intell. Nachr. v. J. 1781. S. 754. flg.).

XXV. *Ueber die eventuelle Eidesdelation.* Eine Abhandlung vom Oberlandesgerichts-Assessor *von der Hagen* in Hamm. S. 387. ff.

Der freiwillige Haupteid kann in Bezug auf das nämliche Object weder mit andern Beweismitteln cumulirt, noch zu Erbringung eines directen Gegenbeweises gegen eine durch andere Beweismittel vollständig erwiesene Thatsache gebraucht werden. Die Zulässigkeit des eventuellen Eidesantrags ist zwar gesetzlich nicht ausgesprochen. Doch ist sie dem Begriffe dieses Beweismittels und den sonstigen Grundsätzen der Processordnung über den Eidesantrag nicht entgegen. Eventuelle Eidesdelation ist nichts als die anticipirte Erklärung, dass man sich nach Befinden successiv des Haupteides bedienen wolle. Seine Zulässigkeit ist also mit der des successiven Eidesantrags zugleich gegeben. Auch macht die Bestimmung, dass der Eid wenigstens vor der Definitivsentenz angetragen werden muss, den eventuellen Eidesantrag nothwendig, da die Frage, ob in dem Endurtheil der durch andere Mittel versuchte Beweis als gelungen betrachtet werden wird, sich nicht, wenigstens nicht immer, im Voraus entscheiden lässt. Die Erklärung des Delaten auf den eventuellen Eidesantrag muss spätestens in dem Termine erfolgen, in welchem die Beweismittel mit den Parteien durchgegangen werden, und zwar sub poena contumaciae. Dem möglichen Nachtheile — dem Deferenten, Falls man den Eid nicht leisten kann, seine Schwäche zu zeitig verrathen zu müssen — kann durch Aufschub der Erklärung und spätere Purgation der Contumaz, durch die Erklärung, sein Gewissen mit Beweis vertreten zu wollen u. s. w. vorgebeugt werden. — Die Erklärung des Delaten, dass er den eventuell angetragenen Eid nicht leisten könne, hat die Wirkung eines positiven Geständnisses. Die blos unterlassene oder verweigerte Erklärung aber hat die Annahme eines fingirten Geständnisses zu Folge, so lange das Versäumte nicht nachgeholt ist. Bis dahin ist auch die Aufnahme des Hauptbeweises unstatthaft, und der Deferent hat — um diesem Nachtheile zu entgehen — kein anderes Mittel, als den eventuellen Eidesantrag fallen zu lassen. Ist der Hauptbeweis nicht oder nicht völlig gelungen, so hat der Richter auf den eventuell deferirten, nicht auf einen nothwendigen Eid zu erkennen. Der Deferent kann ohne Zustimmung des Delaten den Hauptbeweis vor seiner Erhebung fallen lassen und den bedingten Eidesantrag in einen unbedingten verwandeln. Hat der Delat Gewissensvertretung gewählt, so soll er — wie auch der Beweis ausfallen möge — niemals zum Eide über das betreffende Factum gelassen, letzterer vielmehr immer vom Gegner, nach Befinden als nothwendiger oder referirter, geleistet werden, ausgenommen den Fall, wenn der Delat bloss de ignorantia zu schwören hat. Die einmal erfolgte Acceptation des Eides schliesst die spätere Wahl der Gewissensvertretung aus. Auch ist weder dem Referenten ein Widerruf des zurückgeschobenen, noch dem Deferenten die Zurücknahme des vom Delaten acceptirten Eides erlaubt. Beim eventuellen Eidesantrag steht es dem Delaten frei, sich über das streitige Factum anderer Beweismittel zu bedienen. Dieser Beweis nimmt in dem Falle, wenn der Hauptbeweis des Deferenten entweder ganz fruchtlos oder so unvollständig ausgefallen ist, dass er nicht einmal ein suppletorium begründet, die Natur der Gewissensvertretung an. Die Annahme des eventuell deferirten Eides schliesst die Gewissensvertretung aus, jedoch nur in soweit sich letztere auf die zu beschwörende Thatsache bezieht, mithin blos da, wo die Gewissensvertretung die Natur eines directen Gegenbeweises annimmt. Ebenso muss der Deferent, wenn er im Fall der Zurückschiebung des eventuell angetragenen Eides Letztern annimmt, den Haupteid fallen lassen, weil dieser als Gewissensvertretung erscheinen würde, und diese dem Relaten weder nach gemeinem noch nach preuss. Rechte gestattet ist. Die Vorschrift, dass ein ohne Vorbehalt angenommener Eid, wenn der Delat vor dessen Ableistung mit Tode abgeht, für geleistet zu achten ist, muss auch auf den eventuellen Eidesantrag ausgedehnt werden.

XXVI. *Zwei Rechtsfälle, mitgetheilt mit Nachschrift von Sommer.* S. 435. ff.

Die Bestimmung II. Feud. 45., wonach der Sohn eines Vasallen durch Annahme des Lehns ipso jure Allodialerbe seines Vaters und zu Bezahlung der Allodialschulden verpflichtet wird, ist auch auf Reichslehne anwendbar — bestätigt durch Erkenntniss des zweiten Senats des Ob.-

Land-Gerichts zu Münster vom 3. Mai 1831. und durch Erkenntniss des Geh. Ob. Tribunals in eadem causa. —

Dieselbe Bestimmung leidet auch auf Stammlehne Anwendung. Zur Gültigkeit der Vereinigung eines Lehns mit einem Familienfideicommisse ist die lehnsherrliche Zustimmung nicht erforderlich, wenigstens kann wegen dieses Mangels der Rechtsbestand einer solchen Vereinigung von dritten Personen nicht angefochten werden, mit Ausnahme der etwanigen Lehnsanwärter, deren Gerechtsamen durch eine derartige Stiftung nicht präjudizirt werden darf — bestätigt durch Erkenntniss des Rheinischen Revisions- und Cassations-Hofs zu Berlin de publ. 20. August 1836.

Welche Wirkung das Nichtvorhandensein des obigen Erfordernisses in Bezug auf die Gläubiger des letzten Besitzers äussert, welcher einen Sohn als Nachfolger hinterlässt und ob dieser die Lehnsfrüchte zu Bezahlung der Allodialschulden hergeben muss, ist streitig.

IV. Nachweisung von Recensionen in andern Zeitschriften.

A. Göttingische gelehrte Anzeigen. 1838.

1. *Stück* 8. 13. *Januar*. *S.* 65—78.

Augustin. Theineri Disquisitiones criticae in praecipuas canonum et decretalium collectiones etc. Rom. 1836. (Vgl. Jahrb. 1837. H. 9. S. 785. ff. und oben H. 2. S. 192.)

Der Rec. giebt eine Uebersicht des Inhalts und macht Bemerkungen gegen Einzelnes in der 3. 4. 5. und 6. Abhandlung. Den alphabetischen Index lobt er sehr. (Rec. *F. H. Knust.*)

2. *Stück* 17. 29. *Januar*. S. 161—165.)

Untersuchung der Frage: ob nach Justinianischem Rechte die Professoren der Jurisprudenz ein Honorar zu fordern berechtigt gewesen? zur Erläuterung des fr. 1. §. 7. D. de extr. cog. (50. 13.) und der c. 6. C. de prof. (10. 52.) Von D. *Ferd. Kämmerer*. Güstrow, Opitz. 1837. VI. u. 33. S. gr. 8. (Vgl. Jahrb. oben H. 2. S. 127. ff.)

Nach einleitenden Aeusserungen über die schriftstellerische Thätigkeit des Verfs. und über die Aufgabe, welche derselbe sich in vorliegender Schrift gestellt, (wobei die in derselben sich zeigende Belesenheit hervorgehoben wird,) bemerkt der Rec.: „Dessen ungeachtet hat der Unterz. bei der Ansicht des Hrn. Verfs. noch einiges Bedenken, besonders weil es ein grosser Fehler von *Justinian's* Arbeitern gewesen wäre, einen von ihrem Kaiser aufgehobenen Satz, noch dazu mit Berufung auf das Zartgefühl, worauf er sich gründe, in die Digesten aufzunehmen. Der von dem Hrn. Verf. angeführte Umstand, dass, nach *Cujas*, die Griechen, also wahrscheinlich die Basiliken, wo aber die Stelle auch nach *Haubold's* Manuale nicht gedruckt ist, die doctores legum nicht haben, erklärt die Schwierigkeit viel besser, denn wenn diess gleich aus keiner lateinischen Handschrift bemerkt worden ist, so weiss man ja doch, wie viel weniger die Herausgeber des Constitutionencodex diejenigen Handschriften desselben die älter sind, als die gewöhnlichen der Digesten (von den „Pandecten" zu *Florenz* ist keine Rede) genau verglichen haben. — Sodann vertheidigt der Rec. noch die Vereinigungsversuche der Glosse gegen den Ausspruch des Verfs., dass sie „verunglückt" seien, sowie sich selbst (Rechtsgesch. S. 954. Z. 15.) gegen die Beschuldigung des Verfs., dass er *gegen ein klares Gesetz* Etwas behauptet habe, wobei er zugleich über die von ihm dort gebrauchten Ausdruck: „Sophisten" eine berichtigende Bemerkung macht. (Rec. *Hugo.*)

3. *Stück* 17. 29. *Januar*. *S.* 165—168.

Das Intestaterbrecht der liberi naturales nach dem heutigen Röm. Rechte. Eine dogmengeschichtliche Untersuchung von Dr. *M. S. Mayer*, ord. P. d. R. in Tübingen. Tübingen, Fues. 1838. 151. S. gr. 8.

Nachdem der Rec. die Tendenz dieser Schrift bezeichnet hat, sagt er, der Verf. bemerke sehr richtig in der Vorrede, auch die neuere juristische Dogmengeschichte gehöre zur vollständigern Kenntniss unsers Fachs, und nicht blos das *Vorjustinianische* und *Justinianische* Recht, wobei er wohl zugeben werde: für das heutige Recht, während das *vor Justinianische* oder *vor Constantinische* Recht in wissenschaftlicher Rücksicht den Vorzug verdiene; dass dieses aber in dieser Schrift im Schatten stehe, wird aus den drei ersten Seiten des ersten Capitels durch einzelne Beispiele nachgewiesen. Hierauf giebt der Rec. den Inhalt an, und macht dabei Bemerkungen über Einzelnes. Zuletzt bezieht derselbe sich auf sein vom Verf. nicht angeführtes Lehrbuch des heut. Röm. Rechts S. 174. f. wo „es ausdrücklich heisst, das Erbrecht der Concubinen-Kinder sei bei uns nicht anwendbar, und nicht einmal dabei steht, wie es für eine künftige, wohl nun nicht mehr zu erwartende, Auflage hinzugesetzt ist, es werde doch angewendet." (Rec. *Hugo.*)

B. Jahrbücher für wissenschaftliche Kritik, 1838. Band 1.

3. *Februar.* Nr. 34—36. S. 265—268.

Das Recht des Besitzes. Eine civilist. Abhandlung von Dr. *Fried. Carl v. Savigny*, K. Pr. G. O. R. R. u. s. w. Sechste verm. u. verb. Auflage. LXXII. u. 668. S. 8. Giessen, 1837. Heyer. (Vgl. Jahrb. 1837. H. 8. S. 669. ff.)

Diese 6te Auflage eines Werkes, über dessen Werth und Bedeutung für die Wissenschaft im Allgemeinen zu urtheilen, überflüssig sei, rege um so mehr zu einer nähern Betrachtung an, als sie nicht nur einzelne Verbesserungen und Nachträge gebe, sondern die seit der fünften Auflage des Werkes auf mehrere Hauptpuncte seiner Lehre gerichteten Angriffe einer zusammenhängenden Prüfung unterwerfe, was mit einer Unbefangenheit, mit einer Freiheit und Frische des Geistes geschehen sei, die auf den Leser den wohlthuendsten Eindruck mache. Die Liebe und Freude am Gegenstande, der Ernst, der es auch mit dem Kleinen genau nehme, leihe dem Verf. die Geduld, seinen Gegnern in allen irgend bedeutenden Wendungen zu folgen, während er mit der grössten Leichtigkeit die Verwirrung löse und das Schwerfällige und Unangenehme eines hartnäckigen Streites vermeide. In dieser Beziehung thue auch eine öfters angewandte feine und treffende Ironie die glücklichste Wirkung. Die zwei allgemeinen Vorwürfe, welche man dem Buche gemacht habe, der einer falschen Positivität, und der der Vernachlässigung des praktischen Rechts, gäben kund, dass ihre Urheber einen seiner bedeutendsten Vorzüge, die Klarheit, mit der die Aufgabe gedacht, und die Sicherheit, mit der sie durchgeführt worden, nicht begriffen haben. — Nachdem der Rec. diess genauer nachgewiesen hat, wendet er sich zur Betrachtung der hauptsächlichsten Bereicherungen, mit welchen diese Ausgabe vom Verf. ausgestattet worden ist, indem er bald und zwar gewöhnlich dieselben billigt, bald Gegenbemerkungen *) macht. Der letzte Satz lautet: „Wir schliessen diese Anzeige mit dem Wunsche, ja der frohen Hoffnung, dass die unverminderte Geisteskraft, mit der es dem Verf. vergönnt war diess treffliche Werk seiner Jugend zu überarbeiten, der Wissenschaft noch manche schöne Frucht darbringen werde." (Rec. *Bethmann-Hollweg.*)

---

*) In Bezug auf eine dieser Gegenbemerkungen S. 286. f., welche die Bedeutung von possessor in l. 6. §. 1. D. si serv. vind. betrifft, und in welcher der Rec. weder die Erklärung *Savigny's*, noch die *Puchta's* im Rhein. Mus. Bd. 1. S. 178. Not. 19. billigt, erlaubt Ref. sich auf das Programm *Francke's* zu verweisen, über welches in diesen Jahrb. 1837. S. 1083. f. berichtet wurde. Im Resultat stimmt die Ansicht des Rec. mit der *Francke's* überein.

4. *Februar.* Nr. 37. S. 289—292.

Reliquien von Justus Möser und in Bezug auf ihn, herausgegeben von *B. R. Abeken.* Nebst einer Abbildung von Möser's Denkmal und einem Facsimile seiner Handschrift. Berlin, 1837. Nicolai. XXXII. u. 108. S. kl. 8.

Einleitende Worte über Möser's, des „advocatus patriae," Bedeutung; Anerkennung der gehaltvollen Vorrede zu dieser Schrift und Aufforderung ihres Verfs. zu einer Biographie Möser's; Schilderung des Inhalts der Schrift, in welcher u. A. am Schlusse eine Mittheilung des Justizraths *Struckmann* über Möser's Verdienst um die Abschaffung der Tortur im Fürstenthum Osnabrück sich findet. (Rec. K. *A. Varnhagen von Ense.*)

5. *Februar.* Nr. 39. 40. S. 307—317.

Lucius Cornelius Sulla, genannt der Glückliche, als Ordner des römischen Freistaates dargestellt von *K. S. Zachariae.* Heidelberg, Universitätsbuchh. 1834. 8. Abth. 1. Sulla's Leben. 191. S. Abth. 2. Sulla's Ordnungen. 176. S.

In dieser Schrift bewähre sich die mächtige Einwirkung der Philosophie auf die positiven Wissenschaften. Es dränge sich „bei der ganzen Lectüre der interessanten und in aller Fülle von Einzelheiten immer überschaulichen Darstellung" unwillkürlich das Gefühl der höheren Nothwendigkeit auf, welche diess Mittelglied röm. Verfassung und Geschichte bedingte. Diese Nothwendigkeit erkennend und ihr folgend, habe der Verf. nicht ein Aggregat von Einzelheiten gefunden und mitgetheilt, sondern den einzelnen Mann und seine Zeit als ein Selbstständiges und Abgeschlossenes aufgefasst und dargestellt und doch zugleich beider Verbindung mit dem Ganzen überall hinreichend ins Licht gesetzt. Nur darin sei der Verf. zu weit gegangen, dass er eine so vollständige Gesetzgebung *Sulla's* habe herausfinden wollen, als sie zu geben einem Manne selbst von Sulla's Geist, in so kurzer Zeit kaum möglich gewesen sei. Als Beleg hierfür wird der Rückschluss angeführt, welchen der Verf. von den Julischen Gesetzen des *Augustus* auf die des *Sulla* sich erlaubt; wobei jedoch der Rec. wiederum als treffend die Annahme anerkennt, dass die C. Julia jud. publ. nur eine Ausbildung einer L. Cornelia jud. sei.*) Als besonderes Verdienst des Verfs. wird sodann erwähnt, dass er bei der Darstellung der einzelnen Veränderungen nicht bei der einzelnen Erscheinung stehen bleibe, sondern den innern Zusammenhang mit den übrigen Einrichtungen und die Folgen der Veränderungen klar und treffend darstelle. Nach dieser Anerkennung der „geistreichen Darstellung" bemerkt der Rec., dass die Freude an kühnen Combinationen den Verf. nicht selten zur Willkür in denselben hingerissen habe, besonders in der Construction älterer Staatsverhältnisse und Einrichtungen. Diess sucht der Rec. nachzuweisen an der Art der Darstellung der mit den Tribus combinirten Centuriatcomitien (II. S. 65. ff.), und an der Hypothese, dass schon zur Königszeit eine plebejische Gemeinde vorhanden gewesen sei, getheilt in 4 Tribus, mit eigenen Comitien, mit Rechten endlich, welche die patricischen Vorrechte bedrohten; und dass erst *Servius Tullius* und dann wieder die Decemvirn die Aufgabe gehabt haben, die Patricier, Clienten und Plebejer in eine Gemeinde zu vereinigen. (Rec. *Joh. v. Gruber.*)

*) Hierbei macht der Rec. u. A. die Bemerkung: „Scharfsinnig ist auch die Vermuthung des Hrn. Z. und als einzige Erklärung der Thatsache sogar wahrscheinlich, dass die Ordnung der Titel in den Pandekten, welche von den einzelnen Verbrechen handeln (l. 48. tit. 4—15.), dieselbe sei, in welcher die Criminalgesetze *Sulla's* aufeinanderfolgten, d. h. in welcher sie dem Volke vorgelegt und von denselben bestätigt worden waren. (II. S. 37. ff.)"

C. Heidelberger Jahrbücher der Literatur. Neue Folge. 5. Jahrg. (31. Jahrgang.)

1. *Heft 2. Februar.* Nr. 9. S. 129—132.

Élémens de droit naturel privé, par le Dr. *J. M. Bussard*, Prof. de droit natur. et de droit civil. (in Freiburg) etc. Fribourg en Suisse. 1836. 319. S. 8.

„Ein Versuch, die Wissenschaft des philosophischen Rechts (mit Ausschluss des Staats- und des Völkerrechts) in *dem* Geiste darzustellen, in welchem sie von deutschen Schriftstellern bearbeitet wird....... So wie der Verf. das Recht scharf von der Moral und von der Politik sondert, so nimmt er auch überall auf das positive Recht — auf das römische und auf das französische bürgerliche Recht — Rücksicht. — Man darf diesen Versuch im Allgemeinen gewiss einen gelungenen nennen. Der Vortrag ist klar, dem Gegenstande angemessen. Auch gegen die Ordnung, in welcher die einzelnen Lehren aufeinander folgen, dürfte sich nichts Erhebliches einwenden lassen..... Der schwächste Theil der Schrift möchte *der* sein, der von dem Rechte der Menschen in Gesellschaften handelt.“ Der Rec. giebt hierauf eine Uebersicht des Inhalts, und schliesst mit Bemerkungen gegen das Gesellschaftsrecht des Verfs., welcher das, was vom Staatsvertrage gilt, auf Gesellschaften überhaupt überträgt. (Rec. *Zachariä.*)

2. *Ebendaselbst.* S. 132—134.

Études de droit public, par *G. F. Schützenberger*, Dr. en droit. Paris et Strassbourg, Levrault. 235. S. 8.

„Der Titel der hier anzuzeigenden Schrift entspricht nicht ganz ihrem Inhalte. Die Schrift enthält eine *Untersuchung über die höchsten Grundsätze des Rechts*, eine Kritik der Grundsätze, aus welchen bisher die Rechtswissenschaft, d. h. die Wissenschaft des philosophischen Rechts, abgeleitet worden ist, den Versuch dieser Wissenschaft eine neue Grundlage zu geben.“ Nach einer Inhaltsanzeige bemerkt der Rec. am Schluss: „..... man wird dem Verf. nicht das Zeugniss versagen, dass er durch seine Arbeit einen rühmlichen Beweis von seinem Scharfsinn und von seiner Bekanntschaft mit der Literatur seines Faches gegeben habe. Für das französische Publicum wird die Schrift, da sie sich über die rechtsphilosophischen Schriften deutscher Schriftsteller ausführlich verbreitet, noch ein besonderes Interesse haben.“ (Rec. *Zachariä.*)

Miscellen.

1. Neue Zeitschrift für deutsches Recht.

Eine Zeitschrift für deutsches Recht und deutsche Rechtswissenschaft, redigirt von den Herren Prof. *Reyscher* zu Tübingen und Prof. *Wilda* zu Halle, wird künftig in vierteljährigen Heften zu 10—12. Bgn. im Verlage von C. A. Schwetschke zu Halle erscheinen. Sie soll nach den uns vorläufig zugegangenen Notizen das deutsche Recht im weitern Umfange, also das Privatrecht, das Lehnrecht, das Handelsrecht, so wie das öffentliche Recht umfassen, und vorzugsweise an die Bedürfnisse des Lebens sich anschliessen, ohne jedoch rein historische Untersuchungen von sich abzuweisen. Eben deshalb werden auch Abhandlungen über particularrechtliche Institutionen willige Aufnahme finden, wenn Inhalt und Behandlungsweise ihnen ein allgemeineres wissenschaftliches Interesse verleihen. Wie vielfältigen Anklang dieser Plan gefunden habe, zeigen die Namen der gelehrten Männer (wir nennen die Herren Hofr. *Albrecht*, Prof. *Beseler* in Rostock, Prof. *Dieck* in Halle, Syndikus *Duncker* in Marburg, Etatsrath *Falck* in Kiel, Prof. *Feuerbach* in Erlangen, Prof. *Gaupp* in Breslau, Dr. *Göschen* in Berlin, Hofr. *J. Grimm*, G.O.R.R. *Heffter* in Berlin, Prof. *Jordan* in Marburg, Prof. *Kraut* in Göttingen, Geh.R. *von Langenn* in Dresden, Prof. *Laspeyres* in Halle, Staatsrath *Maurer* in München, Prof. *Maurenbrecher* in Bonn, Prof. *Michelsen* in Kiel, Geh.R. *Mittermaier* in Heidelberg, Prof. *v. Mohl* in Tübingen, Prof. *Paulsen* in Kiel, Prof. *Pernice* in Halle, Prof. *Phillips* in München, Landrichter *Puchta* in Erlangen, Prof. *Schweikart* in Königsberg, Prof. *Thöl* in Göttingen, App.R. *Treitschke* in Dresden, Canzler *v. Wächter* in Tübingen, Hofr. *Warnkönig* in Freiburg, Prof. *Weiske* in Leipzig, Stadtger.Dir. *Wigand* in Wetzlar, Prof. *Witte* in Halle, Prof. *v. Woringen* in Berlin, Prof. *Zöpfl* in Heidelberg) welche bereitwillige Zustimmungen ertheilt haben. Schon durch die Namen dieser Mitarbeiter und der Redactoren ist der hohe Standpunct, welchen die neue Zeitschrift inmitten der juristischen Literatur einnehmen wird, im Voraus angedeutet. Wir sehen dem Erscheinen des ersten bereits vorbereiteten Heftes mit gespannter Erwartung entgegen.

---

2. Todesfall.

Am 27. Febr. starb zu Leipzig der Grossherzogl. Hess. Geheime Rath, Prof. u.s.w. Dr. *Poelitz*, (geb. am 17. Aug. 1772.), als Schriftsteller und Lehrer auch im Fache des Staatsrechts vielfach verdient.

3. Berichtigung.

Hr. Hofrath *Warnkönig* zu Freiburg, dessen Versetzung an die Universität Heidelberg wir ohnlängst berichteten, wird der Universität Freiburg erhalten werden.

I. Recensionen.

Das altcivile und Justinianeische Anwachsungsrecht bei Legaten und die caducarischen Bestimmungen der Lex Julia et Papia. Eine Recension dieser Lehren von **Dr. Karl Albert Schneider.** Berlin, Natorff u. C., 1837. VI. und 309. S. 8. (1 Thlr. 16 Gr.)

Durch die kurze Vorrede dieser Schrift, in welcher der Verf. über die in den civilistischen Arbeiten der neuesten Zeit meist noch herrschende Methode, „den Gegenstand zu sich herunterzuziehen, statt sich an den Gegenstand heran zu bilden," klagt, und als sein Bedürfniss und Ziel vielmehr aufstellt, „die Dinge in ihrer reinen Objectivität zu erfassen, sich in sie zu versenken, und so aus ihnen selbst heraus ihr Wesen zu erkennen," hat der Unterzeichnete um so mehr sich angesprochen gefühlt, als er solchen von ihm selbst öfter gethanen und ihm daher aus der Seele geschriebenen Aeusserungen sonst nur selten oder gar nicht begegnet zu sein sich erinnert. So sehr nun aber auch ein solches Bewusstsein über die Methode der Behandlung, welche namentlich dem Civilrecht Noth thut, Anerkennung verdient, — eine andere Frage bleibt immer noch, ob die Anwendung dieser Methode auch wirklich gelungen, und der Verf. nicht der bei derselben so nahe liegenden Gefahr, statt durch die Sache, selbst doch nur durch ein in sie hineingetragenes Bild sich bestimmen zu lassen, erlegen sei. Dieses bringt uns denn zu dem Buche selbst.

Nach einer kurzen Charakteristik blos der neuesten Schriften über den behandelten Gegenstand, von Rossberger, Holtius, Baumeister, Rudorff, Mayer, Rosshirt, Lelievre, Heimsoeth und Franke (*L. Gitzler Quaest. de L. Julia et P. P. spec.* II. *Vratisl.* 1835. 8. scheint dem Verf. entgangen zu sein) wird in §. 1. S. 5...36. die „formelle Grundlage des *ius accr.* im alten Rechte und ihre Bedeutung" besprochen. Bekanntlich unterscheidet das alte Recht in dieser Materie zwischen *legatum per vindicationem* (*et per praeceptionem*) und *leg. per damnationem* (*et sinendi modo*); dort erhalten zu derselben Sache *coniunctim* oder *disiunctim* berufene Legatare durch ihre Concurrenz Theile, ohne Concurrenz aber der übrig bleibende *iure accrescendi* das Ganze; hier dagegen werden mehrere *conjunctim* Berufene von Anfang an zur Forderung von Theilen, mehrere *disiuncti* aber jeder zur Forderung des Ganzen berechtigt, und das Wegfallen eines Legatars bewirkt niemals *ius accrescendi*. Worin der Grund dieser Verschiedenheit liege, ist in neueren Zeiten häufig zu beantworten versucht worden, und mit eben dieser Frage beschäftigt sich hier, zunächst von der formellen Seite, auch unser Verf. Nachdem er mit grossem Scharfsinn das Ungenügende der bisherigen Lösungsversuche nachgewiesen hat, tritt er der Wahrheit ohne Zweifel viel näher, als seine Vorgänger, wenn er (S. 21.) von dem Satze ausgeht, dass bei dem *leg. per damnationem* (*et sin. modo*) die Wirkung des Legats nach der Zeit seiner Errichtung, beim *leg. per vindicationem* aber nach der Zeit des wirklichen Erwerbes des gewährten Rechts durch die Legatare ermessen wird und ermessen werden muss. Mit Recht führt er S. 34. zur Bestätigung dieses Satzes schon die Namen *per damnationem* und *per vindicationem*, wovon jener von der Errichtung, dieser von der Wirkung des Erwerbes hergenommen ist, und solche Aeusserungen unserer Quellen, wie: *damnatio partes facit* (*Fragm. Vat.* §. 85.) und *proprietas eo tempore legatur, quo vindicatur* (*L.* 1. §. 3. *D. de usufr. accr.*) an. Die Art des Nachweises jenes Satzes selbst scheint aber nicht befriedigend. Wenn nämlich der Verf. als Grund, warum beim Vindicationslegat nicht die Zeit des Legirens, sondern des Erwerbes die Vergabung bestimme, anführt, dass, so lange der Testator lebe, er Eigenthümer bleibe, und daher erst nach seinem Tode die Bestimmung, was hier legirt sei, möglich werde, so ist damit noch keineswegs gezeigt, warum hier jeder der verbundenen Legatare zum Ganzen berufen sei, und, wenn der andere wegfalle, *ius accrescendi* habe: vielmehr scheint aus dieser Auffassung zu folgen, dass nun mit dem Momente des Todes des Erblassers so viele Theile entstehen müssten, als damals Collegatare vorhanden sind, zumal da der Testator doch nur in dem letzten Momente seines Lebens vergeben kann, indem er *post mortem suam* nichts mehr hat (*L.* 9. §. 1. *D. de jur. dott. L.* 2. §. 5. 6. *D. de donatt.*). — Eben so wenig befriedigt es, wenn der Verf. S. 22. hinsichtlich der anderen beiden Arten der Legate gerade die Form der *damnatio*, die das richterliche Urtheil nachahme, als etwas Wesentliches betrachtet, um zu erklären, warum hier auf die Errichtung zu sehen sei, und die Conjunction von Anfang an Theile ohne *ius accrescendi* gebe; denn bei Fideicommissen gilt ja dasselbe Recht, wie beim Damnationslegat, *Fragm. Vat.* §. 85.

Eine tiefere Erfassung der Sache wird vielmehr zeigen, dass der Grund des Unterschiedes in etwas Allgemeinerem, in der verschiedenen Natur des Gebens von Eigenthum und der Errichtung einer Obligation liege — obgleich in anderer Weise, als der vom Verf. widerlegte Mayer die Sache entwickelt hat. Wird Eigenthum (gleichviel, ob von einer unkörperlichen oder körperlichen Sache) übertragen, so ist 1) die Sache, die als solches ein Ganzes bildet, schon an sich vorhanden — die Willenserklärung schafft sie nicht erst, sondern indicirt sie blos — und zugleich als S a c h e der Person gegenüber etwas durchaus Unberechtigtes, in dieser völlig Aufgehendes, so dass auch, wenn mehrere Personen dazu concurriren, jeder an sich das volle Recht daran zusteht; und 2) bestimmt sich hier die Wirksamkeit und die ganze Natur der eintretenden juristischen Veränderung nicht sowohl nach der Person und Seite des Veräussernden, als nach der des Erwerbenden; denn nicht sowohl weil ich veräussere, erwirbt der Andere, sondern weil der Andere erwirbt, hört mein Recht mit meinem Willen auf (L. 18. pr. D. de vi — daher auch die Römer viel richtiger *alienare*, als wir v e r ä u s s e r n sagen, worin das positive *alterius rem facere* noch nicht liegt). Hieraus folgt, dass, wenn mehrere zu einer Sache berufen sind, jeder zu der Sache mit vollem Rechte hinzutritt, und nicht schon durch das G e b e n an beide, sondern nur *concursu a c q u i r e n d i* (*vindicandi*) Theile entstehen können.*) Eben daher ist es auch gleichviel, ob ihnen *coniunctim* oder *disiunctim* legirt ist, und nicht blos beim Legat wird dieser Grundsatz gelten, sondern auch, wenn ich

*) So lange blos noch die — ohne Zweifel ältere — Form des Vindicationslegats: *do lego illam rem* bestand, konnte man wenigstens f o r m e l l zweifeln, ob es *ius accrescendi* gewähre, und nicht von Anfang an *partes* gebe, weil das G e b e n und V e r o r d n e n auf die E r r i c h t u n g geht. Anders bei der späteren Form: *sumito, capito, habeto rem*, die gewiss aufkam, als die Rechte anfingen der Seite der blossen *utilitas* sich zuzuneigen, also etwa gleichzeitig mit dem prätorischen Edict. Indessen um eben diese Zeit musste auch in der ersteren Formel das Materielle zur Anerkennung kommen, dass doch in beiden Fällen gleichmässig unmittelbar eine Sache erworben wird, und auch das *dare* nur *capienti* geschieht. So galt denn seitdem das *ius accrescendi* unbestritten bei diesem Legat, welches selbst man auch nun erst von der Seite des Capienten und der Geltendmachung her *per vindicationem legatum* genannt haben wird.

z. B. ein *missile* auswerfe, welches mehrere gleichzeitig ergreifen, desgleichen bei der Einsetzung mehrerer *re* oder *re et verbis coniuncti heredes*; denn auch die Erbschaft ist ein zu acquirirendes *meum esse*. — Bei der Errichtung von Obligationen tritt dagegen der zu berechtigenden Person wieder eine Person gegenüber, die ihr an sich nicht unterworfen ist, und wobei auch das, was sie zu fordern haben soll, in keinerlei Art von Umfange existirt. Hier kann also nur die obligirende Handlung (Stipulation, Damnation u. s. w.) das entstehende Recht bestimmen — weshalb auch *obligatio* zugleich die obligirende Handlung und das dadurch entstandene Rechtsverhältniss bezeichnet — und sie muss namentlich auch den Umfang fixiren, in welchem jenes Recht eintritt. Wenn daher zweien zusammen etwas gegeben werden soll, was theilbar ist, so entstehen vom Anfang Theile; sind die Personen aber *disiunctim* genannt, so ist jedem eine Obligation dieses Umfangs gegeben. Auch hier gilt dann kein Unterschied, ob die obligirende Begebenheit in einer Stipulation, *mutui vel indebiti solutio*, richterlichem Urtheil, oder Damnation u. s. w. besteht; auch das Fideicommiss an mehrere *coniuncti* muss eben so wirken. Ein *ius accrescendi* beim Damnationslegat lässt sich im Grunde auch nicht einmal durch ausdrückliche Vorschrift des Testators denken, denn diese würde vielmehr ein bedingtes neues Legat enthalten.

Gelegentlich ist noch zu bemerken, dass der Verf. S. 29. fg., irriger Weise, auch wenn eine untheilbare Sache Mehreren *per vindicationem* legirt ist, *ius accrescendi* annimmt; denn wie soll dem, der schon das Ganze hat, noch etwas zuwachsen können? Ist Mehreren ein *usus* legirt, und Einer fällt weg, so ist es blos als ein factischer Vortheil zu betrachten, dass nun der Andere den *usus* allein ausübt, nicht aber eine Vergrösserung seines Rechts. Wenn aber zwei Miteigenthümern eines Grundstücks eine Prädial-Servitut legirt ist, und Einer erwirbt nicht, so wird das Legat auch für den Andern ungültig, weil *servitus pro parte acquiri non potest*. *L.* 5. *L.* 6. §. 3. *L.* 18. *D. commun. praed.* *L.* 11. *D. de servit.* vergl. *L.* 3. *D. de serv. leg.* Diess hat der Verf. nicht bedacht, wenn er S. 30. meint, das *ius accrescendi* zeige sich hier darin, dass der erwerbende Collegatar statt der halben *litis aestimatio* die volle verlangen könne.

In §. 2. S. 36...57., welcher die „materielle Grundlage" des *jus accr.* bei Legaten behandelt, ist auch wieder der negative Theil, die Widerlegung der bisherigen Ansichten, nur zu loben.

Hinsichtlich des positiven Theils scheint aber die Scheidung der materiellen und formellen Grundlage bedenklich, um so mehr, da der Verf. doch nur darauf kommt, dass eben die Berufung d. h. doch, wieder etwas Formelles, es sei, welche das *ius accrescendi* begründe. Offenbar verräth sich hierdurch, dass ihm die innerste Sache nicht klar geworden ist und, näher betrachtet, dass seine unrichtige Ansicht von dem Momente, welches er auf das Formelle der *damnatio* legte, ihn zu dieser so ganz ungehörigen Scheidung veranlasst hat. Unsere obige Ansicht erklärt für den Standpunct des alten Rechts, von dem hier allein die Rede ist, Alles mit Einem Male, ohne dass es noch der Unterscheidung einer formellen und materiellen Grundlage bedürfte. Wie sich aber altes und Justinianisches Recht unterschieden, und dieser Unterschied auch auf die Grundlage des Anwachsungsrechts einen wesentlichen Einfluss ausübte, werden wir weiter unten sehen. Uebrigens stimmen wir dem Verf. zwar bei, wenn er meint, dass das *ius accrescendi* auch bei Legaten, wie bei Erbschaften, auf innerer Nothwendigkeit beruhe: nur muss man dieses nicht missverstehen; denn die Natur dieser innern Nothwendigkeit ist bei beiden eine verschiedene. Bei Erbschaften beruht das *ius accrescendi* auf der untheilbaren Natur der erbschaftlichen Succession (nicht eigentlich auf der Regel *nemo pro parte testatus etc.*, wie der Verf. sagt — vergl. Rhein. Museum Bd. 6. S. 281. 304.), und kann daher vom *paganus* nicht verboten werden: nur die Art, wie accresciren soll, z. B. dass die *coniuncti* vor den *disiuncti* keinen Vorzug haben sollen, kann der Erblasser, weil sie auf seinem Willen beruht, auch wieder aufheben. Bei Legaten dagegen beruht es blos auf der *coniunctio* zu derselben zu erwerbenden Sache, mithin auf dem Willen des Erblassers, der es daher auch verbieten kann: ein solches Verbot würde nämlich eine (wenigstens materiell *per doli exceptionem*) gültige *ademtio legati* zu dem Theile, der ausserdem accrescirt sein würde, enthalten.

Auf den folgenden §. 3. S. 57...91.: „Die Abhängigkeit der einzelnen Lehrsätze vom Grundprincipe," übergehend, vermissen wir in dieser wie in allen anderen Darstellungen des Anwachsungsrechts eine Unterscheidung, die nicht wenig dazu beiträgt, Klarheit in diese Materie zu bringen; wir meinen die beiden Sätze: 1) dass anwächst — was bei Legaten auf der *coniunctio* Mehrerer auf Eine zu erwerbende Sache, bei Erbschaften auf der untheilbaren Natur der erbschaftlichen Succession beruht, und 2) wie anwächst —, was bei Erbschaften und Legaten gleichmässig auf dem Willen des Erblassers beruht. Auf den ersten Satz ist zurückzuführen, dass das *ius accrescendi* nach altem Rechte nicht bei *verbis coniuncti* und allgemein nicht *ex diversis testamentis*, auch nur wenn der Collegatar wirklich ausgefallen ist, dann aber auch *ipso iure*, mit Zurückbeziehung auf den Anfang des eigenen Erwerbes und unabweislich Statt findet (bei unserm Verf. in diesem §. num. 1. 4. 5. 7. 8.). Auf den zweiten dagegen, dass den *re et verbis coniuncti* vor den blos *re coniuncti*, dass nach dem Maasse, welches der Erblasser den Legataren (oder Erben) angewiesen, und dass bald *cum onere* bald *sine onere* accrescirt (beim Verf. num. 2. 3. 6.). Im Uebrigen trägt der Verf. meist richtige Sätze vor, wenn wir auch mit seinen Entwickelungen nicht immer zufrieden sein können. Namentlich hat es nachtheilig eingewirkt, dass er die Grundsätze vom *ius accrescendi* bei Erbschaften, worüber wir oft reichhaltigere Quellen haben, da nicht zu Hülfe genommen hat, wo sie mit dem *ius accrescendi* bei Legaten auf gleicher Basis ruhen, d. h. bei dem obigen zweiten Satze. Unrichtig erklärt ist von ihm *L. 41. pr. D. de leg. 2. Maevio fundi partem dimidiam, Seio partem dimidiam lego, eundem fundum Titio lego: si Seius decesserit, pars eius utrique accrescit, quia quum separatim et partes fundi et totus legatus sit, necesse est, ut ea pars, quae cessat, pro portione legati cuique eorum, quibus fundus separatim legatus est, accrescat.* Der Verf. versteht (S. 60. fg.) diesen Fall offenbar gegen Wortlaut und Sinn der Stelle so, als hiesse es: *Seio eandem partem dimidiam lego*, indem er meint, dass, wenn man eine besondere Hälfte für den *Seius* verstehen wollte, die Stelle dem Satze, dass bloss *verbis coniuncti* nicht accrescire, widersprechen würde. Aber in der That sind hier doch keine *verbis*, sondern *re coniuncti* vorhanden. Man löse nur die Berufung einmal in diese Form auf: Mävius soll ½, Seius ½ und Titius 2/2 des Grundstücks haben, so wird sich finden, dass, indem hier 4/2 derselben Sache vergeben sind, die Berufung der drei Legatare auf einen von Anfang an gesonderten Theil eine blos scheinbare und vielmehr alle, und in gewissen Verhältnissen, übrigens aber zu Einer Sache berufen, mithin *re coniuncti* sind, indem jeder in das, was dem Andern gegeben ist, übergreift, wie dieses ja auch in dem Legat: A 2/2 und B 2/2 oder: A die Sache und B dieselbe Sache, d. h. in dem gewöhnlichen Falle der *coniunctio re*, geschieht. Demnach schlägt unsere Stelle in das Gebiet der in *L. 23. pr. C. de legat.*

behandelten Frage ein, und wir müssen entscheiden, dass, wenn alle drei erwerben, Mävius $\frac{1}{4}$, Seius $\frac{1}{4}$ und Titius $\frac{1}{2}$, wenn dagegen blos der erste und der letzte erwerben, ebenfalls nach Maassgabe ihrer Berufung Mävius $\frac{1}{4} + \frac{1}{12}$, Titius $\frac{1}{2} + \frac{2}{12}$ (jeder den letztern Theil *iure accrescendi*) erwerben werden. Aehnliches muss in allen Fällen gelten, wo den mehreren Legataren zwar Theile, aber so grosse gegeben sind, dass sie das einmalige Ganze übersteigen. Wäre legirt: A die Hälfte, B dieselbe Hälfte, C das Ganze, und B fiele weg, so müsste man eben so, als wenn es hiesse: A und B die Hälfte, C das Ganze, die beiden ersten als zu der Hälfte besonders verbunden und den C als durch diese auf $\frac{1}{2}$ beschränkt betrachten, so dass also nun A $\frac{1}{2}$ und C $\frac{1}{2}$ erhalten würde. So nach Justinians Entscheidung in *L.* 23. *C. cit.*, wogegen die älteren Juristen streng logisch gesagt haben werden: ist A $\frac{1}{2}$, B das Ganze oder $\frac{2}{2}$ gegeben, und beide acquiriren, so muss der eine noch einmal so viel als der andere, d. h. A $\frac{1}{3}$ und B $\frac{2}{3}$ erhalten — wonach denn auch in obigem Falle A und B jeder $\frac{1}{6}$, und wenn B ausfiel, A $\frac{1}{3}$ erhalten haben würde. Ganz irrig ist auch die Meinung des Verfs. S. 70., dass, wenn A und B eine Sache und *separatim* dieselbe Sache dem C legirt sei, und alle drei acquirirten, jeder $\frac{1}{3}$ bekomme; vielmehr wird A $\frac{1}{4}$, B $\frac{1}{4}$ und C $\frac{1}{2}$ erhalten, eben so wie wenn A und B zusammen und noch C besonders zu Erben eingesetzt sind. *L.* 17. §. 4. *D. de hered. instit.* — Zufolge S. 78. fg. soll nach altem Rechte allgemein *sine onere* accresciren. Vielmehr ist zu unterscheiden: 1) wenn auf ein *pro non scripto habitum* eine Last gelegt ist, so hatte sie von Anfang an keine Basis, auf der sie entstehen konnte, und fällt also weg. Hiervon machte man nur zu Gunsten der Freilassung nach *L.* 26. §. 6. *D. de fideicomm. libert.* eine Ausnahme. Die andere Ausnahme in *L.* 14. §. 2. *D. de l. Corn. de fals.*, wonach das auf ein *sibi ipsi adscriptum* gelegte Fideicommiss auch gültig bleiben soll, ist im Grunde keine, weil jenes nach dem *SC. Libonianum* nicht formal, sondern, wie bei allen in jener Zeit ausgesprochenen Nichtigkeiten, nur dem materiellen Effect nach *pro non scripto* sein soll, so dass das darauf gelegte dem SC. nicht widersprechende Fideicommiss keineswegs ohne die nöthige Grundlage errichtet ist. 2) Wenn aber das Belastete erst hinterdrein ausfällt, so kommt es auf den Willen des Testators an, ob auch das darauf gelegte *onus* wegfallen, oder mit anwachsen soll; ersteres wird daher geschehen, wenn mehr die Portion, dieses, wenn mehr die Person des Honorirten beschwert war, und das erstere ist regelmässig anzunehmen, wenn allgemein ohne besondere Nennung des Onerirten aufgelegt, dieses, wenn der Onerirte genannt ist, obgleich man auch da später, wenn nur die Auflage nicht etwas Höchstpersönliches war, sie beim Substituten und dem, welcher accrescirte, als in der Regel vom Erblasser gewollt, aufrecht erhielt (worüber *Ulpian's* Meinung in *L. un.* §. 9. *C. de caduc. toll.* zu vergleichen ist). *L.* 30. *L.* 54. §. 1. *D. de conditt. et demonstr. L.* 29. §. 2. *L.* 49. §. 4. *L* 61. §. 1. *L.* 77. §. 15. *D. de leg.* 2. *L.* 4. *C. ad SC. Trebell.* Mit Unrecht stellt also der Verf. das Accresoiren *sine onere* als Regel, das *cum onere* als Ausnahme dar; und noch verfehlter ist es, wenn er S. 50. fg. behauptet, *heredi coniuncto imposita* blieben, wenn die Erbportion accrescire, bestehen, *disiuncto imposita* fielen weg. Auch der von ihm zwischen Accresciren und Fallen an den Substituten gemachte Gegensatz ist grundlos.

In §. 4. S. 91...196. geht der Verf. auf das Recht der *Lex Papia Popaea* über (so will er nämlich geschrieben wissen, hauptsächlich weil (S. 198.) es „schwerlich ein anderes Beispiel geben möchte," wo eine Nichtliquida am Ende des Stammes verdoppelt wäre —? *Appius*, *Oppius*, *Cotta etc.*). Es wäre wünschenswerth gewesen, dass er die allgemeinen Gesichtspuncte, von denen dieses Gesetz bei seinen Verordnungen über die testamentarischen Verlassenschaften ausging, und wodurch es der Wendepunct des alten und neuen Erbrechts wurde, festgestellt hätte. Dieses geschieht jedoch nicht. Er geht vielmehr sofort daran, die drei aus diesem Gesetze herrührenden Begriffe *caduca*, *ereptitia* und *vacantia* genauer, als es sonst geschehe, zu bestimmen und von einander zu scheiden. So manche beachtenswerthe Bemerkung hier nun auch mitunter vorkommt, so besorgen wir doch, dass des Verfs. Bemühungen, weil er sich jene allgemeinen Gesichtspuncte klar zu machen versäumt hat, von keinem sonderlichen Erfolge gekrönt sind.

Einen höchst complicirten und sicher verfehlten Begriff stellt er zunächst von den *caduca* auf. Es seien anfangs gültige später aber in der Art vernichtete Vergabungen, dass sie für den Honorirten zu jeglichem, irgend wenn Statt findenden, Rechtseffecte ungültig würden, so dass es für jenen Honorirten schon deshalb gar nicht zu irgend einer Wirkung kommen könne, weil für ihn die Disposition, bevor sie noch überall auf irgend eine Weise juristisch sich äussern konnte, ganz zusammengefallen sei (S. 112.). Wie ganz anders *Ulpian* 17, 1. *Quod quis sibi testamento relictum ita, ut iure civili capere possit, aliqua ex causa non ceperit, caducum appellatur, veluti ceciderit ab eo.* Hiernach erfordert dieser Begriff 1) Testamentserbfolge und dass diese selbst nicht durch das Ausfallende aufgehoben werde (weshalb nie die ganze Erbschaft caduc werden kann); denn die *Lex* will überhaupt der Moralität aufhelfen, den Familienwillen sowohl hinsichtlich der persönlichen als der sächlichen Fortentwickelung der Familie (Ehe und Erbschaft) bessern und auf das Würdige lenken; dieser liegt aber hinsichtlich der Beerbung nur in der Testamentserbfolge. 2) Ursprüngliche Gültigkeit des Hinterlassenen; denn das *ab initio pro non scripto* ist rechtlich gar nicht gewollt und folglich nicht testamentarisch. 3) Dass es von dem Honorirten abfalle, er es nicht erwerbe; nicht umgekehrt, dass der Honorirte von dem Object abfalle, d. h. seine Persönlichkeit erlösche, womit es hinterdrein so gut wird, als wäre er gar nicht in dem letzten Willen bedacht, weil die *Lex* immer nur in der Vertheilung des Objects von dem Einen, *qui non cepit* (der doch also rechtlich vorhanden sein muss), an den andern nachhelfen will. Wenn daher der Honorirte vor dem Erwerbe stirbt, oder nur eine *media capitis deminutio*, oder zwar eine *maxima*, aber so, dass er in dem Herrn, welcher ihn (z. B. *ex SC. Claudiano*) erwirbt, eine mittelbare neue Persönlichkeit behauptet, erleidet, so wird das ihm Hinterlassene allerdings *caducum* (denn wer stirbt, bleibt Person — *Dii Manes* und in der *hereditas* —, und wer blos die *civitas* verliert, bleibt der natürlichen Persönlichkeit theilhaftig); aber wenn der Honorirte *servus poenae* wird, so wird seine Persönlichkeit nicht blos umgewandelt, sondern sie verlöscht völlig, wie ein Licht, und eben so, wenn ein bedachter fremder Sclav vom Testator später erworben wird, wodurch auch dessen mittelbare Persönlichkeit, die er in dem fremden Herrn hatte, für die Erbfolge seines jetzigen Herrn erlöscht. Mit Ausnahme dieser beiden Fälle (*L.* 3. §. 1. 2. *D. de his quae pro non scripto*), wo nicht der Erwerb, sondern dessen Fundament, die Person, wegfällt, wird nun also das Hinterlassene in jedem Falle des späteren Nichterwerbs *caducum* werden, so dass folglich hierher gehört *a*) Fehlschlagen der Bedingung bei Legaten oder Erbschaftsquoten; *b*) Tod des Erben vor dem Erwerbe, des Legatars *ante diem cedentem*; *c*) Verlust ihrer *testamentifactio* vor diesen Zeitpuncten (nur dass *media tempora non nocent*); *d*) Repudiation des Erben oder Legatars und Ausschliessung des Ersteren durch Ablauf der *cretio*; *e*) *legatum ademtum*; *f*) wenn der bedachte *Latinus Junianus* innerhalb 100 Tagen das *ius Quiritium* nicht erlangt, und *g*) der bedachte *coelebs* innerhalb derselben Frist nicht geheirathet hat; *h*) Kinderlosigkeit des Bedachten, welche die Hälfte (auch des *ex asse* eingesetzten *orbus*; denn hier wird keine Intestaterbfolge herbeigeführt) oder, wenn er hinterlassener Ehegatte ist — wo die *Lex* die eigentlich doch illusorische und einer andern tüchtigen nur im Wege stehende Ehe noch besonders bestrafen zu müssen glaubte —, einen noch grösseren Theil caduc macht.

Von allen diesen Fällen der Caducität hat nun der Verf. fast keinen richtig bestimmt. Ad *a*) soll das Legat nur caduc werden, wenn die Bedingung vor der Testamentseröffnung fehlschlüge; denn geschähe es später, so hätte das Legat durch das alsdann dem Legatar schon zustehende Recht die *cautio legat. serv.* zu verlangen, bereits eine Wirkung für ihn geäussert, und was erst nach einer solchen wegfalle, könne nach der obigen Begriffsbestimmung nicht caduc werden. Aber das ist *petitio principii!* der Verf. beruft sich zwar auch auf zwei Stellen, *L. un.* §. 1. *C. de caduc. toll.* und *L.* 31. *D. de conditt. et demonstr.*, aber mit Unrecht; denn in der ersteren sagen die Worte: *ab apertura tabularum dies cedere legatorum SCta, quae circa Legem Papiam introducta sunt, censuerunt, ut quod in medio deficiat, hoc caducum fiat*, in diesem letzten Satze offenbar: so dass auch noch das, was zwischen dem Tode des Erblassers und der Testamentseröffnung durch Tod des Legatars wegfällt, caduc wird. Die letztere Stelle setzt aber eben sowohl den Fall, dass der Legatar nach Eröffnung des Testaments vor Existenz der Bedingung stirbt, und diese damit fehlschlagen macht, als den, dass die Bedingung vorher fehlschlägt, und behandelt beide gleich. Sie beweist also, wenn sie überhaupt hier etwas beweisen soll, eher gegen, als für den Verf. — Die bedingte Erbschaft aber soll nach diesem nur dann caduc werden, wenn die Bedingung vor Antretung durch *Muciana cautio* oder durch *S. T. B. P.* fehlschlägt — auch wieder nach der obigen Begriffsbestimmung. Aber nicht nur ist an sich diese Behauptung völlig unbegründet, sondern sie widerspricht auch dem eigenen Princip des Verfs.; denn da jede bedingte Erbschaft die juristische Wirkung hat, dass der Eingesetzte nach Eröffnung des Testaments *S. T. P. B.* — eben so wie der bedingte Legatar die Caution — verlangen kann, so sieht man nicht ein, warum sie nicht eben so, wie ein bedingtes Legat caduc werden soll. — Ad *b*). ist der Verf. wenigstens auch wieder mit sich im Widerspruch, wenn er — übrigens richtig — den Tod des Erben nach der Delation, aber vor der Antretung, noch als Caducitätsfall gelten lässt; denn das, dass dieser nach der Delation ein *tempus deliberandi* erbitten kann, ist doch jedenfalls auch schon eine juristische Wirkung seines *jus futurum*. — Ad *c*) ist der Verf. S. 115. sich wenigstens der (von uns vorhin entwickelten) Gründe, weshalb die eintretende *servitus poenae* des Bedachten und die Redemtion des bedachten Sclaven zu den Fällen des *pro non scripto* gehören, durchaus nicht klar bewusst geworden. — Ad *d*) lässt er S. 100. fg. das Ausschlagen des Legats, seinem Princip zu Gefallen, nicht auch als Caducitätsfall gelten — angeblich nach *Fragm. Vatic.* §. 84. u. 77. Aber in der ersteren Stelle heisst *ubi non fit caducum:* in solchen Fällen, wo es nicht caduc wird (vgl. *L.* 9. *D. de usufr. legat.*, wo das Testament des Soldaten als ein solcher Fall vorkommt), und in der zweiten Stelle wird überhaupt *ius accrescendi* vorausgesetzt, so dass das dort vorkommende Beispiel der Repudiation nur als zufällig gewählt zu betrachten ist. Umgekehrt wird in *L.* 9. *D. de usufr. leg.* — deren Erklärung beim Verf. S. 228. viel zu künstlich ist — das Ausschlagen und das frühere Sterben des Legatars ganz gleich behandelt. — Ad *e*) sollen *legata ademta* nicht caduc werden (S. 132.), nach *L. un.* §. 3. *C. h. t.* Diese Stelle sagt aber hiervon überall nichts. — Ad *h*) hält der Verf. das, was der Kinderlose und der hinterlassene Ehegatte verliert, wiederum seinem Princip zu Gefallen, nicht für *caducum*, sondern für *vacans*, und lässt es sofort an das Aerarium fallen. Er giebt sich zwar (S. 121. fg.) viele Mühe, diesen Satz scheinbar bestätigende Stellen beizubringen und nach seinem Sinne zu erklären, und die widersprechenden zu entfernen, aber ohne Erfolg, was sich, wenn es der Raum hier gestattete, leicht zeigen lassen würde.

Als Klage des *caducum vindicans* nimmt der Verf. S. 136. fg. stets eine *civilis vindicatio* an, möge der Theil einer *hereditas* oder einer *b. p.*, ein *legatum per vindicationem* oder *per damnationem* caduc geworden sein, und nur dann eine *condictio* (aber *ex Lege* nicht *ex testamento*), wenn ein *nomen* legirt worden sei; denn der Vindicant trete nicht in die Rechte dessen ein, *a quo cecidit*, sondern das Gesetz mache ihn anstatt des Letzteren zum Nachfolger des Erblassers, und hierdurch unterscheide sich das *caducum* wesentlich von dem *ereptitium*, wo der, dem dieses zufalle, stets nur die Rechte des *indignus* erhalte. Hierin liegt ohne Zweifel etwas Wahres; doch scheint der Verf. den Gegensatz zu weit ausgedehnt zu haben. Wenn nämlich auch der *caducum vindicans* etwas, was der Ausgefallene gar nicht erworben hat, vom Gesetz erhält, so will dieses ihn doch nur an die Stelle des im Testamente Genannten setzen, nicht aber ihm mehr Rechte geben, als dieser ansprechen konnte, woraus allein sich auch erklärt, dass *caducum cum suo onere fit*. Also werden wir nur sagen, dass der *caducum vindicans* dieselben directen Klagen auf das Caducum erhält, die der Honorirte gehabt haben würde, wenn er erworben hätte: mithin bei einer ausgefallenen *b. p.* nur das *interdictum Quorum bonorum*, beim *leg. per damnationem* nur eine *condictio*; wogegen der *ereptor* die Klagen als *utiles actiones* erhält, welche dem *indignus ipso iure* als *directae* zustanden, ähnlich wie nach der Restitution *ex SC. Trebelliano*.

Andere Eigenthümlichkeiten der *ereptitia*, dass sie auch hinsichtlich ganzer Erbschaften und selbst im Falle der Intestaterbfolge eintreten, sind (S. 145. fg.) richtig bestimmt, obgleich wir die innere Begründung derselben nicht für hinreichend ansehen können. Es wird daher nicht am unrechten Orte sein, hierauf mit einigen Worten einzugehen.

Der Unterschied zwischen dem alten und dem neuen, mit der *Lex Papia* anhebenden, Erbrecht lässt sich, so weit es unser Zweck hier erheischt, in die beiden Sätze fassen, dass 1) das alte Civilrecht von dem *ipsum ius* und dessen Princip, also der Errichtung, ausging, während das neuere, welches die prätorische Rücksicht des wirklichen Genusses und Nutzens in sich hinübernimmt, sich von dem Erwerbe (*capere*) des Zugedachten bestimmen lässt; und 2) dass im alten Rechte die die Erb-Succession bestimmenden Factoren rein sich selbst und ihrer natürlichen objectiven Wirksamkeit überlassen waren, im neueren dagegen der Staat, der jetzt anfängt als die die Privatrechte durch ihren Schutz erst gewährende Macht hervorzutreten, als bewusste *iustitia distributiva* nach subjectiven Rücksichten der Würdigkeit in dieselben eingreift. Diesen beiden, vorzüglich aber dem ersten Gesichtspuncte gemäss stellt nun die *Lex Papia* eine neue Art der passiven Testamentifaction auf, die nicht, wie die alte, von dem E i n g e s e t z t w e r d e n -, sondern von dem E r w e r b e n - K ö n n e n ausgeht, und die Caducität ist im Grunde nichts Anderes, als der Satz, dass was nicht e r w o r b e n werden könne — gleichviel ob aus Gründen des alten oder des neuen

Rechts — als dem Principe dieser neueren Testamentifaction angehörig, nicht mehr nach *ius antiquum*, sondern nach den Würdigkeitsrücksichten des *ius novum* zu behandeln sei. Allein das Rechtsverhältniss des Nachlass-Successor ist mit der passiven Testamentifaction noch nicht erschöpft; diese betrifft blos den Anfang seines Rechts — mag dieser *iure antiquo* von der Einsetzung oder *iure novo* von dem Erwerbe aus aufgefasst werden —; zu diesem kommt noch dessen Folge, der wirkliche Genuss und das Haben des Hinterlassenen hinzu. Während nun auch dieses ehemals sich selbst und seiner eigenen Entwickelung überlassen gewesen war, und zwar so, dass mit dem Erwerbe und durch denselben auch der Genuss oder die Klagen nothwendig gegeben waren, griff das neue Recht hier gleichfalls und zwar hauptsächlich nach dem zweiten obigen Satze ein, indem es verfügte, dass nur Würdige das ihnen Zugeflossene behalten, Unwürdigen aber es entrissen d. h. ihnen die Klagen deshalb verweigert werden sollten. Hieraus geht nun hervor, 1) dass, was *caducum* geworden ist, nicht auch *ut indigno auferri potest*; denn wo Jemand gar nicht erwerben konnte, kann auch nicht von den Folgen des Erwerbs die Rede sein, welche allein die *ereptitia* betreffen. Dieses liegt denn auch schon in den Ausdrücken *caducum* und *ereptitium*; denn *quod cecidit ab aliquo, ei auferri non potest.* 2) Die *ereptitia* können nicht, wie die *caduca*, auf die Testamentserbfolge beschränkt sein; denn nur der Anfang, die Begründung des Successionsrechts, worauf die passive Testamentifaction und die Caducität sich beziehen, ist bei der *hereditas testamentaria* und *legitima* verschieden; das Haben und der Inhalt des Rechts, worauf die *ereptitia* gehen, ist dasselbe, mag es durch Testaments- oder Intestat-Erbfolge entstanden sein. — Im Rückblicke auf diese Entwickelung ist es nun bemerkenswerth, dass wie das neue Recht die Begründung des Rechts oder die passive Testamentifaction von dem *institui posse* zum *capere posse* fortrückte, es consequenter Weise auch das Haben des Rechts von dem Erwerbe zu dem Durchsetzenkönnen durch die Klagen weiterschob.

Die *bona vacantia* hat der Verf. S. 152. fg. weit richtiger als *Heineccius* dahin bestimmt, dass es die nicht überschuldeten Erbschaften oder Erbschaftsgegenstände seien, auf welche Niemand ein Successionsrecht oder ein die Succession ausschliessendes Recht habe; nur dass er irrig die wegen Kinderlosigkeit ausfallende Hälfte auch hierher rechnet. Wenn er ferner gegen *Blume* die Ansicht vertheidigt (S. 154. fg.), dass der Staat die *bona vacantia* nicht als privilegirter Occupant, sondern als Erbe erhalte, so kann man auch dieses in so weit gut heissen, als damit ein erbenähnliches Verhältniss bezeichnet werden soll, etwa in der Art, wie die *bona damnatorum* auf den Staat übergehen; denn der Staat, obgleich nicht Erbe, erhält doch wirklich eine Erbschaft im prätorischen Sinne (*bona*, nicht *hereditas*), die er dann auch mit *utiles actiones* einklagen kann; wogegen der Verf. meint, das Aerarium habe dieselben Klagen erhalten, die er dem *caducum vindicans* zuschreibt. Ueberhaupt würde der Verf. auch hier zur vollen Klarheit gekommen sein, wenn er sich des Princips des neueren Erbrechts, nach der Seite der Würdigkeit und des Erwerbes die Erbschaften aufzufassen, vollkommen bewusst geworden wäre. Dass nämlich die *Lex Julia* die *bona vacantia* dem Staat überhaupt deferirte, geschah darum, weil dieser jetzt als die überhaupt den Genuss der Privatrechte gewährende Macht (*velut parens omnium* sagt *Tacit. Ann.* 3, 28.), hinter allen privatrechtlichen Berufsgründen, auch noch einen Anspruch darauf zu haben schien. Hinsichtlich der Art aber, wie er sie erlangt, wurde sein Recht erstens nicht als ein Berufungs- sondern als ein blosses Erwerbrecht aufgefasst; daher bekam er das Vermögen, so wie es zum Erwerbe stand, d. h. mit den darauf geleg'en Legaten, Fideicommissen u. s. w., doch wohl zu bemerken, nur in so weit die damit Beschwerten nicht *ab initio pro non scriptis*, sondern gültig bedacht und nur hinterdrein nicht zum Erwerbe gekommen waren. Die scheinbare Sonderbarkeit, dass die *heredes ab intestato* und *intestati bonorum possessores*, welche doch dem Aerar noch vorgingen, jene testamentarischen Lasten nicht anzuerkennen hatten, und so das Aerar gleichsam wieder auf die testamentarische Hinterlassung zurücksprang, erklärt sich eben daraus, dass die Intestaterben, wenn sie antreten, sich auf ein Recht der Berufung stützen, welches alle testamentarischen Auflagen als nicht vorhanden ansieht, wogegen das Aerar nur ein Recht des Erwerbes der Erbschaft, wie sie hinterlassen ist, hat, nach welchem Gesichtspuncte die testamentarischen Auflagen, ungeachtet der inzwischen geschehenen Berufung der Intestaterben, doch noch bestehen, weil die Intestaterben nun blos als solche, die nicht erworben haben, erscheinen. Zweitens erhielt das Aerar hinsichtlich des Inhalts des Rechts nur einen solventen Nachlass (das heissen *bona, quae creditoribus superfutura sunt*, welchen Ausdruck der *L.* 11. *D. de iur. fisc.* der Verf.

S. 157. nicht richtig übersetzt), weil nur dieser wirklichen Nutzen gewährte, worauf es nach neuerem Rechte allein ankam. Die eigenthümliche Verjährung des fiscalischen Rechts an den *bona vacantia* von 4 Jahren (S. 167.) erklärt sich vielleicht daraus, dass es gleichsam einen Anhang zu dem *successorium edictum* bildete, und so dieselbe Zeit lang, wie die Anbietung einer *b. p.* dauerte, nur dass man deren *tempus utile* in ein dem Fiscus angemesseneres *tempus continuum* umsetzte. Die Nuntiation der *bona vacantia* aber konnte gleichsam als Annahme der *b. p.* angesehen werden, daher sie bis dahin eigentlich noch nicht Staatsgut geworden waren, und folglich noch durch die gewöhnliche Usucapion erworben werden konnten.

Im Folgenden (von S. 168. an) beschränkt sich der Verf., wie billig, auf das Recht der Caducität, und führt beim Eingehen auf das Einzelne dieses Rechts mehrere Sätze sehr glücklich durch, namentlich dass die *acquisitio caduci* habe ausgeschlagen werden können (gegen *Rudorff*) S. 173 ... 176.; dass bei *caducis* wegen Cölibats und Latinität, nicht aber auch aus anderen Gründen, die Vindicanten bis zum Ablauf der *cretio* oder (richtiger: und längstens) 100 Tage (*dies utiles* und Beziehung auf die *cretio vulgaris* nimmt auch *Gitzler l. c. p.* 31. an) hätten warten müssen; dass die Fähigkeit zu capiren (sowohl die eigene Portion als das *caducum*) hinsichtlich der Erfordernisse des alten Rechts zur Zeit der Testamentserrichtung und der Delation bis zur Acquisition, hinsichtlich der des neuen Rechts dagegen, wohin Verheirathetsein, Kinderhaben und *ius Quiritium* gehören, blos zur Zeit der Delation bis zur Acquisition erforderlich sei (gegen *v. Schröter*), — was, beiläufig gesagt, sich auch wieder aus dem oben entwickelten Gegensatze der alten und neuen Testamentifaction von selbst ergiebt — und dass nur wer im Testamente selbst capirte, auch das *caducum* vindiciren konnte. In der bekannten Streitfrage über den Sinn von *Caracalla's* Verordnung über die *caduca* (*Ulp.* 17, 1.) entscheidet sich der Verf. mit Recht dafür, dass die Veränderung nur darin bestanden habe, an die Stelle des *aerarium populi Rom.* den Fiscus zu setzen, wofür auch *Fragm. de iur. fisc.* §. 9. insofern bestätigend hätte angeführt werden können, als die Stelle zeigt, dass auch andere Einnahmen des Aerars damals dem Fiscus zugewiesen wurden, und Juristen dieses anzuführen der Mühe werth achteten.*) Dass aber unter dem Fiscus

*) Wenn Paulus in *L.* 13. *pr. D. de iur. fisc.* sagt: *Edicto D. Traiani, quod proposui, significatur, ut si quis, antequam causa eius ad aerarium deferatur, professus esset eam rem, quam possideret, capere sibi non licere,*

die Privat-Chatoulle des Kaisers zu verstehen sei, die man wenigstens damals nicht so nannte (die angeführten *Plin. Paneg.* 42. und *Senec. de benef.* 7, 6. reden eben von dem gewöhnlichen Fiscus), scheint uns irrig. Endlich bildet einen vorzüglichen Lichtpunct in der Untersuchung des Verfs. die sinnreiche Art, wie er die Schwierigkeit in den Worten *Ulpian's*: *sed servato iure antiquo liberis et parentibus* löst (S. 194.). Er schlägt nämlich vor, diese Worte von §. 1. wegzunehmen und als Anfangsworte zu §. 2. (*caduca cum suo onere fiunt*) zu ziehen, so dass der Sinn entsteht: Uebrigens werden die *caduca cum suo onere* erworben, nur dass Kinder und Aeltern auch hier ihr *ius antiquum* behalten, d. h. in denjenigen Fällen, wo nach altem Rechte die auf die accrescirende Portion gelegten Lasten erloschen, sie auch jetzt noch zu Gunsten der Kinder und Aeltern erlöschen. Diese Ansicht wird nicht nur durch *L.* 29. §. 2. *D. de leg.* 2. bestätigt, sondern rechtfertigt sich auch nach dem innern Zusammenhange der Stelle *Ulpian's*, worüber man die Auseinandersetzung des Verfs. selbst nachlesen muss.

Weniger können wir uns befriedigt erklären durch das, was der Verf. über die für das *ius accrescendi* wichtigste Bestimmung der *Lex Papia*, die Reihefolge der Berechtigungen auf die *caduca* sagt, namentlich warum sie überhaupt die im Testament bedachten Väter und unter diesen die *collegatarii* (und *coheredes*) *verbis coniuncti* zunächst berechtigte. Der Verf. will Letzteres so erklären: da die *Lex* auch *legatarii patres* zu *hereditates caducae* berufen habe, so habe dieses gezeigt, dass es ihr nicht auf ein materielles Princip ankomme; deshalb habe man denn auch den Ausdruck *legatarius coniunctus* in ihr nicht im materiellen Sinne nehmen dürfen, sondern habe darunter wörtlich Verbundene verstehen müssen. Dieses scheint uns die Sache wenig zu treffen, die sich vielmehr so im Zusammenhange erklären dürfte. Wie

---

ex ea partem fisco inferret, partem ipse retineret, so scheint mir diese Stelle keineswegs nach dem Verf S. 192. zu beweisen, dass *aerarium* und *fiscus* gleichbedeutend gebraucht worden seien, sondern dass Trajan mit seinem Edict den Anfang machte, die Caduca dem Fiscus zuzuwenden, nämlich in dem Falle der Selbstdelation, wo der Fiscus die eine, der Delator die andere Portion erhalten sollte, wogegen ausser diesem Falle das *aerarium* sein Recht auf die *caduca* behielt (*Gai.* 2, 286.), bis Caracalla *omnia caduca fisco vindicabat. Ulp.* 17, 1. So werden Paulus Worte genau verstanden, Ulpian's Ausdruck *omnia* erhält seine volle Bedeutung, und in die ganze Geschichte der *caduca* kommt nach dieser Seite hin Zusammenhang.

wir sahen, wollte die *Lex* überhaupt hinsichtlich der neuen passiven Testamentifaction dem letzten Willen nachhelfen, so dass dasjenige, worüber der Testator nicht ausdrücklich entschieden hätte, nicht mehr nach den blinden objectiven Bestimmungen des alten Rechts, sondern nach einer durch das Princip der persönlichen Würdigkeit bestimmten Exegese des testatorischen Willens gewissen Personen anfiele. Man schloss sich also dabei zunächst an den Willen des Testators an, daher nur in diesem Testament Bedachte das *ius caduci* haben konnten — das Recht des *aerarium* war gleichsam nur eine Anwendung des Princips der Vacanz auf die *caduca*, daher *Tacit. Ann.* 3, 28. die *caduca*, welche das Aerar erwarb, auch *vacantia* nennen konnte —; sie mussten aber auch *directo jure* bedacht, *heredes* oder *legatarii* sein; denn blos diese berechtigt der Testator wirklich, und ehrt sie daher persönlich; wogegen die Fideicommissare, die der blossen *fides* des Erben anheimgegeben werden, nur Sachen erhalten;*) endlich berief die *Lex* nur solche, die nach ihr allein auch zur Vermögens-Succession wahrhaft berechtigt schienen, indem sie für die persönliche Succession der Geschlechter im Staat gesorgt hatten — die *patres*. Aus diesen Principien ergab sich aber weiter, dass 1) die *heredes patres* im Allgemeinen zunächst und darauf erst die *legatarii patres* berechtigt werden mussten, weil der Erbschaftstitel der ehrenvollere ist, und daher der Testator die damit Ausgestatteten persönlich bevorzugt zu haben scheint; auf das Sächliche, dass vielleicht der Legatar wirklich mehr erhielt, als der Erbe, kam dabei nichts an; aber 2) vor den übrigen (Erben oder Legatarien) musste noch der *coniunctus* (*coheres* oder *collegatarius*) *pater* einen Vorzug geniessen, insofern der Testator diesen mit dem Ausgefallenen als eine Einheit von Personen betrachtet und beide zusammen in dieser Sache den Uebrigen vorgezogen wissen wollte. Ist nun hier eine reale oder eine verbale Conjunction zu verstehen? Offenbar die letztere, weil nur diese die Personen zusammenstellt und ehrt, worauf hier Alles ankommt, (eben so wie die *heredes*, als solche, nicht, weil sie mehr empfingen, den Legataren vorgezogen wurden) ausserdem aber auch der Wille des Erblassers nach dem allgemeinen Princip des *ius novum* nicht als

*) Aus dieser blos sächlichen materiellen Natur der Fideicommisse erklärt sich, warum sie zwar sehr bald auch der Caducität unterworfen (*Gai.* 2. 286.), nicht aber auch die Fideicommissare zu dem persönlichen Ehrenrechte des *caducum vindicare* gelassen wurden.

auf die Errichtung, sondern als auf den Erwerb des Legats gerichtet zu betrachten ist, wonach die Hinzufügung von Theilen nicht so verstanden werden kann, als habe er damit die Collegatare oder Miterben *ab initio* beschränken, sondern nur für den Fall ihrer Concurrenz im Erwerbe dessen Art bestimmen wollen. Hieraus geht hervor, *a*) dass hier die verschiedenen Arten der Legate gar keinen Unterschied machen können; denn der, welchen sie hinsichtlich des *ius accrescendi* machen, beruht blos auf der realen Conjunction (*Gai.* 2, 208.). *b*) Dass auch zwischen *re et verbis* und blossen *verbis coniuncti* kein Unterschied sein kann; denn die reelle Conjunction ist hier überhaupt gleichgültig. Beide Sätze haben sich indessen erst etwa seit Hadrian gegen die Nachwirkungen des Princips des *ius antiquum* vollkommen durchgearbeitet, wie aus *Gai.* l. c. und *L.* 89. *D. de leg.* 3. hervorgeht.

Der Verf. nimmt mit allen Neueren an, dass nach der *Lex Papia* immer noch der *re et verbis coniunctus* vor dem blos *verbis coniunctus* den Vorzug gehabt habe. Ich muss aber bekennen, mir gar kein Verhältniss denken zu können, in dem ein *re et verbis* mit einem blos *verbis coniunctus* concurrirte, und eben so wenig einen Grund einzusehen, warum nach der *Lex Papia* die reelle Conjunction einen Vorzug gewähren sollte. Man beruft sich zwar auf *L.* 89. *cit.* Aber wenn hier *Paulus* sagt: *Praefertur igitur omnimodo* (nicht *omnibus*) *ceteris, qui et re et verbis coniunctus est*, so heisst dieses nur: der *re et verbis coniunctus* habe jedenfalls unbestritten den Vorzug, wogegen es hinsichtlich des blos *verbis coniunctus* bestritten gewesen war, wie auch aus den davon nachher gebrauchten Ausdrücken *quaestionis est* und *magis est* hervorgeht.

Vom Verf. gar nicht berührt ist die Frage, was geschehen sei, wenn ein *re coniunctus* ausfiel? Offenbar wurde dann die Hälfte eines *legatum per vindicationem* und die ganze Forderung des *leg. per damnationem* caduc zu Gunsten der *heredes patres*; denn diese erhielten, was der Ausgefallene erworben haben würde. Eben so die Frage, nach welchen Theilen mehrere *coheredes patres* das *caducum* vindicirten? Gewiss nicht *pro partibus hereditariis*, sondern nach Kopftheilen; denn sie sind, wie daraus, dass auch *legatarii* berechtigt sein können, folgt, vornehmlich als *patres* berufen, so dass danach auch in den *heredes* nur das Persönliche, dass sie als Erben geehrt sind, nicht wie viel sie als solche erhalten, entscheiden kann; dieses Persönliche ist aber bei allen gleich gut vorhanden. Hierauf bezieht sich auch *L. un.* §. 9. *C.*

de caduc., wo Justinian im Gegensatze des *caducum vindicare* festsetzt, dass was in der Erbschaft zurückbleibe, *pro partibus hereditariis* den Erben gehören solle. Endlich, wie wurde es gehalten, wenn ein zum Caducum Berechtigter dieses ausschlug? Wenn er Gleichberechtigte neben sich hatte, dann galt ohne Zweifel *ius accrescendi* für diese; fehlte es aber an solchen, dann wurde vermuthlich nach den Grundsätzen des *successorium edictum* den nächstfolgenden bis zum Aerar hin deferirt. Das erstere ist für die Geschichte des Anwachsungsrechts um so wichtiger, als hier ohne Zweifel schon ein rein materielles Anwachsungsrecht galt, d. h. ohne Unterschied, ob das Ausgefallene ein Erbschaftstheil, ein Legat, oder später auch ein Fideicommiss und im Fall des Legats, ob ein Vindications- oder Damnationslegat war, den übrigen *patres* accrescirte; denn diess folgte aus dem Ausdrucke *caducum vindicare*, welcher dem Princip der *Lex Papia* gemäss vom Erwerbe nicht von der Berechtigung hergenommen war. Vergl. *Fragm. Vat.* §. 85.

In §. 5. S. 197...235. werden die auch nach der *Lex Papia* noch übrig gebliebenen Fälle des Anwachsungsrechts, jedoch mit Beschränkung auf die Legate, durchgenommen. Der Verf. zeigt zuvörderst, dass nicht durch die Einführung der *ereptitia* und *vacantia*, sondern bloss durch die Caducitätslehre das Anwachsungsrecht eine Alteration erlitten habe, und geht dann auf die einzelnen Fälle, in denen die Caducität nicht eintrat, ausführlich ein, wobei nur wieder der früher irrig bestimmte Caducitätsbegriff mehrfach störend einwirkt. Die Caducität fällt weg I. nach der Natur der *caduca* selbst 1. für das, *quod pro non scripto habetur* (S. 203...212.); nicht aber auch 2. für die Legate, die nach der Testamentseröffnung hinfallen (S. 212.); denn diese sind, wie oben gezeigt, *caduca.* II. Hinsichtlich der Personen nimmt der Verf. 1. den Princeps und dessen Gemahlin aus, weil sie *legibus soluti* waren, was sich wohl vertheidigen lässt, obgleich mit dieser *solutio* doch unmittelbar und zunächst nur das eigene Verhältniss hinsichtlich der Strafen des Cölibats und der Orbität gemeint war. 2. Wenn aus dem Testamente eines Soldaten geerbt wird — wofür speciell noch *L.* 31. *D. de testam. mil. Fragm. Vat.* §. 84. und *L.* 19. §. 2. *D. de castr. pecul.* anzuführen und ausserdem zu bemerken gewesen wäre, dass der Soldat so wie von der *Lex Papia* so auch von dem *ius antiquum* frei testirt, daher das *ius accrescendi* bei ihm nur wenn und wie es seinem Willen gemäss ist, eintritt. Vergl. *L.* 1. *C. de testam. mil. L.* 19. §. 2 *cit.* 3. Das *ius antiquum* der Aeltern und Kinder beschränkt der Verf. wohl mit Recht auf die Voraussetzung, dass sie zu Erben (nicht auch zu Legataren) ernannt sind; — man kann darin eine merkwürdige Hindeutung auf das Recht der *Nov.* 115. erblicken, worin auch der Erbtitel für die gerade Linie erfordert wird. Irrig aber erklärt er die Worte bei *Ulp. tit.* XVIII.: *aut totum aut ex parte, prout pertinere possit*, so, als wenn Kindern und Aeltern nur solche *caduca*, die schon nach altem Rechte hinfielen, nicht auch das, was man *lege Papia* nicht capiren konnte, wie z. B. die Erbportion des *coelebs*, hätte accresciren können; *totum* soll nämlich heissen: wenn alle *caduca* des Testaments es aus Gründen des alten Rechts sind; *ex parte:* wenn einige davon aus Gründen des alten Rechts, andere aus der *Lex Papia* herrühren. Aber offenbar geht dieser Gegensatz auf jedes Einzelne, *quod quis ex eo testamento non capit*, und ausserdem ist nicht abzusehen, warum nicht auch das, was der *coelebs* verliert, anwachsen soll, da dieses doch ebenfalls *ipso iure* ausfällt. Die richtige Erklärung hat im Ganzen schon *Heineccius* gegeben, dass nämlich, wenn, nach altem Rechte die Sache angesehen, die Kinder oder Aeltern das Ganze oder nur einen Theil bekommen haben würden, sie auch jetzt das Ganze oder nur einen Theil bekommen sollen; — denn dieses folgt aus dem einfachen Vorbehalt des *ius antiquum* ganz von selbst. Also wenn z. B. ein Kind mit A, B und C eingesetzt ist, und A ausfällt, so erhält das Kind nur ⅓ seiner Portion, weil *iure accrescendi antiquo* die beiden anderen Drittel auf B und C gefallen wären; diese ⅔ werden aber jetzt ein *caducum*, welches *iure novo* die *patres* vindiciren. Eben hieraus folgt, dass, wenn ein *orbus* seine Hälfte verliert, für diese das *ius antiquum* gar nicht eintreten kann, weil *iure antiquo* das Anwachsungsrecht durch das völlige Wegfallen des Concurrenten bedingt ist. Ohne Zweifel hatten übrigens Kinder und Aeltern neben ihrem *ius antiquum* auch das *ius novum patrum*; denn dieses konnten sie ohne Rücksicht auf ihr Aeltern- und Kinderverhältniss als *quilibet in eo testamento liberos habens* ansprechen. — 4. erwähnt der Verf. noch, jedoch unvollständig, die Personen, welche die *solidi capacitas* haben, aber nicht auch, wie er mit Recht annimmt, das *ius antiquum*, nämlich *a*) die das Gegebene ganz wieder herausgeben sollen (*adde:* welche in einer insolventen Erbschaft eingesetzt sind *L.* 72. *D. de hered. inst*); denn diese capiren eigentlich nichts, welchen Ausdruck das neue

Recht nach seinem Grundprincip stets *cum effectu* versteht; *b*) die, welche noch nicht im heirathsfähigen Alter sind (*adde:* welche dasselbe verheirathet überschritten haben, oder wirklich verheirathet oder verlobt sind oder in der Vacanzzeit sich befinden, *Ulp.* 14. 16, 3.); *c*) Mann und Frau in den Fällen der *solidi capacitas; d*) die nächsten Verwandten (und Affinen), welches doch wohl eben die in *Fragm. Vat.* §. 216...219. erwähnten sind; denn dass diese nicht mit denen bei *Ulp.* 16, 1. übereinstimmen, steht nicht, wie der Verf. meint, im Wege, da in der letzteren Stelle von etwas Anderem, dem überhaupt strengeren Rechte der gegenseitigen Capacität der Ehegatten, die Rede ist. Uebrigens beziehen sich auf das fortdauernde Recht auch als Ehe- oder Kinderloser von Verwandten zu capiren, *Juvenal's* bekannte Worte: *Legatum omne capio* — wer *pater* wurde, erhielt nun j e d e s Legat, nicht mehr blos, wie früher, das aus Testamenten seiner Verwandten. — III. Wegen der Natur des gewährten Rechts, ist das Papische Recht beim *ususfructus legatus* ausgeschlossen — eine richtige Bemerkung, die nur auch auf das Legat der Alimente und der Freiheit hätte ausgedehnt werden sollen. — Schliesslich wird die weitere Geschichte der *caduca* bis auf Justinian abgehandelt, wobei uns nur S. 234. die Annahme aufgefallen ist, dass seit Honorius und Theodosius I. Constitution, welche Allen das *ius liberorum* ertheilte, auch die Frauen das *ius caduci vindicandi* gehabt hätten; denn diese hatten es niemals, wie sie denn damals auch im Erbrecht noch überall zurückgesetzt waren.

In einem eigenen §. 6. S. 235...245. widerlegt der Verf. die sonderbare, durch Uebersetzung des §. 6. der *Const. Dedit nobis* veranlasste Meinung *Mayer's*, dass in Justinian's Pandekten das Papische Caducitätsrecht noch gegolten habe, und zeigt, dass schon damals das Caducitätsrecht durch Nichtaufnahme aller darauf gehenden Stellen der Röm. Juristen stillschweigend abgeschafft worden sei, mithin die *L. un. C. de caduc. toll.* nur diese Abschaffung ausdrücklich ausgesprochen und das Recht, welches positiv an die Stelle treten sollte, vorgeschrieben habe.

Eine der interessantesten aber auch schwierigsten Partien des ganzen Anwachsungsrechts ist nun eben die Verschmelzung des alten und neuen Rechts, welche Justinian, wie in so vielen — eigentlich allen — Theilen des Römischen Rechts, so auch hier und zwar hauptsächlich durch die eben gedachte *L. un.* veranstaltet hat. Davon handelt der Verf. §. 7. S. 245...283. zwar hier und da mit scharfsinnigen und richtigen Bemerkungen, z. B. dass er S. 253. fg. gegen *Francke* ausführt, hinsichtlich des *pro non scripto* habe Justinian das regelmässige Wegfallen des *onus* nicht blos für den Fall einer vorhandenen Substitution und des *remanere in hereditate*, sondern auch für den eines vorhandenen *legatarius coniunctus*, dem accrescire, vorgeschrieben. Dagegen vermissen wir eine klare Entwickelung des innern rechtsgeschichtlichen Ganges, der endlich unter Justinian zur Ausgleichung der bisherigen Gegensätze führte, und der Art und Weise, wie sich diese consequenter Weise vollziehen musste. Eine solche Entwickelung ist aber bei Justinian's ausgleichenden Verordnungen um so wichtiger, als letztere die Willensmeinung des Kaisers gewöhnlich nicht so deutlich hinsichtlich aller Specialien aussprechen, dass nicht mancher Zweifel übrig bliebe, der dann nur nach jenen geschichtlichen Entwickelungsgesetzen mit einiger Sicherheit beseitigt werden kann.

So geht der Verf. S. 248. überhaupt von einem unrichtigen Grundsatze aus, wenn er behauptet, schon die Bedeutung der *coniunctio* als solcher führe auf Anwachsung hin. Das thut sie nicht absolut, sondern es fragt sich, ob 1) das *initium*, die Begründung des Rechts entscheiden solle — dann bewirkt die *coniunctio* **an sich** überhaupt kein *ius accrescendi*, sondern giebt von Anfang an Theile; oder 2) der wirkliche Erwerb — die Seite des Berechtigten; alsdann muss es überall *ius accrescendi* geben. Vor der Kaiserzeit wurde nun durchaus die Errichtung des Rechts angesehen, und daher konnte damals nur die reale Conjunction im *leg. per vindicationem* Anwachsungsrecht bewirken, weil hier die Errichtung selbst auf den Erwerb und die Seite des Berechtigten hinwies. Aber als allmählig das Recht überhaupt äusserlicher und materieller wurde, kam auch bei den Legaten, ohne Rücksicht auf ihre verschiedenen Arten, der wirkliche Erwerb und Genuss mehr zur Geltung. Im Keime geschah diess schon durch die *Lex Papia* und ihre Caducitätslehre. Aber hiermit trat das alte objective Recht erst aus sich heraus, und das Princip des Genusses nur erst zu dem des *ipsum ius* und der Errichtung, wie ein neuer Sprosse zu dem alten Stamme, hinzu. Innerhalb des Gebietes des alten Rechts, wie bei dem, was wirklich erworben wurde, und hinsichtlich des Ausgefallenen beim *pro non scripto habitum*, bei Kindern und Aeltern u. s. w. blieb daher das Princip, auf die Errichtung zu sehen, der Hauptsache nach unerschüttert bestehen: es blieben also die hierauf beruhenden Unterschiede zwischen *directo* und *fideicommissario iure relicta*, so wie die zwischen den verschiedenen Arten der Legate — worin nur das *SC. Neronianum* einen Anfang machte, die Errichtung zu Gunsten des wirklichen Erwerbes des Legats zu beugen — es blieb auch das alte Anwachsungsrecht, nämlich in seiner Beschränkung auf *legata per vindicationem.**) Ausserhalb des Gebiets des alten Rechts oder innerhalb des Gebiets seiner Entäusserung, d. h. in der Caducitätslehre, galt zwar das neue Princip, auf den Erwerb und Genuss zu sehen, durchaus; daher mehrere *caducum vindicantes*, wenn einer derselben ausfiel, schlechthin Anwachsungsrecht hatten, mochte eine Erbschaftsportion oder ein Legat, ein *per vind.* oder *per damn. legatum* und bald darauf auch ein Legat oder ein Fideicommiss ausgefallen sein; doch war dieses so entäusserte alte Recht noch in sich selbst ein befangenes, indem das Ausgefallene nicht nach dem wirklichen Willen des Testators, und nicht nach rein sächlichen Momenten, sondern nach einem ihm untergelegten Willen und nach persönlichen Würdigkeitsrücksichten den *verbis coniuncti*, *heredes*, *legatarii patres* überwiesen wurde. Demnach bedurfte es noch einer eben so langen Entwickelung, wie die gewesen war, welche erst zu dieser Entäusserung geführt hatte, damit die letztere vom alten Recht wieder in sich zurückgenommen würde, und sowohl innerhalb des Gebietes des alten Rechts das Princip, auf den Erwerb und Genuss zu sehen, gegen das Princip der Errichtung zur materiellen Herrschaft gelangte, als auch innerhalb des Gebiets des neuen Rechts die Fesseln jenes substituirten Willens zu Gunsten des wirklichen und jener persönlichen Würdigkeitsrücksichten zu Gunsten der rein materiellen Momente, die an sich in testamentarischen Vergabungen liegen, wegfielen. Diese Entwickelung vollzog sich in der Zeit zwischen der *Lex Papia* und der *L. un. C. de caduc. toll.* Mit dem Vordrängen des Princips des Erwerbes und Genusses fielen die Errichtungsunterschiede zwischen den Legatsarten und zwischen *directum* und *fideicommissarium ius* endlich bis zu völliger Ausgleichung zusammen; mit der allgemeinen Versächlichung des Staats und aller Rechte wurden das *ius liberorum* und die persönlichen Würdigkeitsrücksichten immer bedeutungsloser, so dass zuletzt hinsichtlich

*) Doch auch hier mit einem Anfluge vom neuen Princip. Hatte z. B. der Testator gesagt: *T. et M. centum milia, quae mihi Sempronius debet, habeto* — was nach altem Rechte ein nichtiges Legat war, jetzt aber als Damnationslegat *ex SC. Neroniano* galt — so fand unter den Collegataren Anwachsungsrecht Statt, weil der Ausdruck *habeto* auf den Erwerb deutete. Vgl. *Fragm. Vat.* §. 85.

des Ausgefallenen durchaus nur der wirkliche Wille des Erblassers und das blosse Bedachtsein im Testament entschied. So musste denn endlich das alte und neue Recht völlig zusammenfallen, und zwar in der Art, dass jenes — das *ius accrescendi* und *remanere in hereditate* — blos die Form bildete, materiell aber durchaus das Princip des neuen Rechts, auf den Erwerb und das wirkliche Haben zu sehen, entschied; letzteres jedoch so, dass auch dessen eigene Fesseln abgestreift wurden.

Hieraus folgt nun 1) dass mit Beseitigung der Unterschiede der Legatsarten und selbst der Legate und Fideicommisse — denn hinsichtlich des rein materiellen Habens, der blossen Bereicherung, stehen sie sich sämmtlich gleich — nie mehr, wenn etwas Mehreren vermacht war, jedem das Ganze zukommen konnte, weil, auf den Erwerb und das Haben gesehen, an der blos einmal existirenden Sache durch die Concurrenz Theile entstehen müssen. 2) Dass wenn einer der zu derselben Sache Berufenen nicht erwarb, *ius accrescendi* galt; denn dieses beruht ja auf der Verbindung zu einer Sache, insofern dabei nicht auf die Errichtung des Rechts, sondern auf den Erwerb und Genuss gesehen wird. Sind aber keine zu derselben Sache Berufene vorhanden, so bleibt das Hinterlassene bei dem, von dem es hinterlassen war, weil der wirkliche Wille des Erblassers den Bedachten nur diesem vorgezogen hat, und sind mehrere Erben vorhanden, so behalten diese das von ihnen Hinterlassene nach Erbschaftsportionen, weil jetzt nicht Persönliches, sondern Sächliches entscheidet. 3) Was aber auf ein *ab initio pro non scripto* gelegt ist, muss auch jetzt durchaus ungültig bleiben, weil es ihm an der formellen Grundlage des alten Rechts zum Bestandgewinnen fehlte, und hinsichtlich der Form der Errichtung das alte Recht bestehen bleibt. 4) Unter Conjunction ist wieder die reale zu verstehen, und die verbale oder die Zusammenrückung der beehrten Personen hat ihre Bedeutung nach der *Lex Papia* eben so wohl, wie das *ius patrum*, der Vorzug der *heredes* und *legatarii* vor den Fideicommissaren und alles andere Persönliche, verloren. Jedoch folgt aus der jetzigen ausschliesslichen Rücksicht auf den wirklichen Willen des Erblassers und auf das blosse Haben, dass *verbis coniuncti* den *re et verbis coniuncti* gleichstehen müssen, weil danach anzunehmen ist, der Erblasser habe nur im Hinblick auf die Concurrenz Theile bestimmt. Die Ansicht des Verfs., der hier ganz auf das alte *ius civile* zurückgehen will (S. 264. fg.), ist daher unhistorisch, wie sie denn auch gegen *L.* 89. *D. de leg.* 3. verstösst, die im Geiste des Justinianeischen Rechts den Sinn hat: *re et verbis coniuncti* oder blos *verbis coniuncti* haben vor *re coniuncti*, wenn Collegatare beider Arten vorhanden sind, den Vorzug. 5) Nach demselben Princip, dass lediglich der Wille über das Habensollen entscheidet, besteht zwischen *re et verbis* (oder blos *verbis*) *coniuncti* und *re coniuncti* noch der Unterschied, dass die letzteren blos durch die Sache, die ersteren aber zugleich persönlich verbunden, gleichsam eine Personeneinheit sind. Hieraus folgt hinsichtlich der Art des Anwachsens dreierlei: *a*) dass erst, wenn kein *re et verbis* oder *verbis coniunctus* vorhanden ist, dem *re coniunctus* anwachsen kann; weil jene zu einer Personeneinheit verbunden sind. *b*) Dass dem *re coniunctus* auch wider Willen anwächst, weil ihm eigentlich die Sache unbeschränkt gegeben ist, und er sie nur, wie sie ihm hinterlassen ist, annehmen kann; dann aber auch *absque onere*, weil dieses — ein Verpflichtetwerden durch den Testator — eine persönliche Beziehung hat, und der Testator, wenn er es auch dem Collegatar hätte auflegen wollen, *coniunctim* legirt und onerirt haben würde. *L. un.* §. 11. *in fin. C. de caduc. c*) Dem *re et verbis* oder blos *verbis coniunctus* kann dagegen nur mit seinem Willen accresciren, weil der Erwerb hier, wo der Erblasser zwischen beiden die Sache persönlich getheilt sich dachte, nur von der Person ausgehen kann, die als solche willensfähig ist, und daher das accrescens wie ein neu anfallendes Legat zu betrachten hat; er muss dann aber auch das *onus* anerkennen, weil auch dieses den Personen als einer verbundenen Einheit auferlegt ist.*) In diesem Sinn hat man auch bisher wohl ganz allgemein die *L. un.* §. 11. *cit.* verstanden. Der Verf. kommt jedoch auch hier auf ein anderes Resultat (S. 257. fg.), indem er ganz unhistorisch das alte Accrescenzrecht zum Maassstabe desjenigen macht, welches durch das Princip der *Lex Papia* hindurchgegangen ist, und in den Worten des §. 11.: *si vero pars quaedam ex his deficiat, sancimus eam omnibus, si habere maluerint, pro virili portione cum omni suo onere*, zu *habere maluerint* nicht *eam partem*, wie alle gesunde Satz-Construction fordert, sondern ganz willkürlich *legatum* supplirt, angeblich aus den nachherigen Schlussworten

*) Wäre es dieses nicht, sondern der Testator hätte z. B. so gesagt: A. und B. sollen meinen Garten haben und der letztere dem Mevius 100. zahlen, so würde nach Justinian's Willen schwerlich die Portion des B. *cum onere* anwachsen; was er meint, ist nur dieses Legat: A. und B. sollen meinen Garten haben und dem Mevius 100. zahlen. Vgl. *L.* 30. 54. §. 1. *D. de conditt. et demonstr.*

a quibus derelictum est, welche aber intransitivisch zu verstehen sind („von welchen hinterlassen worden ist"). Auf diese Weise erhält er den Sinn: den *coniunctis* accrescire, wenn sie überhaupt selbst das Legat annähmen, übrigens aber eben so mit Nothwendigkeit, wie den *disiunctis*.

Der letzte §. 8. S. 283...309., worin der Verf. die eigenthümlichen Grundsätze, welche vom *ususfructus accrescendus* gelten, auseinandersetzt und die Gründe derselben zu entwickeln sucht, ist uns als der gelungenste Theil der ganzen Arbeit vorgekommen, so dass wir bedauern, durch den beschränkten Raum an weiterem Eingehen darauf gehindert zu werden.

Der Schreibart des Verfs. wünscht man oft mehr Klarheit. Auch eine grössere Achtsamkeit auf die Citate, die nicht selten unrichtig sind, und auf die Sprache darf ihm empfohlen werden. Irgend wo lasen wir „die conjungirten *coniuncti*." Die „*caducorum vindicantes*" kommen mehrmals vor (S. 138. 222.). S. 184. heisst es: „*ex parte* — nämlich des *toti*." Anderes, wie z. B. das „*ius antiqui*" halten wir für Druckfehler. Die Conjectur (S. 233.) in *L. 1. C. de infirm. poen. coelib.* statt des angeblich sinnlosen *numero maritorum* zu lesen *nomine maritorum* hätten wir unterdrückt gewünscht.

E. Huschke.

Geschichtliche Darstellung des Verhältnisses zwischen Kirche und Staat. Von der Gründung des Christenthums bis auf Justinian I. Von **Caspar Riffel**, Prof. der Theol. und Pfarrer der kathol. Gem. zu Giessen. Mainz, bei Kirchheim, Schott u. Thielmann, 1836. XVI. u. 679. S. gr. 8. (2 Thlr. 6 Gr.)

Zu denjenigen Materien des Kirchenrechts, welche ganz vorzüglich das Interesse der Gegenwart in Anspruch nehmen, gehört insbesondere die über *das Verhältniss der Kirche zum Staate* in den mannigfaltigen Beziehungen, welche durch diesen Nexus begründet werden. So viele Fragen der Zeit finden ihre Erledigung nur durch Zurückführung auf den eigentlichen Ort, welchen sie im ganzen System des Rechts, oder bestimmter hier des Kirchenrechts einnehmen, und eine vollständige Entwickelung der Theorie, aus deren Gesammtgebiete die Antwort für dergleichen Fragen wissenschaftlich und erschöpfend herzuleiten ist, bleibt deshalb eine höchst erwünschte Aufgabe. Die Lösung derselben für das Verhältniss von Staat und Kirche, in Verbindung mit der Betrachtung über das Verhältniss von Haus, Schule und Kirche, ist im vollen Umfange, d. h. nach der dreifachen Rücksicht auf Philosophie, Geschichte und System bisher noch nicht gemeinsam versucht worden. Es haben vielmehr die Bearbeiter dieses Gegenstandes sich stets mehr oder weniger auf dieses oder jenes Moment beschränkt.

Ohne Zweifel wird die ganze Arbeit und jedes einzelne Element gewinnen, wenn alle zu nehmenden Rücksichten zugleich festgehalten werden. Indessen können wir die uns dargebotenen Untersuchungen, auch wenn sie sich auf einen Theil des Ganzen beschränken, diesen selbst aber irgend wesentlich fördern, nur mit Dank annehmen. Freilich dürfen wir aber niemals vergessen, dass, so wie die philosophische Darstellung allein die leitenden Gesichtspuncte und Principien für die ganze Auffassung der historischen Gestaltung und für die Beurtheilung der praktisch geltenden Verhältnisse an die Hand giebt, die historische Entwickelung uns nur die Grundlage, also ein Hilfsmittel zur Begreifung der gegenwärtigen Zustände, deren Darlegung der Vorwurf der systematischen (dogmatischen) Arbeit ist, darbietet. Von dem Bearbeiter auch nur eines dieser Momente werden wir wenigstens fordern können, dass er sich den Zusammenhang aller vorgehalten und seine Aufgabe mit stetem Hinblick auf die anderen gestellt und gelöst habe.

Der Verf. der hier zu beurtheilenden Schrift, welche den Herren Klee zu Bonn und Möhler zu München dedicirt ist, und durch Hinzufügung eines besondern Titels sich als ersten Theil der noch fortzusetzenden Arbeit ankündigt, beschränkt sich auf den *historischen* Abschnitt. Er hat indessen die Zulässigkeit der beiden anderen Beziehungen nicht übersehen, deshalb auch nicht nur hin und wieder Betrachtungen über die spätere und jetzige Zeit eingestreut, sondern auch seine Ansicht über die philosophische Auffassung des vorliegenden Verhältnisses mitgetheilt.

Hier können wir aber einen zwiefachen Vorwurf nicht zurückhalten: denn während Herr Riffel einerseits die geschichtliche Entwickelung zu weit ausdehnt, indem er nicht selten ohne Noth uns zu speciell das kirchengeschichtliche schon sonst genügend bekannte

Material auch da vorführt, wo ein kurzer Bericht über die Resultate hinreichend gewesen wäre, ist andererseits wieder eine Lücke von ihm gelassen, da er die vorchristliche Zeit nicht gehörig berücksichtigt, deren weitere Betrachtung aber zu wichtigen Ergebnissen geführt haben würde. Er sucht freilich gelegentlich diesen Mangel dadurch zu rechtfertigen, dass ein eigentlicher historischer Zusammenhang zwischen den vorchristlichen Auffassungen des Verhältnisses der Religions- und Staatsgemeinschaft und der christlichen Gestaltung des Verhältnisses von Staat und Kirche nicht annehmbar sei, da alle in der Kirche entstandenen Institute bereits positiv in sie gelegt nur der äusseren Umstände warteten, bis sie hervortreten konnten, die Umstände aber nichts hervorzurufen vermochten, was nicht in der Gründung der Kirche selbst schon gegeben war (S. 8. Anm. 2.). Damit würde der Verf. jedenfalls im Princip und in der besondern Anwendung zu viel beweisen; denn unstreitig ist so mancher Grundsatz im Laufe der Zeit in die Kirche hineingetragen, welcher in ihrer Gründung nicht gegeben sein konnte, da er vielmehr dem Wesen derselben recht eigentlich widerspricht, und darum auch wieder entfernt werden konnte, oder noch entfernt werden sollte. Dem Verf. scheint es gewissermaassen eine Herabwürdigung der Kirche, dass ausser ihr liegender Stoff von ihr aufgenommen worden, er vergisst aber dabei, dass nicht aus dem recipirten Material an sich, sondern aus dem Geiste der Kirche, mit welchem sie sich dasselbe aneignete, wie sie dasselbe umgestaltete, das Verhältniss des Fremden und Vorchristlichen zum Christlichen beurtheilt werden muss.

Uebrigens ist dieser ganze Gegenstand nicht im Allgemeinen durch irgend eine vorgefasste Meinung zu erledigen, sondern nur auf dem Wege unbefangener historischer Prüfung zu erörtern; und eben auf diesem gelangen wir zu der Ueberzeugung, dass die ursprüngliche Verfassung der Kirche sich unmittelbar an die der Synagoge, aus der sie selbst hervorgegangen, angeschlossen habe. Diess zeigt sich gleich im Verhältnisse des alten und neuen Testaments, da die Erfüllung jenes in diesem liegt. Daher hat die Kirche aus triftigen Gründen auch die Bücher des alten Bundes in ihren Canon aufgenommen. Diess tritt aber ferner, was gerade in der vorliegenden Untersuchung von der höchsten Bedeutung ist, in dem Verhältnisse der jüdischen und christlichen Theokratie hervor. Darum hätte nachgewiesen werden müssen, wie die Kirche den ceremoniellen, politischen und moralischen Bestandtheil des Gesetzes im Evangelio umgestaltete, und eine reinere vollendetere

Theokratie ins Leben rief. Den Zusammenhang jüdischer und christlicher Institute gesteht der Verf. bei den Eheverboten (S. 102. Anm. 2. 3.), bei der Aufstellung eines Opferkastens (S. 115. Anm. 3.) zu. Es würde nicht schwer sein, denselben noch in vielen anderen Beziehungen zu begründen, wenn uns diess nicht zu weit führte, weshalb eine Verweisung auf *J. H. Böhmer* diss. jur eccl. antiqui. I. §. 3. II. §. 5. 10. u. a. *Jac. Gothofredus* ad c. 2. C. Th. de Judaeis (XVI. 8.), *Campegius Vitringa* de synagoga vetere lib. III. P. I. p. 609. seq. u. v. a. genügen mag. — Wenn daher der Verf. (S. 9. Anm.) äussert: Es bedurfte zur Aufstellung der Presbyter nicht des Vorbildes der Aeltesten der jüdischen Synagoge, so können wir dagegen nur erinnern, dass selbst der Unterschied von Clerus und Laien durch die spätere Bezugnahme auf das jüdische Priesterthum begründet worden u. a. m.

Was das *philosophische Element* in der Entwickelung des Verhältnisses von Staat und Kirche betrifft, erklärt sich darüber Herr Riffel in der Vorr. S. XII. also: Eine philosophische Einleitung vorauszuschicken, schien aus mehr denn einem Grunde unthunlich; ich mache statt aller auf den einen aufmerksam, dass über ein positives Institut erst dann allseitig räsonnirt werden mag, wenn sich dasselbe in seiner ganzen Ausdehnung geschichtlich vor uns entwickelt hat.

Dagegen würden wir erinnern, dass der Verf. mit Unrecht die philosophische Darstellung auf ein blosses Räsonniren über die gegebenen Institute beschränkt, da auch, unabhängig von den einzelnen historischen Datis, unter Voraussetzung des aus der heiligen Schrift, welche immer die Basis geben muss, zu entwickelnden Begriffs der Kirche, sich lehrreiche Betrachtungen anstellen und im Allgemeinen über das Verhältniss der Kirche zum Staate, insbesondere zum christlich gewordenen, bestimmte Grundsätze nachweisen liessen. Selbst das „allseitige Raisonnement" über die Geschichte konnte vorangestellt werden, da der Verf. theils die Bekanntschaft mit der Kirchengeschichte bei seinen Lesern voraussetzen, theils auf die speciellere Ausführung verweisen und die Geschichte in ihren Resultaten im Voraus benutzen durfte.

Die Darstellung beim Verf. zerfällt in zwei Perioden, da die Reception der Kirche durch Constantin den Grossen als Gränzpunct angenommen ist. In der ersten Periode betrachtet der Verf. die Kirche 1) im jüdischen und 2) im römischen Staate; in der zweiten Periode weist er in drei Büchern 1) den allgemeinen

Einfluss des Christenthums auf den Staat, 2) die Veränderungen in den äusseren Zuständen der Kirche und 3) die Theilnahme des Staats an den inneren Angelegenheiten der Kirche nach.

Gegen die Anordnung im Einzelnen liessen sich nicht wenige Bedenken erheben, die wir indessen zurückhalten, da der Verf. selbst in der Vorr. S. IX. darüber erinnert, dass zwar die Behandlung eines einzelnen Gegenstandes nicht minder schicklich an diesem, denn an einem andern Orte eingeflochten werden zu können schien, dass er sich aber für den Platz, der ihnen jetzt angewiesen, aus Gründen entschied, welche in der Sache selbst liegen, oder welche doch von dem Standpuncte aus, den er einmal eingenommen, die entscheidendsten waren.

Im Allgemeinen hat der Verf. gründlich und quellenmässig die einzelnen Materien durchforscht, und jedenfalls eine tüchtige Arbeit geliefert. Geschadet hat er derselben aber dadurch, dass er nicht selten mit Präjudicien, also ohne die erforderliche Unbefangenheit des Historikers, an dieselbe gegangen ist. Billigen lässt es sich auch nicht, dass der Verf. den Ansichten anderer zu wenig Sorgfalt gewidmet und, was von einer so umfassenden Monographie gefordert werden durfte, die Literatur über die einzelnen Institute meistens ganz unerwähnt gelassen hat.

Die Form der Schrift ist dem Stoffe im Ganzen angemessen und würdig. Nur hin und wieder sind uns Sprachwidrigkeiten aufgefallen. So S. 5.: Die Apostel *genossen* das Brod des Lebens (d. h. das heil. Abendmahl) als das *gemeinsame Band* u. s. w. S. 80.: Auf den Synoden wurden *nach alter Herkunft* die Angelegenheiten der Kirche berathen. S. 87.: Auf dem Lande wurden die Tempel ohne Geräusch *abgerissen* und öfter. Auch können wir nicht umhin, den Mangel der Accente bei den häufig vorkommenden Citaten aus griechischen Synoden und Schriftstellern zu bemerken, mehr aber noch zu rügen, dass, wo der Verf. sich mitunter dieser Zeichen bedient, er in der Regel davon einen unrichtigen Gebrauch macht.

Doch wenden wir uns jetzt zur Betrachtung des Materials selbst. Dieses bietet nicht wenig Gelegenheit dar zu Erinnerungen und Aufstellung anderer Grundsätze. Wir müssen uns aber dabei, um nicht zu ausführlich zu werden, auf die Hervorhebung einiger Hauptpuncte beschränken.

In dem ersten Capitel der ersten Periode: *die christliche Kirche im jüdischen Staate*, wird nachgewiesen, wie es zur Trennung der

Kirche von der Synagoge kommen, und die neue Anstalt sich selbstständig entwickeln musste. Was wir hierbei vermissen, ist schon oben erinnert worden. — Im zweiten Capitel: *die christliche Kirche im römischen Staate*, berichtet der Verf. über die Erweiterung der neuen Gemeinden, und die sich derselben entgegenstellenden Hemmungen. Hierbei vermissen wir eine Ausführung über die Stellung fremder Religionen im römischen Reiche überhaupt, aus welcher sich wichtige Ergebnisse über das Verhältniss des Christenthums zum heidnischen Staate hätten herleiten lassen. Nach den Leistungen von *Hirt*, *Hugenholtz*, *Neander* und anderen über die Geschichte der einzelnen Verfolgungen und die dadurch veranlasste Gesetzgebung, haben wir beim Verf. keine wesentlich neuen Resultate gefunden. Ueber das Verhältniss des Tiberius zur Kirche nach dem Berichte des Tertullian (apologetic. cap. V. XXI.) schweigt Herr *R.* Eine Würdigung desselben wäre wohl an ihrem Orte gewesen (m. vergl. *J. W. J. Bruun* Comm. de Tiberii Christum in deorum numerum referendi consilio. Bonn, 1834. 8., welcher die gegen die Erzählung des Tertullian erhobenen Zweifel zu beseitigen sucht). Eben so eine genauere Betrachtung des dem Mark Aurel beigelegten (S. 28.) den Christen günstigen Edicts (m. s. *Neander* Kirchengesch. I., 1. S. 152. folg. und *Semisch* in den theologischen Studien und Kritiken von Ullmann und Umbreit 1835. H. IV. no. IV.). Bei der Geschichte des Verhältnisses der Kirche unter dem nach der gewöhnlichen Ansicht derselben so geneigten Kaiser Severus Alexander hätte nicht unbemerkt bleiben sollen, dass damals *Ulpian* in der Schrift de officio proconsulis die Rescripte der älteren Kaiser gegen die Christen sammelte (s. Index Florentinus. Lactantii div. institut. lib. V. c. 15.)

Im ersten Buche der zweiten Periode schildert der Verf. zunächst recht gut das Verhältniss Constantins und seiner Nachfolger zur Kirche und zum Heidenthume. Er hat dabei natürlich den Theodosischen Codex und den trefflichen Commentar des Jacobus Gothofredus (nicht Godofred oder Gottofred, wie S. 183. und 252. Anm. steht) benutzt, ohne ihn aber gerade da zu nennen, wo es mitunter erforderlich gewesen, wovon nachher einige Beispiele. Auch hätte der Verf. sorgfältiger die dem Theod. Cod. entsprechenden Stellen des Justinian'schen, und die in das Corpus juris canonici übergegangenen Stellen desselben, so wie der sonst von ihm benutzten kirchlichen Scribenten nachzuweisen nicht unterlassen sollen.

Indem uns S. 81. über die verschiedenartige Vorbereitung zum

Kampfe von Seiten Constantins und Licin's berichtet, wird mit Rücksicht auf die Erzählung des Eusebius (de vita Const. M. II., 4. IV., 56. — die zweite Stelle spricht jedoch von einer viel späteren Begebenheit), dass Constantin in seinem Zelte durch Bischöfe das heilige Opfer verrichten liess, eine Deutung des Ausdrucks *Capella* von *campi cella* versucht. Dagegen ist aber zu erinnern, dass die zur Ableitung benutzten Worte viel späteren Ursprungs seien, der Verf. also seine Quelle bestimmter hätte angeben sollen, da sonst die ganze Deduction als eine reine Erfindung betrachtet werden muss.

In diesem ersten Buche weist Herr *R.* auch den Einfluss des Christenthums auf den Staat in verschiedenen Beziehungen nach. Nicht geringen Nutzen hätten ihm dabei die Schriften von *v. Rhoer* (diss. de effectu religionis Christianae in jurisprudentiam Romanam. Groning. 1776. 8. und *v. Meysenbug* (de Christianae religionis vi et effectu in jus civile. Goting. 1828. 4.) u. a. gewähren können. Im Ganzen wird aber wohl die Einwirkung der Kirche für die ersten Zeiten mit zu glänzenden Farben geschildert. So ist S. 94. die Behauptung zu allgemein, dass die Strafen, welche über Verbrecher verhängt werden mussten, durch das Christenthum jenen grausamen Charakter verloren hätten, welchen sie vor demselben hatten. M. s. z. B. S. 107. Anm. 1.: Die poena cullei wurde für Ehebrecher bestimmt, während früher nach der Lex Julia de adulteriis nur Relegation und theilweise Confiscation des Vermögens eintrat. Für den Orient hatte später Kaiser Leo bestimmt, dass den Schuldigen die Nase abgeschnitten werden sollte. Auch beim Crimen raptus S. 110. kam es nicht zu Milderungen, wie die Bestimmung, dass den Wärterinnen (nutrices, vom Verf. durch Hebammen übersetzt) und Erzieherinnen als Gehülfen siedendes Blei in den Mund gegossen werden sollte, beweist. Der Gesetzgeber beabsichtigte hiermit eine symbolische Talion, wie der Interpres zur c. 1. C. Th. de raptu virginum (IX., 24., nicht 23., wie beim Verf.) bemerkt: ut merito illa pars corporis concludatur, de qua hortamenta sceleris ministrata noscuntur. —

Die Behauptung S. 99. Anm. 2, dass Kaiser Leo durch die Bestimmung, es sollte weder die Ablegung der Ordensgelübde, noch der Empfang einer kirchlichen Weihe, wenn sie ohne Wissen und Willen des Herrn geschah, einem Sclaven seine Freiheit verschaffen, die Würde des geistlichen Standes gegen Entehrung habe bewahren wollen, beruht sicher auf einem Irrthum, da vielmehr offenbar nur das Interesse der Eigenthümer der Sclaven gewahrt werden sollte.

Indem der Verf. vom Einflusse des Christenthums auf die Ehe spricht, gedenkt er auch S. 105. u. 106. der dem Verlöbnisse beigelegten höheren Bedeutung, welche besonders durch Besiegelung mit einem Kusse verstärkt wurde. Das Citat dafür: Cod. Theod. de sponsalibus. lib. V. tit. 1. ist falsch. Die Stelle findet sich c. 5. C. Th. h. t. (V., 5.) vergl. c. 16. C. J. eod. (III., 5.). Der Verf. bringt diese Form mit der älteren φίλημα ἀγάπης wohl nicht richtig in Verbindung, da dieser Gebrauch bei den Sponsalien keineswegs ein allgemein in der Kirche üblicher war, sondern auf einer besonderen Sitte in Spanien beruhete (m. s. *Spangenberg* im Archiv für civilistische Praxis. B. XII. H. II. n. XV.). — Die Behauptung S. 107. Anm. 4., dass die Kirche wegen Ehebruchs die Scheidung nur quoad mensam et torum, *nie* aber quoad vinculum gestattet habe, dürfte nicht zweifellos sein. Uebrigens hätte hierbei besonders auf c. 1 — 10. C. XXXII. qu. VII. Rücksicht genommen werden müssen.

Im zweiten Buche spricht der Verf. Cap. I. ausführlich und gründlich über das Verhältniss des Kirchenvermögens, Cap. II. über die Immunitäten der Kirche und Geistlichen, wobei wir eine besondere Entwickelung des Begriffs der Immunität selbst vermissen. Der Verf. meint S. 159., dass die verschiedenen dem Geistlichen ertheilten Privilegia bezweckt hätten, zum freiwilligen Eintritt in den Clerus aufzumuntern. Dieser Grund ist wohl um so weniger richtig, als damals nicht, wie später, vom Clerus Opfer gefordert wurden, welche ihm anderweitig ersetzt werden mussten. Es sollte durch solche Gunstbezeugungen vielmehr überhaupt der Vorzug der Geistlichkeit anerkannt werden, was der Verf. übrigens auch nicht unbeachtet gelassen hat. Zuerst hätte hier aber von den Vorrechten die Rede sein sollen, welche bisher den heidnischen Priestern zugestanden waren, gleich Anfangs den Geistlichen in der Kirche gewährt und dann noch erweitert wurden. Die persönlichen Immunitäten waren die zuerst ertheilten, an welche sich die dinglichen anschlossen.

Im dritten und vierten Capitel ist ausführlich (S. 180—250.) von der *kirchlichen Gerichtsbarkeit* gehandelt. Der Verf. erklärt (Vorr. S. X.), dass, wenn dieser Abschnitt wegen der versuchten ungewöhnlichen Auslegung der hierher gehörenden kaiserlichen Gesetze auffallend erscheinen sollte, er dabei einzig im Interesse der Wahrheit den Sinn der oft dunkeln Gesetze in dem Geiste und in der Geschichte ihrer Zeit suchend, diese Ansicht als die ganz der Sache gemässe gewonnen habe, er aber auch keinen Anstand nehmen werde, sich der entgegenstehenden Meinung an zuschliessen, wenn sie ihre Ansprüche mit dem vollen Gewichte der Wahrheit geltend zu machen wisse.

Indem wir diese Gesinnung des Verf. ehrend anerkennen, wollen wir ohne jede vorgefasste Meinung der Untersuchung folgen und versuchen, ob wir ihm beizupflichten vermögen, oder andere Resultate anzunehmen genöthigt sind.

Der Verf. beginnt mit einleitenden Bemerkungen, in welchen er mit Bezugnahme auf Ev. Matth. c. XVIII., 15. folg. und I. Cor. c. VI., 1. folg. richtig bemerkt, dass, da die Christen es mieden, vor heidnischen Richtern zu streiten, sich in der Kirche selbst eine eigne Gerichtsbarkeit bilden musste. Die Stelle des Ev. Matth. selbst wird so erklärt, dass als Mittel zur Ausgleichung zuerst ein gütliches Uebereinkommen unter den streitenden Parteien allein bestand, dann in Gegenwart einiger Zeugen und endlich in der Anzeige an die obersten Vorsteher der Kirche, von welchen die Ungehorsamen nach vorausgegangener Ermahnung ausgestossen werden sollten, Erledigung gefunden ward (S. 180. folg. S. 232. folg.). Diese Deutung können wir aber in Beziehung auf den letzten Punct nicht für richtig halten. Wir lesen nämlich Ev. Matth. l. c. V. 17.: *Ἐὰν δὲ παρακούσῃ αὐτῶν (δύο μαρτύρων ἢ τριῶν), εἰπὲ τῇ ἐκκλησίᾳ. ἐὰν δὲ καὶ τῆς ἐκκλησίας παρακούσῃ, ἔστω σοὶ ὥσπερ ὁ ἐθνικὸς καὶ ὁ τελώνης.* — Dem Verf. ist demnach *ἡ ἐκκλησία*, die obersten Vorsteher der Kirche, eine Deutung, welche freilich schon ältere katholische Schriftsteller öfter angenommen haben (Man vergl. nur z. B. *Gonzalez Tellez* zum cap. 13. X. de judiciis (II., 1.) no. 4. Tom. II. pag. 47. und die daselbst cit. Autoren), die aber dennoch falsch ist. *Ἐκκλησία* ist nach dem Sprachgebrauche der heil. Schrift die ganze Gemeinde, welcher auch so lange eine Mitwirkung bei Angelegenheiten von allgemeinerem Interesse in der Kirche zustand (m. s. auch beim Verf. S. 552. folg.), bis durch die Erhebung des Clerus zu höherer Bedeutung dieselbe schwinden musste. Jenen Einfluss und zugleich die richtige Erklärung von *ἐκκλησία* beweisen viele Stellen der heil. Schrift. So Apostelgesch. XV., 22., wo wegen der Wahl der Abgeordneten an die Heidenchristen über die Befolgung der Noachischen Gebote zusammentreten: *οἱ ἀπόστολοι, πρεσβύτεροι σὺν ὅλῃ τῇ ἐκκλησίᾳ* (wofür V. 23. *οἱ ἀδελφοί*). Eben so bei der Wahl der Beamten Apostelgesch. c. VI., 2. folg. II. Cor. c. VIII., 19. und wegen des Ausschlusses aus der Gemeinschaft, welche der Verf. den Vorstehern der Gemeinde überweist,

I. Cor. c. V., denn die ganze Gemeinde zu Corinth, an welche der Brief des Apostels gerichtet ist (c I, 1. τῇ ἐκκλησίᾳ τοῦ θεοῦ τῇ οὔσῃ ἐν Κορίνθῳ), wird aufgefordert, den der πορνείᾳ Ergebenen von sich zu entfernen (I. Cor. V., 13): ἐξαρεῖτε τὸν πονηρὸν ἐξ ὑμῶν αὐτῶν. Der Verf. deutet also mit Unrecht die Zeugnisse von den anfänglichen Zuständen einzelner Institute aus späteren Thatsachen, und giebt so von vorn herein zu der Besorgniss Anlass, als ob er durch das Dogma seiner Kirche sich auch da habe fesseln lassen, wo unabhängig davon die reinen Resultate aus den Quellen hätten nachgewiesen werden sollen. Selbst die Beschränkung, dass der Apostel zu den μάρτυρες, also Schiedsrichtern, nur die Heiligen und Einsichtsvolleren für fähig erklärt habe (S. 232.), unterliegt einem Bedenken, da nach dem Sprachgebrauche des Apostels οἱ ἅγιοι im Allgemeinen die gläubig gewordenen, also Christen überhaupt, bezeichnet. (M. s. z. B. I. Cor. c. I., 2. I. Petri c. II., 9. u. v. a.)

Viel zu kurz ist die Geschichte der kirchlichen Gerichtsbarkeit in den ersten drei Jahrhunderten behandelt. Der Verf. wendet sich daher zu der freilich viel wichtigeren Zeit Constantin's des Gr, und bemerkt S. 183.: „dass die nachfolgende Untersuchung sich zunächst darauf beschränkt, ob die Kirche eine eigentliche Gerichtsbarkeit über den Clerus, nicht in Fällen, welche den Glauben und die kirchliche Disciplin allein betreffen, sondern in *eigentlichen bürgerlichen Vergehen und Verbrechen* ausgeübt, und in dieser Eigenschaft vom Staate sei anerkannt und unterstützt worden."

Der Verf. glaubt dafür sich zunächst auf den Bericht des Eusebius (de vita Const. M. IV., 27.) berufen zu können, worin es heisst, Constantin habe τοὺς τῶν ἐπισκόπων ὅρους τοὺς ἐν συνόδοις ἀποφανθέντας bestätigt, so dass die Provincialvorsteher nicht durften τὰ δόξαντα παραλύειν. Er bezieht diese Stelle auf die Donatisten und behauptet, dass damit die Entscheidung der Synode zu Arles bezeichnet sei, welche der Kaiser so anerkannt habe, dass er keine weitere Berufung zuliess und die Hartnäckigen bestrafte. Der Verf. befindet sich aber hier im Irrthume: denn der Kaiser nahm nicht nur nach jener Synode im J. 316. noch die Appellation an, sondern gestattete sogar im J. 321. den Donatisten freie Ueberzeugung (m. s. *Neander* Kirchengesch. II. I. S. 405. 411. *Gieseler* Kirchengesch. I., 325. u. a.). Die Stelle des Eusebius geht daher auf einen andern Fall, ist überdiess auch so allgemein, indem die Natur des Gegenstandes, über welchen der Schluss der Synode ergangen, gar nicht erwähnt ist, dass des

Verfs. ganze Ausführung als eine verfehlte zu verwerfen ist. Hiernach ist auch zu berichtigen, was S. 286. folg. über das Concil von Arles auseinandergesetzt ist. Gewöhnlicher wird übrigens die Stelle des Eusebius auf die schiedsrichterliche Gewalt der Bischöfe bezogen (m. s. beim Verf. S. 239. folg. *Bethmann-Hollweg* Gerichtsverfassung und Process des sinkenden röm. Reichs S. 133. Anmerk. 8.).

Es folgt nun die Betrachtung der Gesetze selbst, und zwar zunächst der kirchlichen. Der Verf. behauptet, dass die Synoden, deren Urtheil die Bischöfe unterlagen, über diese nicht blos wegen rein kirchlicher, sondern wegen aller Verbrechen geurtheilt hätten, und bezieht sich deshalb auf das Concil von Antiochia, welches als solche Handlungen überhaupt nennt: ἐγκλήματά τινα (can. 14. 15., auch bei Gratian c. 1. 5. C. VI. qu. IV.). Der Verf. übersetzt diese Worte: *jedes* Verbrechen, und sucht aus der Geschichte des Athanasius zu beweisen, dass darunter überhaupt eigentliche crimina, bürgerliche Verbrechen zu verstehen seien. Die Allgemeinheit des Ausdrucks — später finden wir genauer ἐγκλήματα ἐκκλησιαστικά, Conc. Constantinop. I. can. 6. — würde freilich gestatten, auch an bürgerliche Delicte zu denken, da dergleichen jedoch mehr als sittliche Vergehen in der Sache des Athanasius zur Sprache kamen; doch könnte höchstens angenommen werden, dass dieselben in Verbindung mit rein kirchlichen Verletzungen, also nur als Incidentpuncte von einer Synode entschieden wurden. Jene Stelle könnte für des Verf. Ansicht von einigem Gewichte sein, wenn er durch anderweitige Zeugnisse zu begründen vermöchte, dass Synoden selbstständig über bürgerliche Verbrechen entschieden hätten. Den Hauptbeweis vermag er damit nicht zu führen, zumal da die Absicht des Concils von Antiochia, so wie jenes von Sardica nur darauf hinzielt, geistliche Sachen nicht an das kaiserliche Gericht kommen zu lassen.

Viel wichtiger ist das Gesetz des Kaisers Constantin's in c. 12. C. Th. de episcop. et cleric. (XVI., 2.) vom J. 355. (S. 194. folg.), welches allgemeiner bestimmte, dass Bischöfe nicht vor weltlichen Richtern belangt werden sollten. Der Verf. weist ganz richtig, wie bereits vor ihm Gothofredus zur cit. Stelle gethan, den Grund des Gesetzes nach, welches als ein blos temporäres in der Absicht vom Kaiser erlassen wurde, den Arianismus (der Eusebianer) gegen die orthodoxe Lehre des Nicänischen Concils zu begünstigen, und desshalb auch später nicht weiter aufrecht erhalten wurde. Einen Zusammenhang dieses ausserordentlichen Gesetzes mit den früheren Satzungen behauptet nun freilich der Verf.; dass ein solcher aber nicht angenommen werden könne, geht aus dem vorhin Bemerkten hervor. Weil dieses Gesetz ein so auffallendes ist, werden wir uns auch streng an seinen Inhalt binden müssen, dasselbe daher auch, da es nur der Bischöfe gedenkt, auf diese zu beschränken haben. Der Verf. äussert darüber S. 199.: „Hinsichtlich der Priester und des niedern Clerus begegnet uns bis daher kein Gesetz; jedoch ist wahrscheinlicher, dass dieselben in *jeder Anklage* zuerst vor das Gericht des Bischofs gestellt, als dass sie sogleich dem bürgerlichen Forum überwiesen wurden. So lange wir eine Beschränkung dieses Forums durch *namhafte* Gesetze nicht nachweisen können, sind wir zur Annahme genöthigt, dass es dabei sein Bewenden hatte und die Fürsten selbst diess anerkannten." — Mit dieser kategorischen Erklärung kommen wir nicht um einen Schritt weiter, denn wir können mit noch mehr Grund eine entgegengesetzte Behauptung hinstellen. Der Verf. glaubt aber seine Behauptung durch einen unter Valentinian I. vorgekommenen Fall und ein dadurch veranlasstes Gesetz weiter erhärten zu können. Dieser Fall betrifft den *Bischof* Chronopius, passt also schon nicht, um die Ausdehnung des Gesetzes auf niedere Geistliche zu beweisen. Der Verf. gesteht aber auch zu, dass, da Chronopius *wegen irgend eines Vergehens*, dessen Natur nicht näher bezeichnet ist, vor einer Synode angeklagt war, — diese Thatsache nichts zur Entwicklung der geschichtlichen Darstellung des kirchlichen Forums beitrug; aber eben so wenig *gegen* dasselbe angeführt werden könne. (M. s. indessen Gothofr. zur c. 20. C. Th. quorum appell. non recip. (XI., 36) T. IV., 320.) Der Verf. meint aber, dass die Bezugnahme des Ambrosius (epist. 32, al. 13.) gegen Valentinian II. auf eine Verordnung Valentinians I. *) die Sache unzweifelhaft mache, indem es darin heisst: In causa fidei vel ecclesiastici ordinis alicujus eum judicare debere, qui nec munere impar sit nec jure dissimilis, und: Sacerdotes de sacerdotibus voluit judicare. Quin imo etiam *si alias* quoque argueretur episcopus, et morum esset examinanda causa, etiam hunc voluit ad episcopale judicium pertinere. — Der Verf. meint, Ambro-

*) Dass hierbei nicht, wie Herr R. mit Baronius annimmt, an den Fall des Chronopius zu denken sei, darüber s. m. *Gothofred* zur c. 20. cit.

sius habe einen Schluss a minori ad majus machen wollen: dein Vater hat jede Untersuchung über einen Geistlichen an das bischöfliche Gericht verwiesen, und du willst sogar in Glaubenssachen dich zum Richter aufwerfen. — Diese Deutung liegt indess nicht in den Worten, aus welchen vielmehr folgende Steigerung sich ungezwungen ergiebt: Ueber Sachen, welche den Glauben und das geistliche Amt betreffen, soll das geistliche Gericht urtheilen. Diess soll auch selbst dann eintreten, wenn eine Untersuchung das sittliche Betragen eines Bischofs zum Gegenstande hat. — Damit ist denn auch des Verf. Behauptung zurückgewiesen.

Es folgt nun die Betrachtung des Gesetzes von Gratian in c. 23. C. Th. de episcopis (XVI., 2.) v. J. 376. Herr R. erklärt, dass das Allgemeine und Unbestimmte des Gesetzes die verschiedensten Deutungen zulasse, dass es aber gar nicht auf das Forum der Geistlichen zu beziehen sei. Er bringt es mit den Priscillianisten in Zusammenhang, und behauptet, diese Verordnung sei bisher keiner ernstlichen Prüfung unterworfen worden. Diese Aeusserung ist jedoch ungegründet, denn schon Jacobus Gothofredus hat das Gesetz auf die Priscillianisten bezogen, was der Verf. wohl hätte bemerken sollen. Wenn wir auch zugestehen, dass diese Constitution wegen ihrer Kürze zu manchen Bedenken Raum giebt, so ist sie doch nicht so unbestimmt, wie der Verf. angiebt, der freilich auch bei seiner, jedoch wie wir gesehen, durchaus ungegründeten Ansicht dieselbe nicht in ihrem Zusammenhange mit den früheren Vorschriften anzuerkennen vermochte. Der Sinn der Verordnung ist unzweifelhaft: Negotia ecclesiastica — ex quibusdam dissensionibus levibusque delictis ad religionis observantiam pertinentia, gehören vor das geistliche Forum. Diess stimmt auch mit der nach des Ambrosius Bericht im Gesetze Valentinians I. enthaltenen Vorschrift. Die levia delicta sind mit der morum causa gleich, und diese sollte ja von Geistlichen beurtheilt werden. Wo aber eine wirkliche actio criminalis begründet ist, soll der weltliche Richter eingreifen.

Die weitere Ausführung beim Verf. über den can. VI. des Conc. von Constantinopel v. 381. in Verbindung mit den Afrikanischen Schlüssen (S. 211. Anm. 1.), c. 1. C. Th. de religione (XVI, 11.) v. 399. (welche der Verf. auf schiedsrichterliche Entscheidungen beschränken will, S. 213. fg. S. 243. fg.), c. 41. C. Th. de episc. (XVI, 2.) (vergl. c. 1. C. II. qu. III.) v. 412.,

c. 47. eod. v. 423. giebt zu ähnlichen Widerlegungen, als bisher versucht ist, Anlass. Wir enthalten uns jedoch derselben, da wohl schon zur Genüge erhellt, dass der Verf. von einer petitio principii ausgegangen, deren Unhaltbarkeit nachgewiesen sein dürfte. Mit dem allgemeinen Grunde, dass den Kirchen zuerst das umfassendste Recht gegeben worden, diess aber seit Valentinian 452. (S. 221. fg.) eingeschränkt worden, lässt sich hier nichts beweisen, wo durch das Festhalten des in den Gesetzen gerade umgekehrt anerkannten Princips nur eine ungezwungene Erklärung der verschiedensten Thatsachen möglich wird. Dass übrigens in den Verordnungen der Kirche und in denen des Staats möglicher Weise hier ein Conflict bestehen könne, wie unter andern auch *Walter* (Kirchenrecht, ed. VII. §. 185.) *v. Droste-Hülshoff* (Grundsätze des Kirchenrechts, II. 2. §. 217. Anm. 401. 402.) u. m. angenommen, daran hat Herr R. nicht besonders gedacht, und deshalb um so weniger eine befriedigende Darstellung dieser Materie geben können. Bei der Lehre vom kirchlichen Schiedsrichteramt (Cap. IV.) wäre wohl zweckmässig von den Grundsätzen, welche für schiedsrichterliche Entscheidungen unter den Juden im römischen Reiche galten, deren nur gelegentlich S. 242. gedacht ist, ausgegangen worden. Das letzte Capitel (V.) spricht ausführlich vom Asylrechte.

Der Verf. entwickelt nun das allgemeine Verhältniss der Kirche zum Staate, hat sich aber dabei nicht darauf eingelassen, die bekannte Stelle des Eusebius (de vita Const. M. lib. IV. c. 24.), wo sich Constantin ἐπίσκοπος τῶν ἐκτὸς τῆς ἐκκλησίας nennt, besonders zu würdigen, so wie ähnliche Aeusserungen anderer Kaiser in Betracht zu ziehen. Um so ausführlicher behandelt der Verf. die Geschichte der Lehrstreitigkeiten und der dadurch veranlassten Synoden, mit stetem Hinblick auf die Art und Weise der kaiserlichen Mitwirkung (Cap. I.). Dabei werden Untersuchungen im Einzelnen angestellt, in wiefern der Staat ein Recht gehabt, Synoden zu berufen oder deren Schlüsse zu bestätigen (S. 281. 292. 302. 328. 331. 344. 349. 371. 397. u. a.), welchen Einfluss der Bischof von Rom dabei geübt, der bereits im Anfange des vierten Jahrhunderts als das Eine sichtbare Oberhaupt der Kirche erscheint (S. 288. 293. u. a.). Auch hierbei ist des Verfs. Darstellung nicht stets mit der erforderlichen Unbefangenheit entwickelt, wie unter andern namentlich die Geschichte der Nestorianischen Streitigkeiten beweist (S. 335. fg.). Der ungünstigen Stimmung der Pulcheria gegen Nestorius, da dieser ihr einen unerlaubten Umgang vorgeworfen (Suidas s. v. *Πουλχερία*) und ähnlicher Umstände, welche zur Verurtheilung des Nestorius beitrugen, wird nicht gedacht, daher auch nicht erwähnt, dass schon seit dem 16ten Jahrh. die ganze Geschichte dieser Streitigkeiten in einem andern, für Nestorius günstigeren Lichte aufgefasst worden sei (m. s. die literär. Nachweisungen bei *Gieseler* Kirchengesch. S. 457. not. w.).

Der Bedeutung der ökumenischen Synoden und der Anerkennung der Schlüsse derselben, insbesondere auch der von Constantinopel, wird S. 330. gedacht. Der Verf. hätte hier aber nicht unbeachtet lassen sollen, dass die Canones dieses Concils erst im 6ten Jahrhundert und nur theilweise in Rom anerkannt wurden (s. Gregorii M. epist. VII, 34.).

Im Cap. II. betrachtet der Verf. die „Auffassung und Anerkennung des Mittel- und Einheitspuncts in dem römischen Bischofe." — Es kommt ihm hier weniger darauf an, noch besonders die Nothwendigkeit des Primats zu beweisen, er beschränkt sich vielmehr nur auf die Zurückweisung einiger nach der Ansicht von *Planck* (nicht *Plank*, wie der Verf. stets schreibt) u. a. den Primat begünstigenden Umstände, und erörtet dann, ob und wie die Kaiser die Stellung des Papstes zur ganzen Kirche aufgefasst und anerkannt haben. Die Art und Weise, wie der Verf. die hier in Betracht kommenden Thatsachen und Gesetze, welche mit einer gewissen Vollständigkeit benu'zt sind, gedeutet habe, lässt sich schon daraus entnehmen, wie überhaupt die Bedeutung des Primats oder vielmehr Supremats in der katholischen Kirche vom Verf. aufgefasst worden ist. Eben deshalb haben wir es nicht für nöthig erachtet, auf eine Prüfung des Einzelnen einzugehen. Die Differenz des leitenden Princips wird hier stets zu einer abweichenden Erklärung des Besondern führen. Jedenfalls behauptet darum auch Herr R. zu viel, wenn er die Ueberzeugung hegt, „hinlänglich und gegen jeden Widerspruch erhaben das Bewusstsein der ältesten Kirche um den lebendigen Mittelpunct ihres Glaubens und um die Gründe, worauf dessen Macht gebaut ist, sowie die unzweideutige Anerkennung desselben von den Trägern der höchsten Staatsgewalt entwickelt zu haben" (S. 540. und 541.). Zum Schlusse dieses Abschnitts werden dann noch die c. 6. folg. C. J. de summa trinitate (I. 1.) v. J. 533. und 534., womit noch Nov. IX. v. 535. und CXXXI. c. 2. v. 545. zu verbinden waren, ihrem Inhalte nach mit Nebenbetrachtungen mitgetheilt, in der

Absicht, um „freilich nur wie neben bei, aber darum desto zuverlässiger, eine authentische Interpretation des viel bestrittenen Canons achtundzwanzig von Chalcedon zu erlangen, wenigstens um zu erkennen, dass darin nicht das enthalten sei, was man so gern darin finden wollte.“ Ob diess aber auch gelungen? Zu erwägen war, dass Justinian damals sehr daran gelegen sein musste, die Einheit der Kirche zu erhalten und Rom, welches vom oströmischen Reiche getrennt war, für sich zu gewinnen. So erklärt sich, dass der Kaiser in c. 7. pr. C. cit. (I. 1.) den Bischof von Rom caput omnium sanctissimorum dei sacerdotum nennen, und in c. 8. C. cit. zum Bischof von Rom sagen konnte: Omnes sacerdotes orientalis tractus et subjicere et unire sedi vestrae sanctitatis properavimus, und wiederum in der c. 24. pr. C. de sacros. eccles. (I, 2.) äussert: Constantinopolitana ecclesia omnium aliarum est caput, — dass aber eigentlich der Bischof von Rom nur mit gewissen Modificationen den übrigen Patriarchen damals praktisch gleich stand, beweist auch das geltende Instanzenverhältniss, nach welchem jeder Patriarch die höchste inappellable Instanz bildete. s. c. 29. C. de episc. aud. (I, 4.) v. J. 530. Nov. CXXXVII. c. 5. v. J. 564.

Im Cap. III. ist die Rede vom Verhältnisse der Kaiser zu den Bischöfen, im IV. von den Kirchen- und Staatsgesetzen über die Cleriker und Mönche, im V. von den kaiserlichen Gesetzen gegen die Häretiker, überall nach gründlicher Einsicht der Quellen.

Wir scheiden mit Dank für den vielfachen Genuss, den uns die Lectüre der Schrift gewährt hat, vom Herrn Verf., sehen der Fortsetzung des Werkes mit Vergnügen entgegen und wünschen, dass er dabei sich in der möglichsten Unbefangenheit erhalten möge, welche zumal bei der Benutzung der fränkischen Capitularien um so dringender nöthig wird, als sich darin zum Theil verfälschte Materialien finden, welche Grundsätze aufstellen, die im achten und neunten Jahrhundert wenigstens noch nicht praktisch geworden waren.

H. F. Jacobson.

Beiträge zur Diagnose der deutschen Processnoth, von Heinrich Künssberg. Erlangen, Palm und Enke, 1837. 96. S. 8. (9 Gr.)

Mit warmem Eifer und gewandter Feder schildert der Verf. die Gebrechen des deutschen Civilprocesses. Das Bild, welches er von demselben entwirft, ist allerdings sehr in's Schwarze gezeichnet, und wer es ohne Misstrauen betrachtet, muss glauben, dass Recht und Gerechtigkeit aus dem deutschen Vaterlande entwichen seien, und jenseits des Rheines eine Zuflucht gesucht haben; denn der Verf. vergleicht geradezu S. 31. die Berufung auf den Ausspruch eines deutschen Gerichtes mit einem Glücksspiele, und man muss sich nach seiner Schilderung nur wundern, dass irgend Jemand noch dieses gefährliche Spiel wagt, und dass nicht das richterliche Amt bereits zu derselben Verächtlichkeit herabgesunken ist, wie das Gewerbe des Bankhalters.

Glücklicherweise ist es aber nicht so schlimm, wie der Verf. es macht. Zwar verwahrt sich derselbe ausdrücklich in der Vorrede und sonst gegen den Vorwurf der Uebertreibung, allein hin und wieder möchte ihn doch wohl sein gewiss redlicher Eifer und der rhetorische Fluss seiner Rede etwas zu weit geführt haben. Wenigstens hat der Ref. die Originale zu einigen der schwärzesten Züge des Gemäldes, z. B. zu „dem richterlichen Waidwerke, der Jagd auf den Deservitenbezug der Advocaten" (S. 55.), „der entschiedenen Hinneigung zu starren äusseren Rechtsformen, welche fähig macht, dergleichen Formen das wahre (materielle) Recht mit derselben Kaltblütigkeit aufzuopfern, womit eine geübte, wenn auch sentimentale, Köchin ein Huhn abschlachtet, ja, oft mit derselben Lust, womit ein wackerer Jägersmann einen Sechzehnender erlegt" (S. 62.), in seiner Nähe nicht auffinden können, und in auffallendem Widerspruche steht es mit dieser Beschuldigung, wenn anderwärts der Verf. den deutschen Gerichten das Abweichen von den strengen Vorschriften der Carolina zum Vorwurfe macht, was doch gewiss nicht in einer Vorliebe für die todte Form seinen Grund hat.

Wahr ist es, dass auch durch den deutschen Process nur formelles Recht zur Erscheinung und Anerkennung gelangt. Allein diese Eigenschaft theilt er mit allen Processformen in der Welt. Denn so gewiss es die höchste Aufgabe jeder Processordnung ist, das formelle Recht dem materiellen möglichst nahe zu bringen, so gewiss muss das Recht der Vertheidigung seine Gränze haben; und so gewiss bleibt die materielle Richtigkeit des Richterspruchs einerseits von der gleichmässigen Beobachtung der gesetzlich vorgeschriebenen Formen, und andererseits von der Vollkommenheit der Darstellung des factischen Materials und von der Vollkommenheit der richterlichen Prüfung und Beurtheilung abhängig, lauter Klippen, an denen das materielle Recht nach jedem andern Processrechte eben so gut scheitern kann, als nach dem deutschen. Oder verurtheilt etwa das französische Recht Niemanden in contumaciam? bindet es nicht Processhandlungen und Erklärungen an peremtorische Fristen? gewährt es vollständigen Schutz gegen die Unfähigkeit des (Friedens-) Richters, und sichert es das materielle Recht dessen, der im Drange der Zeit, die ihm zur Darstellung seiner Sache vergönnt war, oder in der leidenschaftlichen Aufregung durch den Widerspruch des Gegners, die Hauptmomente für die Darlegung seines Rechtes unbenutzt liess?

Und was ist es denn nun eigentlich, wodurch der deutsche Process so sehr hinter allen anderen Processformen zurückstehen soll? Die Schriftlichkeit ist die Erbsünde, in welcher der Verf. die Quelle alles Unheiles erblickt. Sie mache jede Aeusserung einer Partei zu einer eigenen, an bestimmte Fristen gebundenen Processhandlung, und vervielfältige dadurch die Zahl der rechtszerstörenden (peremtorischen) Termine und Fristen; sie bedinge die Rechtskraft der Zwischenbescheide, entziehe dem Richter die unmittelbare Einsicht der Beweismittel (der Zeugen) und stelle daher an die Stelle der allein möglichen thatsächlichen Wahrheit, der subjectiven, eine sogenannte juristische und objective, bloss auf Rechtsvermuthungen und Fictionen gegründete. Sie erweitere endlich die Dauer der Processe, und vermehre das Personal der Gerichte in's Unendliche. Allein sind denn alle diese Gebrechen auch wirklich in der Schriftlichkeit gegründet? enthält nicht das Princip der Mündlichkeit das härteste aller Präjudize (das härteste, weil man ihm nicht durch die blosse Beobachtung einer gesetzlichen Form willkürlich ausweichen kann) in sich selbst, indem es den Erfolg der Vertheidigung von der Zungenfertigkeit der Partei oder ihrer Advocaten, und von der zufälligen geistigen oder gemüthlichen Stimmung derselben in einer gewissen nicht wiederkehrenden Stunde abhängig macht, während die Schriftlichkeit eher darin zu weit geht, dass sie den Parteien zu jeder, auch der unbedeutendsten Erklärung überflüssige Zeit und Musse gewährt. Was aber die Rechtskraft der Zwischenerkenntnisse betrifft, so hat keine Gesetzgebung sie strenger festgehalten, als die römische in dem alten, durchaus mündlichen Verfahren der legis actiones. Dass übrigens das schriftliche Verfahren einer Verminderung der peremtorischen Fristen und Zwischenbescheide keineswegs widerstrebe, dafür berufen wir uns auf das sächsische Gesetz, das Verfahren in Administrativjustizsachen betreffend, vom 30. Januar 1835. (s. auch *Bieneri*. syst. proc. ed. Siebdrat et Krug, tom. II. p. 281. f.) wodurch ein seiner Grundlage nach schriftliches Verfahren eingeführt ist, welches in dieser Hinsicht und überhaupt in dem Streben nach materieller Wahrheit weiter geht, als unseres Wissens irgend ein mündliches Processverfahren.

Dass der entscheidende Richter in Deutschland in der Regel (denn bei den deutschen Einzelgerichten, so weit sie selbst entscheiden können, ist diess anders) die Parteien und die Zeugen nicht selbst sieht und befragen kann, mag bisweilen dem *materiellen* Rechte nachtheilig werden, allein auf der andern Seite *entgeht* er dadurch der Gefahr, durch das affectirte Benehmen eines gewandten Zeugen oder einer Partei bestochen zu werden. Auch befindet sich nach dem französischen Rechte der Richter der zweiten Instanz, ja selbst der ersten, wenn der Zeuge entfernt wohnt, hinsichtlich der Zeugen in gleichem Falle. Wenn ferner ein schriftlicher Process im Durchschnitt länger dauert, so muss dagegen ein mündlicher oft auf die Beendigung anderer warten, ehe er begonnen werden kann, und dass auch der mündliche Process verschleift werden könne, wird der Verf. nicht bestreiten. Wem fällt dabei nicht der berühmte Rechtshandel Peebles contra Plainstanes ein, der durch seine 20jährige Dauer den armen Kläger an den Bettelstab brachte! Und was endlich die Anzahl des Personals betrifft, so möchte wohl ein grosser Unterschied zwischen einem deutschen Staate mit der Verhandlungsmaxime und einer gehörig sparsamen Justizverfassung auf der einen und Frankreich oder England auf der andern Seite nicht Statt finden, wenn man auf beiden Seiten nicht blos die öffentlich angestellten Richter, sondern auch die Advocaten, Notare und Schreiber und die Masse der sonstigen ungeprüften und unverantwortlichen, in Privatdiensten stehenden, Helfershelfer der Justiz, die doch auch von dem Gelde der Recht suchenden leben müssen, in Anschlag bringt.

Uebrigens ist Ref. keineswegs gemeint, zu bestreiten, dass in unserem deutschen Processe zu viel geschrieben werde, und der Gang unserer Processgesetzgebungen (wie der Verf. im 3. Capitel seiner Schrift nachweist) zur Mündlichkeit sich hinneige. Deshalb müssen wir aber nicht das Kind mit dem Bade verschütten, und Dinte und Feder, wie der Verf. zu wünschen scheint, ganz aus den Gerichtsstuben verbannen. Dass unsere Vorfahren sich deren nicht bedienten, wollen wir doch nicht im Ernste als Grund für eine solche Maassregel anführen? Nach derselben Maxime würden wir uns auch von der Druckerpresse, den Feuergewehren, den Dampfwagen und Eisenbahnen lossagen müssen. Wir haben vielmehr Gott zu danken, dass auch die Mittel der Schriftenverfassung vereinfacht und für den allgemeinen und täglichen Gebrauch bequem geworden sind. Durch Aufgabe des Schriftgebrauchs würden wir unserem Processverfahren einen entschiedenen Vorzug nehmen, den der Verf. unter den im 9. Capitel aufgezählten Gründen zur Vertheidigung der bisherigen Procedur nicht mit angeführt hat, nämlich den der Urkundlichkeit. Das Wort der Parteien und der Zeugen vor dem Friedensrichter verhallt, sobald es gesprochen ist; und wenn der Richter etwas davon überhört, oder nicht berücksichtigt hat, wer kann es ihm hinterher nachweisen? Selbst die Oeffentlichkeit — gerade beim Civilprocess oft illusorisch — gewährt in dieser Beziehung keine so vollkommene Garantie, als die Urkundlichkeit, durch welche böser Wille und grobe Nachlässigkeit des Richters fast zur Unmöglichkeit werden. Dagegen ist nicht zu läugnen, dass in unserem Processe die Parteien zu wenig mit einander und mit Richtern und Zeugen in persönliche Berührung kommen. Es sollte strenger, als bisher, darauf gehalten werden, dass die Parteien, oder wenigstens deren Sachwalter, in Güte- und Rechtsterminen wirklich erscheinen, und dass die Termine wirklich gehalten, nicht blos das Angeben der Parteien bemerkt werde. Man sollte ferner die Parteien oder deren Sachwalter beim Zeugenverhör zulassen, um der etwanigen Gedächtnissschwäche oder dem Uebelwollen der Zeugen durch ihre Gegenwart, und selbst durch nachträgliche Fragen zu Hülfe kommen oder begegnen zu können; man sollte es endlich den Parteien wenigstens möglich machen, ihren Streit mündlich durchzuführen, und dessen sofortige Entscheidung vom Richter zu verlangen. Ein solches mündliches Verfahren bestand, wenigstens für geringfügige Sachen, beim Stadtgerichte zu Leipzig, dem Ref. einen grossen Theil seiner praktischen Ausbildung verdankt, und gewiss auch in manchen anderen Gerichten Sachsens seit vielen Jahren. Man liess den Beklagten mit kurzer Angabe des Klagobjects durch einen Gerichtsdiener mündlich bestellen. Erschien derselbe auf zweimalige

Bestellung nicht, so decretirte das Gericht, wofern nicht der Anspruch des Klägers sich sofort als unstatthaft erwies, die Realcitation. Erschien der Beklagte, mit oder ohne Sachwalter, so wurde die Klage gegen ihn mündlich angebracht, das Gericht hörte seine Erklärungen und Einwendungen, bemühte sich, die Parteien zu vergleichen, und gab, wenn kein Vergleich zu Stande kam, und die Sache hinlänglich aufgeklärt war, sofort einen mündlichen Bescheid. Verhandlung und Bescheid wurde kurz in ein für diese Sachen besonders gehaltenes fortlaufendes Protokoll eingetragen. Die Gebühren eines solchen Processes waren 2. Gr. für jede Citation und 4—6. Gr. von jeder Partei für den Termin. Zu Abhaltung solcher Termine war täglich eine bestimmte Stunde festgesetzt, und es verging kein Tag, an welchem nicht 3, 4—6. Processe auf diese Weise anhängig gemacht, und grösstentheils auch zu Ende gebracht wurden. Allein der Beklagte brauchte sich die sofortige Entscheidung nicht gefallen zu lassen, sondern konnte auf schriftliche Klage und Vertheidigung provociren. Hierdurch wurde einerseits den Bedenken begegnet, welche der Verf. S. 95. gegen das hier und da neuerdings eingeführte Verfahren in mündlichem Verhör erhebt, und andrerseits den Anforderungen der Gründlichkeit Genüge gethan. Denn nicht jede Sache ist von der Art, dass sie sich im Augenblicke gehörig übersehen lässt. Grösse oder Kleinheit des Objects kann hierüber nicht allein den Ausschlag geben; und grade die Möglichkeit, eine gründlichere Darstellung und Prüfung der Sache durch schriftliche Auseinandersetzung herbeizuführen, würde dieses Verfahren auch für grössere Sachen qualificiren.

Wir brauchen also die Vorzüge des schriftlichen Verfahrens nicht aufzugeben, um die Mängel unseres Processes zu beseitigen und ihm selbst die wahren Vortheile der Mündlichkeit zu verschaffen. Ueberhaupt sind Mündlichkeit und Schriftlichkeit Gegensätze, welche sich ja im Leben so gar nicht wiederfinden. Es giebt in der europäischen Welt kein mündliches Verfahren, wobei nicht geschrieben, und kein schriftliches, wobei nicht gesprochen würde. Es kommt also nur auf das Mehr und Weniger an, und darauf, dass gesprochen werde, wo das Sprechen am Orte ist, und geschrieben, wo das Schreiben hingehört. Um diess nun zu erfahren, brauchen wir wahrlich nicht bei unsern überrheinischen Nachbarn in die Lehre zu gehen, die von jeher den Eigensinn und Egoismus mit dem Rechte verwechselt haben. Wenn

Völker, welche mit deren Institutionen beglückt worden sind, dieselben nicht gern wieder aufgeben, und Beamte, welche sich eine Zeit lang in französischen Formen bewegt haben, den Geschmack für das deutsche Wesen verlieren (wie der Verf. versichert), so ist das noch kein Beweis für die Vortrefflichkeit jener Institutionen und Formen. Denn die Mündlichkeit erscheint dort im Vereine mit Einrichtungen, welche dem Volke schmeicheln, indem sie Recht und Gerechtigkeit, statt von wissenschaftlicher Erkenntniss, von der öffentlichen Meinung — einer Art Gottesurtheil — abhängig machen; und dass Actenlesen minder unterhaltend sei, als den Zank der Parteien, oder das Plaidoyer der Advocaten anzuhören, unterliegt keinem Zweifel.

So müssen wir denn also gestehen, dass wir durch des Verfs. Schrift nicht überzeugt worden sind. Den Verf. wird diess freilich wenig anfechten, da Ref. zu derjenigen Classe von Menschen gehört, deren Herrschsucht, Bequemlichkeit und Dünkel der Verf. eben alle Noth des deutschen Processwesens zur Last legt, und die nach seiner Meinung in dem traditionellen Glauben an die Vortrefflichkeit alles Bestehenden so befangen sind, dass sie seine Lehre gar nicht begreifen können. Indess können wir ihm wenigstens so viel versichern, dass wir an dem processualischen Fictionssysteme, an abstracten Beweisregeln, an der Rechtskraft der Zwischenbescheide, an Advocatenstrafen u. dgl. kein besonderes Gefallen finden, sondern diese Dinge — deren unbegränzte Werthschätzung nach S. 93. f. bei den deutschen Richtern jeder besseren Ueberzeugung den Eingang verschliessen soll — nur als nothwendige Uebel betrachten. Wir nehmen daher auch keinen Anstand, zu bekennen, dass uns des Verfs. Darstellung in vielen Puncten sehr angesprochen und durchgängig nicht ohne Interesse gelassen hat, was gewiss auch bei vielen anderen Lesern der Fall sein wird.

Krug.

Anleitung zur Behandlung geringfügiger Rechtssachen nach Kön. S. Rechte, nebst einem Anhange auswärtiger, diesen Gegenstand betreffender Gesetze von **Dr. Christian Gottlieb Haubold.** Zweite, vermehrte Ausgabe, besorgt von **Philipp Heinr. Friedr. Hänsel**, Stdtgr. zu Leipzig. Leipzig, Hinrichs, 1837. XIV. u. 186. S. 8. (1 Thlr.)

Fast dreissig Jahre sind verflossen, seitdem der verewigte *Haubold* seinen classischen Commentar des Mandats v. 28. Novbr. 1753. „die Abstellung processual. Weitläufigkeiten in geringfügigen Rechtssachen" dem juristischen Publicum übergab, welcher bis in die neueste Zeit Richtern und Sachwaltern als trefflicher Rathgeber und Führer gedient, und bei allen Gerichtshöfen eine wohlverdiente Autorität erlangt hat. Es ist daher mehr zu verwundern, dass die Exemplare der ersten Ausgabe nicht längst vergriffen sind, als dass jetzt das Bedürfniss einer zweiten fühlbar geworden ist. —

Der, durch frühere literarische Arbeiten rühmlichst bekannte, besonders um die Ausbildung des vaterländischen Civilrechts verdiente Herausgeber hat den Originaltext vollständig und unverändert beibehalten, und nur bei den Stellen, worin auf Landestheile Bezug genommen wird, welche nach der Theilung Sachsens unter fremde Hoheit gekommen, das Antiquirte durch den Gebrauch des *vergangenen* Zeitfalls statt des *gegenwärtigen* angedeutet. — Dagegen sind nicht nur die Anmerkungen des Verfs. unter Benutzung seiner hinterlassenen handschriftlichen Notizen, durch neue mit * bezeichnete Bemerkungen und durch nachträgliche Literatur, so wie durch Allegation neuerer gesetzlicher Verordnungen bereichert, sondern auch einige Ergänzungsparagraphen dem Texte hinzugefügt. Endlich ist den Beilagen ein Auszug aus der Kön. Preuss. Verordnung über den Mandats-, summarischen und Bagatell-Process v. 1. Jun. 1833. angehängt. — Dem in der Vorrede gegebenen Versprechen zu Folge soll, als zweite Abtheilung obigen Werks eine Darstellung der (gesetzlich noch nicht sanctionirten) Bestimmungen über causae minutissimae, ingleichen des Verfahrens in geringfügigen Handelsgerichtssachen, und der in den herzogl. sächs. Ländern in causis minutis gültigen Procedur nachfolgen. Je weniger sich bei dem bekannten Fleisse des Herausgebers an der baldigsten Erfüllung dieser Zusage zweifeln lässt, um so mehr muss es befremden, dass schon in dieser ersten

Abtheilung auf das, *vor* der Genehmigung der Kammern aller gesetzlichen Kraft ermangelnde *Decret* v. J. 1836. (das künftig zu beobachtende Verfahren in causis minutissimis betr.) mehrfach, z. B. §. 45. not. a. b. c. §. 47. not. c. §. 50. not. e. §. 51. not. d. e. §. 53. not. b. a. E. §. 61. not. c. §. 95. not. d. u.s.f. Bezug genommen worden ist.

In Erwägung, dass nicht das Originalwerk, sondern dessen neue Ausgabe zur Beurtheilung vorliegt, beschränkt sich Ref. auf einige wenige Bedenken, die ihm bei aufmerksamer Lesung der Zusätze beigegangen sind.

Wenn ad §. 12. in der Anm. a. der Herausgeber zur Ablehnung des, allerdings grundlosen Tadels in der Halleschen Liter. Zeit. Jahrg. 1809. Nr. 136., dass der Verf. den Begriff: *geringfügige Rechtssachen* festzustellen unterlassen, bemerkt, dass der Begriff „causa minuta nur in Beziehung auf den Kostenaufwand juristische Bedeutung habe, so ist nicht abzusehen, wie eben hierin ein charakteristisches Merkmal dieser summarischen Processart liegen soll, da ja eine sogenannte causa ardua, wenn sie im ersten Erkenntnisse unbedingt oder bedingt definitiv entschieden wird, oft mit geringeren Kosten verbunden ist, als eine durch Bescheinigung und Gegenbescheinigung geführte causa minuta. Allerdings lag es im Zwecke des Gesetzgebers den Aufwand der Processkosten im Verhältniss zu dem geringen *Werthe* des Streitgegenstandes zu vermindern; allein der *Begriff* „geringfügige Rechtssache" ist, wie der Verf. ganz richtig bemerkt, lediglich nach dem vom Gesetzgeber angenommenen Norm*alwerthe* des Streitgegenstandes zu bestimmen; mit anderen Worten: geringfügige Rechtssachen sind solche, deren (schätzbares) Object einen im Gesetz angenommenen Normalwerth nicht übersteigt. —

Die Zusatzparagraphe 18^b enthält einen wichtigen Beitrag zu der Lehre von Bestimmung (Schätzung) der Geringfügigkeit, — und zwar in dem vom Gesetzgeber nicht berührten Falle, wenn der Gegenstand des Rechtsstreites ein *Factum* ist. Der Herausgeber unterscheidet 1) Facta *gemischter* Art, welche mit einer für sich bestehenden Forderung in Verbindung stehen, oder auf eine Sache sich beziehen; 2) *reine* Facta, d. h. solche, welche weder auf eine besonders bestehende Forderung, noch auf eine körperliche Sache sich beziehen, dergleichen vornehmlich bei Klagen vorkommen, welche Erfüllung oder Aufhebung des Dienstvertrags zum Gegenstande haben. —

„Betrachtet man nun (heisst es S. 28.) I.) Facta *gemischter* Art, so wird wohl auf jeden Fall zugegeben werden müssen, dass das *Interesse* an einem solchen Factum nicht grösser sein kann, als die Forderung oder die Sache selbst. Daraus folgt etc." — Soll der Sinn der letzteren Worte *der* sein: „als die Sache selbst, an sich betrachtet, werth ist," so kann Ref. obige Behauptung nicht zugeben. Das Interesse an Wiedererlangung einer Brieftasche mit wichtigen Privatnotizen, Rechnungen, Correspondenzen u. dgl. kann ungleich wichtiger sein als der Werth der unbedeutenden Brieftasche, die mir Jemand herauszugeben verweigert; dasselbe dürfte der Fall sein bei Rückgabe einer Vollmacht, eines Creditivs, eines Hauptschlüssels u. s. w.

Wenn es ferner heisst: „Daraus folgt, dass, wenn die Forderung oder Sache einen geringfügigen Gegenstand bildet, der Streit über ein Factum, der nicht die ganze Forderung, die ganze Sache zum Gegenstande hat, nicht als causa major anzusehen ist," so dürfte hier wenigstens eine Undeutlichkeit des Ausdrucks zu rügen sein, indem es scheint, als ob ein Rechtsstreit als causa minuta *nicht* mehr angesehen werden könne, wenn das streitige Factum sich auf die *ganze* Forderung oder die *ganze* Sache bezieht. —

Lässt sich endlich, wie der Herausgeber S. 28. zugiebt, im Allgemeinen *nicht* annehmen, dass das Interesse an einem Factum der in Frage stehenden Art mit dem Betrage der Forderung oder dem Werthe der Sache immerfort gleichen Schritt halte; lässt sich sonach ohne Weiteres nicht behaupten, dass, wenn der Betrag der Forderung oder der Werth der Sache causa major ist, nun auch der Rechtsstreit über ein darauf Bezug habendes Factum für causa major zu achten sei, so dürfte das ganze Princip, insofern dem gemäss bei factis, welche auf eine körperliche Sache als etwas accessorisches sich beziehen, der *Werth der Sache* dafür, ob causa major oder minuta vorliege, entscheiden soll, als sehr problematisch sich darstellen. —

Den im §. 26. vom Verf. angeführten Fällen, in welchen *durch den Kläger* eine, dem Klaggegenstande nach anfänglich *wichtige* Sache im Lauf des Processes zur geringfügigen werden kann, dürfte noch *der* beizufügen sein, wenn in causa dividua von mehreren Litisconsorten, z. B. Miterben, einer renuncirt, und dadurch der Werth des Forderungsrestes geringfügig wird. —

Mit der im §. 40. vom Verf. aufgestellten, vom Herausgeber not. m., wie es scheint, gebilligten Ansicht, dass jede in Possessorio summario angestellte Klage ipso jure eine Cumulation das Petitorii mit dem possessorio enthalte, immer also das possessorium vom petitorio absorbirt werde, hat sich Ref. nie befreunden können. Denn einmal ist schlechterdings kein Grund vorhanden, um anzunehmen, dass der Gesetzgeber durch §. 2. des Mandats vom 28. Nov. 1753., des Inhalts:

„dass in causis minutis indistincte ohne alle processualische Weiterung verfahren, und diessfalls inter Possessorium et Petitorium kein Unterschied gemacht werden solle,"

der Vorschrift der XIIIten Dec. el., zufolge welcher das possessorium und petitorium — den daselbst ausgezeichneten Fall ausgenommen — *nicht mit einander vermengt werden dürfen*, oder der Bestimmung der Erl. Pr. O. Anh. §. 19., verb.:

„und sofort auf die beigebrachte *Possess* erkannt,"

so wie §. 20. ib.:

„gleichwie aber in diesem Process *nicht* darauf, wer das beste *Recht* etc., sondern *allein* auf das factum possessionis gesehen wird etc."

habe derogiren wollen; sodann würde auch eine Inconvenienz darin liegen, wenn man denjenigen, der im Possessorio summario den Besitz vollständig erwiesen hat, ohne Weiteres blos darum abweisen wollte, weil er — ein *Befugniss* nicht dargethan hat; es würde, mit andern Worten, eine *Besitz*klage in causis minutis gar nicht mehr Statt finden.

Nicht minder würde eine Inconvenienz daraus hervorgehen, dass nach klarer Vorschrift der Erl. Pr. O. Anh. §. 19. im summarischen Besitzprocess die *Eidesdelation* gänzlich wegfallen, nach §. 5. des Mand. v. 1753. hingegen in causa minuta den Parteien, in Ermangelung andern Beweises, der Eidesdelation sich zu gebrauchen unbenommen bleiben, und (nach §. 3.) derjenige, der sich des Eidesantrags bei der Klage nicht bedient, noch sonst etwas zum Beweise für sich hat, mit seiner Klage sofort abgewiesen werden soll. —

In der zu §. 43. unter lit. g. beigefügten Anmerkung soll man sich der Formel „dass des Klägers Suchen *angebrachtermaassen* nicht Statt habe" nur dann bedienen können, wenn die Klage *unschlüssig* ist, in *allen übrigen* Fällen aber Kläger *schlechterdings* abgewiesen werden. — Richtiger ist es ganz gewiss auch in anderen Fällen, wo der Fehler des Klageanbringens verbessert werden kann, z. B. wenn ein incompetenter Richter angesprochen, wenn tempore plus petirt ist, oder wenn das Libell dunkel, zu allgemein ist, oder eines tüchtigen historischen Grundes ermangelt, nur *angebrachtermaassen* abzuweisen, wie diess in causis ordinariis zu geschehen pflegt. Das Wesen der causae minutae kann, nach Erscheinen der Verordn. v. 9. Febr. 1833, eine abweichende Formel nicht rechtfertigen.

Der §. 53. betrifft die Erörterung des, im Gesetz unerwähnt gelassenen Falles, wenn die *Exception* die Gränzen der Geringfügigkeit übersteigt. — Hier weicht der Herausgeber in der Anm. b. von der Ansicht des Verfs. ab, und stellt die beiden Grundsätze auf: I.) dass im processu causarum minutarum auch über eine exc. majoris momenti verhandelt werden könne, und nur dann, mit einstweiliger Beiseitesetzung der causa minuta, die excipiendo geltend gemachte causa major im *ordinarischen* Processe zu verhandeln sei, wenn Kläger der summarischen Behandlung wegen ihm entzogener Gewissensvertretung, oder, im Fall des *Zeugen*beweises, wegen des Verlustes der Fragstücke widerspricht; II.) dass die Entscheidung über eine exc. major. momenti, sobald diese einmal Gegenstand der Verhandlung in einer geringfügigen Rechtsdifferenz geworden, von absoluter Gültigkeit sei. —

Hinsichtlich des I. Grundsatzes äussert der Herausgeber, dass der *Kläger* — von den angegebenen beiden Fällen abgesehen, ebensowenig als der *Beklagte*, der vielmehr durch eine summarische Behandlung seiner Exception nur gewinnen könne, ein Interesse habe, der Erörterung derselben in der Weise des summarischen Verfahrens zu widersprechen, mithin ein Einlenken auf die Bahn des ordentlichen Processes offenbar zwecklos sein würde.

Die letztere Behauptung kann Ref. wenigstens in dieser Allgemeinheit nicht zugeben. So wie nämlich der Beklagte ebenfalls benachtheiligt ist, wenn *Kläger Gegen*bescheinigungszeugen summarisch abhören lässt, ohne dass er sich der Fragstücke gegen selbige bedienen kann, so hat er unmaassgeblich denselben Widerspruchsgrund wie der Kläger, wenn Letzterer der in facto eingeräumten exc. majoris momenti eine, den Gegenstand derselben erschöpfende *Replik* entgegensetzt. — Die Rechte beider Theile im Processe müssen aber gleich sein. —

Uebrigens dürfte in Gemässheit der Ansicht des Herausgebers, welcher Hommel obs. 202. ebenfalls zugethan ist, §. 28. zu ergänzen gewesen sein. —

In Beziehung auf den II. Grundsatz widerspricht der Herausgeber der Bienerschen Behauptung „demonstratio in causa minuta non prodest in causa ordinaria.“ Sollte dieser Tadel nicht mit der

Bemerkung desselben ad §. 51. not. f., wo diessfalls auf Bieners Autorität berufen wird, im Widerspruch stehen?

Nach §. 77. soll bei der Verurtheilung des Beklagten in Possessorio summariissimo der von Hommel im deutschen Flavius unter der Rubrik „Possessorium" für wichtigere Fälle als Formular vorgeschriebene Styl geführt werden. — Aus dieser Formel müsste jedoch gewiss der sonst übliche *Vorbehalt* des Poss. ordin. und Petitorii weggelassen werden, wenn, nach des Verfs. früher (§. 53.) aufgestellter Ansicht über *Besitz* und *Recht* in geringfügigen Rechtssachen gleichzeitig definitiv entschieden, und Kläger, wenn er nicht soviel für sich hat, als zur Beibringung des *Rechts* erforderlich, abgewiesen werden soll. —

Wir schliessen unsere Anzeige mit dem Wunsche, dass diese zweite Ausgabe eine eben so günstige Aufnahme bei unsern Praktikern finden möge, als vormals das Originalwerk.

8.

Leitfaden zur Kenntniss der Justizverwaltung in dem Grossherzogthum Hessen diesseits des Rheins und der Partikular-Process-Gesetzgebung. Darmstadt, Jonghaus, 1837. IV. und 84. S. 8. (6 Gr.)

Dieses Schriftchen ist, wie die Vorrede beurkundet, vorzugsweise für angehende Geschäftsmänner berechnet und bestimmt, denselben als Leitfaden durch das Labyrinth der Gesetzgebung zu dienen, welche das hessische Processrecht und die Gerichtsverfassung dieses Staates construirt. Indessen ist sie auch dem reiferen Geschäftsmanne nützlich, der nicht das Glück hat, ein sehr vortreffliches Gedächtniss zu besitzen; und weil mit dem zunehmenden Alter bekanntlich das Gedächtniss an Kraft verliert, so kommt das Schriftchen gerade dem ergrauten Geschäftsmann zu Hülfe. Die Extreme berühren sich.

Das grössere Publicum besitzt noch keine Schrift, welche die Gerichtsverfassung des Grossherzogthums Hessen in seinen beiden älteren Provinzen darstellt; dem ersten Bande des Werks von *Hufnagel* und *Scheurlen*: die Gerichtsverfassung der deutschen

Bundesstaaten, Tübingen, 1829., welches die Gerichtsverfassung von *Oesterreich*, *Würtemberg* und *Baden* darstellt, ist bis jetzt kein weiterer Band gefolgt. Das neue Werk von *Kratzsch*: Tabellarische Uebersicht des Justiz-Organismus der sämmtlichen deutschen Bundesstaaten, Leipzig, 1836., handelt das Grossherzogthum Hessen auf 5. Seiten (56—60.) nur sehr übersichtlich ab. Da nun aber gerade die Gesetzgebung über die Gerichtsverfassung, abgesehen von dem theoretischen Interesse, in praktischer Hinsicht zunächst die Aufmerksamkeit des Auslandes in Anspruch nimmt, so dürfte das Schriftchen, welches zugleich diesen Zweig der Legislation darstellt, schon darum in grösseren Kreisen seine Freunde finden. Der unbekannte Verf. ist, wie aus allen Zeichen hervorgeht, ein praktischer Rechtsgelehrter, der mit den hessischen Rechtszuständen vertraut ist, und ein sicherer Führer durch deren Irrgänge.

Bopp.

Gesammelte rechtswissenschaftliche Abhandlungen von **Dr. Johann Adam Seuffert**, Appellationsrathe zu Ansbach. Erlangen, Palm u. Enke, 1837. IV. u. 179. S. 8. (15 Gr.)

Acht theils längere, theils kürzere Abhandlungen, welche der Verf. in früheren Jahren theils als akademische Programme, theils in minder verbreiteten Zeitschriften zum Druck befördert hatte, sind durch diese Sammlung in unveränderter Form dem grösseren Publicum zugänglich gemacht worden. Die erste derselben (S. 1—48. aus einem Programme, Würzburg 1822. entnommen) behandelt unter der Ueberschrift „Beitrag zur Lehre vom Weiderecht“ die Frage, ob, wenn eine bestehende Weideservitut die ganze Feldmark einer Dorfgemeinde, als Ganzes, erfasst, die Ausübung der Mithut, das ius compascendi, von Seite der Gemeinde durch Begründung einer Gemeindeschäferei geschehen könne. Die bejahende Antwort des Verfs. stützt sich auf die Behauptung, dass der Gemeinde an der Feldmark eine Art Eigenthum zustehe, wie dem Volke am Staatsgebiete. In diesem Gemeindeeigenthume liege das Recht, *a*) die Integrität des Markungsverbandes zu erhalten, *b*) solche Verfügungen und Maassregeln über alle Bestandtheile der Markung zu treffen, welche die Erreichung der Zwecke des Gemeindeverbandes erfordern, *c*) die als Ganzes von aussen angegriffene Dorfmark in Gemässheit der Gemeindezwecke zu vertheidigen und zu vertreten. Aus den Rechten unter *b*. u. *c*. ergebe sich nun das Befugniss der Mithut, sowohl im Verhältnisse zum Gutsherrn, als den einzelnen Gemeindegliedern gegenüber; denn einer der Hauptzwecke des Gemeindeverbandes sei Betreibung

kung durch vereinte Mitwirkung; zur Beförderung der Landwirthschaft sei aber der Betrieb der Schäferei, besonders wegen der Benutzung des Schafdüngers, eines der bedeutendsten Hülfsmittel, dessen Benutzung dem Einzelnen factisch unmöglich falle. Nebenher geht auch die Argumentation, dass dem Herrn gegenüber, wenn sich dessen Weiderecht über die ganze Markung erstrecke, nach obigen Principien die *Gemeinde* als serviens erscheine, und dass daher auch ihr, wie jedem serviens das ius compascendi zustehen müsse. Völlig befriedigend scheinen nun Ref. diese Argumentationen keineswegs; denn der ersten derselben könnte der Gutsherr durch Einräumung eines möglichst ausgedehnten Pferchrechtes begegnen, und die zweite geht von der Voraussetzung aus, dass das gutsherrliche Weiderecht überall aus dem Gesichtspuncte der römischen servitus zu betrachten sei. Diess würde nun, wenn man dem historischen Ursprunge desselben nachgehen wollte, sich wohl häufig als unrichtig darstellen, und die einheimischen Rechtsquellen, Hofrecht, Gewohnheit und Herkommen, würden oft zu entgegengesetzten Resultaten führen. Indess muss Ref. zugeben, dass sich dem historischen Ursprunge wohl selten völlig nachkommen lässt, und dass die Praxis geneigt ist, die römischen Rechtsbegriffe im Zweifel auf das fragliche Verhältniss zu übertragen, wo es nicht durch besondere Gesetze geordnet ist.

Abh. II. „vom Zahlungstermin, in Bezug auf den Executivprocess" (S. 50—78. aus einem Programme, Würzburg 1820.), bejaht die Frage, ob aus einem documento quarentigiato, welches keinen Zahlungstermin enthalte, executive geklagt werden könne, aus dem richtigen Grunde, quia in omnibus obligationibus, in quibus dies non ponitur, praesenti die debetur. Es ist jedoch die Beschränkung hinzuzufügen, dass ein solches Document vorausgesetzt werde, durch welches das fragliche Rechtsgeschäft allererst begründet wurde. Denn wenn ein schriftliches Anerkenntniss einer bereits bestehenden Zahlungsverbindlichkeit keinen Zahlungstermin enthält, so kann man daraus noch nicht schliessen, dass keiner verabredet worden sei. Hinzugefügt sind Bemerkungen über Urkunden mit unbestimmten Zahlungsterminen, wobei es der Verf. als einen allgemein verbreiteten Irrthum der Praxis ansieht, dass, wenn der Schuldner „nach Umständen," „nach guter Gelegenheit" Zahlung versprochen habe, die Executivklage ohne Bescheinigung der guten Gelegenheit zugelassen, und die „Umstände" erst in der Executionsinstanz nach richterlichem Ermessen berücksichtigt würden. Auch der Fall, wenn die Zahlungszeit *in das Belieben* des Schuldners gestellt ist, hätte hierbei mit in Betracht gezogen werden können.

Abh. III. „Von der Verjährbarkeit der Einreden" (S. 79—90. Aus einem Programme, Würzburg, 1824.). Einreden, welche auch klagend geltend gemacht werden können, verjähren in derselben Zeit, wie die ihnen entsprechende Klage. Das aus Fragm. 5. §. 6. de doli exc. zu entnehmende Gegenargument wird durch die Nachweisung zu beseitigen gesucht, dass diese Pandektenstelle nur von der exceptio doli generalis spreche, während die actio doli einen dolus specialis voraussetzt. Grade bei dieser Abhandlung ist es zu bedauern, dass des Verfs. Plan die Berücksichtigung der neueren sehr reichhaltigen Literatur (in den einschlagenden Werken und Abhandlungen von *Unterholzner*, *v. Löhr*, *Heimbach*, *Vermehren*, *Guyet*, *Francke*, *Rosshirt*) ausschloss.

Die vierte Abhandlung „über Fr. 8. §. 3. si servitus vindicetur und Fr. 15. de operis novi nunciatione" (S. 93—108. aus demselben Programme) ist mehr negativen Inhalts, indem sie die Argumentation, mit welcher *v. Löhr* im Magazin etc. Bd. III. S. 511. die klägerische Beweislast in der actio negatoria gegen obige Gesetzstellen in Schutz genommen hat, durch erhebliche Einwendungen bestreitet. Dabei bleibt aber noch immer die Frage, ob jene Beweislast, als Regel, nicht auf andere Weise mit diesen Gesetzstellen zu vereinigen sei. Jedenfalls lassen sich dieselben als Ausnahmegesetze betrachten. Die Ausnahme rechtfertigt sich theils aus der Präsumtion, welche für die rechtliche Begründung einer servitus tigni immittendi und altius tollendi daraus entspringt, dass die immissio tigni und das Höherbauen ohne Widerspruch bereits erfolgt ist, theils aus dem publice interest, ne urbs ruinis deformetur.

In der 5ten Abhandlung „über die durch Fr. 3. §. 12. de suis heredibus begründete Rechtsvermuthung" der Legitimität eines partus septimestris (S. 111—124. aus der allgem. jurist. Zeitung, Jahrg. II. Nr. 29.) nimmt der Verf. die unbedingte Gültigkeit dieser Rechtsvermuthung gegen die Einwendungen *Thibaut's* und der Heidelberger und Marburger Spruchcollegien mit gewichtigen Gründen in Schutz. — Die 6te Abhandlung, mit der Ueberschrift: „Sind bei Tödtungen und Verwundungen, welche im Duelle vorfallen, die Secundanten als Gehülfen zu betrachten?" (S. 125—149. aus dem bair. Volksblatte) theilt zuvörderst den Gang der französischen Gesetzgebung und Praxis in dieser Beziehung mit, worauf sich auch eine in der Vorrede enthaltene Notiz über den neuesten Gerichtsgebrauch des Pariser Cassationshofes bezieht, und verneint sodann die aufgeworfene Frage nach dem bairischen und jedem andern Gesetzbuche, durch welches die Secundanten nicht ausdrücklich für Gehülfen erklärt sind, indem sie vorzüglich den Satz ausführt, dass die Thätigkeit der Secundanten, wenn sie ihrer Pflicht nachkommen, nicht auf Beförderung eines Verbrechens, sondern vielmehr auf dessen Verhinderung, und, wo diese nicht möglich ist, auf Abwendung eines Ueberganges desselben in ein schwereres Verbrechen (des hinterlistigen Mordes) gerichtet ist.

Die 7te Abhandlung „über die Glaubwürdigkeit von Zeugen, die einzelne Fragepuncte schwankend, unbestimmt, oder gar irrig beantworten" (S. 153—156. aus dem unter II. erwähnten Programm) enthält, ohne weitere Ausführung, den richtigen Satz, dass unrichtige Angaben über Nebenpuncte die Glaubwürdigkeit eines Zeugen in der Hauptsache nicht geradehin ausschliessen, sondern das richterliche Ermessen hierbei nach den individuellen Verhältnissen entscheiden müsse. Den Beschluss macht unter Nr. VIII. eine Promotionsrede aus dem Jahre 1824. über die Frage, ob es wünschenswerth sei, dass die Vorlesungen über römisches Recht in lateinischer Sprache gehalten werden, was natürlich verneint wird.

Aus dieser Uebersicht des Inhaltes wird man sich überzeugen, dass auch diese Abhandlungen des gelehrten Verfs., dessen einfache und klare Darstellungsweise bekannt ist, viel Interessantes enthalten, und er sich daher durch deren erneute Veröffentlichung den Dank des juristischen Publicums verdient hat.

Krug.

II. Berichte über akademische Dissertationen und Programme.

Dissertatio de bonis durante concursus judicio a debitore communi acquisitis ad illius massam simpliciter referendis, quam summos in u. j. honores rite ut obtineat scripsit Fr. Jos. Conr. Müller, Brunsvicensis. Gottingae, ex off. Seemann. MDCCCXXXVII. 27. S. 8.

Der Verf. beschäftigt sich mit der Streitfrage, welche er p. 1. so ausdrückt: *utrum bona durante concursus judicio a communi debitore acquisita creditoribus hujus concursus-participibus recte concedantur, an a massa concursus jure separentur, ita, ut ex illis omnibus creditoribus satisfieri debeat, vel iis, qui aut suo tempore jura sua persequi neglexerunt, aut aperto demum concursu creditores exstiterunt debitoris communes.* Die Abhandlung zerfällt in zwei Capitel, von welchen das erste die verschiedenen Meinungen aufzählt und prüft, das zweite die des Verfs. vorträgt und vertheidigt. Diese geht, wie auch schon der Titel anzeigt, dahin, dass der Erwerb, welchen der Schuldner während des Concurses macht, zur Masse gehöre und daher lediglich zur Befriedigung der Concursgläubiger zu verwenden sei. Ref. ist mit dem Verf. darin vollkommen einverstanden, dass er diese gewöhnliche Meinung für die richtigere gehalten hat; diess ist aber auch so ziemlich das Einzige, was an dieser Arbeit als lobenswerth erscheint. Denn die Prüfung der entgegengesetzten Ansichten und die Entwickelung und Vertheidigung der eigenen des Verfs. hält sich sehr auf der Oberfläche, und überschreitet in keinerlei Weise die Gränzen des Gewöhnlichen. Es ist daher kaum zu erklären, wie der Verf. seiner eigenen Arbeit gegenüber als Grund, weshalb die von ihm behandelte Frage zu den bestrittenen gehöre, p. 2. angeben konnte: *quod adhuc nemo illam (sc. quaestionem) satis accurate ac subtiliter disceptaverit, sed omnes eam non nisi quasi praetereundo et nimis leviter attingant.* Wenn diess bisher wahr gewesen ist, so wird es wohl auch nach dieser Schrift nicht anders sein. Die Latinität des Verfs. ist, wie zum Theil schon aus dem Titel und den mitgetheilten Sätzen hervorgeht, die gewöhnliche Dissertationen-Latinität, welche bekanntlich keine antike ist. Deutlichkeit der Darstellung lässt sich aber dem Verf. nicht absprechen.

Dissertatio de confessione qualificata in civilibus judiciis omnino rejicienda, quam summos in u. j. honores rite ut obtineat conscripsit Ludovic. de Zschock, Cussolinensis. Gottingae, ex off. Seemann. MDCCCXXXVII. IV. u. 41. S. 8.

Diese Abhandlung befriedigt etwas mehr, als gewöhnliche Inaugural-Dissertationen. Man ersieht aus ihr, dass der Verf. über seinen Gegenstand mit Ernst nachgedacht und der unerlässlichen Forderung einer gründlichen Vorbereitung durch Studium der Quellen und der Literatur zu genügen sich bestrebt hat. Auch ist er in seinen Ansichten selbstständig. Unter solchen Umständen werden auch die einzelnen Fehler, welche er sich in der Auffassung und Behandlung der Sache und in der Darstellung (diese ist zwar klar, lässt aber rücksichtlich des lateinischen Ausdrucks Manches zu wünschen übrig) hat zu Schulden kommen lassen, von der Kritik um so leichter entschuldigt. Die Ordnung der Materien ist die, dass im ersten Capitel: *Quomodo exorta et a jureconsultis dijudicata sit confessio qualificata, generatim exponitur*, hauptsächlich die verschiedenen Meinungen aufgezählt und auf verständige Weise geprüft werden, im zweiten und letzten Capitel aber unter der Ueberschrift: *Exponitur, quae sit auctoris de confessione qualificata opinio*, der Satz vertheidigt wird, dass das qualificirte Geständniss gar kein eigenthümliches, unter besonderen Grundsätzen stehendes Institut sei, sondern entweder zur negativen Litiscontestation oder zu den Exceptionen gehöre. Diess sucht der Verf. theils dadurch zu beweisen, dass er ausführt, es stehe das qualificirte Geständniss sowohl mit der Natur der Sache, als mit den Gesetzen in Widerspruch, theils dadurch, dass er die wichtigsten Beispiele eines solchen Geständnisses durchgeht, um sie auf ihr wahres Wesen zurückzuführen.

III. Berichte über rechtswissenschaftliche Zeitschriften.

Zeitschrift für geschichtliche Rechtswissenschaft, herausg. von F. C. v. Savigny, C. F. Eichhorn und Cl. A. C. Klenze. Bd. IX. Heft 2. Berlin, Nicolai, 1838. S. 99—234.

V. *Das Intestaterbrecht des Zürcherischen Stadtrechts und Andeutungen über das alte Alamannische Recht. Von Hrn. Prof. Dr. Bluntschli in Zürich.* S. 99—156.

Nach einleitenden Worten über das bedeutende wissenschaftliche Interesse, welches die Erforschung des ursprünglichen Zustandes des Zürcherischen Erbrechts hat, besonders weil die schweizerischen Rechte den germanischen Rechtsstoff länger und reiner bewahrt haben, als das Recht der deutschen Völker im engeren Sinne, theilt der Verf. einen noch ungedruckten Rechtsbeschluss vom 12. Rebmonat 1419., das älteste bis jetzt bekannte und etwas ausführlichere Statut über das Zürcherische Stadterbrecht, wörtlich mit. Hieran schliessen sich Erläuterungen dieses Statuts, soweit es die Intestaterbfolge im engeren Sinne betrifft, wobei der Verf. namentlich ausführt, dass die Parentelenordnung unter den Vatermagen und den Blutsfreunden in diesem Systeme anerkannt sei, und sowohl den Alamannischen Ursprung des Zürcherischen Erbrechts nachzuweisen, als auch dadurch zugleich zur Herstellung der Kenntniss des Alamannischen Rechts beizutragen sucht. Als wichtiges Resultat dieser Prüfung jenes alten Statuts giebt sodann der Verf. an, dass der Hauptcharakter des jetzigen Zürcherischen Erbrechts, welcher sich besonders in der Beerbung durch die Seitenlinie zeigt, uralt sei, und er stellt hierauf die Veränderungen dar, welche das alte System im Laufe der Zeit erlitten hat. Dabei erörtert er besonders eine in das Gerichtsbuch aufgenommene sg. Erläuterung v. 18. Nov. 1629. — Uebrigens ist diese Abhandlung hier aus der Monatschronik für Zürcherische Rechtspflege Bd. III. S. 181. ff. u. Bd. IV. S. 3. ff. etwas verändert und mit Zusätzen wieder abgedruckt.

VI. *Ueber die handschriftliche Grundlage des Ulpian. Von v. Savigny.* S. 157—173.

Der Verf. rechtfertigt seine bis auf die neueste Zeit allgemein angenommene Ansicht, dass die Vaticanische Handschrift des *Ulpian* dieselbe sei, aus welcher *Tilius* die erste Ausgabe veranstaltet hat (also zugleich die einzige alte Handschrift des *Ulpian* überhaupt), gegen die von *G. E. Heimbach* (über Ulpian's Fragmente, Leipzig, 1834.) dagegen gemachten Einwürfe. Der Umstand, dass nach dem letzteren *Cujacius* sieben Stellen aus der ursprünglichen Handschr. mit Lesearten anführe, die von der Vaticanischen abweichen, erklärt er so: „Mehr als zwanzig Jahre hatte er sich eifrig mit *Ulpian* beschäftigt, ohne die Handschrift gesehen zu haben, also indem er ihren Inhalt nur aus der Ausgabe des *Tilius* kannte. Als er sie endlich gesehen hatte, theilte er daraus sehr bald eine Anzahl neuer Lesearten mit; er beschränkte sich aber auf diejenigen, welche ihm bedeutend schienen, und wenn er daneben in derselben Stelle einen von *Tilius* berichtigten offenbaren Schreibfehler der Hdschr. wahrnahm, so erwähnte er davon Nichts, sondern behandelte das, als stände die Berichtigung schon im Text selbst und sei nicht der Rede werth.“ Dass aber *Merillius* eine von der Vaticanischen Hdschr. abweichende Stelle aus der Hdschr. des *Tilius* anführt, wird als ein Versehen desselben nachgewiesen.

VII. *Kritischer Beitrag zu Ulpian's Fragmenten. Von Hrn. Prof. Lachmann zu Berlin.* S. 174—212.

Kritische Bemerkungen über den Anfang und über I. 3. 7. 10. 12. 21. 22. II. 6 7. III. 3. 5. V. 6. 10. VI. 10. 11. 13. VII. 1. 4. VIII. 4. 5. IX. 1. X. 1. XI. 18. 19. 20. 22. XV. 1. XVI. 1. XIX. 13. 17. XX. 2. 9. 13. 14. XXII. 6. 8. 17. 23. 24. 32. 33. XXIII. 7. 9. XXIV. 4. 5. 7. 11*. 14. 15. 16. 18. 21. 23 25. XXV. 4. 12. 14. XXVI. 1. 2. XXVIII. 2. 13. XXIX. 2.

VIII. *Ueber die Gesta Senatus vom Jahr* 438. *Von v. Savigny.* S. 213—224.

Der Verf. giebt, nach einer Widerlegung der bisherigen Erklärungen, auch der von ihm selbst früher versuchten, eine neue Erklärung der Unterschrift dieses Senatsprotokolls unter Benutzung des jetzt von *Hänel* genauer festgestellten, handschriftlichen Textes, indem er zugleich die Art billigt, wie der Letztere den historischen Zusammenhang zwischen den Gesta und der darauf folgenden Constitution an die Constitutionarii angiebt.

IX. *Nachträge zu früheren Aufsätzen von Klenze.* S. 225—234.

1. Ueber *Constantin's* Edictum de accusationibus (Nachtrag zu Nr. III. dieses Bdes. Vgl. Jahrb. 1837. H. 2. S. 51.) Bemerkungen über die Mailänder Handschr. des Ed., welche *Muratori* gebraucht, und Mittheilung der Abweichungen, welche der Verf. bei einer Vergleichung dieser Hdschr. mit dem Abdruck *Muratori's* gefunden hat. — 2. Ueber *Ulpian* VI. §. 10. 11. (z. Nr. VII. dieses Bdes.) Gegen Bemerkungen in dem obigen Aufsatze *Lachmann's*. — 3. Nachtrag zu *Haubold's* und *Haenel's* früheren Aufsätzen über *Julian's* Novellen. (Bd. IV. Nr. 4. Bd. VIII. Nr. 10.) Ueber die Hdschr. des *Julian*, deren jetzt nach *Hänel's* Angabe zwanzig bekannt sind.

Zeitschrift für Civilrecht und Process. Herausgegeben von **Dr. J. T. B. Linde, Dr. Th. G. C. Marezoll, Dr. A. W. v. Schröder.** Elfter Band. Zweites Heft. Giessen 1838. Ferber. S. 153—300. (Vergl. H. 1. S. 90. fg. dies. Jahrg.)

V. *Bemerkungen über die Zulässigkeit der Gewissensvertretung und des Gegenbeweises wider dieselbe. Von Linde.* S. 153—174.

Schluss der im ersten Heft abgebrochenen Abhandlung Nr. IV. Der Verf. giebt hier einen Ueberblick der Particulargesetze und neueren Gesetzesentwürfe, und knüpft daran Vorschläge und Winke für neue Gesetzgebungen.

VI. *Ueber den Begriff und die Eintheilung des Klagegrundes. Von Hrn.* Dr. *T. Brackenhöft in Kiel.* S. 175—261.

Den Begriff des Klagegrundes bestimmt der Verf. dahin: dass er diejenige concrete juristische Thatsache sei, welche unmittelbar das Klagerecht erzeugt hat, d. h. dasjenige Recht, welches der Hauptgegenstand einer concreten Klage ist, also dasjenige, dessen Anerkennung oder Realisirung den letzten Zweck der Klage bildet Hiernach betrachtet er als wesentliche Bestandtheile einer Klage, abgesehen von den in ihr vorkommenden Präjudicial- und Legitimationspuncten, folgende: 1. die Geschichtserzählung oder den Vortrag der natürlichen Thatsachen; 2. den Klagegrund, oder diejenige juristische Handlung, welche unmittelbar das Klagerecht erzeugt hat; 3. das Rechtsverhältniss, dem das Klagerecht inwohnt, oder welches durch die Klage geschützt wird. Es braucht aber nur da ausdrücklich benannt zu werden, wo die Klage zum Schutz desselben dient, also bei Präjudicien und Vindicationen, nicht aber, wo die Klage die Ausübung des Rechts selber ist, wie bei persönlichen Klagen; 4. die Bitte an den Richter. — Der Verf. berücksichtigt übrigens bei seinen Untersuchungen den Röm. Formularprocess sowohl, als das neuere Röm. Verfahren, das Canon. Recht, die reichsgesetzlichen Bestimmungen und die gemeine Praxis.

VII. *Ueber die durch Zurückgabe der Schuldurkunde angeblich begründete Rechtsvermuthung geschehener Zahlung. Von dem Hrn. O.L.G.R.* Dr. *Vermehren zu Hildburghausen.* S. 262—284.

Nach einer Einleitung (§. 1.) sucht der Verf. (§. 2—4.) nachzuweisen, dass diese Rechtsvermuthung sich keineswegs aus den Gesetzen genügend rechtfertigen lasse, und führt sodann (§. 5—8.) Gründe an, welche die Annahme einer solchen Rechtsvermuthung als sehr bedenklich erscheinen lassen. Hieran schliessen sich (§ 9.) Bemerkungen über den Einfluss der Entscheidung dieser Frage auf die Anwendung des Rechts, und (§. 10.) die Erklärung, dass der Verf nur die auf die Zurückgabe der Schuldurkunde gegründete praesumtio juris, nicht auch die in Folge jener Handlung eintretende praesumtio hominis bestreite.

VIII. *Ueber die doppelte Bedeutung des Begriffes in factum actio, nebst einigen Bemerkungen über die actio praescriptis verbis. Von dem Hrn.* Dr. *G. E. Heimbach in Leipzig.* S. 285—300.

In der Einen Beziehung erscheint der Ausdruck in factum actio mit der formula in factum concepta als gleichbedeutend. Eine Eigenthümlichkeit der in factum actiones in dieser Bedeutung scheint es gewesen zu sein, dass sie keine besondere, von der intentio der formula getrennte demonstratio hatten. Von dieser Bedeutung unterscheidet sich wesentlich eine andere Beziehung, in welcher der Ausdruck in f actio bei der actio praescriptis verbis vorkommt. Das Wesen der letzteren Klage besteht in einer incerta intentio juris civilis (quidquid ob eam rem N. N. A. A. dare facere oportet, wahrscheinlich auch mit dem Zusatz ex fide bona), welcher das der Klage zum Grunde liegende Geschäft als demonstratio der formula mit ausführlichen Worten vorangesetzt wird, und eben auf diesen Inhalt der demonstratio beziehen sich die Worte „praescriptis verbis" (praescribere i. e. ante scribere); eine utilis actio, d. h. eine Klage mit einer formula ficticia, ist die actio pr. verb. nicht; in der L. 6. C. de transact. ist für utilis actio zu lesen: *civilis* a. Bei der act. praesc. verb. deutet nun das W. in factum offenbar auf die res gesta, welche mit weitläuftigen Worten der intentio vorangesetzt wird, und als demonstratio der formula angesehen werden muss.

Neues Archiv für Preuss. Recht und Verfahren, sowie für deutsches Privatrecht. Eine Quartalschrift. Herausg. v. O.L.G.R. **Ulrich**, Justiz-Rath **Dr. Sommer** und Land- und Stadtger.-Dir. **Boele**. 4. Jahrg. 4. Hft. Arnsberg, Ritter, 1837. S. 491. fg.

XXIX. *Beitrag zur Lehre von der Tradition.* Vom Justiz-Comm. *G. Cappell* zu Hamm. (S. 491—500.)

Der §. 59. A.L.R. I, 7. ist dahin zu verstehen, dass, ohne von der allg. Theorie Abweichendes festzusetzen, immer noch eine förmliche Besitzergreifung zu der Willenserklärung hinzutreten müsse, um eine gehörige Tradition zur Folge zu haben.

XXX. *Unter welchen Umständen kann ein zwischen Lebendigen geschlossener Vertrag für einen Vitalizien- od. Alimenten-Kontrakt erachtet werden?* Rechtsf. mitg. v. ein. alt. Praktiker in der Grafsch. Mark. (S. 501—518.)

Nach §. 19. Anh. z. A.L.R. bedarf es bei einem solchen, das gesammte Vermögen übertragenden Kontrakte keiner Vorschriften und Cautelen zum Schutze der etwaigen Gläubiger, indem Vermögen nur das nach Abzug der Schulden Uebrige begreift; und §. 75. A.L.R. I, 15. steht dem nicht entgegen.

XXXI. *Haftet ein Miterbe, der, ohne* ausdrücklich *die Erbschaft ganz ohne Vorbehalt angetreten zu haben, der Rechtswohlthat des Inventars verlustig geworden, überall und selbst mit seinem eigenen Vermögen, für das Ganze der Nachlassschulden, oder nur pro rata nach Verhältniss seines Antheils an der Erbschaft?* Vom Justiz-Comm. *Stute* in Soest. (S. 519—525.)

Dass er pro rata nur zu haften habe, folgt aus §. 134. A.L.R. I, 17. wo man den Begriff „gemeinschaftlich" mit dem „Einer für Alle" verwechselt hat.

XXXII. *Ueber den Verkauf auf die Probe — angewendet auf die unbestellte Zusendung von Lotterieloosen.* Vom Justiz-Comm. *Stute* in Soest. (526—528.)

Der §. 336. A.L.R. I, 11. ist auf diese Zusendung anzuwenden, und der Ablauf der zur Erklärung vom Zusender festgesetzten Frist macht das Geschäft vollkommen.

XXXIII. *Ueber die rechtliche Vermuthung des erblichen Besitzrechtes bei den Kolonaten in der Grafsch. Recklinghausen.* Vom Land- u. Stadtgerichts-Dir. *Evelt* in Dorsten. (S. 529—542.)

Diese Vermuthung in betr. d. s g. Leib-Gewinn-Güter wird vom K. O.L.G. zu Münster u. d. Geh. Ob.Trib. anerkannt.

XXXIV.

1) Das Mühlenzwangsrecht führt die Verpflichtung herbei, das von ausserhalb des Bannbezirkes in denselben als *Korn* hineingeschaffte *Getreide*, wenn es als Mehl im Bannbezirke *verkauft* oder *verbraucht* werden soll, auf der Bannmühle mahlen oder melteren zu lassen, oder doch das herkömmliche Mulfter davon zu entrichten,

2) nicht aber, ohne besond. Gewohnheit-Beweis die Verpflichtung, dass auch von dem von aussen in den Bannbezirk eingebrachten dort zu verbackenden Mehle die Mahlabgabe entrichtet werde,

3) noch auch, das von ausserhalb in den Bannbezirk eingeführte *Getreide*, wenn das davon zu gewinnende *Mehl* nicht im Bannbezirke *verkauft* oder *verbraucht* werden soll, nur auf der Bannmühle mahlen lassen zu dürfen.

Rechtsf. mitg. von *Sommer*. (S. 543—548.)

Entscheidung des rhein. Revisions- und Cassationshofs zu Berlin.

XXXIV. *Ob die unter der Herrsch. des gemeinen Rechts begründete Verletzungsklage des Verkäufers nach Einführung des A.L.R. den kurzen Fristen der landrechtlichen Verjährung unterliege?* Rechtsf. mitg. von *Sommer*. (S. 549—550.)

Verneint vom K. O.L.G. zu Arnsberg.

XXXVI. *Ueber den Erwerb der Rechte des Gläubigers durch einen von mehreren Correalverpflichteten.* Abhandl. v. Justiz-Comm. *Friesl* in Stettin. (S. 551—557.)

Die §. 492—494. A.L.R. I, 16. sind, wenn sie nicht in Widerspruch mit §. 447. fg. Tit. 5. treten sollen, jedenfalls nicht von der Vereinigung durch Cession zu verstehen, wahrscheinlich aber nur von der durch Erbgang erfolgenden.

XXXVII. *Die zehnjährige Verjährung auf Grund eines ungültigen mündlichen Vertrags findet nicht Statt.* Rechtsf. mitg. von *Sommer*. (S. 553—572.)

Entscheidung des Geh. Ob.Trib. unter Bezugnahme auf die der Abfassung des §. 579. I, 9. vorhergegangenen Verhandlungen.

XXXVIII. *Die Statutarrechte des Herz. Westfalen.* Vom Land- und Stadt-Ger.-R. *Seibers* zu Arnsberg. (S. 573—588.)

III. Das Amt Wert erhielt zuerst 1271. vom Erzbischof Engelbert II. das Rüdener Statutarrecht. Zu diesem kamen seit 1324. einzelne im s. g. rothen Buche beim Werter Stadtrath aufgezeichnete Willkühren. Die das gen Erbsätzer sind aber seit 1726. von den Werter Statutarrechten eximirt. — In Betr. der Dispositionsbefugniss des überlebenden Ehegatten nach Geseker Statutarrecht entscheidet ein Rescr. d. Justiz-Minister. v. 24. Febr. 1837., dass dieselbe sich auf die Hälfte des gemeinschaftlichen Vermögens beschränken soll. (Forts. f.)

XL. *Ueber die Auslegung des Wortes „unmittelbar" in den §. 138. A. L. R. I, 8. festgesetzten Beschränkungen bei Anlegung neuer Fenster.* Rechtsf. mitg. vom Justiz-Comm. v. *Viebahn* in Siegen. (S. 593-596.)

Das bezeichnete Wort ist blos von einer auf der Gränze stehenden Mauer zu verstehen.

XLI. *Bedeutet der Ausdruck „zu der in der Vorladung für die Partei besonders zu bestimmenden Stunde" im §. 21. der Verordnung v. 21. Juni 1833. den Lauf, nicht den Anfang der Stunde, und begründet eine Verletzung dies. §. eine Nichtigkeitsbeschwerde?* Rechtsf. mitg. v. *Sommer*. (S. 597. fg.)

Beides verneint in einer Entsch. des Geh. Ob.Trib.

XLII. *Ueber Anmeldung und sofortige Substanziirung von Nichtigkeitsbeschwerden.* (S. 599. fg.)

Ein Ministerialrescript v. 7. Juli 1837. erklärt die vom Geh. Ob.Trib. angenommene strenge Interpretation des §. 11. der Verordnung v. 14. Decbr. 1833. für angemessen.

XLIII. *Ueber die Subhastation gutsherrlicher Renten.* Rechtsf. mitg. v. *Sommer*. (S. 601—604.)

Die Theilung der gutsherrl. Gefälle durch Versilberung wird in dem mitg. Erkenntnisse des K. O.L.G. zu Hamm ausgesprochen, dagegen die

Entscheidung, ob der competente Richter diese durch Auction oder Subhastation bewirken solle, als ungehörig abgewiesen.

XLIV. *Ueber die Rechtsmittel in Possessoriensachen de lege lata et de lege ferenda.* Von *Sommer.* (S. 605 609.)

Die Widersprüche der §. 18. Tit. 30. Pr. O. u. §. 4. d. Verordn. v. 14. Decbr. 1836. würden durch ein Gesetz aufzulösen sein, welches das auf die Possessorienklage nach §. 5. A.G.O. I, 31. zu entlassende Decret an die Stelle des gemeinrechtlichen possessorii summariissimi setzt, gegen das Possessorien-Erkenntniss die ordentlichen und ausserordentlichen Rechtsmittel gestattet, die nach §. 18. A.G.O. I, 31. zulässige Aufhebung desselben im ersten Petitorienurthel verbietet, und die Verhandlung der Appellationsinstanz im summar. Processe anordnet.

XLV. *Bei der prorogirten allg. Gütergemeinschaft findet bis zur Eingehung der zweiten Ehe keine vormundschaftliche Einwirkung auf das Vermögen, auch nicht die Errichtung eines Inventars Statt.* Rechtsf. mitg. von *Sommer.* (S. 610—615.)

Entsch. des Ob.Landesger. zu Hamm.

XLVI. *Eine ausserordentliche Bestrafung des Meineides oder eine nur vorläufige Freisprechung vom Verbrechen des Meineides setzt den geführten vollen Beweis, dass der Eid ein falscher war, voraus.* Ein Versuch von *Sommer.* (S. 616—622.)

Deducirt aus §. 1405. u. 1410. A.L.R. II, 20.

XLVII.

1) Ob in Ehegelöbnisssachen auch dann gegen zwei gleichlautende Erkenntnisse die Revision Statt finde, wenn *nur* Vermögensansprüche Gegenstand der Beschwerden sind? 2) Ob, wo die drei ersten Titel des A.L.R. suspendirt sind, in Ermangelung von Landesgesetzen mündliche Eheversprechen gültig, und eben so 3) mündliche Einwilligungen des Vaters in die Ehe gültig sind? 4) Ob die Verschweigung eines noch bestehenden frühern Verlöbnisses bei Eingehung des neuen Verlöbnisses den anderen Theil zum Rücktritt berechtige? Rechtsf. mitg. von *Sommer.* (S. 623—635.)

Durchgehends bejahend entschieden v. Geh. Ob.Trib.

Juristische Wochenschrift für die Preussischen Staaten.

Herausgegeben von dem Kammergerichtsassessor **Hinschius.** Dritter Jahrgang. (Nr. 45—87.) Berlin, Jonas, 1837. 4.

86) *Noch Einiges über die Frage: ob der Beneficialerbe ohne Antrag eines Gläubigers nicht angehalten werden kann, die Verwaltung des Nachlasses abzugeben, wenn er sich dazu auch bereit erklärt hatte. Vom O.L.G.R.* Korb *in Breslau.* S. 377—380.

Diese Frage wird gegen ein Nr. 9. u. 10. mitgetheiltes Erkenntniss bejaht, unter Beziehung auf P. O. Tit. 51. §. 90—93.

87) *Merkwürdiger Gang eines Rechtsstreites.* S. 380—382.

Mittheilung der Geschichte eines Rechtsstreites wegen Alimentation eines von einer Ehefrau angeblich mit einem Dritten erzeugten Kindes.

Das Resultat ist: „Sonach war also der Verklagte, nachdem in dieser Sache 10. Erkenntnisse ergangen waren, verurtheilt, ein *eheliches* Kind, als *von ihm ausserehelich gezeugt*, zu alimentiren, und die Sache, obgleich der Verklagte fast überall obtinirte, doch auf demselben Punct geblieben, auf welchem sie anfangs gestanden hatte!“

88) *Ueber die Nothwendigkeit des Fortbestehens der Provinzialrechte. Zugleich Beleuchtung der, in den Jahrb. f. wissenschaftl. Kritik 1837. Nr. 61—63. enthaltenen Recension des Provinzialrechts der Altmark. Vom O.L.G.R. Dr.* **Pinder** *in Naumburg* S. 393—405.

Es wird diese Nothwendigkeit gegen die angef. Recension vertheidigt, und dabei zugleich der Umfang und Gegenstand der Provinzialrechte näher erörtert.

89) *Ist der Naturalbesitzer befugt, einer, gegen den Civilbesitzer eingeleiteten, Subhastation zu widersprechen, und muss der Richter auf eine solche Protestation Rücksicht nehmen? Vom Justiz-R. Dr.* **Jacobi** *in Berlin.* S. 425—436. u. S. 445—452.

Der Verf. nimmt an: dass der spätere Besitzer eines Grundstückes sich die Vollstreckung des Judicates gegen den früheren Besitzer müsse gefallen lassen, wenn er das Eigenthum der Sache während der Dauer des Processes um die Realforderung erwarb; dass aber die Execution nicht ausführbar sei, wenn der Uebergang des Eigenthums schon früher erfolgte, weil dadurch gegen die A. G. O. Th. 1. Tit. 24. §. 5. gefehlt würde, wonach das Executionsgesuch nur gegen den gerichtet werden kann, der in dem Judicate verurtheilt ist. Zur Erläuterung wird ein Rechtsfall nebst den in demselben gefällten Entscheidungen mitgetheilt.

90) *Ist es zur erwerbenden Verjährung eines Rechts, welches nur bei gewissen Gelegenheiten ausgeübt werden kann, erforderlich, dass zwischen der ersten und letzten Ausübung desselben ein Zeitraum von 40 Jahren liegt? oder genügt es zu dieser Erwerbung, wenn seit der ersten Ausübung des Rechts bis dahin, wo ein Streit darüber entsteht, der gedachte Zeitraum verflossen ist? Zur Erläuterung der* §§. 649—651. *Tit.* 9. *Th.* 1. *d. A. L. R. Vom Dr. G. A.* **Bielitz** *in Naumburg.* S. 461.

Der Verf. bejaht die zweite Frage, weil §. 649. nur einen vierzigjährigen Besitz, nicht aber eine eben so lange Ausübung verlangt, und der Besitz eines Rechts durch dessen Ausübung erworben wird, der erworbene Besitz aber so lange, als er nicht unterbrochen wird, fortdauert. Erfolgt also ein Widerspruch gegen die Ausübung eines jus discontinuum erst nach 40 Jahren seit der ersten Ausübung, so hat der Berechtigte sich so lange im Besitz des Rechts befunden, mithin nach §. 639. das Recht selbst erworben, wenn er dasselbe nach §. 650. f. in diesem Zeitraume noch zwei Mal ausgeübt, und dessen Ausübung bei keiner vorkommenden Gelegenheit unterlassen hat.

91) *Ueber die Evictionspflicht des Verkäufers, insbesondere nach dem A. L. R. Th.* 1. *Tit.* 11. *S.* 155. *Vom O.L.G.Assessor W.* **Roeren** *zu Hovestadt bei Soest.* S. 477—483.

Die Vorschrift des cit. §., dass der Verkäufer nach geschehener Eviction ausser dem Ersatze des Kaufpreises und der aufgewendeten Kosten nur nach Verhältniss seiner Verschuldung für den etwa noch ausserdem erlittenen wirklichen Schaden hafte, muss nach dem Verf. eine doppelte Restriction erleiden, theils die, dass derselbe nur verordnen sollte, der höhere Werth der Sache zur Zeit ihrer Eviction könne nicht erstattet verlangt werden, theils die, dass nur dann, wenn der dolus oder die culpa lata des Verkäufers eine, beim Abschlusse des Vertrages begangene Pflichtwidrigkeit ist, der höhere Werth als lucrum cessans nicht braucht vergütet zu werden.

92) *Der Vater muss bei Eingehung einer ferneren Ehe auch dasjenige Vermögen seiner Kinder auf seine Grundstücke eintragen lassen, welches die Kinder von der mütterlichen Grossmutter geerbt haben. Vom O.L.G.R. Koch in Breslau.* S. 493. f.

So ist nach §. 187. Tit. 2. Th. II. des A. L. R. anzunehmen, da die Beschränkung auf das mütterliche Vermögen, welche der Entwurf zum Gesetzbuch Th. I. Tit. 2. §. 139. enthielt, nicht aufgenommen worden ist.

93) *Ueber die Provinzialrechte. Schlussworte vom K.G.Assessor u. Prof. Dr. Gärtner in Greifswald.* S. 525—529.

Gegen den Aufsatz Nr. 88. Nach dem Verf. ist der Umfang des Materials der Provinzialrechte auf die Grundbesitzverhältnisse zu beschränken, unter diesen sind die aus gleicher Wurzel entstandenen und nur durch äussere, formelle Gründe verschieden gestalteten Institute zu verschmelzen, und endlich ist eine Vergleichung der particulären Rechtsnormen unter einander und mit dem allgemeinen Organismus des Staates anzustellen, um Disharmonieen zu heben und auch für das Rechtsleben die Staatseinheit zur Wirklichkeit zu bringen.

94) *Bei nicht kaufmännischen Assignationen verliert der Assignatar den Regress an den Assignanten, wenn er die Vorschrift des §. 277. Tit. 16. Th. I. des A. L. R. nicht beachtet, und sich nicht hat angelegen sein lassen, die angewiesene Summe binnen 14. Tagen einzuziehen. Vom K.G.Assessor und Justizamtmann Jung zu Neustadt an der Dosse.* S. 545—555.

Es schliesst sich die Erörterung dieses Satzes an die Mittheilung zweier abweichender Erkenntnisse an.

95) *Ueber die Rechte und Befugnisse der, bei dem Subhastationsprocesse interessirenden und handelnden Personen. Vom Justiz-R. Jacobi in Berlin.* S. 577—586. u. S. 593—598.

An die Geschichte eines Rechtsfalles knüpft der Verf. allgemeine Betrachtungen über die Rechtsverhältnisse des Eigenthümers des Grundstücks als Schuldners, des Extrahenten und der Realgläubiger und Verkaufsberechtigten.

96) *Wird der Besitz affirmativer Rechte durch die possessorischen Rechtsmittel geschützt? Vom Kreis-Justiz-R. Schwark in Schwetz nebst einer Nachschrift des Herausgebers.* S. 657—663. u. S. 673—679.

In der Abhandlung wird die Frage verneint; dagegen behauptet die Nachschrift, dass der in der Praxis befolgten Ausdehnung des Besitzschutzes auf *dingliche* affirmative Rechte nicht unwichtige Gründe zur Seite stehen, und theilt die diesfallsigen Verhandlungen, welche bei der gegenwärtigen Revision des A. L. R. Statt gefunden, mit.

97) *Ist der Unterrichter, wenn er einen Befehl des ihm vorgesetzten Obergerichts zu einer Eintragung oder Löschung in Hypothekenbüchern befolgt, dadurch von der Verantwortung frei? Von ***.* S. 689—693.

Der Verf. wünscht eine Entscheidung dieser zweifelhaften Frage durch den Gesetzgeber.

Centralblatt für Preussische Juristen. Redigirt von **C. F. Bauer.** Berlin, Hirschwald, 1837. (Vergl. Jahrb. 1837. H. 11. S. 1039. ff.)

Nr. 43. S. 1016—1019.

Die Kosten, welche im Subhastations-Verfahren durch die auf angebrachte Monita eines Kauflustigen vom Gericht für nöthig erachtete Tax-Revision entstehen, gehören zu den Subhastations-Kosten, und müssen aus der Kaufgelder-Masse entnommen werden.

Nach der Verord. vom 4. März 1834. §. 18. vom Geh. Ob. Tribunal entschieden.

Nr. 44. S. 1040—1046.

Ist der homöopathische Arzt strafbar, wenn er seine Arzneien selbst dispensirt?

Durch das erste Erkenntniss in einem mitgetheilten Rechtsfalle nach A. L. R. II. 8. §. 460. II. 20. §. 693. 694. verneint, durch das zweite nach dem Gewerbsteuer-Edict vom 2. Nov. 1810. §. 1. 2. 20. bejaht, durch das dritte aber wiederum verneint.

Ebendaselbst. S. 1046—1051.

Kann, auf dem Wege der Execution, eine Handlung, zu welcher Jemand verpflichtet ist, nur dann durch einen Andern, an seiner Stelle, verrichtet werden, wenn diese Handlung sich als eine blos mechanische Verrichtung darstellt? Vom Hrn. Justiz-R. *Haelschner* zu Hirschberg.

Diese Frage wird gegen das schlesische Archiv für d. prakt. Rechtswissenschaft Bd. 1. H. 1. S. 46. ff. verneint, und die Meinung vertheidigt, dass in Gemässheit der Verordn. üb. d. Execution in Civil Sachen v. 4. März 1834. §. 9. die Verrichtung einer Handlung durch einen Andern, auch wenn sie auf eine unmittelbare Willensbestimmung hinweise, und Rechts-Verhältnisse für die Zukunft feststellen solle, in Folge der Execution überall zulässig sei, wo die Gesetze nicht ausdrücklich die Vertretung durch einen Andern ausgeschlossen haben.

Nr. 45. S. 1065. f.

Eine, nur auf Wahrnehmung der Gerechtsame einer Partei bei einem gewissen bestimmten Gericht lautende Process-Vollmacht legitimirt den Justizcommissarius nicht zur Anstellung der Nichtigkeitsbeschwerde.

Vom Geh. Ob. Tribunal nach der Verordn. vom 14. Decbr. 1833. §. 11. entschieden.

Nr. 46. S. 1089. f.

In wie weit wird die Verpflichtung zu Ehren-Diensten durch die Dienst-Regulirungen mit betroffen?

Die Aufhebung der bisherigen Hofdienste, wie solche im Urbario aufgezeichnet stehen, umfasst auch das daselbst als Dienst der Unterthanen mit aufgeführte Geläute bei Sterbefällen der Herrschaft, unbeschadet des Ehrenrechts des Trauer-Geläutes für die Herrschaft. Entschieden von der Gen.-Commission für die Kurmark Brandenburg.

Ebendaselbst. S. 1090—1095.

Ueber Deputationen zur Auf- und Annahme der Testamente. Von *Müller.*

Der Verf. führt gegen die im Central-Blatt Nr. 36. S. 854. mitgetheilte Entscheidung des Geh. Ob. Tribunals aus: dass die namentliche Benennung des zu adhibirenden vereideten Protokollführers in der Deputations-Ernennung zur Gültigkeit eines Testaments nicht unumgänglich nothwendig sei.

Nr. 47. S. 1114—1116.

1.) *Ist der Ausdruck „Beleidigung" im §. 720. II. 1. A. L. R. nur auf Privat-Beleidigungen und namentlich nicht auf grobe Verbrechen im Sinne des §. 704. l. c. zu beziehen?* 2) *Wie muss event. eine die Verzeihung eines groben Verbrechens enthaltende Erklärung abgegeben werden?*

Nach der Entscheidung des Geh.Ob.Tribunals, deren Gründe mitgetheilt worden, ist die erste Frage dahin zu beantworten, dass der fragliche Ausdruck nicht blos auf unmittelbare und persönliche Beleidigungen, sondern auch auf grobe Verbrechen im Sinne der cit. §. 704. bezogen werden muss. Die in der zweiten Frage erwähnte Erklärung muss nach rechtskräftig gewordenem Strafurthel in bestimmten auf das grobe Verbrechen gerichteten Ausdrücken erfolgen.

Ebendaselbst. S. 1116—1119.

Zur Interpretation des Art. 43. der Verordn. vom 3. Aug. 1808., oder: Kann ein Soldat, welcher das dritte Mal ordentlich wegen Diebstahls gestraft wird, aus dem Soldatenstande ausgestossen werden, wenn er die beiden früheren Male nur ausserordentlich wegen Diebstahls bestraft worden ist, oder tritt nicht vielmehr diese Strafe nur nach einer dreimaligen ordentlichen Bestrafung ein?

Die Criminal-Deputation des K. Stadtgerichts zu Berlin nimmt die erste, der Ober-Appellations-Senat des K. Kammergerichts die zweite Alternative an; das Letztere wird unter Mittheilung von Entscheidungsgründen der genannten Behörde vom Verf. gebilligt.

Nr. 48. S. 1138—1141.

Grossherzogthum Posen. Die zur Zeit der Gültigkeit des Civil-Gesetzbuchs dem Erben zuständig gewesene Befugniss, binnen 30. Jahren die Erbschaft anzutreten oder ihr zu entsagen, und, falls er nicht antritt, als Nicht-Erbe angesehen zu werden, ist eine bereits zur Zeit des Erb-Anfalls (1811.), mithin vor Einführung des A. L. R. entstandene rechtliche Folge.

Patent vom 9. Nov. 1816. Französ. Civil-Gesetzb. Art. 789. Entscheidung eines Oberlandesgerichts nebst den Gründen derselben.

Nr. 49. S. 1163—1165.

1. *Die Verfolgung verbotswidriger Ehen ex §. 25. II. 1. A. L. R. gebührt nicht den Verwandten, sondern dem Richter.* 2. *Eine solche nichtige Ehe äussert auf die von den ungesetzlich Verbundenen vorher erzeugten Kinder nicht die Wirkung einer Legitimation. Ebend. II. §. 50.*

Diese Sätze sind in einem Erkenntniss des Geh.Ober-Tribunals anerkannt, dessen Gründe mitgetheilt werden.

Ebendaselbst. S. 1165—1173.

Votum in Untersuchungs-Sachen wider den Freihäusler und Holzhändler K. zu Ob.-S. wegen Verdachts der intendirten Vergiftung Anderer und dabei bewirkter Vergiftung seiner Geliebten.

Das Votum ist in Gemässheit des A. L. R. II. 20. §§. 26. 27. 34. 807. 826. 870. Krim. O. §. 404. 405. auf eine ausserordentliche fünfzehnjährige Zuchthaus-Strafe gerichtet. Das Urtheil lautete auf zehnjähriges Zuchthaus.

Nr. 50. S. 1186 — 1188.

Muss ein Servitutsberechtigter sich die Ablösung seines Rechts von einzelnen Theilen des der Berechtigung unterliegenden Grundstücks gefallen lassen?

Bejaht in einem Erkenntniss der K. General-Commission für die Kurmark Brandenburg (mit Rücksicht auf Gem.-Th.-Ordn. v. 7. Juni 1821. §. 20.), und auf den Recurs des verurtheilten Beklagten bestätigt vom Ministerium für Handel und Gewerbe.

Ebendaselbst. S. 1191.

Beitrag zur Lehre von der Unterschlagung im Gegensatze zum Diebstahl.

Mittheilung eines Rechtsfalles.

Nr. 51. S. 1210 — 1213.

Erstreckt sich das Pfandrecht des Hypotheken-Gläubigers auch auf die vor der Eintragung der Forderung vom Schuldner verkauften, in dem Hypothekenbuche des Hauptguts aber nicht abgeschriebenen, und bei der Verpfändung nicht ausdrücklich ausgenommenen Zubehörungen?

Wird gegen die Entscheidung eines mitgetheilten Rechtsfalles bejaht.

Ebendaselbst. S. 1213 — 1220.

Beiträge zur Interpretation des Anhanges §. 52. zu §. 484. Th. I. Tit. 16. des A. L. R.

Mittheilung der Entscheidungsgründe eines Ober-Gerichts und eines Rescripts des Justiz-Ministeriums in einem referirten Rechtsfalle.

Nr. 52. S. 1234. f.

Vollmacht der Analphabeten in Nichtigkeits-Sachen.

Entscheidung des Geh. Ober-Tribunals.

Ebendaselbst. S. 1235 — 1237.

Zur Lehre von der Insubordination.

Erkenntniss eines O.L.Gerichts, durch welches ein Justiz-Commissarius freigesprochen wird, gegen welchen ein Stadt- und Land-Gericht eine Untersuchung wegen Insubordination einzuleiten beantragt hatte, weil er in einer Eingabe den Submissionsstrich weggelassen hatte.

Archiv merkwürdiger Rechtsfälle und Entscheidungen der Rheinhessischen Gerichte etc. Neue Folge. I. Bd. III. Heft. Mainz, v. Zabern, 1837.

Verjährungseid-Compensation. S. 195. fg.

Der Wechselschuldner, welcher sich auf die kurze Verjährung beruft, hat nur zu beschwören, „dass er nichts mehr schulde.“ Er kann nicht angehalten werden, den modus liberationis mit in den Eid aufzunehmen, auch dann nicht, wenn er zugegeben hat, dass die Schuld durch Compensation aufgehoben worden sei. — Bejaht durch Erkenntniss des Handelsgerichts zu Mainz und des Obergerichtshofs zu Mainz v. 6. Juli 1837.

Celebrirung einer Ehe im verbotenen Grade ohne vorhergegangene Dispensation. S. 201. f.

Gegen den Civilstandsbeamten, welcher eine Ehe zwischen einer Wittwe und dem Bruder ihres verstorbenen Ehemanns ohne vorherigen Dispens abgeschlossen, und gegen die, welche eine solche Ehe eingegangen haben, kann in Gemässheit des Artik. 192. des b. G.B. Strafe verhängt werden. Bejaht durch Erkenntniss des Grossherzogl. Kreisgerichts zu Alzei vom 8. Juli 1837.

Advocaten-Suppleanten am Obergericht. S. 207. f.

Auch zur Supplirung der Mitglieder der Appellhöfe ist der Stand der Advocaten und Anwälte im Falle der Abwesenheit oder Verhinderung der Suppleanten berufen. Bestätigt durch Erkenntniss des Grossherzogl. Cassationshofes zu Darmstadt vom 30. März 1835.

Discretionnaire Gewalt des Zuchtpolizeigerichts — Formulirung des strafbaren Vergehens — Escroquerie bei zweiseitigen Verträgen. S. 216. f.

Auch den Correctionsgerichten steht die discretionnaire Gewalt zu, Zeugen unbeeidigt à titre des renseignemens zu vernehmen. Es ist der Vorschrift des art. 195. c. d'instr. crim. genügt, wenn die constitutiven Thatsachen eines Verbrechens in den Entscheidungsgründen angegeben sind und die verba dispositiva des Urtheils darauf Bezug nehmen. Das Verbrechen der escroquerie im Sinne des art. 405. des St.G.B. kann durch Ueberlistung zu Eingehung von zweiseitigen Verträgen nicht begangen werden, und es bleibt dem Ueberlisteten blos die Rescissionsklage ex capite doli übrig.

Diese Grundsätze sind bestätigt durch Erkenntniss des Cassationshofs zu Mainz vom 29. August 1836.

Composition des Familienraths — Dasein näherer Verwandten. S. 221. f.

Die Vorschriften der Art. 407—410. C. c. über die Qualification der Familienglieder, welche den Familienrath bilden, haben — wenn in einem Falle die Existenz näherer Verwandten als derer, welche zugezogen wurden, nachgewiesen wird — nicht die Annullation der Familienrathsbeschlüsse zur Folge. Vielmehr haben alsdann die gewöhnlichen Gerichte zu untersuchen, ob eine strafbare Collusion vorliegt oder nicht, und das diessfalls gegebene Urtheil unterliegt keinem Cassationsrecurs.

Bestätigt durch Erkenntniss des Kreisgerichts zu Mainz vom 22. März 1834., des Obergerichtshofes vom 15. Mai 1834. und des Oberappellations- und Cassationsgerichts zu Darmstadt vom 22. Juni 1835.

Handelssache — Zeugenbeweis. S. 227. f.

Der Zeugenbeweis ist in allen der handelsgerichtlichen Jurisdiction unterworfenen Sachen zulässig. Er ist es auch dann, wenn er darauf gerichtet wird, einen Schriftbeweis durch eine förmliche Exception zu elidiren, und ein Urtheil des Handelsgerichts, welches den Zeugenbeweis in einem solchen Falle ausschliesst, ist cassabel. Bestätigt durch Urtheil des Cassationshofs zu Darmstadt vom 3. Februar 1834.

Cassation — gute Sitten — retrait successorial — auszubietender Preis. S. 240. f.

Wenn der Obergerichtshof seiner Entscheidung ein Factum zum Grunde legt, welches erwiesenermaassen in den Acten nicht begründet ist, so kann mindestens durch eine solche factische Annahme die Entscheidung der Cassabilität nicht entzogen werden. Die Frage, ob ein in den Gesetzen erlaubter Vertrag gegen die guten Sitten verstosse, unterliegt ebenfalls der Prüfung des Cassationshofs. Die Exception des retrait successorial kann nur dem Cessionar von Erbrechten, nicht auch dem Cessionar von gütergemeinschaftlichen Rechten opponirt werden. Bei zwei successiven Cessionen hat der Retrahent den Preis zu bezahlen, welchen der letzte Cessionar, gegen den das Retractsrecht ausgeübt werden soll, gegeben hat. — Bestätigt durch Erkenntniss des Cassationshofs zu Darmstadt vom 16. Januar 1837.

Defaut-Urtheil — Anerkennungsact — date certain — Ayant cause — tiers. S. 254. f.

Der Privatact, wodurch ein durch erschlichenes Urtheil (par défaut) Condemnirter dieses Urtheil als vollzogen anerkennt, hat selbst wenn er nicht von Obrigkeitswegen registrirt worden — auch den andern Gläubigern des Verurtheilten gegenüber sowohl dem Inhalte nach, als auch in Ansehung des Datums vollkommene Beweiskraft (date certain). Die lediglich im Interesse des Condemnaten gegebene Peremtionseinrede gegen ein solches Urtheil kann von dem Gläubiger im eignen Interesse nur in soweit geltend gemacht werden, als er in Gemässheit art. 2166. C. civ. überhaupt berechtigt ist, die Rechte und Einreden seines Schuldners geltend zu machen, und wenn diese Rechte gegen eine bestimmte Person gerichtet waren, so handelt der Gläubiger bei deren Geltendmachung nicht als eine dritte Person (tiers) sondern als ayant-cause seines Schuldners.

Diese Grundsätze sind in einem Gutachten der Anwälte Becker, Merkel und Dernburg, d. d. Mainz im September 1836. ausgesprochen.

Blätter für Rechtsanwendung zunächst in Baiern. Herausgeg. von **Seuffert** und **Glück**. Erlangen, Palm, 1837. (Vergl. Jahrb. 1838. H. I. S. 93)

Findet wegen des Schmerzengeldes der Würderungseid Statt? S. 361. f.

Bejaht unter Hinweisung auf die Grundsätze vom Würderungseide bei den übrigen Gattungen des Schadenersatzes.

Zur Lehre von der Unterschlagung des Anvertrauten, vom Appellationsgerichtsrath *Arnold*. S. 362. fg.

Ein Webermeister, welcher ihm zur Verarbeitung gegebenes Garn theilweise in seinen Nutzen verwendet hatte, anstatt es, wie ihm obgelegen, ganz an die Besteller der Arbeit abzuliefern, sollte nach der Ansicht seines Vertheidigers nicht der Unterschlagung schuldig, vielmehr seine Handlung als rechtsgültige Specification, und, da letztere mit Vorwissen der Besteller geschehen, er selbst als Eigenthümer des gewobenen Zeuges zu betrachten sein. Im Urthel jedoch wurde die Strafe der Unterschlagung gegen ihn ausgesprochen, da zum Wesen der Specification der animus acquirendi dominii und die bona fides gehöre, der Weber aber im vorliegenden Falle blos als operarum locator habe angesehen werden können, dem es nicht erlaubt gewesen sei, über die ihm zur Verarbeitung gegebene Materie zu verfügen.

Ueber die Nothwendigkeit des sofortigen Beweises der foridectinatorischen Einreden, wenn der Excipient von der Einlassung befreit werden will. S. 325. fg.

Durch Beziehung auf die Natur der processhindernden Exceptionen im Allgemeinen, und auf den Missbrauch, der sonst mit den im Titel genannten Einreden getrieben werden würde, nachgewiesen vom Hrn. Dr. *Feust*.

Ueber Justiz- und Polizeisachen, von Dr. *Georg Carl Seuffert*. S. 328. fg.

Zur rechtlichen Begründung einer Klage — des Inhalts, dass der Beklagte durch eine ihm civilrechtlich zwar freistehende, jedoch durch ein Polizeigesetz verbotene Handlung den Kläger beeinträchtige, — muss ein Erkenntniss oder Zeugniss der competenten Polizeibehörde, dass in der fraglichen Handlung die Uebertretung eines Polizeigesetzes gelegen habe, beigefügt werden.

Zur Lehre von der Restitution wegen neu aufgefundener Beweismittel. S. 330. fg.

Das frühere Wissen des Producenten, dass eine gewisse Person von der auf Beweis gestellten Thatsache Kenntniss haben könne, schliesst die restitutio ex capite novorum aus.

Zur Lehre vom Beweise durch Geständniss. S. 331. fg.

Nicht die Einräumung des Rechts, sondern des Entstehungsgrundes desselben giebt vollen Beweis.

Praktische Bemerkungen aus dem Gebiete des Civilprocesses. S. 332.

Pluspetition kann nicht eintreten, wenn Leistungen eingeklagt werden, deren Festsetzung vom richterlichen Ermessen abhängt.

Kann der Wechselgläubiger, wenn er sich in den Concurs des Wechselschuldners eingelassen hat, den Schuldner auch noch mit Wechselstrenge verfolgen. S. 333. fg.

Diese Frage ist theils im Interesse der übrigen Concursgläubiger, theils weil es unbillig wäre, den Schuldner wegen desselben Anspruchs mittelst zweier Executionsarten verfolgen zu lassen, zu verneinen.

Beiträge zur Lehre vom Handlohn. S. 336. fg. 341. fg. 365 fg. 395. fg. und 407. fg.

Bei nothwendigen Veräusserungen kann der Lehnsherr zwar das Anfalls-, „nicht aber auch das Abfahrts-" Handlohn verlangen. Wenn der Kauf noch vor der Vollziehung durch freiwilligen Rücktritt der Contrahenten wieder aufgehoben wird, und noch keine Besitzveränderung eingetreten war, kann das Handlohn nicht verlangt werden. Dass dem Zwischenkäufer, welchem das Gut nicht wirklich übergeben worden, die Entrichtung eines Handlohns nicht angesonnen werden kann, ist in der Bairischen Gesetzgebung an verschiedenen Orten ausgesprochen. Der Grund dieser Bestimmung liegt darin, dass der Kauf blos den Rechtstitel der Eigenthumserwerbung in sich begreift, zu welcher die traditio als modus acquirendi hinzutreten muss. Gemeinderechte und vertheilte Gemeindegründe sind an sich nicht als Pertinenzien des handlohnbaren Hauptgutes zu betrachten und daher auch nicht handlohnbar. Die Frage, ob von einem auf erbzinsbarem Grund und Boden neuerbautem Hause das Handlohn gefordert werden kann, ist nach Maassgabe des Edicts Beil. V. zur V.-U. §. 11., worin die Forderung eines laudemii vom Werthe der Häuser da, wo es nicht hergebracht, durchaus verboten ist, zu verneinen. Der Altentheil als eine blos persönliche und transitorische Last, welche blos ein zwischen den Grundholden und dem Verkäufer des Gutes, nicht zwischen jenen und der Grundherrschaft bestehendes Rechtsverhältniss berührt, darf bei der Handlohnsberechnung von dem Gutswerthe nicht in Abzug gebracht werden. Wenn bei der Ueberlassung eines handlohnbaren Gutes an Zahlungsstatt der Vorbehalt gemacht wurde, binnen einer bestimmten Zeit einen Käufer zu benennen, so kann eintretenden Falls das Handlohn blos einmal gefordert werden, weil in einem solchen Vorgang keine doppelte Besitzveränderung liegt, vielmehr die Eigenthumserwerbung in Folge des gemachten Vorbehalts von einer Suspensivbedingung abhängig gemacht wird. Von der Wittwe, welche das handlohnbare Gut während der Indultzeit veräussert hat, kann nach Ansbachischem Provincialrecht das sogenannte Besteh-Handlohn nicht gefordert werden.

Unterschied zwischen der Acquisitiv- und der Immemorialverjährung in Ansehung der Gewerberechte. S. 339 fg.

Durch die Immemorialverjährung wird die Erwerbung eines solchen Rechts durch einen Act der Regierung schon vorausgesetzt und durch

Ablauf der Zeit diese Voraussetzung zur rechtlichen Gewissheit erhoben, während eine eigentliche Acquisitivverjährung — als Erwerbung eines bisher noch nicht bestandenen Rechts — in Ansehung der Gewerbsrechte gar nicht existirt.

Zur Lehre von der Schenkung von Todeswegen. S. 344. fg.

Solche Schenkungen sind — bis auf die Summe von 500 solidi — auch ohne Zuziehung von 5 Zeugen in dem Falle für gültig zu achten, wenn sie bereits erfüllt oder acceptirt worden. Der Besitz der Schenkungsurkunde, deren Annahme für factische Acceptation gilt, befreit vom Beweise der letzteren. Bei remuneratorischen Schenkungen kann das Gegebene nicht zurück verlangt werden, auch wenn — bei Schenkungen über 500 solidi die gerichtliche Insination oder — bei Schenkungen von Todeswegen die Zuziehung von 5 Zeugen verabsäumt worden ist.

Ueber die Gebühren der rechtskundigen Magistratsräthe in Gemeinde- und Stiftungsprocessen. S. 347. fg.

Diese Gebühren sind —, in Ansehung des unterliegenden und zur Kostenerstattung verurtheilten Gegners ganz und ohne Unterschied, ob die Gemeinde solche ihrem Sachführer überlässt, oder zur Gemeindecasse einzieht, den gewöhnlichen Advocatengebühren gleichzustellen.

Kennt das preuss. Landrecht bezüglich der Entschädigung ausserehelich geschwächter Weibspersonen einen Unterschied zwischen Abfindung und Ausstattung. S. 349. fg.

Das preuss. L.-R. gebraucht diese Ausdrücke gleichbedeutend mit der gemeinrechtlichen Dotation, und die Ansicht, als gebühre nur einer unter dem Versprechen der Ehe geschwängerten Weibsperson eine Ausstattung, ermangelt aller gesetzlichen Begründung.

Haftet der Lotto-Collecteur für einen Gewinn, der auf ein Spiel gefallen ist, das auf seinem Comptoir besetzt, von ihm aber in die Spiellisten nicht eingetragen worden ist? S. 353. fg.

Allerdings. Denn das Eintragen in die Spiellisten ist eine Obliegenheit des Collecteurs, deren Versäumniss dem Lotto-Aerar — insofern dieses zu Bezahlung des Gewinns verpflichtet sein würde — nicht präjudiciren darf.

Von den Folgen des Ungehorsams mit der Replik. S. 355. fg.

Diese Folge besteht im Verluste der Replik, keineswegs in der Annahme eines stillschweigenden Zugeständnisses der Exception, welche letztere vielmehr als geläugnet betrachtet wird.

Bei Tratten mit bestimmter Verfallzeit (s. g. Datowechseln) ist weder die Präsentation zur Annahme vor dem Verfall, noch die Versendung des etwa erhobenen Protestes wegen Mangels der Annahme an den Vormann zur Erhaltung des Wechselregresses absolut nothwendig, von Dr. *Georg Carl Seuffert.* S. 357. fg

Die Verbindlichkeit einer solchen Präsentation ist in der Bair. W.O. §. 5. no. 3. auf Wechsel a Uso und a Vista beschränkt. Die Verbindlichkeit zu Absendung des Protestes aber setzt die zur Erhebung desselben voraus, welche wieder durch die Zwangspflicht bedingt ist, den Wechsel vor dem Verfall zur Annahme zu präsentiren.

Wird durch die Fälschung eines Auszugs aus den pfarramtlichen Büchern das Verbrechen oder blos das Vergehen der Fälschung öffentlicher Urkunden begangen? S. 373. fg. und 381. fg.

Theils die grosse Gefährlichkeit der Handlung, theils die Bestimmung des Entwurfs zum Bair. St.G.B. vom J. 1822. art. 152. no. 4. und der neuern Entwürfe vom J. 1827. art. 174. no. 4. und vom J. 1831. art. 207.

no. 4., welche übereinstimmend die unter amtlichem Glauben hergestellten Tauf-, Heiraths- und Sterbe-Matrikel denjenigen öffentlichen Urkunden beigezählt wissen wollen, an denen das Verbrechen der Fälschung begangen wird, machen es nothwendig, die obige Handlung ebenfalls als Verbrechen im Sinne des art. 337. §. 1. des St.G.B. vom J. 1813. anzusehen. Auch ist neuerdings in zwei Fällen dieser Ansicht gemäss erkannt worden.

Zur Lehre von der actio Pauliana. S. 378. fg.

Arreste, welche vor Einleitung des formellen Concurses zu Gunsten einzelner Gläubiger verhängt sind, können von den übrigen Gläubigern mit der actio Pauliana nicht angefochten werden. Unterpfandsbestellungen sind auch nach Bairischem Recht der Anfechtung mittelst der Paulianischen Klage unterworfen.

Zur Lehre vom possessorium summariissimum. S. 385.

Zu dessen Begründung reicht bei servitutibus discontinuis eine einzige Besitzhandlung nicht hin, sondern es müssen deren mehrere im letzten Jahre und zwar in erheblichen Zwischenräumen erfolgt sein.

Zur Lehre von der Syndikatsklage. S. 387. fg.

Zu deren factischer Begründung ist blos der Beweis, dass von dem zunächst haftenden Schuldner nichts mehr zu erholen sei, nicht aber die Herstellung seiner Insolvenz im Wege des Concursprocesses erforderlich.

Ueber die den Ehegatten unter sich zustehende Rechtswohlthat der Competenz, von Hrn. Dr. *Feust.* S. 389. fg.

Die Wirksamkeit dieses beneficii ist auch auf die geschiedenen Eheleute zu erstrecken, einmal, weil weder der Buchstabe des Gesetzes zwischen bestehender und getrennter Ehe unterscheidet, noch die ratio legis eine solche Unterscheidung räthlich macht, und zweitens, weil bei bestehender Ehe die Gatten kaum jemals in die Lage kommen dürften, jene Rechtswohlthat für sich anzusprechen.

Ist der natürliche Grossvater nach gemeinem Rechte zur Alimentation des ausserehelichen Kindes seines Sohnes verpflichtet, wenn dieser es nicht ernähren kann? S. 393. fg.

Der Bairische oberste Gerichtshof hat sich — unter Hinweisung auf l. 5. §. 5. D. de agnosc. et alend. liberis — für die verneinende Meinung ausgesprochen.

Praktische Bemerkungen zur Lehre vom Weiderechte. S. 397. fg.

Unter offner Zeit ist im Zweifelsfalle diejenige zu verstehen, in welcher das Feld dermaassen leer von Früchten ist, dass vom Einhüten des Viehs weder für die Saat noch für die Aerndte Nachtheil zu besorgen steht. Der Anbau der Brache macht das Feld zum geschlossenen. Eben so ist bei mehrjährigem Klee, nachdem vor Eintreten des Winters der letzte Schnitt eines Jahres geschehen, das Kleefeld bis zum künftigen Frühjahr für geschlossen zu achten. Durch die fortdauernde Cultur einzelner Aecker wird zwar die Weide von diesen ausgeschlossen, allein der zum Durchtrieb auf andre nicht bebaute Aecker erforderliche Raum muss dem Berechtigten während der offenen Zeit gelassen werden.

Zur Lehre von Verträgen, welche Christen mit Juden eingehen. S. 401. fg.

Bei solchen Verträgen ist die Errichtung vor der Obrigkeit und eine der Protokollirung vorgängige causae cognitio dann erforderlich, wenn die Gesetze des Orts, in welchem der contrahirende Christ wohnt, obige Form vorschreiben.

Zur Lehre von der Abfassung der Beweisinterlocute. S. 405. fg.

Die Regel, dass, wenn auf Beweis über Klage und Einrede zugleich erkannt wird, der Beweis der letzteren als ein blos eventueller aufzuerlegen sei, kann in dem Falle keine Anwendung finden, wenn der Vorbeweis nur auf Festsetzung des Betrages der eingeklagten Forderung Einfluss hat, durch die Einrede aber diese Forderung ganz und gar entkräftet werden soll.

Geschwister sind nach gem. Recht nicht verbunden, einander zu alimentiren. S. 411. fg.

Die hierauf bezüglichen Gesetzesstellen — fr. 12. §. 3. de adm. et peric. tut. fr. 13. §. 2. eod. fr. 1. §. 2. de tut. et ration. distr. fr. 73. §. 2. de jure dot. fr. 20. sol. matr. — enthalten insgesammt weiter nichts, als dass die wechselseitige Ernährung der Geschwister billig sei.

Zur Lehre von Streitigkeiten zwischen Meistern und Gesellen. S. 413. fg.

Diese Streitigkeiten, insofern sie sich auf das gegenseitige häusliche oder dienstliche Verhältniss zwischen Meistern und Gesellen beziehen, und ihr Object nicht über 100 fl. beträgt, sind in der neuesten Processnovelle vom 17. Nov. 1837. dem mündlichen Verhöre bei den Untergerichten zugewiesen.

Ueber die Wirkung der Bürgschaftsleistung in Zollstrafsachen. S. 416. fg.

Ein solcher Bürge kann, wie der Bürge in Strafsachen überhaupt, sogleich von der Strafgewalt in Anspruch genommen werden, wenn der Fall der Bürgschaftsleistung eingetreten ist, und sowie er nicht verlangen kann, dass die Strafgewalt sich ihres Amtes begebe und dieses dem Civilgericht abtrete, so steht ihm auch das beneficium ordinis nicht zu.

Ueber Verpflegung und Erziehung unehelicher Kinder (nach preuss. Recht). S. 418. fg.

Nach §. 622. Th. II. Tit. 2. des preuss. L.R. hat der Vater eines unehelichen Kindes nach dessen zurückgelegtem 4ten Jahre die Wahl, ob er die Erziehung selbst übernehmen oder andern Personen, gegen welche sich von Seiten des vormundschaftlichen Gerichts kein Bedenken findet, oder ob er sie der Mutter auf seine Kosten überlassen will. Ein gleiches Wahlrecht steht auch den Grossältern von väterlicher Seite zu, wenn im Falle des §. 628. a. a. O. die Alimentationspflicht auf sie übergeht.

Criminalistische Jahrbücher für das Königreich Sachsen.

Herausgegeben von **Chr. B. v. Watzdorf** und **Dr. G. A. Siebdrat**, K. S. App.-Räthen zu Zwickau. 1n Bds. 3s Heft. Zwickau, Richtersche Buchhandlung. 1837. 8.

13. *Nach welchen Gesetzen ist ein im Auslande begangenes Verbrechen zu bestrafen?* Vom Hrn. App.-R. Dr. *Krug*. (S. 259—282.)

Die Vertheidiger der, von der 1. Kammer der Sächs. Ständeversammlung beschlossenen Anwendung ausländischer Strafgesetze für diesen Fall berufen sich theils auf die Rechtsregel: locus regit actum — allein diese Regel bezieht sich ihrem Ursprunge nach auf bürgerliche Rechtsverhältnisse und statutarische Rechte, und lässt keine Ausdehnung zu; theils auf das Wesen des Staats und der durch ihn begränzten Strafgewalt — aber diese Begränzung ist in der Idee des Staats nicht bedingt, und eben so wenig in dem von ihm gewährten Schutze, den er seinen

Unterthanen mittelbar auch im Auslande angedeihen lässt. Der Inländer ist bei solchen Handlungen, deren Strafbarkeit lediglich in einem Ungehorsam gegen das positive Strafgesetz beruht, stets nach den Gesetzen des Inlandes zu richten; gehört das Gesetz aber blos dem auswärtigen Staate an, so ist er in der Regel gar nicht zu bestrafen. Die Verbrechen im engern Sinne sind von jedem Staate im eignen Namen zu strafen, also auch an Ausländern nach inländischen Gesetzen; die Ausnahme hins. der mildern ausländischen Gesetze wird bei der Gelindigkeit des Sächs. Entwurfs nur auf ganz seltene Fälle anwendbar sein, während ihre Unausführbarkeit in Hins. der geforderten Kenntniss aller auswärtigen Gesetze vor Augen liegt.

14. *Zur Lehre von der culposen Tödtung.* (S. 283—289.)

Der Revieraufseher F. tödete in den Morgenstunden des 1. Oct. 1836. in der Meinung, auf ein Stück Wild zu schiessen, den eben 15. Schritt von ihm im Walde gehenden Gärtner M. durch einen Schuss in den Unterleib; er wurde durch ein Erkenntniss des App.-Ger. zu Zwickau „gestalten Sachen nach und, insofern ihm hierbei eine Absichtlichkeit beigemessen worden, in Ermangelung Verdachts,“ jedoch unter Auflegung der Untersuchungskosten, freigesprochen.

15. *Meineid, hauptsächlich durch stumme Zeugen erwiesen.* (S. 290—306.)

Die Gebrüder Gottlob Friedrich und Carl August S. hatten in einem Executivprocesse das der Klage zu Grunde liegende, auf eine Schuld von 56. Thalern lautende, Document eidlich diffitirt. Theils auf Grund einer gegen einen Dritten von G. Fr. S. ausgesprochenen Versicherung, welche dieser Diffession entgegen stand, theils und hauptsächlich aber in Folge einer Vergleichung der Handschrift und des Petschaftabdruckes wurde G. Fr. S. als des Meineids dringend verdächtig im ersten Erkenntniss mit 2jähriger Zuchthausstrafe belegt, diese Strafe aber vom Ob.-App.-Ger. mit Rücksicht auf die Geringfügigkeit des angestifteten Schadens auf eine halbjährige herabgesetzt. C. A. S. wurde schon im ersten Erkenntnisse, da gegen ihn nur ein der Diffession keineswegs direct entgegenstehendes Zugeständniss sprach, in Mangel mehreren Vedachtes frei gesprochen.

16. *Zur Erläuterung der Grundsätze über das Sacrilegium.* Vom App.-Rath *v. Salza u. Lichtenau* in Leipzig. (S. 307—312.)

Das Bezirks-App.-Ger. hatte eine mittels Eindrücken einer Fensterscheibe sowie des hölzernen Fensterkreuzes, und Einsteigen vollführte Entwendung einer zinnernen Taufschüssel aus einer Kirche, für Kirchenraub im Sinne des Rescr. v. 26. Apr. 1773. erachtet und mit der Strafe des Schwertes belegt; das Ob.-App.-Ger. entschied aber, dass der im ang. Rescr. aufgestellte Begriff des Kirchenraubes nach den durch die Sächs. Praxis erläuterten Vorschriften der Carolina Art. 172. und 174. beurtheilt werden müsse, und daher die Todesstrafe nur dann Statt finden könne, wenn der Einbruch in die Kirche mit besonderer Gewalt, d. h. mit gefährlichen Werkzeugen verübt worden sei, dass aber auf die Qualität des geraubten Gegenstandes als eines zu Verwaltung der Sacra unmittelbar dienenden Gefässes weniger Gewicht zu legen sei.

17. *Ueber den Arrest während der Untersuchung.* Von *v. Watzdorf.* (S. 313—330.)

Er ist nothwendig, wenn mit Recht zu befürchten ist, dass der Inculpat seine Freiheit benutzen werde zur Flucht, oder zu Collusionen, oder zu Begehung neuer Verbrechen. Streng genommen sollte der Verdacht der Flucht nur die Vagabonden und die, welche das Leben verwirkt haben, treffen. Wegen Collusionen kann nur Verhaftung eintreten, wenn dieselben die Beweisführung wirklich erschweren würden, also keinesfalls nach (durch Geständniss) vollständig oder doch möglichst weit geführtem Beweise. Der letzte Grund des Arrestes ist nur dahin zu verstehen, wenn die Vollbringung des verhinderten, oder die Ausführung eines beschlossenen Verbrechens zu befürchten ist. Im Allgem. muss die Gefangenhaltung während der Untersuchung nicht die Regel, sondern die Ausnahme sein. Die Bezirksappellationsgerichte könnten wohl der entbehrlichen Detention öfter, als geschieht, entgegen wirken.

18. *Gutachten der medicinischen Facultät zu Leipzig über die Zurechnungsfähigkeit eines wegen Incests und zweifachen Mordes zur Untersuchung gezogenen Inculpaten.* (S. 331 — 353.)

Der Inculpat wurde wegen Geistesverwirrung (daemonomania veterum nach der Erklärung eines Beisitzers) für unzurechnungsfähig zur Zeit, da er die beiden Mordthaten begangen, erachtet.

19. *Erkenntnisse über die Zusammenrechnung concurrirender Diebstahlsbeträge.* Mitgeth. v. *Siebdrat.* (S. 356 — 367.)

Die Herabsetzung der Diebstahls-Strafe auf die Hälfte wegen nicht berichtigten Thatbestandes, weil der Eigenthümer der gestohlenen Sache noch fehlt, schliesst die Herabsetzung wegen Ersatzes aus, wenn auch diese Sache vorhanden ist. Hält man aber den Thatbestand ungeachtet jenes Mangels für berichtigt, so fragt es sich, ob auch dann eine Herabsetzung wegen Ersatzes anzunehmen sei: das Ober-App.-Ger. hat ein sich dafür entscheidendes Urthel bestätigt.

IV. Nachweisung von Recensionen in andern Zeitschriften.

A. Allgemeine Literatur-Zeitung. 1838. Band I.

1. *Januar.* Nr. 9. 10. S. 65—70. u. 73—80.

An introduction to de study of the civil law. By *David Irving* The fourth edition. London, Maxwell. 1837. 284. S. gr. 8. (geb. 9 Sh.) (Vgl. Jahrb. 1837. H. 10. S. 954. f.)

Nachdem der Rec die Absicht des Verfs., seine Landsleute mit dem Röm. Recht zu befreunden, und sie in den heutigen Zustand der civilistischen Studien, vorzüglich der deutschen, einzuführen, hervorgehoben, sowie die gründliche Kenntniss der deutschen Literatur, und die Liebe für dieselbe, welche der Verf. überall an den Tag legt, gerühmt hat, betrachtet er den Inhalt des Werkes, welches, nach einer Einleitung, vom Röm., dann vom Feudal- und zuletzt vom Canon. Recht handelt, und von einer Appendix und einem Index beschlossen wird. Der Rec. geht besonders auf die Bemerkungen des Verfs. über die Auctorität des Röm. Rechts in England und Schottland näher ein, theilt aus dem Buche Beispiele mit, in welchen der in jener Hinsicht zwischen beiden Ländern Statt findende Unterschied hervortritt, und macht u. A. auch einige vom Verf. angeführte Englische Schriften über Röm. Recht, welche in Deutschland weniger bekannt sind, namhaft. Er berichtigt dabei einige Versehen des Verfs. in den Bemerkungen über das Röm. Recht, fügt aber zugleich hinzu, dass deren noch mehrere sich in dem finden, was der Verf. über das Lehnrecht und das Canon. Recht sagt, wovon Beispiele angeführt werden. Auf die in der Appendix enthaltenen Recensionen des Verfs. über mehrere neue civilistische Erzeugnisse Deutschlands macht der Rec. noch besonders aufmerksam, und schliesst mit dem Wunsche, dass die deutschen Civilisten den Leistungen eines Mannes ihre Theilnahme zuwenden mögen, „welcher auf dieselbe durch seine Liebe zur Wissenschaft, durch seine Verehrung gegen deutsches Studium und durch seine gediegene Kenntniss einen so wohlbegründeten Anspruch hat.“ (Rec. *R. Schneider.*)

2. *Januar. Ergänzungsblätter.* Nr. 6—8. S. 41—62.

Lehrbuch für Institutionen und Geschichte des Röm. Privatrechts von Dr. *Friedr. Adolph Schilling*, o. Prof. d. R. R., Beis. d. Jur. Facult. u. d. Univ. Ger. zu Leipzig, Domherr zu Naumburg. — Zweiter Band. Leipzig, Barth. 1837. XIV. u. 754. S. gr. 8. (3 Thlr. 12 Gr.)

Im Eingange bemerkt der Rec. welche Freude die Ankündigung eines ersten ausgeführten Lehrbuchs, welches die Institutionen und die Geschichte des Röm. Privatrechts verbindet, erregt habe, und wie diese Freude noch gestiegen sei, da dem Unternehmen der Name eines Mannes vorgestellt gewesen, „der es verbürgte, dass nur Tüchtiges in diesem

Buche geleistet werden könne.“ Dass nun der Verf. dieses „ausgezeichneten Werkes“ vor der Vollendung des ersten Bandes den zweiten habe erscheinen lassen, sei zu loben; jedoch sei „nach der nur zu billigenden Ausführlichkeit,“ nach welcher in diesem 2. Bande der allgem. Theil und das Sachenrecht abgehandelt sei, zu erwarten, dass die noch rückständigen Lehren nicht, wie der Verf. beabsichtige, in einem, sondern in zwei Bänden abgehandelt werden. — Der Rec. charakterisirt sodann im Allgemeinen dieses Lehrbuch, und rühmt besonders an dem Verf. die Klarheit, und die Gründlichkeit und Sorgfältigkeit des Quellenstudiums; der Leser werde oft feine und neue lexikalische, rechtshistorische, dogmatische, oder auf die richtige Systematisirung sich beziehende Bemerkungen eingestreut finden. Der grosse Fleiss und die fast ängstliche Sorgfalt, mit welcher der Verf. die Quellen benutzt, zeige sich theils darin, dass überall die prägnanten Beweisstellen citirt und öfters abgedruckt seien, theils in der genauen Berücksichtigung der Kunstsprache des Röm. Rechts. Hierauf lässt der Rec. S. 43—61. eine grosse Anzahl einzelner Bemerkungen folgen, welche theils gegen Angaben des Buches gerichtet sind, theils zeigen sollen, wie viel Neues und Gutes schon dieser eine Band enthalte. Den Schluss machen lobende Bemerkungen über das Aeussere; nur Seiten-Ueberschriften vermisst der Rec. ungern. (Rec. *A. v. B.*)

3. *Januar. Ergänzungsblätter.* Nr. 8. S. 62. f.

Abdruck der wichtigsten Actenstücke, die gegen Verfasser und die Unterzeichner der bei F. König in Hanau 1832. erschienenen Druckschrift: „Protestation deutscher Bürger für Pressfreiheit in Deutschland“ verfügte Untersuchung betr.: den Angeschuldigten statt der Abschrift mitgetheilt von ihrem Anwalt. Offenbach, Brede, 1833. 82. S. gr. 8. (8 Gr.)

Der Rec. referirt den Inhalt, und bemerkt am Schluss: „Es ist ein kleiner Beitrag zur Kenntniss der Gerichtsverfassung und zur Doctrin des Strafrechts, besonders zur Lehre von den Injurien, die noch so viele Zweifel übrig lässt, dass jede Erscheinung, die ihrem Gebiete angehört, Beachtung verdient. (Rec. *B.*)

4. *Januar. Ergänzungsblätter.* Nr. 8. S. 63. f.

Das Strafrecht der Cantone Uri, Schwytz, Unterwalden, Glarus, Zug und Appenzell. Von *Constantin Siegwart Müller*. St. Gallen, Bureau d. Freisinnigen, 1833. VI u. 150. S. 1833. gr. 8. (1 Thlr. 8 Gr.)

Nach Angabe des Inhalts bemerkt der Rec.: „Die Schrift ist *nicht* nur für den Criminalisten, besonders in Bezug auf *die Geschichte* des peinlichen Rechts, sondern namentlich auch für die Historiker und Psychologen von Interesse.“ (Rec. *B.*)

5. *Februar.* Nr. 22. 23. S. 169—180.

Die Recuperatio der Römer. Eine rechtshistor. Abhandlung von Dr. *Carl Sell*, u. s. w. Braunschweig, Vieweg u. Sohn, 1837. XIV. und 498. S. gr. 8 (2 Thlr. 12 Gr.) (Vgl. Jahrb. 1837. H. 10. S. 861 ff.)

Nach einer kurzen Bezeichnung des bisherigen Zustandes dieser Lehre und der Tendenz und Einrichtung des vorliegenden Buches, wird vom Rec. zuvörderst „die Anlage der Untersuchung, welche ganz darauf berechnet ist, den Hauptgedanken des Verfs. von vielen Seiten her zu bewähren und den Mangel inhaltsreicher Angaben durch Benutzung und geschickte Verknüpfung vieler zerstreuter Notizen zu ersetzen, ferner eine Leichtigkeit alte Verhältnisse zu reconstruiren, und für das Unbekannte irgend einen Aufschluss zu finden,“ anerkannt. Jedoch wird hinzugefügt, dass der Verf. keineswegs Alles, was er zu beweisen suche, wirklich bewiesen, oder von seinen Beweismitteln immer den richtigen Gebrauch gemacht habe. Diess sei sogar bei dem der Fall, was der Verf. sich als die ursprüngliche Bedeutung der Recuperatio und als die älteste Bestimmung der Recuperatores gedacht habe. Der Rec. führt zum Beleg die Erklärung des Verfs. von *Festus v. Reciperatio* an, welche er durchaus bestreitet, und gegen welche er eine andere Ansicht von der Stelle geltend macht. — Sodann prüft der Rec. alle die Stellen, in welchen die Recuperatoren vor Cicero als Richter vorkommen, um zu zeigen, dass sie keineswegs die Bedeutung der Recuperatoren beweisen, welche der Verf. für die ältere Zeit annimmt. Der Rec. spricht sich hierbei zugleich dahin aus, dass überhaupt die Methode der Untersuchung des Verfs. der von *Huschke* und *Collmann* befolgten nachstehe, obwohl nicht zu verkennen sei, dass der Verf. in mehreren Puncten *Huschke* mit Glück bestritten, und diese Lehre wesentlich gefördert habe. — Hierauf bemerkt der Rec. noch über die Art, wie der Verf. seine Untersuchung angestellt, dass derselbe auf die Natur der Sache ein besonderes Gewicht gelegt habe, ohne dass jedoch diese „unbestimmte und incommensurable Grösse" überall wirklich für ihn spräche, und dass seine Untersuchung an einer zu grossen Weitschweifigkeit leide. Diese gehe bei dem Verf. aus einer fehlerhaften jugendlichen Abundanz und theilweisen Unreife hervor, welche letztere auch noch an mehreren Beispielen nachgewiesen wird, in der Voraussetzung, dass keiner, einmal darauf aufmerksam gemacht, solche Mängel leichter vermeiden werde, als ein so tüchtiger und von dem redlichsten Eifer beseelter Forscher, wie sich Hr. *Sell* in seinem Buche überall gezeigt habe." (Rec. *R.*)

7. 8. *Februar*. Nr. 29. 30. S. 225—240.

Darlegung des Verfahrens der Preussischen Regierung gegen den Erzbischof von Cöln. 51. u. 62. S. Berlin, 1837. 4. (1 Thlr. 4 Gr.)

Die Gefangennehmung des Erzbischofs von Cöln und ihre Motive, rechtlich erörtert von einem praktischen Juristen. Frankf. a. M., Osterrieth, 1837. IV. u. 87. S. 8. (9 Gr.)

Der Ref. giebt zuerst eine Darlegung des Sachverhältnisses, wobei er die Maassregeln der Regierung gegen den Erzbischof in Schutz nimmt. Zuletzt beschäftigt er sich noch besonders mit der zweiten angez. Schrift, welche er für die bedeutendste von allen ihm zu Gesicht gekommenen Oppositionsschriften hält. Er tadelt an ihr den Mangel aller Actenstücke, und dass sie „durchaus die Schrift eines Advocaten sei, der alle Schwächen seiner Partei eben so, wie die Stärken des Gegners übersieht und dabei nicht ohne Leidenschaft verfährt, wie sorgfältig er diese auch zu verstecken sucht." Einzelne Blössen weist er ausführlicher nach. (Rec. *En.*)

9. *Februar*. Nr. 23. S. 180—184.

Bemerkungen über den Stand der Gesetzgebung und Jurisprudenz in Deutschland, von *Ludw. Minnigerode*, u. s. w. Darmstadt, Heyer. Hofbuchhandl. (Jonghaus) 1836. IV. u. 134. S. kl. 8. (16 Gr.)

Die Rec. beginnt mit Bemerkungen über die Stellung und schriftstellerische Thätigkeit des Verfs. Dann folgt eine Uebersicht des Inhalts, mit einzelnen theils anerkennenden, theils zurückweisenden Bemerkungen des Rec. Insbesondere erklärt sich der letztere gegen die Ansicht des Verfs. von der historischen Schule und den juristischen Zeitschriften. Zum Schluss fordert er den Verf. auf, seine Denkwürdigkeiten herauszugeben. (Rec. *Bopp.*)

10. *Februar*. Nr. 37. S. 289—295.

Kleine Schriften, kirchenrechtlichen und religionsphilosophischen Inhalts, von Dr. *Jonathan Schuderoff*, Geh. Cons.-Rathe u. Sup. zu Ronneburg. Lüneburg, Herold u. Wahlstab, 1837. XII. u. 180. S. gr. 8. (18 Gr.)

Allgemeine Charakteristik des vom Verf. geführten Kampfes auf dem theologischen und kirchenrechtlichen Gebiete mit lobender Anerkennung seiner Bestrebungen.

11. *März*. Nr. 42. 43. S. 329—336. u. 343. f.

Das römisch-deutsche Recht der Compensation, mit Hinblick auf einige besondere, in Deutschland geltende Gesetze und Statuten, dargestellt von Dr. *Ferdinand Hartter*. München, Fleischmann, 1837. XI. und 259. S. gr. 8. (1 Thlr.)

„Wenn Rec. über diese Schrift ein Gesammturtheil, auch nur in den Hauptbeziehungen derselben abgeben soll, so gesteht er, dass er sich in einiger Verlegenheit befindet. Denn es finden sich in derselben, neben der rühmlichst zu erwähnenden Einleitung, Zeichen der Ignoranz von solcher Stärke, dass eines neben dem andern kaum möglich erscheint." Der Rec. tadelt nun zuvörderst, dass in der Literatur bei den Systemen der Verf. sich fast nur auf die ältere beschränkt habe. „Anbelangend den Inhalt, so hat der Verf. eher zu viel hineingezogen, als etwas Wesentliches übergangen. Der erste Abschnitt, welcher das materielle Recht enthält, ist jeden Falls der bessere, und namentlich dem zweiten, der das formelle Recht, d. h. die processualischen Momente entwickelt, überlegen." — „Im Ganzen kann die geschichtliche Entwickelung nicht als verfehlt betrachtet werden." Der Rec. giebt eine Uebersicht derselben. „Weniger beifällig ist schon das aufzunehmen, was der Verf. im §. 3. über das materielle Recht entwickelt, und namentlich über den Gegenstand der Klagen und der Verurtheilung. Nicht nur mischt er hier die Zeugnisse aus verschiedenen Zeiten unter einander, sondern er versteht auch mehrere auffallend unrichtig." Diess sucht der Rec. nachzuweisen. und geht hierauf die folgenden §§. einzeln durch, indem er sie mit bald tadelnden, bald lobenden Bemerkungen begleitet. Zuletzt rügt er noch die Provincialismen des Verfs. (Rec. *Sintenis* in Giessen.)

D. Jenaische Allgemeine Literatur-Zeitung, 1838. Band I.

4. *Februar*. Nr. 22—25. S. 169—200.

Neueste Erscheinungen der Criminalgesetzgebung. Erster Artikel.

Uebersicht dieser Erscheinungen in und ausser Deutschland von dem Toscanischen Criminalgesetz von 1786. an. Bemerkungen über die bei Abfassung neuer Strafgesetzbücher befolgten und zu befolgenden Principien, namentlich darüber: ob eine bestimmte Strafrechtstheorie zum Grunde zu legen sei? was verneint wird.

5. 6. *Februar*. Nr. 31. S. 243—245.

Das königl. hannoversche Patent, die deutschen Stände und der Bundestag. Publicistische Skizze von Dr. *C. F. Wurm*, Prof. in Hamburg. Leipzig, Brockhaus, 1837. XII. u. 35. S. 8. (8 Gr.) (Vgl. Jahrb. oben S. 59. ff.)

Die Gründe des Patents vom 1. Nov. 1837. Nachtrag zu der Schrift: Das k. hannov. Patent u. s. w. Von Dr. *C. F. Wurm*, Pr. in Hamb. Hamburg, Perthes, Besser u. Mauke. 1837. IV. u. 35. S. 8. (6 Gr.)

Rec. hat die vorbemerkten Schriften mit grosser Erwartung in die Hand genommen, weil er gerade von einem Professor in Hamburg einer ruhigen wissenschaftlichen Prüfung der vorliegenden Sach- und Rechts-Verhältnisse entgegensehen zu können glaubte. ...... Allein darin hat sich Rec. getäuscht. Die Zueignung an *Pfizer*, die ganze Haltung der Sprache (er spricht von „Hundedemuth") bekunden einen leidenschaftlichen Zustand, der nie einer besonnenen Prüfung fähig ist." Nach diesem Eingang giebt der Rec. den Inhalt der beiden Schriften an, und setzt zugleich den Behauptungen des Verfs. mehrere Gründe entgegen. Namentlich sucht der Rec. gegen die zweite Schrift zu zeigen, dass der Consens der Agnaten bei Beschränkung der Regierungs-Rechte erforderlich, und dass das Staatsgrundgesetz für den König unverbindlich gewesen sei, sowohl der Form als der Materie nach, letzteres weil es dessen Regierungs- und sonstige Rechte tief kränke, was insbesondere rücksichtlich der Domainen und des Fürstenthums Hildesheim (mit Bezug auf die Reichstags-Verhandlungen B. 1. S. 237.) kurz ausgeführt wird. (Rec. *Z. J. M.*)

7. *Februar*. Nr. 39. S. 309. f.

Vitam *Caroli Sigonii*, viri singulari virtute, moribus, ingenio, doctrina, meritis praediti, ad imitandum juventuti exposuit, indicemque ejus librorum adjecit *Jo. Phil. Krebsius*, Philos. Dr. et Prof. lit. antiquar. Programma etc. Weilburg, Lanz. 1837. 46. S. 4.

Ein sehr interessanter Beitrag zur neuern Literaturgeschichte; die Quellen sind mit grosser Sorgfalt benutzt, mehrere Irrthümer anderer Biographen und Literatoren berichtigt. Der Rec. erklärt sich gegen den Verf. in zwei Puncten, ein Mal, dass er gegen den Gegner des *Sigonius*, *Franc. Robortelli*, nicht gerecht genug gewesen sei, und sodann dass er dem *Sigonius* die Consolatio sive de luctu minuendo abgesprochen habe. (Rec. *L. M.*)

8. *März*. Nr. 43. 44. S. 337—351.

Handbuch des gemeinen Pfandrechts. Von *Karl Fried. Ferd. Sintenis*. Halle, Schwetschke und Sohn. 1836. XXIV. und 696. S. gr. 8. (3 Thlr. 18 Gr.) (Vgl. Jahrb. 1837. H. 2. S. 97. ff.)

Nach Bemerkungen über die schriftstellerische Thätigkeit des Verfs. und über die Vorrede, an welcher der Rec. den geringschätzenden Seitenblick auf *Gesterding* missbilligt, giebt derselbe eine detaillirte Uebersicht des Inhalts, und knüpft daran das Urtheil, dass er die Form, in welcher die Lehre vom Verf. dargestellt worden, nicht für gelungen halte. Zwei Wege hätten dem Verf. offen gestanden. Einmal habe er seinen Gegenstand geschichtlich-dogmatisch behandeln können. „Das aber heisst nicht im Laufe der Erörterungen geschichtliche Notizen oder Reflexionen einweben, um etwa diesen oder jenen Erklärungsgrund zu bekommen. Es würde gegolten haben, diesen ganzen Rechtstheil aus den ersten Keimen der römischen Gesetzgebung zu entwickeln...." Der zweite Weg wäre der einer dogmatischen Exposition gewesen. „Allein Hr. S., obgleich er die Gesetze derselben nicht verkennt, scheint doch zu wünschen (Vorr. S. VII.), dass man von der ersten Bedingung streng logischer Einheit in Anlage und Durchführung des Plans ihn entbinden möge. Wir wären gern geneigt, ihm alle mögliche Freiheit zu gestatten, nur musste das Ganze nicht darunter leiden, sondern gewinnen..... Menge und Mannigfaltigkeit des Stoffes haben den Verf. verführt, auch nicht einmal den allgemeinen Beziehungen treu zu bleiben, welche als Anhaltspuncte er selbst hervorhebt. Je weiter er indess abweicht, je mehr er sich ins Breite verirrt, desto sicherer wird der Leser die für ruhiges Studium unentbehrliche Klarheit der Ideen vermissen. Der Verf. fühlt diesen Mangel, er kann nicht läugnen, dass Wiederholungen vorkommen, er entschuldigt Missverhältnisse, Ungleichheiten der Behandlung, weil einer systematischen Anordnung der Stoff widerstrebe. Doch hiervon können wir uns nicht überzeugen...... Er sammelt, er excerpirt, und, wie man annehmen muss, rastlos; allein Alles bleibt doch immer nur Material, das der letzten entscheidenden Bearbeitung wartet; eine vollendete kritische Darstellung vermisst man." Hierauf folgen Bemerkungen über Einzelnes, namentlich erklärt der Rec. sich gegen den vom Verf. dem Pfandrecht beigelegten Charakter eines dinglichen Forderungsrechts. Am Schluss steht folgendes Gesammturtheil: „Gewiss, das darf man mit achtungsvoller Ueberzeugung sagen, Hr. S. wird den Gelehrten seiner Facultät, in deren Reihen er eingetreten ist, ein Vorbild des Fleisses sein; doch die Gabe, eine kritische Revision der Lehre vom Pfandrecht auf ihrem gegenwärtigen Standpuncte nach zeitgemässem Bedürfnisse zu schreiben, hat er in dem hier vorliegenden Buche nicht bewährt. Möge der neue Wirkungskreis ihm Veranlassung werden, in seinem Fache rastlose Fortschritte zu machen, welche der Wissenschaft Heil bringen, ihn aber reitzen, die Forderungen an sich selbst immer höher zu stellen." (Rec. *R. Z.*)

Miscellen.

1. Eine neu-entdeckte Sammlung Justinianischer Novellen.

Eine bis jetzt noch unbekannte Sammlung mehrerer Justinianischen Novellen, deren einzelne Stücke indess schon anderwärts gedruckt sind, befindet sich in einer Handschrift der Ambrosianischen Bibliothek zu Mailand. Die Handschrift ist auf Pergament, und hat folgende Signatur: L. 49. Referent wird den Inhalt derselben nach den Mittheilungen des Herrn Prof. *Witte* in Halle kurz angeben, und dann den Nutzen bezeichnen, welchen wir aus der Vergleichung dieser Handschrift für eine neue Ausgabe der Justinianischen Novellen zu erwarten haben. Zuerst finden sich in der Handschrift die canones Apostolorum und Concilienschlüsse (Fol. 1—49.) Dann kommt der Nomokanon des Photius in 14. Titeln. Die Ueberschrift desselben lautet Fol. 49. A. so: *νομοκανὼν σὺν θεῷ περιέχων συνοπτικῶς ὅλυυς τοὺς κανόνας, τῶντε ἁγίων οἰκουμενικῶν ζ. συνόδων κα̣ὶ τῶν ἁγίων ἀποστόλων, μεθ᾽ ὧν καὶ τοῦ μεγάλου Βασιλείου καὶ ἑτέρων ἁγίων θεοφίλων πατέρων.* Er bricht Fol. 183. bei dem 4. Capitel des 11. Titels ab. Neben den Stücken des ächten Nomokanon findet sich eine ungedruckte *ἑρμηνεία*, deren Verfasser nirgends genannt wird, und welche auch insofern nicht unwichtig sein dürfte, als sie Stellen aus verloren gegangenen Commentaren der Griechischen Rechtsgelehrten über die Justinianischen Rechtsquellen enthält. So wird z. B. Fol. 152. ein Stück aus Novelle 6. referirt, und zwar nach den verschiedenen Auszügen des Theodorus Hermopolitanus und des Athanasius Scholasticus. Nach dem Nomocanon folgen einige unbedeutende Auszüge aus den Pandekten in der Handschrift (fol. 184.). Auf demselben Blatte hebt auch die oben bezeichnete Sammlung der Justinianischen Novellen an. Die Ueberschrift derselben lautet so: *νεαραὶ Ἰουστινιανοῦ Βασιλέως περὶ τῶν θείων καὶ ἱερῶν ἐκκλησιαστικῶν κα κα* (lies *κανόνων*). Diese Sammlung, welche den übrigen Theil der Handschrift ausfüllt, zerfällt in Titel, deren letzter als *τίτλος ιγ'.* bezeichnet wird. Jeder Titel besteht aus einer oder mehreren Novellen; zwischen *τίτλος θ'.* und *τίτλος ια'.* (Fol. 221. 222. d. H.) sind einige Blätter ausgefallen, welche dem Zusammenhange des Ganzen nach ein Stück von *τίτλος ι'.* enthalten haben müssen. Die einzelnen Novellen, welche sich in dieser Sammlung erhalten haben, sind folgende. Nov. 131. (Fol. 184—190.) Sie ist an den praef. praet. *Petrus* gerichtet. — Nov. 6. (Fol. 190—197.) Sie ist an den *Epiphanius* gerichtet. — Nov. 16. (Fol. 197. B.) Sie ist an den *Epiphanius* gerichtet. — Nov. 86. — Nov. 5. Sie ist an den *Epiphanius* gerichtet. — Nov. 133., an den *Johannes* gerichtet. — Nov. 7., an den *Epiphanius* erlassen. (Fol. 204—209.) — Nov. 19., an den *Johannes* gerichtet. — Nov. 2., an den *Hermogenes* gerichtet. — Nov. 12., an den *Hermogenes* erlassen. — Nov. 115., an den *Johannes* erlassen (Fol. 216—221.) — Nov. 1., welche Fol. 222. mit den Worten des Cap. 1. §. 1. anhebt:

τὸν ἔμπροσθεν εἰρημένον λόγον ἢ τῶν ἐξ αὐτῶν βουλομένων πληρῶσαι τὸ διατεταγμένον. (Fol. 222—224. — Nov. 32., an den *Ageruchius* erlassen. — Nov. 83., an den *Johannes* erlassen. (Fol. 223—225.) Nov. 137. an den magister officiorum *Petrus* erlassen. — Nov. 120., an den *Johannes* erlassen. Mit dieser Novelle, welche nur zum Theile im Codex enthalten ist, schliesst die Sammlung. Dass am Ende des Codex einige Blätter ausgefallen sind, ergiebt sich aus der Vergleichung der Fragmente von Nov. 120. mit dem Originaltexte der Constitution. Die Titelbezeichnung findet sich nur hier und da angegeben, nämlich: τίτλ. α'. bei Nov. 131., τίτλ. δ'. bei Nov. 5., τίτλ. ε'. bei Nov. 7., τίτλ. ς'. bei Nov. 19., τίτλ. ζ'. bei Nov. 2., τίτλ. η'. bei Nov. 12, τίτλ. ζ'. (leg. θ'.) bei Nov. 115., τίτλ. ια'. bei Nov. 32., τίτλ. ιβ'. bei Nov. 83., τίτλ. ιγ'. bei Nov. 120. Die einzelnen Titel haben keine besondere Ueberschrift ausser den gewöhnlichen Summarien der Novelle. Es wird mithin wahrscheinlich, dass die Titelbezeichnung überhaupt nur zum Zwecke der Zählung hinzugesetzt worden sei. — Die einzelnen Novellen, welche in dieser Sammlung enthalten sind, werden im Originaltexte, nicht in Auszügen mitgetheilt. Eine Vergleichung des Textes dieser Sammlung mit der Recension der Novellen, welche wir aus der Florentiner und Venetianer Handschrift kennen, wird für eine neue Novellenausgabe um so mehr Bedürfniss sein, je weniger die beiden zuletzt genannten Quellen uns ein treues Bild des Originaltextes der Justinianischen Novellen zu geben im Stande sind. Denn beide Handschriften sind mehrfach aus den Basiliken interpolirt. Dazu kommt noch, dass mehrere von den in der Ambrosianischen Handschrift enthaltenen Constitutionen daselbst anders

es nicht unterlassen möge, eine Vergleichung der genannten Sammlung mit dem Originaltexte der Justinianischen Novellen vorzunehmen.

G. E. Heimbach.

---

2. Einige Worte zur Ehren-Rettung der Würtemberg'schen Gerichte gegen einen im ersten Hefte des 2. Jahrg. S. 11. dieser krit. Jahrb. ausgehobenen Angriff.

Die Recension über Forschungen u. s. w. von Dr. *Claus* enthält folgende Stelle: „Der erste Artikel des Buches ist ein merkwürdiges Beispiel von Justizmangel, oder Recurs des Grafen (d. h. des ehemaligen Reichsgrafen) Matthias von Hallberg an die deutsche Bundesversammlung, dessen reichsschlussmässige auf die vormalige Abtei Schussenried radicirte Rente betreffend. Es ist diess ein förmliches Memoire für die seit 33. Jahren betriebene bekannte Hallbergische Process-Sache, um zu zeigen, dass in derselben ein déni de justice begangen werde, indem man das „*anerkannt nichtige*" Urtheil *nur desswegen* nicht cassire, weil kein Gerichtshof dafür vorhanden sei. Der Justiz-Mangel finde sich im Königreich *Würtemberg!!*"

Ich kenne zwar die früheren gerichtlichen Eingaben des Dr. *Claus*, aber nicht die angezeigte Schrift, und ich finde, besonders in meinen dermaligen Verhältnissen, auch keinen Beruf, mich mit derselben bekannt zu machen, oder sie gar einer ausführlichen Prüfung zu unterwerfen. Folgendes mag jedoch genügen, um den Ungrund des eben bemerkten Vorwurfs zu zeigen. Es ist zwar ganz richtig, dass von dem jetzigen Ober-Tribunal eine Nichtigkeits-Klage, welche gegen Erkenntnisse des vormaligen Ober-Appellations-Tribunals zu Tübingen von den Jahren 1813—17. in dem Jahr 1828. angestellt wurde, zunächst desswegen verworfen worden ist, weil nach dem diesseitigen Gerichts-Organismus eine Nichtigkeits-Klage nur bei einem höheren Richter angestellt werden könne, das jetzige Ober-Tribunal hingegen auf gleicher Stufe mit dem vormaligen Ober-App.-Tribunal stehe. Aber nicht nur kann es nicht als Rechtsverweigerung betrachtet werden, wenn einer Partei, nachdem alle Rechtsmittel erschöpft sind, das gerichtliche Gehör verweigert wird, sondern es ist auch ganz unrichtig, dass die (objective) Nichtigkeit der früheren Erkenntnisse *anerkannt* worden sei. Zwar besteht nach dem Würtemb. Land-Recht die bekannte Controverse, ob ein gegen klare Gesetze anstossendes Erkenntniss zu den heilbaren oder unheilbaren Nichtigkeiten gehöre, nicht, und es kann ein Erkenntniss, in welchem „ein offenbarer Irrthum Rechtens begriffen" zehn Jahre lang als nichtig angefochten werden. Aber es wurde in den Entscheidungs-Gründen zu einem zunächst ein Restitutionsgesuch betreffenden Erkenntniss vom 15. Januar 1829. ausführlich gezeigt, nicht nur, dass die Nichtigkeits-Klage zur Zeit ihrer Anstellung schon verjährt gewesen wäre, sondern dass es auch an allen Bedingungen einer Nichtigkeitsklage fehle, indem das vormalige Ober-Appellations-Tribunal höchstens der Vorwurf einer unrichtigen Reflexion treffe.

Hierüber kann um so weniger ein Zweifel eintreten, da nicht nur dessen Ansicht bei dem Bundestage selbst, allerdings nur von der Minderheit, sehr lebhafte Vertheidigung fand, sondern da sogar der Beschluss der Mehrheit auf der wesentlichen Voraussetzung beruhte, dass die Bestimmung des Reichsdeputations-Hauptschlusses vom 25. Februar 1803. nicht buchstäblich zum Vollzug gebracht werden könne, mithin die Streitfrage, welche noch übrig bleibt, nur die ist, ob der Verlust an Einkünften, welcher durch das von Oesterreich ausgeübte droit d'épaves für den Grafen von Sternberg, als Besitzer der Abtei Schussenried, herbeigeführt wurde, von ihm und denjenigen, für welche Renten auf diese Abtei radicirt worden, verhältnissmässig zu tragen, oder ob nicht die Prioritäts-Ordnung, auf welcher die Vertheilung der zur Entschädigung der vormaligen Reichsgrafen bestimmten Masse beruhte, auch hier zu beachten sei, zumal da der Graf von Sternberg in den Genuss der ihm zugedachten Einkünfte gar nicht gekommen ist.

Die letztere Ansicht ist es, von welcher das vormalige Ober-Appellations-Tribunal ausging, die erstere aber, auf welcher ein mit Stimmen-Mehrheit gefasster Beschluss des Bundestags beruht.

Präsident *Bolley*.

3. Beförderungen.

Der ausserordentl. Prof. der Rechte zu Leipzig, Hr. Dr. *Gustav Hänel*, ist zum ordentl. Professor und zum Hofrath in der IV. Classe der Rangordnung befördert worden. — Hr. Dr. *P. Schelling* hat eine ausserordentl. Professur der Rechte an der Universität Erlangen erhalten. — Herrn O.L.G.Rath *Koch* zu Breslau ist die Direction des Landgerichts zu Halle übertragen worden.

4. Ehrenbezeigungen.

Hr. Geh. Justiz-Rath Dr. *Gross*, der Verfasser des neuen Sächs. Criminalgesetzbuchs, hat das Ritterkreuz des Königl. Sächs. Civilverdienstordens empfangen. — Sr. Majestät der König von Preussen haben dem Hrn. Geh. Justiz- u. Ober-Tribunal-Rathe Prof. Dr. *Reidenitz* zu Königsberg den rothen Adlerorden 3. Classe mit Eichenlaub verliehen. — Hr. Geh.-Rath Dr. *Mittermaier* hat von der Stadt Heidelberg das Ehrenbürgerrecht erhalten.

I. Recensionen.

Academiae Georgiae Augustae festum seculare propediem celebraturae congratulatur Academia Vratislaviensis. *Inserta est* **Eduardi Huschke** *ad legem XII. tabularum de tigno iuncto commentatio.* Vratislaviae. Typis Grassii, Barthii et sociorum. MDCCCXXXVII. VI. u. 30. S. 4.

Der gelehrte Verfasser dieser Abhandlung, welcher sich schon mehrmals mit Glück auf dem dornigen Felde der Zwölftafelkritik versucht hat, liefert im Vorliegenden abermals einen Beweis dafür, dass, soviel auch für die Herstellung und Erklärung einzelner Fragmente dieser Rechtsquelle von ausgezeichneten Philologen und Juristen bereits geschehen ist, doch noch Manches zu thun übrig bleibe. Die vorliegende Untersuchung betrifft das Fragment des Zwölftafelgesetzes, welches *Festus* in seinem Werke de verborum significatione unter dem Worte *Tignum* uns aufbehalten hat. Es lautet so: *tignum iunctum aedibus vineave et concapu ne solvito.* Eine Handschrift liest *et concapit*, eine andere *et concapet.* Der Verf. schlägt, nachdem er die Restitutionsversuche *Scaliger's, Tournoi's, Agostin's* und *Godefroi's* mitgetheilt und mit treffenden Gründen bestritten hat, nach einer von *Jacob Cujas* (observationum et emendationum lib. 23. cap. 19.) angeregten Idee vor zu lesen: *tignum iunctum aedibus vineave, sei concapit, ne solvito.* Um diese Vermuthung zu begründen, weist er zuerst nach, dass die Worte *vineave* nach dem Zusammenhange der ganzen Stelle des *Festus* mit den Worten *tignum iunctum* in Verbindung gebracht werden müssen. (p. 3.) Sodann zeigt er aus Cic. de orat. 2. 58., Brut. 44., Virgil. Aen. 7. 724., dass eine solche Verbindung des *iungere* mit dem blossen Ablativ von Seiten der Sprachgesetze nichts gegen sich habe. (p. 4.) Für die fernere Untersuchung wird die Bemerkung wichtig, dass manche von den römischen Juristen die actio de tigno iuncto in beiden Fällen zugelassen haben, wenn das tignum furtivum, und wenn es diess nicht ist (Paulus in fr. 98. §. 8. D. de solutionibus 46. 3., in fr. 23. §. 6. D. de rei vindicatione 6. 1. und in fr. 6. D. ad exhibendum 10. 4., womit auch Justinian in §. 29. Inst. de rerum divisione 2. 1. übereinstimmt), während andre die Statthaftigkeit dieser Klage nur dann zugeben, wenn der erste Fall eintritt. (Ulpianus in fr. 1. pr. u. §. 2. D. de tigno iuncto 47. 3. und in fr. 2. D. ibidem.) Freilich scheint diese letztere Ansicht auch einer Note des Paulus zum Neratius in fr. 63. D. de donationibus inter virum et uxorem 24. 1. zu Grunde zu liegen. Wenigstens deuten darauf die Worte „*neque enim furtivum est, quod sciente domino inclusum est,*" so dass der Verf., nur um den Widerspruch des Paulus mit sich selbst hinwegzuerklären, gezwungen ist anzunehmen, dass diese Note des Paulus von den Pandektencompilatoren willkürlich verkürzt worden sei, eine Ansicht, auf welche das oben erwähnte *neque enim* gedeutet wird (p. 9.). In dieser Beziehung versucht es nun der Verf., durch eingeschaltete Supplemente zu zeigen, wie Paulus wohl geschrieben haben könne, damit er nicht selbst zum Verräther an der von ihm anderwärts aufgestellten Ansicht zu werden scheine. Allein eines Theils lässt sich dagegen einwenden, dass die fragliche Stelle des Paulus auch ohne die vom Verf. eingefügten Supplemente einen ganz guten Sinn giebt, wenn man nur davon absieht, dass Paulus gerade an dieser Stelle das gesagt haben müsse, was er an andern Stellen ganz unzweideutig zu erkennen gegeben hat; andern Theils giebt der Verf. (p. 9. not. 16.) selbst zu, dass es mit dem „neque enim" nicht so schlimm aussieht, als er es darstellt. Denn selbst in der von ihm behaupteten Verkürzung giebt das letztere einen guten, in sich abgeschlossenen, keinem Sprachgesetze widersprechenden Sinn: — Nach diesen Erörterungen (p. 7—10.) sucht der Verfasser den Sinn der von ihm angedeuteten Restitution dadurch zu vermitteln, dass er die Worte *sei concapit* auf die bei dem *furtum conceptum* vorkommende Bedeutung des Wortes *concipere* zurückzuführen sucht. Was nun *furtum concipere* in der Sprache des Zwölftafelgesetzes bedeutet habe, das kann nicht zweifelhaft sein. Denn nur zwei Begriffe können damit möglicher Weise bezeichnet worden sein, entweder das *Suchen* der gestohlenen Sache in Gegenwart von Zeugen, oder das Auffinden derselben. Dass sich nun aber der Begriff *concipere furtum* nur auf das *Suchen* beschränke, lehrt recht augenscheinlich

Paulus sent. recept. lib. II. tit. 31. §. 5. „concepti is agere potest, qui *rem concepit* et invenit.“ Darauf deutet auch der Ausdruck „furta, quae per lancem liciumque concepta essent,“ bei Gellius noct. Att. lib. 11. cap. 18., da die Worte *lance licioque* nicht sowohl auf das *Finden*, als vielmehr auf das *Suchen* nach dem Zeugniss desselben Schriftstellers lib. 16. cap. 10. und das dem Festus unter dem Worte „lance“ bezogen werden müssen. Nach diesen unzweideutigen Zeugnissen steht es fest, dass, wenn die Handlung des Findens (invenire) mit dem *furtum conceptum* in Verbindung gebracht worden ist, diess nur deshalb hat geschehen können, weil man auch das Finden als Erforderniss der *concepti actio* angesehen hat. (Caius Instit. III. §. 186., Paulus Sentent. recept. III. 31. §. 3., Iustin. Inst. IV. 1. §. 4., Theoph. paraphr. IV. 1. §. 4. ed. Reitz. tom. II. p. 730.) Diese Verbindung kann aber natürlich nur das Verhältniss des secundären Begriffes zum primären bezeichnet haben, wie diess auch in einigen Stellen wirklich geschehen ist. (Caius Instit. III. §. 187., Iust. Instit. IV. 1. §. 4. u.s.w.) Aus jener oben erörterten Grundbedeutung der Redensart *furtum concipere*, welche auch durch die Etymologie des Wortes *concipere* unterstützt wird, und für die Zeiten der 12. Tafeln um so unbedenklicher als die herrschende angesehen werden kann, je bestimmter und schärfer Paulus in der oben angeführten Stelle seiner Sentenzen, wo er die aus den 12. Tafeln stammenden Diebstahlsklagen behandelt, den Begriff des Wortes *concipere* bestimmt hat, ergiebt sich nun soviel als gewiss, dass, wenn wir sie auf unsre vom Verfasser restituirte Stelle des Zwölftafelgesetzes übertragen, kein entsprechender Sinn sich ergebe, weil im Zwischensatze „si concapit“ das *Suchen* berührt wird, während man eher an das *Finden* zu denken geneigt sein möchte, und weil der logische Zusammenhang zwischen dem Satze *si concapit* und der Apodosis *ne solvito* ganz und gar aufgehoben wird. Freilich könnte man zur Entschuldigung dieses logischen Fehlers anführen, dass die Decemvirn nicht immer als scharfe Denker sich bewährt haben, da sie ja sonst nicht so hart in ihren Leistungen hätten getadelt werden können, wie diess von Caius einmal direct (Instit. III. §. 193.) und ein anderes Mal indirect (Instit. III. §. 192. u. 194.) in der That geschehen ist. Allein eine solche Entschuldigung würde für unsern Fall um so unangemessener sein, da Neratius in fr. 63. D. 24. 1. ausdrücklich auf die Absicht der Decemvirn bei der Abfassung des Satzes de tigno iuncto zurückgeht, und dabei nicht im Geringsten zu erkennen giebt, dass dieselben in dieser Beziehung ein solcher Tadel habe treffen können. — Wenn aber der Verf. noch weiter geht, und aus den vermeintlich hergestellten Worten des Zwölftafelgesetzes „si concapit" zu erklären sucht, woher es komme, dass die Römischen Juristen bald die actio tigni iuncti auf das tignum furtivum beschränken, bald derselben einen weiteren Umfang zuschreiben (p. 10—11.); so liegt offenbar dieser Vermuthung die Idee zu Grunde, dass das Wort *concipere* in unsrer Stelle von manchen Rechtsgelehrten auf das tignum furtivum, von andern auch auf andre tigna bezogen worden sei. Gerade diess aber dürfte aus sprachlichen Gründen zu bezweifeln sein. Denn so gewiss es ist, dass die Redensart *furtum concipere* auf gestohlene Sachen bezogen werden muss, so unsicher möchte doch die Behauptung sein, dass das Wort „concipere" an und für sich nach dem Sprachgebrauche des Zwölftafelgesetzes auf den nämlichen Gegenstand bezogen werden könne. Wenigstens enthält das Wort *concipere* an und für sich keine Beziehung auf den Diebstahl, und in der Redensart *furtum concipere* erhält es diese Beziehung erst durch den Zusatz. — S. 19. geht der Verf. zur Beantwortung der Frage über, ob die 12. Tafeln die Vindication des tignum iunctum ausdrücklich verboten haben oder nicht. Für die erste Meinung spricht nach seiner Ueberzeugung Caius in fr. 7. §. 10. D. 41. 1., Ulpianus in fr. 1. pr. D. 47. 3. und Paulus in fr. 23. §. 6. D. 6. 1. Die erste Stelle indess möchte Ref. aus der Zahl der Beweisstellen entfernen; denn Caius schreibt in derselben den 12. Tafeln nur die Verfügung zu, dass das tignum iunctum nicht abgetrennt werden solle, und leitet erst dadurch die Folgerung ein, dass der Eigenthümer des eingefügten tignum einstweilen das Vindicationsrecht verliere. *Nec tamen ideo*, sagt der Jurist, *is, qui materiae dominus fuit, desinit eius dominus esse, sed tantisper neque vindicare eam potest, neque ad exhibendum de ea agere propter legem* XII. *tabularum, qua cavetur, ne quis tignum alienum aedibus suis iunctum eximere cogatur, sed duplum pro eo praestet.* Vielmehr müsste gerade diese Stelle eher als Beweis dafür angesehen werden, dass der einstweilige Verlust des Vindicationsrechts für den Eigenthümer des Baumaterials nicht ausdrücklich in den 12. Tafeln erwähnt, sondern vielmehr per consequentiam aus den Gesetzesworten abgeleitet worden sei. Dafür sprechen auch andre noch vom Verf. namhaft gemachte Gründe, nämlich erstens der Umstand, dass in dem

Verbote der solutio schon indirect das Verbot der vindicatio enthalten ist, und zweitens, dass Paulus in fr. 6. D. 10. 4. und in fr. 98. §. 8. D. 46. 3. ausdrücklich bezeugt, dass nur die solutio tigni iuncti in dem Zwölftafelgesetze verboten gewesen sei. Ref. würde sich endlich zur Unterstützung dieser Meinung noch auf §. 29. Inst. 2. 1. berufen, wenn nicht der Verf. p. 6. nachgewiesen hätte, dass diese Stelle der kaiserlichen Institutionen aus den libri rerum quotidianarum des Caius (vergl. fr. 7. §. 10. D. 41. 1.) geschöpft sei, und mithin nicht als selbstständiges Zeugniss für die historische Rechtswissenschaft benutzt werden könne. Auf dieser Grundlage fortbauend können wir vielleicht auf andre Weise die Worte des Zwölftafelgesetzes berichtigen. Dass das tignum iunctum nach dem Zwölftafelgesetze vindicirt werden könne, sagt Paulus in fr. 98. §. 8. D. 46. 3. Denique *lex XII. tabularum tignum iunctum vindicari posse scit, sed interim id solvi probibuit, pretiumque eius dari voluit.* Aus diesen für die Restitution unseres Fragmentes höchst wichtigen Worten folgt ohne Zweifel, dass die Fassung des Gesetzes so beschaffen gewesen sein müsse, dass die Möglichkeit der Vindication des tignum iunctum daraus sich von selbst ergab. Denn Paulus sagt rein objectiv: *lex scit*; und es wird zugleich aus dieser Stelle höchst wahrscheinlich, dass diese Andeutung mit dem Verbote der solutio in unmittelbarer Verbindung gestanden habe, da die Worte *sed interim id solvi probibuit* im Gegensatze der vorhergehenden: *tignum iunctum vindicari posse scit* offenbar nur auf ein und dasselbe Zwölftafelfragment bezogen werden können. Nach diesen Erörterungen möchten die von Festus uns aufbehaltenen Gesetzesworte so zu restituiren sein: *tignum iunctum aedibus vineave, sei vindicit, ne solvito.* Es bleibt noch übrig, diese Vermuthung von Seiten der Sprache zu unterstützen. Dass *vindicere* die alte in den 12. Tafeln gebräuchliche Form für *vindicare* war, bezeugt Gellius noctes Att. 20. 1. *aut qui endo em iure vindicit, secum ducito.* Auch hat die Abwechselung des Subjectes in dem Haupt- und Nebensatze, so wie sie in unserem Fragmente vorkommen dürfte, nichts Auffallendes. Man denke nur an: *si in ius vocat, ito (?)*, und an: *ni iudicatum facit, secum ducito, vincito.* Auch die Stellung des *si vindicit* in der Mitte des Satzes lässt sich leicht aus den Gesetzen der Sprache rechtfertigen. Die Worte *tignum iunctum aedibus vineave* beziehen sich offenbar auch auf den Zwischensatz, und mussten desshalb vorangesetzt werden. Von Seiten der Paläographie dürfte schwerlich ein Einwand gegen diese Restitution gemacht werden, da die Uncialschrift die Verwechselung beider Worte (VINDICIT u. CONCAPIT) hinreichend erklärt. — Fragt man nun, wie es komme, dass noch Niemand diese einfache Emendation versucht habe, so tritt uns hier ein altes Vorurtheil entgegen, dass fr. 98. §. 8. D. 46. 3. nicht auf die von uns emendirte Stelle der 12. Tafeln, sondern vielmehr auf die von Festus unter dem Worte *tignum* absichtlich weggelassenen Worte dieses Gesetzes bezogen werden müsse. Allein zu geschweigen, dass für eine solche Annahme gar kein innerer Grund vorliegt, so dürfte es wohl noch bezweifelt werden können, ob die Verfasser des Zwölftafelgesetzes, welche nach dem Zeugnisse verschiedener Schriftsteller einer energischen Kürze sich befleissigten, so geschrieben haben können: *tignum iunctum aedibus vincave si concapit, ne solvito, neque, vinea sarpta quandoque, donec dempta erunt, tigna vindicito* (p. 29.). Denn eines Theils ist es eine ganz unerweisbare, wenn schon von Vielen aufgestellte, Behauptung, dass die Worte *quantoque sarpta, donec dempta erunt,* welche Festus unter dem Worte *sarpuntur* als Worte des Zwölftafelgesetzes anführt, mit dem von uns erläuterten Fragmente verbunden gewesen seien; andern Theils dürften die Decemvirn eher *neve* als *neque* geschrieben haben.

Wir scheiden von der Untersuchung des trefflichen Gelehrten mit dem Wunsche, dass derselbe die vereinzelten Ueberbleibsel der Römischen Rechtsquellen noch vielfach mit seinem ächt-philologischen Forschergeiste durchdringen und die auf diesem Wege gewonnenen Resultate mit den Ergebnissen seiner tiefen antiquarischen Untersuchungen in Verbindung bringen möge.

G. E. H.

Repertorium über sämmtliche durch die Gesetz-Sammlung und die Amtsblätter der Königl. Regierungen (excl. der zu Posen, Brandenburg und Gumbinnen) seit ihrer Begründung bis 1836. publicirten, das Kirchen- und Schul-, Verfassungs-, Verwaltungs- und Polizei Wesen betreffenden Verordnungen von **Joh. Aug. Ludw. Fürstenthal**, Königl. Fürstenthums-Gerichts-Rath. Neisse, Hennings, 1837. XVI. u. 344. S. 8. (1 Thlr.)

Allgemeine Preussische Civil- und Militair-Kirchen-Ordnung, herausgegeben von **J. A. L. Fürstenthal**. Neisse, Hennings, 1837. XXXVIII. u. 392. S. 8. (1 Thlr. 12 Gr.)

Nachtrag zu dem Repertorium gesetzlicher Bestimmungen und Verfügungen über das evangelische Kirchen- und Schulwesen des Preuss. Staats von **Joh. Chrph. Friedr. Seger**, Königl. Superint. der Diöc. Potsdam II. und Prediger zu Wustermark und Hoppenrade. Berlin, Stuhr'sche Buchhandl., 1837. 98. S. 4. (16 gGr)

Es ist eine leider nur zu sehr anerkannte Thatsache, dass Preussen eine dem jetzigen Standpuncte der Zeit und Wissenschaft entsprechende Bearbeitung des Kirchenrechts noch keineswegs besitzt, und dass die Leistungen für diesen Zweig der Jurisprudenz sich meistens auf eine blosse Sammlung des reichen, sich mit jedem Jahr immer mehr häufenden Materials beschränken. Die vielen diese Masse verarbeitenden Schriften ermangeln regelmässig sogar einer systematischen Form und sind entweder alphabetisch geordnete Lexica oder liefern einen blossen Abdruck des eilften Titels zweiten Theils des allgem. Landrechts, mit Einfügung der die einzelnen Paragraphen desselben erläuternden, ergänzenden oder abändernden Gesetze. Auf einen höheren und bleibenden Werth dürfen demnach auch solche Compilationen keinen Anspruch machen; dass aber überhaupt noch fortwährend dergleichen Arbeiten unternommen werden und einen nicht geringen Absatz finden, beweist doch wenigstens das augenblickliche Bedürfniss derselben und diesem entsprechen auch die in der Ueberschrift genannten Werke.

Herr *Fürstenthal* hat sich bereits vielfach durch Sammlungen von Gesetzen bekannt gemacht und sowohl das gemeine Recht, wie in den Chrestomathien zu *v. Wening-Ingenheim's* u. *Thibaut's* Lehrbüchern der Pandekten, der Real-Encyclopädie des gesammten gem. Rechts und dem Repertorium über sämmtliche juristische Hauptcollegia, berücksichtigt, als auch das allgemeine und particulare preussische Recht zum Gegenstande seiner Collectionen gewählt, wie in dem preuss. Gesetz-Handbuch über die Rechtsangelegenheiten des täglichen Lebens, Repetitorium über das allgemeine Landrecht, Nachträge zu *v. Strombeck's* Ergänzungen des allgem. Landrechts, und in vielen andern die verschiedensten Zweige des Rechts und der Verwaltung bearbeitenden Handbüchern. Es ist fast kein Stand, dem Hr. *F.* nicht bereits seine Aufmerksamkeit geschenkt hätte, denn auch einzelne seiner früheren Schriften lassen die Geistlichkeit nicht unberührt. Jetzt aber hat er recht ex professo in den zwei oben genannten Werken der Kirche seine Sorge zugewendet. Die erste derselben nennt er selbst ein: Handbuch für die Geistlichkeit beider Confessionen, Kreis-, Stadt- und Land-Polizei-Behörden, Kirchen- und Schul-Patrone, Deputationen und Vorstände in den Königl. Preussischen Staaten.

So viel zur Charakteristik der Thätigkeit des fleissigen Hrn. *F.* Jetzt noch einige Bemerkungen über die beiden Schriften selbst.

1) Herr *F.* wundert sich, dass in unserer schreiblustigen Zeit bisher noch Niemand eine Arbeit unternommen, welche in solchem Umfange die Amtsblätter und Gesetzsammlung zum Grunde gelegt hätte. Entgangen ist ihm dabei die: Vollständige Sammlung aller von den Königl. Ministerien, Consistorien und Regierungen der ganzen Monarchie durch die Amtsblätter gegebenen Verordnungen, Declarationen und Bestimmungen, das Kirchen- und Schulwesen betreffend — sachlich und alphabetisch geordnet. Erfurt, 1824—1832. 4. Bände. Darin finden sich aber freilich nur die *Verordnungen* bis 1829. Herr *F.* giebt daher Vollständigeres dem Umfange nach, minder Vollständiges rücksichtlich des Inhalts: denn von den gegen 2500. mitgetheilten Vorschriften sind etwa 700. blos allegirt, gegen 1800. aber theils wörtlich abgedruckt, theils excerpirt. Das Material ist aus den Amtsblättern von 22. Regierungen geschöpft; nicht berücksichtigt sind aber Posen, Bromberg (so wird auf dem Titel statt Brandenburg zu lesen sein, denn die Regierungen der Provinz Brandenburg, Potsdam und Frankfurt sind recipirt) und Gumbinnen. Die Provinz Posen ist also ganz unbeachtet geblieben, und Preussen nicht vollständig berücksichtigt. Einen Grund für diesen Mangel finden wir nicht angegeben, und würde deshalb bei einer neuen Ausgabe diese Lücke zu ergänzen sein. Zugleich

würde der praktische Gebrauch der Arbeit gefördert werden, wenn auch die *v. Kamptz'schen Annalen* und *Jahrbücher* mit benutzt werden möchten. Dadurch würde die Quelle der einzelnen Regierunsverordnungen stets erkannt werden. So z. B. ist S. 304. 305. von den Taufscheinen der per subsequens matrimonium legitimirten Kinder die Rede. Das allgemeine Rescript des geistlichen Ministerii vom 23. August 1819. steht in *v. Kamptz* Annalen d. J. 1819. Heft 3. S. 725. Dieses ist, jedoch unter verschiedenem Datum, von den einzelnen Regierungen besonders publicirt. Der Verf. hätte daher die besonderen Publicationstermine der Behörden selbst nicht übersehen sollen. Ganz übergangen hat er auch die Bestimmung der Regierung zu Danzig vom 18. September, in dem Amtsblatt S. 490. Eine Modification dieser Verordnung erfolgte durch das Circular-Respript des geistl. Ministerii vom 30. Septbr. 1831., welches in *v. Kamptz* Annalen d. J. Heft 3. S. 561. und *v. Kamptz*-Jahrb. Band 38. S. 291. mitgetheilt, und von der Reg. zu Danzig unterm 19. Octbr. publicirt ist (A. B. S. 558.). Für die allgem. Gesetzsammlung ist diess Verfahren mit Erfolg angewendet worden, nur freilich nicht stets mit der erforderlichen Genauigkeit. So ist z. B. S. 69. 70. von der Cathedralsteuer die Rede. Hier hätte die darüber entscheidende vom Verf. auch erwähnte Cabinets-Ordre vom 13. April 1825. voranstehen müssen. Daran war die Anwendung für die einzelnen Diöcesen zu knüpfen. Das umgekehrte Verfahren beim Verf. ist zu tadeln. Ganz übergangen hat derselbe überdiess bei diesem Artikel die Anordnung der Cathedralsteuer für die Provinz Preussen. M. s. das Public. des Oberpräsidii vom 3. Septbr. 1825. (Amtsblatt der Reg. zu Königsberg d. J. S. 337. u. s. w.), welche sich auf die gleichfalls nicht citirte Cabinets-Ordre vom 24. Mai 1825. (Gesetzsammlung d. J. S. 225.) stützt.

Solche und ähnliche Mängel würden sich noch mehrfach nachweisen lassen, doch mögen die erwähnten genügen, um den Verf. zu wiederholter Durchsicht bei einer zweiten Ausgabe zu mahnen. Der Verf. verspricht eine solche auch und entschuldigt sich (Vorr. S. VI.) damit, dass er eine der mühevollsten Arbeiten unternommen, die er bisher in literarischer Beziehung ausgeführt, da er mehr wie 500. Jahrgänge der Gesetzsammlung und Amtsblätter nachzulesen hatte, die er seiner Versicherung nach Seite für Seite nachgeschlagen hat. Wir wollen aber deshalb auch nicht unbillig sein und ihm für die erste Ausgabe diese Mängel zu Gute halten, da die Schrift sonst wohl geeignet sein dürfte, den bezweckten Nutzen zu stiften, nämlich den Geistlichen vollständige Pfarr- und Schul-Registranden zu gewähren. 2) Der Titel der zweiten in der Ueberschrift genannten Arbeit des Hrn. *Fürstenthal*, wenigstens was die erste Hälfte desselben: Civil-Kirchen-Ordnung, betrifft, lässt etwas Anderes erwarten, als wirklich geboten ist, und wenn wir nicht läugnen wollen, dass die vorhin beurtheilte Schrift dem Verf. Mühe gemacht habe, so hat er um so leichter dieses zweite Buch compiliren können. Wir erhalten darin 1) einen Abdruck von Theil II. Tit. XI. des allgemeinen Landrechts, streng nach der Reihe der Paragraphen. Den 1232. §§. (beim Verf. ist S. 3. aus Irrthum §. 12. fortgelassen) sind in besonders numerirten Anmerkungen (von Nr. 1 — 397.) die spätern Gesetze auszugsweise zugefügt. Mittelst der Schriften von *Strombeck*, *Mannkopf*, u. a. war diess ohne alle Mühe zu bewerkstelligen. Wir können daher nichts Verdienstliches in dieser Arbeit finden, und begreifen nicht, wie der Verf. sich hier überhaupt etwas Besonderes beimessen konnte, indem er in den bisherigen Schriften über das Preuss. Kirchenrecht eine vollständige Darstellung der kirchenrechtlichen Bestimmungen des allg. Landrechts überhaupt und seines Systems insbesondere vermisst. Das bekannte Buch von *Bädecker*: allgem. Preuss. Kirchenrecht. Dortmund, 1795., 1798. und 1825. liefert ja ebenmässig den Abdruck ganz nach der Ordnung des Landrechts. — Dem folgt 2) ein wörtlicher Abdruck der Militär-Kirchen-Ordnung vom 12. Februar 1832., so wie der deutschen Uebersetzung der Bulle de salute animarum vom 16. Juni 1821. Dieses Machwerk nennt der Verf. „nicht blos ein systematisches Handbuch des Kirchenrechts, sondern zugleich ein *vollständiges* (!?) Corpus iuris ecclesiastici universalis.“ Benutzt sind auch Verordnungen, welche nur einzelne Provinzen betreffen, „deren allgemeine(r) Reception und Anwendung specielle Gesetze und Observanzen nicht entgegen stehen.“ Dabei ist aber nicht nach einem bestimmten Princip, sondern nach arbiträrem Ermessen des Verfs. die Benutzung dieser provinciellen Vorschriften erfolgt, und selbst die allgemeinen sind nichts weniger als vollständig aufgenommen.

Beigegeben ist ein dreifacher Index; 1) ein Inhaltsverzeichniss des Materials im Ganzen, nichts weiter als ein Abdruck der Rubriken nach den einzelnen Abschnitten des allgem. Landrechts selbst. Jedem Abschnitt ist eine Uebersicht des Inhalts beigegeben, ein Abdruck der einzelnen Paragraphen des Landrechts hinzugefügten Marginalien. Die Zahl der Paragraphen ist vom ersten Abschnitte an bis zum Schlusse von denen des Landrechts selbst um eine Nummer abweichend, wegen des wie bemerkt fortgelassenen 12. §. 2) Ein anderes Register giebt chronologisch die in den Anmerkungen benutzten Gesetze, mit Verweisung auf die Zahl der Noten. 3) Dann folgt ein alphabetisches Register über den ganzen Inhalt, der beste Theil des ganzen Buchs.

An Druckfehlern mangelt es nicht. Das Papier ist ziemlich grau. *)

3) Herr Superintendent *Seger* hatte im J. 1828. ein Repertorium der Gesetze für das Kirchen- und Schulwesen des preussischen Staats zunächst zu seinem Privatgebrauche ausgearbeitet und dann auf mehrfaches Verlangen veröffentlicht. Er erklärte selbst dass diese Sammlung nicht auf die höchste Vollständigkeit Anspruch machen könne, dass in ihr aber doch keine der wichtigsten gesetzlichen Bestimmungen fehlen werde. Diess ist insofern richtig, als man die Provinz Brandenburg im Auge hält, für welche auch die besonderen Vorschriften aus den Amtsblättern und andern Quellen mitgetheilt sind, während die in andern Provinzen des preuss. Staats erlassenen Verordnungen nur insoweit beachtet sind, als sie allgemeinere Grundsätze aufstellen. Die einzelnen Gesetze sind meistens auszugsweise, jedoch wörtlich nach der ursprünglichen Fassung wiedergegeben. Die Schrift entspricht im Allgemeinen ihrem Zwecke und wird auch ausserhalb Brandenburg von den Geistlichen mit Nutzen gebraucht werden können.

---

*) Im Begriff, die bereits niedergeschriebene Anzeige abzusenden, entnehmen wir aus einer Buchhändler-Anzeige, dass statt der nothwendig gewordenen zweiten Auflage des oben sub no. 1. beurtheilten Repertoriums eine: Sammlung aller noch gültigen, durch die Gesetzsammlung, die v. *Kamptz*'schen Annalen und die Amtsblätter... das Kirchen- und Schulwesen betreffenden Gesetze, Rescripte und Verfügungen (c. 160. Bogen) von Hrn. *Fürstenthal* unternommen werden. In der Voraussetzung, dass diese Jahrbücher dem Hrn. *F.* noch vor der Ausführung des Werkes zu Gesicht kommen, können wir nicht umhin, demselben möglichste Vollständigkeit zu empfehlen und den Wunsch zu äussern, dass er auch auf die durch die andern Sammlungen, wie das Corp. Constit. Pruss. Brandeb., *Amelang*, *v. Kamptz* Jahrbücher u. s. w. bekannt gemachten, noch geltenden Gesetze seine Arbeit ausdehnen, andererseits aber sich auf vollständige Mittheilung der generellen Verordnungen beschränke, und nur die Stelle, wo sich die besondere Anwendung derselben in den einzelnen Amtsblättern u. s. w. vorfindet, mit Angabe des Datums der besondern Publication bezeichnen möge. Unter solchen Voraussetzungen wird das Unternehmen gewiss ein recht brauchbares werden. (Der Rec.)

Das ganze Material ist nach drei Hauptabschnitten geordnet: I. Kirchen- und Elementarschulwesen überhaupt. a) Kirchliche und Schul-Behörden. b) Kirchen-Wesen. c) Elementarschul-Wesen. — II. Amtsführung, Geschäfte und Pflichten der Kirchen- und Schulbeamten. a) Pfarrer (Anstellung, Amtsführung und Pflichten, Niederlegung des Amtes). b) Küster und Elementar-Schullehrer. c) Kirchenvorsteher. d) Schulvorsteher. — III. Einkünfte und Gerechtsame der Kirchen- und Schulbeamten. — Anhang: Uebersicht der für gewisse Zeiten und Tage bestimmten Geschäfte eines evangelischen Predigers in der Provinz Brandenburg.

Wir könnten gegen diese systematische Anordnung manche gewichtige Bedenken erheben, halten diese aber zurück, da das Angeführte hinreicht, die Schrift als Materialien-Sammlung zu charakterisiren. Die ursprüngliche Arbeit liefert die Gesetze bis zum Jahr 1827, der jetzt erschienene Nachtrag führt dieselben bis 1836. nach derselben Ordnung fort und giebt zugleich ein Sachregister über das ganze Werk.

Mit der Relation über diese drei Schriften können wir jetzt noch die Anzeige über folgendes Werk verbinden:

Der Wirkungskreis u. d. Wirkungsart des Superintendenten in der evangelischen Kirche. Mit besonderer Rücksicht auf die Kirchen- und Schulverwaltung im Preussischen Staate. Dargestellt von *Wilh. Wern. Joh. Schmidt*, Superint. zu Quedlinb. etc. Quedlinburg u. Leipzig, Basse, 1837. XVI. und 520. S. 8. (2 Thlr. 8 Gr.)

Diese Schrift gehört zu den besseren und besten, die seit längerer Zeit über das preussische Kirchenrecht erschienen *sind*, und zeichnet sich vor den vorhin beurtheilten vortheilhaft dadurch aus, dass sie nicht blos systematische Materialien-Sammlung ist, sondern den Charakter einer selbstständigeren wissenschaftlichen Arbeit besitzt. Der Verf., bereits durch einige Aufsätze in der allgemeinen Darmstädter Kirchenzeitung bekannt, ist ein Mann, welcher mit der erforderlichen Kenntniss der Gesetze eine nicht gemeine praktische Erfahrung verbindet und über die bestehenden Verhältnisse ein gesundes Urtheil fällt, daher auch hin und wieder zweckmässige und beachtungswerthe Vorschläge macht, so wie bestehende Einrichtungen rechtfertigt (M. s. z. B. S. 51. 59. 193. u. a. m.). Die Schrift gewinnt um so mehr, als auch nicht weiter verbreitete Verordnungen der Magdeburger Provincialbehörden auszugsweise und verschiedene Formulare vollständig mitgetheilt sind. Der Verf. citirt dieselben mit Hinzufügung eines Sternchens. Noch nützlicher wäre aber die Arbeit geworden, wenn häufiger Parallelen zwischen der preuss. Gesetzgebung und der anderer Länder gezogen worden wären. Auch vermisst man im Allgemeinen die Begründung der einzelnen Institute durch Bezugnahme auf das gemeine Recht. Darum ist der Titel der Schrift: Der Wirkungskreis... des Superintendenten *in der evangelischen Kirche*, nicht ganz richtig: denn eigentlich erhalten wir doch nur Auskunft über das preussische Recht, und zwar meistens ziemlich vollständig über alle Provinzen der Monarchie.

Das Werk beginnt zweckmässig mit einer *Einleitung*: Ueber die Verhältnisse des Superintendenten im Allgemeinen. Wir finden in derselben eine kurze historische Entwickelung über das bischöfliche Amt überhaupt, dessen Stellung zum Papstthum und die Ausartung der bischöflichen Gewalt. Die Reformation wirkte dagegen (m. s. bes. den Art. 7. der Augsb. Conf.). Dann ist die Rede vom Ursprunge der evangel. Inspectoren (Superattendenten, Superintendenten). Zuerst erwähnt werden dieselben in Melanchthons Visitationsartikeln 1527. Sie kamen mit den Consistorien in Verbindung, deren erstes 1542. zu Wittenberg errichtet wurde. (Ueber den angeblichen Anlass der Stiftung derselben, so wie über die von denselben getroffenen Anordnungen für die Verwaltung der geistlichen Angelegenheiten, schweigt der Verf.) Es wird dann bemerkt, wie die Differenz der lutherischen und reformirten Kirche eine Verschiedenheit des Amts der Superintendenten in der Art bewirkte, dass sie in der letzteren nicht zu der Bedeutsamkeit, wie in jener gelangten. In Preussen wurde jedoch durch die Inspections-, Presbyterial- und Consistorial-Ordnung vom 24. October 1713. (nicht 1718., wie beim Verf. S. 8.) diese Verschiedenheit in der Hauptsache ausgeglichen. Die niederrheinischen Besitzungen Preussens und später auch die ganze Rheinprovinz und Westphalen haben jedoch eine abweichende Verfassung behauptet und erhalten.

Der Verf. erörtert dann Begriff und Namen der Superint. Er bemerkt, dass sie ihrer Stellung nach nicht eine gesetzgebende, sondern nur eine vollziehende und verwaltende Behörde seien. Als Bezeichnungen finden sich Superattendenten, Inspectoren, Ephoren, Präpositus, Decanus, Erzpriester, Senioren, auch Metropolitane, Kirchenräthe. In Preussen sind durch Verordnung d. d. Berlin

5. August 1806. alle diese Namen abgeschafft und nur der „Superintendent" beibehalten. Der Verf. erinnert ganz richtig, dass der Name Bischof (ἐπίσκοπος) eigentlich ganz passend wäre, da er soviel als Aufseher bedeutet. Der Verf. hätte hier bemerken können, dass auch in den Quellen des canonischen Rechts die Worte superintendens und episcopus ganz gleichbedeutend gebraucht werden. (M. s. z. B. c. 24. pr. D. XCIII. c. 1. §. 27. D. XXI. c. 11. C. VIII. qu. 1.). Im Hannöverschen wurde das Wort episcopus gleich Anfangs übersetzt durch *Upmerker*. Im Irrthum ist aber der Verf., wenn er behauptet, die älteste protestantische Kirche habe diese Titel vermieden, weil er durch den Missbrauch der bischöflichen Gewalt gehässig geworden: denn in Altpreussen wurde noch längere Zeit der Bischofstitel beibehalten, auch nach einiger Unterbrechung im J. 1701. wieder hergestellt. (M. s. *Nicolovius* die bischöfliche Würde in Preussens evangelischer Kirche, Königsberg 1834. 8.). Allgemeiner ist er in der neusten Zeit in der evangelischen Kirche für Generalsuperintendenten wieder eingeführt worden. In Preussen seit 1816. (m. s. Bekanntmachung des Minist. des Innern v. 9. Febr. 1816. bei *Nicolovius* l. c. S. 94. 95.) und durch Cabinets-Ordre vom 19. April 1829. sogar die Würde eines evangelischen Erzbischofs (*Nicolovius* a. a. O. S. 96.).

Die von Hrn. *Schmidt* S. 12. nachgewiesene Literatur über die Superintendenten ist nicht vollständig. M. s. z. B. noch *Clausen* de muneris episcopalis in ecclesia evangelica gravitate et pulchritudine, Havniae 1830. 8. und ältere Schriften von *Linck* u. a.

Hierauf ist die Rede von der Wahl, Prüfung, Ernennung, Bestallung und Einführung der Superintendenten (§. 11.—13.). Hier hätte auch gleich von den erforderlichen persönlichen Eigenschaften gesprochen werden können, wovon minder passend erst viel später (§. 199. folg.) gehandelt wird.

Die Stelle eines Superint. ist in Preussen regelmässig mit einer der einträglicheren Pfarren verbunden. Der Verf. macht (S. 9. flg.) auf die Einwürfe aufmerksam, welche gegen die Uebertragung eines solchen Amts auf Geistliche überhaupt vorgebracht sind (man vergl. darüber auch die Aeusserungen *Janj's*: Die wahre evang. Kirche u. s. w., in diesen Jahrbüchern, Jahrg. 1. Heft 5. S. 431. 432.), und sucht dieselben zu entkräften. Dabei theilt er die interessante Notiz mit (S. 13.), dass im Regierungsbezirk Magdeburg die Geschäfte der Superintendentur Wolfsburg durch einen

Laien, den Grafen von der Schulenburg-Wolfsburg versehen werden. Doch begreift diese Diöcese nur zwei Pfarreien unter sich, deren Patronat dem Grafen zusteht. — Die Prüfung der Superint. in Preussen (colloquium pro ephoratu) erfolgt gemäss Instruct. vom 12. Februar 1799. verb. mit Minist.-Rescript vom 22. April 1823.

Ausführlich erörtern §. 14—27. das Rang- u. Dienstverhältniss der Superintendenten sowohl gegen die vorstehenden als coordinirten Behörden. Zweckmässig ist dabei immer in kurzen Umrissen die ganze Stellung und Wirksamkeit aller dieser Behörden nachgewiesen, und so das Verhältniss des Super. in ein helleres Licht gesetzt. — Zum Schlusse der Einleitung spricht §. 28. von der Vertretung, Suspension und Amtsentsetzung der Sup. — Es wird dabei auf den Unterschied der Beamten hingedeutet, deren Ernennung durch den König erfolgt und deren Patente der König selbst vollzieht. Die deshalb S. 50. Anm. 26. allegirte Cabinets-Ordre vom 21. Febr. 1823. (Gesetzs. S. 25.) macht aber einen solchen Unterschied nicht. Es wird vielmehr das Patent der vom Könige ernannten Beamten stets von demselben vollzogen. Die Superint. werden übrigens vom Ministerio ernannt.

Es folgt nun der Hauptgegenstand des Werkes selbst, in zwei Haupttheilen dargestellt, nämlich I., vom Wirkungskreise, II. von der Wirkungsart der Superintendenten. Der erste Theil zerfällt in drei Abschnitte: 1) von der Kirchenverwaltung, 2) von der Schulverwaltung, 3) von der Förderung einiger anderer mit Kirche und Schule in Verbindung stehenden nützlichen Anstalten. Das Material dieser Abschnitte wird betrachtet mit Rücksicht auf die Personen, Handlungen und Sachen.

Der zweite Theil enthält vier Abschnitte: 1) von den persönlichen Eigenschaften des Super., 2) von der Einrichtung des Ephoral-Geschäftsganges, 3) von der Kirchenzucht, 4) vom geselligen und literarischen Verkehr des Sup. mit seinen Diöcesanen.

Dieser Anordnung können wir nicht unsern Beifall schenken. Zunächst hätte, wie schon erinnert, der erste Abschnitt des zweiten Theils eine passendere Stelle in der Einleitung gefunden, und überhaupt ist entweder der zweite Theil viel zu umfassend oder zu kurz ausgefallen. Wenn nämlich durchgreifend der Wirkungskreis, also die Darstellung der Objecte, welche der Einwirkung des Superint. unterliegen, von der Wirkungsart, also der Weise, wie er diese Objecte handhabt, sie beaufsichtigt, beurtheilt und vollzieht, unterschieden und getrennt werden sollte, so müsste einerseits alles, was von den Geschäften bei der An-

der Rechnungen und dergl. mehr erörtert ist, nicht wie es geschehen ist, im ersten, sondern im zweiten Theile behandelt wer-

ausspricht. Andrerseits hätte die Kirchenzucht; die im zweiten Theile ihre Stelle gefunden, im Allgemeinen dem ersten, und nur die Art der Handhabung der Disciplin dem zweiten überwiesen werden müssen, und so bei andern Verhältnissen gleichfalls. Daraus ergiebt sich, dass, wenn nicht zusammengehörige Lehren ganz auseinander gerissen werden sollten, diese ganze Systematisirung

theilung und Vollziehung hätten vorangestellt werden können.

Was die Anordnung der einzelnen Lehren selbst betrifft, so

dann von den kirch-

aussetzen.

Es kann nun weiter nicht unsere Absicht sein, speciell den ganzen Inhalts des Werks zu beleuchten, wir müssen uns vielmehr darauf beschränken, einige besondere Puncte noch in Betracht zu ziehen und die weitere Lectüre der Schrift überhaupt angelegentlichst zu empfehlen.

Was im §. 38. u. 39. über die Wahl der Geistlichen in der Rheinprovinz und Westphalen gemäss der neuen *Kirchenordnung* vom 5. März 1835. ausgeführt ist, erleidet noch mehre Modificationen in Folge der Cabinets-Ordre vom 25. Septbr. 1836. und einiger Ministerial-Rescripte, worüber die Allgemeine Kirchenzeitung 1837. Nr. 92. 119. 128. u. 197. zu vergleichen ist. — Bei der Lehre von der Ordination §. 40. gedenkt der Verf. auch des Grundsatzes, dass nach §. 65. Th. II. Tit. XI. des allgemeinen Landrechts die Weihe keinem ertheilt werden soll, ehe er ein geistliches Amt zu übernehmen Gelegenheit hat. Dabei sind aber die Ausnahmen von diesem bekannten Verbote der absoluten Ordination nicht angeführt, nämlich bei der Ordination der Pfarradjuncten, der Hülfsprediger und der Missionäre. — Eben daselbst (S. 67.) sagt der Verf.: „Die im Auslande geschehene Ordination eines dort angestellt gewesenen und in's Inland berufenen Geistlichen, wird zwar als gültig anerkannt und nicht wiederholt, weil die Priesterweihe nach dem canonischen Rechte einen caracterem (charact.) indelebilem gewährt u. s. w.". Dies ist, was den angegebnen Grund betrifft, nicht richtig. Die Grundsätze über die katholische Priesterweihe und den unauslöschlichen Charakter sind für die evangelische Kirche durchaus nicht anwendbar: denn dieser Charakter ist Folge der sacramentalischen Natur der Ordination, welche nach evangelischem Rechte gar nicht besteht. Während daher der katholische zum *Stande* geweihte *Priester* nie mehr Laie werden kann, tritt der evangelische nur zum *Amte* ordinirte *Geistliche* (Priester hat die ev. Kirche nicht) durch Entsetzung, Resignation u. s. w. wieder in die Classe der Laien zurück.

Wegen der Ordinationskosten verweisst Herr S. nur auf das Allgem. Landrecht Th. II. Tit. XI. §. 407. (S. 67. u. 78.). Entgangen ist ihm die Cabinets-Ordre vom 30. Juni 1810, nach welcher 1) alle Examina und die Ordination der Candidaten des Predigtamts gratis gehalten und verrichtet werden; 2) nur diejenigen Douceur-Gelder bezahlt werden sollen, welche nach bisheriger Observanz den Unterbedienten bei den Kirchen für zu leistende Dienste gebühren, und 3) so lange die dazu berechtigten Geistlichen an den Examinations- und Ordinations-Kirchen noch ihr gegenwärtiges Amt bei denselben verwalten, auch Anspruch auf dasjenige haben, was ihnen bisher für Examina und Ordination zugebilligt gewesen ist.

Im §. 92. ist von der Vereidigung der Geistlichen die Rede. Der Verf. beschreibt die dabei üblichen Gebräuche, und verweist zum Belege (S. 71. Anm. 92.) auf den allgemeinen Anzeiger der Deutschen vom 23. December 1823. Dafür hätten viele andere Quellen weit passender benutzt werden können.

Ungenügend ist, was S. 135. 136. über den Uebertritt vom Christenthume zum Judenthume angeführt ist. Uebersehen ist dabei der Cabinetsbefehl vom 19. Novbr. 1814., der Ministerial-Bescheid vom 10. März 1818. (*von Droste-Hülshoff* Grundsätze des gem. Kirchenrechts. Bd. I. §. 71. Anm. 337.), sowie das Ministerial-Rescript vom 28. Decbr. 1834. — Höchst unvollständig ist auch die Darstellung über die Kreissynoden §. 79. und über die Kirchenbauten §. 85.

In §. 87. fordert der Verf., dass der Superint. sich mit den wissenschaftlichen Forschungen über die Kirchstühle bekannt mache, und citirt dabei die bekannte Schrift von *Hellback*. Zu erwähnen war wenigstens auch die vollständigere Abhandlung von *Köhler* in der neuen Bearbeitung von *Schilling*. Leipzig 1830. — Mit grosser Genauigkeit ist besonders das Rechnungswesen, so wie die Vermögensverwaltung behandelt worden.

Auf den so vielfach geführten Streit unserer Tage, ob mit Recht die Schule von der Kirche abhängig sein dürfe, lässt sich der Verf. nicht ein, sondern geht von dem praktischen Zustande der preuss. Gesetzgebung sofort aus, denselben, und gewiss mit Grund, „als eine besondere Zierde des Staats" betrachtend. Da die Inspection der Superint. sich nicht auf die gelehrten Schulen bezieht, ist von diesen auch nicht weiter die Rede.

Zu den mit Kirche und Schule in Verbindung stehenden nützlichen Anstalten gehören nach §. 183. folg.: 1) Armen-Anstalten, 2) Stipendien, 3) Kirchen-Collecten und Confraternitäts-Collecten, 4) Witwen- u. Waisenkassen für Prediger und Schullehrer, 5) Hebammensteuer, 6) Bibelgesellschaften, 7) Missionsvereine, 8) Feuersocietäten, 9) Empfehlung von Büchern und Kupferwerken, 10) Seidenbau und Baumpflanzungen, 11) Verein für die Verbesserung der Strafgefangenen, 12) Aufstellung statistischer Nachrichten.

Der Verf. verbreitet sich darüber genügend, und lässt es an guten Winken und Vorschlägen auch hier nicht fehlen. Sehr zu beherzigen ist sein Wunsch, dass die Almosenpflege wieder, wie ursprünglich und auch in der neuen Kirchenordnung für Rheinland und Westphalen, allgemeiner der Kirche überwiesen werden möchte.

Zu kurz ist der Abschnitt über die Kirchenzucht, desto gründlicher der über Kirchen- und Schulvisitationen ausgefallen. Zum Schlusse giebt der Verf. S. 446.—518. zwanzig Beilagen, enthaltend einige Verordnungen, Formulare, Schemates u. s. w., die sich fast sämmtlich auf die Provinz Sachsen beziehen und zum Theil nicht zu allgemeiner Kunde gekommen sind. Auch ist eine Steindrucktafel beigegeben, enthaltend eine Subsellie für 6 Kinder der Ober-Classe.

Das Druckfehlerverzeichniss S. 519. 520. dürfte ziemlich vollständig sein. Aufgefallen ist uns noch S. 173. Anm. 26.: König die *Pfarrartikel* statt Pfarrmatrikel, wie auch richtig S. 94. Anm. 68. citirt ist. Desgleichen S. 42. Anm. 6. ist einmal die Jahrzahl 1819 oder 1829 falsch. Das Papier ist gut, und die Schrift verdient überhaupt eine recht allgemeine Verbreitung.

J. F. Jacobson.

Grundsätze des gemeinen deutschen Privatrechts mit Einschluss des Handels-, Wechsel- und Seerechts von **Dr. C. J. A. Mittermaier**, Geheimerath und Professor zu Heidelberg. In zwei Abtheilungen. *Erste Abtheilung.* Fünfte, völlig umgearbeitete und sehr vermehrte Ausgabe. Regensburg, Manz, 1837. 609 S. gr. 8. (5 Thlr. rest. 2te Abtheilung) *).

Ein bedeutendes Buch in der Wissenschaft wird, wenn es dieselbe zu construiren oder zu reorganisiren sich zur Aufgabe gestellt hat, bei erneuten Ausgaben, so lange es noch in jenem Streben begriffen ist, zunächst die subjective Feststellung, Erweiterung oder Beschränkung der gewählten Materie von Seiten des Verfassers vorzuführen haben; und hier werden rasch sich folgende Auflagen eben so wegen dessen in der Entwickelung vorschreitender Geistesthätigkeit, als der erneuten Anregung des eigentlich gelehrten Publicums, stets sehr erwünscht sein. In ein andres Verhältniss tritt aber dasselbe Werk, wenn es einen sicheren, festen, eigenthümlichen Standpunct erkämpft hat, so wie jedes andere, wenn ein solches dem Studium zum Lehrbuch, dem Gelehrten zum Anhaltepunct, der Praxis zur Autorität geworden ist, wenn die Ergebnisse aller literarischen, legislativen und praktischen Thätigkeit auf diesem Gebiete in ihm niedergelegt werden sollen. Denn dann wird eine neue Ausgabe für das ganze wissenschaftliche Publicum Veranlassung geben zu erneuter Prüfung der eignen Ansichten und der etwa beim Verfasser veränderten oder neugewonnenen: und damit sich jene erst feststellen, eine Praxis bilden, Material für neue Forschung entstehen kann, dazu bedarf es stets des Zeitraumes einiger Jahre und der Stetigkeit der in Händen befindlichen Ausgabe.

Es ist bekannt, wie *Mittermaier* nach den Vorarbeiten im: Versuch einer wissenschaftlichen Behandlung des deutschen Privatrechts 1815., durch sein Lehrbuch des deutschen Privatrechts 1821., und die ersten Ausgaben des vorliegenden Werkes: 1824., 1826., 1827. in rascher Folge sich und damit eine grosse Schule in Deutschland zu einer neuen und eigenthümlichen Auffassung und Behandlung des deutschen Privatrechts durchgebildet hat, während gleichzeitig *Eichhorn* dieses Feld

*) Eine ausführliche, von einem andern Gelehrten bereits zugesagte Rec. werden wir nach dem Erscheinen der zweiten Abtheilung liefern. Red.

bearbeitete, und wie wir so vorzüglich in den Werken dieser beiden bedeutendsten Germanisten das zu suchen haben, was uns als gemeines deutsches Recht verblieben ist. Mit der vierten Ausgabe trat der Verf. 1830 hervor, und indem er, zwar den Grundansichten über Bildung und Natur des gemeinen deutschen Rechts treu geblieben, das offene Geständniss derselben vorausschickte, statt das Particularrechtliche als Beleg des Gemeinrechtlichen zu betrachten, oft aus jenem dieses construirt und damit jenes zum gemeinen Rechte bisweilen erhoben zu haben, hatte er mit Rücksicht hierauf im Einzelnen bedeutend geändert. Diese Ausgabe ist es denn auch vorzüglich, welche ein so bedeutendes Ansehen in der Gelehrtenwelt und den Gerichtshöfen sich erworben hat, dass kaum ein Werk über einen Gegenstand des deutschen Rechtes erschienen sein dürfte, welches ihr nicht besondere Aufmerksamkeit gewidmet hätte. Das Verhältniss zu ihr, welche den oben angedeuteten Standpunct eines juristischen Nationalwerkes einnimmt, muss daher für alle folgende Ausgaben am wichtigsten sein: vor Allem aber bei der nächsten, nach sieben für deutsche Rechtsentwickelung so wichtigen Jahren, in der ersten Abtheilung so eben erschienenen. Nach dem im Eingange Erwähnten muss man es denn zunächst als willkommen begrüssen, dass sich der Verf. an jene letzte Ausgabe, soviel bis jetzt vorliegt, eng angeschlossen hat, und dass die Abweichungen mehr in der Anordnung und detaillirten Ausführung, als der Art der Behandlung und Auffassung des Stoffes bestehen. Es umfasst die erschienene erste Abtheilung, wie in der früheren Ausgabe, Einleitung, allgemeine Lehren (I. Buch) und die dinglichen Rechte (II. Buch). Im Allgemeinen sind sich auch die Unterabtheilungen gleich geblieben, und nur im 2. Buche ist als IV. Abtheilung das vierte Buch der früheren Auflage eingeschoben worden, nämlich: Von den Beschränkungen, welche durch Regalität oder Oberaufsichtsrechte des Staats in Bezug auf Sachen begründet sind. Allein dadurch, dass die meisten Lehren schon durch eine Ueberschrift in einen historischen und dogmatischen Theil gespalten worden, hat das Werk ungemein an Uebersichtlichkeit gewonnen, und auch der Uneingeweihte wird vor sonst häufigen Missgriffen bewahrt. Die Paragraphenzählung schreitet mit einer wohl zufälligen Ausnahme, mit den einzelnen Abschnitten wirklich fort, und die oft nur durch beigesetzte Buchstaben geschieden gewesenen Paragraphen der früheren Ausgaben sind stets in Klammern beigefügt. Ausser einer nicht unbedeutenden Anzahl ganz neuer Paragraphen hat aber vor Allem der Inhalt die sorgfältigste Ueberarbeitung und wünschenswertheste Bereicherung erfahren. Während sich nämlich der schon früher dargebotene Stoff in immer schärferer Auffassung und festbestimmter Darstellung bewegt, und dadurch das Werk immer in sich abgeschlossener und immer mehr abgerundet erscheint, sind alle neueren wissenschaftlichen Forschungen, die ungemein vermehrte Litteratur und die neuerdings so reichhaltige Particulargesetzgebung auf das Gewissenhafteste benutzt worden. Auch in dieser neuen Ausgabe hat der Verf. fortgefahren, die auslaufenden, feinen Fäden deutscher Rechtswissenschaft in den Nachbarrechten germanischen Ursprungs zu verfolgen und die Anforderungen moderner Gesetzgebungspolitik, in den nach rationellen Legislationen ohne historische Basis regierten Staaten, in Parallele aufzustellen. Einzelne Abänderungen und Verbesserungen anzuzeigen, würde bei deren Vielfältigkeit ausserhalb der Möglichkeit jeder kritischen Anzeige liegen; und so genüge zur Bezeichnung für deren äusseren Umfang die Bezurechnet, doch, bei gleich ökonomischem Drucke, diese erste Abtheilung um 87 Seiten vermehrt worden ist. In diesem lebhaften Streben des um deutsche Wissenschaft hochverdienten Verfassers sollte aber auf der andern Seite auch für deutsche Gelehrte die Aufforderung liegen, denselben mit ihrer Localkenntniss deutscher Particularrechte und deren Fortschreiten, welche insgesammt zu ergründen dem eminentesten Talent unmöglich bleibt, zu unterstützen. Denn wenn z. B. §. 99. 3. die Leibeigenschaft als in der Oberlausitz noch bestehend angeführt ist, so kann diess von Sachsen seit dem Ablösungsgesetze vom 17. März 1832. nicht mehr gelten. Die zweite, in den ihr verbliebenen Lehren gerade bei unserem Verf. eigenthümlichere und subjectiv wichtigere Abtheilung befindet sich, so wie die Vorrede, dem Vernehmen nach, bereits unter der Presse.

Hänel.

Ueber die Succession der Weiber in den Osnabrückschen Lehnen und einige dabei vorkommende Streitfragen. Von **Dr. Georg Siegfried Gruner**, Oberappellationsrath zu Celle, Osnabrück, Rackhorst, 1837. 53. S. 8. (n. 8 Gr.)

In dieser kleinen Schrift werden zwei Fragen des Osnabrückschen Lehnrechts, welche ein allgemeines Interesse haben, in einer klaren, anschaulichen Weise beleuchtet. 1) Nach mehreren Capitulationen Osnabrückscher Bischöfe aus alter Zeit sind die dasigen Lehen Weiberlehne, aber die Ordnung, in welcher die Weiber zur Succession gelangen sollen, ist zweifelhaft. Zwar ist man nach einem auf dem Lehntage vom 6. Octbr. 1561 von der Ritterschaft anerkannten Ausspruche des Lehnrichters darüber einverstanden, dass in Ermangelung von Söhnen und deren Descendenten, die Töchter des letzten Vasallen allen und jeden Agnaten, selbst den Brüdern desselben, in der Succession ins Lehen vorgehen; streitig aber ist es, ob abgesehen von den Töchtern die Lehen feuda femin. successiva oder promiscua seien; ob also, um den zunächst liegenden Fall bestimmt herauszuheben, namentlich die Schwestern des kinderlos verstorbenen Vasallen einen Vorzug vor den entfernteren Agnaten in der Succession ins Lehen haben? Die von dem Verf. beigebrachten älteren Zeugnisse sind, wie sich durchaus nicht verkennen lässt, zum Theil widersprechenden Inhalts; in den Gerichten scheint sich die Ansicht zu Gunsten der entfernteren männlichen Agnaten vor den Schwestern, überhaupt den näher verwandten Weibern entschieden zu haben, wie der Verf. durch mehrere in contradictorio gefällte Erkenntnisse nachzuweisen sucht; und eben diese Meinung erklärt derselbe auch für die allein richtige. Ein bestimmt ausgebildetes Herkommen trägt freilich seine besondere Berechtigung in sich; allein ob man damit den ursprünglichen Sinn und die wahre Bedeutung jenes Successionsrechts getroffen habe, welches in den Capitulationen ganz allgemein den Männern und Weibern zugleich eingeräumt wird, bleibt freilich sehr ungewiss. Und das, sollte man meinen, müsste doch immer die Hauptfrage sein: worin bestand eigentlich die von den Bischöfen bestätigte alte Gewohnheit, wonach die Lehen, derweilen Männer oder Frauen vorhanden wären, nicht als erledigt angesehen werden sollten? Indem man hier eine so wesentliche Abweichung von dem gemeinen deutschen Lehnrechte und seinem Grundsatze: Es erbet Niemand Lehen, wann der Vater auf den Sohn, anerkannte, sich aber zugleich mit jener ganz unbestimmten Angabe begnügte, und über die Successionsordnung selbst im Einzelnen gar nichts bestimmte, wird es in der That sehr wahrscheinlich, dass auch bei Lehen im Lande Osnabrück die Successionsordnung des Sächsischen Landrechts gelten sollte. Und diese beruht auf dem Principe, dass in der Familie im engsten Sinne in pari gradu allemal der masculus die femina ausschliesse, dagegen die nähere femina dem entfernteren masculus vorgehe. Nach dem Sachsenspiegel I. 17. succediren: 1. der Sohn, 2. die Tochter, 3. der Vater, 4. die Mutter, 5. der Bruder, 6. die Schwester. In den entfernteren Graden aber hört der Vorzug des männlichen Geschlechts vor dem weiblichen ganz auf. Damit nun eine Anwendung dieser Successionsordnung auf Lehngüter nicht etwa für unerhört gelte, vergl. man unter andern das Magdeburgische Dienstrecht §. 4. „Das Hofelehen soll erben auf den Sohn, Tochter, Bruder, Schwester, Vater und Mutter". Die Successionsordnung des Landrechts ist hier deutlich erkennbar, nur mit dem Unterschiede, dass die Aeltern erst hinter den Geschwistern stehen. Das Tecklenburgische Dienstrecht (für Osnabrück besonders wichtig) sagt §. 9. „In bonis vero hereditariis, in quibus nascuntur nostri ministeriales, quamdiu in cognatione sive genealogia vir vel mulier invenitur, cui talium bonorum jus vel actio competere possit, huc bona ad nos tanquam vacantia, redire non possunt. Eodem jure censentur, qui (quae) jure ministerialium a nobis tenent, excluso ejus jure hereditatis, quod Herwede dicitur". *von Fürth*, die Ministerialen, S. 523. 530. Sollte nicht auch hierbei an eine noch über die Töchter des letzten Lehnbesitzers hinausgehende Promiscuität der Tecklenburgischen Dienstlehen gedacht werden? In der That scheint sich hiernach aus historischen Gründen manches Bedenken gegen die ausschliessliche Richtigkeit der von dem Verf. vertheidigten Ansicht erheben zu lassen; um so mehr, als die beigebrachten ganz und halb officiellen Zeugnisse über den streitigen Punct aus dem Lande selbst durchaus nicht unbedingt für ihn sprechen. Eine Ausschliessung der Schwestern eines kinderlos verstorbenen Vasallen durch entferntere männliche Agnaten möchte schwerlich im Sinne jener alten Capitulationen gelegen haben; und wenn sich diess noch aus anderweitigen quellenmässigen Zeugnissen darthun oder wahrscheinlich annehmen liesse, so würden wir auch die Reception des Longobardischen Lehnrechts nicht als genügenden Grund einer solchen Exclusion betrachten. Denn da in der unbestrittenen Zulassung der Töchter hinter den Söhnen eine Irregularität der Successionsordnung einmal begründet ist, so müssten in dubio auch über die Ausdehnung derselben nicht das fremde Recht, sondern die einheimischen Quellen entscheiden.

2) Die andere in der Schrift behandelte Frage ist: Ob, wenn ein Lehngut einmal durch Erbgang in die weibliche Linie gekommen ist, bei dem kinderlosen Tode des letzten Vasallen, dessen in gleichem Grade stehende Seitenverwandten, ohne Unterschied des Geschlechts, aequali jure zur Succession ins Lehen berechtigt sind, oder ob darunter dem ex femina abstammenden masculo der Vorzug vor den pari gradu in linea feminina vorhandenen Weibern gebühre? Der Verf. entscheidet sich mit Rücksicht auf II. F. 17. pr. auch hier zu Gunsten des *masculus*, und führt zugleich einen einzigen ihm bekannt gewordenen Fall an, wo es zwar in dritter Instanz zu einem Vergleiche kam, vorher aber nach jenem Princip erkannt worden war. Recens. erinnert jedoch dagegen, dass auf feuda femin. promiscua der Grund: Non enim patet locus feminae in feudi successione, donec masculus superest ex eo, qui primus de hoc feudo fuerit investitus, keine Anwendung finden könnte. Wenn hier nach bereits Statt gefundenem Eintritt cognatischer Succession ein Vasall kinderlos stirbt, und von zwei vorverstorbenen Schwestern, von der einen eine Nichte, von der andern einen Neffen hinterlässt, so kann dieser Neffe kein anderes Successionsrecht in Anspruch nehmen, als was von seiner Mutter auf ihn devolvirt worden ist. Aber das nämliche ist ja auch auf die Nichte von *ihrer Mutter* devolvirt worden. Anders wäre der Fall, wenn von derselben Schwester Sohn und Tochter vorhanden wären; denn hier würde das Successionsrecht von der Mutter zunächst wieder auf den Sohn mit Ausschluss der Tochter übergehen.

Gaupp.

Ueber die rechtliche Natur der bäuerlichen Gutsabtretung überhaupt und mit Altentheilsbestellung besonders. Von **Dr. Wolfgang Heinrich Puchta**, Landrichter in Erlangen. Giessen, Ferber, 1837. XVI. u. 144. S. 8. (20 Gr.)

In den verschiedensten Gegenden Deutschlands sind die Verhältnisse des bäuerlichen Grundbesitzes gegenwärtig in einer wesentlichen Umbildung begriffen, und der so oft in der Geschichte der deutschen Verfassung hervortretende Zusammenhang zwischen persönlichem Standesrecht und Grundbesitz giebt sich denn auch hierbei wieder deutlich kund. Erstes Ziel war die Freiheit der Bauern selbst; bald folgten die Bauergüter. Die bäuerlichen Lasten und Dienste werden abgelöset, die Bauergüter in freies Eigenthum verwandelt, das gutsherrliche Verhältniss in seiner alten Bedeutung aufgehoben: das ist die Richtung, in welcher die Zeit geht, wiewohl, was Nähe oder Ferne jenes zu erreichenden Zieles anbetrifft, in diesem Augenblicke noch die grösste Verschiedenheit unter den Ländern Deutschlands herrscht. Manche Staaten scheinen sogar von jener Richtung noch gar nicht ergriffen zu sein, und leben in Betreff der Verhältnisse des Grundbesitzes noch heute im Mittelalter. Man vergleiche nur einmal die latifundia in den meisten Provinzen von Oesterreich mit der unendlichen Parcellirung des Bodens in den Preussischen Rheinprovinzen, und rechne dann die weiteren Resultate aus.

Die besonderen Institute des bäuerlichen Güterrechts, namentlich die bäuerliche Erbfolge, Minorat, Altentheil, Interimswirthschaft, haben sich unter dem unmittelbaren Einflusse der früheren gutsherrlichen Rechte ausgebildet. Wie weit dieselben in den eigenthümlichen Lebensbeziehungen des Bauernstandes überhaupt begründet seien, mithin eine Fortdauer derselben, auch seit jene Rechte mehr und mehr in den Hintergrund getreten, als zweckmässig, ja als nothwendig angesehen werden müsse, dafür scheint eine allgemeinere Regel noch keineswegs gefunden zu sein. Unterdessen ist es erfreulich, das bäuerliche Güterrecht nach mehreren Seiten hin einer wissenschaftlichen Beleuchtung unterworfen zu sehen. In dieser Beziehung heben wir als eine interessante, wie es scheint, zu wenig gekannte Schrift hervor: *Rudolph Moser*, die bäuerlichen Lasten der Würtemberger, insbesondere die Grundgefälle, die Entstehung der letzteren, ihre Schädlichkeit und die Mittel zur Abhülfe. Stuttgart, 1832; und ein wichtiger Beitrag hierzu wird denn auch in der obigen Schrift eines allgemein geschätzten, vielerfahrenen Praktikers geliefert.

Insofern bei einem Gegenstande, wie der hier behandelte, die politische Gesinnung des Verfs. nichts weniger als gleichgültig ist, so verdient es zunächst Erwähnung, dass sich in der Schrift durchgängig ein gesunder Liberalismus ausspricht, welcher an den Verbesserungen in dem Zustande des zahlreichsten, so lange Zeit unterdrückt gewesenen Standes aufrichtigen und warmen Antheil nimmt, und für die Anerkennung der Rechte desselben nach Kräften mitzuwirken sucht. Um den juristischen Werth und Gehalt der Abhandlung zu beurtheilen, muss man den Standpunct, auf welchem sich die darin erörterte Lehre bisher befunden, deutlich vor Augen haben.

Die Abtretung eines Bauergutes an den Erben bei Lebzeiten des Besitzers unter dem Vorbehalt einer lebenslänglichen Versorgung (Altentheil, Auszug, Ausgedinge) für diesen oder für ihn und seine Ehegattin zugleich, wurde seit längerer Zeit als eine Anticipation der Erbfolge, Erfrühung des Erbfalles betrachtet. Namentlich ging *Chr. Ludw. Runde* in seinem bekannten Werke von der Leibzucht oder dem Altentheile auf deutschen Bauergütern S. 293. fg. von diesem Gesichtspuncte aus, und *B. W. Pfeiffer* schloss sich in den praktischen Ausführungen Band IV. Abh. 8. „von den durch die deutschrechtliche Gutsabtretung begründeten Rechten und Verbindlichkeiten u. s. w.“, im Wesentlichen dieser Ansicht an. Im Grunde war jener Name „anticipirte Erbfolge,“ ziemlich gleichgültig. Eine eigene Benennung schien nur deshalb wünschenswerth, um dem in Rede stehenden Geschäfte einen besondern Platz im Systeme zu vindiciren, und es als ein eigenthümliches Geschäft des deutschen Rechts erscheinen zu lassen. Dabei räumte man übrigens schon immer ein, dass bei jener Gutsabtretung eine mehrseitige Angränzung und nicht selten auch Vermischung mit Geschäften des Römischen Rechts Statt finden könne. In *Runde* sagt S. 307. a. a. O.: „Es würde ungereimt sein, auch wenn von Bauergütern die Rede ist, behaupten zu wollen, dass einer jeden Uebergabe des Hofes an den Nachfolger mit Vorbehalt einer Leibzucht durchaus die Natur einer deutschen anticipirten Erbfolge untergelegt werden müsse. Vielmehr ist es sehr wohl denkbar, dass die Willensmeinung der Vertragschliessenden auf ein anderes, dem Römischen Rechte bekanntes Rechtsgeschäft gerichtet sein kann, und sofern dieses mit der Colonatverfassung und mit den Vertragspuncten selbst vereinbarlich ist, muss unstreitig darauf Rücksicht genommen, und die Natur des Geschäfts aus der ihm eigenen Rechtsquelle bestimmt werden."

Im Verhältnisse zu dieser bisherigen Literatur des Gegenstandes nimmt die Schrift von *Puchta*, worin übrigens ältere Werke nur wenig berücksichtigt werden, einen polemischen Standpunct ein. Die bäuerliche Gutsabtretung ist keine anticipirte Erbfolge, sondern ordentlicher Weise ein Kauf. Dieser Satz, und die versuchte Begründung desselben bildet den eigentlichen Kern des Buches. Alles Andere, was sonst noch namentlich über die Interimswirthschaft, über die Auslosung der Geschwister, das Anerben u. s. w. vorgetragen wird, ist mehr Nebenwerk, weniger neu und bestritten, wiewohl es auch hier nicht an interessanten praktischen Winken fehlt. Gleich in §. 2., bei dem Begriffe der Gutsabtretung mit Altentheilsbestellung, wird gegen den von *Pfeiffer* aufgestellten Begriff derselben darauf hingewiesen, dass eine solche Abtretung keineswegs blos auf eigentliche Bauergüter beschränkt sei, sondern auch bei städtischen und gewerblichen Nahrungen vorkommen könne. Missverstanden scheint dem Rec. der Name Ansatzcontract, womit die Gutsabtretung in Kurhessen bezeichnet werden soll. Der Verf. leitet ihn S. 25. von der Redensart ab: der den Hof an seinen Sohn abtretende Bauer setzt ihn (den Hof) an, schlägt ihn an für 3000 fl., d. h. bestimmt den Preis auf 3000 fl.; und er sucht somit selbst in diesem Namen ein Argument für seine Ansicht von dem ordentlicher Weise anzunehmenden Kaufgeschäfte zu gewinnen. Wahrscheinlicher möchte es wohl sein, dass sich der Ausdruck *Ansatz* gar nicht auf einen Act des abtretenden Bauers, sondern auf die Pflicht des neuen Erwerbers bezieht, sich innerhalb einer gewissen Frist von der Erwerbung an gerechnet, mit dem Gute *ansetzen* zu lassen. Vgl. *Struben* tractatio de bonis meierdingicis §. 8., wo über jene Verbindlichkeit eine Menge Stellen aus Meierdings-Artikeln und Statuten mitgetheilt werden.

Was übrigens nun den oben hervorgehobenen Hauptsatz der vorliegenden Schrift anbetrifft, so ist Rec. von der Richtigkeit desselben durch die vom Verf. gegebene Ausführung nicht überzeugt worden. Derselbe scheint ihm zu sehr generalisirt, sich zu sehr unter die Herrschaft des hier nicht anwendbaren Röm. Rechts gebeugt zu haben. Das kann wohl keinem Zweifel unterliegen, dass man sich ganz auf den Boden individueller Willkür versetzt, wenn man bei der Beurtheilung der bäuerlichen Gutsabtretung die Idee des Kaufes als Regel zu Grunde legt. Aber eben diess erscheint unzulässig, weil ganz abgesehen von gutsherrlichen Rechten, dasjenige, was durch alte Sitte und Herkommen bei dem Bauerstande eingeführt ist, eine selbstständige Beachtung verdient. Man wird nie umhin können, jedes einzelne in Frage stehende Geschäft dieser Art nach Inhalt des abgeschlossenen Vertrages einer besonderen Prüfung zu unterwerfen. Wenn man aber dann nach einer subsidiären Grundidee in Betreff der bäuerlichen Gutsabtretung an den Anerben mit Altentheilsbestellung sucht, so kann man nach dem Zeugniss der Geschichte nur zu dem Resultate kommen: die Absicht bei diesem Geschäfte ging regelmässig dahin, hinsichtlich des Erben schon jetzt dasjenige Verhältniss hervorzubringen, welches beim Tode des Abtretenden in den wesentlichsten Puncten ohnedem eingetreten sein würde, dem letzteren aber und seiner Ehegattin ein ruhiges Alter zu sichern. Wir glauben daher nach wie vor folgende Geschäfte wohl unterscheiden zu müssen: 1. Reine Käufe, durch welche Ascendenten den Descendenten das Grundstück gegen einen bestimmten Preis verkaufen. Solche Veräusserungen sind natürlich immer möglich gewesen; sie sind es auch heute noch, und werden wie Veräusserungen an einen Fremden beurtheilt. 2. Die sogenannten Gutsabtretungen. Das Charakteristische bei ihnen besteht darin, *dass die Ueberlassung mit Beziehung auf das Erbrecht erfolgt.* Ein bestimmter Annahmepreis kommt hierbei nicht einmal immer vor; wo er sich findet, wird er regelmässig unter die Erben vertheilt oder auf die künftigen Erbtheile angewiesen. Der Name *anticipirte Erbfolge* für dieses Geschäft ist ziemlich gleichgültig, und eben deshalb darf man auch die aufgestellte Unterscheidung nicht mit der Regel: Viventis hereditas non est, *anfechten.* Genug, dass die Absicht der Parteien bei dem zweiten Geschäfte durchaus nicht auf Abschliessung eines eigentlichen Kaufvertrages gerichtet, vielmehr die Elemente des Familienrechts darin überwiegend sind; und weiter soll durch die sogenannte *anticipirte Erbfolge* nichts angedeutet werden.

Warum übrigens der Ausdruck *abtreten* eine beschränkte Dispositionsfähigkeit des Bauers andeuten solle, und schon deshalb besser vermieden werde, lässt sich nicht einsehen. „Mit der Vermeidung des Ausdrucks Kauf, heisst es S. 24, beabsichtigt man die Bezeichnung einer beschränkten Disposition des Bauers rücksichtlich seines Immobiliarbesitzthums nach einer Vorstellung, die freilich nicht mehr zeitgemäss ist, der man aber gern noch praktische Wirkungen beilegen möchte. Der Bauer, so will man, darf oder soll nur *abtreten, übergeben,* wenn er nicht mehr dem Gute vorstehen kann; er soll dasselbe aber nicht wie einen Gegenstand fahrender Habe betrachten, den er nach Gutdünken *verkaufen* kann. Weil diess nun aber, observatis observandis, in der Wirklichkeit doch geschieht, so will man gleichsam durch ein temperamentum facti per verba die Sache verbessern. „Aber, wenn sich die Sache wirklich so verhielte, warum nennt man denn dann die Verkäufe an Fremde, welche täglich vorkommen, nicht auch Abtretungen, sondern Verkäufe?" Und jedenfalls liegt in dem Worte *abtreten* an sich gar nichts, was auf eine beschränkte Dispositionsfähigkeit des Bauers hinwiese. Dagegen kann gerade die Theorie des Verfs. in anderer Beziehung dem Bauerstande leicht sehr gefährlich werden. Sobald man nämlich bei einer Gutsabtretung die Idee des Kaufes als Regel zu Grunde legt, und die Landesgesetzgebung wegen der Laudemien einigen Zweifel lässt, so werden die Sylbenstecher unter den Juristen sehr bald herausrechnen, dass auch Descendenten selbst da, wo diese in Erbfällen kein Laudemium zu zahlen brauchen, bei Gutsabtretungen zu dessen Entrichtung verpflichtet seien. Hiergegen glaubte schon *Carpzov* Jurisprud. for. P. II. const. 39. def. 27. ankämpfen zu müssen.

Früher oder später wird das bäuerliche Güterverhältniss die Thätigkeit der Gesetzgebung ganz besonders in Anspruch nehmen. Wenn sonst Beschränktheit des bäuerlichen Grundbesitzes die Regel bildete, freie Bewegung in einzelnen Beziehungen mehr als Ausnahme Statt fand, so hat sich diess in privatrechtlicher Beziehung jetzt wesentlich geändert. Freiheit ist hier die Regel geworden, und wird es täglich mehr. Allein wo die Beschränkungen durch die Gutsherrschaft bereits zur Antiquität geworden sind, mag man wohl die Frage aufwerfen, ob nicht gewisse Beschränkungen durch die Rücksicht auf Erhaltung und Bildung eines selbstständigen, tüchtigen Bauerstandes, d. h. also aus politischen Gründen nothwendig seien? Wäre nicht z. B. eine Festsetzung darüber, dass ein Bauergut nicht successive mit zwei oder mehreren Auszügen belastet werden dürfe, welche dann gleichzeitig auf denselben haften, für wohlthätig zu erachten? Dem Rec. sind Fälle vorgekommen, wo sich ein junger, rüstiger Verkäufer eines Gutes von einem eben solchen Käufer einen Auszug stipulirte. Wenige Monate nachher verkaufte der neue Käufer das Gut wieder, und liess sich gleichfalls einen Auszug bestellen. Da die eigentliche Leibzüchtskote schon vergeben war, musste ihm nebst Frau und Kindern eine unheizbare Kammer zur Wohnung angewiesen werden. Die Folge war allgemeiner Häder und Zwietracht, baldiger Ruin des zweiten Käufers und Subhastation des ohnedem mit Schulden stark belasteten Gutes.

Als ein sehr merkwürdiges Gesetz der neuesten Zeit, worin das Princip der Dispositionsfreiheit des Bauerstandes mit dem Interesse des Staates an der Erhaltung eines gediegenen Bauerstandes auf eigenthümliche Weise in Verbindung gebracht ist, muss ganz vorzüglich das K. Preussische über die bäuerliche Erbfolge in der Provinz Westphalen vom 13. Juli 1836. (Preuss. G. V. v. 1836. S. 209.) hervorgehoben werden.

Gaupp.

Die Verantwortlichkeit der Minister in Einherrschaften mit Volksvertretung, rechtlich, politisch und geschichtlich entwickelt von Robert Mohl. Tübingen, Laupp'sche Buchh. 1837. 8. XVI. u. 726. S. (4 Thlr. 4 Gr.)

Zwar könnte es nothwendig scheinen, bei Beurtheilung dieses von einem unsrer ersten Publicisten verfassten gründlichen Werkes zuvörderst die praktische Bedeutung des darin behandelten Institutes einer Prüfung zu unterwerfen. Denn der Verf. hat es selbst für unumgänglich erachtet, gegen diejenigen zu polemisiren, die dieses Institut entweder gar nicht, oder doch nicht in der angenommenen Ausdehnung für etwas Reelles gelten lassen wollen. Indess, Ref. kann sich im Allgemeinen dieser Mühe überhoben halten, da er seine bescheidenen Zweifel über die Ministerverantwortlichkeit in einer besonderen Schrift*) niedergelegt hat, die allerdings unserem Verf. zur Zeit der Abfassung seiner Schrift noch nicht vor Augen gekommen zu sein scheint. Ref. hat zwar noch manches auf dem Herzen, was er zur weiteren Begründung der dort entwickelten Ansichten

*) Die Behörden in Staat und Gemeinde, (Leipzig, 1836. 8.) S. 112. ff.

aufführen möchte. Indess er verspart es auf eine andere Gelegenheit, soweit nicht Einzelnes zur weiteren Beurtheilung der hier zu besprechenden Schrift erörtert werden muss.

Die Einleitung beschäftigt sich mit Begränzung und Feststellung des Gegenstandes und polemisirt zuerst zu Gunsten der Nothwendigkeit eines gerichtlichen Schutzes für eine Repräsentativ-Verfassung. Bei dieser Erörterung stimme ich nur mit dem überein, was der Verf. gegen die Berufung auf fremde Staaten und gegen die bills of attainder sagt. Es scheint mir aber, als hätte hier besonders Eine Frage ins Auge gefasst werden müssen: ob nämlich die Repräsentativverfassung so vorzüglich den gerichtlichen Schutz bedinge, dass grade in ihr das Institut der Ministerverantwortlichkeit so besonders hervortritt, und ob die Beziehungen, in denen es am Meisten hervorgehoben wird, sich zu gerichtlicher Behandlung eignen. Meines Dafürhaltens wird in jeder Verfassung der gesetzliche Zustand einen gerichtlichen Schutz bedingen, und überall werden die obersten Beamten für gesetzwidrige Schritte zur Verantwortung zu ziehen sein. Der Repräsentativstaat hat hier nur das Eigenthümliche, dass er, ausser dem in allen Staaten vorhandenen Kläger in solchen Fällen, nämlich dem Oberen des betreffenden Beamten, noch einer anderen Gewalt ein Klagrecht zuschreibt. Eine andere Eigenthümlichkeit desselben Staates aber scheint gerade in ihm die Nothwendigkeit jenes Schutzes zu schwächen. Denn offenbar hat der Repräsentativstaat, in seinem festbegründeten gesetzlichen Organismus, in dem Bestehen einer von dem Verwaltungsinteresse unabhängigen Controle, in der Oeffentlichkeit, die er über die Schritte der Staatsgewalt verbreitet, und in so manchem Andern eine reiche Fülle von Mitteln, welche dem Gedanken an Gesetzwidrigkeiten der obersten Behörden im Voraus entgegentreten. Je kräftiger und wahrer diese Verfassung wird, desto gewisser kann sie sich des mechanischen Mittels einer Strafandrohung entschlagen. Wo sie weniger hoch steht, da wird die Ausführung der Drohung stets sehr zweifelhaft sein. Allerdings giebt dieselbe Staatsform, durch ihre Beschränkungen der Staatsgewalt, manchen Reitz zum Ankämpfen gegen die Verfassung. Handelt es sich da um einen blossen Zwiespalt über den Sinn der letzteren, so ist nicht ein strafrechtliches, sondern ein schiedsrichterliches Einwirken nöthig. Wird aber wahrhaft in rechtswidriger Absicht ein Umsturz der Verfassung versucht, dann dürfte der gerichtliche Schutz zu spät kommen. Hier kommt es weit mehr darauf an, dass die Verfassung andere Waffen zu ihrer

Vertheidigung habe. Ist sie gestürzt, so fehlt der Kläger. Stürzt sie, ob und inwiefern da von einer Strafe die Rede sein kann, darüber will ich sprechen, wenn ich das Capitel von der Bestrafung bespricht. Ebenso wird sich für den zweiten Theil der oben hervorgehobenen Frage ein anderer Ort finden. — Der Verf. sucht ferner das Eintreten einer Strafgerichtsbarkeit zu begründen. Er beseitigt die Frage, wer dieser Gerichtsbarkeit zu unterwerfen sei. Diess, wie das Meiste, was den innern Ausbau des Institutes anlangt, sehr richtig. Die Straflosigkeit des Fürsten begründet er trefflich. Die Beamten unterliegen der Verantwortlichkeit. Aber die Unterbeamten werden durch einen auf gesetzlichem Dienstwege von einer gesetzlich bestellten Oberbehörde ergangenen Befehl, der kein offenbares Verbrechen anordnet, gedeckt. Der Verf. erklärt sich auch, nach sorgfältiger Erwägung, für die constitutionelle Verantwortlichkeit der Volksvertreter. Jedenfalls wird dann die Zusammensetzung des Gerichtshofes doppelt wichtig. Dabei hat der Verf. bloss den Fall im Sinne, wo Volksvertreter gegen die verfassungsmässigen Rechte des Fürsten gehandelt; selbst wo sie nur Anträge dagegen gemacht haben. Er übergeht den andern Fall, wo sie gegen die verfassungsmässigen Rechte des Volks, oder einzelner Stände kämpften. Bis jetzt ist man zufrieden gewesen, wenn solche Anträge nicht durchgingen, oder die Regierung Kraft genug hatte, sie zurückzuweisen. Warum hier überall Gericht und Urtheil, Anklage und Bestrafung einführen? Das Element gerade dieser Verfassung ist wesentlich ein Politisches. Durch zu juristische Anschauung dürfte sie nicht wahrer noch lebenskräftiger werden. Im Folgenden, nachdem der Verf. nochmals die Ministerialverantwortlichkeit gegen den Vorwurf, dass sie unwirksam, ungerecht, unbillig und unpolitisch sei, in Schutz genommen, begränzt er seinen Gegenstand auf die von dem *Volke* ausgehenden Schritte zur Vertheidigung der *Volksrechte* gegen die *Minister*. Darauf beleuchtet er die Literatur mit dem an ihm schon bekannten scharfen, gediegenen Urtheil. Auch auf die ständischen Verhandlungen nimmt er Rücksicht. Die des Sächsischen Landtags sind jünger als die Abfassung, leider nicht jünger als das Erscheinen seines Werks, dessen Berücksichtigung bei keiner künftigen Berathung über diese Angelegenheit zu umgehen sein wird.

Das erste Buch (S. 104. ff.) behandelt die *Dogmatik* der Frage. Das erste Capitel betrifft den *Angeklagten*. Welche einzelne Grossbeamte sind als verantwortliche Minister zu betrachten? Alle, die irgend einem selbstständigen Theile der Staatsregierung in letzter Instanz unter dem Fürsten vorstehen, ohne deren bestimmte Anordnung, oder wenigstens Mitwirkung, somit in diesem Zweige keine von der Regierung ausgehende verfassungsverletzende Handlung vorgehen konnte, und welche ihrer amtlichen Stellung nach in der Lage gewesen wären, Vorstellungen zu machen. Die Bekleidung eines Staatsamtes ist nöthig. Hofdiener gehören nicht hierher; so wenig wie blosse Günstlinge. Auch nicht die eigentlichen Kirchendiener. Bei dem Cabinet kommt es auf dessen Organisation an. Wohl aber unterliegen die Befehlshaber der bewaffneten Macht der constitutionellen Verantwortlichkeit. Der Titel ist gleichgültig. Auch kann ein Beamter in der einen Eigenschaft selbst verantwortlich sein, in der andern durch einen Oberen gedeckt worden. Die Dauer der Bekleidung des Amts, ob der Beamte es definitiv, oder blos provisorisch verwaltete, macht keinen Unterschied. — Bei gemeinschaftlichen verfassungswidrigen Handlungen mehrerer Minister unterscheidet der Verf. sehr sorgsam die einzelnen Fälle. Wenn mehrere Minister gemeinschaftlich unter ihren Namen einen Befehl bekannt machen, so ist ihre Schuld gleich gross. Ward in gleichem Fall nur von dem Minister, zu dessen Ressort die Handlung gehört, vollzogen, so ist er zwar zunächst in Anspruch zu nehmen, aber die übrigen Minister sind intellectuelle Miturheber. Ein Minister, der sich dem Beschlusse zwar möglichst widersetzte, aber zuletzt doch nachgab, ihn mit unterzeichnete und soviel an ihm lag, vollzog, kann auf eine Ausnahme von der Anklage keinen Anspruch machen. (Wenn der Verf. annimmt, dass bei einem solchen Minister das Bewusstsein der rechtswidrigen Handlung sogar doppelt vorhanden gewesen sei, so dürfte sich das im Ganzen bezweifeln lassen. Das Bewusstsein war vielleicht bei den Andern eben so gross, aber die Lust war grösser. Die Schuld des fraglichen Ministers dürfte in der Regel als Schwäche erkannt und einige Strafmilderung für ihn billig gefunden werden). Ein Minister, der gar keinen Antheil an der Handlung nahm — sei es auch nur wegen Abwesenheit u. s. w. — ist klagfrei, wenn er auch Mitglied des Ministeriums bleibt. Den besonderen Fall des Minister-Präsidenten beurtheilt der Verf. sehr richtig. — Der Verf. behauptet das Klagrecht auch gegen freiwillig abgetretene Minister. Seinem Princip nach unläugbar. — Die Minister können Mitschuldige haben, welche nicht Minister sind. Die Ausdehnung der Competenz des Staatsgerichtshofs auf diese, findet der Verf. zwar nicht dem bloss rechtlichen Standpuncte, wohl aber der Gesetzgebungspolitik gemäss. Sind diese verschieden?

Das zweite Capitel (S. 127. ff.) betrifft das *Vergehen*. Es seien Verletzungen der Verfassung, von denen hier die Rede sein könne. Daraus ergiebt sich, dass der Verf. sein Buch hätte betiteln sollen: Die Verantwortlichkeit der Minister bei Verfassungsverletzungen. Wollte er das ganze Institut rechtlich, politisch und geschichtlich erörtern, so musste er auch von Verletzungen anderer Gesetze, von dem Staate durch unkluge Handlungen zugefügtem Nachtheile, wegen dessen so manche Ministerprocesse Statt gefunden haben, so musste er vor Allem von einem Verhältnisse sprechen, in dem die Ministerverantwortlichkeit in manchem Staate am öftersten auftritt. Es kömmt jetzt gar häufig vor, dass den Ministern irgend ein Recht gewissermaassen auf Discretion überlassen wird, das in gewissen Fällen seinen Nutzen haben kann, aber auch grossen Missbrauches fähig ist. Wird auf die letztere Möglichkeit aufmerksam gemacht, so heisst es, dafür bürge die Verantwortlichkeit des Ministers. Wird aber nachher im einzelnen Falle der letztere in Anspruch genommen, so heisst es wieder: das Recht sei dem Minister im Allgemeinen zugesprochen worden; zu beurtheilen, wo es anwendbar, sei lediglich Sache der Verwaltung. Es liegt auch in der Natur der Sache, dass hier von gerichtlichem Schutze nicht wohl die Rede sein kann, und das Meiste theils von vorsichtiger Abfassung der Gesetze, theils von der *moralischen* Verantwortlichkeit der Minister der Oeffentlichkeit gegenüber erwartet werden muss. — Der Verf. hat es nur mit den Fällen zu thun, die sich, nach seiner Ansicht, zu einer ständischen Anklage eignen. Er hält es nicht für zweckmässig, sie einzeln aufzuzählen, sondern erklärt sich für Festsetzung einer allgemeinen Bestimmung. Auch darauf komme nichts an, ob die Handlung in dem allgemeinen Strafgesetze mit einer Strafe bedroht sei, oder nicht. Dagegen will er auch die bereits so bedrohten Handlungen nicht ausgenommen wissen, sondern verweist sie gleichfalls vor das politische Forum. Ebenso verwirft er den Unterschied zwischen Amts- und Privathandlungen; so wie den, zwischen begangenen und bloss nichtverhinderten. Es handele sich ferner nicht bloss um Verletzung der ganzen Verfassung, sondern auch einzelner Bestimmungen. Auch erstrecke sich der Begriff der Verfassungsverletzung weiter, als auf den Inhalt der Verfassungsurkunden. (Consequent, da diese freilich theils mehr als die Verfassung des Staats, theils aber auch weniger enthalten. Unstreitig aber macht es die Sache sehr verwickelt und für unsere Staaten wird, wenigstens was die Strafe anbelangt, allerdings die Betrachtung nicht zu verdrängen sein, dass den in den geschriebenen Grundgesetzen enthaltenen Bestimmungen eine besondere Heiligung beiwohnt. Wollte man diese auch auf andre nicht darin besprochene Puncte der Verfassung ausdehnen, so müsste man, um consequent zu sein, dagegen die in manchen Grundgesetzen berührten nur zur Verwaltung gehörigen Puncte davon ausnehmen. Soweit aber das Verfahren gegen Verfassungsverletzungen durch dieselben neuen Grundgesetze begründet ist, scheint es auch nur auf die in diesen enthaltenen Bestimmungen berechnet zu sein. In der That dürften auch die von dem Verf. angegebenen Kriterien, an denen es zu erkennen sein soll, ob eine Sache Verfassungssache sei, in der Praxis die grössten Schwierigkeiten darbieten). — Auf gewöhnliche Gesetze sei die Staatsanklage nicht auszudehnen, sagt der Verf. Hier genüge die Klage bei den gewöhnlichen Gerichten und die ernste Beschwerde der Ständeversammlung. (Ich meine, das muss auch bei den meisten Verfassungsverletzungen, es muss überall genügen, wo es sich nicht um wahren Verfassungsbruch handelt). Ebensowenig sei eine Anklage wegen verletzten Interesses zu begründen. Wohl aber wegen unterlassenen Vollzugs der Gebote der Verfassung. Ebenso zu Gunsten der Regierungsrechte; wegen Versuchs; wegen Raths; nicht aber wegen Verletzung fremder Verfassungen; es sei denn, dass eine secundäre Absicht gegen die eigne Verfassung gerichtet gewesen. — Im folgenden stellt der Verf. die Fälle zusammen, welche ausschliessend einzelne Minister betreffen, und diess ist bei dem von ihm angenommenen Gesichtspuncte allerdings verdienstlich. Interessant und mit richtigem Tact geleitet ist dabei die Untersuchung über die Verhältnisse des Kriegsministers und Armeechefs. Wichtig, nicht blos für den hier behandelten Zweck, sind auch die genauen Regeln über die Auslegung einer Verfassungsurkunde; grösstentheils aus Wächters Abhandlungen entnommen. — Im Weiteren handelt der Verf. von der subjectiven Strafbarkeit und will eine solche auch durch blosse grobe Fahrlässigkeit begründet wissen, dagegen Irrthum sie aufhebt. Letzteres ist sehr richtig, trägt aber wesentlich dazu bei, die Anwendbarkeit des ganzen Instituts beträchtlich zu verringern. Denn bei der vieldeutigen Abfassung der neueren Grundgesetze ist der Vorwand eines. Irrthums viel zu leicht durchzuführen. Bei der Entschuldigung wegen Nothfalles unterscheidet der Verf. mit Recht die Fälle physischer Gewalt, rechtlicher Unmöglichkeit und entgegenstehenden grösseren Vortheils und würdigt sie mit Scharfsinn und Umsicht. Einen Fall, der unter die letzten beiden Kategorieen gleichmässig fallen kann, hat der Verf. nicht erwähnt; dass nämlich der Minister sich durch die natürliche Billigkeit gedrängt fühlen kann, in einem einzelnen Falle eine Ausnahme von einer Verfassungsbestimmung zu machen, weil er fühlt, dass ein besonderes Verhältniss zwar unter die allgemeine Classe gehört, auf welche jene Bestimmung berechnet war, aber so ganz eigenthümlicher Natur ist, dass man annehmen muss, wäre die ganze Classe von dieser Art, so würde die Bestimmung anders getroffen worden sein. — *Mit vielem* Scharfsinn ist die Untersuchung über verfassungswidrige Handlungen, welche mit Theilnahme der Ständeversammlung vorgenommen worden, durchgeführt. Wenn aber der Verf. wenigstens für gewisse Fälle sie so entscheidet, dass die *erfolgte Billigung* der Ständeversammlung so lange decken müsse, bis die Wahlperiode der zweiten Kammer vorüber und in der Ersten die zustimmenden Mitglieder nicht mehr die Majorität bilden; so kann ich mich damit nicht vereinigen und bin vielmehr der Meinung, es binde eine solche Billigung die Stände so lange, aber auch nur so lange, bis sie auf dieselbe Weise, wie sie gegeben, zurückgenommen, also der frühere Zustand hergestellt ist; es könne aber von einer Anklage erst dann die Rede sein, wenn der Minister die fragliche Handlung trotz der Missbilligung fortsetzt. Es scheint ungerecht gegen das Volk, wenn die Stände einer Maassregel, von deren unheilvollem Charakter sie sich vielleicht erst nachher überzeugt haben, zu deren Anerkennung sie vielleicht verleitet wurden, auch nur einen Augenblick länger, als ihre Ueberzeugung von der Rechtmässigkeit der Maassregel dauert, zusehen müssten, bloss weil sie sie früher gebilligt. Und es scheint hart gegen den Minister, wenn er wegen einer von den Ständen gebilligten Maassregel später in Anklagestand versetzt werden soll, weil andre Mitglieder in die Kammer gekommen sind. — Der Fall der Theilnahme an einer Handlungsweise des Fürsten, welche für diesen der Verlust des Thrones zur Folge hatte, war für einen *Mohl* sehr leicht zu beurtheilen. Nur die Oberflächlichkeit des Parteigeistes kann daran Anstoss nehmen.

Das dritte Capitel (S. 217. f.) handelt vom *Kläger*. Bei diesem Capitel begegnet es dem Verf. zuweilen, dass er sich etwas zu lange bei Untersuchungen aufhält, deren weitläuftige Betrachtung wegen der Klarheit der Sache, oder des Unpraktischen des Gegenstandes unnöthig scheint. Dahin dürfte schon die ausführliche Nachweisung von allerlei Gründen gehören, aus denen die Anklage nicht von dem einzelnen Bürger ausgehen soll. Ebenso, wenn er bei Betrachtung der möglichen Modalitäten sich umständlich gegen eigends bestellte Censoren erklärt; ein Institut, auf welches unsre übrigen Einrichtungen durchaus nicht hinführen. Da er es aber einmal that, und manche darauf abzielende Vorschläge und Versuche erwähnte; so hätte er theils die eine Zeit lang in Preussen bestandene, etwas Analoges bezweckende Generalcontrole, theils den Areopag in Hoffmanns staatsbürgerlichen Garantieen mit berühren können. Die zweite Modalität ist das Klagrecht der Ständeversammlung. Ihre vorzügliche Befähigung dazu beweist er und sucht auch den Einwand längerer Verzögerung möglichst zu beseitigen; bei welcher Gelegenheit er sich gegen permanente ständische Ausschüsse erklärt. Ich bin mit ihm der Meinung, dass dieses Institut sich mit den nach den Grundsätzen des neueren Repräsentativstaats gebildeten und berechtigten Ständeversammlungen nicht vertragen will. Und nur von Solchen spricht der Verf. Er sucht ferner ausführlich die Forderung zu rechtfertigen, dass beide Kammern, allein unabhängig von einander, das Recht der Anklage auszuüben haben sollten. Wäre es nicht ganz den liberalen Vorurtheilen zuwider, so möchte ich wohl die Ansicht durchführen, dass es zwar der ersten Kammer allein, der Zweiten aber nur in Verbindung mit der Ersten zu verstatten sei. Wie bald ist in der zweiten Kammer ein Beschluss darauf zu Stande gebracht, besonders da nach dem Verf. dieses Geschäft wie jedes Andere behandelt werden soll. Und doch sind fruchtlose Anklagen, nicht bloss für den Minister lästig, sondern auch dem Ankläger schädlich. Dass dagegen die erste Kammer allein klagen dürfe, wäre nicht unpassend, da bei ihr eine grössere Präsumtion des vorsichtigsten Gebrauchs obwaltet und die Möglichkeit nicht zu fern liegt, dass Minister und zweite Kammer sich gegen die verfassungsmässig verbürgten Rechte einzelner Stände verbinden könnten. Sehr gründlich und scharfsinnig untersucht der Verf. die Wirkungen, welche die verschiedenen Arten der Beendigung der Ständeversammlung auf die beschlossene Anklage haben sollen. Vertagungen seien von gar keinem Einflusse. Der Staatsgerichtshof wirke fort, so lange er den Kläger nicht mehr brauche und warte bei Aenderung des letzteren Falles. Bei Entlassung der Stände müsse der Process sistiren bis zur nächsten Versammlung. Bei einer Auflösung höre der Process auf und der neuen Versammlung stehe es frei, ihn von vorn wieder anzufangen. Sehr scharfsinnig hat der Verf. diess Alles durchgeführt. Bei der übrigen Strenge seiner Vorschläge mögen diese Ansichten auch wenigstens den Vortheil haben, dass sie ein Gegenmittel darbieten. Denn mit diesen Einrichtungen müsste eine Regierung sehr ungeschickt oder die Sache ganz verzweifelt sein, wenn irgend ein von der Regierung nicht gebilligter Ministerprocess zur Endschaft gediehe. Da ich gar nicht dafür bin, den Flor der Verfassungen auf Ministerprocesse zu begründen, so möchte ich wohl jene Ansichten acceptirt wünschen. Gestützt hat sie der Verf. weniger auf Zweckmässigkeitsgründe, als auf formelle Consequenzen der allgemeinen Wirkungen jener Beendigungsursachen; Wirkungen, die durchaus nicht auf unsern Fall berechnet waren. Handelt es sich darum, die Sache zu etwas Reellem zu machen, so könnte ich in Staaten, wo es nicht jährliche, langdauernde Sitzungen der Stände giebt, nur dann etwas erwarten, wenn zuvörderst alle möglichen Vorsichtsmaassregeln ergriffen wären, dass keine frivole Klage angestellt würde; dann aber die einmal erhobene Klage, an deren Entscheidung ja auch dem Staate gelegen sein muss, fortgeführt würde bis zum Ende, sobald nicht die Stände unter gleichen Formen die Anklage zurücknähmen. Und zwar hätten die Stände, welche die Klage erhoben, eine Deputation zu bestellen, auf welche alle zur Durchführung der Klage erforderliche Rechte und Functionen der Stände für die Zwischenzeit übergingen und deren Mandat auch durch eine Auflösung nicht erlöschen dürfte. Ueberhaupt soll man die Repräsentativverfassung nicht zu einem Consequenzenneste machen, oder man betrachte als ihr erstes Princip, dass für jeden Zweck das geeignetste Mittel ergriffen werde und ziehe daraus die Consequenzen. Diese Verfassungen eignen sich nicht für die romanistische Anschauung; sie werden nur gedeihen, wenn man sie nach germanischem Recht behandelt. — Einem gewöhnlichen ständischen Ausschuss spricht der Verf. das Klagerecht ab. Diese Ausschüsse könnten überhaupt eine viel nützlichere Wirksamkeit haben und dem Gedeihen des Staatslebens förderlicher sein, als durch irgend eine Ministeranklage, wenn sie mitwirkend würden bei der Verwaltung. Nicht die Herrschaft gegenüberstehender, getrennter, aus verschiedenartigem Gesichtspuncte handelnder Gewalten, sondern eine Verbindung des Beamten- und des volksthümlichen Elementes in der Verwaltung, würde mir für deutsche Verhältnisse das Ideal sein. Doch das wäre auch gegen die constitutionelle Consequenz. — Das Klagerecht muss frei ausgeübt werden können, fährt der Verf. fort. Deshalb keine vorherige Einreichung der Klage bei dem Könige. Kein vorheriger besonderer Sühneversuch. Der muss eigentlich in der Verfassung liegen und dem Beschluss der Klage vorhergehen. Keine Amnestie, es sei denn durch Gesetze. — Sehr genau erörtert der Verf. die wichtige Frage über den Verzicht, wobei er zwischen dem ausdrücklichen oder stillschweigenden Verzichte auf die Klage und dem Fallenlassen einer bereits angestellten unterscheidet. In Bezug auf das Erstere behauptet er, dass es nur für einen Landtag binde. Das scheint wenigstens in dem Falle zu hart, wenn die Stände unter der Voraussetzung verzichtet haben, dass die fragliche Handlung künftig unterbleibe, der Schaden ersetzt werde, vielleicht der Minister abtrete, und diese oder ähnliche Bedingungen erfüllt worden sind. Das Recht zum Fallenlassen der Klage schreibt er den Ständen unbedingt zu.

Im vierten Capitel (S. 270. ff.) kommt nun die wichtige Frage von dem *Richter* an die Reihe. Der Verf. wendet dabei viel politische Kenntniss und vielen Scharfsinn auf, ohne ein auch nur ihm selbst völlig genügendes Resultat zu finden. In der That ist die Frage, wie alle, auf deren Lösung nicht das Leben selbst hinführt, überaus schwierig, und meines Dafürhaltens dürfte sie gar nicht allgemein, sondern nur mit Rücksicht auf die Verhältnisse einzelner Staaten zu beantworten sein. Die Autorität, die in jedem Staate den Bedingungen der Sachkenntniss, Unparteilichkeit und Unabhängigkeit am Besten entspricht, ist der beste Richter. Das kann überall eine verschiedene sein. Der Verf. beginnt sehr richtig mit Aufzählung der allgemeinen Erfordernisse und führt als solche auf: möglichste Unabhängigkeit. Gänzliche sei hier nicht zu erlangen. Als zusammenhängend stellt er hier die Forderung, dass dem Gerichte vom Augenblick der angestellten Klage an keine neuen Mitglieder beigestellt werden dürfen. Wenigstens dürfen sie nicht mitwirken. Ferner: Unabhängigkeit und Selbstständigkeit; Unbestechlichkeit; Besitz der erforderlichen Kenntnisse und Einsichten; Eindruckmachende Stellung im Staatsorganismus; Möglichkeit, sich schleunigst und unausgesetzt mit der Klage zu beschäftigen; eine Stellung, wo aus der Beschäftigung mit dem Ministerprocess kein anderweiter Nachtheil für den Staat, oder Einzelne hervorgeht. Nun prüft er die einzelnen möglichen Einrichtungen. Die 1) ordentlichen Gerichte des Staates verwirft er, was wenigstens die unteren Instanzen erlangt, ohne Weiteres. Dem obersten Gerichte stehe die Eigenschaft der Unparteilichkeit im erwünschten Maasse zu. Das möchte ich nicht unbedingt unterschreiben. *Manche* Fachjuristen haben einige Vorurtheile gegen Verwaltungsmänner. Die *meisten* Staatsbeamten haben einen Antheil an dem Regierungsinteresse. Indess unter allen Staatsbehörden mag die erwähnte die unparteiischste sein und vor ein Paar Lustren würde ich sie in den meisten deutschen Landen für den geeignetsten Staatsgerichtshof gehalten haben. Seitdem nimmt der alte Kernstamm hier und da ab. Unabhängig sei sie gleichfalls, meint der Verf. Man sieht aus der ganzen Stelle, dass der Verf. nicht an Staaten gedacht hat, wo die Richter nach Willkür in Verwaltungsämter versetzt und dann nach Willkür quiescirt werden können. Von Bestechlichkeit sei sie nicht ganz frei. Von den Kenntnissen und Einsichten besitze sie die rechtlichen und thatsächlichen Kenntnisse; die politischen Einsichten weniger sicher, aber doch einigermaassen. Ich sollte denken, da der Verf. den Kreis der zur Anklage geeigneten Vergehen so eng gezogen hat, so müsste die juristische Anschauung ausreichen. Der Forderung schneller Hülfe werde genügt. Dagegen findet der Verf. die Stellung nicht imponirend genug, was ich, soviel die deutschen Oberappellationsgerichte anlangt, nicht einräumen kann. Die äussere Stellung derselben mag *vielleicht* nicht glanzvoll sein; aber was hier die Hauptsache ist, die Meisten davon haben einen tiefgewurzelten Credit beim Volke. Nebennachtheile entstünden durch Zurücksetzung andrer Rechtssachen. Zuletzt entscheidet der Verf., dass gegen die obersten Gerichte wenigstens keine überwiegenden Gründe sprechen, wenn man sie auch nicht mit voller Ueberzeugung empfehlen könne. Er hätte sagen sollen, nicht überall und immer. — Er untersucht 2) die Gerichte mit Geschwornen. Sie hätten Unparteilichkeit und Schnelligkeit, Unabhängigkeit nur zum Theil, die übrigen Eigenschaften gar nicht. Ich stimme ihm, so sehr ich für die Jury bin, im Ganzen bei, indess käme viel darauf an, aus welchem Kreise die Geschwornen genommen würden, worüber er nur in einer Anm. flüchtig hingeht. Er meint da, wenn die Geschwornen bei Ministerprocessen nur aus gewissen Classen gewählt würden, so verliere das ganze Institut seinen Charakter. Das ist sehr zu bezweifeln. — 3) Das Oberhaus, und zwar a) die Pairskammer biete keine wesentlichen Garantieen der Unparteilichkeit dar, sei in manchen Fällen nicht unabhängig, und ihre Betellung zum Staatsgerichtshof habe manche Nebennachtheile. Dagegen sei sie der Bestechung nur wenig zugänglich, besitze die nöthige Einsicht und Kenntniss — auch die rechtliche, und namentlich die juristische Anschauung, welche hier die Hauptsache ist, wo vielleicht der Buchstabe des positiven Rechts zum Schirm gegen Parteigeist und Interesse werden muss? — ebenso imponirende Stellung. Im Ganzen sei der Versuch gewagt. Unbedingt untauglich sei ein Wahlsenat. Darauf kommt der Verf. 4) auf die eigends errichteten Staatsgerichtshöfe. Er erörtert die allgemeinen Erfordernisse und die möglichen Modalitäten. Nicht ungünstig urtheilt er über eine Verbindung der Pairskammer und des obersten Gerichts. Ebenso im Ganzen von einer Beifügung politischer Bestandtheile zu den juristischen. Nur missbilligt er die Einrichtung, wo, wie in Würtemberg und Sachsen geschehe, die Beigebung der politischen Bestandtheile lediglich den Ständen anheimfalle. Vielleicht hätte sich dieser Tadel noch mehr gegen den andern Umstand richten sollen, dass die Ernennung der rechtsgelehrten Mitglieder lediglich der Regierung zusteht. Mit Recht erklärt er sich endlich gegen Einzelrichter und gegen frei aus dem Volke gewählte Versammlungen. Im Ganzen scheint er sich für einen einfachen obersten Gerichtshof zu erklären, und ich bin ganz der Meinung, dass diess in den meisten Fällen immer noch das Beste sein dürfte. In andern Fällen dürfte einer Beigebung von den Ständen im Voraus gewählter Männer ausreichen. — Er handelt im Weiteren über die Zahl der Richter und die Ersatzmänner, wo er manche richtige Bemerkung mittheilt. Ferner über Unfähigkeit und Recusation der Mitglieder; über die äussere Stellung der Richter; das Verhältniss derselben zur aufsehenden Gewalt der Regierung und die Einberufung des Gerichts. Vieles bemerkt er dabei, wo man wohl wünschen muss, dass die Verfassungen an diese Fälle gedacht haben möchten.

Zu dem fünften, das *Verfahren* betreffenden Capitel (S. 418. ff.) habe ich weniger zu erinnern. Es ist diess ein Punct, wo die rein juristische Anschauung am Orte war. Er erklärt sich unbedingt für die Anklagemaxime, die freilich der jetzt herrschenden

Rechtstheorie gegenüber inconsequent ist. Ferner, als das kleinere Uebel, für unvermischtes mündliches Verfahren. Für Oeffentlichkeit als Regel, die jedoch Ausnahmen zulasse. Er geht dann zu den einzelnen Theilen des Verfahrens über, zu dem Verhalten des Klägers, der Lage des Angeklagten während des Processes, die er im Wesentlichen dem Ermessen des Gerichtshofs überlässt, den Advocaten des Beklagten, bei deren Auswahl er nicht auf die vom Staate anerkannten Anwälte beschränkt wissen will, die Einreden, das Ungehorsamsverfahren, den Beweis, die Rechtsmittel, wobei er mit Recht auf manche Lücken der bestehenden Gesetzgebungen aufmerksam macht. Bedenklich wird es immer sein, dass bei so wichtigen Processen dem Angeklagten im Ganzen viel geringere Schutzmittel zu Gebote stehen, oder doch viel weniger Einrichtungen zur mehrmaligen Prüfung getroffen sind, als bei dem gröbsten gemeinen Verbrecher, dem Mordbrenner, Giftmischer oder Raubmörder. Ebenso bin ich zwar ein grosser Verehrer der Oeffentlichkeit, kann sie aber hier, wo, wenn einmal die Anklage erhoben ist, die grosse Masse des Volks in der Regel eine Verurtheilung fordert, mit der nöthigen Ruhe und Unbefangenheit der Deliberation nicht vereinbar finden. Wenigstens wenn der Gerichtshof unbestreitbares Vertrauen verdient, so würde ich eine nicht öffentliche Berathung einer so viele Leidenschaften und Interessen aufregenden Sache, im Interesse aller Theile und vorzüglich der Gerechtigkeit finden. Alles an seinem Orte. Die Oeffentlichkeit des Gerichtswesens ist zum Schutze des Angeklagten bestimmt und hier würde sie zu seinem Nachtheil gereichen.

Nahe an das Vorhergehende schliesst sich das sechste Capitel an (S. 529. ff.), was vom *Urtheil* handelt. Ein Endurtheil muss gesprochen, es müssen Entscheidungsgründe beigefügt werden. Absolute Majorität soll zureichen. Bei Zersplitterung der Stimmen hat sich die kleinste Votantenzahl unter die Uebrigen zu vertheilen. Blosse Freisprechung von der Instanz soll nicht eingeführt werden. Dem angeklagten Minister muss eine gerichtliche Klage über Injurien und Verläumdungen, sowie über materielle Fälschungen, die zu seinem Nachtheil vorgenommen werden, freistehen. (Doch wohl in jedem Falle und nicht bloss, wie es nach der Darstellung des Verf. scheint, nach einer Freisprechung?) Sehr beherzigungswerth ist, was der Verf. bei dieser Gelegenheit darüber sagt, dass der Minister nicht als ein Paria des Gesetzes zu betrachten sei, der von den Ständen jede Kränkung hinnehmen müsse. — Nun kommt der Verf. auf die Strafarten. Geldstrafen erklärt er für unpassend. In Schweden und Norwegen sind sie gerade die gewöhnlichsten. Dass er körperliche Züchtigung und Zwangsarbeit verwirft, ist natürlich. Aber befremden muss es, dass er auch Verbannung unpassend findet, welche die Virtuosen der Staatskunst, die Griechen und Römer von ehedem und die Engländer in neuerer Zeit, weniger als Strafe anwendeten, denn als einen Ausweg erkannten, bei dem sich die Gesellschaft beruhigen könne. Es fehle der bedeutendste Theil der Strafe, meint er: nämlich der einflusslose Aufenthalt unter dem früher beherrschten Volke. Wenn der Minister begütert ist oder noch eine starke Partei hat, so wird er nicht einflusslos sein und die gezwungene Abwesenheit vom Vaterlande ist doch gewiss sowohl eine harte Strafe, als sie auch von allem geheimen Einflusse abscheidet. Es würde den Bürgern das lebendige Beispiel der Strafe entzogen. Als wenn die Bürger nicht ebensoviel von dem im Exile befindlichen Minister, wie von dem auf einer Festung Eingeschlossenen erführen! Als passende Strafen erklärt der Verf.: Verweis, Entfernung vom Amte, Freiheitsstrafe, Todesstrafe. Letztere wird schwerlich Jemand mit dem Verf. in solchen Fällen anwendbar finden. Diese Idee ist sehr bedenklich; man sollte den Gedanken an eine irreparable Strafe wenigstens bei politischen Vergehen ganz verdrängen. Das Glück ist wandelbar und die politischen Meinungen sind es gleichfalls. Ich kann mich übrigens mit der ganzen Ansicht des Verf. nicht vereinigen. Ist mit der Verfassungsverletzung ein gemeines Verbrechen begangen worden, so werde diess bestraft, wie das gemeine Recht vorschreibt. Vom Staatsgerichtshof ist Alles gewährt, was von ihm zu erwarten ist, wenn er die Verfassung herstellt und gegen fernere Verletzungen möglichst schützt. Dazu genügt der moralische Eindruck seines Urtheils und wo nöthig die Entfernung des Ministers. Die Strafe scheint hier keinen von allen ihr möglicherweise unterzulegenden Zwecken vermitteln zu können. Soviel scheint mir gewiss, dass, wenn man gegen alle andere Verbrechen soviel anderweite Mittel, ihr Vorkommen zu vermindern und ihre Folgen auszugleichen hätte, wie gegen Verfassungsverletzungen, es keine Strafe in der Welt geben würde. Auch unsere ohnehin schon unvollkommenen Strafmittel haben wenig Tauglichkeit für solche Fälle. Sie sind für Gauner und Bösewichter aus der Hefe des Volks. Und ist die Entfernung eines Ministers von Ehre und Macht, die in Folge seines erklärten Unrechts erfolgt, nicht Strafe genug? Sie soll'e dem sogenannten Rechtsgefühl der Nation genugthun, und wir haben gesehen, dass das französische Volk den Ministern, die den grössten Verfassungsbruch verschuldet, wenige Jahre nach ihrer Verurtheilung schon verziehen hat. Wie ehedem aus der Rache die Strafe entstand, so wird dereinst die Strafe sich in Busse verwandeln, und die hier besprochenen Straffälle dürften zu diesem Uebergang bereits reif sein. Die Idee der Volksrache sollte man aber nicht zu sehr aufmuntern. — Der Verf. bespricht noch die Vollziehung des Urthels, und die Fragen über Abolition und Begnadigung. Beides umsichtig und gründlich. Dann die Verurtheilung zum Schadenersatz und den Kostenpunct.

Das zweite Buch (S. 595. ff.) enthält *Geschichtliches* aus England, Frankreich, Deutschland und Norwegen. Es ist mehr ein Anhang, der mit dem übrigen Inhalte des Buches nicht recht in organische Verbindung gebracht ist und es auch kaum werden konnte, da die wenigsten hier angeführten Fälle rechten Bezug auf die Erörterungen und den Gesichtspunct des Verfs. haben.

Doch genug von einem Werke, das jedenfalls bei allen künftigen Berathungen über seinen Gegenstand wird zu Rathe gezogen werden müssen, wenn es auch nicht überall als Autorität gelten kann. Welches Buch könnte das?

Bülau.

Das gesammte württembergische Privat-Recht von **Dr. A. L. Reyscher**, ordentlichem Professor der Rechte zu Tübingen. Erster Band. Tübingen, Fues, 1837. XIV. und 518. S. 8. (2 Thlr. 9 Gr.)

Die Absicht des Herrn Verfs. geht auf eine systematische Darstellung des *ganzen württemb. Privatrechts*. Unter diesem versteht er nicht blos das sogenannte *allgemeine*, d. h. das in Zweifel auf alle Personen, Sachen und Handlungen zur Anwendung kommende Privatrecht, sondern auch das *besondere*, welches nur gewisse Classe von Personen oder Sachen umfasst, namen lich die den Adelstand, die geistlichen und weltlichen Beamten und das Militair betreffenden Privatrechts-Bestimmungen, ferner das Lehen-Recht und das Handels-Recht, ja sogar das Privat-Fürsten-Recht (jus privatum principum, jurisprudentia heroica), das Recht der Gemeinden und Zünfte, jedoch die drei letzteren mit Ausscheidung derjenigen Bestimmungen des öffentlichen Rechts, welche aus dem Verhältnisse des königlichen Hauses, dann der standesherrlichen Familien, ingleichen der Gemeinden und Innungen zum Staate entspringen. Das Cameral-Recht an sich soll von dieser Darstellung ausgeschlossen bleiben, sofern nicht etwa durch die Einkünfte des Staats wahre Privat-Rechte beschränkt werden (§. 6.). Alle jene Rechts-Verhältnisse sollen auch nicht blos nach den einheimischen (Württemberg eigenthümlichen) Normen dargestellt, sondern es soll die gesammte Masse fremder sowohl als einheimischer, wenn nur in Württemberg praktischer Rechts-Grundsätze in lückenloser Abrundung und Vollständigkeit gegeben werden (§. 5.). Er erklärt sich hierüber in der Vorrede näher dahin, dass zwar bei der Bearbeitung des gesammten württembergischen Rechts allerdings auch das römische und canonische Recht, *so weit sie eingreifen*, in Betracht komme, dass aber sein Hauptbestreben darauf gerichtet sei, die einheimischen Verhältnisse deren Erkenntniss durch die Fortschritte der deutschen Rechtswissenschaft und der neu aufgefundenen (wohl auch neu entstandenen) Quellen bedeutend gefördert worden, in ihr wahres Licht zu stellen.

Was der Verf. unter jenem *Eingreifen* verstehe, lässt sich nach diesem Bande noch nicht mit Sicherheit beurtheilen. Desto mehr wird man schon in diesem Bande bei der Behandlung der einheimischen Verhältnisse befriedigt. Auch ist schon in diesem Bande von den gemeinrechtlichen Grundsätzen jeden Falls so viel beigebracht, als zum Verständniss des einheimischen Rechts nothwendig ist.

Die Erscheinung des gegenwärtigen Werks verdient selbst die Aufmerksamkeit des ausländischen juristischen Publikums, muss aber besonders dem Württembergischen auch nach dem Weishaar'schen Handbuche sehr willkommen sein. Dieses letztere, welches auch dem Auslande bekannt ist, zeichnet sich zwar durch eine sehr einfache und natürliche Ordnung, durch eine ungemein klare und gefällige Darstellung und durch viele scharfsinnige Bemerkungen aus. Auch beschränkt sich dasselbe nicht auf Auffassung des fragmentarischen Inhalts der Württembergischen Gesetze. Wie viel aber dasselbe dennoch zu wünschen übrig lasse, das ergiebt sich am einleuchtendsten gerade durch die Vergleichung mit dem vorliegenden Werke, und Rec. muss es vollkommen bestätigen, wenn der Verf. in der Vorrede bemerkt, dass, was zunächst die in diesem ersten Bande enthaltenen Lehren betrifft, das Weishaar'sche Handbuch vielfach nicht als Vorarbeit benutzt werden konnte.

Ungeachtet der Andeutungen, welche sich über den Inhalt der noch zu erwartenden zwei Bände theils in der Vorrède, theils anderwärts finden, vermag Rec. über den (wie es scheint, etwas künstlich angelegten) Plan des Ganzen noch nicht mit Sicherheit zu urtheilen.

Der gegenwärtige erste Band zerfällt in die Einleitung und in 3 Bücher. In der Einleitung (§. 1—60.) wird in der ersten Abtheilung vom Begriff, Umfang und Zusammenhange des württ. Privatrechts, in der zweiten von den Quellen dieses Rechts nach 3 Zeitabschnitten, nämlich vom Jahre 1250—1495., von da bis 1806., und von 1806. bis 1836, in der dritten Abtheilung aber von der wissenschaftlichen Behandlung des württ. Privatrechts gehandelt.

Das *erste Buch* handelt von den Privatrechten und Verbindlichkeiten überhaupt (*allgemeiner Theil*), nämlich im *ersten* Capitel von den Privatrechts-Normen, und zwar nicht blos von den einheimischen, dann von der Anwendung der Rechts-Normen (hier von der Verbindungskraft der Rechts-Normen, der Rang-Ordnung, der Rechtsquellen unter sich, und der Auslegung der Rechtsquellen), von der Dauer und Aufhebung der Rechts-Normen. Das *zweite* Capitel handelt von dem Begriffe, der Natur und den Arten der Rechte und Verbindlichkeiten, das *dritte* von den Rechts-Subjecten, das *vierte* von den Rechts-Gegenständen, das *fünfte* von der Entstehung der Rechte und Verbindlichkeiten, und zwar I. von den unmittelbar rechtlichen Befugnissen, II. von den Rechts-Geschäften, III. von unerlaubten Handlungen, IV. von der *Verjährung* (Ersitzung) d. h. von der Erwerbung durch fortgesetzten Besitz, und doch ist der Lehre *vom Besitz* und von der Ausübung der Rechte erst das folgende *sechste* Capitel gewidmet. Im *siebenten* Capitel wird von den Mitteln zur Erhaltung, Sicherung und Verfolgung der Rechte, endlich im *achten* Capitel von dem Verlust der Rechte, jedoch *hier* ausführlich nur von demjenigen Verlust, welcher durch den Tod des Berechtigten oder Verpflichteten, sowie durch die erlöschende Verjährung entsteht, — dann von der Wiedereinsetzung in den vorigen Stand gehandelt; aber auch diese Materie ist zerrissen, denn von der am häufigsten vorkommenden Wiedereinsetzung, nämlich derjenigen der Minderjährigen, ist erst im folgenden Buch Cap. I. §. 170. die Rede. So wie Rec. diess nicht billigen kann, so würde gewiss auch die Lehre von der Verjährung sehr gewonnen haben, wenn sie in allen ihren Beziehungen zusammengestellt worden wäre.

Das *zweite Buch* handelt vom *Personen-Recht.* Jedoch ist das Eherecht, das Recht der Aeltern und Kinder, sowie das Vormundschafts-Recht, endlich das Recht der Gemeinden und Körperschaften den folgenden Bänden vorbehalten. Hier wird nach einer Einleitung nur gehandelt: im *ersten* Capitel *von der Verschiedenheit der Personen* rücksichtlich ihrer natürlichen Eigenschaften (zu dieser Aufschrift passt Nr. 4. u. 5. von der Verwandtschaft und Schwägerschaft nicht ganz); — im *zweiten* Capitel von dem rechtlichen Unterschiede zwischen Einheimischen und Fremden; im *dritten* von dem Einfluss der Religions-Eigenschaft auf das Privatrecht (hier namentlich von dem Rechtsverhältniss der Juden nach dem älteren und neueren Rechte und unter der etwas auffallenden Aufschrift: „Autonomie in Hinsicht auf die Religions-Eigenschaft" von der Bedingung, die Religion zu ändern, oder nicht zu ändern); — im *vierten* Capitel von der bürgerlichen Ehre, deren Abstufungen und Verminderungen; — im *fünften* von der Standes-Verschiedenheit. Dieses Capitel zerfällt in 6. Abschnitte, in deren letztem von der Leibeigenschaft und ihren Wirkungen, von der Aufhebung derselben durch das Edict vom 18. Nov. 1817. und von der Entschädigung der Leibherren nach dem Gesetze vom 29. Octbr. 1836. gehandelt wird.

Das *dritte Buch* handelt vom *Sachenrecht.* Hier hat man etwas anderes zu erwarten, als man gewöhnlich unter dieser Aufschrift findet. Der Verf. unterscheidet, wie es nach der Vorrede scheint, dingliches Recht vom Sachenrecht, und versteht nach §. 230. unter Sachenrecht nicht das Recht *in Beziehung auf Sachen*, sondern das Recht der *Sachen*, analog dem Rechte der Personen. Gegenstand dieser Rechte *der Sachen* können zwar wieder Sachen, aber auch blosse Handlungen sein. Das erstere ist der Fall bei den römischen Real-Dienstbarkeiten, das letztere bei den sogenannten Dienstbarkeiten des deutschen Rechts. Hier kann man sich wieder einen doppelten Fall denken, nämlich der

Verpflichtete kann unabhängig von einem gewissen Güterbesitz in Folge eines (passiv) persönlichen Subjections-Verhältnisses zu gewissen Leistungen gegen jeden Besitzer eines Guts (z. B. eines standesherrlichen oder eines Ritterguts) verpflichtet sein, oder diese Verpflichtung trifft den Besitzer eines Guts, als solchen. Im ersten Falle ist ein solches *Real-Recht*, welches subjectiv oder activ auf einer Sache haftet, allerdings von einem jus in re sehr verschieden. Ob aber dieselbe Verschiedenheit auch bei den *Real-Lasten*, d. h. denjenigen Verbindlichkeiten zu wiederkehrenden Leistungen an Diensten oder Abgaben, welche dem Besitzer eines Guts *als solchem* obliegen (§. 254.), eintrete, scheint zweifelhafter, wenigstens wird in den Württembergischen Gesetzen mit den Worten „*dingliche Frohnen, dingliche Abgaben*" der Begriff eines jus in re offenbar verbunden. Auch erkennt der Verfasser selbst an, dass man, sofern jeder Besitzer eines belasteten Guts, *als solcher*, zu einer Leistung verpflichtet sei, wohl sagen könne: „die Frohn *ruht auf dem Hause*", „das *Grund*stück *zinst*".

Uebrigens scheint dem Recensenten die Scheidung der Real-Lasten von den Real-Rechten, welche letztere nach der Darstellung des Verfassers durchaus nicht nothwendig als Correlate der erstern zu betrachten sind, sehr zweckmässig. Doch giebt der Verf. selbst seiner Scheidung gerade da, wo sie ein grosses praktisches Interesse zu haben scheint, nämlich in Beziehung auf Rechtsmittel und Verjährung, keine Folge, auch handelt er unter Real-Lasten zugleich von solchen Leistungen, deren persönliche Eigenschaft sogar gesetzlich vermuthet wird. Aus diesen so wie aus andern zum Theil in der Vorrede angeführten, zum Theil (wenn man nur die vom Verf. unter Real-Rechten aufgeführten Rechte kennt), für sich selbst sprechenden Gründen wäre es allerdings ganz unpassend gewesen, wenn er die Lehre von den Real-Rechten in das Obligationen-Recht hätte verweisen wollen. Bei dem Rec. bedurfte es daher nicht der Rechtfertigung, welche sich über den vom Verfasser aufgestellten Begriff des Sachenrechts und die Ausscheidung von den dinglichen Rechten theils in der Vorrede, theils im Texte selbst findet. Doch war der Verf. durch die Stellung, welche er dieser Materie gab, genöthigt, manche Begriffe, die erst in der Folge entwickelt werden können, zu anticipiren; daher hätte es dem Rec. besser geschienen, wenn vorher vom Eigenthum, von den Lehen, namentlich den Bauern-Lehen, von der Emphyteuse, von den römischen Dienstbarkeiten, sowie von der Eigenthums-, von der confessorischen und negatorischen Klage gehandelt werden wäre.

Es zerfällt nämlich dieses dritte Buch nur in *drei* Capitel. Das erste hat die Aufschrift: von den verschiedenen Arten von Gütern und ihren Rechts-Verhältnissen *überhaupt*. Es wird aber hier gehandelt: I. *Von der Gutsherrlichkeit*, und im Besondern von den standesherrlichen, den Ritter- und den Bauern-Gütern; die verschiedenen Arten der letzteren werden zwar schon in §. 239. angegeben, aber die weitere Abhandlung hierüber hat man ohne Zweifel erst im IV. Buche zu erwarten. II. Von den *öffentlichen Büchern*; von der gerichtlichen Eröffnung von Verträgen über liegende Güter und von den Vormerkungen und Verwahrungen in den öffentlichen Büchern. Im *zweiten* Capitel wird gehandelt von den *Real-Rechten* und zwar 1) von Markungs-Rechten, 2) Forst- und Jagd-Rechten, 3) Fischerei- und andern Rechten, 4) Berg- und Salz-Rechten, 5) von Real-Gewerb-Rechten, insbesondere von Bann-Rechten. —

Das *dritte* Capitel handelt von den *Real-Lasten*, aber hier noch nicht von der Leibzucht, dem Wittum, der Leben-Waare, dem Näher-Recht und Retract und von dem bei uns ziemlich obsolet gewordenen Rentenkauf, auch noch nicht von den Apanagen, welche wahrscheinlich in das für den dritten Band vorbehaltene Familien-Recht verwiesen sind, sondern nur von Frohnen, Gülten, Zehnten und Theil-Gefällen.

Sowie dieses bereits näher bezeichnete Sachen-Recht — sagt der Verfasser in der Vorrede — dem Personen-Recht zur Seite steht, so werden in dem zweiten Bande den *dinglichen* Rechten (worunter er wahrscheinlich die Lehre vom Eigenthum, und zwar nicht nur vom ächten, sondern auch vom nutzbaren, vom Pfandrecht und von den Servituten des römischen Rechts versteht) die persönlichen oder Forderungs-Rechte gegenüber treten. Für den dritten Band bleibt dann noch übrig: das Familien-Recht, das Erbrecht und die Lehre von den Gesellschaften und Gemeinheiten.

Dieser Uebersicht füge ich nur wenige Bemerkungen hier bei, welche von allgemeinem Interesse zu sein scheinen. Nach §. 43. Note 8. S. 68. sollte man glauben, dass die deutsche Bundes-Acte ihrem ganzen Inhalte nach, obgleich sie als Gesetz nie in Württemberg promulgirt worden ist, dennoch auch in Beziehung auf die Verhältnisse der Einzelnen gegen die Regierung und unter sich selbst, wie ein gehörig bekannt gemachtes und vollzogenes einheimisches Gesetz wirke. Allein von einer andern Ansicht ging nicht nur das Obertribunal bei verschiedenen Veranlassungen aus (man vergl. die von mir herausgegebenen 4. Gesetz-Entwürfe, bei Steinkopf 1835. S. 211. mit 170. und meine vermischten juristischen Aufsätze, Bd. 1. S. 206.), sondern der Verf. selbst beruft sich S. 117. und zwar gerade *in Beziehung auf eine Bestimmung der Bundes-Acte*: „auf den allgemeinen, „auch von der Württembergischen Regierung mehrfach anerkann- „ten und endlich selbst in der Verfassungs-Urkunde §. 3. sanc- „tionirten Grundsatz, dass die Bundes-Gesetze erst durch Publi- „cation im Lande Verbindlichkeit erhalten“.

§. 68. S. 108. nimmt der Verf. mit *Puchta* an, dass der Rechtsgrund des Gewohnheits-Rechts weder in einer *vermutheten Genehmigung* der gesetzgebenden Gewalt, noch in gerichtlicher Bestätigung, sondern in der *gemeinen* Meinung liege, welche jeder in seinen Handlungen mehr oder weniger über sich erkenne, und welche den betreffenden Rechtssätzen schon *ursprünglich, da sie gebildet wurden, eine innere Nothwendigkeit* beilege. Darüber, wie es denn komme, dass solchen Rechtssätzen schon *ursprünglich, als sie gebildet worden*, vom Volke eine innere Nothwendigkeit beigelegt wurde, erklärt sich der Verf. jedoch nicht; er weicht aber darin bedeutend von *Puchta* ab, dass er nach der gewöhnlichen Theorie von den Erfordernissen des Gewohnheits-*Rechts*, nicht, wie *Puchta*, von den Voraussetzungen spricht, unter welchen die *Uebung* eine *Erkenntniss-Quelle* des Gewohnheits-Rechts sei, oder von den Erfordernissen der *Uebung*.

In §. 70. S. 113., welcher von Local-Rechten handelt, wird zwar anerkannt, dass die allgemeinen Württembergischen Landes-Gesetze, und zwar nicht blos das Landrecht, sondern auch spätere Bestimmungen den Local-Rechten vorgehen, „wenn nicht „solche erst nach Einführung des Landrechts bewilligt worden „seien“, wie diess der Fall rücksichtlich des vorderösterreichischen Eherechts in den vormals österreichischen, nun Württemberg angehörigen, Besitzungen ist. Wenn dagegen die Landes-Gesetze über ein Verhältniss keine zureichende Bestimmung enthalten, so sollen die Local-Rechte vor dem gemeinen Recht in Anwendung kommen. — Gegen diesen Satz hat sich neuerlich Herr Obertribunalrath Carl Georg *v. Wächter* in der Monatschrift für die Justizpflege von Württemberg von *Sarwey*, Bd. II. S. 14. ausführlich erklärt. Auch dieser erkennt jedoch an, dass nicht nur alle früheren Rechts-Geschäfte nach den früher bestandenen Rechts-Normen beurtheilt werden müssen, sondern dass diese Statuten auch in dem Falle noch von Bedeutung seien, wenn die Parteien noch jetzt in Fällen, welche der Autonomie des Betheiligten vorbehalten sind, dieselben in ihre selbstständigen Bestimmungen aufgenommen haben. So scheint mir die Differenz zwischen beiden Theorien in der That nicht sehr bedeutend zu sein, denn ohne allen Zweifel können rein formelle Bestimmungen der Local-Statuten schon deswegen nicht mehr bestehen, weil sie meistens mit der Gerichts-Organisation oder Gemeinde-Verfassung zusammenhängen, oder als blos rechtspolizeiliche zu betrachten sind, und in dieser Hinsicht sich alles verändert hat. Wenn dagegen die Local-Statuten Bestimmungen enthalten, welche in die Sitte des Volks übergegangen sind, und wenn Rechts-Verhältnisse, worüber unser Landrecht nichts bestimmt, durch besondere Verträge beibehalten werden, so darf man im Zweifel wohl annehmen, dass die Parteien dabei von den Grundsätzen und Begriffen, die bei ihnen üblich waren, ausgegangen seien. Diess wird namentlich der Fall sein bei Verträgen über allgemeine Güter-Gemeinschaft. Wenn der Verf. seinen Rechtsatz auf die gutsherrlich-bäuerlichen und lehensherrlichen Verhältnisse anwendet, so scheint mir diese Folgerung aus den Prämissen des Herrn *v. Wächter* ebensowohl abzuleiten zu sein, als aus denen unseres Verfassers. Denn nicht nur handelt es sich hier von Instituten, welche unter der Herrschaft jener ältern Rechte entstanden sind, sondern wenn auch später Belehnungen vorgingen, so darf man im Zweifel wohl annehmen, dass die Parteien in Fällen, welche der Autonomie der Betheiligten vorbehalten sind, dieselben in ihre selbstwilligen Bestimmungen aufgenommen haben. Die älteren, dem Württembergischen Rechte *nicht widersprechenden* Statuten werden also in Beziehung auf frühere Institute oder vielmehr rücksichtlich früherer, auf solche Institute sich beziehender Rechts-Geschäfte als wahres Gesetz wirken, rücksichtlich späterer Rechts-Geschäfte dieser Art aber können sie wohl nur einen Erklärungs-Gebrauch haben, namentlich können rein formelle Bestimmungen, welche etwa solche Gesetze enthalten, unter der Herrschaft der veränderten Gesetze nicht mehr wirksam sein.

§. 88. S. 139. nimmt der Verf. an, dass ein Berechtigter nach der Analogie des §. 30. der Verfassungs-Urkunde auch für die im Wege der Gesetzgebung aufgehobenen Privilegien entschädigt werden müsse. Allein dieses Gesetz bezieht sich nur auf den

Fall, wenn der Einzelne aus besondern Gründen der Nothwendigkeit, nicht durch einen Act der Gesetzgebung, sondern der *vollziehenden Gewalt* zu Abtretung seines Eigenthums oder seiner Rechte für Staats- oder Corporations-Zwecke gezwungen werden soll. Allerdings ist zwar auch der gesetzgebenden Gewalt der Grundsatz des §. 30. der Verfassungs-Urkunde sehr zu empfehlen. Aber wenn nun dieselbe bei der Aufhebung von Vorrechten Entschädigungs-Ansprüche nicht nur nicht vorbehält, sondern sogar, sei es ausdrücklich oder auf eine concludente Weise, ausgeschlossen wissen will, so würde sich der Richter über den Gesetzgeber erheben, wenn er nun doch solche Ansprüche anerkennen würde. Wollte man die Aufhebung von Vorrechten ohne die Gewährung von Entschädigung auch im Wege der Gesetzgebung für absolut unzulässig erklären, so würde eine wahre Stagnation des gesellschaftlichen Zustandes eintreten. Statt der Gerechtsame, welche vielleicht einen sehr unlautern Ursprung haben, könnte nie das wahre Recht wirksam werden, oder was heisst z. B. die Aufhebung der Steuerfreiheit, wenn man, wie früher vom vormaligen K. Oberjustiz-Collegium erkannt wurde, annahm, dass die Berechtigten dafür volle Entschädigung fordern und dass diese Entschädigung in nichts anderem bestehen könne, als dass ihnen der Staat dieselbe Steuer, die er von ihnen erhebe, alljährlich wieder ersetze? Man vergl. hierbei das Staats-Lexicon von Rotteck und Welcker, Bd. II. S. 490.

§. 99. Note 6. S. 151. 152. soll bei Verschollenen für die Erbfolge *in ihr* Vermögen, für die Auflösung des ehelichen Bandes und für die Entziehung der Erbfähigkeit (?) nicht der Moment des zurückgelegten 70. Jahrs, sondern der Moment der rechtskräftig gewordenen gerichtlichen Todt-Erklärung entscheiden. Ohne die Frage hier zu erörtern: ob nicht die Erbfähigkeit der Verschollenen nach ganz andern Grundsätzen zu beurtheilen sei, als die Success'on in ihr Vermögen: so ist der angeführte Grund, warum alle diese Verhältnisse erst durch den letztern Zeitpunct normirt werden sollen, nicht einleuchtend, weil nämlich in der Zurücklegung des 70. Jahres einstweilen nur eine *Vermuthung*, die als Beweisgrund für den Tod diene, liege. Spricht denn nicht der Richter gerade *auf den Grund dieses Beweises* aus, dass der Verschollene als todt anzunehmen sei? sollte es sich hier anders verhalten, als wenn der Tod auf eine unkünstliche Weise erwiesen wird? In beiden Fällen besteht der Ausspruch des Richters nur darin, dass der zu einer gewissen Zeit erfolgte Tod als erwiesen anzunehmen sei. Jedenfalls empfiehlt sich die angefochtene Thesis dadurch, dass sie nichts der Willkür des Richters überlässt, und das Recht der Parteien von dem zufälligen Umstand, ob sie es mit einem rasch vorschreitenden oder langsamen und verzögerlichen Richter zu thun haben, nicht abhängig macht. Auch spricht für dieselbe die entschiedenste Praxis in Württemberg.

In §. 110. S. 162. wird unter der Aufschrift: „*Handlungen*" auch von Fictionen und den verschiedenen Arten von Präsumtionen gesprochen; jedoch der Unterschied zwischen Fictionen und denjenigen Präsumtionen, welche keinen Gegenbeweis zulassen, nicht scharf genug angegeben. Der Verf. sagt nämlich: „nicht bloss Handlungen, auch andere Thatsachen werden zuweilen rechtlich entweder *geradezu angenommen, ohne dass sie wirklich Statt gefunden* (Fictiones juris) u. s. w." Diess ist auch der Fall bei Vermuthungen, welche keinen Gegenbeweis zulassen. Will man zwischen beiden unterscheiden, so scheint mir das Charakteristische darin zu bestehen: das Gesetz *fingirt* ad imitationem naturae Handlungen, Rechts-Verhältnisse und Zustände, die auf solche Weise gar nicht existiren können, wenigstens ganz gewiss nicht existirt haben. Die bezeichnete Vermuthung hingegen beruht auf gemeiner Erfahrung, wovon das Gegentheil zwar im einzelnen Falle denkbar, worüber aber der Gegenbeweis aus besondern Gründen ausgeschlossen ist.

§. 115. S. 166. Nicht als richtig kann erkannt werden, dass den Frauens-Personen der Rechts-Irrthum zwar dann, wenn sie aus Unkenntniss der Gesetze etwas versprachen, nicht aber alsdann zu Statten kommen soll, *wenn sie bereits bezahlt haben.*

§. 119. S. 170. Schon gemeinrechtlich begründet das pactum de retrovendendo nur persönliche Ansprüche gegen den Verkäufer. — Zu allgemein heisst es in §. 120. S. 171., dass die einem Rechtsgeschäfte in suspensiver Form beigefügte Bedingung, dass etwas physisch oder rechtlich, oder moralisch unmögliches geschehe, das Rechts-Geschäft nichtig mache. Auch gilt die Regel des Verfassers §. 121. S. 173., dass in dem Falle, wenn wenigstens gewiss sei, dass eine Begebenheit eintreten werde, ungewiss aber, ob der Honorirte den Eintritt erlebe, nur die Leistung als ausgesetzt anzusehen sei, — nur für Verträge; bei einseitigen letzten Willenshandlungen hingegen kommt es stets auf die Absicht des Testirers an, ob von einem gewiss eintretenden Ereigniss, das Recht selbst, oder nur die Leistung abhängig gemacht werden sollte. — Wenn endlich die adjectio diei, wenigstens in der Regel, unzweifelhaft nur zu Gunsten des Schuldners geschah, so bedient er sich nur seines Rechts, wenn er früher bezahlte, und es kann dann darauf, ob der Berechtigte dadurch einen Nachtheil erleide, nicht weiter ankommen.

§. 126. S. 179. ist es unerwartet, wenn der Verf. nach der Württembergischen Gesetzgebung der eidlichen Bestätigung eines Rechts-Geschäfts jeden Einfluss auf dessen Gültigkeit abspricht; diess ist wenigstens nach den älteren Gesetzen und der älteren Praxis ganz gewiss unrichtig, und selbst das Gesetz vom 21. Mai 1828. Art. 7. darf schwerlich so weit ausgedehnt werden. — §. 131. S. 185. Im Allgemeinen kann das Haften für Diebstähle wohl gewiss nicht zu der leichtesten Schuld gerechnet werden. §. 160. S. 231. Nimmt der Verf. mit vielen, besonders neuern, Rechtslehrern an, dass durch die Verjährung der Klage nicht blos der Verlust des Rechtsmittels, sondern auch des Rechts selbst eintrete. Er sucht diesen Satz hauptsächlich durch Württembergische Gesetze zu begründen; aber wenigstens die von ihm angeführten können wohl nicht als entscheidend betrachtet werden.

§. 187. S. 283. heisst es: „da die Religion Sache der in„nern Ueberzeugung ist, und eine Aenderung confessioneller Ver„hältnisse, so bald sie nicht mehr mit Aufrichtigkeit unterhalten „werden, eben so sehr Pflicht für den bisherigen Gläubigen ist, „als das fortwährende Bekenntniss einer Religion, von deren „Wahrheit man überzeugt ist; so kann es darauf, ob die *Verän„derung* oder *Beibehaltung* einer gewissen Religion zur Bedin„gung gemacht worden, nicht ankommen, sondern jede derartige „Bedingung, so fern sie — sei es bei Erb-Einsetzungen oder Ver„mächtnissen, bei einer Schenkung *unter Lebenden* (?) *oder von To„des* wegen — einer bestimmten Person auferlegt worden, ist schon „darum nichtig, und daher *für nicht beigefügt zu halten* *), weil „ein äusserer Vortheil, für eine Handlung angeboten, die nur „durch innere Triebfedern bestimmt werden darf, verwerflich er„scheint. Wenn dagegen im Allgemeinen, ohne Rücksicht auf

*) Auch hier wird nicht unterschieden, ob die Bedingung einem Rechtsgeschäft unter Lebenden oder von Todeswegen beigefügt worden. Aber es wird ihr in beiden Beziehungen gerade die entgegengesetzte Folge von §. 120. S. 171. gegeben.

„eine bestimmte Person, zum Genuss gewisser Rechte (z. B. ei-
„ner Stiftung) das Bekenntniss dieser oder jener Religion gefor-
„dert wird, so muss diese Bedingung als Ausfluss der Autonomie
„geachtet werden, obgleich auch hier von dem Bekenntniss einer
„gewissen Religion ein äusserer Vortheil abhängig gemacht ist".

Diese Frage ist bekanntlich gemeinrechtlich sehr streitig. Der Verf. beruft sich auf das preussische Landrecht Thl. I. tit. 4. §. 9., und auf das badische Landrecht Satz 900. Allein das erstere sagt nichts als: „Gewissensfreiheit kann durch keine Willens-Erklärung eingeschränkt werden." Nun fragt es sich, wird denn diese durch eine Bestimmung, wie die vorliegende, eingeschränkt? Dem Bedachten ist es freigestellt, ob er die Gabe annehmen oder der Bedingung entgegenhandeln will? Dass derjenige, welcher die Bedingung macht, unmoralisch handle, muss schon im Allgemeinen bezweifelt werden, denn gewöhnlich ist sie nur Folge eines religiösen Fanatismus. Dem Testator ist es meistens nur darum zu thun, die Seele derjenigen, für die er sich interessirt, zu retten. Wie unvernünftig auch seine Vorstellungen sein mögen, so liegt in diesem Bestreben wenigstens nichts Unmoralisches. Was aber besonders die Bedingung, *die Religion nicht zu ändern*, betrifft, so darf man es wohl gewiss als blosse Ausnahme von der Regel betrachten, dass der Convertit aus reinem inneren Drang zu einer andern Kirche übergetreten sei. Nehme man den Fall, der nur gar zu leicht denkbar ist: bei einer gemischten Ehe habe die katholische Frau dem Priester versprochen, Alles anzuwenden, damit nicht nur ihre Kinder in der katholischen Religion erzogen werden, sondern dass auch der Mann in den Schoos der allein seelig machenden Kirche sich aufnehmen lasse. Die bigotte, aber zugleich geizige Frau bestürme den Mann, welchem die Aenderung der Religion ganz und gar zuwider ist, Tag und Nacht; um nun den Frieden der Ehe herzustellen, setze ein reicher Verwandter dem Mann eine sehr bedeutende Summe unter der Bedingung aus, dass er seine Religion nicht ändere. Der Frau sei es zwar sehr um die Seeligkeit ihres Mannes, aber noch viel mehr darum zu thun, dass sie des Geldes nicht verlustig werde. Sie lasse nicht nur von Stund an ihren Mann in Ruhe, sondern rede ihm sogar ernstlich zu, diesen Vortheil nicht auszuschlagen. Was sollte hier in der Stiftung selbst auf der Seite des Stifters, oder in der Erfüllung der Bedingung auf Seiten des Bedachten unmoralisches liegen? Ueberhaupt wird bekanntlich der

Religions-Wechsel, namentlich der Uebertritt von einer christlichen Kirche zur andern, als etwas sehr zweideutiges angesehen, wie es denn alle Tage geschieht, dass solche Aenderungen wegen blosser äusserer Vortheile, z. B. um die Befreiung von einem lästigen Bande der Ehe, oder umgekehrt, um eine reiche Frau, um ein Amt, oder eine Beförderung zu erlangen, oder bei gemischten Ehen den häuslichen Frieden zu erhalten, oder um bei einer bigotten Schwiegermutter, oder bei einem frivolen aber doch bigotten Volke allen Anstoss zu beseitigen, eintreten. Ein an die Bedingung, die Religion nicht zu ändern, geknüpfter Vortheil wird also häufig nur als ein Gegengewicht gegen anderweite Vortheile, die Bedingung selbst aber so wenig als etwas unmoralisches oder moralisch unmögliches erscheinen, dass vielmehr dadurch eine unmoralische Handlung *nur verhindert* werden soll. Eher könnte man dem Verf. rücksichtlich der Bedingung, die Religion zu *ändern*, beistimmen. Uebrigens erwähnt das badische Landrecht Satz 900., so wenig als seine Quelle, der code Napoleon S. 900., von dieser Bedingung im Besondern etwas.

§. 189. S. 287. fg. Ausgezeichnet ist die *Behandlung* der *Ehren-Schmälerung*. Der Verf. führt zuerst die Begriffe und Grundsätze des Mittelalters über Friedlosigkeit, Rechtlosigkeit und Ehrlosigkeit und deren Folgen an, und wirft dann die Frage auf, inwiefern die letztern Begriffe durch das aufgenommene römische Recht eine Veränderung erlitten haben? Diese Frage wird dahin beantwortet: der Formalismus des römischen Rechts sei zwar in der Lehre von der Infamie herrschend geworden, aber ein Gleiches lasse sich nicht von dem Inhalt dieser Lehre, namentlich den Entstehungsgründen und Wirkungen der Ehrlosigkeit behaupten. Das deutsche Wort: „*Ehrlosigkeit*“ vertrete jetzt die Stelle der röm. „infamia juris“, und an die Stelle der römischen Begriffe: „infamia facti“ und „levis notae macula“ seien jetzt die einheimischen Begriffe: *Bescholtenheit* (schlechter Ruf) und *Anrüchigkeit* (Unehrlichkeit) getreten. Die Gründe der Ehrlosigkeit seien immer noch, auch nach dem württemb. Edicte von 1824., nicht blos entehrende *Strafen*, sondern auch entehrende *Handlungen*, jedoch nach heutigem Rechte bloss Raub, Diebstahl, qualificirte Kuppelei, Betrug und Meineid. Zu den Folgen der Ehrlosigkeit, welche jedenfalls namentlich wegen einer auch nicht mit einer infamirenden Strafe belegten entehrenden Handlung, sowie wegen der Verurtheilung zu einer Zuchthaus-, Arbeitshaus- und

Festungsstrafe zweiten Grades, was auch der Grund der Verurtheilung gewesen sein mag, eintreten, rechnet der Verf. den Verlust 1) der staats- und gemeindebürgerlichen Activ- und Passiv-Wahlrechte, 2) der Führung einer Vormundschaft, 3) der Fähigkeit vor Gericht und bei einer feierlichen Gelegenheit, namentlich bei einem Testamente als Zeuge aufzutreten. Auch die *Bescholtenheit* soll beinahe dieselben Folgen haben *). Dagegen habe sich rücksichtlich der *Anrüchigkeit* statt der Bestimmungen des römischen Rechts unter dem Einflusse der Reichs-Gesetze eine freilich sehr magere deutsche Theorie gebildet, welche aber auf Württemberg kaum mehr Anwendung finde.

§. 256. Note 13. S. 455. Ich verstehe nicht, was der Verf. hier, wo er von der Begründung der Real-Lasten handelt, mit den Worten sagen will: „für die 30 jährige Verjährung spricht nichts", während es doch im Texte heisst: „da ein Besitz (quasi possessio) an der *Reallast* Satt findet, und das ganze „Rechtsverhältniss bis auf die neueste Zeit nach Analogie der „Dienstbarkeits-Verhältnisse beurtheilt wurde: so muss man die „ordentliche Ersitzung von 10. und 20. Jahren, und in Ermangelung eines Besitztitels die 30. beziehungsweise 40. jährige „Verjährung für hinreichend halten". Damit ist Rec. besonders in Beziehung auf das württembergische Recht um so mehr einverstanden, als nicht nur die württembergischen Rechtsgelehrten früher stets die Thesis vertheidigten, dass in Ermanglung eines Titels Dienstbarkeits-Rechte nur in 30. Jahren durch Ersitzung erworben werden, sondern da auch das General-Rescript vom 6. Juli 1812. (Reg.-Bl. S. 335.) in Beziehung auf Gemeinheits-Rechte die merkwürdige Stelle enthält: „Besondere Vorzugs-„Rechte, welche Einzelne ansprechen" und welche nach einem spätern Gesetze ausdrücklich als Dienstbarkeits-Rechte bezeichnet werden), müssen streng „rechtlich, und *in Ermanglung eines Rechts-„Titels durch einen Besitzstand von wenigstens* 30 *Jahren* erwiesen „werden". Denn ohne allen Zweifel sollte hier nur ein sonst geltender Grundsatz auf diesen besondern Gegenstand angewendet werden. Gemäss diesem Grundsatz wurde vom Obertribunal in mehreren Fällen, in welchen von römischen und deutschen Dienst-

*) Sonderbar! Nur unter den Folgen der *Bescholtenheit* (§. 191.), nicht der *Ehrlosigkeit*, (§. 190.), wird die Begründung der Inofficiositäts-Klage der Geschwister angeführt.

barkeits-Rechten es sich handelte, erkannt. Auch das Gesetz von 1836. Lit. B. Art. 6. legt auf einen 30. jährigen Zustand einen besondern Werth.

Bei §. 257. S. 456., welcher von der erlöschenden Verjährung bei den Reallasten handelt, muss natürlich vorausgesetzt werden, was nicht ausgedrückt ist, dass der Berechtigte im Fall gewesen wäre, sein Recht geltend zu machen. Uebrigens lässt der Verf. abweichend von der herrschenden Meinung (vergl. Thibaut §. 1020.) mit dem Ablaufe von 30 Jahren die confessorische Klage wegen des *ganzen* Rechts, und in deren Folge dieses Recht selbst auch ohne vorgängigen Widerspruch erlöschen. Eine *Ersitzung* der *Freiheit* nimmt er (bei einem Titel) innerhalb 10. und 20. Jahren, in Ermanglung des Titels aber in 30. Jahren an. Da jedoch, wie so eben bemerkt, jeden Falls mit 30. Jahren die confessorische Klage und mit derselben das ganze Recht erlöschen soll, so erscheint da, wo es an einem Titel der Befreiung fehlt, die usucapio libertatis nach dem Verf. als völlig bedeutungslos. Was den Verf. zu der Unterscheidung zwischen einer titulirten und nicht titulirten usucapio libertatis veranlasste, *darüber* erklärt er sich nicht. Bekanntlich wird aber gemeinrechtlich zu Ersitzung der Freiheit *kein Titel erfordert*, es wäre denn, dass es sich von der Befreiung von *allgemeinen Staats-* oder *Kirchen-Lasten*, also um ein besonderes, von den Staats- und Kirchen-Gesetzen abweichendes *Vorrecht* handelte, dessen Erlangung (arg. cap. 1. pr. de praescript. in VI), namentlich von den ältern württembergischen Rechtsgelehrten an die Bedingungen der *acquisitiven* Verjährung geknüpft wird. — *Eichhorn* in der vom Verf. in der Note 13. angeführten Stelle macht mehrere vom Verf. übergangene Unterscheidungen, die mir zum Theil nicht ganz klar sind. Er geht nämlich davon aus, „dass für alle Reallasten, welche „*mit der actio confessoria gefordert werden können*, nur die Ana„logie der Servituten, welche durch *Nichtgebrauch* verloren gehen, „jedoch nicht in Rücksicht der Zeit passe; sie erlöschen daher „durch *blossen Nichtgebrauch* binnen 30 Jahren. Diess sei am „leichtesten bei Leistungen einzusehen, welche dem Besitzer *nur* „auf *Anfordern* zu leisten sind*), sei aber auch bei den übrigen „zu behaupten, *weil* — (obgleich) — *die Grundsätze von dem*

*) *Eichhorn* fordert hier offenbar auf Seite des Belasteten keinen guten Glauben.

„Erlöschen der Klagen auf einen Inbegriff von Leistungen, auf „die actio confessoria nicht anwendbar seien und eben so wenig „die Ausübung der Forderungs-Rechte für eine res merae facul„tatis gehalten werden könne, mithin nur die allgemeinen Regeln „von der Verjährung der Klagen" — (*welcher?*, wenn die confessorische Klage nur auf eine *einzelne* Leistung, nicht auf einen Inbegriff von Leistungen anwendbar ist?) — „gelten können. Je„doch werde nach der herrschenden Meinung in allen Fällen ein „Widerspruch für nöthig gehalten. Auch können diese Regeln auf „Lasten, welche bei Uebertragung des Besitzes vorbehalten wur„den, nicht angewendet werden."

Der Druck ist gut und correct, nur bei den Allegationen sind manche Schreib- oder Druckfehler. Rec. wird sich freuen, wenn die Fortsetzung und Vollendung dieses Werkes bald erscheint.

v. Bolley.

Andreas Wilhelm Cramer's kleine Schriften nebst G. G. Nitzsch Memoria Crameri. Mit Einleitung, Mittheilungen aus Cramers literarischem Nachlasse und Register, herausg. von **H. Ratjen,** Professor und Bibliothekar an der Univers. zu Kiel. Leipzig, Hinrichs'sche Buchhandlung, 1837. LXVIII. und 224. S. gr. 8. (1 Thlr. 16 Gr.)

Die schriftstellerischen Arbeiten des sel. Cramer waren nie so umfassend und bedeutsam, als Viele von dem ausgezeichneten Manne erwarten mochten, dessen Name von gebildeten Juristen immer mit tiefbegründeter Hochachtung vor dem solidesten Wissen und einer reichbegabten Individualität ausgesprochen wurde. Was Viele erwarteten ward in Allen zum Wunsche, als die von Zeit zu Zeit erscheinenden kleinen Schriften durch elegante, gelehrte und scharfsinnige Behandlung des Einzelnen einen Vorschmack von Dem gaben, was mit solchen Schriften für Lösung wissenschaftlicher Aufgaben von grösserer Ausdehnung geleistet werden könnte; denn wer hätte nicht z. B. beim Erscheinen seiner kritischen Bearbeitung der Tituli de Verbor. Signif. die Ausführung grösserer kritischer Arbeiten an den römischen Rechtsquellen oder wenigstens die Theilnahme an solchen von ihm herbeigewünscht? Je mehr nun diese Wünsche bei Lebzeiten Cramer's umsonst ihrer Erfüllung entgegensahen, um so zuverlässiger erwarteten Viele, dass sein literarischer Nachlass reiche Ausbeute an grösseren, der Vollendung nahen Arbeiten geben würde. Doch auch diese Erwartung ward, wenn auch nicht getäuscht, doch nicht in ihrem vollen Umfange erfüllt, da jener Nachlass wohl eine grosse Anzahl einzelner höchst interessanter, besonders literarhistorischer Bemerkungen und viele werthvolle *Vor*arbeiten zur Kritik und Exegese der Ueberbleibsel des classischen, besonders juristischen Alterthums, aber auch *nur diess* uns überliefert.

Wir glauben weder einseitig noch pflichtvergessen genug zu sein, um aus jener unsern Wünschen nicht genügenden Production dem sel. Cramer einen Vorwurf zu machen. Es hiesse der Gelehrsamkeit an und für sich die Dignität absprechen, welche ihr zukommt, und die wissenschaftliche Bedeutung Jemandes nicht nach dem Geistesinhalt seiner Arbeiten, sondern nach der Elle messen, wenn man dem überaus gelehrten und selbst in kleineren Arbeiten als gross bewährten Manne die verdiente Höhe seines wissenschaftlichen Namens deshalb verkümmern wollte. Wir bewundern es vielmehr und sehen darin das unzweideutigste Zeugniss seiner wahren Bedeutung, dass sein berühmter Name ihm ohne eine äussere Rücksicht auf das Quantitative seiner Productionen zu Theil ward, eine Rücksicht, die schon manchen vorschnellen Producenten, freilich nur auf kurze Zeit, zu Titel und Rang in der Literatur gebracht hat.

Wäre nun so der Vorwurf für Cramer abgewiesen, so bleibt uns noch die Erklärung dieser immerhin ungewöhnlichen Erscheinung, dass der Mann des reichsten Wissens, durch seine Stellung im Leben vielfach zu schriftstellerischer Thätigkeit veranlasst, grosse Arbeiten nicht nur nicht zu Stande bringt, sondern nicht einmal ernstlich vorbereitet. Mit der Erklärung wären wir gleich fertig, wenn sich dem sel. Cramer die Naturgabe der Production, (die Productivität) absprechen liesse. Diess geschähe aber gewiss mit Unrecht. Wer seine Hauschronik kennt, und die Weise, wie sie zu Stande kam, muss den reichen Zudrang frischer und fertiger Gedanken, den schaffenden Geist, anerkennen, und die Zustandebringung seiner kleineren Schriften, die er schnell auszuarbeiten und druckgerecht zu machen pflegte, deutet wahrlich nicht auf einen laboriösen Mann hin, der Alles schneller sammelt, als sich selbst zum mittheilungsfähigen Gedanken. Die richtige Erklärungsweise giebt uns Nitzsch an die Hand, der in seiner charaktervollen Memoria Crameri bemerkte: „Natura ... Cramerum non philosophum, sed vitae actorem dexterrimum finxerat, nisi rectius ipso Platonis vocabulo πρακτικὸν dicas." Cramer war nicht so ausschliesslich Gelehrter, dass er allein durch Arbeiten in seinem Fache volle Befriedigung der Ansprüche, die seine Natur an ihn machte, hätte finden können. Die gelehrten Studien waren Sache seiner Freiheit und Wahl, die ausserdem auch noch vieles Andere lebendig ergriff, und seine Freiheit war auch bei deren Betreibung stets so wirksam, dass in der Form der Behandlung seine Individualität, sein persönlich freies Wesen immer hervortrat, und dass er die Gebundenheit nicht ertrug, in die er sich hätte hineinbegeben müssen, wenn er grosse umfangreiche Arbeiten sich hätte zum Ziel setzen wollen. Das fleissige Arbeiten zu seiner Vervollkommnung in dem an sich unendlichen Wissen band ihn nicht, da er, wie Jeder bei der eigenen Endlichkeit, hier immer und an jedem Ort an einem Ziele stand; und nur besondere Anlässe und Sympathieen konnten ihn veranlassen, einem einzelnen Puncte seine bildende Thätigkeit zuzuwenden. So wuchsen seine kleine Schriften zu einer nicht ganz geringen Anzahl an, während Grösseres, wozu seine Kräfte bestimmt schienen, selbst unversucht blieb. —

Der Sammlung einiger von diesen kleinen Schriften (nicht aller, daher der Titel richtiger, „Auswahl aus Cramer's kleinen Schriften" lauten würde) und den erwünschten Mittheilungen aus seinem Nachlasse und über denselben hat sich Herr Prof. *Ratjen* unterzogen. Es zerfällt sein Buch in vier Theile, die eigene Einleitung des Herausgebers S. I.—LXVIII., die Memoria Crameri von *Nitzsch* S. 1—22., fünf wieder abgedruckte Schriftchen Cramer's S. 23—136. und ausgewählte Stücke aus seinen Miscellaneen S. 137—220. Die Einleitung hat lediglich die wissenschaftliche Thätigkeit des Verstorbenen zum Gegenstande, bespricht seine gedruckten Arbeiten nach einer meist chronologischen Reihenfolge, giebt über seine Vorlesungen, Privatarbeiten und handschriftlichen Nachlässe genaue und belehrende Nachricht, und verwebt darein auch hie und da einige ausgewählte Stücke aus Gedrucktem und Ungedrucktem. Da es dem Herausg. in dieser Einleitung offenbar um Entwerfung eines vollständigen und getreuen Bildes der Cramer'schen Wirksamkeit in der Wissenschaft zu thun war, und da er zu diesem Zweck sein gebildetes Urtheil häufig zu einer Entwickelung des Zusammenhangs von Aufgabe, Leistung und Resultat der einzelnen Cramer'schen Arbeit veranlasst sah, so hat sich jene Einleitung zu einer schätzbaren Abhandlung erweitert, welche, indem sie die Wirksamkeit Cr. nach ihrem Inhalte und Verhältnisse zu den behandelten Gegenständen darstellt, in gleicher Weise die Auffassung der Thätigkeit des Verstorbenen und die Beurtheilung der Gegenstände seines Wirkens fördert. Dazu erfreuen wir uns an dieser Einleitung auch um deswillen, weil wir nur zu lange und sehr ungern ein Lebenszeichen der fortgehenden *juristisch*-wissenschaftlichen Thätigkeit *Ratjen's* vermissten; das hier abgegebene rechtfertigt unsern Wunsch nach neuen und mehreren. Nicht einverstanden aber können wir mit dem Herausg. darüber sein, dass er seine Einleitung deutsch geschrieben hat. Hätte Cramer selbst seine Opuscula edirt, er hätte sie sicher mit einem lateinischen Vorworte eingeleitet; und wenn auch diess *allein*, da Ratjen in dieser Einleitung nicht blos als Vorredner anstatt Cramer's auftritt, noch nicht zu einer lateinischen Vorrede veranlassen musste, so war eine solche doch gewiss durch Cramer's Stellung in der gelehrten Welt überhaupt und die damit zusammenhängende muthmaassliche Verbreitung dieser Sammlung mehr als gerechtfertigt.

Indem wir zum nähern Inhalt des Buchs, insoweit er von Cramer herrührt, übergehen, unterscheiden wir den früher schon und den jetzt erst gedruckten Theil desselben. Den ersteren anlangend, so wird ein Blick auf die gedruckten literarischen Arbeiten Cramer's überhaupt unter Anleitung der Vorrede am besten über den relativen Umfang der Ratjen'schen Sammlung aufklären. Von Cramer sind folgende Arbeiten im Druck erschienen: 1) D. de SCto Claudiano 1782., später von ihm umgearbeitet und in die Dispunct. jur. civ. 13. aufgenommen; auf die neuere Fortführung der Untersuchung macht Ratjen p. VI. aufmerksam. 2) D. de vita et legislatione Vespasiani 1785. 3) Lectiones membranae Florentinae 1785. (Diss. inaug.), aufgenommen in die Dispunctiones. 4) Spec. I. spicilegii animadversionum in Suetonium 1786., einige Bemerkungen zur vita Caesaris enthaltend. 5) Dispunctiones juris civilis 1792., bei denen Ratjen auf die Fortführung der Untersuchungen über den sog. Brachylogus durch Savigny und Böcking aufmerksam macht. 6) Pr. de sigla Digestorum *ff.* 1796., nach dem Hauptinhalt aufgenommen in Hugo's civilist. Magazin. Bd. III. 7) Analecta literaria ad historiam Novellar. 1794., wovon die

Hauptuntersuchungen umgearbeitet in Hugo's. civ. Mag. Bd. III. übergingen. 8) Eine anonym. Recension über den zweiten Band des Gebauer-Spangenbergschen Corpus juris in der Allg. Deutsch. Bibl. Bd. 50. p. 63. ff. Die Belege des wohlverdienten harten Urtheils, welches hier Cramer fällt, werden durch den Abdruck einiger handschriftlicher Bemerkungen in seinem Exemplar jener Ausgabe vermehrt, welcher zur Entscheidung der Frage beiträgt, inwiefern Spangenberg in der Benutzung der Notaten Köhler's zu den Novellen ungetreu oder unredlich verfahren sei. Wenn in diesem letztern Puncte Cramer auch vielleicht zu hart geurtheilt hat, so ist doch sein Collectivurtheil über den Spangenb. Codex nicht blos wohl begründet, sondern könnte gerechter Weise dahin gefüllt werden, dass durch Sp. nicht nur nichts für den Codex geschehen sei, weder in der so nothwendigen Zurückführung des Textes auf Handschriften, noch in den zahlreichen, einen anhaltenden und entsagenden Fleiss erfordernden Nebenwerken einer kritischen Edition, sondern dass durch ihn wirkliche Rückschritte gemacht worden seien. Dieses harte Urtheil darf ich nicht hier, sondern werde es in der Vorr. zu meiner Codexausgabe motiviren; nur die eine Bemerkung sei mir erlaubt, dass der Codextext wirklich darunter litt, dass Spangenberg die vielen, fälschlich in den Text hereingekommenen und durch die Editionen vor ihm durch Klammern notirten Worte dieses Zeichens ihrer Verdächtigkeit beraubte, ja sogar ohne diess regelmässig in den Noten zu bemerken. Ueberhaupt genügen seine Noten dem Hauptzwecke, den Stand des Textes in Handschriften und Ausgaben nachzuweisen, nicht im Geringsten, und namentlich erscheint der grosse Haloander bei ihm ganz ungerecht in dem zweideutigen Lichte eines ganz willkürlich gegen die Handschr. angehenden Conjectural-Kritikers. — 9) Pr. de juris Quiritium et civitatis discrimine 1803., wobei Ratjen die Weiterführung dieser Untersuchung durch Andere und deren theilweise Berichtigung aus Gajus beurtheilend bemerkt. — 10) Pr. de pubertatis termino ex disciplina Romanorum 1804. — 11) Tituli Pand. et Cod. de V. S. cum variae lect. apparatu 1811. 12) Gutachten Cramer's, betr. eine gerichtliche Erörterung für das Vermögen von Magnus v. Plessen und der Masse des K. A. von Plessen wegen eines Fideicommisses 1812. — 13) Spec. I. supplem. ad Brisson. 1813. — 14) Epistola ad Heinrichium de juvenibus apud Callistratum 1814. — 15) Herausgabe der von Majo aufgefundenen Fragmente der Reden Cicero's pro Tullio etc. mit Heinrich. — 16) Ars Consentii von Cr. mit Buttmann herausgegeben 1817. — 17) Spec. novae ed. Scholiastae Juvenalis 1820. — 18) Der Scholiast selbst 1823., wobei der Hrsgb. p. XXXI. — XXXV. die von Orelli angeregte Frage zu befriedigender Lösung bringt, ob Cramer bei seiner Ausgabe denn wirklich eine ganz ungenaue Abschrift der S. Galler HS. gehabt habe und seine Arbeit deshalb unbrauchbar sei. Der Vorwurf der Ungenauigkeit der Copie wird in der Ausdehnung, wie ihn Orelli macht, abgewiesen, und der auch abgesehen von der Treue jener Abschrift immerhin bedeutende Werth der Cramer'schen Arbeit aus guten Gründen behauptet. — 19) Epistola gratulat. an G. H. Weber, welcher als Corollarium ein Brief vom J. 1650. über die letzte Krankheit und den Tod des Philosophen Cartesius angehängt ist. — 20) De Fragmentis nonnull. vetustarum membran. narratio 1826., von welchem Programme der dritte Abschnitt p. XXXIX. — XLVI. wieder abgedruckt ist, welcher die werthvollen Bemerkungen über den Grund des Untergangs der meisten voraccursischen Handschriften und eine Untersuchung über die zweifelhaften l. Manifestum est und l. Ubi juris im tit. C. de nupt. enthält. — 21) Ad Gellium excursuum trias. 1827. — 22) Ad Gellium excursus quartus 1832. — 23) Ein Wort an Freunde und Bekannte und die es sonst lesen mögen 1830., in welchem er bei Gelegenheit politischer Aufregungen seine Ungeneigtheit, in Verfassungsangelegenheiten mitzusprechen, motivirte. — 24) Vita Aurelii Augustini episcopi Hipponensis auctore incerto. 1832. — 25) Mehrere zu verschiedenen Zeiten erschienene Abhandlungen in Hugo's civilist. Mag. und Savigny's Zeitschrift. — 26) Drei kleine Miscellaneen in den Kieler Blättern meist scherzhaften Inhalts.

Von diesen Schriften sind nun in Ratjen's Sammlung nur fünf Nro. 9. 10. 14. 21. 22. aufgenommen. Die Motiven der Nichtaufnahme der übrigen werden hin und wieder angedeutet, und sind hauptsächlich diese, dass Cramer selbst auf die Schrift keinen Werth legte, dass er sie in grössere Arbeiten wieder aufnahm, dass die Schrift einem Verleger überlassen ward, und vorräthige Exemplare davon noch im Buchhandel sind, dass sie in gangbaren Zeitschriften steht oder wenigstens nach ihrem Hauptinhalte darin aufgenommen ist, dass eine spätere Fortführung derselben Untersuchung das gegenwärtige Interesse an der Cramer'schen vermindert hat u. s. w. Bei so vielen Ausnahmegründen, wegen deren Niemand mit dem

Herausg. rechten darf, als wer die Hindernisse der Erweiterung einer solchen Sammlung genau kennt, müsste sich natürlich die Zahl der aufgenommenen Schriften ungemein vermindern. Einen freilich nicht immer genügenden Ersatz für das Weggelassene war der Hrsgb. durch kurze Angabe des Hauptinhalts zu bieten bestrebt.

Der handschriftliche Nachlass wird zum grössten Theile blos berichtsweise erwähnt, wie diess denn auch gar nicht anders möglich war, da nur sehr weniges wirklich Fertige sich vorfand. Das nach der Auswahl des Herausgebers Abgedruckte, enthält theils Auszüge aus den 16 Heften der Miscellaneae et subitaneae observationes, welche nach und nach aus Bemerkungen über durchgelesene Schriften entstanden, und bildet den letzten Theil des Buches S. 137 — 220., theils besteht es in andern in die Einleitung verwebten Ineditis. Zu diesen letzteren gehören namentlich die handschriftlichen Bemerkungen, welche Cramer seinem Spec. der Supplem. zum Brisson beigeschrieben hat (p. XVI — XXXVI.), ferner einige Zusätze zu einem Exemplare des Juvenal'schen Scholiasten (p. XXXV. XXXVI.), dann eine Ausführung über das Verhältniss des Florentinischen Textes zu den andern Handschriften der Pandekten, mit Herleitung von tüchtigen Grundsätzen für eine neue Ausgabe der letztern, welche mit einigen Modificationen auch für den Codex haltbar sind (p. LV. — LXII.), ferner einige Conjecturen und Erklärungen, die in Cr. Exemplar der Vaticana Fragm. gefunden worden sind (p. LXIV. LXV.), endlich die scharfsinnigen Bemerkungen über die von Clossius aufgefundenen Gesta in senatu urbis Romae de recip. Cod. Theodos., die er in einem handschriftlichen Commentare zur Const. Haec quae necessario mit besonderer Vorliebe behandelt. — Der Herausg. würde seine Mittheilungen über und aus dem literarischen Nachlasse den Lesern leichter zugänglich gemacht haben, wenn er sie nicht mit den Notizen über die gedruckten Arbeiten vermischt, vielmehr ihnen einen eigenen Abschnitt der Einleitung gewidmet hätte.

Ueberaus ergötzlich und belehrend sind die Auszüge aus den Miscellaneen, von denen Cramer die von p. 139 — 176. schon selbst zum Abdruck bestimmt hatte. Das Motto: *Quo me cunque rapit tempestas, deferor hospes* ist bezeichnend, und bedarf nur der Erläuterung, dass er überall, wo seine wissenschaftliche Lust ihn hinführt, nicht bloss hospes, sondern recht ordentlich und bebaglich zu Hause sei. Ueberall erfrischt uns hier der luminöse Mann, der wie mit Siebenmeilenstiefeln von einem Punct zum weitentfernten kommt, und sich aus der wissenschaftlichen Flora ohne System einen Strauss zum eigenen Vergnügen zusammenbotanisirt. Da kommt denn Komisches und Ernstes, viel Neuentdecktes und einiges Altbekannte, das letztere aber immer durch die Zusammenstellung verneuert, verbindungslos nach seinem Inhalte, aber doch geeint durch den individuellen Geist des Mittheilers neben einander vor. Die Liebe zum Gegenstande ist Motiv und Princip der Mittheilung, daher hier überall die eigendste Individualität Cramer's hervortritt, die ihn denn auch veranlasste, auf Lieblingspuncte häufiger zurückzukommen, und sie bis auf das an sich Unbedeutende auszugeniessen. So weit diese Vorliebe Schriftsteller betrifft, so hat er an ihr das trefflichste Mittel, in ihren Geist und Sinn ganz einzudringen. Ganz richtig meint *Göschel*: „willst du einen Menschen verstehen, so lerne ihn lieben". Beherzigung führt zum wahren Verständniss. Alles, was nun Cramer bedarf am Juristen und Gelehrten, um ihm herzlichst anzuhangen, findet er am Meister Cujaz beisammen, dessen wohlgetroffenes Portrait die Zierde seines Arbeitszimmers war, an dem ihn auch Alles interessirt, sein öffentliches und sein Privatleben, seine Freundschaften und seine Feindschaften, sein Glaube und sein Aberglaube, aber immer so, dass nur das Tüchtige an ihm parteilos geschildert wird; die Schilderung aber zur kräftigen Vertheidigung sich erhebt gegen jeden Vorwurf, der den grossen Meister treffen könnte. Er rügt es scharf, wenn man dem Cujaz ungerechte Härte gegen achtbare Gegner, die Abläugnung der Menschenqualität am weiblichen Geschlechte, oder gar Bigotterie vorwirft, und sucht ihn in puncto des Glaubens an das Fegefeuer und an die der Jungfrau Maria schuldige göttliche Verehrung von allem Verdachte gedankenlosen Nachbetens zu reinigen. — Die geschilderten Miscellaneen vertragen keinen Auszug, noch weniger eine Kritik; wollten wir jenen versuchen, man könnte uns bemerken, dass wir den Geist aus Cramer's Schriften herausgezogen hätten. Quod absit!

Von dem übrigen literarischen Nachlasse berichtet der Herausg. in der Einleitung anschaulich und dergestalt, dass der eigentliche Nutzen einer solchen Darstellung, nämlich Benachrichtigung derer, welche einschlagende Arbeiten vorhaben, von dem durch Cramer Vorbereiteten, gewiss genügend erreicht ist. Für diesen Zweck war auch eine Bemerkung über den jetzigen Besitzer (meist die Kieler Universitätsbibliothek) erforderlich, welche Ref. irgendwo vermisst zu haben sich nicht erinnern kann. Das Bedeutendste darunter sind wohl die Cramer'schen Exemplare des Gellius, des Brissonius und des Gebauer-Spangenbergischen Corpus juris mit den handschriftlichen Zusätzen. Soweit ich das genannte Exemplar des Corpus juris im Codex bis jetzt kennen gelernt habe, ist diess bei weitem unwichtiger, als der Brissonius, da in jenem nur selten etwas Eigenes und Neues, vielmehr fast ausschliesslich nur Verweisungen auf ältere und neuere Interpreten und Kritiker angetroffen werden. Von Cramer's besonderem kritischen Material für den Codex ist seine Collation der ersten 9. Bücher nach dem glossirten Ms. der Kopenhagener Bibl. von 1262. das Bemerkenswertheste, ungeachtet freilich der Nutzen eines glossirten Codex für die Reinigung des Textes immer ein sehr beschränkter bleibt. Der aus den Inscriptionen gezogene handschriftliche Index personarum, quibus inscribuntur constitutt. Cod. Just. und Index dignitatum et officiorum in Cod. ist eine für den Kritiker des Codex zur Emendation der Inscriptionen und Subscriptionen unerlässliche Vorarbeit, welche Cramer sehr fleissig mit Zugrundelegung des Spangenbergischen Exemplars, Notirung der Namenvarianten aus demselben und Hinzufügung einiger Verweisungen auf Cujaz und Jac. Gothofredus zu Stande gebracht hat. Eine Sammlung zur Kritik und Literärgeschichte der Leges restitutae im ersten Buche des Codex ist, soweit meine bisherige Benutzung derselben reicht, nach den Arbeiten Biener's und Witte's ohne Wichtigkeit.

Herrmann.

II. Berichte über akademische Dissertationen und Programme.

De cautione damni infecti. Ex jure Romano. Commentatio in certamine literario civium academicorum d. II. Sept. a. MDCCCXXXVII. praemio ornata. Auctore C. Aug. Hesse, Rodano. Jenae, ex off. Braniana. MDCCCXXXVII. 79. S. 8.

Die Juristenfacultät zu Jena hatte für das J. 1837. die Preis-Aufgabe gestellt: *Explicentur principia juris Romani de cautione damni infecti, praecipue quis eam et a quo petere possit, quibus conditionibus et an subsidiaria sit damni infecti actio.* Dem Verf. ist es gelungen, eine Arbeit zu liefern, welche des Preises würdig befunden wurde. Er hat dieselbe sodann noch einmal überarbeitet, indem er namentlich den ihm vorgeworfenen Fehler einer allzugrossen Kürze zu beseitigen suchte, und legt nun sein Werk in dieser verbesserten Gestalt dem Publicum vor. Ref. erkennt seiner Seits gern das Verdienst dieser Arbeit an, und giebt dem Verf. das Zeugniss, dass er mit vielem Fleisse gearbeitet, und einen befriedigenden Beweis seiner Kenntnisse und seines Talents geliefert habe. Doch hat Ref. zuweilen Flüchtigkeit und Mangel an tieferer Ergründung wahrgenommen; auch entbehrt die Darstellung hier und da der nöthigen Ruhe und Klarheit; das Latein ist mittelmässig. — Das Ganze zerfällt in neun Abschnitte, deren Inhalt Ref. mit den Worten des Verfs. angeben und hier und da mit einigen Bemerkungen begleiten will. I. *Quem locum obtinuerit cautio damni infecti apud Romanos, quanti momenti fuerit et sit* (p. 9—11.). Diese Einleitung ist etwas oberflächlich ausgefallen; der Mangel der Polizei bei den Römern wird zur Erklärung des Instituts der damni infecti cautio benutzt. II. *De damno infecto ejusque actione diversis temporibus adhibita* (p. 11—17). Die hier gegebene geschichtliche Entwickelung lässt viel zu wünschen übrig; z. B. fehlt es an jeder Untersuchung über die Zeit des prätorischen Edicts, zu welcher doch die hier gar nicht benutzten Stellen, Cic. Top. c. 4. u. L. 4. et 5. D. de dam. inf. XXXIX. 2., Stoff geben konnten. Ebenso ist es ein wesentlicher Mangel, dass der Verf. die Abhandlung *Huschke's* de actionum formulis, quae in lege Rubria exstant (Vratislav. 1832.) gar nicht gekannt hat. III. *Generatim quaeritur de cautione damni infecti ejusque exigendae ratione* (p. 17—22.). — IV. *Quas ob causas peti possit cautio damni infecti* (p. 22—33.). Dieser Abschnitt ist recht fleissig gearbeitet, und ziemlich gelungen. — V. *Quibus conditionibus peti possit et valeat cautio damni infecti* (p. 33—45.). Hier ist Ref. besonders durch die Ausführung des Verfs. gegen *K. A. Schneider* (die allgemein subsidiären Klagen des Röm. Rechts S. 89. ff.) sehr befriedigt worden; die vom Verf. mit Glück vertheidigte Ansicht, dass die damni infecti cautio subsidiarisch sei, ist als Regel gewiss die richtige. — VI. *Quis cautionem damni infecti petere possit* (p. 45—47.). Auch dieser

Theil ist lobenswerth. — VII. *Quis et quomodo cavere debeat* (p. 57—63.). — VIII. *De actione ex stipulatu* (p. 63—69.). Von diesen beiden Abschnitten ist ebenfalls zu rühmen, dass in ihnen Fleiss und Umsicht des Verfs. überall sichtbar sind. — IX. *De missionibus damni infecti nomine* (p 69—79.). Ausser manchem Guten findet sich hier p. 75. sqq. eine höchst sonderbare Erklärung von L. 15. §. 26. und 27. D. eod. Den ersteren §. bezieht der Verf. auf den Fiscus oder das röm. Volk als Eigenthümer der aedes vectigales, den zweiten auf die Municipalbürger, ebenfalls als Eigenthümer des vectigale praedium; der Grund, weshalb in jener Stelle gesagt wird: wenn die Caution nicht geleistet werde, *mittendum in possessionem, nec jubendum possidere, nec enim dominium capere possidendo potest*, wird darin gefunden, weil die Sachen des Fiscus der Usucapion nicht unterworfen seien!! Es wird nicht nöthig sein, das Gesuchte und Unhaltbare dieser Erklärung nachzuweisen. Der Sinn beider §§. ist ganz einfach der, dass im §. 26. vom Erbpachter selbst die Rede ist, (so dass wenn dieser nicht cavirt, der Gegner natürlich nicht Eigenthümer durch die missio ex secundo decreto werden kann, weil jener selbst es nicht war, sondern *eodem jure est*, *quo foret is*, *qui non caverat*,) im §. 27. aber von Eigenthümern, den Municipalbürgern, (so dass, wenn diese nicht caviren, der Uebergang des Eigenthumsbesitzes selbst auf den Gegner Statt findet). Denn bekanntlich kann die Caution alternativ entweder dem Eigenthümer selbst oder dem Inhaber eines dinglichen Rechts an der Sache abgefordert werden, s. L. 9. §. 4. — L. 10. D. eod., und dass, je nachdem der eine oder der andere cavirt hat, die Folgen verschieden sein müssen, ist leicht einzusehen, und wird eben in den fraglichen §§. an einem in Erbpacht gegebenen Municipalgrundstück erläutert. — Warum schreibt übrigens der Verf. gegen die römische Wortstellung: cautio damni infecti, nicht d. i. c.? Freilich ist in den Worten der Preisaufgabe selbst die unrömische Schreibart befolgt.

De confessionis effectu in processu criminali Romanorum observationes aliquot. Disputatio historica juridica **Gustavi Geib**, I. U. D. Turici ap. Orellium, Fuesslinum et soc. MDCCCXXXVII. 34. S. kl. 8.

Diese Abhandlung ist, wie ein Nebentitel besagt, als Programm zu der Rede erschienen, welche der Verf. beim feierlichen Antritt einer *professio juris criminalis publica* an der Universität zu Zürich d. 4. Febr. des vor. J. zu halten hatte. Der Verf., nicht blos durch seine politischen Schicksale, sondern auch auf dem juristischen Gebiet, namentlich durch seine Darstellung des Rechtszustandes in Griechenland während der türkischen Herrschaft und bis zur Ankunft des Königs Otto, wohl bekannt, hat hier eine sehr interessante Frage auf eine Art behandelt, welche den Ref. ausserordentlich angesprochen hat. Denn der Verf. beurkundet überall ein sorgfältiges Studium der Quellen, so wie eine gründliche und umsichtige Behandlung derselben, und verbindet hiermit so viel Besonnenheit und Klarheit in der Entwickelung seiner Ansichten und in der Bekämpfung seiner Gegner, dass wir uns freuen, von ihm das Versprechen eines ausführlichen Werkes über die Geschichte des Römischen Criminal-Processes p. 8. erhalten zu haben, zu dessen baldiger Erfüllung ihn aufzufordern wir uns gedrungen fühlen. — Nachdem der Verf. im Eingange über die grosse Bedeutung des Geständnisses für den Criminal-Process sehr treffende Bemerkungen gemacht, und diese insbesondere auf den Römischen Process angewendet hat, stellt er p. 8. sich für diese Schrift zur Aufgabe die Lösung der Frage: *num Romanae rei publicae liberae temporibus confessio, quae tunc sola sine aliis probationis adjumentis ad condemnationem sufficiebat, etiam eam vim habuerit, ut in confessum reum quod etiam nunc in processu Anglico obtinere scimus, juratorum judicum sententia omnino necessaria non esset, et praetor ipse, judicibus haud convocatis, confessione quasi convictum ex lege poena afficere posset.* Er giebt hierauf zunächst die Meinungen Anderer an, und bemerkt hierbei, dass Alle, mit Ausnahme des einzigen *Filangieri la scienza della legislazione L. III. c.* 6., jene Frage bejahen, er aber die von dem genannten Gelehrten zwar ausgesprochene, aber nicht begründete, verneinende Meinung zu rechtfertigen gedenke. Bevor diess geschieht, macht er jedoch noch die allgemeine Bemerkung, dass die Richter in den Criminal-Processen zur Zeit der Republik eine völlig freie Gewalt hatten, indem bei ihnen eine Mischung der gesetzgebenden und der richterlichen Befugnisse Statt fand, und sie als Stellvertreter des ganzen Volks die Gesetze mit Rücksicht auf die Zeitverhältnisse und die Personen bei der Anwendung auf einzelne Fälle modificiren konnten. Von p. 14. an beginnt die Widerlegung der von den Gegnern vorgebrachten Argumente, auf welche die Darlegung der für die Meinung des Verfs. sprechenden Gründe folgt (p. 28. sqq.), welche um so kürzer ausfallen konnte, je mehr diese Meinung der Natur der Sache entspricht, und also angenommen werden muss, solange nicht die entgegengesetzte auf das Bündigste nachgewiesen ist. Ueberall wird man in diesen Erörterungen des Verfs. eine sehr geschickte Darstellung und Entwickelung wiederfinden, und Ref. muss, wenn er auch in einzelnen wenigen Puncten vom Verf. differirt, doch in der Hauptsache demselben beitreten.

III. Bericht über rechtswissenschaftliche Zeitschriften.

Archiv für die civilistische Praxis. Herausgegeben von **Francke, Linde, v. Löhr, Mittermaier, Mühlenbruch, Thibaut und Wächter.** Einundzwanzigsten Bandes erstes Heft. Heidelberg, Mohr, 1837. S. 1—158.

I. *Betrachtungen über die Beweislast bei der Negatorienklage.* Von *Francke.* S. 1—34.

Im §. 1. verbreitet sich der Verf. in sehr beherzigungswerthen Worten darüber, dass von unseren Juristen nicht selten ohne sorgsame Prüfung Doctrinen aufgestellt werden, welche eine nähere Erwägung als gänzlich unbrauchbar erkennen, bei denen man daher von vorn herein annehmen muss, dass mindestens die römischen Juristen sie nimmer gehegt haben, und welche deshalb auch von der den Rechtsbedürfnissen sich näher anschliessenden deutschen Praxis regelmässig zurückgewiesen werden. Zu diesen Theorieen zählt er auch die Ansicht, nach welcher der Eigenthümer, welcher gegen Eingriffe Dritter in die freie Uebung seines Eigenthums die Negatorienklage erhebt, die Freiheit seines Eigenthums, das Nichtdasein einer zu dem Eingriffe berechtigenden Servitut, sobald der Gegner sich im Besitze seines angemaassten Rechts befindet, (nach *Schweppe* aber in jedem Falle) beweisen müsse. Hierauf giebt er im §. 2. eine Uebersicht der Geschichte dieser Controverse, und unterwirft sodann die Argumente für die erwähnte Ansicht einer Prüfung, indem er §. 3. die L. 15. D. de op. novi nunc. betrachtet und erklärt, im §. 4. die angeblich für den Besitz streitende Rechtsvermuthung beleuchtet und nach ihrem wahren Wesen bestimmt, und im §. 5. die übrigen Argumente noch kurz bespricht und widerlegt. Im §. 6. endlich stellt er die für die Richtigkeit der gewöhnlichen Ansicht entscheidenden Gründe zusammen.

II. *Ueber Anfechtung von Zahlungen mit der actio Pauliana.* Vom Prof. Dr. *Laspeyres* in Halle. S. 35—100.

Der Verf. bestreitet die von *Francke* im Archiv Bd. XVI. vertheidigte Ansicht, dass die Bezahlung fälliger klagbarer Schulden schlechthin irrevocabel, und die sog. Gratifications-Theorie unbedingt verwerflich sei. Zuerst erörtert er in den §§. 1—3. die Requisite der act. Pauliana: die fraudatio creditorum, den eventus fraudis und die deminutio patrimonii, und untersucht sodann im §. 4., was der eigentliche Grund dieser Klage sei; er findet ihn nicht mit *Francke* in der Freiwilligkeit, aus welcher der Cridar nachtheilige Handlungen vorgenommen hat, sondern in der fraudatio, in dem unrechtlichen Verhalten der betreffenden Individuen. Nachdem nun hierauf im §. 5. gezeigt worden ist, dass bei der vorliegenden Controverse aus allgemeinen Gründen zu einem sicheren Resultate kaum zu gelangen sein dürfte, sondern Alles auf den Inhalt der Rechtsquellen ankomme, geht der Verf. im §. 6. zur Betrachtung der hierher gehörigen Gesetzstellen über, aus welchen nach §. 7. allerdings sich die Regel ergiebt, dass die Bezahlung von Schulden irrevocabel sei; der Verf. bestimmt zugleich den Umfang und Sinn dieser Regel. Im §. 8. behauptet er nun aber, dass diese Regel nicht ohne Ausnahme sei, vielmehr die sog. Gratificationstheorie, wenn sie sich gleich, wie sie gewöhnlich aufgefasst werde, nicht rechtfertigen lasse, doch richtig verstanden unbezweifelt eine gesetzliche Gewähr für sich habe. Den Beweis dieser Behauptung führt der Verf. in den §§. 9—13., indem er zugleich den Begriff der solutio per gratificationem dahin bestimmt, dass sie nichts als eine solutio creditorum fraudandorum causa facta sei.

III. *Ueber die Ergebnisse der legislativen Thätigkeit in Bezug auf Civilprocessgesetzgebung und Gerichtsorganisation.* Von *Mittermaier.* S. 101—130.

Dieser Aufsatz ist die Fortsetzung des im Bd. XX. Nr. V. (s. Jahrb. 1837. H. 3. S. 278.) unvollendet gebliebenen, und handelt als §. VI. über die Fortschritte der deutschen Gesetzgebung in Bezug auf die zweckmässigste Stellung des Advocatenstandes. Im Eingange macht der Verf. darauf aufmerksam, dass die Oeffentlichkeit und Mündlichkeit der Rechtspflege zur Verbesserung des Advocatenstandes wesentlich beitragen werde, was auch die Erfahrung in Baden bestätige. Jedoch sei sie nicht die einzige Bedingung des würdigen Geistes im Advocatenstande. Nach näheren Erörterungen hierüber bespricht der Verf. das Genfer Reglement zur Organisation des Advocatenstandes v. 1 Juli 1836. und sodann, was in einzelnen Beziehungen in Hanover, Stade, Bern, Sachsen-Weimar, für den Advocatenstand geschehen ist. Als Ergebniss der in den namhaft gemachten Schriften über deutsche Particularprocesse enthaltenen Darstellungen des Advocatenwesens der einzelnen Länder wird sodann die dringende Forderung einer Revision der bestehenden Einrichtungen bezeichnet, über welche der Verf. sich weitläuftiger verbreitet, indem er zugleich auf die in den Ständeversammlungen einzelner Länder, namentlich Baierns, Sachsens, Badens, vorgekommenen Verhandlungen in Bezug auf eine Advocatenordnung aufmerksam macht. Zuletzt handelt er von der Taxordnung, und bespricht dabei das diesfallsige Gesetz von Weimar v. 15. April 1833., sowie eine Verordnung in Baden v. 10. Juli 1832. und die durch sie veranlassten ständischen Verhandlungen.

IV. *Ueber den Erwerb des Eigenthums an Briefen, vorzüglich nach Anleitung des Fr. 14. §. 17. D. de furtis* (47. 2.). Von Hrn. Dr. *Wilh. Sell*, Prof. d. R. in Zürich. S. 130—158.

Nachdem der Verf. im §. 1. den Inhalt der obigen Stelle angegeben, und über die Anwendung der Grundsätze der traditio auf den Eigenthumserwerb an Briefen gesprochen hat*), beantwortet er §. 2—4. die Frage: Wem steht das Eigenthum an dem Briefe zu, wenn man blos das rechtliche Verhältniss zwischen dem Absender desselben (dem Schreibenden) und der Adresse des Briefes betrachtet? dahin, dass derjenige, an welchen der Brief gerichtet ist, das Eigenthum daran vom Augenblick der vollendeten Besitzergreifung erwerbe, geschehe sie nun von ihm selbst,

*) Der Verf. bemerkt hierbei, dass, soviel ihm bekannt, das Eigenthum an Briefen mit Rücksicht auf unsere jetzigen Verhältnisse noch keine nähere Behandlung gefunden habe. Allein dem ist nicht so: S. *Gust. Albert. Siebdrat* Diss. de dominio epistolarum. Lips. 1829. und über die L. 14. u. 17. D. de furtis XLVII. 2. insbesondere auch *O. E. Funkhaenel* Ueber die Anwendbarkeit der prätor. de recepto actio auf die Ersatzverbindlichkeit der heut. Postanstalten u.s.w. nach gem. Rechte. Glauchau 1836.

oder durch Stellvertreter; zugleich werden die Fälle aufgezählt und erörtert, in welchen die Adresse das Eigenthum des Briefes nicht erwirbt; unter diesen Fällen wird der, wenn der Brief der Post oder einem regelmässigen Boten übergeben, aber an die Adresse noch nicht abgeliefert ist, weitläuftiger besprochen. Sodann beantwortet der Verf. noch in den §§. 5. u. 6. die Frage: ob und in wiefern der Person, welcher der Brief zur Besorgung übergeben worden, z. B. der Post, ein Recht an demselben oder in Beziehung auf denselben zustehe, und durch welche Mittel dieses Recht geltend gemacht werden kann, wenn der Brief entwendet oder verloren gegangen ist? Sie hat kein Recht an dem Briefe, sondern sie steht nur in einem persönlichen Rechtsverhältniss zu ihrem Contrahenten, welches sie zur diligentia und custodia in Beziehung auf den Brief verpflichtet; nach Röm. Recht hat sie demgemäss im Falle der Entwendung die actio furti, h. z. T. die allgemeine subsidiäre actio de dolo; wenn aber der Brief verloren gegangen ist, so hat nur der Eigenthümer (Absender) das Rückforderungsrecht.

Kritische Zeitschrift für Rechtswissenschaft und Gesetzgebung des Auslandes in Verbindung mit den Herren Asher in Hamburg u. s. w. Herausgegeben von **Mittermaier** und **Zachariä**. Zehnter Band. Erstes und zweites Heft. Heidelberg, Mohr, 1838. S. 1—358.

I. *Zur Vergleichung des französischen und des englischen Rechts mit dem gemeinen deutschen Rechte in der Lehre von dem Rechte unehelicher Kinder, die Paternitäts- oder Vaterschafts-Klage anzustellen.* Von *Zachariä.* S. 1—46.

Die Aufgabe der vorliegenden Abhandlung giebt der Verf. S. 2. näher so an: Kann nach den genannten Gesetzgebungen ein uneheliches Kind das Recht, von seinem Vater den Unterhalt zu fordern, mittelst einer Klage oder nur unter *der* Bedingung geltend machen, dass es von dem Vater freiwillig anerkannt worden ist? und, angenommen, dass das uneheliche Kind wenigstens wegen seines Unterhaltes die Vaterschaftsklage hat, steht ihm diese Klage schlechthin oder nur unter gewissen Einschränkungen zu? und, in dem letzteren Falle, unter welchen Einschränkungen? Demgemäss führt er aus, dass das gem. deutsche Recht dem Kinde die Vaterschaftsklage unbedingt gebe, das französische Recht aber in der Regel nur dann eine Klage gestatte, wenn das Kind vom Vater in einer öffentlichen Urkunde als von ihm erzeugt anerkannt worden ist, das englische Recht endlich zwar die Vaterschaftsklage gestatte, aber nicht unbedingt, sondern nur wenn die Mutter unbemittelt ist. Hierauf betrachtet der Verf. S. 17. ff. diese verschiedenen Vorschriften aus dem Standpuncte des Rechts, der Moral und der Politik. Letzteres geschieht insbesondere sehr ausführlich S. 30. ff.

II. *Ueber die Geschichte und Einrichtung der Billigkeitsgerichte in England.* Von Hrn. Dr. *Ed. Gans*, Prof. d. R. zu Berlin. Erster Artikel. S. 46-76.

In einer Einleitung entwickelt der Verf. den Zusammenhang, in welchem die heutigen ordentlichen Höfe des gemeinen Rechts in England zu einander stehen. Die hierauf folgenden Abschnitte sind: die Geschichte der Billigkeitsgerichte, die Einrichtung derselben und die dabei angestellten Beamten, die Procedur vor den Gerichtshöfen, die Jurisprudenz derselben.

III. *Juristische Encyclopädie aus Nordamerika.* Von Hrn. Dr. *R. Mohl*, Prof. in Tübingen. S. 76—85.

Eine Anzeige von: A course of legal study, addressed to students and the profession generally; by *Dav. Hoffmann*, I. D. Götting. 2. ed. Baltimore, Neal. 1836. VIII. u. 876. S. gr. 8. Der Ref. stellt dieses Buch als eine vielfach eigenthümliche und dadurch merkwürdige Erscheinung dar, und verbreitet sich schliesslich über den unmittelbaren Nutzen desselben für deutsche Juristen, welcher in einem grossen Reichthum von literärgeschichtlichen und bibliographischen Nachrichten besteht.

IV. *Gesetzgebung von Frankreich und England über die Beurkundung des bürgerlichen Standes.* Von Hrn. Dr. *Foucher*, Gen.-Adv. zu Rennes. S. 85—113.

Darstellung der Einrichtungen dieser Länder zur Beglaubigung der Geburt, der Ehe und des Todes.

V. *Gesetz über Aufhebung des Retorsionsrechtes in Toscana.* Dargestellt von Hrn. *Capei*, Prof. in Siena. S. 113—117.

Mittheilung des Gesetzes Leopolds II. v. 11. Dec. 1835., durch welches das Retorsionsrecht gegen Ausländer bei Erbschaften völlig aufgehoben worden ist, und Betrachtung über die Beförderung der Interessen und Vortheile Toscanas durch diese Neuerung.

VI. *Das Civilgesetzbuch für das Königreich Sardinien von* 1837. Angezeigt von *Mittermaier*. S. 118—134.

Dieses Civilgesetzbuch von 2415. Artikeln stimmt in der äusseren Anordnung fast ganz mit dem französ. Code civil überein, ist aber keineswegs eine sclavische Nachahmung desselben. Der Verf. stellt die Abweichungen beider Gesetzbücher von einander dar. (Fortsetzung folgt.)

VII. *Einiges über Strafgesetzgebung in Nordamerika.* Auszug aus einem Briefe Hrn. *John Pickering* des Esq. in Boston. S. 134—141.

Der Briefsteller beschäftigt sich hauptsächlich mit der 1836. publicirten Gesetzsammlung von Massachusetts, mit den Verbrechen, auf welchen Todesstrafe steht, und mit der Gestattung von Vertheidigern bei Anklagen.

VIII. *Die neue Verordnung über die Hebräer im russischen Reich.* Mitgetheilt von Hrn. *M. von Wolfeld*, russ. kaiserl. Assessor d. liefländ. Hofgerichts u. s. w. S. 142—158.

Nach kurzer Schilderung des früheren Rechts theilt der Verf. den Inhalt der Verordn. v. 13. April 1835., aus 7. Capiteln u. 121. §§. bestehend, mit.

IX. *Französische Gesetzgebung über Ehrenkränkungen und Pressvergehen.* Von *Mittermaier*. S. 159—165.

Anzeige von: Traité des délits et contraventions de la parole, de l'écriture et de la presse. Par *M. Chassan*. Paris et Colmar. 1837. 1 vol., das erste systematische, in das Detail eingehende Werk über die obigen Gegenstände.

X. *Belgische Gesetzgebung über die Eisenbahnen.* Dargestellt von Prof. *Michaelis* in Tübingen. S. 166—176.

Uebersicht der Vorschriften über diesen Gegenstand seit d. 1. Mai

1834. nach Anleitung des Berichts, welchen der belg. Minister *Nothomb* an die Kammern d. 1. März 1837. abgestattet hat.

XI. *Das neue Niederländische Gesetzbuch über die Strafprocessordnung.* Dargest. von Hrn. Dr. *C. D. Asser*, Adv. in Amsterdam. S. 181—221.

Der Verf. theilt hier in §. 1. den wesentlichen Inhalt der 10. vorläufigen Artikel (Allgemeine Bestimmungen) und der 23. Titel dieses Gesetzbuches von 1836. mit. (Beschluss folgt.)

XII. *Darstellung der Befugnisse der Gemeinde-Gewalt in Frankreich zu Folge des Gesetzes über die Municipalverwaltung v. 18. Juli 1837.* Von Hrn. Dr. *Rauter*, Doyen der jurist. Facultät in Strassburg. S. 221—236.

Der Verf. verbreitet sich über die Grundprincipien, von welchen die Commission der Deputirtenkammer, welche mit der Voruntersuchung des betreffenden Gesetzvorschlages beauftragt war, und deren Ansichten über die der Regierung im Ganzen den Sieg davon trugen, in ihrem Berichte ausging, und über den Inhalt des demgemäss erlassenen Gesetzes in 7 Titeln; dasselbe enthält eine Wiederherstellung des Rechts von 1791.

XIII. *Die neuesten Fortschritte der Criminalgesetzgebung in England.* Von *Mittermaier*. S. 237—257.

Schilderung der Vorbereitungen zu den Gesetzentwürfen in Bezug auf die Revision der Strafgesetzgebung, welche der Minister *Russel* d. 2. März 1837. dem Parleamente vorlegte, und Mittheilungen des Hauptinhalts der zehn neuen Gesetze vom 17. Juli 1837., welche in Folge dessen publicirt worden sind. Durch diese Gesetze sind von 30. Fällen nur noch 4. beibehalten worden, in welchen Todesstrafe eintritt; ausserdem findet sie aber auch noch in 7 Fällen Statt, welche jene Gesetze nicht berührt haben.

XIV. *Das neueste Luzerner Gesetz über das Verfahren in bürgerlichen Rechtssachen.* Von Hrn. Dr. *Casimir Pfyffer*, Obergerichtspräsidenten in Luzern. S. 258—271.

Mittheilung des Gesetzes vom 24. Wintermon. 1836. in 18. §§. und der Beweggründe, aus welchen dasselbe hervorging. Es bezweckt dasselbe das schriftliche und mündliche Verfahren auf eine eigenthümliche Weise zu verknüpfen. Der factische Theil des Processes soll schriftlich festgestellt, der rechtliche blos mündlich verhandelt werden.

XV. *Ueber den persönlichen Verhaft wegen Schulden.* Von Hrn. Dr. *M. Mittermaier* in Mannheim. S. 272—299.

Hauptsächlich beschäftigt sich dieser Aufsatz mit einer Kritik der Preisschrift von *J. B. Bayle-Mouillard*: De l'emprisonnement pour dettes etc. Paris 1836. Der Verf. erklärt sich hierdurch dahin, dass sich zwar der Sicherungs-Verhaft schwerlich abschaffen lassen dürfte, dagegen der Vollstreckungs-Verhaft weit eher für entbehrlich gehalten werden könne. Er berücksichtigt hierbei die Gesetze und Erfahrungen von Frankreich, England, Belgien, Genf u. a.

XVI. *Ueber Militärjustiz.* Von Herrn Hofgerichtsrath *Sommer* in Mannheim. S. 300—331.

Anzeige der Schrift: Droit Pénal et Discipline Militaire, ou Codes Militaires annotés des Arrêts formant la jurisprudence de la haute Cour militaire de Belgique etc. Par *Adolph Bosch*. Bruxelles, Wahlen et Comp. 1837. 8. XV. u. Ie partie 132. S. u. IIe partie 412. S. Dem Verf. derselben ist es nicht um eine wissenschaftliche oder systematische Behandlung zu thun, sondern er wollte sich vielmehr nur so äussern, wie sich die, die *Militärstrafjustiz* betreffenden Gegenstände seiner Feder gerade darboten, um darüber etwas zu sagen.

XVII. *Das Gesetzbuch für das Königreich Sardinien von* 1837., *insbesondere die Vorschriften desselben über Wasserrecht*, angezeigt von *Mittermaier.* S. 331—341.

Fortsetzung des Aufsatzes Nr. VI. im ersten Heft des Bandes.

XVIII. *Neueste Erscheinungen im Gebiete der ausländischen Gesetzgebung.* Mitgetheilt von *Mittermaier.* S. 342—350.

Es werden hier besprochen: 1) das k. Belg. Gesetz v. 30. Dec. 1836. über die im Auslande von belgischen Unterthanen begangenen Verbrechen. 2) Das k. Belg. Gesetz v. 31. Dec. 1836. über die polizeiliche Aufsicht über entlassene Sträflinge. 3) Verhandlungen über die Einführung der Geschworengerichte im Canton Waatland in der Schweiz.

Themis. Juristische Zeitung für die Preussischen Staaten; redigirt von *Dr.* **Strass**, Kreis-Justiz-Rath u. s. w. Berlin, Brandenburg, 1838. 4. (Nr. 1—13.) (4 Thlr. Prän. f. d. Jahrg.)

Hat der Denunciant verbotenen Hazard-Spieles als Denuncianten-Antheil die Hälfte blos der wirklich beigetriebenen oder der erkannten Geldbusse zu fordern, gleichviel ob diese ganz oder theilweise beizutreiben ist?

Was heist erweislich machen? (Beiblatt Nr. 1. S. 1 fg.)

Nach der richtigen Erklärung des Edicts vom 11. Febr. 1787. hat der Denunciant, welcher die Contraventionen *erweislich* gemacht (d. h. bewirkt hat, dass sie erwiesen werden konnten und erwiesen worden sind), gegründeten Anspruch auf die *wirklich eingetriebene* Geldstrafe. (Rechtsfall.)

Ueber Verbesserung der Strafgesetzgebung. (Beibl. Nr. 2. S. 9 fg.)

Der Verf. schlägt die Bestimmung, dass die Strafe der wiederholten kleinen Diebstähle verschärft und bei Verbrechen gegen das Eigenthum die Beweistheorie abgeändert, namentlich der moralischen Ueberzeugung des erkennenden Richters nach Art des französischen Geschwornenverfahrens ein grösserer Spielraum gelassen werde, — als zweckdienlich vor.

Ueber Sporteln, Sporteltaxen und Verbesserung derselben. (Das. S. 12. fg. Nr. 3. S. 17. fg.)

Der Verf. tadelt die jetzt bestehenden complicirten und mit Abschätzung der einzelnen juristischen Acte verbundenen Sporteltaxbestimmungen, und bringt dagegen — zunächst für die streitige Gerichtsbarkeit — die Festsetzung von Pauschquantis in Vorschlag, so dass der Sportelbetrag bei allen Processen von gleichem Objecte gleich sein, bei deren gesetzlicher Feststellung aber nach den Principien der Billigkeit verfahren werden müsse.

Ueber die dringende Nothwendigkeit einer völligen Umgestaltung unseres Executionswesens, mit besonderer Rücksicht auf das Personal. (Beiblatt Nr. 2. S. 13. fg.

Im Executionswesen hat sich — gemachten Beobachtungen zu Folge —

fast durchgehends Unordnung, Unzuverlässigkeit, Grobheit und Bestechlichkeit der Executoren gezeigt. Der Grund davon liegt in der schlechten Besoldung dieser Leute und in der daraus hervorgehenden Besetzung solcher Stellen mit unwürdigen und untauglichen Subjecten, denen es noch überdem an der nöthigen Anleitung und Controle bei ihrer Amtsführung gebricht.

Einige Worte über das Advocatenwesen. (Beibl. Nr. 4. S. 25. fg.)

Der Verf. schlägt vor, jeden Aspiranten zur Advocatur nach bestandenem 3ten Examen noch ein Jahr auf dem Bureau eines Advocaten arbeiten zu lassen. Er schlägt ferner eine Erhöhung der Sachwaltertaxen vor und will, dass der Stand der Advocaten in ein grösseres Unabhängigkeitsverhältniss zu den Richtern gesetzt und zu einem Collegio unter einem Notariatsdirector vereinigt werde, welchem nicht allein eine Disciplinargewalt über die einzelnen Mitglieder zugestanden, sondern auch die Festsetzung der Sachwaltergebühren überlassen werden solle. Endlich will er auch die Bestimmung abgeschafft wissen, dass Advocaten ohne Urtheil ihres Amts entsetzt werden können.

Sind die Vorschriften des A.L.R. §. 89. Tit. 20. Th. I. und §. 1367. Tit. 20. Th. II. auch von Hypotheken zu verstehen? (Beibl. Nr. 5. S. 35. fg.)

Die Vorschriften des Allg. L. R. §. 89. Tit. 20. Th. I. — wonach die wissentliche Verpfändung fremder Sachen für strafbar erklärt wird; und §. 1367. Tit. 20. Th. II. — wonach dieses Vergehen als Veruntreuung in Gemässheit §. 1328. und 1329. l. l. bestraft werden soll, sind blos von Faustpfändern zu verstehen und auf Hypotheken nicht auszudehnen. — Bestätigt durch Erkenntniss des O. L. Ger. zu M. vom 15. April 1837.

Die Vorschriften in §. 139. u. fg. Th. I. Tit. 8. des Allg. L. R. gelten blos von Neubauten, nicht aber von Erhöhung schon bestehender Gebäude.

Die gedachten gesetzl. Bestimmungen sind wenigstens nicht auf den Fall anwendbar, wo Bodenfenster im Giebel verbaut werden sollen. (Beiblatt Nr. 6. S. 41. fg., Nr. 7. S. 49. fg.)

Beide Sätze sind ausgesprochen durch conforme Entscheidungen erster und zweiter Instanz.

Können die von andern Buchhändlern als dem Verleger eines Werkes gesammelten Subscribenten gegen den Sammler auf Aufhebung des Vertrags klagen, wenn das Werk nicht innerhalb der bestimmten Zeit erscheint?

Ist in diesem Falle der Rücktritt vom Vertrage u. die Zurückgabe der bereits gelieferten Bände zulässig? (Beibl. Nr. 6. S. 46.)

Bestätigt durch Erkenntn. des O.L.G. zu Glogau. (Vgl. den Bericht in den Jahrb. über *Koch*, Schles. Archiv, oben S. 189.)

Ueber die Todesstrafe. (Ebendaselbst.)

Sie ist nothwendig, jedoch auf das Verbrechen des Mordes zu beschränken. Qualificirte Todesstrafen sind abzuschaffen.

Verhütung der Verbrechen durch Beförderung der Sittlichkeit. (Beiblatt Nr. 8. S. 58, fg.)

Zu Erreichung dieses Zweckes wird vornehmlich Vermeidung allzustrenger Absonderung der Vornehmen und Geringen und die Errichtung von Sittengerichten in den einzelnen Städten und Dörfern anempfohlen.

Ueber die Todesstrafe. Entgegnung auf obigen Artikel. (Beiblatt Nr. 9. S. 65. fg.)

Sie soll nicht auf den Mord beschränkt, sondern auch auf Hoch- und Landes-Verrath, Raub in Banden, wobei der Tod des Beraubten erfolgt ist, Brandstiftung, wenn bei Gelegenheit derselben ein Mensch das Leben verloren hat, und auf Kindermord ausgedehnt werden.

Aufsatz, den Stand der Justizcommissarien betreffend. Entgegnung auf obigen Aufsatz über das Advocatenwesen. (Beibl. Nr. 9. S. 66. fg.)

Der Verf. tritt dem Vorschlage wegen des praktischen Lehrjahres bei, jedoch mit dem Wunsche, dass dasselbe vor dem 3ten Examen bestanden werde. Eine Erhöhung der Sporteltaxe findet er unnöthig und den Vorschlag, die Advocaten zu einem Collegio unter einem Notariatsdirector zu vereinigen, verwirft er als unzweckmässig und mit der preussischen Justizverfassung nicht vereinbar.

Ueber die Zeitersparniss für Juristen. (Beibl. Nr. 9. S. 68. fg.)

Hierzu wird besonders Zerspaltung der Collegien in Deputationen, Abschaffung vieler unnöthiger Termine und Präcision bei Abhaltung der letzteren empfohlen.

Ueber die Aufnahme von Testamenten. (Beibl. Nr. 10. S. 73. fg.)

Die bei Auf- oder Abnahme gerichtlicher Testamente vorgeschriebene ausdrückliche Ernennung beider Mitglieder der Deputation durch den Gerichtsvorgesetzten ist so wesentlich, dass aus der Nichtbeobachtung dieser Form die Nichtigkeit des Testamentes hervorgeht, und es muss — nach ausdrücklicher Vorschrift eines unterm 28. August 1837. an das O.L.G. zu Hamm erlassenen Ministerialrescripts — bei einem also errichteten letzten Willen die Verhandlung kostenfrei wiederholt, d. h. es muss ein ganz neuer Testamentsact vollzogen werden.

Nachlass- und Vormundschaftswesen. (Beibl. Nr. 11. S. 81. fg.)

Anführung einzelner Bestimmungen aus der preuss. Vormundschaftsordnung und flüchtige — mit Gründen nicht unterstützte — Hinweisung auf die Nothwendigkeit einer neuen Nachlassordnung.

Beitrag zum Eherechte nach canonischem Recht. (Beibl. Nr. 11. S. 83. fg.)

In einem Hirtenbriefe des erzbischöflichen Generalconsistorii zu Posen d. d. 18. November 1835. ist den Pfarrverwesern anbefohlen, Einsegnungen zweiter Ehen nicht anders als gegen Production zweier gleichlautender die Nichtigkeit des früheren Ehebundes aussprechender Erkenntnisse zu bewirken, Einsegnungen von Ehen zwischen einem Katholiken und einem bereits verheirathet gewesenen, jedoch bürgerlich geschiedenen, Protestanten aber so lange zu verweigern, als nicht von dem vorgesetzten Consistorio die Genehmigung dazu ausdrücklich ertheilt worden ist.

Wiefern legt ein allgemeines, ohne Benennung einer bestimmten Person ertheiltes, schriftliches, aber nicht acceptirtes Versprechen einer Belohnung für die Entdeckung der Diebe einer gestohlenen Summe dem Aussteller eine juristische Verbindlichkeit auf? (Beibl. Nr. 12. S. 89. fg.)

Ein ohne Benennung einer bestimmten Person ertheiltes schriftliches, aber weder acceptirtes noch öffentlich bekannt gemachtes Versprechen einer Belohnung für den Entdecker eines Diebstahls legt dem Aussteller keine Verbindlichkeit zur Zahlung der versprochenen Belohnung auf.

Erkenntniss erster Instanz, in welchem die auf ein solches Versprechen gebaute Klage abgewiesen wird.

Wie kann durch die Schulen auf die Verminderung der Verbrechen gewirkt werden? (Beibl. Nr. 13. S. 97. fg.)

Nicht durch neue Gesetze, deren es nicht bedarf, sondern durch lebendige Theilnahme der Nation an den bestehenden gesetzlichen Vorschriften. Es könnten und sollten in jeder Schulgemeinde Vorsteher gewählt werden, um deren gehörige Beobachtung zu controliren.

Zeitschrift für Rechtspflege und Verwaltung — zunächst für das Königreich Sachsen. Herausgeg. von dem voigtländ. jurist. Vereine. Bd. I. Heft 1. 2. Leipzig, Bernh. Tauchnitz jun. 1838. S. 1—206. 8. (à 12 Gr. für das Heft.)

In dieser mit Umsicht und Fleiss redigirten Zeitschrift ist für die wissenschaftl. Thätigkeit der sächsischen Rechtsgelehrten ein Organ geschaffen worden, an welchem es seit dem Aufhören der *Martin*'schen Jahrbücher völlig gebrach. Sie enthält in verschiedenen Rubriken Abhandlungen und Rechtsfälle, Präjudicien und Miscellen, von denen wir die ersteren zum Gegenstande unseres Berichts machen.

I. *Ueber Versäumnisse und deren Entschuldigung bei Actiengesellschaften.* Vom App.-Ger.-Präs. Dr. *Beck.* (S.

Durch §. 4. der Statuten der Leipzig-Dresdner Eisenbahncompagnie sind keinesweges alle Entschuldigungsgründe bei versäumten Einzahlungen für aufgehoben und als unbedingte Folge dieses Versäumnisses der Verlust der Actie und der bereits gezahlten Einschüsse anzusehen, was theils aus dem Nichtvorhandensein einer ausdrücklichen diessfallsigen Bestimmung, theils aus §. 15. der Statuten hervorgeht, welcher einen sonst gültigen Entschuldigungsgrund — Unkenntniss der geschehenen Bekanntmachung — in jenem speciellen Falle für unzulässig erklärt hat. Eine alle Geistesthätigkeit aufhebende Krankheit, auch wenn sie nicht die ganze Zeit umfasst, während welcher die Nothwendigkeit der bevorstehenden Zahlung bekannt war, befreit dann von den nachtheiligen Folgen des Versäumnisses, wenn von ihrer Beendigung an bis zum Augenblicke der zu leistenden Zahlung nicht Zeit genug übrig ist, um dieser Verbindlichkeit nachzukommen. Diesen Grundsätzen gemäss ist auch in einem neuerdings vorgekommenen Falle von dem in den Statuten angeordneten Schiedsgerichte erkannt worden.

II. *Das aussergerichtliche Geständniss in Civilsachen und dessen Beweis betr.* Vom App.-R. *Roux.* (S.

Ein aussergerichtliches Geständniss kann in Civilsachen nur dann eine Verurtheilung bewirken, wenn es in der Absicht, sich dadurch verbindlich zu machen, geschehen und die Acceptation von Seiten des Berechtigten hinzugetreten ist. Eine gelegentlich, in jener Absicht nicht gethane Aeusserung, aus welcher ein aussergerichtliches Geständniss hervorgeht, kann, selbst wenn sie durch Zeugen voll bewiesen wird, höchstens einen Reinigungseid des Beklagten motiviren.

Dieser Ansicht gemäss hat kürzlich das Appellationsgericht zu Budissin entschieden. Vom Oberappellationsgerichte aber wurde dieses Urtheil reformirt und auf das Suppletorium des Klägers erkannt.

III. *Beitrag zur Lehre von der Wiederaufhebung des Kaufcontracts durch mutuum dissensum.* Ein Rechtsfall, vom Adv. *Eberhard.* (S.

Ein Grundstück war unter einer Suspensiv-Bedingung verkauft worden; später, jedoch vor Eintritt der Bedingung, hatte der Verkäufer dasselbe Grundstück an den Käufer auf eine bestimmte Anzahl Jahre verpachtet und demselben im Contracte auf den Fall, wenn das Grundstück vor Ablauf der Pachtzeit verkauft werden sollte, die Erstattung aller darauf gewendeten Kosten zugesichert. War durch diesen Pachtvertrag der früher abgeschlossene Kauf als durch mutuus dissensus aufgelöst anzusehen?

Für die entgegengesetzte Ansicht hat sich das Oberappellationsgericht zu Dresden entschieden.

IV. *Von dem Uebergange des Schrifteigenthums auf die Erben des Schriftstellers.* Vom Stadt-Ger.-R. *Weber.* (S.

Der Schriftsteller, welcher einen Verlagscontract abschliesst, überlässt dem Verleger die Vervielfältigung seines Werkes durch den Druck nebst der Verbreitung und dem Verkaufe desselben bis zum Belauf der Exemplare, deren Zahl entweder im Contracte bestimmt ist, oder, wenn derselbe eine solche Bestimmung nicht enthält, bis zum Absatz der Exemplare, welche der Verleger beim Drucke des Werkes hat abziehen lassen. Namentlich gewährt die Ueberlassung des Manuscripts an den Verleger dem Letztern kein Eigenthumsrecht an dem Werke selbst. Der unbedingte Uebergang aller dem Schriftsteller an seinem Werke zustehender Befugnisse auf dessen Erben war schon bisher vor Eintritt der Bundesbeschlüsse vom 9. November 1837. gemeinrechtlich in allen denjenigen Staaten anzunehmen, wo nicht, wie z. B. in Oestreich, Preussen, Baden etc., beschränkende oder entgegengesetzte particularrechtliche Bestimmungen vorhanden waren.

Diesen Grundsätzen gemäss ist in einem zu Ende des Jahres 1835 vor dem Leipziger Handelsgerichte geführten Processe entschieden und diese Entscheidung in den darauf eingeholten Erkenntnissen des Appellationsgerichts zu Leipzig und des Oberappellationsgerichts bestätigt worden.

V. *Sind alle ansässige Bewohner eines Dorfes als Gemeinde-Mitglieder ohne weiteres zur Theilnahme an allen Gemeinderechten, namentlich auch an der Benutzung des Gemeindeguts berechtigt?* vom Justizamtmann *Brückner* in Rochlitz. (S.

Obschon diese in den sächsischen Gesetzen nicht entschiedene Frage von den Landesdikasterien in neuerer Zeit in mehreren Fällen zu Gunsten der ansässigen Dorfbewohner entschieden worden ist, so scheint doch das Gegentheil aus dem Grunde angenommen werden zu müssen, weil die Ausübung obiger Rechte nicht immer und überall eine unmittelbare Folge der Ansässigkeit, sondern an sehr vielen Orten ein durch Herkommen oder andere besondere Rechtstitel erworbenes, durch gewisse ausschliessliche Gemeindelasten aufgewogenes Befugniss einzelner Mitglieder einer Dorfgemeinde war, welche wieder eine besondere von der Ortsgemeinde, zu der sie gehörten, getrennt bestehende Genossenschaft bildeten. Der allgemeine Nachweis, Mitglied einer Dorfgemeinde zu seih, genügt also zur Begründung des im Titel genannten Anspruches nicht, sondern es muss diessfalls ein besonderer Rechtstitel nachgewiesen werden.

Diese Grundsätze haben auch in einem neuerdings vorgekommenen Falle in der höchsten sächsischen Verwaltungsinstanz volle Bestätigung gefunden.

VI. *Materialien zur künftigen Bearbeitung des sächsischen Kirchenrechts*, vom Prof. d. Rechte, Dr. *Richter* zu Leipzig. (S. 52. ff.)

1) Zur Lehre vom Patronatrechte.

Den Kirchenpatronen ist bei Zehntablösungen, welche die ihrem Patronatrecht unterworfenen kirchlichen Anstalten betreffen, keine persönliche Theilnahme, auch nicht das Recht zu verstatten, sich dabei durch besondere Mandatarien vertreten zu lassen.

2) Ueber den Exorcismus bei der Taufe.

Derselbe darf, wenn ihn die Aeltern des Täuflings verlangen, vom Geistlichen nicht verweigert werden.

VII. *Ueber das Befugniss majorenner in väterlicher Gewalt befindlicher Kinder zu Eingehung von Verträgen, nach gemeinem und sächsischem Rechte*, vom Ober-App.-Ger.-Rath Dr. *Kori*. (S. 95. ff.)

Darstellung und Vergleichung der bekannten Grundsätze des gemeinen Rechts mit den Bestimmungen der sächsischen Gesetze. Die Eigenthümlichkeit der letzteren äussert sich namentlich darin, dass die Kinder von dem Vater für ihre Arbeiten sich durch Vertrag eine Vergeltung bedingen können, und dass Vermögensverträge zwischen dem Vater und den Kindern, so weit sie nicht über den letzteren eigenthümliche Peculien geschlossen werden, oder so weit nicht der Vater dem Sohne Gegenstände zum peculio castrensi übereignet, als gültig betrachtet werden. Die nach gemeinem Rechte controverse Frage, ob der Vater ohne Einwilligung der Kinder über das pecul. adv. ord. verfügen dürfe, entscheidet das sächsische Recht verneinend.

VIII. *Ueber das Verfahren bei Zeugenverhören in bürgerlichen Rechtsstreitigkeiten*, vom Ger.-Dir. *Braun*. (S. 105. ff.)

Vertheidigung der Ansicht, welche die Gegenwart der Parteien bei dem Zeugenverhöre fordert. Für Sachsen insbesondere wird vorgeschlagen, das Zeugenverhör erst nach eingereichtem Gegenbeweise vorzunehmen, und statt des Termins zur Publication der Gezeugnisse den Parteien beglaubte Abschriften des die Zeugenaussagen enthaltenden Protokolles mitzutheilen.

IX. *Rechtsfälle und Bemerkungen, die Civilansprüche aus unerlaubten Handlungen betr.*, vom App.-Rath *Roux*.

1.) Auch der intellectuelle Urheber einer Verletzung wird von der solidarischen Verbindlichkeit zum Schadenersatz getroffen. 2.) In einem Processe, in welchem eine, bei einer wirthschaftlichen Arbeit verunglückte, von einem zur ärztlichen Praxis nicht legitimirten Subjecte schlecht behandelte und desshalb arbeitsunfähig gewordene Dienstmagd von dem Dienstherrn und dem letzteren solidarisch die Curkosten und das Arbeitslohn, so wie Entschädigung forderte, wurde die solidarische Verurtheilung des Beklagten und Mitbeklagten in letzter Instanz bestätigt. 3.) Ein bewaffneter Polizeiofficiant ist für die durch den Gebrauch seiner Waffen verursachte Körperverletzung dann nicht zum Schadenersatze verpflichtet, wenn er nur vertheidigungsweise verfuhr. 4.) Durch die Schädenklage können nach der richtigern Ansicht auch Alimente auf die Vergangenheit (vor angestellter Klage) gefordert werden. 5.) Dem Gesuche des Bestohlenen um Herausgabe der entwendeten Sachen, ist von dem Richter auch dann nachzugeben, wenn der Thäter auch nur in Folge eines Jndicienbeweises zu einer Leibesstrafe verurtheilt worden ist. Dagegen ist der Bestohlene, wenn die gestohlene Sache sich im Besitze eines Dritten befindet, welchem eine Begünstigung oder Mitwissenschaft nicht zur Last fällt, zur civilrechtlichen Geltendmachung seiner Ansprüche zu verweisen.

X. *Ueber die Gültigkeit einer auf den Fall des Rücktritts von einem Eheversprechen bedungenen Conventionalstrafe*, von Dr. Tauchnitz.

Aus einem Wechsel folgenden Inhalts: „Nach Verlauf von längstens zwei Jahren de dato lt. diesem meinem Solawechsel sub hypotheca bonum verspreche Mademoiselle A. B. in X. zu heirathen, oder sollte ich andern Sinnes werden, eine Summe von 2000 Thaler — u. s. w. zu zahlen" war vor dem Handelsgericht zu Leipzig Klage angestellt worden. In letzter Instanz wurde die Abweisung derselben namentlich desshalb bestätigt, weil das Verlöbniss im vorliegenden Falle kein öffentliches, mithin ein unverbindliches gewesen sei.

XI. *Ueber die Bestrafung des Rückfalles beim Diebstahle*, vom App.-Ger.-Rathe Dr. Krug.

Darstellung der bisher von den Appellations-Gerichten angenommenen Praxis („nach welcher nicht beim zweiten, sondern beim dritten Diebstahl die Strafe geschärft und wenn der Betrag desselben, mit den frühern zusammengerechnet, über 12 Thlr. 12 Gr. beträgt, auf 6 und resp. 3 Jahre Zuchthaus erkannt wird, vorausgesetzt, dass der Dieb schon zweimal mit Zuchthaus bestraft und auch der dritte Diebstahl ein zuchthausmässiger ist"); Beseitigung einiger dabei sich ergebenden Zweifel (u. a. „ob Diebstähle, welche nur durch Indicien oder unvollständig erwiesen sind, ferner ausländische oder unvollendete Diebstähle, so wie Partirereien und Hehlereien in Anschlag kommen dürfen, wenn die Frage nach einem furtum tertium beantwortet werden soll") und Vergleichung mit der neuen Strafgesetzgebung.

XII. *Thätliche Vergreifung an der Person des Vorgesetzten, ein militärstrafrechtlicher Fall*, mitgetheilt vom App.-R. Dr. Sickel.

Erkenntniss auf zehnjährige Detention im Zuchthause gegen den Inquisiten, der den vorgesetzten Corporal mit dem Seitengewehr gehauen hatte, wiewohl ohne denselben zu verwunden.

XIII. *Ist die accessorische Adhäsion im Administrativ-Justiz-Processe zulässig?* vom Reg.-R. Heubner.

Bejahend durch die Kreisdirection zu Zwickau entschieden.

IV. Nachweisung von Recensionen in andern Zeitschriften.

A. Göttingische gelehrte Anzeigen. 1838.

4—6. *Stück* 45. 19. *März*. *S.* 441—447.

a) Kritische Jahrbücher für deutsche Rechtswissenschaft, im Vereine mit vielen Gelehrten herausgegeben von *Aem. Lud. Richter*. 1837. Bd. 1. Leipz. Focke.

Der Rec. spricht über die Einrichtung dieser Zeitschrift, über ihre Mitarbeiter, und über die Sitte, dass die meisten der letzteren mit ihrem vollen Namen unterzeichnen, wobei er sich im Allgemeinen darüber verbreitet, wie sich in dieser Hinsicht die Sitte der gelehrten Welt in der Zeit, wo der Rec. mit ihr gelebt hat, gar sehr geändert habe, und wie zweckmässig die Unterzeichnung des Namens bei Recensionen sei. Indem er hierauf zu dem Herausgeber sich wendet, gedenkt er zugleich des vollendeten ersten Theils des

b) Corpus juris canonici ed. *Richter*. Lips. Köhler et Tauchnitz jun. 1837. XVI. und 1277. S.

sowie der Abhandlung desselben.

c) De inedita decretalium collectione Lipsiensi. Lips. Goethe. 1836. 34. S. gr. 8.

Zuletzt hebt der Rec. aus dem Inhalte der Jahrbücher noch die Mittheilungen *Haenel's* über die von *Vesme* gemachten wichtigen Entdeckungen von Constitutionen des Theodosischen Codex und über die Rosny'sche Bücherauction hervor. (Rec. *Hugo*.)

7. *Stück* 50. u. 51. 29. *März*. *S.* 502—504.

Bemerkungen zu *Chr. M. Wieland's* Uebersetzung und Erläuterungen sämmtlicher Briefe *Cicero's*, theils rein philologischen und literarischen, theils besonders juridischen Inhalts; von *Carl Friedr. David Moser*, Dr. jur., weiland Ober-Trib.-Procurator in Stuttgart. Nach des Verfassers Tode herausgegeben von Dr. *Friedr. Leberecht Martz*. Dritte verb. Aufl. Ulm 1837. 8. 76 S.

.... „Der Verfasser hat bei der Vergleichung der Uebersetzung unseres Wieland mit dem Originale sich die Stellen angezeichnet, wo er glaubte, dass der Uebersetzer nicht den richtigen Ausdruck getroffen habe. Man kann das Ganze also als eine fortgesetzte Recension der Wieland'schen Uebersetzung betrachten, die man nicht ohne ein lebhaftes Interesse lesen wird. Sie ist nicht in der Form der Rechthaberei geschrieben, ... Ihr Werth wird noch besonders dadurch erhöht, dass sie aus der Feder eines gelehrten Juristen kommt, und grossentheils diejenigen Stellen betrifft, welche ohne diese Kenntnisse, die Wieland nicht besass, nicht verstanden werden können." ....

(Rec. *Hn.*)

8. 9. *Stück* 61—64. 16. 19. u. 21. *April*. S. 601—638.

a) Darlegung des Verfahrens der Preussischen Regierung gegen den Erzbischof von Köln. Vom 25. Nov. 1837. Berlin, Hayn. 29. und 48. S. Beilagen. 4.

„Das beste an dieser Schrift ist nicht, dass sie gut und anziehend geschrieben ist, — .... Auch dass sie von der grossen Kölner Begebenheit offene, officielle Rechenschaft und Urkunde gibt, loben wir nicht besonders, denn beides war die höchste Noth. Aber sie hat im besten Sinne aus der Noth eine Tugend gemacht, eben dadurch, dass sie durch eine gewisse ideale Behandlung den Gegenstand mehr als irgend eine andere von den unzähligen Tagesschriften, die einen links und rechts umfliegen, in den Bereich nicht nur der ethischen, sondern auch der wissenschaftlichen Kritik gestellt hat....... — Die Schrift ist als eine officielle Staatsschrift in diesem Falle eine Parteischrift. Sie ist, wie man sagt, von einem Staatsmanne verfasst, der selber ein grosser Theil der Begebenheiten gewesen ist und noch ist, also der Dinge kundig aus erster Hand, aber, weil von Anfang an tief darin verwickelt, allerdings Partei. Allein der Staat und der Mann, welche mitten in der Hitze der Begebenheiten so ruhig und klar sich rechtfertigen, und die Gegenwart des Geistes haben, sich also gleich auf den höhern Standpunkt der sittlichen und wissenschaftlichen Theorie zu erheben, beweisen dadurch nicht nur, dass sie ein gutes Gewissen haben, sondern auch, dass sie die Gefahr ihrer Parteistellung kennen und zu vermeiden wissen.......“ Nach dieser Einleitung stellt der Rec. den innern Hergang der Begebenheit in ihren Hauptmomenten dar, und beurtheilt dabei zugleich das Verfahren beider Theile. Gegen das Ende (St. 64. S. 636. ff.) gedenkt er noch der anonymen Schrift:

b) Die Allocution des Papstes Gregor XVI. vom 10. December 1837., mit einem Anhange über *Görres* Athanasius. (Hanov., Hahn. 1838.)

„Sie verräth einen christlich gesinnten und feingebildeten Staatsmann, der sein Recht mitzusprechen auch da, wo es ins Theologische geht, schon bewährt hat. Abgesehen von den eben so geistreichen, als humanen Bemerkungen gegen *Görres*, die keinen Auszug gestatten, führt die Schrift in der Kritik der päpstlichen Allocution den sehr richtigen Gedanken aus, dass man entweder von Seiten der römischen Kirche die gemischten Ehen unbedingt verbieten, oder, wie die Landesgesetze sie statuiren, ohne Vorbehalt erlauben und der freien Ueberzeugung und dem Gewissen eines Jeden überlassen müsse, was seine Sache sei; es gebe keinen Mittelweg, der nicht über kurz oder lang zu Verwicklungen und Conflicten führe.......“ (Rec. *L.*)

10. *Stück* 66 - 68. 26. u. 28. *April*. S 649—677.

Die Allocution des Papstes Gregors XVI. vom 10. Decbr. 1837. Mit einem Nachtrage über *Görres* Athanasius. Hanover, Hahn. 1838. 71. S. 8. (8 gr.)

Im Eingange hebt der Rec. besonders hervor, dass die Hauptsache für die Erledigung der Kölnischen Angelegenheit eine Verständigung darüber sei, ob die über gemischte Ehen bestehenden Preussischen Landesgesetze etwas gegen das katholische Gewissen fordern, ob die bekannte Instruction vom 22. Oct. 1834. mit katholischem Glauben und Gehorsam vereinbar sei. Er führt dann fort: „Unter sämmtlichen uns bisher zu Gesicht gekommenen Flugschriften über die erzbischöfliche Angelegenheit ist keine, die diesen Nerv der ganzen Frage so trefflich fasst und umsichtig löst, als die oben dem Titel nach angegebene.“ Ohne auf Conjecturen über die Persönlichkeit des Verfassers eingehen zu wollen, bemerkt der Rec. nur, dass die Mässigung und vor Allem der strenpraktische Blick „auf einen Staatsmann schliessen lässt, der die Bedürfnisse der Zeit mit einem übersichtigern Blicke anschaut, als den meisten der bisherigen Wortführer vielleicht unter dem Einflusse vorgefasster Theorieen gelungen ist.“ Der Rec. giebt sodann die Hauptsätze des Verfassers an und geht auf eine nähere Erörterung derselben vom Standpunkte der theologischen Wissenschaft ein. Rücksichtlich des Nachtrags urtheilt er, dass eine Beantwortung des Athanasius mit solcher Ruhe und solchem Eingehen in die Sache selbst zwar erwünscht und allein würdig sei, dass aber das Auftreten des Verfassers dem Athanasius gegenüber viel zu gut sei. Rec. *Rettberg.*)

B. Jahrbücher für wissenschaftliche Kritik. 1838.

6. *Mai.* *Nr.* 85. 86. S. 689—

Gerichtsverfassung und Process des sinkenden Römischen Reichs, ein Beitrag zur Geschichte des Römischen Rechts bis auf Justinian — a. u. d. T.: Handbuch des Civilprocesses. Erste Abtheilung. Geschichte. Erster Band. Justinianisch-römisches Recht. — Von Dr. *Aug. Bethmann-Hollweg*, ordentl. Prof. d. Rechte zu Bonn. Bonn, Marcus. 1834. XXVIII. u. 428 S. 8.

Der Rec. beginnt mit der Bemerkung, dass die geschichtliche Behandlung des Stoffs, obwohl sie vorzugsweise für den Civilprocess allgemein als nothwendig anerkannt werde, doch gerade dieser Disciplin am wenigsten zu Theil geworden, und dass die Reform desselben in jener Richtung dem vorliegenden Werke vorbehalten sei, über welches auffallender Weise die Kritik bisher beinahe ganz geschwiegen habe. Hierauf theilt der Rec. den Plan des Ganzen, soweit ihn der Verfasser dargelegt hat, mit, indem er zugleich bemerkt, dass die ganze Darstellungsweise des Verfassers nicht blos ihrer Neuheit wegen Aufmerksamkeit verdiene, sondern auch einen bedeutenden Erfolg erwarten lasse, jedoch nicht für alle Lehren gleich vortheilhaft zu sein scheine. Indem sich sodann der Rec. zu dem ersten Bande insbesondere wendet, welcher den rein römischen Process enthält, äussert er sich über das Allgemeine dahin, dass der Verf. sich nicht, wie man hätte erwarten sollen, auf das Justinianische Recht, sofern es Grundlage unsers heutigen Rechtszustandes geworden sei, beschränke, sondern auch unpraktische Theile des Justinianischen Processes und selbst vorjustinianisches Recht in den Kreis seiner Betrachtung ziehe, wenn ihn die Forschung darauf führe, oder wenn er neue Aufschlüsse darüber mittheilen zu können glaube. Nun wolle zwar der Rec. diess nicht missbilligen, so lange dadurch Einheit und Harmonie des Ganzen nicht gestört werde; solche Störungen seien aber nicht überall glücklich vermieden, z. B. nicht in der Lehre von den Missionen und der Personalexecution S. 314—324. Die Quellen und Hülfsmittel seien mit der gewissenhaftesten Sorgfalt benutzt; jedoch einige sehr entfernt liegende Quellen der Aufmerksamkeit des Verfassers entgangen. Nachdem der Rec. diese namhaft gemacht, giebt er zunächst den Inhalt der Einleitung und des ersten, die Gerichtsverfassung behandelnden Abschnitts an, wobei er nur bei der Gerichtsverfassung der beiden Hauptstädte „manches Einzelne, zu einem vollständigen Bilde aber doch auch Gehörende,“ z. B. für die frühere Kaiserzeit die genauere Bestimmung der consularischen Jurisdiction und des Antheils der städtischen Curatoren an der Gerichtsbarkeit des Stadtpräfecten, als unberührt bezeichnet. In Bezug auf den zweiten, der Procedur gewidmeten Abschnitt referirt der Rec. zuerst wiederum über den Inhalt und die Anordnung desselben, mit welcher er in der Hauptsache einverstanden ist, und hebt davon die wichtigsten von dem Verfasser gegebenen Belehrungen hervor, indem er zugleich bei einzelnen Puncten abweichende Ansichten äussert. Hierauf bemerkt er: „Schon durch diesen Reichthum an sachlichen Belehrungen würde sich das vorliegende Buch von den meisten Erzeugnissen unserer Processliteratur sehr wesentlich unterscheiden....... Hierzu kommt aber noch eine Vollendung der Form, welche auf diesem, an lesbaren Büchern nicht übermässig reichen Gebiete eine mindestens eben so seltene Erscheinung ist. Ueberall ist der oft widerstrebende Stoff mit wahrer historischer Kunst behandelt, und die Darstellung hat eine Klarheit und Grazie, welche bei aller Eigenthümlichkeit die vortreffliche Schule nicht verläugnet, in der unser Verf. auch diese formelle Seite seiner Bildung empfangen hat." Jedoch hebt der Rec. einige Einzelheiten heraus, welche er auch hier anders wünschen möchte. Am Schlusse sagt er, dass dieses Werk nach seiner mit gleicher Kraft bewirkten Vollendung „die erste Zierde dieser Literatur sein und ein nachhaltiger Impuls für die künftige Behandlung des Civilprocesses von demselben ausgehen" werde. (Rec. *Rudorff.*)

Heidelberger Jahrbücher der Literatur. Neue Folge. 5. Jahrg. (31. Jahrg.) 1838.

3. *Heft.* 3. *März.* *Nr.* 15. *S.* 232—234.

Wetzlar'sche Beiträge für Geschichte und Rechtsalterthümer, herausgegeben von Dr. *Paul Wigand.* 2s Heft. Wetzlar. 1837. 188 S.

Der Ref. giebt den Inhalt dieses Heftes der „schätzbaren und interessanten Beiträge" an, in welchem der Verfasser fortfährt, „aus dem Archive des Reichskammergerichts solche Stücke auszuziehen, die für deutsches Recht, deutsche Rechtspflege und für die Geschichte der deutschen Verhältnisse in verschiedenen Zeiten wichtig sind." Sodann theilt er noch eine Stelle des Verfassers wörtlich mit. (Rec. *Schlosser.*)

4. *Ebendaselbst.* *S.* 239.

Die Criminalgerichtsbarkeit in Rom bis auf die Kaiserzeit. Einladungsschrift zur Rede des zeitigen Rector magn., Hrn. Prof. Dr. *Gerlach*, vom Prof. Dr. *Adolph Burkhardt*. Basel. 24. S. 4.

Ref. gesteht, dass er nicht competent sei, um über die Sache zu urtheilen, rühmt aber Belesenheit, Kenntniss, Urtheil und Klarheit des Vortrags, als Eigenschaften des Verfassers. (Ref. *Schlosser.*)

Miscellen.

1. Der 10. Mai 1838.

Herr Geheimer Justizrath *Hugo* hat am 10. März 1838. zu Cassel im Kreise vertrauter Freunde sein Doctorjubiläum begangen. Wir achten es für eine heilige Pflicht, das Andenken an diesen Tag auch durch die Jahrbücher zu erhalten, damit sie dereinst davon Zeugniss geben mögen, wie unsere Zeit, indem sie den Ehrentag eines Gelehrten dankbar feierte, von welchem die Entwicklung der deutschen Rechtswissenschaft wie von Keinem gefördert worden ist, in diesem Danke sich selbst geehrt habe. Wir entlehnen die folgende ausführliche Mittheilung der Casseler Zeitung vom 19. Mai.

„Am 10. Mai wurde hier das *Doctor-Jubiläum des Geheimen-Justiz-Raths und Professors Hugo* begangen. Die Göttinger Universität hat in den letzten Jahren vor ihrem eigenen hundertjährigen Jubelfeste viele fünfzigjährige ihrer Lehrer gefeiert, und, wenn auch die Zahl der Jubelgreise nicht immer eine Bürgschaft für die Blüthe einer Universität ist, so trafen doch schon bei mehreren unter diesen Umstände zusammen, welche deren Feier nicht blos für die Georgia-Augusta, sondern auch für die ganze gelehrte Zeitgenossenschaft zu einer merkwürdigen und erhebenden machten. An den Namen *Hugo* knüpft sich die Geschichte einer grossen Umgestaltung der ganzen Rechtsgelehrsamkeit, ebenso in ihrem philosophischen, wie in ihrem historischen Theile, die auch auf den praktischen nicht ohne Einfluss geblieben ist, und selten hat das Wirken eines Gelehrten mit solcher Entschiedenheit vom Anfang an immerfort dieselbe Laufbahn verfolgt, und mit solchem Glücke gleichzeitige und jüngere Gelehrte mit hineingezogen. Die Dissertation, welche *Hugo* für den Zweck seiner Promotion in Halle schrieb, *de bonorum possessionibus* — nicht das erste seiner schriftstellerischen Werke, da ihr eine Preisschrift *de fundamento successionis ab intestato* um 3 Jahre voransging — kündigt nach dem Urtheile der Kenner den Gang seiner civilistischen Laufbahn schon sehr deutlich an, und darf wegen dieses Zusammenhangs als ein wichtiger Punct in der Geschichte der neuern Jurisprudenz betrachtet werden. Auch beginnt die öffentliche Lehrer-Thätigkeit *Hugo's*, die mit seiner gelehrten Wirksamkeit so eng verflochten ist, nur wenige Monate später; die Promotion selbst war in der Absicht erwirkt worden, um eine Professur in Göttingen antreten zu können. Darum schien es der Universität, da man doch Jubiläen lieber früher als später feiert, angemessen, dem Doctor-Jubiläum ganz die Bedeutung zu geben, deren ein solcher Akt der Vergegenwärtigung und dankbarer Anerkennung eines langen erfolgreichen Wirkens fähig ist; und die Stimmung der Freunde und ehemaligen Schüler des Jubilars auf andern Universitäten Deutschlands kam dieser Absicht mit einer unverabredeten Uebereinstimmung entgegen. Zuerst, schon vor dem 10. Mai, kam dem Jubilar ein Beweis fürstlicher Gnade grade von der Seite in die Hände, welche die allererfreulichsten Erinnerungen in ihm erwecken musste, aus dem heimischen Baden, das Commandeur-Kreuz des Zähringer Löwen-Ordens begleitet von einem huldreichen Schreiben Sr. königl. Hoheit des *Grossherzogs Leopold*. Bald folgten Glückwünschungs-Schreiben von verschiedenen auswärtigen Universitäten. Aber nichts war so geeignet, die Bedeutung des Festes dem Jubilar und den ihm Nahestehenden zu vergegenwärtigen, als die Uebergabe einer kleinen Denkschrift von dem vieljährigen Freunde, dem ruhmvollen Genossen auf dem Felde der historischen Jurisprudenz, der, so viel er von *Hugo* empfangen, so viel ihm zurückgegeben hat, *v. Savigny* in Berlin. Seine Schrift: *„Der 10. Mai 1788, ein Beitrag zur Geschichte der Rechtswissenschaft"* — auch in äusserer Ausstattung ein Meisterstück des Berliner Kunstfleisses — legt in der schon durch ihre Klarheit und Durchsichtigkeit gewinnenden Weise dieses trefflichen Lehrers und Schriftstellers das schönste Zeugniss davon ab, was das Studium des römischen Rechts vor *Hugo's* Auftreten war, und durch seine Anregung geworden ist. Der Jubilar hegte einige Besorgniss, dass die feierlichen Begrüssungen am Tage des Jubiläums selbst, bei so manchen schmerzlichen und peinlichen Erinnerungen, die dabei nicht zu vermeiden wären, ihm geistig wie körperlich nicht wohlthun würden, und hatte sich ihnen durch eine Reise nach *Cassel* entzogen, wo indess ein Deputirter der Juristenfacultät zu *Halle*, die es sich nicht nehmen liess, ihren Jubel-Doctor an seinem Ehrentage persönlich zu begrüssen, Professor *Pernice*, ihn ereilte, und ihm, dem akademischen Herkommen gemäss, das erneuerte Doctor-Diplom überreichte. Die Freunde des Jubilars in Cassel, theils dort wohnhaft, theils durch die Noth der Zeit dahin vertrieben, machten dem Jubilar seinen Aufenthalt daselbst sehr angenehm; Hofrath *J. Grimm*, schon seit vielen Jahren mit *Hugo* durch die gemeinschaftliche Freundschaft *Savigny's*, dann persönlich noch inniger, verbunden, — übergab ihm eine Gratulationstafel, die in ihrem stattlichen römischen Lapidarstyl, wie im antiken Faltenwurfe einer Toga, alle Liebe und Treue eines deutschen Herzens durchblicken lässt. Der Rückkehrende genoss nun in Ruhe im Kreise seiner Familie und seiner Freunde die Ehrenbezeugungen, die ihm in so reichem Maasse erwiesen worden waren. Die Universität hatte ihm, nach üblicher Weise, einen Ehren-Pokal dargebracht, dessen antike Embleme, von einer den Numismatikern wohlbekannten Münze des Q. Cassius hergenommen, nicht minder die Achtung vor dem unabhängigen Rechtsgefühl, als vor der Rechtsgelehrsamkeit des Gefeierten ausdrückten. Die *juristische Facultät* Göttingens gratulirte durch ein von Hofrath *Bergmann* verfasstes Programm, dessen Inhalt einen Processualisten des dreizehnten Jahrhunderts, Tancred, betrifft [*Diss. de libello, quem Tancredus Bononiensis de judiciorum ordine composuit.* 4.], mit dessen Herausgabe Hofrath *Bergmann* gegenwärtig beschäftigt ist. Zwei philosophische Facultäten preussischer Universitäten von *Berlin* und *Halle*, hatten den Jubilar auch zum Doctor der Philosophie creirt, und triftige Gründe in ihren Diplomen geltend gemacht, um den berühmten Civilisten auch sich zu vindiciren. Die juristische Facultät zu *Leipzig* bezeugte ihre Theilnahme durch eine sehr glänzend ausgestattete Gratulationstafel, die *Breslau*ische durch ein gelehrtes Programm von Professor *Huschke* über eine römische Schenkungs-Urkunde [*T. Flavii syntrophi instrumentum donationis ineditum.* 4. vergl. Jahrb. 1838. S. 193.], deren Auffindung in einer handschriftlichen Sammlung lateinischer Inschriften zu den zahlreichen Früchten der gelehrten Reise von Professor *Ritschl* nach Italien gehört. Von einzelnen Gelehrten hatten Hofrath *G. Hänel* in Leipzig [*Legis Romanae Visigothorum Particula cum Codd. Monac. et Philipps. imagine lapide expressa.* IV. und 19. S. 4.] und Professor *v. Buchholtz* in Königsberg [*Comm. de liberis sub conditione institutis aut exheredatis.* 4.] das Jubiläum *Hugo's* durch gelehrte Abhandlungen gefeiert; Professor *Schrader* in Tübingen, hatte schon früher auf dieselbe Art mit dem Jubiläum der Universität zugleich diese Feier bewillkommnet. Von den Götting'schen Collegen hat Consistorialrath *Lücke* den Jubilar durch eine Schrift [*De eo, quod jurisprudentiae cum theologia commune est,*] voll sinnreicher Beziehungen, über die Gemeinschaft der Jurisprudenz mit der Theologie, begrüsst, so wie Professor *Schneidewin* durch eine kritische Schrift über die griechischen Lyriker [*Conjectanea critica*], welcher die Vorrede eine nähere Beziehung zu dem Feste giebt. Ein lateinisches Gedicht von Director *Ranke* hob mit Nachdruck die Züge im Charakter des Jubelgreises hervor, die sich unter allen Zeitumständen bewährt, und ihm so viel Vertrauen und Anhänglichkeit in engern und weitern Kreisen erworben haben. An die zu Ehren des Jubilars verfassten Schriften reihten sich auch Dedicationen noch nicht herausgegebener grösserer Werke, wie die Widmung der Geschichte des Kirchenrechts vom Ober-Appellationsrath *Bickell* in Cassel, und einer neuen Ausgabe des Festus vom Hofrath *Müller*, dem Schwiegersohne des Jubilars. Unter den zahlreichen Gratulationsschreiben können wir das nicht unerwähnt lassen, welches die wohlwollende Theilnahme des Königlichen *Universitäts-Curatoriums* an dieser Feier bezeugte. — Das Erfreulichste und Erhebendste bei einem solchen Feste ist nicht das, was sich dem Publicum mittheilen lässt; wer aber den Jubel-Doctor in diesen Tagen, in körperlicher und geistiger Rüstigkeit, umgeben von treuer Anhänglichkeit und dankbarer Liebe, mit unerschöpflicher Heiterkeit in den Schätzen, die das Fest ihm zugeführt, schalten und walten gesehen, wird sich eines so angenehmen Eindruckes bewusst geworden sein, als das Leben akademischer Lehrer in unsrer Zeit nur irgend zu gewähren im Stande ist.

QUOD. FELIX. FAUSTUMQUE. SIT. | TIBI |

GUSTAVE. HUGO.

VIR. SUMME. | TITULIS. HONORIBUS. CUMULATE. | JURECONSULTORUM. HUIUS. AEVI. PRINCEPS. | ACADEMIAE. GEORGIAE. AUGUSTAE. | PERENNE. DECUS. AC. PRAESIDIUM | QUEM. QUI. LAUDIBUS. EXTOLLERE. STUDENT. NIHIL. ADDERE. NOVI. | CUI. QUI. OBTRECTARE. AUDENT. NIHIL. EFFICERE. VERI. POSSUNT. | FILIO. INTEGERRIMO. | QUI. CUM. PATRIAE. INIMICIS. FORTISSIME. NUPER. PRAELIATUS. EST. | FILIA. | PULCHERRIMA. CANDIDISSIMA. OPTIMA. | GENERO. | QUI. QUANTUM. A. TE. MUTUATUR. SPLENDORIS. GLORIAEQUE. | TANTUM. EX. SE. IN. TE. REFUNDIT. | NEPOTIBUS. | IN. SPEM. AVITI. PATERNIQUE. NOMINIS. SUBCRESCENTIBUS. | TER. QUATERQUE. FELIX. FORTUNATE. | AMICE. | AMICIS. COLLEGISQUE. TUIS. | NON. IN. SECUNDIS. SOLUM. SED. ADVERSIS. QUOQUE. REBUS. CONSTANS. ET. FIDE. | DIGNITATEM. JURIUM. DOCTORIS. | ANTE. HOS. QUINQUAGINTA. ANNOS. | AUSPICATISSIMIS. OMINIBUS. IN. TE. COLLATAM. | MENTE. PIA. | EX. IMO. CORDIS. MEI. GRATULOR. |

JACOBUS. GRIMM.

COLLEGA. PROFESSORQUE. GOETTINGENSIS. EXSUL. | EXSILIO. HODIE. LAETABUNDUS | QUOD. TUI. HIC. VIDENDI. | DOLORESQUE. AMPLEXU. | WILHELMI. MEI. DOROTHEAE. MEAE. | QUOS. TECUM. HUC. ADDUCIS. | ALIQUANTISPER. SATIANDI. LENIENDI. | COPIAM. MIHI. FACIT. | AGEDUM. | HUNC. FESTUM. DIEM. CELEBREMUS. | CUM. TENACISSIMA. RECORDATIONE. AMICORUM. QUI. GOETTINGAE. REMANENT. | CASSELIS. CATTORUM. X. MAII. MDCCCXXXVIII."

An diesen Bericht, den wir noch durch die Mittheilung zu ergänzen in den Stand gesetzt sind, dass an die erwähnten Dedicationen noch die einer neuen Ausgabe der *Antiquitates* von *Heineccius-Haubold* durch den berühmten Collegen des Jubilars, Herrn Geheimen Justizrath *Mühlenbruch*, sich anschliesst, reihen wir eine Mittheilung über das Diplom, in welchem die juristische Facultät zu Halle dem gefeierten Gelehrten die vor funfzig Jahren ihm ertheilte Doctorwürde erneuert hat. Die hierher gehörende Stelle desselben:

ORDO JURISCONSULTORUM HALENSIUM
VIRO. PERILLUSTRII. EXCELLENTISSIMO. VENERABILI

GUSTAVO HUGONI

etc. etc. etc.

SENI. LAUDIBUS. INGENII. ET. DOCTRINAE. CUMULATISSIMO
SPLENDIDO. GEORGIAE. AUGUSTAE. DECORI. ET. ORNAMENTO
QUI. FAMILIAM. IN. DISCIPLINA. JURIS. CIVILIS. DUCIT
REDINTEGRATA. JURIS. ROMANI. HISTORIA. INSTAURATAQUE. FONTIUM COGNITIONE
AC. TOTIUS. JURISPRUDENTIAE. CIVILIS. STUDIUM. RECENTI. LUMINE COLLUSTRATUM
CUM. SCHOLIS. FREQUENTISSIMIS. TUM. LIBRIS. ET. COMMENTATIONIBUS ELEGANTISSIMIS
EXPLICAVIT. ORNAVIT. ET. LATISSIME. PROPAGAVIT
DECENNALIA. QUINTA. JURIS. UTRIUSQUE. DOCTORATUS
IN. HAC. ALMA. FRIDERICIANA. RITE. IMPETRATI. SOLENNIA.
LAETISSIMIS. AUSPICIIS. CELEBRANTI
DIE. X. MAII. MDCCCXXXVIII.
GRATULATUR
ATQUE. SINCERISSIMA. VOTA. PRO. CARI. CAPITIS. INCOLUMITATE. ET
FELICITATE. PUBLICIS. TABULIS. TESTIFICATUR.

bezeichnen klar den hohen Werth, welchen die Facultät darauf legte, dass es *ihr* einst verliehen war, die Doctorwürde dem Manne zu verleihen, an dessen Namen sich in Aller Herzen die Gefühle des Dankes und der Ehrerbietung knüpfen.

Die Leipziger Juristenfacultät hatte ihrerseits ihre Theilnahme in den Worten:

GUSTAVO HUGONI

etc. etc. etc.

HUIUS DIEI
QUA ANTE HOS QUINQUAGINTA ANNOS
DOCTORIS UTRIUSQUE JURIS DIGNITATEM
AB ACADEMIA HALENSI RITE ADEPTUS EST
MEMORIAM HAC IPSA LUCE CELEBRANDAM
PIE CONGRATULANTUR
ET
UT PUBLICUM ALIQUOD TUM LAETITIAE DE FESTA ILLA AC SOLENNI DIE VOTORUMQUE SUORUM, TUM VERO ETIAM SUMMAE, QUA VIRUM DE JURISPRUDENTIAE STUDIO TAM PRAECLARE MERITUM PROSEQUUNTUR OBSERVANTIAE EXSTARET DOCUMENTUM
HANC
TABULAM PROPENSAE VOLUNTATIS NUNCIAM TRANSMISERUNT
etc. etc. etc.

kund gegeben.

Eine ausführliche Mittheilung über die von Herrn *v. Savigny* übersandte Gratulationsschrift liefern wir im nächsten Hefte der Jahrbücher. Die überall so laut ausgesprochene Sehnsucht nach Veröffentlichung des Documents, in welchem der Meister dem Meister ein unvergängliches Denkmal gesetzt hat, ist so eben durch den in der Zeitschrift für geschichtl. Rechtswissenschaft erfolgten Abdruck befriedigt worden.

2. Ueber die dem *Remedius* zugeschriebene Canonensammlung.

Eine Wolfenbüttler Handschrift (ms. Helmst. no. 454. fol. min. sec. X.) enthält eine Canonensammlung, welche uns über den Verfasser des dem Remedius von Chur lange Zeit beigeschriebenen Excerptes aus den Pseudoisidorischen Decretalen einigen Aufschluss geben dürfte. Bevor ich in dieser Beziehung eine Meinung aufstelle, will ich den Inhalt unseres Codex kurz angeben. Auf den ersten 22. Blättern steht, ausser mehreren aus *Regino's* Sammlung geschöpften Capiteln, eine kurze Chronik, nach der Eintheilung in *VI. aetates*, von der Schöpfung der Welt bis zum Kaiser *Heraclius*, mit besonderer Berücksichtigung der kirchlichen Ereignisse. Darauf folgt ein Verzeichniss der Päpste „*usque ad miserum Benedictum exilio relegatum in Oceani littore.*“ Ausserdem sind der 1. Canon des Coblenzer Concils v. J. 922., der Brief des *Raban. ad Humbertum*, einige Fragmente aus der Decretale des P. *Nicol. ad Carol. archiep. Mogunt.* (siehe Harzheim, Concil. Germ. T. II. p. 243.), und mehrere Stellen aus *Augustin. de civitate Dei* aufgenommen. Von fol. 22. vers. bis fol. 159. folgt nun unsere Canonensammlung von 248. Capiteln, und fol. 150—165. deren Index, welcher aber, da die Handschr. am Ende defect ist, mit dem c. 225. abbricht; die Canonen der ersten 22. Bl. sind in ihm nicht verzeichnet.

Cap. 1—100. enthalten die von *Kunstmann* herausgegebenen 79. Fragmente aus Pseudoisidor, in derselben Reihenfolge, und die verschiedene Capitelzahl hat darin ihren Grund, dass die 19. *Capitula ex epist. Felicis*, welche *Kunstmann* unter einer Nummer (c. 74.) anführt; im Cod. mitgezählt sind; und dass c. 53.: *Ex ead. epistola* (*Fabiani*), c. 62.: *Ex ead. ep.* (*Eusebii*), c. 76.: *Ex ead. ep.* (*Damasi*) bei Kunstm. fehlen; das letzte Cap. in der Ausgabe (c. 80.) steht nicht im Cod. — Die folgenden Capitel sind theils aus Regino excerpirt, theils enthalten sie ächte und unächte Decretalen, griechische, afrikan., span., gallisch., englische und deutsche Schlüsse, Stellen aus des *Augustin*, *Sedulius* und *Rabanus* Werken bunt durch einander, ohne dass ein bestimmter Plan zu bemerken ist. Von den aufgenommenen Schlüssen sind besonders zu erwähnen: c. 128., *ein ungedrucktes Fragment aus der Lateranensischen Synode des P. Stephan. III.* v. J. 769., c. 143.: die *acta Concilii Romani sub Joanne XII.*; nach einer neueren Randbemerkung liegt dem Abdrucke in d. Centur. Magdeb. Cent. X. c. 9. col. 435. unser Codex zum Grunde; daher auch die grosse Uebereinstimmung beider; c. 148.: das *Concil. Calchuthense* v. J. 787., welches Spelmann (Concil. Brit. T. I. p. 292.) aus den Centur. Magdeb. VIII. c. 9. col. 575. genommen hat. Der Abdruck ist aber zu Anfang defect, ich werde daher das Fehlende, so wie die übrigen inedita, aus uns. Codex in meinen in Kurzem erscheinenden Beiträgen mittheilen. — Cap. 206. ist inscribirt: *Ex Concil. Engilheim*, und stimmt wörtlich mit dem 34. Canon des Wormser Concils v. J. 868., ebenso c. 220: *Ex Conc. Engilenhem cap. XX.* = c. 22. desselb. Worms. Conc., beide sind in den bis jetzt bekannten Synoden von Ingelheim nicht erfindlich. Cap. 207.: *De presbyteris et diaconis negligentibus.* Es ist der 8. Canon des Mainzer Concils v. J. 851. (*Pertz*, Monument. T. III. pag. 413) bis zu den Worten: *scandalum patiatur.* Hinter diesen folgt in ununterbrochenem Zusammenhange: „*Digna enim satisfactionē* (*sic!* vielleicht *satisfactio ē*), *si eis, a quibus reus creditur, per rectam securitatem de eodem crimine innocens esse manifestatur, quod ita nobis a majoribus constitutum esse docetur. Si hanc impleturus, sive secundum canones, sive ad arbitrium epī sibi collegas conjungat, seu certe ipse solus manu propria juret in sacro coram posito evangelio, dicens, quod eum scā trinitas et Christus filius Dei, qui illud fecit et docuit, quod evangelium continet, et scī quatuor evangelistae, qui illud scripserunt, et omnes scī sic adjuvent, quod ille per nominatam actionem ita non perpetrasset, sicut ei de illa oblatum est. Et hac satis-*

factione purgatus secure deinceps suum exerceat ministerium. Quam satisfactionem nonnulli praecedentium patrum scm̃ Papam Leonem in basilica sc̃i Petri apostoli coram reverendissimo Caesare Karolo ac clero et plebe ita perfecisse commemorant, atque ita mox venerandum principem contra ejusdem sc̃i Papae adversarios dignae ultionis vindictam excercere."

Diese Worte, welche bei *Pertz* nicht stehen, gehören ohne Zweifel dem Concil an, denn die Lücke in der Ausgabe verräth sich durch die Worte: *Si autem accusatores legitimi fuerint* u. s. w., welche einen vorhergegangenen Gegensatz bedingen, der offenbar in den *iis, a quibus reus creditur* der eben abgedruckten Stelle liegt, bei *Pertz* aber durchaus fehlt. Dass übrigens die jenem Abdrucke in den Monum. zum Grunde liegende Bamberger Handschr. hie und da lückenhaft ist, beweisst auch ausserdem das 6 Cap. des Concils, welches aus 2 ursprüngl. Canonen zusammengeschmolzen zu sein scheint, denn zu der Inscription: *Ut episcopi venationem exerceant* passen nimmermehr die ersten 4 Zeilen des Cap. bei *Pertz*, bis zu den Worten: *fiat omne verbum*, auch wäre es wahrlich eigenthümlich, wenn das Concil bestimmt hätte, *es seien 2 oder 3 Zeugen gegen diejenigen Bischöfe nöthig, welche sich Hunde halten oder auf die Jagd gehen wollten.* Die Lücke füllt Regino App. II. c. 35 und unser Cod. c. 218. aus, welche unter der Ueberschrift: *De ecclesiastica controversia* text. den Anfang dieses 6. Schlusses enthalten und nach „*omne verbum*" so fortfahren: *Similiter et de separatione conjugatorum,*
tur, si septem inveniri non valeant.
(als c. 7.) mit der dem c. 6. vorsteh

Komma zu setzen. —

Ausserdem kommen in unserer Sammlung mehrere bis jetzt nicht bekannte Triburische und Coblenzer Schlüsse und einige Pönitentialcanonen vor, welche ich in den Beiträgen mittheilen werde. — Leider fehlen im Codex in der Mitte 3 Quaternionen,
sehen, dass in ihnen manche interessante Capitel gestanden haben, z. B. c. 106.: *De reconciliandis ep̄is, p̄rb̄ris et diac̄. secundum morem Romanum.* c. 145.: *Textus electionis et consecrationis in Treverensi metropoli* u. a. m.

Soviel über den Inhalt unserer Sammlung; die Zeit ihrer Abfassung ist wohl bald nach d. J. 922. anzusetzen, da sich kein späteres Document in ihr findet, als die Coblenzer Schlüsse dieses Jahres. — Was nun ihren Verfasser betrifft, so glaube ich, obgleich in der Handschr. alle und jede Andeutung fehlt, sie dem Erzbischofe *Rotger von Trier* zuschreiben zu dürfen. Von dessen bisher unbekannter Sammlung reden folgende Zeugnisse:

Gesta Trevir c. 43 : *Iste* (Rutgerus) *bonae conversationis existens, habito Treveri cum suffraganeis episcopis ac reliquo clero generali Concilio, librum canonicorum decretorum sua industria compositum in medium protulit atque firmavit.*

Brower, Annal. Trev. lib. IX. ad ann 927.: *In eo Concilio.... ab ipso Ruotgero factus ecclesiasticarum sanctionum liber et summo omnium, qui convenerant, assensu probatus et a clero receptus est.* Vergl. Hontheim, Prodrom. Hist. Trev. I. pag. 518. Doch am entscheidensten ist das Zeugniss von *Trithem.* in d. *Chron. Hirsaug. ann.* 922.: *Rotgerus, vir multae lectionis et eminentis doctrinae, qui inter cetera ingenii sui opuscula ex sententiis Patrum et epistolis summorum Pontificum volumen quoddam decretorum post Isidorum Hispalensem in unum comportavit, quod in Concilio episcoporum, apud Treviros celebrato, auctoritate omnium approbatum fuit.* — Die Worte: *post Isidorum* deuten ganz entschieden auf den Auszug aus Pseudoisidor, welchen die ersten 100 Capp. unserer Samml. bilden, und dass Rotger's Werk mehr als diese enthalten habe, folgt ebenfalls aus Trithem's Chronik, denn er nennt auch *sententiae patrum*; ferner verräth das c. 145. *Textus electionis et consecrationis in Trev. metrop.* eine nähere Beziehung zur Trierschen Diöces, und auch die Zeit der Abfassung stimmt überein. — Eine andere Frage ist, ob *Rotger* jenen Auszug aus Pseudoisidor selbst verfasst habe und also die von Kunstmann herausgegebene Samml. nur ein Theil der unsrigen sei, oder ob er sie bereits vorgefunden und seinem Werke einverleibt habe; ihre Beantwortung möchte aber sehr schwierig sein, so lange nicht ein reicherer handschriftlicher Apparat vorliegt. *Knust* (theol. Studien und Kritik. Jahrg. 1836.) setzt zwar die von ihm aufgefundenen Codd. in's 9te Jahrh.; doch dürfte die Gränze zwischen dem Ende des 9ten und dem Anfang des 10ten Jahrh. in den Charakteren der Codd kaum festzustellen sein, so dass wenigstens in dieser Beziehung gegen die Annahme des 1ten Falles nichts zu erinnern wäre. — Die in unserm Wolfenbüttler Codex der eigentlichen Samml. voranstehenden Fragmente gehören offenbar einer spätern Zeit an, da in ihnen die Exilirung des P. Benedict V. (im J. 964.) erwähnt ist. —

Dr. Wasserschleben in Berlin.

3) Neue Ausgabe des *Cuias* in Italien.

Dass in Italien eine neue Ausgabe der Werke des Cuias erscheinen werde, ist schon durch *Gersdorf's* Repertorium in Deutschland bekannt geworden. Es dürfte jedoch den Verehrern des grossen Juristen nicht unlieb sein, von dem Plane der Ausgabe und den ersten uns zu Gesicht gekommenen Lieferungen eine kurze Anzeige in den Miscellen dieser Jahrbüchern zu erhalten. Ueber den Plan der Ausgabe verbreiten sich die Verleger in einem Prospecte, datirt Prato den 2. Januar 1837., mit dem Titel: *Opera Complete del Cuiacio con un nuovo metodo distribuite e ristampate in XIII. volumi in 8vo grande* (in demselben Formate, in welchem der Prospect gedrukt ist) *dei Fratelli Giachetti di Prato.* Hiernach wird dieser Ausgabe die Venetianisch-Modenesische Ausgabe zu Grunde gelegt, und dabei die Pariser benutzt werden *). Es ist jedoch diess nicht von der Anordnung zu verstehen, welche insofern abweichen wird, als in dieser neuen Ausgabe, mit Nicht-Berücksichtigung der Eintheilung der von Cuias selbst herausgegebenen und der von ihm nachgelassenen Werke, diese vielmehr nach ihrem innern Zusammenhange für den Gebrauch bequemer in acht Theilen (Parti) in folgender Ordnung zusammengestellt werden sollen: I. Thl. Observationen (s. unten); II. Th. die Arbeiten des Cuias über die Institutionen; III. Th. die Arbeiten über die Pandekten und Pandektenjuristen; IV. Th. die Schriften über den Codex; V. Th. die Erläuterungen der Novellen; VI. Th. die Commentare zu den Lehnrechtsbüchern; VII. Th. die Recitationen zu den Decretalen Gregors; VIII. Th. die Consultationen, der tractatus de diversis temporum praescriptionibus und andere kleinere Schriften, z. B. epistolae, consilia. Hieran schliessen sich Sach-Register und das Promtuarium des *Dominici Albanens's.* Das Ganze wird aus 13 Bänden (Volumi) oder 900 Bogen, zu 16 Seiten der Bogen, bestehen und in 100 Heften, jedes zu dem Preise von 2 Franken und 80 Centimen, ausgegeben werden. Nur zehn Exemplare zu dem Preise von 600 Lire erscheinen auf feinem Papiere. Der Bearbeiter der Ausgabe ist nirgends genannt.

---

*) Der Ausdruck ist undeutlich und stimmt nicht mit dem unten mitzutheilenden Titel des ersten Theiles: *le abbiam dato per exemplare l'ultima Veneto-Modanese, modellata su quella di Parigi.*

Wir haben nun drei Distributionen *) (Lieferungen?) vor uns liegen unter dem Titel: *Jacobi Cuiacii Jc. Tolosatis Opera ad Parisiensem Sabrotianam (sic.) editionem diligentissime exacta in Tomos XIII. distributa auctiora atque emendatiora. Pars Prima. Tomus Primus. Prati ex officina fratr. Giachetti* 1836 u. 1837. In der ersten Distributio stehen voran a) *C. A. Fabroti In Edictionem (sic.) Parisiensem Anni MDCLVIII. Praefactio (sic.)*; b) *Synopsis Operum Cuiacii*; c) *Index Chronologicus Operum Cuiacii*; d) *Jacobi Cuiacii J. C. Vita E Parte Secunda Elogior. Jo. Papirii Massonis* Pag. 291. Ed. Paris 1638; e) *Ex Jacobi Augusti Thuani Historiar.* Lib. 29. Anno 1590. Hierauf folgen die Observationes. Diesen werden vorausgeschickt a) *In Libros XXVIII. Observationum et Emendationum Jacobi Cuiacii Editoris Veneti Praefatio*; b) *Index Legum In Hisce Observationum Libris Emendatarum Sive Explicatarum*; c) *Elenchus Eorum Quae Primo Hoc Tomo Continentur.* Diesem zu Folge werden die Observationen versprochen ad accuratiorum editionum fidem, Nivellianae praecipue, sedulo castig., apposita quibusque Graecis dictionibus latina interpretatione ex Heineccio! Auf die Observationen sollen am Ende des ersten Theils folgen: *Jo. Gottl. Heineccii Dissertatio de Cuiacii Adversariis et Obtrectatoribus; Emundi Merillii Libri tres Variantium Interpretationum ex Cuiacio* und *Osii Aurelii Dispunctor. ad Merillium, seu de Variantibus Cuiacii Interpretationibus in libris Digestorum Dispunctiones LIII.* Die dritte Distributio endigt S. 772. in der Mitte der achtzehnten Observation des XVII. Buches. Druck und Papier sind gut. Leider fehlt es nicht an Druckfehlern. Ob nun aber die Verleger in ein zeitgemässes Unternehmen, d. h. in ein solches, welches ihnen Vortheil bringen werde, sich eingelassen haben, möchten wir leider zu bezweifeln geneigt sein, da es an Separat-Ausgaben der wichtigsten Schriften des Cuias nicht fehlt, auch die Gesammtausgaben nicht gerade selten zu nennen sind; ferner in unsern Tagen das Studium der Schriften des Cuias leider sehr abgenommen hat und noch dazu in München eine neue Gesammtausgabe derselben, freilich zu bedeutend höherem Preise, angekündigt worden ist. Freuen würden wir uns jedoch, wenn wir uns irrten und das Unternehmen seinen ungestörten Fortgang hätte.

Hänel.

4) Berichtigende Erwiderung.

Wenn die, in den *kritischen Jahrbüchern* für deutsche Rechtswissenschaft, und zwar im *Decbr.*-Hefte des Jahres 1837. von S. 1090 bis zu S. 1101. enthaltne Beurtheilung der *Heffterschen* Schrift: Ueber die Erbfolgerechte der *Mantel*kinder etc. den, darin vom Autor verfochtnen Ansichten, obschon derselbe sich keineswegs in rein *objectiven* Gränzen durchgängig bewegt hat, (v. S. 1091. a. a. O.) fast allenthalben beipflichtet: so lässt sich um desswillen freilich mit dem Hrn. Recensenten gar nicht rechten; denn gerade in der Sphäre des wissenschaftlichen Forschens und Strebens gilt — um die Worte des *Livius* zu gebrauchen — unantastbar der vernunftgemässe Canon: existimatio communis omnibus est!

Insofern jedoch die eben erwähnte *Recension* zugleich (m. s. S. 1099.) eine Nachricht mittheilt, wonach sich, rücksichtlich des bekannten Gräfl. *Bentinck'schen* Erbfolgestreits, die *Prognose* sehr günstig für den Hrn. Kläger gestellt haben soll, möchte denn doch ein triftiger Anlass dargebo-

*) Von dieser Eintheilung ist im Prospecte nichts gesagt; diese spricht nur von *Fascicoli*. Eine innere Anordnung, woraus sich der Name erkläre, ist nicht wahrzunehmen.

ten sein, mit einer berichtigenden Entgegnung öffentlich hervorzutreten und die Widersacher des Hrn. Verklagten wohlmeinend davor zu warnen, dass man, ihrer Seits, nicht allzuvorschnell ein: io triumphe! erschallen lassen möge. Denn

geschlossen sind die den obgedachten Rechtsstreit betreffenden Acten *noch lange nicht*; ja, noch nicht einmal die Replik ist an den zuständigen Hohen Gerichtshof gelangt, und Dieser hat nur, wie Einsender gegenwärtigen Aufsatzes, als Mitbevollmächtigter des Herrn Verklagten, *urkundlich* darthun kann, nach geschehner Ueberreichung der *Klagbeantwortung*, bezüglich darauf, unterm 27sten Septbr. v. J. das *Decret* ertheilt:

„dass die Erklärung des Hrn. Klägers über die, als dilatorisch und prozesshindernd vorgeschützten, Einreden für die Replikschrift ausgesetzt — und das *Erkenntniss darüber vorbehalten* werde."

Wie kann man also, da der Process erst in seinem Entwickelungsgange begriffen, folglich das *Für* und *Wider* noch gar nicht abwägbar ist, nichts destoweniger dem *Publicum* verkündigen, dass das Gericht erster Instanz geneigt zu sein scheine, dem Brudersssohne des verstorbenen, regierenden Reichsgrafen das Nachfolgerecht zugestehen zu wollen! — Heisst *das* nicht, den empfindsamsten Ehrenpunct des Richteramts — die Pflicht der Unparteilichkeit — in verletzender Weise berühren? Schlimm genug, wenn es in manchem Staate nicht zu den moralischen Unmöglichkeiten gehören sollte, dass dessen rechtsprechende Behörden eine Richtung zur *Subjectivität* annehmen, und, bei nur einiger Zweifelhaftigkeit der Sache, vielleicht schon desshalb gegen eine Partei entscheiden, weil etwa deren Anwalt der Gunst des Collegiums sich nicht zu erfreuen hat. Allein Besorgnisse dieser und ähnlicher Art liegen hier der *verklagten* Partei gänzlich fern und werden von ihr fern bleiben, mag man auch fürder grundlose Siegesposten im Publicum zu verbreiten suchen; — commenta delet dies.

Dr. jur. *Eckenberg*.

5. Ehrenbezeigungen.

Die Juristenfacultät der Universität *Freiburg* hat dem durch mehrere Werke, insbesondere durch seine seit 1834. erscheinende „*Revue etrangère et française de législation et d'économie politique*" um die Rechtswissenschaft vielfach verdienten Herrn Advocaten *K. Fölix* zu Paris die Würde eines Doctors beider Rechte ertheilt. — Die Herren Geheime-Rath Dr. *Thibaut*, Ober-App.-R. Dr. *Bickell* und Canzler Dr. *Linde* sind für die zweite dreijährige Periode (1838—1840.) von den Regierungen von Baden, Kurhessen und Hessendarmstadt zu Mitgliedern des Bundesschiedsgerichts ernannt worden.

Todesfälle.

Am 11. Mai starb zu Triest der auch als Schriftsteller im Gebiete der Rechtswissenschaft verdiente K. B. Staatsrath etc. Dr. *Jgnatz von Rudhardt*, vorher (seit 1811) Professor der Rechte an der Universität Würzburg. — Am 21. Mai zu Naumburg der Ober-Landes-Gerichts-Rath

Pinder, als gründlicher Kenner des preussischen und sächsischen Rechts geachtet. — Am 23. Mai zu Breslau der vormal. Justiz-Commissar Dr. *Grattenauer*, als Schriftsteller im Fache des Handels-, und Wechselrechts bekannt. — Die Universität Breslau hat einen grossen Verlust erlitten. Der ordentliche Professor, Ordinarius des Spruchcollegiums, Dr. *C. A. D. Unterholzner* ist am 24. Mai gestorben, von seinen Collegen und der grossen Anzahl seiner auswärtigen Freunde und Verehrer innig betrauert.

Berichtigungen.

Seite 198. Zeile 4. von oben lies *Pfand - oder*
„ 198. „ 4. „ „ und Zeile 9. von oben lies *v. Meiss* statt *v. Weiss.*
„ 203. „ 7. „ unten lies *in dem Hofrecht von Xanten bei Georgisch C. J. G.* p. 781.
„ 204. „ 13. „ oben „ *von* statt *oder.*
„ 207. „ 16. u. 17. sind die Worte „*also nicht an ihre Erben*“ zu streichen.
„ 211. „ 10. von oben lies *des Unfreien* statt *der Befreiung.*

I. Recensionen.

Die Wissenschaft der römischen Rechtsgeschichte im Grundrisse. Von **Dr. J. Christiansen**, Privatdocenten an der Universität zu Kiel. Erster Band. Altona, Hammerich, 1838. VI. u. 432. S. gr. 8. (3 Thlr.)

Es ist den Lesern dieser Jahrbücher über ein Buch Bericht abzustatten, dessen Entstehung sich jemand folgendergestalt erklären könnte. In einer Gesellschaft junger Gelehrter von verschiedenen Fächern ist von einer neuen hyperkritischen Erscheinung in der theologischen Literatur die Rede. Dieses Werk, bemerkt einer von ihnen, erinnert mich an die Demüthigungen, welche die Jurisprudenz und die Medicin in unseren Tagen erlitten haben, die erstere unter andern durch die modernen Politiker, die andere durch die wo möglich noch grössere Calamität, welche die Cholera über sie gebracht hat. Aber ist damit die der Theologie zu vergleichen, der man ihre Grundlagen völlig zu entziehen gesucht hat, ohne dass dieses Unternehmen als ein wahnwitziges verlacht werden konnte? Als sich jener Mann, wie ein zweiter Simson, und wenigstens eben so blind und selbstmörderisch als dieser, an die Säulen der Wissenschaft stemmte, wer gab ihm die Antwort, welche von dem Bewusstsein ihrer Festigkeit eingegeben werden musste? — Diese Bemerkung verdross einen Andern der Anwesenden: „hältst du deine Jurisprudenz für fester und sicherer? um dir das Gegentheil zu beweisen, werde ich sofort ein Buch schreiben, welches alle Juristen in die Lage der Philister versetzen soll.“ Die Wette wird eingegangen, und unser Verfasser schreibt sein Buch, in welchem S. 169. folgendes zu lesen ist:

„Weil ich aus Erfahrung weiss, dass es für manche Leser doch nicht überflüssig ist, so will ich diese ersuchen, diese meine Definition und andere hier vorkommende nicht etwa zu widerlegen durch die, wie man zu sagen pflegt, quellenmässigen Definitionen bei Festus, Gellius, Gajus etc. und mir, bis das Gegentheil erwiesen ist, zuzutrauen, dass ich diese Irrthümer über das ganze alte Recht, welche bei weitem die meisten meiner Leser mit diesen ihren sogenannten Quellen theilen, und welche zu widerlegen ich hier im Begriff bin, sehr wohl kenne. Mein Standpunct ist im Ganzen der, *dass ich behaupte, dass alles, was diese Quellen über das ältere Recht zu berichten wähnen, falsch ist*; also können wir uns beide nicht wundern, wenn das, was ich sage und für die Wahrheit ausgebe, von dem was diese Quellen sagen, abweicht".

Wir sind weit davon entfernt, diese Geschichte für wahr zu halten. Die Idee dieses Buchs ist keine solche, wie sie in Gesellschaft concipirt werden. Nun gut, fährt ein anderer Erklärer fort, denken wir uns den bedrängten Zustand eines strebenden jungen Mannes, der in diesen thätigen Zeiten in eine Wissenschaft eintritt. Er fragt: wo ist mein Platz, was kann ich neues schaffen, wie vermag ich eine Wirkung hervorzubringen? Ihr werdet ihm sagen: greife nur muthig und mit dem Eifer zu, der sich selbst vergisst, führe das Begonnene weiter, vollende das Vorangeschrittene, und es wird das Gedeihen nicht fehlen; glaube nur ja nicht, dass die Welt mit dir beginnt. — Leidiger Rath, erwiedert er, wie unsicher ist der Effect, wie weit hinausgeschoben! Jahre vergehen, Haare werden grau — nein, wie viel leichter und lustiger ist es, zu verlangen, die Wissenschaft soll mit mir anfangen, ihre Kindheit soll sich auch mit mir wiederholen, mit mir soll sie den ersten Flaum am Kinn bekommen. Und er setzt sich hin und schreibt (S. 4.):

„Die Geringschätzung und das Misstrauen gegen alle Gelehrsamkeit ist sehr natürlich und gerecht, und beide theilt von Herzen die Theorie und Wissenschaft. ... Aber wohl verstanden! diese allgemeine Hatz (sic!) auf die Gelehrsamkeit geht erst los, wenn sie sich wichtig macht. Hat sie nur den Stolz, ihr Wesen, die Passivität und Faulheit zur Profession zu machen, so wird sie wohl gelitten, wie das Faulthier in der Reihe der Geschöpfe mit Ehren seinen Platz einnimmt; sie hat ihr Monopol, wie alles Wirkliche. Solche Personification des Gedächtnisses hat ein Recht auf das Bewusstsein, die Wurzel und das Fundament aller effectiven Intelligenz zu sein, gegen die Verpflichtung, als solches ruhig unten zu liegen. Der Gelehrte darf überhaupt nie unaufgefordert sprechen, es würde stets eine tactlose und unreine Musik geben" u. s. f. „Ich läugne, dass die jetzige Rechtsgeschichte eine Wissenschaft ist. Es muss, aufrichtig gesagt, von vorne angefangen werden, wenn sie eine Wissenschaft werden soll".

Auch diese Vermuthung halten wir für zu gewagt; diese von neuem angefangene Wissenschaft der Rechtsgeschichte hat so gar nichts kindliches an sich. Höchstens könnte das so lebhaft angesprochene Privilegium, „unaufgefordert zu sprechen", an jenen eigenthümlichen Zwischenzustand erinnern, welcher auf das eigentliche Kindesalter zu folgen pflegt. Oder sollte Berechnung zu Grunde liegen? Ist das alles nur eine, um nicht unbemerkt zu bleiben, umgekehrt gedruckte Zeitungsannonce? — Gewiss nicht. Es liegt eine gewisse Unschuld in der Versicherung der Vorrede, dass der Verfasser, welche Aufnahme auch seine Schrift finden werde, doch in der angefangenen Weise fortfahren wolle. Weit leichter werden wir uns überreden lassen, es sei der Rausch einer hastig hinabgestürzten Philosophie, der unseren Verfasser so gewaltsam aus dem Geleise gebracht hat, und auch der nächtliche Strassenlärm des s. g. jungen Deutschlands ist vielleicht nicht ohne Einfluss auf ihn geblieben.

„Die Lähmung der gegenwärtigen Zeit, die keine Energie hat, ist, dass das Vertrauen fehlt; sie hat kein Vertrauen, da sie keinen Muth hat, keinen Muth, weil der Glaube fehlt. Warum hat sie das alles nicht? Weil die Wissenschaft keine Ueberzeugung, sondern Glauben hat. *So lange die Welt steht, ist die Ueberzeugung das Kind des Unglaubens gewesen.* Die Wissenschaft wird lehren, und der Glaube der ihr trotzen will, wird in ihrem Feuer verflüchtigt werden. Sie wird lehren, was sie will; und wer das nicht hören will, wird Nichts hören, und ersticken im Koth seiner Dummheit. Und mag aus dieser Insolenz (oder Insolvenz) des Glaubens entstehen, was da will, die Wissenschaft wird durch keinen Ausgang überrascht werden. . . . Die Wissenschaft giebt also nur sich selber Rechenschaft, sie sagt: es ist, und schliesst den Laien aus; und der Gläubige, der sich zudrängt in das Reich der Wahrheit, wird als Fälscher an den Pranger gestellt. — Welches Zutrauen soll die Theorie finden des Mannes, dessen Wissenschaft vom Glauben ausgeht, dessen Wissenschaft des Geistes erklärtermassen mit Adam und Eva beginnt, dessen Naturwissenschaft präsumtive gleichfalls das erste

Buch Mosis zur Quelle hat? — Grau ist jene Theorie; grün aber war die Theorie, womit Jesus, Napoleon, Schelling, und sein Marschall und Thronfolger, Hegel, schlugen".

Sollte jemand glauben, diese Betrachtungen über die Persönlichkeit des Verfassers gehörten nicht in den Bericht über sein Buch, so wird er ihre Zulässigkeit doch insofern zugestehen müssen, als damit wirklich über einen Theil des Buchs berichtet ist. Es beweisst noch keineswegs eine Vorliebe eines Recensenten für physiognomische Untersuchungen, wenn er des Bildes gedenkt, welches der Verf. nun einmal für gut gefunden hat, seinem Buch voranzustellen.

Das Schema des Verf. von der Jurisprudenz ist folgendes: „Die Totalität der ideellen Wirklichkeit des Rechts ist: Wissenschaft und Theorie; jene: Rechtsphilosophie und Rechtsgeschichte, und ausser diesen keine Wissenschaft des Rechts; diese: Theorie der Gesetzgebung und Theorie des Rechts, und ausser diesen keine Beschäftigung mit dem Recht".

Die Lineamente der Rechtsgeschichte sollen folgende sein: Es handelt sich um das juristische Wollen eines Volks *in* seinem Dasein, in seiner Objectivirung. Das „begriffsmässig Erste" ist hier das Dasein als Subject. Der Wille wird wirklich durch seine Objectivirung, zuerst zum Subject, indem er sich so selbst hervorbringt, als Gesetzgebung. Aber die Gesetzgebung will nicht bloss ihr einzelnes Dasein, in Gesetzen, sondern auch die Totalität ihres Daseins, in der — Armee; „welche ist die die Negation ihrer selbst negirende Totalität".

Man sieht, diess ist einfach genug, nur freilich, auch wenn es wahr wäre, noch nicht sehr tief. Der Wille will sich selbst, und das nicht, was ihn negirt. Inwiefern sein Dasein in dieser letzteren Hinsicht gerade die Armee ist, und nicht vielmehr die Jurisdiction, ist nicht sehr einleuchtend.

Wie aber gelangen wir zum Anschauen einer besonderen Rechtsgeschichte, namentlich der römischen? Darüber wäre eine deutlichere Auskunft zu wünschen gewesen, als der Verf. zu geben für gut befunden hat. Denn sein Standpunct ist der, dass *alles*, was die sogenannten Quellen über das ältere Recht berichten, falsch ist; woher nun haben wir die Kenntniss desselben zu schöpfen? Darüber erklärt sich der Verfasser nicht ex professo in seiner Einleitung, in der er sich doch über so vieles ausführlich genug erklärt. Eine allgemeine Antwort scheint er allerdings auf jene Frage dadurch zu geben, dass er den *Unglauben* für das Princip der Wissenschaft erklärt. Wir zweifeln nicht, dass der Verf. sich dabei etwas Bestimmtes gedacht hat; ist diess der Fall, so kann jenes nichts anderes heissen, als dass die Wissenschaft auf satanischen Eingebungen beruhe, was keine ganz neue Erfindung ist, aber zum erstenmal wenigstens auf die römische Rechtsgeschichte angewendet wird. Künftig also werden unsere Systematiker ausser dem Capitel über den Besitz, auch noch ein Capitel über das Besessensein aufzunehmen haben. — Auf der andern Seite ist nicht zu verschweigen, dass der Verf, wenn er auch die drei ersten Glaubensartikel aus seiner wissenschaftlichen Confession gestrichen hat, doch immer noch in dem Besitz des vierten, von Göthe als ein nothwendiges Supplement sinnreich hinzugefügten, nämlich des „Glaubens an sich selbst", geblieben ist.

Doch sehen wir lieber, wie des Verf. Princip von ihm in Thätigkeit gesetzt wird, um eine römische Rechtsgeschichte hervorzubringen. Er beginnt S. 38. mit einer „Geschichtlichen Einleitung. Anfänge der römischen Rechtsgeschichte".

Diese Anfänge liegen in der Entstehung des Menschengeschlechts. „Niemand weiss die Geburt unseres Geschlechts, aber das muss jeder wissen, dass sie eben eine Geburt von Menschen gewesen, und weder eine Geburt von Göttern, noch eine Geburt von Thieren". Das heisst, alle Menschen sind von Menschen geboren worden. „Das Wesen alles Menschlichen ist, von Menschen geschaffen zu sein". „Der erste Process, der das Menschengeschlecht gebar, (dieser Widerspruch gegen die unmittelbar vorhergehende Behauptung wird vom Verf. nicht weiter erläutert), ist um nich's leichter und schwerer zu wissen, als der, welcher Maulwürfe und Kohlköpfe hervorbrachte (gewiss!), und wird in der grossen Oekonomie der Natur nicht mehr Aufsehen gemacht haben". „Die Menschen sind an mehreren Enden, verschiedene Racen und zwar in grossen Haufen entstanden. Das versteht sich von selbst unter Allen, die sich im Ernst mit der Geschichte und Physiologie des Menschen beschäftigen" u. s. f.

Der Teufel, dem der Verf., wenn er sich nicht, wie wir vermuthen, über das Princip seiner Wissenschaft geirrt hat, seine Eingebungen verdankt, muss entweder ein dummer Teufel, oder seine Meinung von dem Verf. eine höchst geringe sein. „Wie gering musst' er Sie schätzen, da er's unternahm, bei Ihnen mit diesem plumpen Gaukelspiel zu reichen!"

Der Verf. spricht weiter:

„*Ich habe nicht* die Hellenischen Genossenschaften nach Italien *wandern sehen*, nicht den Aeneas und seine Troer; nicht die Arkadier, nicht die Lakoner, die nach Italien zogen. Aber griechisch-artiges Volk *sehe ich* auf dem Palatinus eine Stadt bewohnen; das ist das Aelteste der römischen Geschichte.“ „Zu beweisen liegt mir überhaupt nicht ob. Suche sich, wer mit mir den griechischen Ursprung Roms annimmt, die Beweise für denselben bei den Historikern, die solchen schuldig sind“. „Diess also ist das erste Wissen in der römischen Rechtsgeschichte, dass das alte Rom eine altgriechische Verfassung hatte, *die wir aus gänzlichem Mangel an Quellen nicht näher beschreiben können.* Wie lange sich die Verfassung von allem italischen Einfluss rein erhalten, weiss ich nicht: dass sie aber 700 Jahre v. Chr. zu Grunde ging, wird jetzt bewiesen“.

Dabei ist nur nicht so leicht einzusehen, wie der gänzliche Mangel an Quellen (deren Berichte doch falsch wären) den Verf. hindern konnte, jene älteste Verfassung eben so gut näher zu beschreiben, da ihn jener gänzliche Mangel nicht hinderte, sie mit entschiedener Gewissheit als eine altgriechische zu bestimmen. Sodann ist es nicht weniger schwer zu begreifen, warum dem Verf. obliegen sollte, den Untergang dieser Verfassung zu beweisen, da er ihre Existenz nicht zu beweisen hatte. „Zu beweisen liegt mir überhaupt nicht ob.“

Der Beweis besteht in einem tittle-tattle von Römern und Sabinern, Rom und Cures, wovon das letzte das erste absorbirt habe, und von den Curien, die eine sabinische Einrichtung gewesen, wie sich aus dem Wort curia, und den sabinischen Namen der einzelnen Curien, und aus ihrer Lage auf dem Quirinal ergebe. In dem Munde des Verfassers klingt das alles, wie Hamlet in einer Dorfscheune. Wie man Mozart glücklich preisst, dass er seine Opern nicht von gewissen Bühnen aufführen hört und sieht, so hat ein gütiges Geschick Niebuhr das Herzeleid erspart, seine Gedanken oder wenigstens Reliquien davon in dieser Umgebung zu erblicken. „In dieser Umgebung“, denn wie auch einzelne von diesen Ansichten des Verf. über den Ursprung der römischen Verfassung beschaffen sein mögen (und die eine oder die andere würde allerdings vielleicht beachtenswerth sein, wenn auch nach Niebuhr ohne das Verdienst der Originalität), so hat sie der Verf. nun, nachdem er in seiner Philosophie soweit gedieben ist, als es oben angedeutet wurde, in eine nichts weniger als anziehende Masse eingetaucht. Denn sollten wir uns irren, wenn wir annehmen, diese Abhandlung S. 43—56 sei geschrieben, ehe es mit der Philosophie zum Durchbruch gekommen war, und ehe er namentlich das sublime Princip des Unglaubens für seine Wissenschaft aufgefunden oder sich desselben bemächtigt hatte?

S. 58. hebt die „Geschichte des Rechts der Res quiritium" an, also des theokratischen Staats, der den römischen absorbirt hatte. Doch „eine eigentliche Geschichte des quiritischen Staats und Rechts giebt es nicht". Diesen Uebelstand, der jedoch keineswegs die Folge hat, uns um die „Geschichte des Rechts der Res quiritium" zu bringen, hat wiederum die Religion verschuldet. Wir erfahren hier gelegentlich, dass „der Glaube die Ergriffenheit des Bewusstseins von dem Irrthum, und alle Religion wesentlich Polytheismus ist". Es wird nun „der Staat der Genossenschaften", der patricische, beschrieben, nach seinen „drei Momenten: Setzen, Gesetztes, Wirklichkeit". Das erste, die Gesetzgebung, enthält die Functionen des Rex, des Senats, der comitia populi, und es versteht sich, dass diesen Organen durchaus nicht verstattet ist, so oder anders zu sein, ihr Dasein und ihre Functionen unterliegen der bekannten logischen Nothwendigkeit. — Das zweite Moment, das Gesetz, ist theils das Gesetz des Cultus, theils der Gentes. Die dem Verf. nicht angehörige Lehre, dass das älteste römische Recht (der Patricier) nicht in öffentliches und Privatrecht auseinander ging, sondern das letztere noch mit dem ersteren fest zusammengewachsen war, hat sich ihm wieder zu einem Extrem verknöchert, welches eine freie Entwickelung ausschliesst, deren er freilich nicht bedarf, da nicht ein inneres Princip ihm die Geschichte bildet, sondern die logische Nothwendigkeit den Menschen durch die verschiedenen Kammern durchpeitscht, die ihm durchzumachen nun einmal von seinem Tyrannen bestimmt ist. So konnten denn auch die Gentilen nicht umhin, Clienten zu haben, eine Folge der Eroberung. Diese wird, um ein Beispiel der tiefen Erörterungen, in die sich der Verf. einlässt, zu geben, so erklärt: „Der Mensch ist noch nicht *wirklich, ist* noch nicht Mensch, wenn er, wie das Thier, das Thier und die Pflanze *nimmt* und — frisst. Der Mensch ist wirklich, *wenn die Menschheit wirklich ist,* wenn der Mensch dem Menschen giebt. Den Uebergang von der Thierheit hierzu macht es, dass der Mensch dem Menschen nimmt, dass der Mensch den Menschen erobert".

Ein Obligationenrecht unter den Patriciern anzunehmen, wäre eine Gedankenlosigkeit. Denn „der Charakter des Staats ist, dass es fast gar keine willkürliche Bewegung giebt, sondern nur ein Bewegtwerden von der Natur durch Geburt und Tod".

„Ehe- und Erbrecht muss es geben". In Beziehung auf das letztere beschränkt sich der Verf. auf die Behauptung, dass das Fundament der gesetzlichen Succession der zwölf Tafeln: die römische Familie, die Suität und Agnation in jener Zeit gar nicht existirte, und dass sowohl die Meinung einer unbeschränkten als die einer beschränkten Testirfreiheit zu verwerfen sei.

Nun ist noch das dritte Moment zurück: die Wirklichkeit, d. i. das Priesterthum, das Gericht und der Kriegsstand. Der letzte Punct führt durch folgenden der Philosophie des Verf. würdigen, für Andere etwas abgeschmackten Uebergang: „der Zweifel des Kriegs wird gelöst durch den Sieg, d. i. die Intussusception, in deren Weise sich schon der die folgende Periode charakterisirende Polismus ankündigt", zu den Colonien, und sodann zu der „Gemeinde", dem Element, wodurch der Untergang jener alten Verfassung herbeigeführt ward. Es fehlt hier nicht, auch abgesehen von niebuhr'schen Resultaten, an einigem Wahren, und unter diesem ist wieder ein Theil dem Verf. eigenthümlich, aber seine Freude am Unwahren und Hässlichen hat nicht umhingekonnt, jeden einigermassen gelungenen Theil seines Gemäldes sofort durch die Fratzen, die er sich angewöhnt hat, dergestalt zu entstellen, dass der Tadel, dem er unterliegt, durch die gute Eigenschaft der von ihm missbrauchten Keime von Gedanken nur geschärft wird.

Denn man kann einer Wahrheit keinen schlechteren Dienst leisten, als ihr eine geschmacklose, verkehrte, absurde Einfassung zu geben, oder ihr gar des Gewand der Lüge umzuhängen. Was insonderheit Niebuhr anlangt, so findet, was der Verf. gegen andere Nachahmer desselben sagt: „Will eine verfrorne Phantasie dieses copiren, so giebt es eine Carricatur", eine buchstäbliche Anwendung auf ihn selbst. Und nicht bloss Niebuhr, sondern auch Hegel, wenn unsere Kenntniss dieses Mannes uns nicht täuscht, würde, wenn ihm dieses Buch in seinen letzten Stunden vorgeschwebt hätte, wie Cervantes den Verfasser des zweiten Theils von Don Quixote, ihn um Vergebung gebeten haben, „dass ich, ohne es zu wollen, ihm Gelegenheit gegeben, so viele und so grosse Dummheiten zu schreiben, wie er gethan hat, denn ich scheide mit dem Vorwurfe aus diesem Leben, die Ursach gewesen zu sein, dass er sie geschrieben hat". Ob nicht auch das junge Deutschland, als das dritte Element, unter dessen Einfluss, wie es scheint, unser Verfasser gestanden ist, ihn desavouiren wird, mag dahin gestellt bleiben; es ist wenigstens insofern nicht ganz undenkbar, als dasselbe seit einigen Jahren um einige Jahre älter geworden zu sein scheint.

Auf die „Geschichte des Rechts der Res Quiritium" folgt S. 124. die „Geschichte der Res publica Romanorum Quiritium", das heisst der Republik während des noch unentschiedenen Kampfs zwischen Patriciern und Plebejern. Hier beginnt nun der Gegensatz von öffentlichem und Privatrecht. Jener Charakter des unentschiedenen hin- und herschwankenden Kampfs wird im öffentlichen Recht, namentlich den Magistraten und den Comitien und ihren abwechselnden Functionen nachgewiesen. Im Privatrecht ist das plebejische Recht der Ursprung des ganzen römischen Privatrechts, wie es auf uns gekommen ist. Dem paterfamilias wird mit Abläugnung aller Verschiedenheit von Rechten nur Ein Recht gegeben, die Herrschaft über die Familia, das Vermögen; dieses Recht ist „auch dem Namen nach nur ein einziges. Der Sohn ist unter der manus, die Tochter, der Enkel, die Frau ist in manus, die Sclaven, die Thiere, die Grundstücke und alles Uebrige, was er hat, ist in der manus". Dessenungeachtet „da die Willkür auch stets das Gegentheil dessen wollen kann und muss, was sie will", so muss sie auch ihre Gebundenheit wollen, und dadurch entsteht neben dem dinglichen Recht der manus das persönliche Recht des nexum. Die manus konnte nur bei bestimmten Objecten Statt finden, bei denen nämlich, wo das Individuum von Interesse, wiedererkennbar, und ein sicherer Besitz möglich ist. Bei allen andern z. B. fungiblen Sachen, wilden Thieren, an denen für niemand ein sicherer, eigener Besitz denkbar ist, wird „kein Vernünftiger eine manus haben wollen", man kann nur eine Forderung auf sie haben. Der Vermögensverkehr geschieht durch die legis actiones: mündliche Rede vor der zum Beweise nöthigen Anzahl von Zeugen, da auf andere Art das Gedächtniss des Acts nicht erhalten werden konnte, und es wurde allmählich feste Sitte, nicht weniger als fünf zuzuziehen. Dabei als Zeichen der Vollendung der Rede und des Geschäfts der

Schlag mit einem Stückchen Erz an die Wage. Die einzelnen legis actiones sind: das mancipium, als Erwerbung der manus durch Uebertragung, entweder unbeschränkt, mancipium im engeren Sinn, oder mit Modificationen, fiducia und servitutes. Dem mancipium steht sodann das nexum als Entstehung der Forderung gegenüber. Ueber die mancipatio bei Sachen und freien Menschen kommen wieder einige gute Gedankenkeime vor, nur sind nicht alle so neu, wie der Verf. sich es vorstellt. Ohnediess lassen sich bei einiger Phantasie und einer gewissen Kraft poetischer Anschauung solche Erfindungen unschwer machen; schwieriger ist der Grad von Herrschaft über das Ganze zu erlangen, welcher uns bei dieser Production vor Widersprüchen mit andern gewissen oder wahrscheinlichen Sätzen zu bewahren vermag. Der Verf. hat aber eine seltsame Meinung von der Originalität und Evidenz seiner Behauptungen:

„Ich will hier in diesem Theil der Geschichte den Weg wählen, die Sache selber in ihrer klaren Objectivität auftreten zu lassen, ohne zu beweisen und zu widerlegen. Wenn sie selbst es nicht vermag, sich Bahn zu brechen und den Nebel der Thorheit zu zerstreuen, so ist es unmöglich *ihr* zu *Recht* zu verhelfen. Ich habe darüber die genügende Erfahrung gemacht; denn seit dem dritten Jahre meiner akademischen Studien, wo ich diese Entdeckungen über die manus und Alles, was damit zusammenhängt, im Wesentlichen, so wie ich sie hier mittheile, beendet und für mich zur Ueberzeugung gemacht hatte, habe ich dieselben seit fünf bis sechs Jahren auf die verschiedenste Weise mündlich und handschriftlich mitgetheilt, und bei Einigen, wo ich den hier gewählten Weg reiner Darstellung nahm, fand ich eine rege Empfänglichkeit. Andere hingegen haben mich durch eine äusserst belustigende Verstocktheit trotz allem möglichen Demonstriren nicht gerade überrascht, aber überzeugt, dass der angeborne kritische Beruf hier allein entscheidet. Bei, so zu sagen, ganz ordinären Praktikern, habe ich oft jene Anklänge einer gesunden Natur, bei ganz gelehrten Leuten jenen bis zur Unfähigkeit des Verstehens, ja des Hörens und Sehens reichenden Stumpfsinn gefunden".

Die Menschenkenntniss des Verf. in allen Ehren gehalten, könnte die Theilnahmlosigkeit dieser armen Gelehrten, die er für Unfähigkeit zu hören und zu sehen hält, nicht möglicherweise eine ganz andere Bedeutung gehabt haben, und muss er sich nicht zu dieser scheinbaren Unfähigkeit Glück wünschen, vorausgesetzt nämlich, dass seine Manieren im Umgang nicht besser sind, als in seinem Buch, wo er auf jeder Seite seinem Publicum zu verstehen giebt, wie gräulich dumm es über alle die Dinge gedacht habe, ehe er den Staar zu stechen mitleidig genug gewesen sei?

Dem mancipium und dem nexum schliessen sich noch andere Erwerbsarten an: Erzeugung aus seiner Sache, Occupation (auch als Erwerbung der Gewalt über ein Kind, wenn der Ehemann die Frau nicht in manus hat, in welchem Fall das Kind durch die Geburt in die Gewalt des Vaters der Frau kommt — so versteht der Verf. ohne weiteren Beweis das tollere filium), Usus (usus auctoritas wird sehr gut so erklärt, dass die beiden Worte den Zustand auf beiden Seiten ausdrücken: usus den Besitz ohne das Recht, auctoritas das Recht ohne den Besitz; als eine analoge Stelle, in welcher ebenfalls die beiden Seiten hervorgehoben sind, kann angeführt werden die von Paulus: „Servitus haur. aquae vel duc. biennio omissa intercidit et biennio usurpata recipitur:" der Berechtigte verliert sie, der Eigenthümer erwirbt sie zurück durch das Biennium), sodann Veräusserung der manus an das unterworfene Subject selbst, Freilassung, und Verpflichtung durch eine Lex publica, Delictsobligationen.

Den Schluss des plebejischen Privatrechts machen die Rechtsverhältnisse beim Tod des paterfamilias: „die Vertheilung der Familia nach der Lex publica" (wobei der Verf. die Existenz einer Universalsuccession, also auch des Uebergangs der Obligationen läugnet) „Schutz und Wache über freie Menschen", Vormundschaft, endlich „Dispositionsbefugniss auf den Todesfall", ebenfalls ohne Ernennung eines Universalsuccessors, welcher Begriff noch nicht existirte, wohl aber regelmässig mit der Anweisung die Schulden zu bezahlen. Die Disposition geschah per aes et libram, oder in procinctu durch unfeierliche Erklärung des Willens vor einer Heeresabtheilung, weil einige wenige herzugerufene Zeugen alle den Tod finden konnten.

Am Ende fasst der Verf. das Ganze noch einmal so zusammen: „Die beiden Gesetze: „qui nexum facit mancipiumve etc." und „paterfamilias uti legassit etc." zusammen enthalten *in ihrem umfassenden Sinn* die ganze unbeschränkte Freiheit des plebeischen paterfamilias, die also noch in den 12 Taf. anerkannt ist. Bis auf diese Zeit sind alle Rechtsgeschäfte, welche insgesammt die eine Form einer nuncupatio per aes et libram vor Zeugen haben, entweder ein mancipium, oder nexum unter Lebenden, oder die Familiae nuncupatio auf den Todesfall".

Die *Patricier*, die kein eigentliches Privatrecht hatten, wurden durch die Plebejer in eine privatrechtliche Stellung hineingedrängt. Das patricische Recht wird von Papirius aufgezeichnet um die Zeit, wo es zu verschwinden begann: die Zeit der Aufzeichnung ist überall „wo eine Legislation in Aufzeichnung des Gewohnheitsrechts besteht, die von wann die desuetudo dieses Rechts beginnt", wie sich auch an den 12 T. zeigt, „soweit diese nämlich Aufzeichnung von Gewohnheiten waren". Die Plebejer konnten von patricischem Recht nichts annehmen, denn es war nicht dazu zu gelangen ohne Curialität, wohl aber umgekehrt, und die Patricier hatten Bedürfniss und Interesse, vieles zu recipiren.

Von der Darstellung des Gerichtsverfahrens näheren Bericht zu geben, untersagen wir uns, und theilen statt dessen nur einzelne Bemerkungen mit. *Vindex*, *vindicere*, *vindicare* leitet der Verf. her von *venum dicere* (wie venum dare, vendere, weggeben), also los-freisprechen, sagen, dass etwas von der Gewalt des Gegners frei sei, was, wenn wir das Wort für ein autochthonisches halten, mehr für sich haben würde, als andere ähnliche Etymologien. Eine andere, prekärere Ansicht des Verf. ist die, dass *manum conserere* soviel heisst als: die manus, das Recht, behaupten (conserere wie adserere). Von der Erklärung des Gellius sagt er: „Ich weiss dergleichen nutzlosen Tand in dem ehrbaren alten römischen Recht nicht zu plaziren (sic), und bin mit mir einig, dass ich, so etwas einem Gellius zu glauben, für einen Scandal im Zeitalter kritischer Geschichtsforschung halte". Das „quindecim pondo ne minore aut si volet majore" bei Gellius versteht der Verf.: das Fesseln ist nur bei einer Schuld über 15 asses gestattet.

Von S. 248. beginnt die „Geschichte des sich republikanisch mit republikanischer Verfassung setzenden Staats", mit den 12 Tafeln.

„Es war eine Ansicht vom Nullpunct der Wissenschaft, welcher übrigens doch ihr Anfang ist, aussehend, dass der Inhalt der 12 T. eine Erfindung der Decemvirn gewesen; eine kindliche, aber eine muthige und geniale Ansicht. Die herrschende, dass das Gesetz eigentlich in einer blossen Aufzeichnung des Gewohnheitsrechts bestanden (dass dieses die herrschende Ansieht sei, hat der Verf. nicht weiter belegt), ist eine decrepide Dienstbotenansicht aus der Hefe des Monarchismus, welche auch wissend in der Beschränktheit ihres Wesens bleibend, meint, es habe von jeher das Wissen in Abschreiben von altem Rumpelkram und das Handeln in Servilismus gegen das Regiment der Schwäche bestanden".

Es mag aber für dieses Heft genug sein, über die grössere Hälfte des Buchs referirt zu haben. Nach diesem Bericht an das Publicum sollen auch einige Worte an den Verf. gerichtet werden, ein Unternehmen, dessen Bedenklichkeit Rec. am wenigsten verkennt, zu welchem aber er sich getrieben fühlt, er weiss nicht wie. Wir setzen uns zu einem Menschen in den Wagen, der erste Eindruck ist nichts weniger als anziehend, im Fortgang vermindert sich dieser Eindruck nicht, und doch empfinden wir beim Scheiden, dass sich unser ein gewisses Interesse an unserem Gefährten bemächtigt hat. So hier; dieses Interesse ist stark genug, um zu einer Ermahnung zu bewegen, und nicht so dringend, um über Aufnahme und Effect derselben besorgt zu machen.

Es giebt Leute, die aus Desperation auf solche Absurditäten, wie dass der Unglaube das Princip der Wissenschaft sei, verfallen, um ihren abgelebten Geist damit zu erhitzen; ihnen dergleichen nehmen zu wollen, würde so viel heissen, als ihnen den letzten Strohhalm, mit dem sie den Kopf über dem Sumpf halten, entreissen. Der Verf. ist nicht in diesem Fall; es ist nicht abzusehen, warum er zur Hanswurstjacke jener coquettirenden Ruchlosigkeit greift, da seine eigenen Kleider noch nicht abgetragen sind. Leere Köpfe ferner mögen nach dem Formelkram langen, mit dem sie ärmliche, inhaltlose, todtgeborne Gedanken ausstaffiren, damit die unerfahrne Menge meine, hinter der Vogelscheuche sei wirklich Fleisch und Bein. Warum aber will der Verf., der, wie sich aus vielen Stellen seines Buchs ergiebt, wirklich Lebendiges hervorbringen kann, seine guten Gedanken durch die Widerwärtigkeit der Fassung ungeniessbar machen, warum will er die Zigeunersprache reden, die bald nicht einmal den Unmündigen mehr imponiren wird, und welche den Verständigen zum Ekel geworden ist? — Sodann kann er sich mit Anwendung einiger Bescheidenheit das Ridicule ersparen, welches ein junger Mensch giebt, der über seine Erfindungen in so bewunderndes Erstaunen geräth, dass er ganz vergisst, wie noch andere Köpfe ausser dem seinigen existiren. Dass er bei Offenbarung seiner Ansichten das übrige rechtshistorische Publicum so übel tractirt und schimpft, wie er zu thun pflegt, wäre nicht sehr menschenfreundlich, wenn sie wirklich alle so neu wären, als er glaubt. Da diess aber bei vielen nicht einmal der Fall ist (es ist nur von der Neuheit, noch gar nicht von der Wahrheit die Rede), so ist nicht abzusehen, wie er der Gefahr, eine lächerliche Figur zu machen, entgehen will. Er erinnert an manchen Stellen an den Mann, der sich den schönsten der Welt nannte, weil er der schönste in seinem Zimmer, dem schönsten des schönsten Hauses der schönsten Stadt des Landes war, das er für das schönste der Welt hielt. Wenn er z. B. das „adjecta causa" in der „*bisher unverstandenen*" L. 1. de R. V. (der Verf. hat diese Worte selbst unterstrichen) erklärt, so durfte ihm, der seine Erfindungen in so lärmender Art vorbringt, nicht unbekannt geblieben sein, dass schon vor sechs Jahren *Mayer* in der Zeitschrift für geschichtliche Rechtswissenschaft diese Erklärung gegeben hat. Eine solche unbewusste Wiederholung ist so verzeihlich, dass wir sie kaum ein Versehen nennen können, aber sie ist es nur, wenn der Schriftsteller die Möglichkeit einer solchen bei seinen Entdeckungen, als eine nahe genug liegende, anerkannt. Sich durch Verachtung der Andern zu erheben, ist ein schlechtes Geschäft, auch wenn es gelingt; es ist die Production eines Bergs durch Abgraben der Umgegend.

Im übrigen mag immerhin der Spruch gelten: es muss auch solche Käuze geben.

Lehrbuch des heutigen römischen Rechts von **Dr. Ferdinand Mackeldey**, Königl. Preuss. Geh. Justizrathe und ord. Prof. d. Rechte zu Bonn, Ritter des rothen Adler-Ordens dritter Classe und des Kurfürstl. Hess. Hausord. v. gold. Löwen u. s. w. Nach dessen Tod durchgesehen und mit vielen Anmerkungen und Zusätzen bereichert von Dr. *Konr. Franz Rosshirt*, Grhzgl. Bad. Geh. Hofrath u. ord. Prof. zu Heidelberg, Ritter des Zähringer Löwenord. — Zwei Bände. Eilfte Original-Ausgabe. Giessen, 1838. Heyer, Vater. XX. u. 312. u. 764. S. gr. 8. (3 Thlr. 16 Gr.).

Unter allen Lehrbüchern des römischen Rechts, welche unserer Zeit angehören, hat das von *Mackeldey* das grösste Glück gemacht. Denn so dürfen wir wohl unbedenklich die Erscheinung auslegen, dass dieses Buch in einer Zeit, wo an trefflichen Werken von gleicher oder ähnlicher Bestimmung kein Mangel war, rasch hinter einander mehr Auflagen, als jedes andere, erlebt hat. Nicht so unbedenklich dürfte es sein, wollten wir das Verdienst und den Werth des Buches nach demselben Maassstabe bestimmen. In den Augen der grossen Menge und der Verleger gilt zwar das wiederholte Auflegen eines Werkes als ein untrügliches Zeichen der Vortrefflichkeit desselben; wer aber bedenkt, dass eben die Menge es ist, deren Beifall die neuen Auflagen hervorruft, und dass die Verleger es sind, deren pecuniärer Vortheil durch dieselben gesteigert wird, der wird nicht lange zweifelhaft sein, wie viel auf jene Ansicht zu geben sei. Abstrahiren wir also bei dem Urtheil über den Werth des *Mackeldey'*schen Lehrbuches von jenem scheinbaren Merkmale, und sehen wir, von äusseren Einflüssen frei, bloss auf den Gehalt des Buches. Von diesem Standpuncte aus wird nun der Unpartheiische demselben nicht absprechen: eine deutliche und einfache Darstellung, eine ziemliche Vollständigkeit in allen den Lehren, welche man als nothwendige für das Anfangsstudium des römischen Rechts zu betrachten pflegt, und ein durch alle Auflagen sichtbares Streben mit der Zeit fortzugehen, und durch die neugewonnenen, richtigeren Ansichten das Buch zu verbessern. Auf der anderen Seite wird er aber auch alles Originelle und Selbstständige in der Anlage sowohl als in der Ausführung, einen festen Plan in der Aufnahme, Ordnung und Behandlung des Stoffes, und selbst die nöthige Zuverlässigkeit in den einzelnen Lehren und Angaben vermissen. Ist diese Charakteristik des Buches richtig, so erklärt sich auch aus ihr sehr leicht das Glück, welches dasselbe gemacht hat. *Mackeldey* hat mehr, als irgend ein anderer Verfasser eines Lehrbuches, den Ton getroffen und in dem Sinne geschrieben, welcher unserem grossen Publicum zusagt; ihm konnte daher auch der Beifall desselben nicht fehlen.

Rec. nimmt keinen Anstand, dieses sein Urtheil über das Buch offen darzulegen. Manchem möchte diess gewagt erscheinen. S. XIII. in der Vorrede des Herausgebers kommt die Stelle vor:

„Wenn es Einige unter den Gelehrten gab, die dem Verdienste des Buches durch Seitenblicke gegenübertraten, so mag es uns vergönnt sein, an Matthäus VII. 1—5. und daran zu erinnern: *Non omnia possumus omnes.* Im Uebrigen nimmt der

Vater der lebenden Gelehrten, *Hugo* in der achten Ausgabe der Encyclopädie S. 306. das Buch nach seinem Zwecke und nach seiner Oekonomie in gerechten Schutz".

Rec. gesteht aber unverholen, dass diese Erinnerungen auf ihn gar keinen Eindruck gemacht haben. Gälte der Ausspruch des Herrn, welchen der Apostel an dem bezeichneten Orte vorträgt, auf dem *wissenschaftlichen* Gebiete, so dürfte von einer tadelnden Kritik gar nicht mehr die Rede sein. Ebenso mag uns der angeführte Gemeinplatz allerdings abhalten, zu viel von einem Anderen zu verlangen, aber er kann uns doch in keiner Weise hindern, zu erwägen, wie viel ein Anderer leiste, oder zu sagen, dass er weniger leiste, als wir erwarten durften. Der Bemerkung *Hugo's* endlich, auf welche der Herausgeber sich beruft, muss von diesem eine sehr weite Interpretation zu Theil geworden sein; denn der angebliche Schutz löst sich bei näherer Betrachtung in folgende Worte auf: „... Niemand wird wohl noch mit *Huber* Institutionen- und Pandekten-Materien unterscheiden, dasselbe Lehrbuch des heutigen *römischen* Rechts hat sich schon beide Namen (Institutionen und Pandecten) auf dem Titel beigelegt, und über *Mackeldey* hat er selbst beide Vorträge gehalten, ohne dass der Spott über diesen juristischen *Janus* sehr gegründet schiene, zumal, wenn man den Unterschied nicht, wie so Viele, darein setzt, dass in den Institutionen auch Rechts-Geschichte mitgenommen wird".

So betrübend auch die Veranlassung dazu war, so kann man es doch nicht mit Unrecht als ein günstiges Ereigniss für das Buch betrachten, dass es nach dem Erscheinen der zehnten Auflage in die Hände eines anderen Bearbeiters kam. Der Vater ist nur zu leicht gegen sein Kind nachsichtiger, als er sollte. Liebe und Gewohnheit lassen ihn Schwächen und Mängel desselben übersehen, das Streben nach Verbesserung wird in gar vielen Fällen durch die Unbekanntschaft mit dem Bedürfniss vereitelt. Anders ist es bei dem Fremden, welchem die Pflege des Kindes übertragen wird; er steht demselben als ein Unparteiischer gegenüber, ein freies Urtheil über gute und schlechte Eigenschaften ist ihm viel leichter möglich, und bringt er redlichen Willen und Kraft zur Verbesserung mit, so darf man von seinem Einflusse die besten Folgen erwarten. — In dieser Hinsicht konnte die bald nach *Mackeldey's* Tod von dem Verleger getroffene und bekannt gemachte Wahl *Rosshirt's* nur befriedigen und zu den schönsten Hoffnungen berechtigen. Geht diesem Gelehrten auch die Eigenschaft ab, welche gerade bei *Mackeldey* als die bedeutendste hervortritt, wir meinen die Gabe einer klaren und fasslichen Darstellung, so findet sich doch wiederum bei ihm gar Manches, was man bei *Mackeldey* zum Nachtheil für sein Buch nicht wenig vermisste, namentlich selbstständige Forschung und eine gewisse Festigkeit in gewonnenen Ueberzeugungen. So liess sich nicht ohne Grund hoffen, dass die Vorzüge, mit welchen das *Mackeldey'sche* Lehrbuch durch seinen Verfasser ausgestattet worden war, bewahrt werden, zu ihnen aber durch den Herausgeber noch mannichfache Bereicherungen und wesentliche Vervollkommnungen hinzukommen würden. Sehen wir, ob und in wie weit diese Hoffnung sich erfüllt habe.

Zu diesem Behufe wird es nothwendig, die Seiten des Buches, welche vorzugsweise einer Verbesserung bedurften, bestimmter hervorzuheben. Also was zuvörderst den Plan betrifft, so mag Rec. zwar nicht tadeln, was *Hugo* nicht für verwerflich hält, dass *Mackeldey* selbst das Buch sowohl für Institutionen- als für Pandekten-Vorträge bestimmt habe, wohl aber muss er es missbilligen, dass dasselbe im Grunde weder für den Gebrauch bei den einen, noch für den bei den anderen Vorlesungen hinlänglich geeignet ist. Für Institutionen-Vorträge passt es nicht ganz, weil es das Römisch-Justinianische Recht nicht vollständig enthält, indem es z. B. die Lehre von der Sclaverei auch nicht mit einem Worte berührt, weil es ferner canonisches und deutsches Recht, als Modificationen des Römischen, vorträgt, und diesen heutigen Gestaltungen des letzteren sogar ganze Paragraphen und Abtheilungen (z. B. in der Lehre vom Concurs) widmet, und weil es endlich — man mag nun über die Verbindung der Rechtsgeschichte mit den Institutionen denken, wie man will, — doch darin jedenfalls fehlt, dass es historische Einleitungen zu Lehren des Justinianischen Rechts da, wo sie zum Verständniss des letzteren schlechterdings nothwendig sind, z. B. in der Lehre von der Ersitzung des Eigenthums, vom Pflichttheil u. dergl. m., fast überall vermissen lässt. Für Pandekten-Vorlesungen aber enthält das Buch auf der einen Seite zu viel, — denn was soll z. B. eine Darstellung der äusseren Rechtsgeschichte in mehr als 70 §§., welche sich sogar mit den ältesten Deutschen Rechtsquellen ziemlich ausführlich beschäftigt, in einem Pandekten-Lehrbuche? — auf der anderen zu wenig, — denn z. B. auf den heutigen Zustand des Obligationenrechts ist fast gar keine Rücksicht genommen und dieses nach System und Inhalt so vorgetragen, wie es für ein Lehrbuch des heutigen Römischen Rechts schlechterdings nicht angemessen ist. — Man sieht also, es fehlt dem Buche wesentlich an einem festen Plane. Es lässt sich wohl erklären, wie der Verf., ängstlich bemüht, allen Forderungen und Erwartungen zu entsprechen, und zu wenig consequent, um eine einmal für richtig erkannte Ansicht durchzuführen und aufrecht zu erhalten, zu dieser Gestalt seines Buches kam, und dasselbe aus einem ursprünglichen Institutionen-Lehrbuche endlich unter dem Titel: Lehrbuch des heutigen Römischen Rechts, zu einem Werke umgestaltete, in welchem weder das heutige, noch das Römische Recht genügend gelehrt wird. Aber rechtfertigen lässt sich der juristische Janus in dieser Beziehung nimmermehr. Hier hatte also ein Herausgeber, welcher einer festen und entschiedenen Richtung folgte, die beste Gelegenheit, dem Buche einen bestimmten Charakter wiederzugeben. — Betrachten wir hiernächst die Art, wie der Verf. seinen Stoff behandelt hat, so bietet zuvörderst das System gar manche gegründete Veranlassung zu Ausstellungen dar. Wie der Concurs der Gläubiger dazu komme, neben Sachen-Obligationen-Familien- und Erb-Recht und neben der *in integrum restitutio* als eine sechste coordinirte Lehre ein eigenes Buch zu bilden, Das möchte wohl eben so wenig genügend sich erklären oder auch nur entschuldigen lassen, als Jemand jetzt die so eben angedeutete Stellung der *in integrum restitutio* in einem besonderen Buche hinter den vier zuerst genannten Lehren billigen wird. Aber nicht bloss diese Anordnung im Ganzen ist zu verwerfen, auch in einzelnen Lehren erblicken wir auffallende Mängel in der Systematisirung. Vorzüglich ist diess im Obligationenrecht der Fall. Der Verf. stellt zuerst die einzelnen Obligationen nach den Entstehungsgründen dar, und bildet demgemäss folgende Abschnitte: „Erstes Capitel. Obligationen aus Verträgen. Erster Titel. Von den Contracten. I. *Obligationes, quae consensu contrahuntur*. II. *Obligationes, quae re contrahuntur*. III. *Verborum obligationes*. IV. *Literarum obligationes*. — Zweiter Titel. Von den *Pactis*. I. *Pacta adjecta*. II. *Pacta legitima*. III. *Pacta praetoria*". — plötzlich findet er es aber angemessen, einige Obligationen nach dem Inhalt und Zweck zu classificiren, und so entstehen die zwei Abschnitte: „Dritter Titel. Von den Vergleichen. — Vierter Titel. Von den Sicherungsverträgen". — Nun erscheint es ihm aber wiederum rathsam, gewisse Obligationen nach ihrem Verhältniss zu dem Gesetz vorzutragen, und in Folge dieser Ansicht entsteht ein: „Fünfter Titel. Von den verbotenen Verträgen“. — Doch in Erwägung, dass ursprünglich die Entstehungsgründe für die Anordnung benutzt werden sollten, kehrt der Verf. wieder zu ihnen zurück, und es ergeben sich hiernach noch folgende Abtheilungen: „Zweites Capitel. Obligationen aus Delicten. — Drittes Capitel. *Obligationes ex variis causarum figuris*: Erster Titel. *Obligationes quasi ex contractu*. — Zweiter Titel. *Obligationes quasi ex delicto*. — Dritter Titel. Verschiedene andere Obligationen“. — Nun will Rec. gar nicht fragen: entspricht dieser ganze Schematismus dem römischen Recht, oder lässt er sich auch nur zum Theil aus demselben ableiten? Wohl aber muss er fragen: ist jene Anordnung auch nur mit einer gesunden Logik verträglich? Und diese Frage muss er leider schlechthin verneinen. Nach welcher Logik lässt es sich rechtfertigen, dass man eine und dieselbe Eintheilung nach mehreren wesentlich verschiedenen Principien, das heisst, richtiger gesprochen, nach gar keinem Princip bildet? Würde man es nicht lächerlich finden, wenn Jemand die Menschen in weisse, schwarze, Advocaten, Soldaten und Negersclaven eintheilen wollte? Und doch verfährt der Verf. auf ähnliche Weise. Er sagt: die Verträge sind entweder *contractus*, oder *pacta*, oder Vergleiche, oder Sicherungsverträge, oder verbotene Verträge. Sind denn nun Vergleiche und Sicherungsverträge nicht auch *contractus* oder *pacta*? Und sind denn die verbotenen Verträge nicht auch *pacta*? — Also auch hier erblickt man ein reiches Feld für die verbessernde Hand des Herausgebers. — Sodann lässt aber auch die Ausführung im Einzelnen gar Vieles zu wünschen übrig. Erstlich haben sich nämlich in das Lehrbuch nicht wenig offenbar falsche Angaben und Sätze eingeschlichen, und sind zum Theil schon durch viele Ausgaben unverändert fortgeführt worden. Zweitens fehlt nicht selten die Genauigkeit und Zuverlässigkeit in den Citaten, welche man von jedem guten Lehrbuche, und am meisten von einem so oft herausgegebenen unbedingt zu fordern berechtigt ist. Drittens ist auch die bessere Literatur nicht immer gehörig benutzt, die literarischen Notizen sind oft ganz fehlerhaft gegeben, und Schriften, deren Erwähnung man nach der diesfallsigen Anlage des Buches erwarten musste, sind nicht selten mit Stillschweigen übergangen. Viertens, was den Umfang des Buches anlangt, so fehlt zuweilen die nöthige Vollständigkeit, selbst in Lehren, welche, es mag nun das Buch für Institutionen oder für Pandekten oder für beide Arten von Vorträgen bestimmt sein, jeden Falls, und insbesondere nach den in anderen Materien beobachteten Verhältnissen, ausführlicher behandelt werden mussten. Endlich leidet auch die Darstellung an manchen Gebrechen, namentlich in den technischen Ausdrücken. — Sonach konnte die Thätigkeit eines umsichtigen und genauen Herausgebers auch in allen diesen Beziehungen dem Buche sehr nützlich werden.

Fragen wir nach dieser Schilderung der Mängel des Buches: hat der Herausgeber ihnen abgeholfen? so können wir leider diese Frage nur sehr theilweise und bedingt bejahen. — Betrachten wir das Einzelne.

Es wurde oben zuerst der Plan des Buches oder vielmehr der Umstand gemissbilligt, dass es gar keinen festen Plan habe. In dieser Beziehung ist es ganz unverändert geblieben. Hören wir darüber den Herausgeber selbst. In seiner Vorrede sagt er S. XIII.: „Im Ganzen hat das Buch den Charakter behalten, in welchem es bis hierher eine Lücke der Literatur ausfüllte, und Studirenden und Praktikern unentbehrlich war". Und S. XIV. bemerkt er noch: „Der Herausgeber sucht kein anderes Verdienst, als ein nützliches Buch in seinem Geiste und Zwecke nach Kräften nützlicher gemacht zu haben, wobei er sich nicht darauf berufen kann und will, dass der Verleger ausdrücklich die Eigenthümlichkeit des Buches im Ganzen und Einzelnen erhalten haben wollte".

Nachdem der Rec. oben seine Ueberzeugung von dem Mangel irgend eines bestimmten Planes und Charakters in diesem Buche ausgesprochen und gerechtfertigt hat, bleibt ihm hier nichts weiter übrig, als seine Ueberraschung und sein Bedauern zu erkennen zu geben, dass der Herausgeber durch den „Charakter, Geist und Zweck" des Buchs so sehr zufrieden gestellt worden ist. Nur einige Worte muss er noch über eine Aeusserung hinzufügen, welche sonst leicht zu Missdeutungen Veranlassung geben könnte. Das Buch soll bis hierher eine Lücke der Literatur ausgefüllt haben. Ohne Zweifel liegt dieser Redensart eine Verwechslung zum Grunde. Eine Lücke der Literatur war bisher allerdings insofern vorhanden, als ein Lehrbuch gänzlich fehlte, in welchem die Rechtsgeschichte mit den Institutionen verbunden worden wäre. Diejenigen Docenten, welche diese durch methodologische Gründe hinlänglich gerechtfertigte Verbindung in ihren Vorlesungen bewerkstelligen wollten, mussten daher, wenn sie nicht des so wichtigen Hülfsmittels eines Lehrbuches ganz entbehren wollten, sich so gut es ging mit einem der vorhandenen Institutionen-Lehrbücher zu behelfen suchen. Zu einem solchen Nothbehelf erschien nun das *Mackeldey'sche* Lehrbuch als vorzüglich brauchbar. Denn wenn dasselbe auch aus den oben angegebenen Gründen den Erfordernissen eines Institutionen-Lehrbuches keineswegs gehörig entspricht, so enthält es doch eine ziemlich ausführliche Uebersicht der äusseren Rechtsgeschichte und hier und da auch einige die Geschichte der Rechtslehren betreffende Notizen; auch ist es bei den öfter wiederkehrenden Auflagen doch wenigstens in manchen Beziehungen mit der Wissenschaft fortgeschritten. Aus diesen Gründen wurde es von sehr vielen Docenten ihren Vorträgen über Institutionen mit Rechtsgeschichte zum Grunde gelegt. Heisst das denn nun aber: es hat das Lehrbuch eine Lücke der Literatur *ausgefüllt*? Richtiger ist, was der Herausgeber weiter bemerkt, es sei das Buch Studirenden unentbehrlich gewesen. Es empfahl sich namentlich Anfängern durch die grosse Klarheit der Darstellung und dadurch, dass sie so ziemlich das Meiste, was sie vom römischen Recht lernen zu müssen glaubten, zusammengestellt fanden. Dass es aber auch den Praktikern unentbehrlich gewesen sei, ist dem Rec. neu. Von Sachsen glaubt er bestimmt das Gegentheil versichern zu können; eine Auctorität hat wenigstens hier, so viel er weiss, das Buch in der Praxis niemals erlangt.

In Betreff der systematischen Anordnung ist der Herausgeber durch das Buch nicht so befriedigt worden. Er hat hier mehrere Aenderungen vornehmen zu müssen geglaubt, und seiner diesfallsigen Thätigkeit zu wenig Gerechtigkeit widerfahren lassen, wenn er, (freilich um den möglichen Zweifeln an der ferneren Brauchbarkeit der bei demselben Verleger erschienenen *Herrmann'schen* Beweisstellen-Sammlung zu begegnen), S. XIV. in der Vorrede sagt: „Selbst die Ordnung ist bis auf kleine Veränderungen beibehalten". Doch untersuchen wir die Früchte dieser Thätigkeit etwas genauer. Von den oben beispielsweise gerügten Hauptmängeln des Systems ist einer durch den Herausgeber beseitigt worden. Der *in integrum restitutio* und dem Concurse sind nicht mehr als Haupttheilen besondere Bücher gewidmet; beide Lehren sind vielmehr einem anderen Buche einverleibt worden. Rec. würde sich freuen, diese Veränderung als ein Verdienst des Herausgebers um das Werk rühmen zu können, wäre nicht die neue Stellung von der Art, dass man nicht wohl widersprechen könnte, wenn

Jemand behaupten wollte: die Beibehaltung der alten oben getadelten Ordnung würde unter beiden Uebe'n das kleinere gewesen sein. Der Herausgeber hat nämlich jene zwei Lehren in das Obligationenrecht gestellt. Der Concurs (bei welchem jedoch mit Recht die ganz ungehörige Darstellung des processualischen Verfahrens weggelassen worden ist), bildet jetzt den dritten Abschnitt des Obligationenrechts unter der Ueberschrift: „Von der Geltendmachung der Obligationen besonders im Concurse", die *in integrum restitutio* aber ist ein Theil des vierten Abschnitts: „Von der Beendigung der Obligationen" geworden, indem derselbe jetzt in zwei Capitel zerfällt, das eine mit der Rubrik: „Ohne Restitution", das andere mit der: „Durch Restitution". Gegen jene neue Stellung des Concurses würde sich nun, sofern vom rein römischen Rechte die Rede wäre, allerdings Nichts einwenden lassen; auch ist sie in dieser Beziehung nach *Heise's* Vorgang in mehreren Lehrbüchern angenommen worden. Allein in der Art, wie der Concurs gerade im *Mackeldey*'schen Lehrbuch vorgetragen wird, das heisst als heutiger Concurs in seinem ganzen Umfange, gehört er schlechterdings nicht in das Obligationenrecht. Denn z. B. die Lehre von den Separatisten *ex jure dominii* kann nimmermehr aus dem Gesichtspunct der Geltendmachung von Obligationen betrachtet werden. Der Herausgeber musste also, wenn er einmal in der angegebenen Weise ändern wollte, die bei *Mackeldey* unverhältnissmässig ausführliche Concurslehre auf ein der Darstellung der übrigen Rechtslehren entsprechendes Maass zurückführen, wo er sie dann mit beiläufigen Bemerkungen über die nicht ins Obligationenrecht gehörigen Verhältnisse und über die heutigen Erweiterungen recht gut an den jetzt gewählten Ort stellen konnte. — Durchaus verfehlt scheint aber dem Rec. die von dem Herausgeber gewählte Stellung der *in integrum restitutio* zu sein. Zur Rechtfertigung derselben hat der Letztere im Lehrbuche selbst Nichts gesagt, man müsste denn dafür gelten lassen wollen, was in der Anm. a) zum §. 497. (welcher jetzt der erste in der Restitutionslehre ist) steht: „Im ächt römischen Systeme muss man so lehren: die *obligatio* oder *actio* wird direct oder indirect aufgehoben, das letztere *per exceptionem et restitutionem*. Da aber die Restitution ein ausserordentliches und subsidiäres Rechtsmittel ist, so hat dieselbe eine eigene Stellung." Es bezieht sich diess aber wohl darauf, dass der Herausgeber die Auflösung der Obligationen durch *exceptio* von der durch *restitutio* getrennt, und jene in die Rubrik: Beendigung der Obligationen ohne Restitution, hinter die Auflösung, welche *ipso jure* erfolgt, gestellt hat. Dagegen hat derselbe sich in seiner und *Warnkönig's* Zeitschrift für Civil- und Criminalrecht Bd. 2. H. 1. S. 33. über den der *restitutio* im Systeme anzuweisenden Platz folgender Maassen erklärt: „In dieser Beschränkung (auf die prätorische Restitution) aber ist zwar allerdings zuzugeben, dass durch die Restitution Obligationen aufgehoben werden, und nicht mit Unrecht wird diese Lehre daher von vielen Civilisten zu den Aufhebungsarten der Obligationen selbst und gewiss besser in dem Systeme hier aufgestellt, als wenn sie als *appendix* behandelt wird, zumal da, soferne auch dingliche Rechte aufgehoben und restituirt werden, diess doch immer auf dem Wege der Actionen geschieht, die selbst Obligationen sind". — Rec. muss es nun zuerst schon missbilligen, dass hier ein Institut nicht nach seinem eigentlichen Zweck aufgefasst und im System gestellt wird, sondern lediglich nach einem zur Erreichung dieses Zwecks nothwendigen Mittel. Nicht die Aufhebung von Rechten ist der eigentliche Zweck der Restitution, — damit würde den Verletzten in der Regel wenig gedient sein, — sondern die Wiederherstellung früherer Rechte, und die Aufhebung erscheint dabei nur als nothwendige Bedingung der Wiederherstellung. Darum heisst dieses ausserordentliche Rechtsmittel auch *in integrum restitutio*, nicht *rescissio*. Sodann erscheint aber auch der von dem Herausgeber für seine Ansicht beigebrachte Grund bei näherer Betrachtung als schlechthin unstatthaft. Denn ausser den Obligationen sind nicht blos dingliche Rechte Gegenstände der Restitution, sondern dieselbe findet, abgesehen von einzelnen genau bestimmten Ausnahmen, bei Rechten aller Art Statt, und daher kommen als Fälle, welche sich zur Restitution eignen, in den Quellen z. B. vor: Versäumung processualischer Fristen und Termine, Adoptionen, Arrogationen, Emancipationen, richterliche Entscheidungen u. dergl. m.; vergl. *Burchardi* d. Lehre v. d. Wiedereinsetzung in den vorigen Stand § 7. und 9. Aber auch wenn wir von allen diesen und ähnlichen Fällen abstrahiren wollten, so würde doch der Grund des Herausgebers nichts destoweniger unhaltbar bleiben, weil die Restitution keineswegs „immer auf dem Wege der Actionen" erfolgt, sondern es bekanntlich auch eine Restitution durch Gewährung einer *Praetoria cognitio* oder einer *causae cognitio* giebt, für welche man doch nicht das jetzt so oft gemissbrauchte Argument: die Actionen sind Obligationen, geltend machen kann. Gesetzt aber auch, es existirte dieser zweite Weg der Restitution gar nicht, so würde es doch immerhin unrichtig sein, zu sagen, die Restitution geschehe immer auf dem Wege der Actionen, da wenigstens ursprünglich stets die Restitution selbst schon durch das Decret des Magistratus erfolgte, und das Rechtsmittel, welches derselbe ertheilte, nicht angestellt wurde, um Restitution zu erlangen, sondern um nach erlangter Restitution das frühere, wiederhergestellte Recht geltend zu machen. Vergleiche *v. Schröter* in d. Zeitschr. f. Civilr. u. Proz. Bd. 6. S. 100. ff. Wollte man aber auch diess hier weiter nicht beachten, so würde die Stellung der Restitution unter die Beendigungsgründe der Obligationen doch jedenfalls deshalb unzulässig sein, weil bei der Frage: was ist Beendigungsgrund der *Obligationen*? doch lediglich der Umstand entscheiden kann, dass wirklich eine *Obligation* aufgehoben wird, nicht aber der, dass die Aufhebung *irgend eines anderen Rechts* auf dem Wege der Action (d. h. der Obligation) erfolgt. Endlich darf auch nicht übersehen werden, dass durch die Restitution, sofern sie sich auf Obligationen bezieht, nicht bloss die Begründung, sondern auch die Beendigung derselben, z. B. eine Novation, Acceptilation u. dergl. aufgehoben werden kann, man also, wenn man die Restitution unter die Beendigungsgründe der Obligationen stellt, eine Beendigung dieser Beendigungsgründe unter diese selbst mit aufnimmt. Uebrigens gesteht Rec. gern, die „vielen Civilisten“, welche nach der Versicherung des Herausgebers ihm in der jetzt vorgenommenen Stellung der Restitution vorangegangen sind, nicht zu kennen; nur bei *Thibaut* hat er sie in der neuesten Ausgabe des Systems des Pandekten-Rechtes S. 680—696. gefunden; jedoch ist diese Veränderung seines Wissens noch von keiner Seite als eine Verbesserung bezeichnet worden. Der angemessenste Ort, welcher der *in integrum restitutio* im Systeme angewiesen werden kann, ist ohne Zweifel der von *v. Savigny* (soweit sich diess aus dem Grundrisse der Geschichte, Alterth. und Institutionen d. R. R. von *Pernice* schliessen lässt), sodann von *Mühlenbruch* und jetzt auch von *Schilling* und *Puchta* gewählte; sie gehört unter die Rechtsmittel in den Abschnitt von der Geltendmachung und dem Schutz der Rechte. — Um bei dieser Gelegenheit zugleich einen anderen verwandten Uebelstand zu berühren, welchen aber der Herausgeber nicht erst hervorgebracht, sondern nur hat fortbestehen lassen, so wird auch die allgemeine Lehre von den Interdicten an einer Stelle vorgetragen, an welche sie nicht gehört. Sie steht nämlich in der Lehre vom Besitz (§. 230. und 231.), als ob die Interdicte blos um des Besitzes willen da wären, während sie doch offenbar ebenfalls in den Abschnitt von der Verfolgung und Schützung der Rechte gestellt sein müsste. — Ausser der Stellung des Concurses und der Restitution wurde oben auch noch die unlogische Anordnung der Vertragslehre am *Mackeldey*'schen Lehrbuche gerügt. Der Herausgeber hat an ihr keinen Anstoss genommen. — Dagegen hat er drei andere Aenderungen in der Stellung einzelner Lehren vorgenommen, welche, wenn sie auch nicht so dringend nothwendig erscheinen, als diejenigen es waren, welche Rec. so eben vermisst hat, doch jedenfalls als zweckmässig anerkannt werden müssen. Es sind folgende: Der allgemeine Theil bestand bisher aus fünf Abschnitten, von welchen der vierte von den Handlungen und rechtlichen Geschäften, der fünfte von den Rechten und deren Verfolgung handelte; der letztere zerfiel wiederum in drei Capitel: 1) Von den Rechten überhaupt. 2) Von den besonderen Rechten und Privilegien. 3) Von den Klagen und Einreden. Der Herausgeber hat diese beiden Abschnitte zu einem einzigen, dem jetzigen vierten und zugleich letzten Abschnitte vereinigt, und denselben in folgende drei Capitel getheilt: 1) Von den Rechten überhaupt. Dieses Capitel enthält den ganzen ehemaligen vierten Abschnitt und das erste Capitel des fünften. 2) Von den besondern Rechten und Privilegien. 3) Von der Verfolgung der Rechte, insbesondere von den Klagen und Einreden. Diese Aenderung verdient insofern Billigung, als die Lehre von den Rechtsgeschäften allerdings mit der von der Begründung, der Erhaltung und dem Verlust der Rechte im nächsten Zusammenhange steht, und demgemäss auch eine Verbindung beider Lehren in der Darstellung für das richtige Verständniss derselben von Nutzen sein muss. Nachlässiger Weise ist aber in der Inhalts-Uebersicht von dieser Aenderung gar keine Notiz genommen, vielmehr sind die Abschnitts- und Capitel-Rubriken gerade so wieder abgedruckt worden, wie sie in der vorigen Auflage standen. Uebrigens ist der Inhalt jenes ersten Capitels des jetzigen vierten Abschnitts auch im Einzelnen mehrfach umgestellt worden. Namentlich ist die Lehre von den Zeitverhältnissen in Hinsicht auf die Rechte jetzt an das Ende der ganzen Lehre verwiesen worden. Eine zweite Aenderung in der Anordnung findet sich im besonderen Theil in der Lehre von der Entstehung der

Obligationen (Buch 2. Abschn. 2.), indem im dritten Capitel (von den *Obligationes ex variis causarum figuris*) der dritte Titel, welcher „verschiedene andere Obligationen" ausser denen *quasi ex contractu* und *quasi ex delicto* umfasst, ganz neu gestellt ist. Bisher standen die verschiedenen vom Verf. hierher verwiesenen Obligationen ohne alles Princip ziemlich bunt unter einander; der Herausgeber hat sie nach der materiellen oder objectiven Verschiedenheit so classificirt: 1) „die allgemeine Leistungspflicht für andere, die als unsere Stellvertreter erscheinen oder die in unserer Gewalt stehen" (*actio exercitoria, institoria, quod jussu* u. s. w.); 2) „die *obligatio* auf Zurückgeben *ob causam*" (*condictio sine causa, ob turpem causam*); 3) „die *obligatio* auf Exhibition" (*actio ad exhibendum*); 4) die *obligatio* wegen Ersatzes erlittenen Schadens (*lex Rhodia de jactu, noxa* und *pauperies*) „ferner wegen Ersatzes und vielmehr Sicherheit des (sic!) zu befürchtenden Schadens" (*damnum infectum*). Wer ein Mal die von *Mackeldey* beliebte Ordnung der Obligationen und namentlich die Bereicherung der *Obligationes ex variis causarum figuris* mit allen möglichen, nicht gut anderswo unterzubringenden Obligationen billigt, der kann auch an sich nichts dagegen einwenden, wenn in dieses Chaos durch den Herausgeber eine leidliche Ordnung gebracht wird. Nur freilich stimmt diese nach materiellen Rücksichten gebildete Stellung wenig mit der in den übrigen Theilen des Obligationenrechts meistens befolgten formellen Classification überein; sie ist aber wiederum ein deutlicher Fingerzeig, wie misslich es ist, ein vollständiges System des römischen Obligationenrechts auf den Grund des Unterschieds zwischen *obligationes ex contractu, obligationes ex delicto* und *obl. ex variis causarum figuris* construiren zu wollen. — Endlich auch in der Lehre von der Beendigung der Obligationen ist, abgesehen von der schon oben besprochenen Erweiterung derselben durch die Aufnahme der *in integrum restitutio*, eine nicht unbedeutende Veränderung vorgenommen worden. *Mackeldey* hatte nämlich im Anfang dieser Lehre einige, sehr ungenügende Bemerkungen über die Aufhebung der Obligationen *ipso jure* und *ope exceptionis* gemacht, daran den Satz geknüpft, dass sich heut zu Tage die Beendigungsgründe nach diesem unpraktischen Unterschiede nicht mehr vortragen liessen, und diese dann nach der Eintheilung in allgemeine und besondere aufgeführt. Der Herausgeber hat zuvörderst die Darstellung jenes Unterschieds ganz umgestaltet; an welcher Neuerung jedoch Rec. namentlich Das nicht billigen kann, dass der Herausgeber alle Verweisung auf die Quellen weggelassen hat, so dass bei ihm der ganze Unterschied beinahe als eine Erfindung der Neueren erscheint. Ferner hat derselbe an jene Darstellung die Bemerkung geknüpft, dass an dem bezeichneten Unterschied nicht nur das römische Obligationensystem sich noch erläutern lasse, sondern dieser Standpunct am wenigsten da verlassen werden könne, wo die Lehre von der Entstehung der Obligationen ganz im römischen Systeme vorgetragen sei. Hiermit ist Rec. vollkommen einverstanden; es war bisher eine Inconsequenz des Lehrbuches, dass die Entstehungsarten der Obligationen nach einer sog. römischen Classification, — welche, man mag nun über sie denken wie man will, doch keinen Falls für das praktische Recht passt, — die Beendigungsarten aber ohne Rücksicht auf die Ansicht des römischen Rechts in einer dem praktischen Recht mehr entsprechenden Ordnung vorgetragen wurden. Der Herausgeber hat sich das Verdienst erworben, wenigstens hier die nöthige Einheit hergestellt zu haben. Er führt die Beendigungsarten der Obligationen in folgender Ordnung auf: A. *Solutio ipso jure*: *Solutio* als wirkliche *praestatio*, gerichtliche Deposition, Novation, Confusion, zufälliger Untergang der schuldigen Species, Zusammentreffen zweier lucrativen Erwerbungsgründe. B. *Solutio ope exceptionis*: *Pactum de non petendo*, Compensation, letztwillige Verordnung, Eid, rechtskräftiges Erkenntniss, Verjährung. Gegen diese Anordnung, welche auf den von dem Herausgeber in seiner erwähnten Zeitschrift a. a. O. S. 15. ff. entwickelten Gründen beruht, hat Rec. in der Sache weniger einzuwenden, als in der Form. Es sind nämlich die zur Bezeichnung des Unterschieds in der Auflösung der Obligationen gewählten Ausdrücke: *solutio ipso jure* und vollends *solutio ope exceptionis* dermassen unrömisch, dass gewiss ein römischer Jurist, wenn er sie gehört hätte, kaum gewusst haben würde, wovon hier die Rede sei. — Uebrigens weiss Rec. es sich nicht recht zu erklären, warum der Herausgeber, da er einmal Aenderungen im System in mehreren Fällen vorgenommen hat, doch im §. 258. so enthaltsam gewesen ist, dass er eine nothwendige Umstellung blos angedeutet, nicht ausgeführt hat. In diesem §. nämlich, sowie im §. 265., wird die unvordenkliche Verjährung unter den Arten der Eigenthums-Ersitzung aufgeführt und abgehandelt. Nun gehört sie aber dahin bekanntlich nicht, da sie weder im römischen Recht in dieser Bedeutung vorkommt, noch heut zu Tage auf das Eigenthum beschränkt ist.

Der Herausgeber hat sich aber doch blos begnügt, die letzten Worte des §. 258. zu ändern und zu schreiben: „Daran angeschlossen wird gewöhnlich die unvordenkliche Verjährung". Warum nun gerade hier diese halbe Maassregel?

Wir wenden uns jetzt zu dem dritten Punct, welcher in dem Lehrbuche als ungenügend bezeichnet wurde, zu der Ausführung im Einzelnen. Es sollen hier die verschiedenen oben aufgeführten Gebrechen derselben nachgewiesen werden, woran sich sogleich eine Würdigung Dessen anschliessen kann, was der Herausgeber zu deren Abhülfe gethan hat. Es wurde also zuerst gerügt, dass sich so manche falsche Angaben und Lehren in dem Buche fänden. Nun hat allerdings der Herausgeber in dieser Hinsicht einige Verbesserungen vorgenommen; wie viel er aber hier noch zu wünschen übrig gelassen habe, wird aus folgendem Verzeichnisse zum Theil recht grober Irrthümer hervorgehen, welche von ihm aus der zehnten Auflage noch beibehalten worden sind. Rec. schickt nur noch die Bemerkung voraus, dass er, um nicht ungerecht zu sein, leichtere Versehen, wie z. B. dass im §. 38. Anm. a) die *edicta repentina* für gleichbedeutend mit den *edicta, prout res incidit,* behandelt werden (s. dagegen *Zimmern* Gesch. d. Röm. Privatrechts Bd. 1. §. 37. Anm. 7. S. 119. u. *Mühlenbruch* Lehrbuch des Pandekten-Rechts §. 5. Anm. 3. S. 11.), übergehen wird. — Mehrere Unrichtigkeiten enthält §. 35. In der Anm. d) wird behauptet, es sei zweifelhaft, ob *Cn. Flavius* das Buch, in welchem *Appius Claudius* die *legis actiones* zusammengestellt hatte, mit dem Willen des letzteren, oder wider dessen Willen entwendet habe, und zum Beleg dieses angeblichen Widerspruchs werden einige Worte von *Pomponius* (L. 2. §. 7. D. *de orig. jur.*) und von *Plinius* (*H. N.* XXXIII. 1.) wörtlich angeführt. Allein hier ist nichts zweifelhaft, denn *Pomponius* spricht allerdings von jenem Buche, und sagt, dass *Flavius* es dem *Appius* entwendet hätte, *Plinius* dagegen spricht von etwas ganz Anderem, nämlich davon, dass *Flavius* die *dies fasti* auf Anrathen des *Appius* aufgezeichnet hätte. Ferner wissen wir gar nicht, wie doch im Text des §. gesagt wird, ob *Flavius* die *dies fasti* erst nach den *legis actiones* bekannt gemacht habe. Sodann ist es völlig irrig, wenn es weiter im Text des §. heisst: „*Tiberius Coruncanius*, der erste Plebejer, welcher zum Pontificat gelangte (*a. u.* 452.)"; nur aus der Verwechslung zweier völlig verschiedener Nachrichten ist diese Angabe entstanden. Allerdings kommt der erste plebejische Pontifex im Jahr 452. vor

(*Liv.* X 9.), allein nicht *Coruncanius* als solcher, sondern dieser war der erste Plebejer, welcher *Pontifex maximus* wurde, und zwar um das J. 500. *Cic.* de orat. III. 33. *Liv.* Epit XVIII. Endlich ist es ein starker Irrthum, wenn am Ende des §. *Q. Mucius Scaevola*, der Augur, als der Sohn des *Publius Muc. Scaev.* bezeichnet wird, welchen *Pomponius* zu den dreien, *qui fundaverunt jus civile*, rechnet. Er war vielmehr ein Sohn des *Quintus Muc. Scaev.*, des Vatersbruders dieses *Publius*; der Sohn des letzteren war der berühmte *Q. Mucius Scaev.*, welchen *Mackeldey* im §. 45. erwähnt. S. *Cic.* Brut. 26. u. 89., *Ernesti Clav. Cic.* und jetzt *Orellii et Baiteri Onomast. Tullian. v. Mucius.* — Merkwürdig ist auch das Missverständniss in der Anm. b) zum §. 42., wo die Worte: *Etsi alterum pedem in tumulo haberem, non pigeret aliquid addiscere*, aus L. 20. D. *de fideic. libertat.* XL 5. als ein Wahlspruch des *Salv. Julianus* angeführt werden. In dieser Stelle werden vielmehr jene Worte als eine Aeusserung eines 87jährigen Mannes mitgetheilt, welcher beim *Pomponius* anfragte, ob ein Ausspruch des *Julianus* wahr sei, und diese seine Anfrage durch jene eigentlich in griechischer Sprache ausgedrückte Sentenz motivirte. Schon die blosse Lectüre der Stelle musste vor jenem Fehlgriff bewahren. Ueber das Weitere s. *Schilling Diss. crit. de fragmento jur. Rom. Dositheano* p. 54 und *Kaemmerer Interpretatio fr. 20. D. de fideic. libert. Rostoch.* 1828., welcher Letztere sehr wahrscheinlich einen späteren Philosophen als den Urheber jener Sentenz ansieht. — Die dritte Periode (bis auf *Severus Alexander*) wird im §. 48. mit einem sehr starken Missgriff beschlossen. In der Anm. a) wird nämlich unter den Bruchstücken von juristischen Schriften unbekannter Verfasser aus dieser Periode auch das *Fragmentum graecum de obligationum causis et solutionibus, imprimis de stipulatione Aquiliana*, welches *Haubold* herausgegeben hat (*Opusc. Vol.* II. p. 347. ff.), mit aufgeführt. Offenbar kennen Verfasser und Herausgeber diese Schrift nur dem Titel nach, denn hätten sie *Haubold's* Bemerkungen wirklich gelesen, so würden sie gefunden haben, dass das fragliche Fragment jeden Falls nach *Theophilus* geschrieben ist, und also der byzantinischen Jurisprudenz angehört. — Nicht zu billigen ist es, wenn im §. 54. so zuversichtlich, als wäre es eine ausgemachte Sache, gelehrt wird, dass der *Gregorianus codex* die Constitutionen von *Hadrian* bis auf *Constantin*, der *Hermogenianus* aber als eine Nachlese zu demselben Constitutionen von *Diocletian* und *Maximinian* enthalten habe. Alles diess beruht doch nur auf Vermuthungen, welche zum Theil sogar nicht ein Mal die Wahrscheinlichkeit für sich haben. Uebrigens ist es auch nicht richtig, wenn es in der Anm. b) zu demselben §. heisst, *Ulpian* habe in seinem Buche *de officio proconsulis* alle gegen die Christen erlassenen Verordnungen gesammelt. Denn erstlich schrieb *Ulpian* nicht ein, sondern zehn Bücher *de off. proconsulis*, und zweitens sammelte er in denselben überhaupt Strafrescripte der Kaiser (*Collat.* XV. c. 2.), und unter diesen allerdings auch die gegen die Christen gerichteten; die ebendaselbst erwähnte Sammlung von *Paulus* enthielt blos Entscheidungen von *Septimius Severus* und *Antoninus Caracalla*. — Die Constitutionen, durch welche *Justinian* seine Sammlungen bestätigte und publicirte, finden sich keineswegs, wie es im §. 60. Anm. c) heisst, im *tit.* *C.* I. 17. zusammengestellt, sondern hier stehen blos die *Const. Deo auctore, Tanta* und *Dedit*. — Von den funfzig Decisionen sind nicht, wie im §. 66. gesagt wird, vier und dreissig schon vor dem Jahre 530., sondern vielmehr vor der *Const. Deo auctore*, d. h. vor d. 15. Dec. 530. erlassen worden. S. *Schrader* civ. Abhandlungen S. 241. Anm. *b*) und *Zimmern* a. a. O. §. 49. Anm. 9. S 177. (wo jedoch das Datum der erwähnten *Const.* nicht richtig angegeben ist). — Im §. 71. heisst es: „Bald nach *Justinian's* Tode wurde indess eine Sammlung von 168. griechischen Novellen verfertigt". Allein es sind in dieser Sammlung auch mehrere, nur in lateinischer Sprache erlassene Novellen enthalten. S *Biener* Geschichte der Novellen S. 16. ff. S. 91. — Ein sonderbarer Widerspruch steht im §. 72.: „Auch wurde nicht lange nach *Justinian's* Tode eine *vollständige* lateinische Uebersetzung der Novellen verfertigt, *die jedoch nur* 134 *Novellen enthielt*". — Die mancherlei Bedenken, welche Rec. gegen die Darstellung der Schicksale des römischen Rechts im Orient im §. 74. vorbringen könnte, will er lieber unterdrücken, da auf diesem Gebiete noch so viele Zweifel und verschiedene Ansichten selbst unter den besten Kennern und Bearbeitern desselben herrschen, dass man die Festhaltung der herkömmlichen Meinungen gerade dem Verf. dieses Lehrbuches am ersten nachsehen kann. Vom Herausgeber aber konnte man in der That, da er sogar Ideen über eine künftige Geschichte der Fortbildung des Justin. Rechts im Orient im Zusatz zu §. 74. niedergelegt hat, eine Verbesserung der gegenwärtigen Mängel des Lehrbuches in den Notizen über das byzantinische Recht erwarten. Von den in den Anmerkungen citirten neusten Untersuchungen über die Rechtsbücher des Orients ist kaum eine einzige wirklich benutzt worden. — Im §. 78. heisst es: *Justinian* habe im Jahr 535. die Ostgothen in Italien besiegt, und dieses Land selbst wieder unter seine Botmässigkeit gebracht. Allein die Besiegung der Gothen und die Unterwerfung Italiens kann füglich erst vom Jahr 553. an datirt werden, in welches der Tod des *Tejas* fällt; die früheren für *Justinian* günstigen Ereignisse hatten durchaus noch nicht jene bedeutenden Folgen. Ein Druckfehler ist hier schwerlich anzunehmen, weil auch die früheren Ausgaben des Lehrbuches das Jahr 535. haben und die ganze Stelle fast wörtlich aus *Spangenberg's* Einleitung in d. röm. Just. Rechtsbuch S. 94. abgeschrieben ist, wo ebenfalls 535. steht. — Wenigstens zweideutig ist es, wenn im §. 120. gesagt wird, die *patria potestas* erstrecke sich „über Kinder und Enkel"; sie erstreckt sich über Descendenten überhaupt oder Kinder im weiteren Sinne; dadurch, dass besondere Arten derselben namhaft gemacht werden, muss die Meinung entstehen, als seien nur diese jener Gewalt unterworfen. Derselbe Fehler kehrt im §. 544. wieder. Unrichtig ist es ferner, wenn ebenfalls im §. 120. die *manus* nur als „Gewalt des Ehemannes über seine Ehefrau, mit der er in strenger Ehe lebte", bezeichnet wird; auch dem fremden *coëmtionator* stand die *manus* über die Frau zu, welche sich an ihn verkauft hatte. *Gaj.* I. 113. 114 136. II. 139. — An der Darstellung der Schmälerungen der *existimatio* im §. 123. muss Rec. besonders rügen, dass es unter Nr. 3) heisst: „Diejenigen Personen, welche nach der Ansicht der Römer mit einer *levis nota* behaftet waren. Dahin gehörten nur die Freigelassenen und die Kinder Derjenigen, *qui artem ludicram faciunt*". Denn erstlich kann von einer Ansicht der Römer darüber, wer mit *levis nota* behaftet sei, gar nicht die Rede sein, da dieser Ausdruck bekanntlich nur ein einziges Mal in einer Constitution von *Constantin* d. Gr. vorkommt. Zweitens fragt Rec., woher man wisse, dass *nur* die genannten Personen mit *levis nota* behaftet waren? Wird dieser Ausdruck einmal zur Bezeichnung einer besonderen Art von Ehrenschmälerung angenommen, so sind derselben doch gewiss mit gleichem Grunde auch die *plebeji* (L. 5. Th. C. *de bon. proscript.* IX. 42. L. 12. C. *de dignit.* XII. 1.), die *ultimi negotiatores*, die *stationarii* (L. 6. C. *eod.*) u. a. m. unterworfen. S. *Marezoll* über die bürgerliche Ehre S. 285. ff. *Mühlenbruch* a. a. O. §. 190. unter Nr. III. — Der Satz, dass das Greisenalter, welches von der Uebernahme öffentlicher Aemter befreit, erst mit dem vollendeten 70sten Jahre seinen Anfang nehme, ist nicht so unbedingt richtig, wie er im §. 126. hingestellt wird; vom Decurionate befreit schon das vollendete 55ste Jahr. L. 2. §. 8: L. 11. D. *de decurion.* L. 2. — Dass Zornige im Zustande des Zornes keine rechtlichen Geschäfte vornehmen können, wie im §. 161. unter Nr. 1) gelehrt wird, ist mehr behauptet, als durch die dafür citirte L. 48. D. *de reg. jur.* L. 17. bewiesen wird. Denn erstlich spricht die Stelle nur vom *calor iracundiae*, also vom Zustand der höchsten Leidenschaft und Aufregung, in welcher der Handelnde der Herrschaft über sich kaum mächtig ist; und zweitens ist ein solcher Jähzorniger nicht gerade unfähig zur Abschliessung rechtlicher Geschäfte, sondern die von ihm in jenem Zustande eingegangenen gelten allerdings, sobald er nach dem Wiedereintritt der Gemüthsruhe die Uebereinstimmung seines Willens mit seiner früheren Handlung zu erkennen giebt. Dasselbe muss von höchst Betrunkenen gelten, welche das Lehrbuch neben den Zornigen erwähnt; nur steht freilich in den dafür citirten Stellen: *can.* 7. *C.* 15. *qu.* 1. und cap. 14. *X.* III. 1. kein Wort davon! — Unrichtig ist es, wenn im §. 165. unter Nr. 3) die Bauern unter Denen genannt werden, welchen der Rechtsirrthum gar nicht oder nicht immer schade. *Rustici* sind hier nicht Bauern, sondern Leute, welchen Rechts- und Geschäftskenntniss, Einsicht und geistige Bildung abgeht. S. *Mühlenbruck* im Archiv für d. Civil. Prax. Bd. II. S. 446. ff. — Im §. 174. heisst es wörtlich so: „*Causa* heisst hier der *Beweg*grund, wodurch Jemand dem Andern etwas zu geben *bewogen* wurde.“ !!! — Ebendaselbst ist auch die Ausnahme von der Regel: *Falsa causa non nocet*, unrichtig so bezeichnet: „wenn ein Irrthum dabei zu Grunde liegt“; denn ein Irrthum wird einer *Falsa causa* stets zum Grunde liegen, sofern nicht Derjenige, von welchem sie angegeben worden ist, absichtlich und bewusst etwas Unbegründetes gesagt hat. Richtig war jene Ausnahme so, wie es auch in den Quellen geschieht, auszudrücken: wenn erwiesen wird, dass Derjenige, welcher dem Andern aus einem angegebenen Grunde Etwas zugewendet hat, diess nicht gethan haben würde, falls er den Irrthum, auf welchem der Grund beruht, gekannt hätte. — Der im §. 186. (jetzt 185^b^.) unter Nr. 6) aufgestellte Grund der Beendigung von Rechten überhaupt: „wenn Mangel eines Interesse auf Seiten des Berechtigten eintritt“, ist durchaus falsch und aus der leidigen Sucht zu generalisiren hervorgegangen, welche doch der Herausgeber selbst bei einer anderen Gelegenheit im §. 182. mit Recht missbilligt. In der ersten, zum Beleg jenes Satzes citirten Stelle, L. 8. §. 6. D. *mandati* XVII. 1. heisst es: der Mandant habe nur dann die *mandati actio* gegen den Mandatar, wenn er an der Erfüllung des Mandats noch ein Interesse habe; daher stehe sie ihm z. B. nicht zu, wenn er Auftrag zum Ankauf eines Grundstücks gegeben, dieses aber selbst gekauft habe. In der zweiten Stelle aber, L. 136. §. 1. D. *de verb. obl.* XLV. 1., wird gesagt, wenn Jemand sich stipulirt habe: *viam ad fundum suum dari*, und nachher das Grundstück oder ein Theil desselben noch vor der Bestellung der Servitut von ihm veräussert worden sei, so erlösche die Stipulation. Rec. braucht wohl nicht erst weiter auszuführen, wie unüberlegt und selbst gefährlich es sei, aus solchen Aeusserungen jene allgemeine und viel umfassende Regel zu bilden. — Theilt man, wie es im §. 189. a. E. geschieht, die *privilegia* in *gratuita* und *onerosa* ein, so kann man zu den letzteren doch nicht schlechthin auch diejenigen rechnen, welche zur Vergeltung für bereits geleistete Dienste verliehen werden. Denn eine solche Vergeltung beruht, wenn sie nicht ausdrücklich ausbedungen ist, auf reiner Liberalität. — Im §. 197 c. (jetzt 199.) heisst es: „*actiones poenales* können nicht gegen die Erben des Verbrechers angestellt werden, es wäre denn, dass diese durch das Delict ihres Erblassers bereichert worden". Diese Ausnahme ist unvollständig angegeben und dadurch unrichtig geworden. Nicht in jedem Falle, in welchem die Erben bereichert sind, geht die *actio poenalis* gegen sie, sondern nur dann, wenn nicht zugleich eine andere Klage vorhanden ist, mit welcher sie auf Ersatz belangt werden können; diess findet aber wohl nur in dem einzigen Falle der L. 5. pr. *D. de calumniat.* III. 6. Statt. S. *Francke* Beiträge z. Erläut. einzelner Rechtsmaterien S. 5. u. 8., welche Schrift zwar citirt ist, aber, wie es scheint, auf die Darstellung gar keinen Einfluss gehabt hat. Von den *mixtae actiones*, welche unter derselben Regel stehen, bei welchen aber weit häufigere Ausnahmen eintreten, weil in den Fällen derselben regelmässig keine anderen Klagen auf Ersatz existiren (s. *Francke* S. 6. ff.), sagt das Lehrbuch gar nichts, wie es überhaupt in dieser Lehre äusserst mangelhaft ist. Falsch ist es ferner, wenn es in demselben §. heisst: die s. g. *actiones vindictam spirantes* „gehen nicht auf die Erben des Klägers über, können aber doch von diesem selbst gegen die Erben des Beklagten angestellt werden, ausgenommen insofern sie in einem Delicte ihren Grund haben". Sie gehen vielmehr regelmässig nicht gegen die Erben über, auch wenn sie nicht in einem Delict ihren Grund haben, wie z. B. die Klage auf Widerruf einer Schenkung wegen Undanks nach der ausdrücklichen Bestimmung der L. 7. *C. de revoc. donat.* VIII. 56. (welche Stelle, ebenso wie L. 10. *C. eod.* in der not. e) merkwürdiger Weise für die falsche Lehre des verfs. citirt wird!?!) weder auf noch gegen die Erben übergeht. Nur die *inofficiosi testamenti querela* und die *in factum actio* gegen einen *calumniator* können gegen die Erben angestellt werden; auf die erstere Klage beziehen sich die übrigen in der Anm. f) citirten Stellen, auf die letztere L. 4. 5. pr. D. *de calumniat.* III. 6. Endlich ist es zu unbestimmt und theilweise falsch, wenn es noch an demselben Orte heisst: „Wenn aber eine *actio poenalis* oder *quae vindictam spirat* einmal *anhängig gemacht worden ist*, so geht sie unbedingt auf und gegen die Erben über". Der Kürze wegen verweist Rec. auf *Francke* a. a. O. S. 42. f. — Im §. 198[h]. (jetzt 199[b]) wird unter Nr. 2) die zwar gewöhnliche, aber in den Quellen nicht begründete Behauptung wiederholt, dass die Klagen wegen Staatsgüter erst in 40 Jahren erlöschen; die dafür angeführten Stellen sprechen nur von den Privatgrundstücken (*fundi patrimoniales*) des Regenten, und zwar auch von diesen nur in besonderer Beziehung. Auch kann es nicht gebilligt werden, wenn ebendaselbst die Klagen der Städte als nur der 40jährigen Verjährung unterworfen genannt werden. S. *Unterholzner* ausführl. Entwickelung d. gesammt. Verjährungslehre §. 45. Bd. 1. S. 156. Zu missbilligen ist es auch, wenn im §. 199[c], Anm. i) die Regel: *quae ad agendum sunt temporalia, ad excipiendum sunt perpetua*, so ohne Weiteres hingestellt wird, dass man glauben sollte, sie sei in den Quellen enthalten. — Unrichtig ist es, wenn im §. 227. die Dereliction als ein Fall des Besitzverlusts durch *animus*, im §. 228. aber das s. g. *constitutum possessorium* als ein Fall eines solchen Verlusts durch *corpus* und *animus* zugleich dargestellt wird. Es bedarf keines weiteren Beweises, dass die Sache sich gerade umgekehrt verhält. — In der Anm. f) zum §. 229. (jetzt 229[a]) wird die L. 12. C. *de acquir. v. ret. poss.* VII. 32. auf unbewegliche Sachen beschränkt. Die dafür beigebrachten Beweise sind zwei Pandektenstellen, L. 3. §. 8. D. XLI. 2. u. L. 33. §. 4. D. XLI. 3., welche aber, wie leicht zu erachten, hier gar nichts beweisen, und die Worte der L. 12. *cit.* selbst:

sive servus, sive procurator vel colonus, vel inquilinus, als ob man nicht auch bewegliche Sachen durch einen *servus* oder *procurator* besitzen könnte. Unbedingt gegen diese Erklärung sprechen aber die Worte desselben Gesetzes: *possessionem cujuscunque rei*, welche schon *v. Savigny* für die Beziehung der Stelle auf bewegliche Sachen geltend gemacht hat. — Das *interdictum Unde vi* findet gegen die Erben des Dejicienten niemals Statt, wie diess doch im §. 234. unter Nr. 2) für den Fall einer Bereicherung derselben durch die Dejection behauptet wird, sondern sie können in diesem Falle mit einer *in factum actio* belangt werden. L. 1. §. 48. D. *de vi* XLIII. 16. — Im §. 251. wird gelehrt, die s. g. *commixtio* sei im Grunde keine Erwerbungsart des Eigenthums, und dennoch soll in zwei daselbst unterschiedenen Fällen das durch die Mischung entstandene Ganze gemeinschaftlich werden. Erwirbt denn aber, wenn zwei, bisher verschiedenen Eigenthümern gehörige, Sachen gemeinschaftlich werden, nicht jeder das Eigenthum an einem Theile der Sache des Anderen? — Im §. 259. unter Nr. 1) wird die s. g. Civil-Usurpation durch Protestation unrichtiger Weise so dargestellt, als ob sie auf den Fall der Abwesenheit des Besitzers beschränkt wäre; sie findet aber auch Statt, wenn er wegen eines anderen in seiner Person eingetretenen Hindernisses nicht verklagt werden kann, z. B. wegen *infantia, furor* u. dergl. m. L. 2. C. *de ann. exc.* VII. 40. — In demselben §. werden unter Nr. 3) gestohlene und geraubte Sachen zu denjenigen gerechnet, welche aller Ersitzung entzogen sind. Es ist aber eine bekannte Sache, dass sie nach röm. Recht (und nur von diesem spricht hier das Lehrbuch) nur der ordentlichen Ersitzung entzogen, der ausserordentlichen aber unterworfen sind. S. *Unterholzner* a. a. O. §. 60. S. 200. — Ebenso unrichtig ist es, wenn die Sachen der Minderjährigen während der Minderjährigkeit unter den relativ aller Ersitzung entzogenen Sachen genannt werden. Auch sie sind nur der ordentlichen Ersitzung entzogen. Der Herausgeber tadelt mit Recht in der Anm. n) die Argumentation *Mackeldey's* in dieser Lehre; warum er aber die richtige Meinung nicht hergestellt habe, ist nicht einzusehen. — Sonderbar ist es auch, wenn in demselben §. unter Nr. 4) noch als ein besonderes Erforderniss für jede Ersitzung angegeben wird: „Es muss dem Eigenthümer der Sache rechtlich möglich gewesen sein, sein Recht an derselben geltend zu machen (*agere non valenti non currit praescriptio*)" u. s. w. Denn der Mangel dieser Möglichkeit ist ja lediglich der Grund, aus welchem die unter Nr. 3) genannten Dotalsachen, Adventitien und Sachen der Pupillen der Ersitzung eine Zeit lang entzogen sind. Es liegt also jenes Erforderniss schon von selbst in dem unter Nr. 3) Gesagten, und hätte, wenn es ausdrücklich erwähnt werden sollte, *hier* bemerkt werden müssen. — Nicht alle vom Vater veräusserten Adventitien sind nach aufgehobener väterlicher Gewalt der ordentlichen Ersitzung entzogen, wie in §. 260. behauptet wird, sondern nur die den Kindern durch die zweite Ehe ihres Adscendenten zugefallenen und vom Vater veräusserten Sachen, *Nov.* XXII. c. 24., die übrigen Adventitien sind nach aufgehobener Gewalt der ordentlichen Ersitzung unterworfen. L. 4. *ex. C. de bon. quae lib.* VI. 61. Vergl. *Unterholzner* a. a. O. §. 34. S. 120. — In der Lehre vom *justus titulus* bei der ordentlichen Ersitzung führt der §. 261. Anm. a) unter den Beispielen von Titeln auch den *titulus pro possessore* auf!!! — Im §. 264. werden für die Ersitzung der Staatsgüter vierzig Jahre erfordert; doch steht diess nirgends in den Quellen, s. oben die Bemerkung zu §. 198[b]. — Die s. g. *nominatio auctoris*, welche im §. 269. unter Nr. 2) bei jedem Besitzer zugelassen wird, ist in der L. 2. C. *ubi in rem act.* III. 19. nur auf Besitzer unbeweglicher Sachen beschränkt. — Im §. 269. a. E. heisst es in der Lehre von der *rei vindicatio*: „Uebrigens hat der Beklagte wegen seiner Gegenforderungen nach römischem Rechte nur ein Retentions-, kein Klagerecht". Dagegen ist früher im §. 250. unter Nr. 2) gesagt, dass wenn derjenige, welcher durch eine Adjunction sein Eigenthum verliere, dieselbe *malà fide* vorgenommen habe, er auf Entschädigung keinen Anspruch habe, „es wäre denn, dass die von ihm adjungirte Sache als nothwendiger Aufwand anzusehen wäre, wo ihm eine *actio in factum* auf Entschädigung gestattet wird (*const.* 5. *C.* 3. 32.)". Wie lassen sich nun diese beiden einander widersprechenden Sätze vereinigen? — Im §. 271. wird unter Nr 1) die *exceptio rei venditae et traditae* noch fälschlich auf die Regel: *quem de evictione tenet actio etc.* zurückgeführt, während sie bekanntlich auch Solchen, welche nicht für Eviction stehen, entgegengesetzt werden kann, und Denen, welche für Eviction haften, nicht immer entgegensteht. — Die im §. 275. aufgestellte Definition der Servitut ist viel zu allgemein und umfasst beinahe alle Rechte an fremden Sachen. Gerade charakteristische Merkmale fehlen, namentlich dass sie nur einer *bestimmten* Person oder dem Eigenthümer einer *bestimmten* Sache zusteht. — Im §. 276. unter Nr. 6) werden der Emphyteuta und Superficiar als Inhaber eines *dominium utile* bezeichnet. — Im §. 291°. wird der Ausspruch des Richters, durch welchen er einen Nothweg zuerkennt, mit zur Adjudication gerechnet, während diese doch nur den Ausspruch in einem Theilungsprocess bezeichnet. — Dass die durch den Untergang des Objects erloschene Servitut wieder auflebe, sobald dasselbe wiederhergestellt ist, wird im §. 292. unter Nr. 4) als ein bei allen Servituten geltender Grundsatz dargestellt, und dazu in der Anm. h) bemerkt: „Viele wollen diess blos von Prädial-Servituten gelten lassen, allein man sehe Fr. 23. *D.* 7. 4." Aber diese Stelle spricht gar nicht vom Wiederaufleben des Ususfructus nach einem gänzlichen Untergang und einer darauf erfolgten Wiederherstellung des Objects, sondern blos von einer vorübergehenden Ueberschwemmung, nach deren Verlauf derselbe allerdings wieder eintreten soll. Dagegen wird in der L. 10. §. 7. *D. eod.* ausdrücklich bezeugt, dass trotz der Wiederherstellung der untergegangen gewesenen, dienstbaren Sache der Ususfructus doch nicht wieder auflebe, und diess folgt auch schon aus dem in der L. 5. §. 2 *D. eod.* und im §. 3. *ex. J. de ususfr.* II. 4. ausgesprochenen allgemeinen Grundsatze. Nur wenn der Ususfructus an einem freien Platze durch Errichtung eines Gebäudes auf demselben untergegangen war, lebt er nach der Zerstörung des Gebäudes wieder auf. L. 71. *D. eod.* VII. 1. L. 5. §. 3. — L. 7. *D. quib. mod. ususfr.* VII. 4. — Im §. 294. ist bei der Darstellung der possessorischen Rechtsmittel wegen Servituten der von *v. Savigny* so vortrefflich entwickelte Unterschied zwischen zwei Classen von affirmativen Prädial-Servituten zwar scheinbar gemacht, in der That aber gänzlich verwischt worden, indem die zweite Classe so bezeichnet wird: „Affirmative Servituten, zu deren Ausübung eine dauernde Anstalt oder Vorrichtung erforderlich ist". Demgemäss wird denn auch das *interdictum de aqua* und das *de rivis* zu dieser zweiten Classe gerechnet, ohne dass man einsieht, weshalb nicht auch das *de fonte* und *de fonte reficiendo* dasselbe Schicksal gehabt hat. Es musste die zweite Classe so bezeichnet werden: Affirmative Servituten, welche mit dem Besitz eines anderen Grundstücks in unmittelbarer Verbindung stehen, und die *interdicta de aqua* und *de rivis* mussten zur ersten Classe, zu den affirmativen Servituten gerechnet werden, deren Ausübung in einer eigenen, vom Besitze der herrschenden Sache unabhängigen Handlung besteht. — Nirgends ist es in den Quellen gesagt, was

§. 295. steht, dass der Emphyteuta das Grundstück verbessern müsse; er soll dasselbe nur in ordentlichem Stand erhalten und nicht verschlechtern. *Nov.* VII. c. 3. §. 2. *Nov.* CXX. c. 8. Im §. 297. sucht der Verf. beide Pflichten zu vereinigen, indem er sagt, der Emphyteuta müsse „die Sache selbst soviel als möglich verbessern, oder sie doch so cultiviren, dass sie nicht deteriorirt wird". Doch ist diess höchst unpassend und sich widersprechend; denn ist der Emphyteuta nur zu einer Cultur der letzteren Art verpflichtet, so kann man keine Verbesserung von ihm verlangen, ist er aber zur Verbesserung verbunden, so kann jene Cultur nicht genügen. Die Unrichtigkeit der Ansicht des Verf. äussert ihre Wirkung namentlich in der Anm. b), wo behauptet wird, der Emphyteuta könne die Meliorationskosten nicht vergütet verlangen. Er kann diese, weil er nicht zur Verbesserung verpflichtet ist, allerdings, ausser in den Fällen, in welchen das Recht dazu ihm von den Gesetzen zur Strafe ausdrücklich abgesprochen wird. S. *v. Buchholtz* Versuche S. 201. ff. — Im §. 313. unter Nr. 3) wird der Frau eine stillschweigende Hypothek am Vermögen des Mannes auch wegen der *parapherna* von der Zeit an eingeräumt, wo sie ihm die Verwaltung derselben überlassen hat. Aber bekanntlich ist diese Hypothek in der *L.* 11. *C. de pact. conv.* V. 14. nur für den Fall eingeführt, wenn Capitalien Gegenstand der Paraphernen sind, und der Mann dieselben, ohne der Frau eine ausdrückliche Hypothek bestellt zu haben, nach der ihm in dem Ehevertrag gegebenen Erlaubniss, erhebt; auch beginnt jenes Pfandrecht erst von der Zeit dieser Erhebung an. — Im letzten Satze des §. 327. wird behauptet, wenn ein Erbe, welcher die Erbschaft unter der Rechtswohlthat des Inventars angetreten hat, zur Erbschaft gehörige Sachen veräussere, so erlöschen dadurch alle bisherigen Pfandrechte an denselben. Diess ist in der dafür angeführten L. 22. §. 8. C. *de jure delib.* VI. 30. durchaus nicht begründet; vielmehr wird hier (§. 5.—8.) den Pfandgläubigern auch noch nach jener Veräusserung die hypothekarische Klage gegen die Vermächtnissnehmer und die nachstehenden Pfandgläubiger, welche die vom Erben veräusserten Pfandsachen besitzen, ausdrücklich gestattet; nur gegen den Erben und Diejenigen, an welche er jene Sachen veräussert hat, soll die Klage nicht gebraucht werden können. — Zu verwundern ist, dass der Herausgeber die unrichtige Darstellung der Lehre von der *culpa* im §. 342., nach welcher z. B. *dolus* als absichtliche Thätigkeit, *culpa* als absichtliche Unterlassung bezeichnet wird, ganz beibehalten, und sich nur mit einer wenig bessernden

Bemerkung in dem Zusatz begnügt hat. Hier musste er Alles umarbeiten, und dadurch das Lehrbuch auf den jetzigen Standpunct der Wissenschaft bringen, welcher vorzüglich durch *Haise's* grosse Verdienste erreicht worden ist. *Mackeldey* ist hier dem Einfluss besserer Lehren, man möchte fast glauben, absichtlich unzugänglich geblieben. — In gleicher Weise ist nicht abzusehen, warum der Herausgeber die offenbar falsche und den Quellen widerstreitende Darstellung des Unterschieds zwischen *mora ex re* und *ex persona* im §. 345. beibehalten hat. Die erstere soll hiernach durch die widerrechtliche Besitzergreifung einer Sache im Augenblicke dieser unerlaubten Handlung eintreten, die *mora ex persona* aber durch Nichterfüllung einer jeden anderen Schuld, wenn die Zeit der Erfüllung derselben gekommen ist, entstehen! Mit dieser falschen Erklärung steht auch die unrichtige Darstellung der Wirkungen der *mora* des Schuldners im §. 346. unter Nr. 1) in Verbindung. — Damit die Pollicitation an den Staat oder eine Stadt schlechthin verbindlich sei, verlangt das Lehrbuch im §. 354. unter Nr. 1), dass sie aus einem besonderen, nachher wirklich eintretenden Grunde geschehen sei. Allein sie verpflichtet auch, wenn der Grund, aus welchem sie geschieht, schon vorher eingetreten ist. S. L. 1. §. 1. *D. de pollicitat.* L. 12.: „*ob honorem .... decretum sibi vel decernendum*". — Der Grundsatz des §. 381. unter Nr. 2. b), dass der Besteller eines Werkes den zufälligen Schaden nicht zu tragen brauche, wenn derselbe zunächst in einem Fehler des Stoffs seinen Grund habe, ist in dieser Allgemeinheit unrichtig; es kommt darauf an, wer den Stoff gegeben hat; hat diess der Besteller gethan, was regelmässig Statt finden wird, so trägt er den Schaden. L. 13. §. 5. *D. locati* XIX. 2. Ebenso stimmen die unter Nr. 2. c) und d) angegebenen Fälle nicht ganz mit den dafür citirten Belegstellen überein. — Ein Widerspruch findet zwischen §. 481. (jetzt 479.) und §. 524. unter Nr. B. 2. d) Statt. An der ersteren Stelle heisst es: die *condictio sine causa* sei nur anwendbar, „wenn sonst keine andere Klage Statt findet"; an dem letzteren Orte aber wird gelehrt, der Mann habe wegen der auf die *dos* verwendeten *impensae necessariae* nach geschehener Ablieferung die *condictio indebiti* oder *sine causa*. — Im §. 538. wird gelehrt, dass die *separatio perpetua* bei den Katholiken aus solchen Gründen erkannt werde, aus welchen bei den Protestanten Ehescheidung Statt finde. Dass diess irrig sei, darauf führt mit Nothwendigkeit schon die Betrachtung der Geschichte der Ehescheidungsgründe bei den Protestanten; es ergiebt sich aber auch aus den canonischen Rechtsquellen, dass Ehebruch der einzige rechtmässige Grund jener *separatio* sei. S. *Walter* Kirchenrecht §. 314. — Im §. 557. heisst es unter Nr. A. 2), der Vater habe nach dem ältern Recht seine Kinder als Sclaven verkaufen können. Allein es ist eine bekannte Sache, dass Niemand einen freien Menschen durch Vertrag zum Sclaven machen, und insbesondere der Vater seinem Sohne durch Verkauf die Freiheit nicht entziehen konnte. L. 10. C. *de patria pot.* VIII. 47. Das verkaufte Kind kam ins *mancipium* des Käufers, und wurde dadurch allerdings *servi loco*, aber nimmermehr Sclave. S. *Zimmern* a. a. O. §. 226. — Völlig missverstanden hat der Verf. die Lehre von der Bestätigung einer s. g. *tutela testamentaria imperfecta* im §. 578. Da hier kaum ein Satz richtig, die Darstellung selbst aber zu lang ist, als dass sie, ohne zu viel Raum in Anspruch zu nehmen, hier wiedergegeben werden könnte, so bemerkt Rec. nur Folgendes. Die Bestätigung einer Tutel der angegebenen Art erfolgt entweder schlechthin (*omnimodo*, *sine inquisitione*) oder *ex inquisitione*. Das Erstere ist unbestritten nur der Fall, wenn der rechtmässige Vater oder väterliche Adscendent seinem Descendenten einen Vormund bestellt hat (also in den beiden unter A. 1) u. 2) im Lehrbuch angegebenen Fällen) §. 5. J. *de tut.* I. 13. L. 1. §. 2. L. 6. D. *de confirm. tut.* XXVI. 3. Ob dasselbe auch Statt finde, wenn der *pater naturalis* seinem Kinde, welches er bedacht, (nicht nothwendig: instituirt, wie das Lehrbuch sagt), oder welchem er sonst Etwas zugewendet hat, einen Tutor gegeben hat, ist bestritten (s. *Rudorff* das Recht der Vormundschaft Bd. 1. §. 41. S. 317. f. u. v. *Buchholtz de confirm. tutor.* p. 29. sq. 47. sq.), und daher will Rec. es dahin gestellt sein lassen, ob auch dieser Fall mit Recht im Lehrbuche zu den obigen gezählt sei. Dagegen wird in allen übrigen Fällen (also auch in dem unter A. 4) im Lehrbuche) nur *ex inquisitione* bestätigt, und zwar auch nur dann, wenn der Pflegbefohlene vom Besteller des Vormunds zum Erben eingesetzt worden ist; doch will Rec. wiederum den Umstand, dass das Lehrbuch auch in Fällen, wo nichts hinterlassen ist, eine Bestätigung zulässt, gar nicht ein Mal als Fehler bezeichnen, da die Sache wenigstens von Einigen, freilich sehr mit Unrecht, bezweifelt worden ist. S. *Rudorff* a. a. O. S. 318. f. 325. f. und v. *Buchholtz* l. c. p. 32. sq. 38. sq. 53. sq. Aber das ist ein grober Missgriff, dass das Lehrbuch den Unterschied, ob entweder die blosse *inquisitio* genügt, oder auch eine *satisdatio* verlangt wird, nach den verschiedenen Urhebern der Bestellung, je nachdem der Vater und die Mutter, oder der Patron und ein Fremder den Vormund ernannt haben, bestimmen will. Dieser Unterschied beruht vielmehr, (abgesehen davon, dass die vom Vater bestellten und confirmirten Vormünder überall nicht zu caviren brauchen L. 3. D. *de confirm. tut.*) lediglich auf der Verschiedenheit der bestätigenden Magistratus. Ein höherer Magistratus bestätigt stets *ex inquisitione*, ohne Satisdation zu verlangen, es mag den Vormund ernannt haben, wer will; ein Municipalmagistratus aber, welcher auf Befehl eines höheren Magistratus confirmirt, muss dem Vormund Satisdation auflegen. L. 2. pr. 5. D. *eod.* pr. §. 4. J. *de satisdat. tut.* I. 24. Diess haben *Rudorff* und *v. Buchholtz*, und dieser mit namentlicher Beziehung auf das Lehrbuch, auf das Genügendste ausgeführt, sie sind auch in der Anm. a) zum §. 578. citirt worden; aber benutzt hat sie freilich weder der Verf. noch der Herausgeber. — Im §. 608. werden zu denjenigen, welche absolut unfähig zum Erwerb durch letzten Willen sowohl, als durch Intestat-Succession sind, auch alle *turpes et probrosae mulieres* gerechnet. Allein dahin gehören sie absolut nicht; vielmehr sprechen die in der Anm. e) dafür citirten Stellen nur von Gründen der Indignität, und merkwürdiger Weise kommen diese Gründe auch im Lehrbuch selbst §. 685^{b}. unter A. 6) und 9) in der Lehre von der Indignität noch ein Mal vor. — Das Intestaterbrecht der adoptirten Kinder beruht bekanntlich im Justinianischen Recht auf dem Unterschied zwischen der s. g. *plena* und *minus plena adoptio*. Obwohl nun dieser im §. 552. zwar undeutlich, aber richtig angegeben worden ist, so wird er doch im §. 616. unter Nr. B. 2) nicht berücksichtigt, indem hier gelehrt wird, ein einem *extraneus* in Adoption gegebenes Kind succedire zwar dem Adoptivvater, werde aber von ihm nicht beerbt. Allein diess ist allerdings der Fall, wenn das Kind den Adscendenten, welcher dasselbe dem *extraneus* in Adoption gab, nicht *ab intestato* beerbt haben würde. — Im §. 636. sind die *lege intestabiles* noch ganz so falsch, wie früher, aufgeführt, ohne dass auf die treffliche Abhandlung *v. Wächter's* im Archiv für die Civil-Prax. Bd. XVII. S. 420. ff. die geringste Rücksicht genommen, ja ohne dass dieselbe vom Herausgeber auch nur angeführt worden ist. Ebenso vermisst man die nöthige Beachtung dieser Abhandlung im §. 651., wo es bei Aufzählung der Personen, welchen die s. g. *testamenti factio passiva* abgeht, heisst: „Derjenige, mit welchem der Testator in Blutschande lebt, kann von diesem nicht eingesetzt werden, und ebensowenig die in dieser Verbindung erzeugten Kinder". Und doch wird, wie schon oben bemerkt, im §. 685[b]. unter Nr. A. 6) die Blutschande zwischen dem Erblasser und Honorirten als Grund der Ereption wegen Indignität bezeichnet. — Im §. 660. werden, ohne Zweifel nach *v. Buchholtz* in den jurist. Abhandlungen S. 141., als Gründe, aus welchen Adscendenten ihre Descendenten enterben können, u. A. angeführt: „3) wenn der Vater mit der Frau oder der Concubine seines Haussohnes sich einlässt; 4) wenn die Aeltern ihre Hauskinder über Sachen, worüber sie testiren dürfen, ein Testament zu machen verhindern." Allein in beiden Fällen ist die Beschränkung auf *filiifamilias* unrichtig, da die im griechischen Text d. Nov. CXV. gebrauchten Ausdrücke *οἰκεῖοι* u. *ἴδιοι παῖδες* überhaupt eigene Kinder, nicht insbesondere Hauskinder bezeichnen. Diess hätte der Herausgeber wenigstens in Bezug auf den Fall unter Nr. 4) schon aus *Mühlenbruck's* Fortsetzung von *Glück's* Pand.-Comment. Bd. XXXVII. S. 169. ersehen können; jedoch hat er auf diesen hier überall gar keine Rücksicht genommen; dass aber auch in dem Falle unter Nr. 3) dasselbe gelte, wird Rec. nächstens in einer Abhandlung in der Zeitschrift für Civilrecht und Process nachweisen.

Rec. schliesst hier das Verzeichniss der aus der zehnten Auflage in die elfte übergegangenen Fehler, obwohl er dasselbe, wenn nicht die Furcht vor Ermüdung der Leser, wie seiner selbst, grösser bei ihm wäre, als das Verlangen, eine unerfreuliche Materie auszubeuten, besonders aus den letzten Theilen des Lehrbuchs noch beträchtlich vermehren könnte. Doch glaubt er, schon durch Das, was hier gegeben worden ist, zur Genüge dargethan zu haben, dass der Herausgeber in dieser Beziehung nicht mit der Sorgsamkeit verfahren sei, welche man von ihm erwarten konnte. Uebrigens hat sich derselbe in einzelnen Fällen, in welchen er die Unrichtigkeit von Sätzen des Lehrbuchs erkannt hatte, durch eine sonderbare Zurückhaltung bestimmen lassen, die nöthige Verbesserung blos in den Anmerkungen oder in Zusätzen anzudeuten, statt ihr in dem Text selbst durch Verdrängung der falschen Darstellung ihr Recht widerfahren zu lassen. Beispiele hiervon sind schon in dem obigen Register beiläufig vorgekommen; einige andere s. man in den §§. 266. Anm. f), 291[c]. Anm. f), 413. Anm. d), 603. Anm. c) und 661. Zusatz. Wo er aber diese Scheu überwunden und im Texte selbst geändert hat, da ist er leider nicht immer durchgreifend genug verfahren, und hat somit dem vorhandenen Uebel nur theilweise abgeholfen. So war z. B. bisher im §. 96. unter Nr. III. für den Vorzug der Pandekten vor den Institutionen auch angeführt: weil „die Pandekten gewissermassen als die Quelle der Institutionen zu betrachten" seien. Diesen Grund hat der Herausgeber mit Recht gestrichen; dagegen hat er die zwei anderen stehen lassen: dass die Pandekten zwar auch für den Unterricht, zunächst und hauptsächlich aber für die Praxis bestimmt, die Institutionen aber ein blosses Lehrbuch für den Unterricht sein sollten, und, dass es bei den Institutionen in der Regel (also doch in manchen Fällen?) gar nicht darauf abgesehen gewesen sei, etwas von den Pandekten Abweichendes festzusetzen. Allein auch diese zwei Gründe sind nicht haltbar. Der Kürze wegen verweist Rec. jetzt auf *Schilling's* Lehrbuch für Institutionen und Rechtsgeschichte Bd. II. §. 19. Erinnerung S. 71. — So hiess es ferner bisher im §. 196. unter Nr. 2): die Eintheilung in *actiones speciales* und *generales* beziehe sich darauf, je nachdem Klagen „auf Verfolgung einer einzelnen oder mehrerer einzelner Sachen, oder einer *universitas juris* gerichtet" seien. Der Herausgeber hat statt dieser letzteren Worte gesetzt: „oder eines Vermögens oder doch eines Complexes zu einem juristischen Zwecke vereinigter Sachen gerichtet sind. Diese Klagen heissen auch *actiones de universitate*, nämlich *de hereditate, peculio, dote*". Abgesehen davon, dass diese Bezeichnung der s. g. *universitas juris* nicht ganz treffend ist, und dass die auf eine solche bezüglichen Klagen in den Quellen nicht schlechthin *act. de univ.*, sondern *actiones, quae de universitate propositae sunt*, heissen, hat der Verf. die falsche Beschreibung der *actiones speciales* und *generales* unverändert stehen lassen. Die ersteren beziehen sich nämlich nicht blos auf einzelne Sachen, sondern auch auf eine s. g. *universitas facti*. L. 1. §. 3. D. *de rei vind.* VI. 1. Das Wesen der letzteren besteht aber nicht darin, dass sie auf mehrere einzelne Sachen gerichtet sind, sondern darin, dass durch sie eine Mehrheit unter einander zusammenhängender Ansprüche geltend gemacht werden kann, wie alle aus einer *societas*, einer *negotiorum gestio*, einer *tutela* entspringenden Ansprüche. L. 38. pr. *D. pro socio* XVII. 2. — Ferner hiess es bisher im §. 245. unter Nr. 3): das *postliminium* trete ein „nur bei den wiedereroberten unbeweglichen, nicht auch bei den beweglichen Sachen". Der Herausgeber hat statt der letzteren Worte geschrieben: „und bei den Sclaven". Allein dadurch sind die Gegenstände des *postliminium* noch nicht erschöpft, und es bleibt daher der obige Satz, da er dasselbe ausdrücklich auf jene Sachen beschränkt, nach wie vor falsch. Ein *postliminium* findet nämlich auch bei *naves longae atque onerariae* und bei *equi aut equae freni patientes* Statt. L. 2. pr. §. 1. *D. de captiv.* XLIX 15.

Rec. hat oben als einen zweiten Mangel in der Ausführung den bezeichnet, dass man nicht selten Genauigkeit und Treue in den Citaten vermisst. Es scheint, als habe der Herausgeber in dieser Hinsicht gar nicht nachgeholfen; wenigstens finden sich folgende Beispiele ungenauer oder falscher Citate auf dieselbe Weise in der elften Auflage wieder, wie sie in der zehnten standen. Zuvörderst sind zuweilen Belege aus den Quellen, welche das Lehrbuch wörtlich anführt, dabei willkürlich verändert worden. So wird z. B. im §. 149. Anm. b) die L. 2. §. 1. *D. de reb. cred.* XII. 1. so angeführt: *In genere suo magis recipiunt functionem per solutionem, quam specie.* Die Stelle lautet aber so: *In genere suo functionem recipiunt per sol. magis, quam specie.* Ferner werden im §. 243. Anm. a) aus der L. 5. §. 15. D. *comm.* XIII. 6. die Worte ausgehoben: *duorum in solidum dominium vel possessio esse non potest*; sie lauten aber eigentlich so: (*Celsus filius ait*) *duorum* (*quidem*) *in sol. dom. vel possessionem esse non posse.* Nun giebt zwar Rec. gern zu, dass in diesen und ähnlichen Fällen der Sinn der Stellen unter diesen Aenderungen nicht gelitten habe. Allein sie sind nichts desto weniger zu missbilligen, weil sie gar keinen Grund, und folglich auch keine Gränzen haben. — Aber nicht blos der Tadel willkürlicher Aenderungen der Quellenaussprüche trifft das Lehrbuch, sondern es sind häufig bald Stellen citirt, welche zu den Sätzen, welche sie beweisen sollen, gar nicht gehören, bald gewichtige Beweisstellen ganz weggelassen. Davon ausser den schon oben vorgekommenen nur folgende Beispiele. In der Anm. a) zum §. 24. ist von dem Material die Rede, auf welches die zwölf Tafeln geschrieben gewesen. Die ganze Darstellung ist hier höchst ungenau; denn *Pomponius* und *Livius* widersprechen sich eigentlich gar nicht, da jener von den zehn ersten, dieser aber (und ebenso *Diod.* XII. 26.) von den gesammten zwölf Tafeln spricht. Wohl aber findet ein Widerspruch zwischen *Pomponius* und dem gar nicht citirten *Dion. Halic.* X. 60. Statt, welcher gerade die zehn ersten Tafeln als auf Erz geschrieben bezeichnet. — In der Anm. c) zum §. 26. wird gesagt, *Justinian* habe durch *const.* 12 *pr. C.* 1. 14. auch den in den Codex aufgenommenen Rescripten und Decreten die Kraft allgemeiner Gesetze beigelegt. Allein diess geschah durch die *Const. Haec quae necessario* §. 2. *ex.* und die *Const. Summa reipublicae* §. 3. Jene Stelle giebt den Rescripten und Decreten allgemein verbindliche Kraft ohne Rücksicht auf den Codex. — Im §. 237. sind an den Stellen, wo sie vorkommen, unpassende Citate: in der Anm. a) *fr.* 1. §. 7. *D.* 39. 1., in der Anm. f) *fr.* 1. §. 5. *fr.* 8. *pr. D.* 39. 1. *fr.* 15. *D.* 8. 2. *fr.* 6. §. ult. *D.* 8. 5. Sie handeln alle von Denjenigen, gegen welche die *operis novi nunciatio* gebraucht werden kann, davon ist aber im Texte gar nicht die Rede. — Ebenso gehören zu den Sätzen, zu welchen sie citirt werden, nicht im §. 257. Anm. c) *fr* 15. *D.* 12. 1. *fr.* 43. §. 1. *D.* 23. 3. (sie handeln nicht von der *traditio*); im §. 259. Anm. d) *fr.* 18. *D.* 6. 1. Anm. i) *fr.* 14. 15. 16. *D.* 44. 3.; im §. 269. Anm. c) *fr.* 55. *D.* 6. 1. (soll wohl *fr.* 52. sein), Anm. f) *fr.* 23. §. 2—4. *D.* 6. 1., Anm. g) *fr.* 17. §. 1. *D.* 6. 1. *fr.* 48. pr. *D.* 41. 1. *fr.* 25. §. 1. D. 22. 1. *fr.* 4. §. 19. *D.* 41. 3.; Anm. h) *const.* 1. *C.* 3. 19.; Anm. l) *fr.* 38. *D.* 5. 3.; im §. 276. Anm. e) *fr.* 5. §. 9. *D.* 39. 1., dafür hätte *const.* 3. *C.* 3. 34. citirt werden können. — Ferner muss es im §. 278. Anm. c) heissen: *fr.* 38. (nicht 37.) §. 12. — Sodann sind wiederum an ungehörigen Orten citirt: im §. 287. Anm. a) *fr.* 86. *D.* 50. 16., Anm. d) *fr.* 6. pr. 8. 6. (soll wohl *fr.* 6. §. 1. sein); im §. 307. Anm. c) *fr.* 41. *in fin. D.* 13. 7.; im §. 317. Anm. a) *const.* 9. *C.* 8. 28., Anm. d) *Paulus* V. 1. (muss II. 5. §. 1. heissen); im §. 335. Anm. b) *fr.* 7. §. 1. *D.* 47. 10., Anm. c) *fr.* 12. *D.* 50. 16. — In demselben §. muss es Anm. e) heissen 37. statt 87 und im §. 388. Anm. c) *fr.* 44. §. 1. statt §. 2., sowie Anm. e) statt *fr.* 13. §. 2. wahrscheinlich §. 25. Ungehörige Citate sind in dem zuletzt citirten §. noch Anm. d) *fr.* 1. §. 18. *D.* 14. 1. und *fr.* 1. *D.* 14. 3., ingleichen Anm. h) *fr.* 63. §. 3. *D.* 17. 2., ferner im §. 389. Anm. c) *fr.* 58. §. 2. *D.* 17. 2., wofür *fr.* 63. §. 8. *eod.* zu setzen ist, im §. 391. Anm. a) *fr.* 12. §. 15. *fr.* 32. *D.* 17. 1. — Durch diese Beispiele wird der obige Tadel schon hinreichend begründet sein; nöthigen Falls könnte aber Rec. dieselben noch vielfach vermehren. Eine durchgängige Revision ist dem Lehrbuch in dieser Hinsicht sehr wünschenswerth, und bei dieser Gelegenheit könnte zugleich der Uebelstand gehoben werden, dass überall nur mit Zahlen citirt wird. Unter allen Citirarten ist gerade diese die schlechteste; denn ein einziger Schreib- oder Druckfehler in der Buch- oder Titel-Zahl macht ein ganzes Citat unbrauchbar. Viel besser wäre es, wenn bloss mit den Titel-Rubriken citirt würde, noch besser aber, wenn mit diesen und zugleich mit Zahlen.

Mit der Literatur, welche das Lehrbuch anführt, sieht es bei aller scheinbaren Ordnung und Vollständigkeit doch in der That nicht zum Besten aus. Denn erstlich wird die gerechte Forderung, dass die in den Anmerkungen citirten guten Schriften wirklich benutzt seien, in vielen Fällen durchaus nicht befriedigt. Daher findet man oft im Text eine ganz andere Ansicht vorgetragen, als die der Schriftsteller, auf welche die Noten verweisen, ohne dass durch die Buchstaben: A. M. oder auf andere Weise eine Verschiedenheit der Meinungen angedeutet ist. Diess ist aber um so mehr zu missbilligen, als in manchen anderen Fällen solche Andeutungen gegeben sind, man also nothwendig zu dem Glauben verleitet wird, dass da, wo diess nicht geschehen ist, völlige Uebereinstimmung herrsche. Da mehrere Beispiele solcher Nachlässigkeit in Benutzung der angeführten Schriften schon oben vorgekommen sind, so begnügt Rec. sich hier mit einem kleinen Nachtrage, welcher aber wiederum leicht bedeutend vermehrt werden könnte. Im §. 19. wird die *L. Servilia repetundarum* in das Jahr d. St. 654. gesetzt, und dazu werden in der Anm. b) *Haubold* (es sind die *Institutiones liter.* gemeint, nach dem zunächst vorhergegangenen Citat in der Anm. aa) muss man aber an die *Antiquit. Rom. monumenta legalia* denken), *Ursinus* und *Klenze* citirt. Nun hat aber der Letzte (*Prolegom.* seiner Ausgabe p. XVII.) nachgewiesen, dass die Gründe für jenes Jahr unzureichend sind, und dass die Zeit der *Lex* nur im Allgemeinen zwischen 648. und 654. bestimmt werden kann. — In Betreff der beiden Schulen der römischen Juristen wird die von *Schrader* (was gewinnt die röm. Rechtsgesch. durch Cajus Inst.? S. 37. f.) aufgestellte Vermuthung, dass dieselben aus den *stationes jus publice docentium*, deren *Gellius* XIII. c. 13. gedenkt, hervorgegangen seien, im §. 46. des Lehrbuches wiederholt, obwohl nicht ganz genau vorgetragen. Nun aber ist diese Annahme nach Dem, was *Dirksen* (Beiträge S. 17. u. 145. f.) über die Sache bemerkt hat, zu bedenklich; als dass man sie in einem Lehrbuche auch nur als wahrscheinlich hinstellen kann. (Vergl. auch *Zimmern* a. a. O. §. 68. S. 251.). Doch will Rec. diess noch gar nicht missbilligen; wohl aber verdient es die stärkste Rüge, dass *Dirksen's* treffliche Abhandlung nur in der Anm. a) citirt, im Text des §. selbst aber auch nicht in einer Hinsicht berücksichtigt worden ist, wie sich sofort aus dem Inhalte desselben ergiebt. — Ferner wird im §. 334. zu dem Satze, dass eine dolose Cession *in potentiorem* den Verlust der Forderung nach sich ziehe, *Mühlenbruch's* Lehre von der Cession §. 30. angeführt, und doch lehrt dieser, dass das Verbot der Cessionen *in potent.* nicht bloss auf dolose, sondern vielmehr auf simulirte Cessionen zu beschränken sei. — In diesen und allen ähnlichen Fällen hätte es nun dem Herausgeber obgelegen, den Mängeln des Lehrbuchs durch eine genaue Revision abzuhelfen. Diese hat er aber ganz unterlassen, während er allerdings in den Citaten, welche er selbst hinzugefügt hat, in der Regel genauer gewesen ist. Ein auffallendes Beispiel von eigener Unachtsamkeit desselben kommt jedoch im §. 19. vor. Hier stand seit der neunten Auflage bei Erwähnung der *Lex Rubria*: „oder wie sie bisher immer genannt wurde, *Lex de Gallia cisalpina*". Diess passte nun eigentlich schon in der zehnten Auflage nicht mehr ganz, da seit *Puchta's* Abhandlung in *Hugo's* Civilist.-Magazin, welche bereits 1827. erschien, wohl Niemand mehr jenen Namen gebraucht haben wird. Einen offenbaren Widerspruch bewirkt es aber jetzt, da der Herausgeber in der Anm. d) die Schrift *Huschke's de actionum formulis, quae in l. Rubria extant*, citirt hat. — Noch weit weniger wird zweitens dem sowohl an sich, als durch die ganze Tendenz des Buches begründeten Verlangen genügt, dass die literarischen Angaben überall treu und genau seien, und dass keine bedeutendere Schrift, namentlich aus der neueren Zeit, ganz übergangen sei. Der Herausgeber, welcher die Literatur „im Sinne des Verfs. nachgeführt" haben will, (was freilich, auch wenn es vollkommen wahr wäre, noch kein sonderliches Verdienst sein würde), hat nicht bloss die schon vorhandenen Fehler fast ohne Ausnahme stehen lassen, sondern zu ihnen auch noch eine ziemliche Anzahl neuer Versehen hinzugefügt. Um dieses Urtheil zu rechtfertigen, soll hier ein Theil der vorkommenden Ungenauigkeiten und Mangelhaftigkeiten in den literarischen Angaben verzeichnet werden. Zu den schon der zehnten Ausgabe angehörigen Versehen, welche der Herausgeber ungeändert gelassen hat, gehören also z. B. folgende: Die im §. 19. Anm. k) angeführte Ausgabe des *Lydus* von *Fuss* erschien nicht zu Leyden, sondern zu Paris. Zum §. 42. ist nicht erwähnt: *Aug. Guil. Sam. Francke de edicto praetoris urbani praesertim edicto perpetuo.* *Kil.* 1830. — Die Angabe der bibliographischen Werke im §. 111. ist in folgenden Puncten unrichtig: Die Supplemente zu *Lipenii bibliotheca* von *Madihn* erschienen nicht bloss bis 1820., sondern bis 1830.; die achte Ausgabe von *Struvii bibliotheca juris. selecta* erschien nicht 1758., sondern 1756. Ein Werk unter dem Titel: *F. W. Freih. von Ulmenstein's* Handbibliothek des Civilrechts, 3 Bde. Berlin, 1819. 1821. 1823. existirt gar nicht, wohl aber erschien von jenem Gelehrten eine *Bibliotheca selecta juris civilis Justinianei* in 4 Bänden, Berlin 1822. u. 1823. — Bei den historischen Werken, welche derselbe §. aufführt, ist zu erinnern: Von *Adam's* Handbuch der röm. Alterthümer, übers. von *Meyer*, erschien eine vierte Auflage 1832. Die zweite Ausgabe von *Fuss antiquitates Romanae* erschien nicht 1828., sondern 1826. und von *Creuzer's* Abriss der röm. Antiquitäten nicht 1830., sondern 1829. — Unter den dogmatischen Werken ist auch das Lehrbuch von *Konopak* genannt; in der Angabe desselben finden sich aber vier Versehen. Erstlich heisst der Verfasser nicht *Konopack*, sondern *Konopak*; zweitens lautet der Titel nicht: Institutionen des röm. Rechts, sondern: Inst. d. röm. Privatrechts; drittens erschien die zweite Ausgabe nicht, wie die erste, in Halle, sondern in Jena, und viertens war diess nicht 1825., sondern 1824. der Fall. — In der Anm. c) zum §. 114. ist eine Schrift unter dem Titel angeführt: *G. F. Steinacker apologia Ulpiani etc. Lips.* 1821., dieselbe rührt aber keineswegs von jenem Gelehrten, sondern von *Chr. Aug. Henr. Clodius* her; *Steinacker* war, wie auf dem Titelblatt deutlich genug steht, nur Respondent bei der Vertheidigung dieser Dissertation. Auch erschien dieselbe nicht in dem angegebenen Jahre, sondern 1811. — Im §. 191. Anm. b) fehlt die neuste und umfassendste Abhandlung über den Verlust der Privilegien durch Nichtgebrauch von *Fritz* in der Zeitschr. für Civilr. und Proz. Bd. IV. Abh. VI. S. 201. ff. — Im §. 281. ist *Huschke's* Bemerkung in den Studien u. s. w. S. 240. ff. Anm. 71., welchem auch *Mühlenbruch* in der Lehre von der Cession S. 31. Anm. 52. beistimmt, nicht berücksichtigt. — Weit häufiger noch, als bei dem Verfasser, finden sich aber bei dem Herausgeber, d. h. in der Literatur von 1833—1836., Veranlassungen zu Ausstellungen; was er in dieser Beziehung für das Buch gethan hat, kann selbst den billigsten Anforderungen kaum genügen. Beispielsweise mögen nur folgende Versehen namhaft gemacht werden. Im §. 54. ist die Ausgabe der Fragmente des Gregorianischen und des Hermogenianischen Codex von *Hänel* (Bonn, 1835. S. Jahrb. 1837. S. 193. ff.) nicht genannt. — Im §. 90. ist unter den Ausgaben der Capitularien gerade die vortrefflichste von *Pertz* in den *Monumenta Germaniae historica Tom.* III. und IV. (in den Nachträgen), von welchen beiden Theilen wenigstens der erstere als 1835. erschienen hätte angeführt werden können, übergangen worden. Vergl. Jahrb. oben S. 131. ff. — Im §. 97[a]. ist unter Nr. 3) des Bonner *Corpus juris civ. Antejustinianei* in 4. gar nicht gedacht, obwohl der *Fasciculi* I. schon 1835. erschien. — Im §. 98. fehlt die kleine *Schrader*'sche Ausgabe der Institutionen, Berlin 1836. — Im §. 105. ist aus der vorigen Ausgabe der Satz wiederholt: „Inzwischen erscheinen, unabhängig von diesem grossen *Schrader*'schen Werke, eben jetzt zu Leipzig mehrere kleine Handausgaben des *Corpus juris civilis*, welche bloss den Text und die wichtigsten Varianten enthalten, und von denen besonders die von *Beck* und die von den Gebr. *Kriegel* bemerkt zu werden verdienen". Hierbei ist Folgendes zu erinnern. Da die genannten Ausgaben die einzigen neuen in Leipzig erschienenen und zum Theil noch erscheinenden sind, so ist eine Hervorhebung derselben vor anderen Leipziger Ausgaben gar nicht möglich. Auch enthalten alle keineswegs Varianten; die kleinere *Beck*'sche ist nicht mit solchen versehen. Die grössere *Beck*'sche Ausgabe war ferner am Ende des Jahres 1836. schon weiter gediehen, als in der Anm. i) bemerkt ist, (jetzt ist sie ebenso wie die kleinere in der Anm. k) angeführte vollendet). Endlich sind von der *Kriegel*'schen Ausgabe nicht blos, wie die Anm. k) sagt, die Institutionen und die Pandekten, sondern auch vom Codex B. 1—3. Tit. 28. von *Aem. Herrmann* (*Fascicul.* VII. 1835. VIII. 1836.) erschienen, (vergl. Jahrb. 1837. S. 1. ff.). Jetzt sind noch von den Novellen die achtzehn ersten von *Ed. Osenbrueggen* 1837. hinzugekommen. — In der Anm. l) zu demselben §. sind von der Uebersetzung des *Corpus jur. civ.* nur vier Bände als erschienen angegeben, dieselbe ist aber schon 1833. mit dem siebenten Bande vollendet worden. — Im §. 111. ist S. 175. bei *Savigny's* Geschichte des röm. Rechts im Mittelalter nicht bemerkt, dass Bd. 1—3. im J. 1834. in einer zweiten Ausgabe erschienen sind. — Von der Zeitschrift für geschichtliche Rechtswissenschaft wird S. 176. nur wiederholt, was schon die zehnte Ausgabe angab, nämlich als das neuste Heft das erste von Bd. 8., und doch wurde dieser Band schon 1835. vollständig, und erschien 1836. auch das erste Heft von Bd. 9. Auf derselben Seite wird beim Rheinischen Museum ebenfalls nur aus der zehnten Ausgabe wieder abgedruckt, dass von dem Neuen Rhein. Mus. Bd. 1. H. 1. u. 2. erschienen seien; bekanntlich ist dasselbe aber im Jahr 1835. schon zum dritten Bande (dem siebenten der ganzen Sammlung) gediehen. — S. 179. wird *Schilling's* Lehrbuch für Institutionen und Geschichte des röm. Privatrechts fälschlich unter den Grundrissen aufgeführt. — S. 181. fehlt das Lehrbuch von *A. Haimberger* Reines röm. Privat-Recht, nach den Quellen und den Auslegungen der vorzüglichsten Rechtsgelehrten. 4 Thle. Wien, 1835. (Freilich ist dieses Werk ausserhalb Oesterreich wenig bekannt geworden, und daher will Rec. auf die Uebergehung desselben keinen Tadel gründen). — S. 183. ist nicht genannt *P. L. Kritz* das Pandektenrecht aus den Rechtsbüchern Justinians nach den Erfordernissen einer zweckmässigen Gesetzgebung dargestellt u. s. w. Meissen. Thl. 1. Bd. 1. 1835. (Bd. 2. 1837.). — S. 185. f. fehlen folgende neuere Erscheinungen: bei *Kind* quaestiones forenses die als Supplement-Band erschienene Sammlung akademischer Schriften, herausgegeben von *E. F. Vogel*, Leipzig 1836., bei *Hagemann's* prakt. Erörterungen, fortgesetzt von Spangenberg der neunte Band; a. u. d. T.: Prakt. Erörterungen u. s. w. von *E. Spangenberg*, Bd. 1. Hannover 1831. 4., (jetzt auch Bd. 10. oder Bd. 2. Braunschweig 1837.), bei *Pfeiffer* prakt. Ausführungen, Bd. 4. Hannover 1836., bei *v. Langenn* und *Kori* Erörterungen die zweite Auflage 1836., und ein dritter Theil, von *Kori* allein besorgt 1833. (ebenfalls in der zweiten Auflage erschienen 1837.). — S. 189. fehlen unter den Sammlungen von Abhandlungen desselben Verfs.: *K. Büchel's* civilrechtliche Erörterungen Bd. 1. Marburg 1834. u. Bd. 2. H. 1. 1836. 8.; *Car. Frid. Chr. Wenck* Opuscula academica ed. *Frid. Car. Gust. Stieber*. Lips. 1834. 8.; *J. W. L. Ferd. Fuhr* und *E. Hoffmann* civilistische Versuche. H. 1. Darmstadt 1835. 8.; *Chr. Fried. Elvers* praktische Arbeiten. Rostock, 1836. 8. — Bei den juristischen Zeitschriften S. 190. hat aber der Herausgeber die ihm obliegende Pflicht fast ganz vergessen. Blos bei seiner eigenen Zeitschrift hat er die seit 1833. herausgekommenen Hefte nachgetragen; aber auch selbst diese nicht richtig, indem er theils den bei dem dritten Heft des 1. Bandes hinzugetretenen Mitherausgeber *Warnkönig* gar nicht genannt, theils das dritte Heft des 2. Bdes. als 1836. erschienen angegeben hat, während es doch die Jahreszahl 1837. trägt. Dagegen hat er bei dem Archiv für die Civilist. Praxis folgende Sätze aus der vorigen Auflage blos wieder abdrucken lassen: „bis jetzt (1832.) sind 15 Bände und von den beiden ersten Bänden neue Auflagen erschienen. Vom 14. Bande an wird dasselbe herausgegeben von *Linde* u. s. w." Es fehlt also die Angabe der bis dahin, wo diess muthmasslich dem Druck übergeben wurde (1836.), erschienenen Bde. 16—19., es fehlt die Bemerkung, dass von den drei ersten Bdn. bereits eine dritte und von Bd. 4—7. eine zweite Auflage erschienen ist, es fehlt endlich die Notiz, dass seit dem 17., oder nach dem Titelblatt schon seit dem 16. Bande *Francke* als Redacteur hinzugekommen ist. Ebenso heisst es bei der Zeitschrift für Civilrecht und Prozess nur, wie schon in der vorigen Auflage stand: „bis jetzt 5 Bände, Giessen 1827—1832.", und doch erschien bis Ende 1836. bereits das erste Heft von Bd. 10. Endlich von *Schunck's* Jahrbüchern sind nicht blos „bis jetzt 26 Bände", sondern bis zum Jahre 1836., 27 Bände herausgekommen. — In der den einzelnen Lehren des allgemeinen und des besonderen Theils beigefügten Literatur hat der Herausgeber allerdings häufiger Nachträge gemacht. Allein auch hier vermisst man doch die Vollständigkeit, welche man nach der bisher in diesem Lehrbuche befolgten Maxime, in Folge welcher in der Regel *alle* neueren Schriften und Aufsätze, selbst Recensionen, citirt wurden, erwarten konnte. Um nur einige von vielen Beispielen (ausser denen, welche schon oben namhaft gemacht wurden), anzuführen, bemerkt Rec., dass nicht erwähnt sind: §. 163. *Guil. Gust. Busse* Diss. de ratihabitione. Lips. 1834. 4. — §. 281. Anm. a) *Laspeyres* im Archiv für die Civil. Prax. Bd. XIX. S. 71. ff. — §. 304. *Büchel* über die Verpfändung für nicht vollgiltige Obligationen, Marburg 1836. (Vergl. Jahrbüch. 1837. S. 293. ff.). — §. 319. Anm. b—d) *Klenze* in der Zeitschrift für geschichtliche Rechtswissenschaft Bd. VIII. S. 379. ff. (Auch im §. 489. k. Anm. a) hätte diese Abhandlung angeführt werden können). — §. 330. Anm. l) *Burchardi* im Archiv Bd. XIX. S. 49. ff. — §. 377. Anm. a) und §. 381. Anm. g) *Sell* ebendaselbst S. 302. ff. — §. 446. *C. F. Dollmann* die Entwendung nach den Quellen des gem. Rechts. Kempten 1834. — §. 455. *Ern. Guil. Ed. Zimmermann* Diss. de injuriis ex jure Romanorum. Berol. 1835. 8. — §. 461. u. 478. unter Nr. d) *Kämmerer* in der Zeitschr. f. Civilr. u. Proz. Bd. VIII. S. 137. ff. 161. ff. 341. ff. — §. 521. Anm. a)

Aug. Bernh. Boisserée Diss. de dotis domino. Hal. 1836 8. — §. 614. Zusatz. *Guil. Francke* de manumissorum successione spec. I—III. Jenae 1834. 1835. — §. 630. *v. Schröter* zu der Lehre von den bona vacantia in der Zeitschrift f. Civilr. u. Proc. Bd. X. H. 1. S. 89. ff. und *Car. Ad. Schmidt* de successione fisci in bona vacantia ex jure Rom. Jenae 1836. 8. (S. Jahrb. 1837. S. 309. ff.) — §. 661. Anm. a) *Mühlenbruch* in der Fortsetzung von *Glück's* Pand.-Comm. Th. XXXVII. S 295. ff. — §. 719. *Phil. Bertram* Diss. de rebus singulari titulo relictis in quartam Falcidiam imputandis. Heidelb. 1834. u. s. w.

Es wurde oben ferner bemerkt, dass auch rücksichtlich der Vollständigkeit das Lehrbuch nicht ganz befriedige. Rec. freut sich, hier an einen Punct gekommen zu sein, wo er dem Verdienste des Herausgebers um das Buch mehr Anerkennung zu Theil werden lassen kann, als bei allen bisher besprochenen Verhältgeln des letzteren. In den meisten Fällen, in welchen man früher Etwas vermisste, ist jetzt bald ein Paragraph eingeschaltet, bald ein Zusatz im Text oder in den Anmerkungen gemacht, bald endlich wenigstens die Nothwendigkeit einer Ergänzung angedeutet worden. So ist z. B. in der äusseren Rechtsgeschichte im §. 21. ein Zusatz über die Centurien-Eintheilung des *Servius Tullius* gemacht, ferner ein §. 28^b^. eingeschaltet, welcher den Zustand der Republik in ihrer höchsten Entwickelung in Hinsicht auf Staat und Einzelne behandelt, ebenso ein §. 36^a^., in welchem die Gründe der inneren Unruhen am Ende der Republik kurz angegeben werden, sodann ein §. 49^b^. über die Veränderungen unter *Constantin* d. Gr. in der Verwaltung und der Verfassung, endlich ist jetzt der §. 83. (die bisherigen §§. 81—83. sind 81^a^. 81^b^. und 82. geworden) einer kurzen Ausführung über Das gewidmet, was die Geistlichkeit des Mittelalters zur Erhaltung und Ausbreitung des Justinianischen Rechts gethan hat. Ebenso hat die Darstellung des heutigen röm. Rechts bedeutende Vermehrungen erhalten. So sind z. B. im allgemeinen Theil zwei Paragraphen (115. b. und c.) über das System und die im Lehrbuche zu befolgende Ordnung jetzt ganz neu gearbeitet (früher war zu Anfang des besonderen Theils von diesen Gegenständen die Rede), ferner ist über *demonstratio* und *nudum praeceptum* ein §. 175. eingeschoben, ingleichen die Lehre von der Erwerbung der Rechte vermehrt, sowie am Schlusse zwei §§. beigefügt sind, von welchen der eine von der *res judicata* handelt, der andere Bemerkungen darüber enthält, in wie weit die Lehre von der Verfolgung der Rechte in das Privatrecht gehört. Die Lehre vom Besitz ist namentlich vermehrt durch einen Zusatz im §. 212. über die factische und juristische Natur des Besitzes, einen Zusatz im §. 213. über *possessio civilis* und *naturalis*, einen §. 225ª. über die Fortsetzung des Besitzes, einen Zusatz im §. 228. über das *constitutum possessorium*, einen §. 229ᵇ. über den Verlust der *quasi possessio*, und einen Zusatz über das *remedium spolii* im §. 234. — In der Lehre vom Eigenthum verbreitet sich ein Zusatz zum §. 259. über die Vereinigung der *usucapio* und *longi temporis praescriptio*, auch ist Einzelnes zur Darstellung der *rei vindicatio* und der *Publiciana in rem actio* nachgetragen. — Auch in den §§., welche von der Erwerbung der Servituten und von den Rechten des Emphyteuta handeln, sind einzelne Bemerkungen beigefügt worden. — Im Pfandrecht erklärt sich eine Anmerkung über die Natur dieses Rechts, und zwar gegen die Ansicht, dass es ein dingliches Forderungsrecht sei; auch berührt ein eingeschalteter §. 324. (der bisher mit dieser Zahl bezeichnete ist §. 323ᵇ. geworden) das Verhältniss der Pfandgläubiger zu andern Gläubigern. — Nicht weniger vermehrt ist das Obligationenrecht. Ausser einigen schon oben besprochenen Neuerungen handeln namentlich ein Zusatz zum §. 330. von Solidar- und Correal-Obligationen nach der Ansicht *Ribbentrop's*, die Anm. d) zum §. 341. über die *praestatio periculi*, ein Zusatz zum §. 346. über den Grund der Folgen der mora, ein Zusatz zum §. 418. über Verträge, welche sich auf andere Verträge beziehen, und ein Zusatz zum §. 445. über das System der römischen Delicte. — Im Familienrecht sind die Vermehrungen unbedeutender; sie beschränken sich auf kurze Zusätze und Bemerkungen hauptsächlich zu §. 541. Anm. e), §. 553., §. 559ᵇ., §. 584. Anm. f), §. 601. Anm. a) und §. 603. Anm. c); auch hat am Schlusse des letzteren §. die früher ganz übergangene *actio subsidiaria* mit Recht eine Stelle gefunden. — Am meisten ist aber das Erbrecht vervollständigt worden. Die umfangreichsten und bedeutendsten Neuerungen sind folgende. Ein Zusatz zum §. 610. handelt von dem Princip des Erbrechts in der ältesten und in der späteren Zeit, ein anderer zum §. 612. macht mit Recht darauf aufmerksam, dass die im Lehrbuche in völliger Abgerissenheit dastehende Lehre von der *bonorum possessio* nur durch eine geschichtliche Einleitung in das älteste Erbrecht anschaulich gemacht werden könne, und fügt selbst einige geschichtliche Bemerkungen hinzu, und ein Zusatz zum

§. 614. gedenkt der bisher ganz übergangenen *ordines* bei der Succession in das Vermögen des Freigelassenen oder Emancipirten. In der Lehre vom Pflichttheil ist der §. 654. in zwei: a. und b. getheilt worden, von welchen jener eine Einleitung über den Standpunct des Pflichttheilsrechts vor der Novelle CXV. enthält, dieser den Standpunct des neuen Rechts bezeichnet; auch giebt ein Zusatz zum §. 661. eine genauere Uebersicht der Meinungen über das Verhältniss der genannten Novelle zum älteren Recht. Vorzüglich häufig sind kleinere Zusätze in der Lehre von den Vermächtnissen; sie bestehen meistens in Verweisungen auf des Herausgebers Werk über dieselben. Ganz neu ist endlich der fünfte Abschnitt des Erbrechts: Von den Vollzugshandlungen, welche sich auf die *successio mortis causa* beziehen; er enthält: §. 741. Einleitung. §. 742. Stellung des Erben überhaupt und des Intestat-Erben insbesondere. §. 743. Von der Eröffnung des letzten Willens. §. 744. Vom Testaments-Executor. — Aus dieser Uebersicht der wichtigsten vom Herausgeber gemachten Zusätze wird man leicht ermessen, wie sehr er sich eine genügende Erfüllung seiner Aufgabe in dieser Hinsicht hat angelegen sein lassen. Er hat auf diese Weise wesentlich zur Verbesserung des Lehrbuchs beigetragen; denn nicht blos der Zahl und dem Umfange nach sind jene Zusätze von Bedeutung, sondern man wird auch ihrem Inhalte in der Regel seine Zustimmung nicht versagen können. Von den Ausnahmen, welchen nach der Ansicht des Rec. diese Regel unterliegt, mögen wenigstens ein Paar Beispiele hier ihre Stelle finden. Der §. 83., welcher, wie oben bemerkt wurde, erst durch den Herausgeber eingefügt worden ist, fängt so an: „Was von der grössten Macht im Mittelalter, von der Hierarchie, zur Erhaltung und Ausbreitung des Justinianischen Rechts geschah, ist im vollen Zusammenhange noch von Niemanden dargestellt". Rec. kann diesen Satz der Darstellung *v. Savigny's* in der Geschichte des R. R. im Mittelalter (Bd. II. Cap. 15.) gegenüber, gelind gesagt, nicht anders als höchst unangemessen finden. Der Herausgeber bemerkt hierauf, die Kirche habe das römische Recht als das legitime weltliche, und zu der Zeit der verschiedenen Nationalrechte als das legitime weltliche Recht der Geistlichen betrachtet, und fährt dann so fort: „Den besten Beleg hierzu liefert die grösste ungedruckte *collectio canonum* (*Anselmo dedicata*), in welcher der siebente Theil *de laicis* handelt und unter dem Abschnitt: „*capitula legis romanae ad eandem sep-*

timam partem pertinentia" das Meiste aus den Institutionen, Vieles aus dem Codex und aus Julians Epitome vorgetragen wird". Hier liegt ein doppelter Irrthum zum Grunde, oder wenigstens ist die Stelle so ausgedrückt, dass sie in zweifacher Hinsicht Irrthum veranlassen kann. Denn nicht blos hinter dem siebenten Theile, dessen Ueberschrift vollständig so lautet: *de laicis, imperatoribus scilicet, principibus et reliquis saeculi ordinibus*, und welcher blos von den Beziehungen der Laien zu der Kirche handelt, findet sich ein Abschnitt mit Stellen aus dem römischen Recht (welche aber freilich zu jenem Inhalte dieses Theiles gar nicht passen; vergl. *Richter's* Beiträge zu Kenntniss der Quellen des can. Rechts S. 51.), sondern es sind solche Stellen unter derselben Bezeichnung: *Item capitula legis romanae* etc. (natürlich aber mit veränderter Zahl der *pars*) in allen zwölf Theilen mit Ausnahme des achten bis zehnten enthalten; doch stehen allerdings im siebenten Theile die meisten. S. *v. Savigny* a. a. O. S. 291. Anm. c). Sodann ist aber das vom Herausgeber bemerkte Verhältniss der Excerpte aus dem Justin. Recht in dem bezeichneten Abschnitt keineswegs richtig, vielmehr kommen von den 141 Capiteln desselben beinahe die Hälfte auf Stellen aus dem Codex, ein Drittel auf Stellen aus *Julian*, und ein Sechstel auf Stellen aus den Institutionen (es sind: *lib.* I. *tit.* 1—3. pr. 4. 8—12. II. 1. u. 14. §. 5—12. III. 6. 15. 19. u. IV. 1—4. 8. 9. 18.); ausserdem enthält jener Abschnitt aber auch noch die *Const. de adscripticiis* und die *Nov.* 143. vollständig. Vergl. das Quellenverzeichniss bei *v. Savigny* a. a. O. S. 486. ff. — Ferner heisst es in dem ebenfalls erst vom Herausgeber herrührenden §. 181. unter der Ueberschrift: „Bestellung der Rechte": „Diejenigen Rechte, welche nicht durch Rechtsgeschäfte begründet werden, erwerben wir kraft Gesetzes, theils mit der Geburt, theils im Verlauf des Lebens und theils mit dem Tode einer Person (*acquisitio inter vivos, mortis causa*)". Erstlich können aber doch unmöglich alle Erwerbsgründe auf die zwei: Rechtsgeschäfte und Gesetz, zurückgeführt werden. Verstehen wir nämlich im Sinne der Römer und der Neueren unter der Erwerbung durch das Gesetz (*ipso jure, lege acquiritur*) die Entstehung von Rechten unmittelbar durch rechtliche Vorschrift beim Vorhandensein gewisser factischer Verhältnisse, so lassen sich alle übrigen Erwerbsgründe keineswegs unter dem Begriff von Rechtsgeschäft subsumiren; denn es giebt ja auch Erwerbungen durch andere erlaubte Handlungen,

z. B. durch Ergreifung einer herrenlosen Sache, durch unerlaubte Handlungen Anderer, und durch Naturbegebenheiten. Richtiger waren als höchste Erwerbsgründe: Gesetz und Thatsache anzugeben. Zweitens kann man auch rücksichtlich der Zeit, in welcher die Erwerbung erfolgt, nicht mit dem Herausgeber: Geburt, Verlauf des Lebens und Tod einer Person unterscheiden, da der dritte Zeitpunct, bei welchem doch füglich blos an den Tod eines Anderen, als des Erwerbers, zu denken ist, mit dem zweiten zusammenfällt. Daher ist es auch unrichtig, dass bei diesen drei Zeitpuncten die Ausdrücke *acq. inter vivos* und *mortis causa* bemerkt sind; denn diese Unterscheidung bezieht sich bekanntlich nicht auf den Erwerber, sondern auf Denjenigen, von welchem Etwas auf den Erwerber übergeht; also erwirbt man im Verlaufe seines Lebens nicht blos *inter vivos*, sondern auch *mortis causa*. — Auch die Form, in welche der Herausgeber seine Zusätze eingekleidet hat, kann Rec. in mehreren Fällen nicht gutheissen. Es fehlt ihnen nicht selten die nöthige Klarheit und Bestimmtheit; auch ist zuweilen Nachlässigkeit im Style sichtbar. Von jenem Mangel an Klarheit nur ein Beispiel. In der Anm. e) zum §. 641. kommt der Satz vor: „Ob die uneheliche *Mutter* insoweit de partu agnoscendo klagen kann, dass, wenn ihr Vater oder ihre Mutter die Filiation in Beziehung auf die uneheliche Mutter läugnen, der Anspruch der Mutter auf Anerkennung begründet ist, oder ob in diesem Falle nur dem Kinde selbst die Filiationsklage zukömmt, ist natürlich aus den Quellen nicht zu entscheiden". — Uebrigens ist trotz der anerkennungswürdigen Thätigkeit des Herausgebers in der Vervollständigung des Lehrbuches doch auch in dieser Beziehung noch Manches zu thun übrig geblieben. So sind (abgesehen von der äusseren Rechtsgeschichte und der Lehre von den Quellen derselben, wo sich noch viele auffallende Lücken finden), z. B. die Eintheilungen der Klagen im Verhältniss zu ihrer grossen Bedeutung für das ganze Rechtssystem viel zu dürftig abgehandelt. Ferner ist im §. 200. zwar gesagt, was die *litis contestatio* im älteren römischen Processe gewesen, und was sie im heutigen gemeinen deutschen Processe sei, welche Bewandniss es aber mit ihr im neueren römischen Rechte habe, erfährt man nicht. Bei den Verschiedenheiten der *exceptiones* im §. 201. ist die Eintheilung in *exc. peremtoriae* und *dilatoriae* wohl zu kurz behandelt, bei der Eintheilung in *exc., quae personae cohaerent* und *rei cohaerentes* fehlt die passive Bedeutung (L. 2. §. 1. L. 4. §. 33. *D. de doli m. exc.* XLIV. 4.), und gar nicht erwähnt sind die *utiles ex-*

ceptiones (L. 21. *D. de praescr. verb.* XIX. 5.) und die *in factum exceptiones* (L. 2. §. 5. L. 4. §. 16. 32. D. *de doli m. exc.* §. 1. ex. J. *de except.* IV. 13.). — Ferner sind die Gründe des Eigenthums-Verlusts in den §§. 272. und 273. sehr unvollständig angegeben. Man vergl. dagegen die Darstellung in *Schilling's* Lehrbuch Bd. II. §. 173. — Im Obligationenrecht fehlt die *obligatio* des *mensor, qui falsum modum dixerit* u. dgl. m. — Auch manche Vervollständigungen des Herausgebers sind noch lange nicht ausreichend; so muss z. B., wenn das Justinianische Recht in der Lehre von der Ersitzung des Eigenthums ganz verständlich werden soll, eine ausführliche und genaue historische Einleitung gegeben werden; der Zusatz, welchen der Herausgeber zum §. 258. gemacht hat, kann nicht genügen.

So lobenswerth auch bisher die Darstellung des Lehrbuches rücksichtlich der Deutlichkeit war, so litt sie doch an manchen Schwächen, für welche man von dem Herausgeber Abhülfe erwarten konnte. Dahin gehört vorzüglich die Nachlässigkeit, mit welcher die Kunstausdrücke behandelt werden. In dieser Hinsicht hat aber der Herausgeber nicht blos gar Nichts gethan, sondern vielmehr das Uebel durch etliche eigene Beiträge noch gesteigert. Es zeigt sich aber jene Nachlässigkeit erstlich darin, dass viele unächte Ausdrücke vorkommen, ohne dass sie, wie es allerdings in anderen Fällen zuweilen geschehen ist, durch ein : sg. oder ein anderes Zeichen als den Quellen unbekannt bezeichnet werden; z. B. *portentum* im §. 118. (das ebendaselbst stehende Wort *ostentum* bezeichnet nach L. 38. D. *de verb. sign.* L. 16. eine Missgeburt überhaupt), *adulterini* und *incestuosi* im §. 132., *comprivigni* im §. 135. Anm. b), *conclusum universitatis* im §. 143. unter Nr. 3), *res nullius* im §. 156., *computatio temporis naturalis* und *civilis* im §. 166. unter Nr. 2), *jus exorbitans, favorabile* und *odiosum* im §. 187., *cautio de eventualiter demoliendo aut restituendo* im §. 238., *avulsio* im §. 249. und 250., *non usus* im §. 292., *servitutes continuae* im §. 294., *interdictum quasi Salvianum* im §. 325b., *cessionarius* und *debitor cessus* im §. 334., *actiones, quae vindictam spirant* im §. 335., *usurae conventionales* und *testamentariae* im §. 349., *mutuo dissensu* und *laesio ultra dimidium s. enormis* im §. 373. u. s. w. Zu den erst vom Herausgeber herrührenden unächten Worten, gehören z. B. die schon oben gerügten *solutio ipso jure* und *solutio ope exceptionis*, u. a. m. Hoffentlich wird Niemand, seitdem *Hugo* auf Reinheit in der juristischen Kunstsprache wiederholt gedrungen hat, diese Sache für gleichgültig halten. Sollte aber Jemand doch meinen, dass gerade in einem Buche, welches sich als Lehrbuch des *heutigen* römischen Rechts ankündigt, nichts darauf ankomme, ob römische und moderne Ausdrücke genau unterschieden werden oder nicht, so möge er nur *Brinkmann's* Aufsatz: Ueber den richtigen Gebrauch der Kunstwörter in der Praxis, in dessen Wissenschaftlich praktischer Rechtskunde Bd. I. S. 306. ff. nachlesen, und zugleich beherzigen, was in jener Hinsicht von Anderen auch in Lehrbüchern des römischen Rechts in seiner heutigen Anwendung geschehen ist. S. z. B. *Mejer* in der Vorrede zum 5. Bd. seiner Ausgabe des Handbuchs von *Schweppe* S. IV. ff. — Ein zweiter Uebelstand in Betreff der Kunstausdrücke ist im vorliegenden Lehrbuche die zuweilen sich äussernde Vernachlässigung der Wortstellung, welche die Quellen beobachten. So heisst es z. B. im §. 121. *Capitis deminutio maxima, cap. dem. media* und *cap. dem. minima,* während die Quellen stets das Adjectiv vorstellen, ferner im §. 277. *servitutes personales* statt *pers. serv.* u. dgl. m. Auch hier ist die Forderung einer grösseren Sorgfalt durch die Hinweisung auf *Hugo's* Lehre und Beispiel vollkommen gerechtfertigt.

Ebensowenig wie für die Reinigung der Kunstsprache, ist der Herausgeber für die Verbesserung des deutschen Ausdrucks im Lehrbuche, wo dieser grammatisch unrichtig ist, oder sonst an Fehlern leidet, besorgt gewesen. So heisst es z. B. im §. 39. (S. 46. Z. 2. v. o.) noch immer „*dasselbe*" statt „*derselbe*", im §. 148 unter Nr. 1) „*Grundstücke*" statt „*Landgrundstücke*", im §. 279. zu A., 330. g. d. E. und §. 438. unter Nr. 2) „*kraft welchem*" statt „*kraft dessen*", im §. 290. unter Nr. 3. b) „*der iter*" statt „das *iter*", im §. 400. Anm. a) Z. 5. „*Commodant*" statt „*Commodatar*", im §. 483. (sonst 484.) „*ihn zu ersetzen*" statt „*den Schaden zu ersetzen*", im §. 660. unter Nr. B. 1) „*wenn sie die Descendenten angeklagt werden*" statt „*haben*".

R. Schneider.

1) **Das Preussische Straf-Recht** aus den jetzt geltenden gesetzlichen Bestimmungen in fortlaufendem Texte zusammengestellt von **A. Wentzel**, Ober-Landes-Gerichts-Rath und Director des Königlichen Fürstenthums-Gerichts zu Neisse. Breslau, Max und Comp. 1837. XXIV. u. 479. S. 8. (2 Thlr.).

2) **Handbuch des Preussischen Criminalrechts.** Von **J. D. H. Temme**, Director des Inquisitoriats der Altmark zu Stendal, Kreis-Justiz-Rath und Mitglied des literarischen Vereins der Grafschaft Mark. Leipzig, Kollmann, 1837. XX. u. 422. S. 8. (1 Thlr. 16 Gr.).

3) **Das Verbrechen des Diebstahls**, nach Preussischem Rechte dargestellt von **Aemil Funk**, Oberlandesgerichts-Assessor. Magdeburg, Heinrichshofen, 1837. VIII. u. 91. S. 8. (12 Gr.).

Seit mehreren Jahren regt sich für die Bearbeitung des Preussischen Rechts eine erfreuliche Thätigkeit, die gewiss von Denen besonders in ihrem ganzen Werthe empfunden wird, welche aus nahe liegenden Gründen bedauerten, dass wir manchen andern deutschen Staaten nachstanden, die längst im Besitz einer eignen Literatur ihrer Rechte sind, wo die im Lande geltenden Rechte, sei es nun auf gemeinschaftlicher Grundlage, oder als selbstständige nach verschiedenen Richtungen hin, im Ganzen und in einzelnen Lehren theoretisch und praktisch erläutert sind und werden. Der Vorwurf, dass es in Preussen anders war, dass lange Zeit eigentliche wissenschaftliche Werke, zu denen auch wahrhaft praktische gehören, gar nicht, sondern nur Compilationen, Sammlungen von Nachträgen und Ergänzungen zu den Gesetzbüchern erschienen, die noch jetzt einen bedeutenden Raum in der Literatur einnehmen, — man werfe nur einen Blick auf die Menge derartiger Schriften, welche die neuen Processgesetze mit der G. O. in Concordanz zu bringen suchen, — konnte nicht abgewiesen werden, denn die Thatsachen sprachen unwiderleglich, was man auch dagegen erinnert hat. Jener Mangel konnte aus der Eigenthümlichkeit des Preussischen Rechts, aus der Meinung, dass es mit den gemeinsamen Grundlagen sonstiger deutscher Gesetzgebung, Rechtsbildung und Wissenschaft, in gar keinem oder geringem Zusammenhang stehe, und aus andern Erscheinungen und Ansichten zwar erklärt, aber um so weniger entschuldigt werden, als theils jene Meinung eine unrichtige ist, theils, deren Richtigkeit vorausgesetzt, dann eine andere Aufgabe blieb, nämlich das preussische Recht für sich und aus sich selbst zu bearbeiten, — eine Aufgabe, als deren Lösung jene Compilationen, selbst wenn sie noch so gelungen waren, sich nicht behaupten konnten. Mit wenigen Ausnahmen hatten wir bis vor etwa 10 Jahren keine einzige Monographie, die irgend eine Lehre des preussischen Rechts gründlich behandelte, keine wissenschaftliche Darstellung eines grössern Theils des Rechts, und auch keine praktische, wenn man einzelne Rechtsfälle ausnimmt. Je mehr in einem Lande von diesem Umfange geistige Kräfte und gediegene Erfahrung sich finden müssen, um so mehr durfte man es bedauern, dass diese, die in dem ihnen zunächst angewiesenen Wirkungskreise sich so befriedigend bethätigen, nicht auch in einer allgemeinen und so fruchtbareren Weise sich äusserten, und wer, nachdem sich jetzt dieses so glücklich geändert hat, die Vortheile zu würdigen weiss, welche in der neuesten Zeit für die Bearbeitung unseres Rechts und durch dieselbe entstanden sind, der wird eben damit jene gutgemeinte Klage über den frühern Zustand gegründet finden. Darf man erst erwähnen, welche ehrenvolle *Stelle nur für* das bürgerliche Recht die Werke von *Bornemann*, von *Römer*, von *Koch*, *von der Hagen*, für Process von *Gärtner*, *Wentzel*, für beide und die mehr praktische Seite die Zeitschriften von *Simon* und von *Strampf*, von *Ulrich*, *Sommer* und *Böle*, von *Hinschius*, und von *Koch* und andere mehr einnehmen *), wie verdienstlich die den geschichtlichen Standpunct verfolgende Arbeit von *Simon* und *Strampf* über die Lehre vom Besitze sei? Es war zu erwarten, dass das längst gefühlte Bedürfniss einer Vermittelung zwischen Theorie und Praxis sich in solcher Weise geltend machen werde, und dass, wenn es vorzugsweise Praktiker waren, die hier zuerst einschritten, auch die Theoretiker auf preussischen Universitäten, ohnerachtet sie einen allgemeinern und umfassendern Standpunct zu verfolgen berufen, und deshalb von dem Vorwurfe frei zu sprechen sind, als interessirten sie sich weniger für das vaterländische Recht, gern die Hand bieten würden, eine solche Verbindung zu Ergreifung des gemeinsamen Zieles zu unterhalten. *Witte* hat uns so eben mit dem Werke beschenkt: *„das preussische Intestat-Erbrecht aus dem gemeinen deutschen*

*) Auch das *Centralblatt für preussische Juristen*, welches an die Stelle der frühern juristischen Zeitung getreten ist, enthält viele beachtungswerthe Beiträge für die Wissenschaft des preussischen Rechts.

Rechte entwickelt", auf dessen gehaltvolle Vorrede ich mich hier besonders beziehe; ich selbst, wenn es erlaubt ist, dieses hier zu sagen, habe in mehrern Werken über Strafrecht und Process das preussische Recht theils zum Hauptgegenstand der Untersuchungen gemacht, theils wenigstens gelegentlich mit erörtert, so wie meine „Geschichte des Strafrechts der Brandenburg-Preussischen Lande" mindestens das Verdienst in Anspruch nehmen darf, eine sichtbare Lücke in der Literatur ausgefüllt, und die Bahn gebrochen zu haben.

Für das Strafrecht, auf welches sich die obengenannten, nur kurz zu betrachtenden Werke beziehen, hat *Hitzig* durch seine Zeitschrift, wie ich es in ausführlichen Kritiken mit Freuden anerkannte, höchst Dankenswerthes geliefert und vielfache Anregung gegeben: doch musste nach dem Plane derselben die eigentliche wissenschaftliche Behandlung zurücktreten hinter der unmittelbar praktischen Tendenz, deren Vereinbarkeit mit der Wissenschaft jedoch viele der trefflichen Bearbeitungen auf eine Weise bekunden, die jeden Zweifel beseitigt, wenn ein solcher im Ernst vorkommen sollte. Und er kommt doch zuweilen vor. Gleich das erste der anzuzeigenden Werke fordert mich auf, darüber zu sprechen und nicht blos der Sache nach, sondern auch in mehr persönlicher Rücksicht, so sehr ich bemüht bin, solche bei wissenschaftlicher Kritik entfernt zu halten. Hierüber, und über den wahrhaften Standpunct der Bearbeitung unseres Rechtes sich zu verständigen, ist bei weitem wichtiger, zumal in einer neuen kritischen Zeitschrift, in welcher bisher von preussischem Rechte wenig die Rede gewesen ist, als das Hervorheben von den vielen Einzelheiten, über welche ein Beurtheiler der vorliegenden Schriften mit deren Verfassern in nähere Erörterungen einzugehen sich veranlasst finden dürfte.

Wir müssen einen Blick in das „*Vorwort*" werfen. Was der Verfasser selbst über Plan und Zweck bemerkt, nehmen wir billig zunächst zur Grundlage der Beurtheilung, obschon dann die weitere Frage unabweisbar ist, wie ein solcher Plan sich zu der höhern oben bezeichneten Aufgabe verhalte.

„Eine *rein praktische Tendenz* lag also bei der Arbeit zu Grunde, keine wissenschaftliche Bestrebung". So sagt der Verf. S. IV. An sich, und in Anerkennung dessen, was derselbe sonst geleistet, kann man es nur bedauern, dass die wissenschaftliche Bestrebung nach seiner eignen, und wie er meint, nothwendigen Erklärung ausgeschlossen wurde; aber noch auffallender muss grade von solcher Seite die Aufstellung eines Gegensatzes, sogar einer gegenseitigen Ausschliessung von praktischer Tendenz und wissenschaftlicher Bestrebung sein. Das wahre Verhältniss, und die gegenseitige Unterstützung beider, ist doch wohl anerkannt, und seitdem *Savigny* in der weit verbreiteten Schrift: „vom Beruf unserer Zeit u. s. w." sich hierüber erklärt, so oft besprochen worden, — es ist für das gemeine Recht in seiner jetzigen Bildungsstufe die gegenseitige Beziehung und die Möglichkeit einer Verbindung so unbestritten, dass wir am wenigsten glauben möchten, es sei Ernst mit einer solchen Aeusserung von einem Schriftsteller, der selbst als ein wissenschaftlicher Praktiker hochgeachtet wird. Derselbe fährt fort: „Seit dem Urtheile, welches in *Schunck's* Zeitschrift über uns preussische Praktiker ausgesprochen worden, ist es für uns eine Pflicht geworden, diess bei Arbeiten, wie die gegenwärtige, ausdrücklich auszusprechen, um schiefen Urtheilen im Voraus zu begegnen". Schiefen Urtheilen aber wird man grade, weil sie solche sind, durch keine Erklärung begegnen können, da sich solche vielmehr an das richtige Urtheil wendet. In der That aber liegt in diesem Satze das Zugeständniss, *wodurch* er allein Sinn bekommt, dass das angedeutete Urtheil gegründet gewesen sei und eben deshalb der Schriftsteller gleich die Pflicht habe zu erklären, dass einer Arbeit, wie die gegenwärtige, keine wissenschaftliche Bestrebung zu Grunde liege, folglich sie unter jenes Urtheil nicht subsumirt werden dürfe. Was jenes angebliche Urtheil betrifft, so scheint der Verfasser dasselbe nur aus zweiter Hand zu kennen, sonst würde er sich gewiss gehütet haben, etwas eben so Falsches als Liebloses hinzuschreiben. Ich habe nämlich keinen Grund zu verschweigen, was hier nicht gesagt ist, dass die Rede von einer beurtheilenden Anzeige einiger die preuss. Gesetzgebung betreffenden compilatorischen Werke sei, als deren Verfasser ich mich, wie ich stets thue, namentlich unterzeichnet habe, wie ich denn auch hinsichtlich dessen, was über den Standpunct der Literatur des preussischen Strafrechts *für die Zeit* bemerkt ist, wo der Aufsatz geschrieben wurde, die Vertretung noch jetzt übernehme und nicht widerlegt worden bin. Wenn in neuester Zeit ein besserer Zustand eingetreten ist, so ist niemand bereitwilliger diess anzuerkennen, und wenn ich durch meine Bemerkungen, eben weil sie richtig waren, Manchen angeregt zu haben, so wie durch sonstige bekundete Theilnahme an der guten Sache, einigermassen dazu beigetragen zu haben, mir schmeicheln dürfte, ein lebhafteres wissenschaftliches

Interesse herbeizuführen, so würde mich diess so freuen, dass ich mich leicht über derartige versteckte Angriffe hinwegsetze, die denn auch ohne Einfluss auf meine wissenschaftlichen Aeusserungen und mein Urtheil sind. Wer aber die in Bezug genommene Kritik liest, der wird sich überzeugen, dass ein Urtheil über preussische Praktiker, deren Verdienste ich in mehrern Recensionen der verschiedenen Jahrgänge von *Hitzig's* Zeitschrift gebührend anerkannt und mit veröffentlicht habe, hier gar nicht vorkommt und nicht vorkommen konnte; sondern ein Urtheil über die bis dahin vorherrschend gewesene Neigung Einzelner, die fast allein als *Schriftsteller über Strafrecht* auftraten, statt solcher der eigentlichen Praxis und der Wissenschaft förderlicher Leistungen, wie man sie erwarten durfte, meist nur Compilationen gesetzlicher Vorschriften zu liefern. Ja es war sogar hier ein weit härterer Vorwurf, der in der gedachten *Hitzig*'schen Zeitschrift ausgesprochen war, als übertrieben zurückgewiesen worden. Sollten dem Verf. diese Zeilen vor Augen kommen, so darf ich von seiner Gerechtigkeit erwarten, dass er selbst prüfe.

Um aber nun auf das Werk näher einzugehen, insofern es einer wissenschaftlichen Beurtheilung unterworfen werden kann, nachdem so entschieden vom Verfasser erklärt ist, es läge „keine wissenschaftliche Bestrebung zu Grunde", so müssen wir billig noch immer an das Vorwort uns halten.

„Dieser Arbeit liegt eine äussere Veranlassung zu Grunde. Ihr entsprechend, habe ich nur geordnet und verbunden zusammengestellt, was gegenwärtig, d. h. am 10. März 1837., als preussisches Strafrecht gilt: ohne Redactions-Verbesserung, ohne eigne Zusätze. Ueberall sind die Quellen angegeben."

Welches diese äussere Veranlassung gewesen, hat der Verf. nicht mitgetheilt; es will sich somit auch für mich nicht geziemen, sie hier zu nennen, obschon sie nicht unbekannt bei uns ist. Jedenfalls weiss man, dass es nicht blos eine *äussere Veranlassung* war, denn diese würde nicht abhalten ein Werk anderer Art zu liefern, sondern auch eine *äussere Bestimmung*, und grade dieses ist wichtig, um die jetzige Einrichtung des Werkes zu erklären, da der Verf. bei seinem Beruf und seiner Neigung sicher für eine mehr wissenschaftliche Bearbeitung des preuss. Strafrechts sich entschieden haben würde. Was er hier, sich einer Beschränkung durch den Zweck unterwerfend, gegeben hat, ist nicht das preussische Strafrecht, als welches, wie jedes Recht, nicht blos die positiven Satzungen zur Quelle hat und durch diese nicht erschöpft wird, sondern wie es der Titel besagt: „Das Strafrecht aus den jetzt geltenden gesetzlichen Bestimmungen in fortlaufendem Texte zusammengestellt“. Er erklärt sich darüber weiter: „Treu das Geltende aufzunehmen, richtig erwägend das Veraltete und Aufgehobene auszuscheiden, das Zerstreuete zu verbinden, das Bestehende zu ordnen, ohne die Ordnung des Land-Rechtes im Wesentlichen zu verlassen, das war meine Aufgabe“.

Hält man sich streng hieran, so kann kein anderer Maassstab der Beurtheilung angelegt werden, als der, ob dieser Bestimmung genügt sei. Ich wage darüber, wo eine ungemeine Detailkenntniss einzelner nicht blos Gesetze im eigentlichen Sinne, sondern auch Rescripte, „Ordres“, erfordert wird, um so weniger zu entscheiden, als selbst unter den Praktikern, welche ähnliche Arbeiten unternommen haben, hier das Urtheil verschieden ist, wie man schon durch eine Vergleichung der vorliegenden Werke mit einander und mit den frühern ersieht, und aus dem Umstande, dass der Verf. mit seinem Recensenten in dem Central-Blatte für preussische Juristen über diesen Punct in eine Polemik gerathen ist, welcher letztre wohl nicht ganz richtig diese Schrift, worin „das zusammengetragene Material zu einem Ganzen verarbeitet ist“, als Compilation bezeichnet, wogegen ersterer schon durch sein Vorwort sich gewahrt zu haben glaubte. Für uns also, da wir diese praktische Seite dahingestellt lassen, eine wissenschaftliche Kritik aber von vorn herein abgewiesen ist, bliebe nur zu erörtern, ob eine solche Aufgabe an sich gutzuheissen sei, worüber gleichfalls schon das Nöthige bemerkt ist, und ferner, ob noch ein anderer Standpunct sich darbiete. Einen solchen, der dann über jenen äussern Zweck hinausginge, scheint anzudeuten, was weiter über obige Aufgabe bemerkt wird: „Habe ich sie gelöst, so vertritt diess Buch die Stelle der Gesetzbücher und aller Sammlungen von ältern und neuern gesetzlichen Bestimmungen; es überhebt beim Gebrauche des Suchens in den Sammlungen, des Zusammenstellens neuerer Gesetze mit den ältern, des Forschens, wie weit diese durch jene aufgehoben und abgeändert worden, oder wie fern beide neben einander bestehen können. Jeder Praktiker weiss aus Erfahrung, wie mühsam diess in der Regel, wie schwierig oft eines oder das andere ist“.

Hier ist es nun, wo ich mich offen gegen das Unternehmen aussprechen muss, welches in solcher Bestimmung über seine ursprüngliche Aufgabe hinausgeht. Ob dem Praktiker eine grössere Ehre und Anerkennung zu Theil werde, wenn ihm das Suchen und Forschen erspart werden soll, weil es mühsam und schwierig ist, ob in der That unsere Gesetzgebung so beschaffen sei, dass überall eine schwierige Forschung erfordert werde, um zu ermitteln, was geltendes Recht sei, möge dahin gestellt bleiben. Daraus folgt nun zwar keineswegs, dass es nicht mit Dank anzuerkennen sei, wenn solche Forschungen erleichtert werden; allein sie dürfen niemals, wie selbst die gelungenste wissenschaftliche Untersuchung über irgend einen Punct, den Rechtsgelehrten, wo ihn seine Pflicht zur Anwendung der Gesetze, in welcher Weise es auch sei, beruft, von der selbstständigen Prüfung befreien, sie können ihm nur eine Anleitung und Anregung sein, eine Bestätigung und hinzutretende Autorität für eine Ansicht, die er sonst schon zu begründen weiss, oder eine Veranlassung sie zu widerlegen, so fern man dadurch auf ein Ergebniss geführt wird, das man nicht mit Stillschweigen übergehen darf, wenn man es auch nicht zugestehen kann. Sollte aber ein solches Werk, das dann doch eine besondere Gewährleistung darbieten müsste, dass nichts übergangen, nichts unrichtig dargestellt, nichts durch Druckfehler oder falsche Interpunction verändert sei, „die Stelle der Gesetzbücher vertreten", so würde dieses sehr bedenklich sein, und man müsste dagegen warnen, wenn nicht das Gesetz selbst, welches auch der Verf. in §. 2. anführt (Publ.-Patent zur neuen Auflage des A. L. R. v. 1. April 1803.), den Gerichten es bestimmt untersagte, in ihren Urtheilssprüchen auf Privat-Gesetz-Sammlungen Bezug zu nehmen, indem sie sich vielmehr nur an die Gesetze halten sollen, welche ihnen zugefertigt und gehörig publicirt sind. Da dem Verf. diese Vorschrift gewiss auch bei Abfassung des Vorwortes gegenwärtig war, so darf man jene Aeusserung — des an die Stelle Tretens der Gesetzbücher, gewiss seiner eignen Absicht gemäss, nicht wörtlich verstehen, und der Sinn ist wohl nur, dass der Verf. hofft, der selbstforschende Rechtsgelehrte, welcher die älteren und neueren Gesetze vergleicht und deren Verhältniss zu einander zu bestimmen sucht, werde auf das nämliche Resultat hingeführt werden, welches sich ihm bei seiner Zusammenstellung dargeboten hat. Fasst man diesen Gesichtspunct auf, so wird das Werk seine Brauchbarkeit vornehmlich bei der Controle über eigene Forschungen — deren es niemals überheben darf — und darin bewähren, dass jene vorbereitet werden. Unter dieser Voraussetzung, und mit Rücksicht auf die eigentliche Bestimmung mag es auch nicht gemissbilligt werden, dass das jetzt Geltende, aus ältern und neuern Gesetzen zusammengestellt, in der Form einer Verschmelzung zu einem Ganzen für jegliche Gruppe von Bestimmungen gegeben ist, während sonst die Methode, die für die geschichtliche Uebersicht jedenfalls die einzig statthafte ist, die ältern und neuern Gesetze gehörig zu sondern und chronologisch aufzuführen, eine grössere Sicherheit gewährt, besonders dafür, dass nicht eine individuelle Meinung sich für praktisches Recht behaupte, da die blosse Anführung der verschiedenen Quellen, aus denen eine Zusammenstellung geflossen ist, die erforderliche Bürgschaft nicht zu leisten vermag.

Noch zu einer Bemerkung giebt das Vorwort Stoff. „Liegen, wie diess beim preussischen Strafrecht der Fall ist, der ältern und neuern Gesetzgebung im Ganzen dieselben Elemente zum Grunde, so ist kein Bedürfniss vorhanden, *das Neue als ein Besonderes* wissenschaftlich zu behandeln, ja es wäre ein solches Unternehmen im höchsten Grade unwissenschaftlich". Darin hat der Verf. gewiss recht, dass das neue, als ein *besonderes*, nicht wissenschaftlich zu behandeln sei, weil dieses vielmehr nur im Zusammenhange mit seiner allgemeinen und geschichtlichen Grundlage möglich ist; diese Anknüpfung, selbst die Nachweisung eines scheinbar aufgehobenen Zusammenhanges ist grade eine Hauptaufgabe der Wissenschaft, deren Bedeutung sich vorzugsweise im preussischen Processe zeigt: ich meine nicht blos bei der Erörterung des Verhältnisses der Verordnung vom 1. Juni 1833. zu dem durch die A. G. O. vorgeschriebenen Verfahren, worüber der Verf. sich hier treffend erklärt, und selbst ein mit verdientem Beifall aufgenommenes Werk geliefert hat, sondern bei wissenschaftlicher Auffassung des, ohnerachtet vieler Abweichungen und verschiedener Principien, doch aus dem gemeinen und aus dem ältern preuss. Processe und Gerichtsgebrauche zu erklärenden Verfahrens, wie es die A.G.O. bestimmt hat. Aber er bedient sich des Wortes „wissenschaftlich" hier in zwei verschiedenen Bedeutungen, die ein Missverständniss begünstigen. Wenn das Neue als *ein Besonderes* überhaupt wissenschaftlich behandelt werden *könnte*, wozu dann allerdings auch ein Bedürfniss vorhanden wäre, so weit von einem solchen die Rede sein kann, so würde ein Unternehmen dieser Art nicht zugleich im höchsten Grade unwissenschaftlich sein. Es ist vielmehr darum dieses, weil eine solche angeblich wissenschaftliche Behandlung nicht möglich, weil sie ein vergeblicher Versuch wäre.

Wenn nun hier eine rein praktische Tendenz sich überhaupt als Gegensatz wissenschaftlicher Bestrebung ankündigt, so soll eine Verbindung beider dem *zweiten* der vorliegenden Werke zu Grunde liegen. Dieses kann sich, obschon es von andern (S. *Jurist. Centralblatt* 1837. Beilage Nr. 48.) auch als eine blosse Gesetzes-Compilation bezeichnet ist, mit mehr Grund „Handbuch des preuss. Strafrechts" nennen, wenn man den Ausdruck „Handbuch", der sonst nur für umfassendere Werke gebraucht wird, nicht zu streng nimmt. Denn es sind nicht nur, obschon von einem andern Gesichtspuncte aus als in dem ersterwähnten Werke, die neuern Bestimmungen mit den ältern so in Verbindung gebracht, dass sich daraus eine Uebersicht des jetzt anwendbaren Rechtes ergeben soll, sondern es wird auch vielfach eine Entwickelung der Lehren, eine Darstellung der Streitfragen und Lösung derselben versucht, so dass diese Schrift theilweise mehr den Charakter einer selbstständigen Arbeit annimmt, und sich dem Versuche einer wissenschaftlichen Darlegung eines Systemes des preuss. Strafrechts nähert, wie dem Verf. eine Aufgabe dieser Art vorgeschwebt zu haben scheint. Allerdings verläugnet sie auch in dieser Form nicht überall die Eigenschaft einer Compilation, nur nicht blos aus Gesetzen, sondern auch aus einigen Schriften und im Druck erschienenen Bearbeitungen von Rechtsfällen, wobei sich jedoch nur geringer Stoff, und vornehmlich nur die *Hitzig*'sche Zeitschrift darbot; und auch diese ist nicht so benutzt, wie man es erwarten dürfte. Die Schwierigkeiten, die zu überwinden sind, um eine wahrhaft wissenschaftliche Bearbeitung des preuss. Strafrechts zu liefern, waren nicht die einzigen, mit denen der Verf. zu kämpfen hatte; es stellten sich ihm auch äussere Hindernisse entgegen, wodurch es ihm nicht einmal, wie er sagt, möglich war, sich die vorhandenen literarischen Hülfsmittel zu verschaffen, d. h. die Kenntnissnahme und Benutzung derselben, sich auf den Standpunct der Bildung zu versetzen, den unser Recht bereits erreicht hat, und zwar theils für sich, theils in Verbindung mit seiner Grundlage, da es von Kennern nicht in Abrede gestellt wird, wie sehr jede die Wissenschaft des Strafrechts überhaupt fördernde Leistung auch den Landesrechten zu Statten komme.

Für die Betrachtung des vorliegenden Werkes nehmen wir gleichfalls die Vorrede zur Grundlage, aus welcher wir ersehen, was der Verf. beabsichtige, wie er sich seine Aufgabe gedacht und wie er dieselbe zu lösen gesucht habe. Er beginnt mit einer Klage über mangelnde Vorarbeiten, die nur zum Theil gegründet, zuletzt sich mehr in die über individuelle Schwierigkeiten auflöset. „Wir haben noch keine wissenschaftliche Bearbeitung unseres materiellen Strafrechts. Nur einzelne Theile desselben und von diesen fast nur die am häufigsten in der Praxis vorkommenden, erfreuen sich mehr oder minder vollständiger oder gelungener Monographieen, die indess, was ihre Brauchbarkeit für ein systematisches Gebäude des Ganzen betrifft, von den verschiede*nartigsten* *) Bearbeitern und von den verschiedenartigsten Ansichten ausgegangen sind". Man sieht nicht ein, was sich der Verf., der hier eine Schwierigkeit oder Unbrauchbarkeit solcher Schriften über einzelne Lehren zu behaupten scheint, dabei gedacht habe. Da bei der gemeinsamen Arbeit im Gebiete der Wissenschaft, so auch der unsrigen von der Zeit an, wo das *Studium* erwacht ist, immer Viele thätig gewesen sind, so wird sich kein System irgend eines Rechtstheils nachweisen lassen, bei welchem nicht jener von dem Verf. gerügte Umstand einträte, der gerade für das System günstig ist: denn bevor ein solches, welches die schon fertigen Resultate zu einem durch das Princip beherrschten Ganzen verarbeiten soll, geliefert werden kann, muss dass Besondre seine Durcharbeitung bereits erhalten haben. Man blicke z. B. auf systematische Darstellungen des römischen Rechts, des gemeinen Criminalrechts, wie wir sie besitzen, und vergleiche diese mit der Literatur der einzelnen Theile und Lehren. Warum sollte eine andere Untersuchung über den Thatbestand des Verbrechens mit Rücksicht auf Tödtungen, über Diebstahl „nicht von einem andern Bearbeiter des Systems selbst dann dankbar benutzt werden können, wenn auch in mancher Hinsicht abweichende Ansichten Statt finden?" Nur, wo ganz entgegengesetzte *Principien* aufgestellt werden, wird dieses nicht möglich, aber bei Arbeiten über besondere positive Lehren kann diese Erscheinung nicht in dem Grade eintreten. Auch hat jener angeblich hindernde Umstand den Verf. nicht abgehalten, das Wenige, was er von dem an sich geringen Vorrath literär. Hülfsmittel zu benutzen vermochte, dennoch, und wie man sieht, meist mit Zustimmung zu brauchen. Ohnehin, was das „systematische Gebäude des

*) Soll heissen: verschiedenen.

Ganzen" anlangt, so ist hier die Ordnung und Reihfolge der Abschnitte des Tit. 10. Th. II. des A. L. R. durchaus mit ihren weitern Unterabtheilungen beibehalten, was wir, wegen des stets festzuhaltenden Verhältnisses zu den Quellen, nicht missbilligen. Der Verf. hat, und mit Recht, verschiedene Abtheilungen unter allgemeinen Gesichtspuncten zusammengestellt, die das Landrecht gleichfalls anerkannte, ohne sie überall grade formell auszusprechen. Was man gegen sein System einwenden könnte, würde die Quelle selbst treffen, und kann hier nicht Gegenstand der Erörterung sein.

Seine Klage geht weiter: „Noch weniger haben wir eine Bearbeitung der Geschichte unseres Strafrechtes. Wir haben kaum und auch diess nur, wenn wir einzelne ältere sehr flüchtige Arbeiten, z. B. in *Hymnen's* Beiträgen IV. S. 148." ausnehmen, ganz in neuerer Zeit, einzelne wenige Vorarbeiten dazu. Ein Mangel, der um so fühlbarer werden muss, aus je verschiedeneren Bestandtheilen bis zur Redaction des A. L. R. das Criminal-Recht der einzelnen Theile des preuss. Staats bestand". Lieset man solche mit apodiktischer Gewissheit hingestellte Sätze, so muss man annehmen, dass dem Verf. eine erschöpfende Kenntniss der Literatur seines Gegenstandes beiwohne, wie man berechtigt ist, sie zu fordern, wenn Jemand als Schriftsteller auftreten, und insbesondere, wenn er über die Literatur, über das, was fehlt, und wo sich ein Mangel findet, sprechen will. Wer diese Kenntniss nicht hat, macht sich dann eines zweifachen Unrechts durch falsche Behauptungen schuldig, gegen das Publicum, welches und so weit es, ohne selbst die erforderliche Kenntniss anderweitig zu erlangen, solcher Versicherung vertrauen zu dürfen glaubt, und gegen die Verfasser solcher hier in ihrer Existenz geläugneten Werke, denen dadurch selbst die geringste Anerkennung entzogen wird, auf welche ihnen ihre Bemühung bescheidene Ansprüche gewährt.

Der Unterzeichnete hat, und zwar zuerst, eine Geschichte der preuss. Strafgesetzgebung, Berlin 1835. dem Publicum vorgelegt, welche, obschon er sie selbst nur als Versuch betrachtet und bezeichnet hat, doch der wohlwollendsten Aufnahme von Seiten der Kenner sich erfreut, und grade in Zeitschriften, die in Preussen erscheinen, den vaterländischen Juristen empfohlen worden ist. Mag es auffallend erscheinen, dass eine Schrift, die nicht etwa unter der Menge der Werke über das *gemeine* Recht unbeachtet von solchen bleiben konnte, welche diesen Theil der Literatur als für das preussische Recht entbehrlich betrachten, die vielmehr unter eigenem Titel, ausserdem aber auch in der *Hitzig*'schen Zeitschrift erschienen ist, wo sie ein ganzes Heft einnimmt, dem Verf. unbekannt geblieben sei, auffallender bleibt immer ein solches Absprechen über die Literatur, besonders bei dem Geständniss, welches hier von dem Verf. abgelegt wird, „*dem von den vorhandenen literärischen Hülfsmitteln fast nichts zu Gebote steht*". „*Das*," fährt er fort, „*war leider mit mir der Fall.* Ich habe bisher (wie noch jetzt) an kleinen Orten gestanden, an denen kaum die gangbarsten Hülfsmittel der Criminalpraktik zu erhalten waren. Selbst die *unentbehrliche Hitzig*'sche Zeitschrift musste ich von auswärts her zu mir verschaffen suchen". Der Versuch muss entweder nicht gelungen, oder die Zeitschrift nicht gehörig benutzt worden sein; denn das Uebersehen der Geschichte des preuss. Strafrechts ist nicht das Einzige, was hier zu bemerken wäre. „An juristische Bibliotheken war gar nicht zu denken". Um so angemessner musste eine bescheidene Bemerkung erscheinen, da ja aus dem Umstand, dass dem, noch dazu der Hülfsmittel entbehrenden, Autor gewisse Werke unbekannt sind, sich nicht die *Berechtigung* ergiebt, deren Dasein zu läugnen. Aber er sagt in Verfolgung seiner Behauptungen weiter: „Es geht hieraus hervor, mit welchen grossen Schwierigkeiten eine wissenschaftliche Bearbeitung unsers gesammten Criminalrechts selbst für denjenigen verbunden sein muss, dem alle vorhandenen literarischen Hülfsmittel dazu zu Gebote stehen; denn sie bleiben für ihn ein ungeordnetes Ganze, das er entweder vorher mit der grössten Mühe ordnen muss, und dann müsste er, um zu seinem Zwecke zu gelangen, zuerst zwei oder drei andere wissenschaftliche Handbücher schreiben, oder das er nur theilweise dürftig und mit Unsicherheit gebrauchen kann".

Was für einen Rechtsverständigen sich der Verf. hier gedacht habe, der das vorhandene literarische Material über preuss. Strafrecht (von dem er eben erinnert hat, dass es sehr unbeträchtlich sei), einerseits nicht zu gebrauchen vermöge, andrerseits im Stande sein sollte, zwei oder drei wissenschaftliche Handbücher zu schreiben und worüber? das ist schwer einzusehen. —

Wie verschieden auch die Aufgabe gefasst werden möge, ein Particularrecht zu bearbeiten, ob es mehr für sich allein, oder im Zusammenhang mit dem gemeinen Recht dargestellt werde, ob es mehr das Praktische, jedoch auf nothwendiger theoretischer Grundlage, oder vornehmlich letztre berücksichtige, das Geschichtliche zum Ausgangspunct nehme oder nicht, — immer bleibt sie schwierig, und erfordert, um genügend gelöset zu werden, mannichfache theils von dem Bearbeiter unmittelbar ausgehende Vorbereitungen, Kenntniss des jetzigen Standpunctes der Wissenschaft, der Gesetzgebung, theils Vorarbeiten auch Anderer, besonders Erörterungen einzelner Lehren, und allerdings eine gewisse Freiheit im Gebrauche der Zeit, da ein solches Werk nicht so leicht ist, um mit der Hoffnung des Gelingens nur flüchtig abgefasst zu werden. Dem Verf., der gewiss, wenn ihm diese Freiheit und eine Gelegenheit zu gehöriger Benutzung dessen, was hier unerlässlich zu beobachten ist, zu Theil würden, eine verdienstliche Leistung zu liefern vermöchte, wie man aus der vorliegenden, ohnerachtet aller jener nicht beseitigten Schwierigkeiten, dennoch des Lobes nicht unwerthen Arbeit schliessen darf — fühlt allerdings diese Mängel, indem er zugesteht: „dass ich unter solchen Umständen, an eine wissenschaftliche Bearbeitung unseres Criminal-Rechts nicht denken konnte; bedarf kaum der Erwähnung". Wir wollen nicht wiederholen, was er noch sonst von individuellen Hindernissen spricht, und wie er, „gedrückt von sehr vielen Amtsgeschäften, blos in Nebenstunden an dem Werke habe arbeiten können, in denen man selten noch diejenige Lebendigkeit und Kraft des Geistes besitzt, die zu abstracten Arbeiten erfordert werden". Aber, auch wenn man die von ihm in Anspruch genommene Billigkeit der Beurtheilung eintreten lässt, darf man wohl mit ihm selbst fragen: „wozu überhaupt unter solchen Umständen eine solche Arbeit? Wie bescheiden es auch sei, was er anführt: „Selbst eine fehlerhafte Arbeit hat ihr Gutes, zumal wenn sie, wie bei dem gänzlichen Mangel an einer systematischen Bearbeitung unseres Criminalrechts die meinige, eine neue Bahn (?) betritt, dass sie den Eifer und die Thätigkeit der kräftigern und umsichtsvollern Geister erwecke, durch ihre Mängel und Irrthümer die Wahrheit desto klarer und einleuchtender mache, — und so durch ihre Fehler selbst, diese zu vermeiden lehre," so kann sich doch dieses so wenig als objectiver Grund geltend machen, als die Absicht, den Versuch einer Arbeit zu wagen: „durch welche von der Einen Seite dem praktischen Criminalrichter eine, an sich gewiss sehr nöthige Anleitung zum Verständniss unserer Criminalgesetzgebung in die Hand gegeben, und von der andern Seite zugleich eine Anregung zu einer, eben so nöthigen, eigentlichen wissenschaftlichen Bearbeitung unseres Criminalrechts dargeboten würde.“ Das Bedürfniss einer solchen Bearbeitung ist unläugbar, und zwar zunächst, um der Wissenschaft selbst willen, die ein Zweck für sich, und nicht blos Vorbereitung und Mittel für die Praxis ist, und jeder Beitrag hierzu muss mit Dank aufgenommen werden. Der Einfluss der Wissenschaft auf die Praxis ist gleichfalls ein unabweislicher, aber mehr ein allmähliger, unsichtbarer, als vorzugsweise durch ein bestimmtes Werk herbeizuführender. Man darf sich der Hoffnung hingeben und die Erfahrung, wofür sich z. B. so viele meisterhafte praktische Arbeiten in *Hitzig's* Zeitschrift anführen lassen, bestätigt es, dass auf Grundlage eines gehörigen Studiums die Strafrechtswissenschaft, zunächst auf der Universität, dann einer tüchtigen Anleitung bei dem Beginn der Laufbahn des Rechtsgeschäftsmannes, und einer weiteren Fortbildung, wie sie schon überhaupt die zunehmende grössere Reife und Einsicht, dann das tiefer gehende geistige Bedürfniss, und die Beschäftigung mit der Sache, als Gegenstand eines pflichtmässig zu erfüllenden Berufs — dem Criminalrichter gewähren, dieser wohl darüber, zumal wenn er, wie hier bemerkt wird, „*ein praktischer* Criminalrichter“ ist, schon hinaus sein müsse, erst noch einer an sich gewiss sehr nöthigen Anleitung zum „Verständniss unserer Criminalgesetzgebung“ zu bedürfen. Diese ist überhaupt nicht so unverständlich, zumal da sie, in der Menge der das Landrecht modificirenden neuen Bestimmungen, im Ganzen sich den früheren Grundsätzen und solchen Ansichten anschliesst, die sich allgemeine Anerkennung verschafft haben, und bei dem jetzigen Standpuncte unserer Wissenschaft fehlt es nicht an Gelegenheit, solche theoretische Vorbereitung zu erlangen, die einen jungen Rechtsgelehrten, der redlich und kräftig sein Werk ergreift, in den Stand setzt, seinen eignen Weg zu gehen, und, was immer die Hauptsache bleibt, sein eigner Lehrer zu sein, und unmittelbar aus den Quellen des Rechts, wie aus dem Leben, die Wahrheit zu schöpfen. Fern sei es von mir, und ich glaube nicht, mich darüber gegen Missdeutung vertheidigen zu müssen, den Werth und die Nothwendigkeit fortgesetzter nicht blos Gesetzes- sondern auch literarischer Studien minder hoch anzuschlagen, aber sowohl in Berücksichtigung dessen, was auf unsern, auch den preussischen, Universitäten für die Verbreitung der Criminalrechtswissenschaft geschieht, als auch der Bildung unserer jüngern Praktiker, kann ich nicht zugeben, dass ihnen, vollends als Criminalrichtern, eine Anleitung sehr nöthig sei, um die einheimische Criminalgesetzgebung auch nur erst *verstehen* zu lernen. Wäre dieses wahr, so müsste es in mehr als einer Hinsicht betrübend sein, und es würde dadurch ein sehr ungünstiges Urtheil über die Praktiker gefällt, zumal wenn eine Schrift, unter den vom Verf. angeführten Umständen, die ihm selbst und den höhern Forderungen, welche er mit Recht stellt, nicht genügte, im Stande sein sollte, solchem Mangel abzuhelfen. Wir haben uns bei dieser Betrachtung an die, wörtlich mitgetheilten Aeusserungen des Herausgebers gehalten: es ist dieses eine Pflicht gegen ihn selbst und die Leser, und können jetzt bemerken, dass er, wenn er doch jetzt schon eine solche Arbeit bekannt machen wollte, besser gethan hätte, einen andern Standpunct aufzufassen, und von diesem aus sein Werk, als einen Beitrag und allenfalls als Vorarbeit zu einer wissenschaftlichen Darstellung einfach zu bevorworten, da es in dieser Eigenschaft allein für die Wissenschaft in Betracht kommen kann, wo wir demselben in gehöriger Begränzung seinen Werth um so bereitwilliger zugestehen, als es anzuerkennen ist, dass nicht selten mehr geleistet erscheint, als man unter so wenig günstigen Umständen billig erwarten darf.

Wenn das Werk in vielen Lehren nur als eine Zusammenstellung der jetzt geltenden Bestimmungen erscheint, wie sie aus dem Landrecht und späteren Quellen sich ergeben, in welcher Hinsicht es mit andern und ähnlichen Leistungen verglichen werden kann, die einander gegenseitig ergänzen und controliren, so hat es im Ganzen und an vielen Stellen mehr die Eigenschaft eines Lehrbuches, wo dann der Verf. nicht blos die gesetzlichen Bestimmungen auszuführen sich begnügte, sondern dieselbe bald auf Principien zurückzuführen, bald weiter in praktischen Sätzen und Unterscheidungen zu entwickeln sucht, hier und da die verschiedenen Ansichten erwähnt, die sich besonders in dem reichen Schatze der *Hitzig*'schen Zeitschrift ausgesprochen finden, und seine eigne Ansicht theils kurz angiebt, theils ausführlicher darlegt, wobei er in Widerlegung Anderer nicht stets billig verfährt, besonders wo er, ohne weitere Auseinandersetzung, solche des Irrthums beschuldigt. In solcher Weise zeichnet sich nun sein Unternehmen, wenn es auch nicht überall als gelungen erscheint, doch vortheilhaft aus, und macht den Anfang zu einer bessern Bearbeitung, die von der Vereinigung der Kräfte Mehrerer, wenn erst reichlichere Vorarbeiten geliefert sein werden, zu erwarten ist, und denen der Verf., wenn, wie wir ihm aufrichtig wünschen, seiner schriftstellerischen Thätigkeit sich ein günstigeres Feld eröffnete, sich mit Erfolg anschliessen möge. *Zweierlei* ist, ausser der vollständigen Benutzung der Literatur, da auch die gemeinrechtliche theils an sich hier wichtig ist, theils unmittelbar und gelegentlich Vieles bietet, was sich auf preuss. Recht bezieht, dabei zu beobachten, dessen Unterlassung das Werk, wenn es ein wissenschaftliches sein soll, diese Eigenschaft nicht erlangen lässt. Das *eine* ist die geschichtliche Grundlage und die Kenntniss der ältern Rechtsquellen, von denen ich in der oben genannten Schrift ausführlichere Rechenschaft gegeben habe: das *andere*, das gemeine Recht, in Verbindung mit der Dogmen-Geschichte, insbesondere die Kenntniss des Zustandes der Wissenschaft und der Praxis zur Zeit der Redaction des Landrechts, welches in seinem strafrechtlichen Theile im Ganzen als Festsetzung der damaligen herrschenden Ansichten und des Gerichtsgebrauches bezeichnet werden kann. Welche Schriftsteller, als bei der Abfassung unmittelbar betheiligt, oder wegen ihres Einflusses mittelbar wichtig in Betracht kommen, habe ich gleichfalls ausgeführt. Auf solche Aeltere, die, wenn sie auch jetzt, bei weit fortgeschrittener Wissenschaft keine selbständige Bedeutung mehr haben, doch für jenen Zeit- und Stand-Punct ungemein wichtig sind, z. B. *Klein*, hat der Verf. meist gar nicht *), sondern nur auf einige der Neuern nicht genügende Rücksicht genommen. Wenn es zu billigen ist, dass dieses mit *Jarke* geschehen, der dem preuss. Rechte seine Aufmerksamkeit in vorzüglichem Grade zugewendet hat, so durfte doch z. B. *Henke*, bei welchem dieses auch der Fall ist, nicht unbenutzt bleiben. *Feuerbach's* Lehrbuch, von dem fast am meisten Gebrauch gemacht worden ist, darf gewiss überall als anerkannte Autorität, wenn schon nicht ohne Vorsicht und Auswahl angeführt werden, aber so wie durch Benutzung einer der ältern Ausgaben, oft bei Ansichten, die jener verdiente Meister später aufgegeben hat, dem heutigen Standpuncte nicht entsprochen wird, so ist es noch weniger der Fall für den älteren, der dem Landrecht zu Grunde liegt, wofür die damaligen Rechtsgelehrten und Praktiker vor allen andern in Betracht kommen, oder ist die Uebereinstimmung oft nur eine zufällige, so erscheint manches Citat müssig, an dessen Stelle nicht nur eben so

*) Doch erkennt er zuweilen solchen Zusammenhang, wo sich ihm gerade eine Quelle bot, die ihn darauf hinweist, z. B. §. 93. S. 208.

gut, sondern häufig besser, ein anderes gesetzt worden wäre. Hätte er obige unerlässliche Rücksicht bestimmt anerkannt, so würde er statt der dürftigen, einen Auszug aus *Feuerbach's* Theorie, die hier noch dazu nicht ganz richtig dargestellt wird, enthaltenden Bemerkung über Rechtsgrund und Zweck der Strafe, die er dem preuss. Recht unterlegt, um so mehr ein richtiges Ergebniss gewinnen können, als, wie jetzt allgemein erkannt wird, jene Grundansichten, die in der Sache selbst, im Begriff von Staat, Recht und Gerechtigkeit liegen, nicht Gegenstand beliebiger und subjectiver Willkür sind, und durch Abfassung eines neuen Gesetzbuchs nicht aufgehoben oder verändert werden können, zumal, wenn solches nicht, wie man wohl versucht hat, den Rechtszustand gleichsam erst hervorbringen und neu gestalten soll, sondern auf geschichtlicher Grundlage und mit Berücksichtigung des Bildungszustandes des Volkes, den vorhandenen Rechtsstoff, das *vor*gefundene, nicht *er*fundene Material zeitgemäss gestalten und in Form des Gesetzes darlegen soll.

Ich glaube hierüber und namentlich hinsichtlich der Ansichten, von denen das ältere und spätere Preuss. Strafrecht ausgeht, mich auf das beziehen zu dürfen, was ich ausführlicher in der Schrift: „Die Strafrechtstheorien in ihrem Verhältnisse zu dem positiven Rechte und dessen Geschichte,“ dargelegt, und was seine Bestätigung unter andern auch in den Entwürfen neuerer Strafgesetzbücher findet, denen ich umfassendere Kritiken gewidmet habe.

Immer aber werden mit Beachtung dieser Puncte, der Geschichte, Dogmatik und gleichzeitigen Praxis, einzelne Monographieen nicht nur an sich wünschenswerth sein, sondern auch die beste Vorarbeit für eine vollständige systematische Bearbeitung des Preussischen Strafrechts gewähren. Diess erkennt der Verfasser der *dritten*, jetzt noch kürzlich zu betrachtenden Schrift, Herr O.L.G.Assessor *Funck*, an, dessen Arbeit über das Verbrechen des Diebstahls wir um so freudiger willkommen heissen, je tüchtiger sie bei lobenswerther Anspruchslosigkeit sich erzeigt.

Ohne die für Behandlung eines positiven Rechts, welches selbst schon bis zu einem gewissen Grade ein System aufstellt, wichtige Berücksichtigung der vorgefundenen Ordnung bei Seite zu setzen, wird hier die Lehre in einem zu billigenden Progresse so vorgetragen, dass ein *allgemeiner Theil* vorausgeht, welcher den Begriff und die Erfordernisse des Diebstahls, theils unmittelbar aus den Quellen, theils durch Induction entwickelt (§. 1—4). Diesem schliesst sich in dem *speciellen Theile* die Uebersicht der einzelnen Fälle und deren Betrachtung (§. 5.) an, so dass zunächst von dem *gemeinen Diebstahl*, und zwar vom dem *gewöhnlichen*, den *milder* und den *strenger* zu bestrafenden Fällen (§. 6—8.), ferner von dem *gewaltsamen* Diebstahl, und was das Preuss. R. diesem gleich behandelt, *ohne* und *mit erschwerenden* Umständen (§. 9. 10.), zuletzt vom *Diebstahl in Banden* (§. 11.) und der *Theilnahme an dem Diebstahl* (§. 12.) die Rede ist. Den Schluss machen *processuale Bemerkungen* über den Beweis des objectiven Thatbestandes, der Thäterschaft und das Untersuchungs-Verfahren (§. 13.). Es würde für den Zweck dieser Anzeige zu weit führen, wenn wir ins Einzelne gehen, die besonderen Ansichten referiren und prüfen, einzelne Zusätze machen und die Literatur vervollständigen wollten. Bei der gerade hier recht augenfälligen gemeinrechtlichen Grundlage sind die meisten Streitfragen, die sich darbieten, theils solche, die auch im gemeinen Recht vorkommen, theils zwar dem Preuss. Recht eigenthümliche, die jedoch auf jener Grundlage und Analogie ihre Lösung finden. Fruchtbar würde eine ausführliche Kritik vornehmlich nur dann sein, wenn sie sich zugleich auf die legislativen Seiten dieser Lehre mit bezöge, deren Mangelhaftigkeit im Landrechte weder durch die sehr bald nachgeschickte bekannte Circularverordnung, noch durch die spätere Gesetzgebung genügend beseitigt ist, und welche zu denjenigen zu rechnen ist, über die man am meisten klagen hört. Für den praktischen Standpunct ist am wichtigsten die Erörterung der Controversen, welche der Verf. mit fleissiger Benutzung der hier ziemlich reichen praktischen Literatur mit gutem Erfolge gegeben hat. Dabei hat derselbe, wo er sich auf *gemeines Recht* bezieht, was er freilich öfter und bestimmter hätte thun können, den Fehler vermieden, die Sätze irgend einer Ausgabe eines neuen Compendiums für identisch mit demselben auszugeben, und sich vielmehr auf die Quellen bezogen. Wo er dieses nicht gethan, straft es sich sofort durch einen Irrthum, wie z. B. S. 5., wo er ohne einen Beleg geradezu sagt: „das Röm. Recht betrachtet als *res nullius* auch die *hereditas jacens*" *), und daher die Möglichkeit eines Diebstahls läugnet, indem er den geschichtlichen und dogmatischen Standpunct des *extraord. crimen expilatae hereditatis* ganz ausser Augen lässt.

*) Oder wie S. 17. „das Römische Recht erfordert *contrectatio*," was, wenn es auch in der bekannten Definition des *Paulus* steht, doch einer näheren Bestimmung bedarf.

Sonst führt ihn die Beachtung der Quellen meist sicher, und für den auf diese gegründeten dogmatischen Standpunct ist es ganz passend, dass er auf *Carpzov*, auf *S. I. Boehmer* Med. in C. C. C., auf *Quistorp* und *Klein*, als welche hier mehr, wie irgend Andere, namentlich Neuere, zu Rathe zu ziehen sind, vorzugsweise Rücksicht nimmt. Von neueren Werken hätte zwar manches nicht ohne Nutzen gebraucht werden können, doch muss man, wenn nur der Sache selbst ihr Recht geschehen ist, dem individuellen Ermessen die gebührende Freiheit zugestehen. Neuere Rechtssprüche und Entscheidungen von Controversen sind, wie gesagt, so benutzt, wie man es billig erwarten kann, wenn man auch nicht überall sich veranlasst finden wird, dem Verf. beizutreten. Auf das ältere einheimische Recht, wie es theils in umfassender Gesetzgebung, theils in einer Menge von einzelnen Verordnungen bestimmt ist, die sich in meiner Geschichte des Preuss. Strafrechts zusammengestellt finden, hätte mehr Rücksicht genommen werden sollen. Zwar trifft dieses meist mit dem gemeinen Recht zusammen, es hat sogar, von dem Verfahren abgesehen, wofür schon früher in Brandenburg und Preussen eigne Ordnungen ergangen waren, in jenen Haupttheilen des Landes bis auf jene Zeit die P. G. O. Carls V. gegolten, aber doch nicht ohne manche Modalität, so dass, jener Uebereinstimmung und des Einflusses gemeinrechtlicher Wissenschaft und Praxis ungeachtet, doch das ältere einheimische Recht, wo es auf eigenthümlichen Quellen beruht, als die nächste Grundlage anzusehen ist, wenn auch materiell dadurch nicht erhebliche andere Ergebnisse erlangt würden.

J. F. H. Abegg.

II. Berichte über akademische Dissertationen und Programme.

De more regionis Disputatio (,) qua ad orationem pro loco in Ordine Ictorum Jenensium rite capessendo d. XXII. Februarii habendam etc. invitat **Carol. Julius Guyet**, U. I. D. — Jenae MDCCCXXXVII. typ. Branii. 15. S. 8.

Der Verf. sagt im Eingange dieser Abhandlung, dass, so viel auch über Gewohnheit geschrieben worden sei, doch auffallender Weise sonst Niemand, mit alleiniger Ausnahme von *Averanius* (*Interprett. jur.* V. 6.), dem *mos regionis* eine besondere Untersuchung zugewendet habe. Indem er selbst nun diesen Gegenstand seiner Betrachtung unterwirft, bestimmt er zuerst, was *mos regionis* sei, (wobei er jedoch nur die Bedeutung von *regio*, nicht auch von *mos* in dieser Zusammensetzung, ins Auge fasst,) und giebt p. 5. folgende Definition desselben: *consuetudo*, *quae in certa regni sive provinciae parte, in tractu quodam terrae, inter ejusdem incolas vulgo observatur, nec vero undique in omni regno vel civitate vel provincia pro valido habetur.* Er macht sodann die Bemerkung, dass die allgemeinen Erfordernisse zu einer gültigen *consuetudo* auch beim *mos regionis* eintreten, dass er jedoch mit Uebergehung derselben hier nur die Grundsätze hervorheben wolle, welche sich auf die besondere Natur und Beschaffenheit des *mos regionis* überhaupt bezögen (p. 5—7.). Als *summum Romanorum principium de more regionis* giebt er demgemäss an: *ut plane legi ipsi par sit.* Als Regeln für die Zulässigkeit eines *mos rég.* in einzelnen Fällen aber führt er an: *ut mos reg., dummodo validus sit, per majus temporis spatium observatus sit*; dann: *morem reg. legi non offendere, offendentem vero plane rejiciendum et cassum esse;* endlich: *ne mos reg. varius atque inconstans sit.* An diese Entwickelung schliesst sich eine Aufzählung von Beispielen aus den Quellen, aus welchen *summum hujus moris momentum in universo juris termino dilucide apparet.* Zuerst werden solche Beispiele mitgetheilt, in welchen sich der grosse Werth des *mos reg. in interpretanda voluntate partium* ergeben soll (p. 7—11.). Hiernächst wird bemerkt: *mos reg. in quibusdam juris rationibus et controversiarum causis tanquam dijudicandi fons directus et legis instar proponitur*, und diess ebenfalls durch Beispiele erläutert (p. 11.). Sodann wird noch darauf aufmerksam gemacht: *non solum in jure privato, sed in diversis quoque juris publici partibus, et in illis, quae ad jus publicum adnumerantur, scientiis, persaepe morem regionis nobis fontes perscrutantibus obviam fieri, tanquam magnum rerum publicarum et privatarum moderatorem*, und zur Erläuterung werden aus den Quellen Fälle *e jure publico stricte sic dicto*, aus dem Criminalrecht und aus dem Process mitgetheilt (p. 12—15.). — Ref. gesteht aufrichtig, dass er er durch diese Schrift nicht ganz befriedigt worden ist. Der Verf. hat namentlich nicht bedacht, dass der *mos reg.*

in den Quellen nicht immer ein Particular- oder Local-Gewohnheitsrecht im jurist. Sinne bezeichnet, sondern auch für eine Gewohnheit im natürlichen Sinne oder für einen in einer Gegend herrschenden Sprachgebrauch u. dergl. (daher namentlich bei der Interpretation von Rechtsgeschäften) vorkommt. Auf diesen Unterschied hat er durchgängig keine Rücksicht genommen, und eben deshalb Fälle unter denselben Begriff und unter gemeinschaftliche Principien gebracht, welche ihrer Natur nach völlig verschieden sind. Durch ein Paar Beispiele möge diess nachgewiesen werden. In der L. 65. §. 7. D. *de legatis* III. sagt *Marcian*, wenn Schafe legirt worden, so seien darunter die Lämmer nicht mitbegriffen; wie lange aber ein Junges zu den Lämmern zu rechnen sei, das sei *ex usu cujusque loci* zu bestimmen, denn in manchen Gegenden rechne man diejenigen zu den Schafen, welche geschoren seien. Es ist leicht einzusehen, dass hier von einem Gewohnheitsrecht in keiner Weise die Rede sei, sondern vielmehr von der in einer Gegend recipirten Ansicht der Landwirthe und einem demgemäss gebildeten Sprachgebrauch. Und doch zählt der Verf. dieses Beispiel p. 10. mit auf, und betrachtet es sonach als einen Fall des Particulargewohnheitsrechts! Ferner ist in mehreren Stellen davon die Rede, dass die Höhe der Zinsen im Zweifel *ex more regionis* bestimmt, oder Zinsen bezahlt werden sollen, *quae legitimo modo in regionibus frequentantur* u. dgl. m. Es soll sich oft das Maas der Zinsen, zu welchen Jemand verpflichtet ist, danach richten, zu wie viel Procent man in einer gewissen Gegend Capitalien auszuleihen pflegt. Nichts destoweniger führt der Verfasser auch diesen Fall der Gewohnheit im natürlichen Sinne p. 9. an, und stellt ihn somit unter seine obigen allgemeinen Grundsätze vom Particular-Gewohnheitsrecht. Ref. könnte noch mit vielen ähnlichen Beispielen dienen, doch hat ihn dieser Mühe schon *Puchta* im Gewohnheitsrecht (Th. I. S. 76. ff. Anm. 5) überhoben, welcher bereits als „Stellen, die man zuweilen für die Materie vom Gewohnheitsrecht allegirt findet, ungeachtet sie ganz und gar nicht dahin einschlagen," mehrere vom Verf. aufgezählte bezeichnet hat. Die kürzeste Kritik der Arbeit des Verfs. liegt darin, dass *Puchta* am Schlusse seiner Bemerkungen sagt: bei einigen Stellen, wie L. 21. §. 1. D. *qui testam.* L. 50. D. *de legat.* I. L. 75. D. eod. III., werde ohnediess niemand an ein Gewohnheitsrecht denken, und der Verf. doch p. 5 u. 10 an ein solches gedacht hat. Wahrscheinlich ist dem Verf., trotz dem, dass er nach p. 3. *volumina juridica* über den *mos reg.* zu Rathe gezogen hat, jene Stelle in *Puchta's* Schrift entgangen, oder sollte er sie gekannt haben, warum versuchte er nicht eine Bekämpfung derselben? — Ueber das Latein bedarf es nach den oben mitgetheilten Sätzen kaum noch einer Bemerkung.

Dissertationem inaugur. (,) qua quaeritur quae et quanta sit obligatio contrahentium societatem (,) quae vocatur *en commandite* (,) Ill. Ictorum Ordinis in Academia Georgia Augusta auctoritate et consensu pro summis in u. j. honoribus rite obtinendis edidit **Carol. Guil. Bueller**, Hamburgensis. Göttingae, ex off. Seemann. MDCCCXXXVII. 31. S. 8.

Ohne inneren Beruf ist diese Abhandlung, wie so manche ihrer Schwestern, blos geschrieben worden, um dem Gesetz zu genügen. Weder fördert sie die Wissenschaft, noch entwickelt sie klar und bestimmt, was Andere gefördert haben. Von neuen, beachtenswerthen Ansichten kann daher nicht die Rede sein; oder will Jemand in diese Kategorie das einzige Neue, welche Ref. gefunden hat, rechnen, die Behauptung nämlich, welche p. 5. vorkommt: *jus Romanum non magnopere favebat mercaturae?* — Bei dieser Lage der Sache dürfte ein weiteres Eingehen auf den Inhalt ebensowenig von Nöthen, als von Nutzen sein. Daher nur noch die Bemerkung, dass die Grammaticalia *fontes nostrae* (p. 12.), *veritati niti* (p. 27.), nicht die einzigen Gebrechen sind, an welchen der Styl des Verfs. leidet.

Dissertatio de vera indole et vi laesionis enormis in emtione et venditione contrahenda effectae (,) quam summos in u. j. honores rite ut obtineat, scripsit Franc. Car. Lud. Dedekind, Guelferbytanus. Göttingae, ex off. Seemann. MDCCCXXXVII. 48. S. 8.

In dieser Dissertation ist wenigstens eine deutliche Darstellung und das Streben zu loben, den gewählten Gegenstand von allen Seiten zu beleuchten. Im Uebrigen erhebt sie sich aber freilich auch nicht über das Gewöhnliche, indem sie Fragen, welche schon oft aufgeworfen und beantwortet sind, ohne grösseren Aufwand von Gelehrsamkeit und von Scharfsinn, als frühere Bearbeiter dargelegt haben, von Neuem einer Untersuchung unterwirft. Die Puncte, über welche der Verf. sich verbreitet, sind folgende: *Cap. I. Quasnam ad personas legis spectet praeceptum.* Die Beziehung auf beide Contrahenten wird vertheidigt. Im §. 8. werden Analogie und extensive Interpretation ganz und gar verwechselt; das geschieht aber freilich auch von manchen Andern! — *Cap. II. Quodnam legis sit objectum.* Die Berechnung nach geometrisch. Progression wird gebilligt, auch von der Zeit, dem Ort und dergl., welche dabei zu berücksichtigen, wird gesprochen. — *Cap. III. Quaenam laeso competant remedia juris, ut normae legis fiat executio.* Nur die Klage aus dem Kaufcontract selbst wird für zulässig erklärt, und über die Natur derselben (namentlich dass der Kläger kein alternatives Recht habe), sowie über ihre Wirkung gehandelt. — *Epilogus.* Hier wird ausgeführt, dass diese Grundsätze auch auf andere *bonae fidei negotia, in quibus ex utraque parte aut datur aut promittitur unum pro alio aeque valente*, anzuwenden seien. — Der Verf. ist bei recht unwesentlichen Dingen, welche auf der Hand liegen, umständlicher, als nöthig; bei Fragen, welche sich nicht gleich von selbst zu beantworten scheinen, kürzer, als wünschenswerth. So weist er die Untersuchung, ob jene Grundsätze auch auf *stricti juris contractus* zu übertragen seien, mit den Worten von sich: *quum, stricti juris negotiis abrogatis, nulla nisi bonae fidei negotia exstent.*

III. Bericht über rechtswissenschaftliche Zeitschriften.

Zeitschrift für österreichische Rechtsgelehrsamkeit und politische Gesetzkunde. Herausgegeben von **Dr. Thomas Dolliner**, k. k. Hofrathe, und **Dr. Joseph Kudler**, k. k. wirkl. Regierungsrathe u. o. ö. Professor. (Vom vierten Heft an auch von **Dr. Moriz Fränzl**, k. k. Prof.) Wien, Sollinger. 1838. gr. 8. I. Heft. Jänner Nr. I—IV. S. 1—68. II. Heft. Februar Nr. V—IX. S. 69—132. III. Heft. März Nr. X—XIII. S. 133—200. IV. Heft. April. Nr. XIV—XVI. S. 201—264.

I. *Abhandlung über die Frage, ob die Acte der väterlichen Gewalt gleich denen der vormundschaftlichen, insbesondere rücksichtlich der Vermögensverwaltung, zu ihrer Giltigkeit einer gerichtlichen Genehmigung bedürfen?* Vom Hrn. *Franz Zlobitzky*, Vice-Präsidenten des k. k. Lemberger Landrechts. S. 1—20.

Der Verf. verneint diese Frage mit Ausnahme des einzigen Falles, wenn sich über die Erziehungskosten ein Ueberschuss (einen geringen ausgenommen) ergiebt, wo nach §. 150. des allg. bürgerl. Gesetzb. derselbe angelegt und darüber Rechnung abgelegt werden muss. Zur Begründung seiner Ansicht weist der Verf. durch Gegenüberstellen der die väterliche und der die vormundschaftliche Verwaltung betreffenden Gesetze nach, dass die Beschränkungen der letzteren bei der ersteren nicht vorkommen, und bekämpft sodann die Gründe, auf welche die entgegengesetzte von der gerichtlichen Praxis angenommene, auch von den Commentatoren des a. B. Gesetzb. v. *Zeiller*, *Nippel* und v. *Winiwarter* befolgte Ansicht gestützt wird.

II. *Ueber die Pflicht zur Führung von Gewerbsbüchern; die Beweiskraft derselben, und Folgen der unregelmässigen Buchführung — nach den Grundsätzen der Zoll- und Staatsmonopols-Ordnung, der Vorschrift über die Vollziehung derselben und des Strafgesetzbuches über Gefällsübertretungen.* Vom Hrn. *A. Schuller*, Dr. d. R., ö. Agenten für Niederösterreich etc. S. 21—38.

„Die cameralistischen Gesetze legen einigen Gewerbsleuten (d. h. Handelsleuten und Manufacturisten) die positive Verpflichtung auf, über ihren Gewerbsbetrieb regelmässige Gewerbsbücher zu führen — anderen dagegen überlassen sie solches zur freien Willkür. Diese Bücher haben bei Eintritt der gesetzlichen Bedingungen eine Beweiskraft, sowohl für als wider den Gewerbtreibenden, und auch gegen dritte Personen. Wer die Führung derselben gänzlich unterlässt oder vernachlässiget, unterliegt, wenn er in die Reihe der zur Buchführung Verpflichteten gehört, nicht nur der gesetzlichen Ahndung und sonstigen wirklichen Nachtheilen, sondern es entgeht ihm auch der Vortheil der Beweisführung mittelst dieser Bücher zu seinen eigenen Gunsten, — wer dagegen ohne dazu verpflichtet zu sein, diese Vorsicht ausser Acht lässt, verliert nebst dem zuletzt erwähnten Vortheile auch noch den anderweitigen einer mehreren Ausdehnung seiner Gewerbsgerechtssame, welche die Gesetze nach Umständen mit der freiwilligen Führung der besagten Bücher verbinden" Der Verf. entwickelt, wer zur Buchführung verpflichtet sei, wie dabei zu verfahren, welche Beweiskraft die Gewerbsbücher haben und welche Folgen bei unregelmässiger oder unterlassener Buchführung eintreten.

III. *Kurzer Beitrag zur Erörterung der Frage: in welchem Falle nach dem Hofdecrete vom 16. Febr. 1792. (J. G. S. Nr. 255.) die Affigirung des Urtheiles im Gerichtsorte nicht genüge, sondern die Aufstellung eines Curators für den abwesenden Streittheil und die Ausfertigung der Edicte erforderlich sei?* Vom Hrn. Dr. **Moritz v. Stubenrauch**, k. k. Prof. d. alt. poln. Civil-, d. Handels- und Wechselrechtes u. d. gerichtl. Verfahrens an d. Univ. zu Lemberg. S. 39—50.

Dieser Fall ist nach dem Verf.: wenn nach der Inrotulation der Acten zum Spruche einer der beiden Streittheile z. B. der Beklagte stirbt, und der Erbe zwar seine Erbserklärung bereits eingereicht, sich aber bald darauf von seinem Wohnorte entfernt und dem Gerichte hierüber keine Anzeige gemacht hat, so dass sein Aufenthalt zur Zeit der Urtheilsschöpfung unbekannt geworden ist.

IV. *Können österreichische Unterthanen dem von ihnen im Inlande aufgestellten Schiedsrichter in einem in der Regel nach österreichischem Privatrechte zu entscheidenden Rechtsstreite auch ausländische Gesetze als Entscheidungsquelle bestimmen?* Vom Hrn. Dr. v. **Gapp**, k. k. Prof. S. 51—68.

Der Verf. bejaht diese Frage, jedoch mit den Einschränkungen: dass durch die Anwendung der ausländischen Gesetze nicht etwa solche österreichische Gesetze umgangen werden sollen, welche entweder der Willkür der Parteien selbst eine Gränze setzen, oder ein Rechtsgeschäft für ungültig, oder den österreichischen Unterthanen die Fähigkeit, solche Rechtsgeschäfte vorzunehmen, für benommen, oder auch nur einen vorhandenen Interessenten, ohne dessen rechtlich wirksame Einwilligung das Compromiss eingegangen wurde, für befugt erklären, das Rechtsgeschäft zu bestreiten.

V. *Ueber die Gewissensvertretung nach den österreichischen Gesetzen über das gerichtliche Verfahren.* Vom Hrn. Dr. **Franz Xav. Haimerl**, k. k. ö. o. Prof. in Prag. S. 69—96.

Nach einer Einleitung über den Zweck und die Entstehung der Gewissensvertretung giebt der Verf. die Bedingungen derselben nach der a. G. O. §. 204. f. an, und erläutert sie sodann einzeln. Dieselben sind: 1) dass der Delat sich gehörig (d. h. im Laufe des Processes) dazu angeboten habe, und zwar 2) durch solche Beweismittel, welche nach der G. O. als zulässige erscheinen, (diese sind das gerichtliche, und zwar nach dem Verf. auch wohl das aussergerichtliche Geständniss des Deferenten, Urkunden, und zwar nach dem Verf. auch solche, welche nur halben Beweis geben, und zu welchen also noch ein Erfüllungseid hinzukommen muss, Zeugen und auch wohl Ein Zeuge mit Ergänzung durch den Erfüllungseid, — nicht aber Kunstverständige und Eide) und dass er 3) diese andern Beweismittel gerade zur Erprobung jenes Satzes angeboten, welchen er hätte beschwören sollen. Der Verf. untersucht noch: ob der Richnach misslungener G. V. durch Zeugen auf den Haupteid sprechen könne? was er verneint, und ob die G. V. einen Gegenbeweis zulasse? was er bejaht.

VI. *Criminalrechtsfall. Als Versuch zur Erläuterung der Frage: kann die geschändetete Person* (§. 112. *C. G. B.*) *zum Eide beweiswirkend gelassen werden, wenn sie zu einer Zeit vernommen wird, als sie das vierzehnte Lebensjahr schon zurückgelegt hat* (§§. 384. 409. *C. G. B.*). Vom Hrn. *Ignaz Czibulka*, Magistratsrathe d. Hptstadt Olmütz. S. 97—106.

Der Verf. verneint diese Frage.

VII. *Ueber die generelle Verschiedenheit zwischen Abtreibung der Leibesfrucht und Mord eines Kindes, mit Berücksichtigung der Frage, wie in strafrechtlicher Hinsicht die von einem Geburtsarzte zur Rettung einer Schwangeren vorgenommene Perforation des noch im Mutterleibe befindlichen Kindes zu beurtheilen sei.* Vom Hrn. Dr. *Geo. Norbert Schnabel*, k. k. Prof. d. Natur- und Criminalrechts an d. Univ. zu Prag. S. 107—124.

Zwischen der Abtreibung der Leibesfrucht und dem Mord eines Kindes findet nicht blos rücksichtlich der Strafe ein Unterschied Statt, indem dieselbe bei der erstern weit gelinder ist, als bei dem letzteren, (St. G. Thl. I. §. 122. u. 128.), sondern auch insofern, als die Abtreibung eine Mitschuld zulässt, eine Mitschuld am Morde eines Kindes aber, soweit er gerade Kindermord ist, nicht denkbar ist. Der Grund dieser verschiedenen Bestimmungen liegt darin, das das letztere Verbrechen an einer für sich bestehenden Person, dass erstere aber an einem Theile der Persönlichkeit einer Andern verübt wird. — Die von einem Geburtsarzte zur Rettung der Schwangeren vorgenommene Perforation des noch im Mutterleibe befindlichen Kindes ist §. 111. u. 112. des St. G. Th. II., sobald eine inländische medicinische Facultät die Nothwendigkeit der Operation anerkennt, straflos, sonst die schwere Polizei-Uebertretung der unschicklichen Operirung.

VIII. *Gedanken über Abhandlung, und besonders der Einantwortung der Verlassenschaft bei Lehen.* Vom Hrn. Dr. *Lorenz*, k. k. Landrathe in Linz. S. 125—128.

Der Verf. ist der Meinung, dass die Lehen in der Provinz Oesterreich, insbesondere in dem Lande ob der Enns, von den gewöhnlichen Gerichtsstellen im Wege der Verlassenschaftsabhandlung nicht einzuantworten seien.

IX. *Welche Wirkung hat die nach dem Verlaufe der Verjährungszeit, von Seite desjenigen, der sich auf letztere berufen will, erfolgte Anerkennung des Rechtes seines Gegners.* Vom Hrn. Dr. *Jos. Weissel.* S. 129—132.

Der Verf. nimmt an, dass eine solche Anerkennung keineswegs die Einwendung der vor derselben vollendeten Verjährung beseitige, weil, sobald die Verjährung vollendet sei, das Recht nicht mehr bestehe, und also die Anerkennung desselben keine Wirkung haben könne (a. b. G. B. §. 1449. 1479. 1497. 1499.).

X. *Rechtliche Bedenken gegen die Behauptung, dass einem Cridatar im Concursprozesse ein Haupteid aufgetragen werden könne.* Vom Hrn. *Franz Nippel*, k. k. A. R. S. 133—162.

Es bezieht sich diese Abhandlung auf eine frühere in derselben Zeitschrift (1837. H. 2. Nr. VII.) von Dr. *L. P. Meyer*, in welcher die obige Behauptung aufgestellt und vertheidigt wurde. Der Verf. ist der entgegengesetzten Ansicht; er prüft daher hier zuerst die für jene Behauptung von *Meyer* angeführten Gründe, theilt sein Bedenken gegen dieselbe mit, würdigt die gegen seine Meinung von *Meyer* gemachten Einwürfe, und zieht das Resultat: dass der Haupteid dem Cridatar von den liquidirenden Gläubigern nicht aufgetragen werden könne, weil nach §. 203. der G. O. der Haupteid nur dem Gegner im Processe aufgetragen werden dürfe, Gegner des liquidirenden Gläubigers im Concurse aber der Concursmasse-Vertreter und beziehungsweise die von ihm vertretene Gesammtheit der wirklichen Gläubiger des Cridatars, welche sich gehörig gemeldet, nicht aber dieser selbst sei. Zuletzt zeigt er noch die praktischen Folgen der beiden entgegengesetzten Theorieen.

XI. *Ist die Eingehung einer Ehe durch einen Bevollmächtigten dann gültig, wenn die Bewilligung der Landesstelle dazu nicht erwirkt wurde?* Vom Hrn. Dr. *Jgnatz Wildner*, Hof- und Gerichtsadv., auch supplir. Prof. u. s. w. an der k. k. Univ. zu Wien. S. 163—167.

Der Verf. erklärt eine solche Ehe für ungültig (a. b. G. B. §. 76. 1008. — §. 69. .)

XII. *Bemerkungen über die vorstehende Abhandlung des Hrn. Dr. Wildner* vom Hrn. Dr. *Thomas Dolliner*, k. k. wirkl. Hofr. S. 168—184,

Der Verf. bestreitet die in der vorigen Abh. ausgesprochene Meinung, „damit sich nicht allmählig ein Satz in unsere Jurisprudenz einschleiche, der in dem Geiste der österreichichen Gesetzgebung keineswegs gegründet zu sein scheint."

XIII. *Criminalrechtsfall zur Erläuterung des Diebstahles an versperrtem Gute.* Vom Hrn. *Carl Eug. Schindler*, Dr. d. R., Conceptsbeamten der k. k. Hof- und niederösterreich. Kammerprocuratur, Supplenten des allg. bürgerl. R. a. d. Wiener Univ. u. s. w. S. 185—200.

XIV. *Ueber die Zurechnung und Strafbemessung bei Gefällsübertretungen.* Vom Hrn. *Alois Dessáry*, k. k. Cameral-Gefällen-Concepts-Beamten. S. 201—225.

Der Verf. beleuchtet einige von Dr. *Fränzl* in s. Werke: Des österr. Strafgesetzes über Gefällsübertretungen allgemeiner Theil (Wien, 1838.) aufgestellte Behauptungen, indem er folgende Gegenstände bespricht: I. Ueber die Zurechnung der Hülfeleistung zum Schleichhandel nach §. 217. d. Ges. — II. Ob durch Urtheil auf eine Vermögensstrafe unter zwei Gulden erkannt werden dürfe? (wird bejaht.) — III. Beachtung der Erschwerungsgründe bei der Strafbemessung.

XV. *Bemerkungen zu der Lehre von der Adoption.* Vom Hrn. Dr. *Alois Kleinwächter*, Supplenten bei der Lehrkanzel der österr. bürg. R. an d. Univ. zu Prag. S. 226—240.

Der Verf. bekämpft den von Dr. *A. Schuller* (d. Annahme an Kindesstatt nach den Grundsätzen des österr. a. b. Gesetzbuches. Wien, 1837. §. 40.) aufgestellten Satz: dass in dem Falle, wenn ein Wahlkind, welches Nachkommen hat, sein mit den Wahlältern bisher bestandenes Rechtsverhältniss vertragsweise aufhebt, diese Aufhebung rücksichtlich jener Nachkommen nur dann von Wirkung sein könne, wenn dieselben unmittelbar, oder — falls sie nicht freiberechtigt wären — mittelbar durch das Gericht über Einvernehmung ihrer Vertreter dazu eingewilligt haben. Er vertheidigt die Meinung, dass zur gänzlichen Auflösung des Adoptionsverhältnisses mittelst Vertrages zwischen Wahlkind und Wahlältern die Einwilligung der Nachkommen des ersteren nicht erforderlich sei?

XVI. *Ueber das Verfahren bei der Hypothecarklage, oder Untersuchung der Frage: ob, und inwiefern der Hypothekgläubiger die Forderung zu liquidiren habe?* Vom Hrn. *Franz Joh. Kopezky*, Civil-Justizrathe des Wiener Magistrats. S. 241—264. (Nicht vollendet.)

Neues staatsbürgerliches Magazin, mit besonderer Rücksicht auf die Herzogthümer Schleswig, Holstein und Lauenburg. Herausgeg. v. **Dr. N. Falck**, Etatsrath, ordentl. Prof. d. Rechte, Ordinarius etc. Sechster Bd. 4 Hefte in 3 Abth. Schleswig 1837, Verlag des königl. Taubstummeninstituts. 774 S. gr. 8.

I. *Nachrichten über das Agrarwesen der Vorzeit.* Von Dr. Georg Hanssen. S. 1—50.

III. *Nachrichten betr. das Seepasswesen in den Herzogthümern Schleswig und Holstein.* Von *E. Gardthausen* in Copenhagen. Mit einem Vorwort des Herausgebers. S. 72—84.

Enthält eine Uebersicht der für die verschiedenen Acten von Seepässen in den genannten Herzogthümern geltenden Bestimmungen sammt praktischen Resultaten für deren heutige Anwendbarkeit.

V. *Prüfung der bisherigen Ansichten von ehelicher Gütergemeinschaft in den Herzogthümern Schleswig und Holstein.* Vom Kammer.-*R. Sarauw.* S. 122—199.

Ein mangelhaftes Quellenstudium erzeugte die fehlerhaften Ansichten der frühern Germanisten §. 1. — Die nächste Quelle, das statutarische Recht der Herzogthümer, weist auf frühere Quellen zurück, in denen sich eine auffallende Uebereinstimmung findet, was sich aus der Natur des Gegenstandes und aus der Geschichte erklärt. Die Idee der Abhandlung geht daher dahin, aus den germanischen Rechtsquellen und den Statuten Holsteins und dessen speciellen Gesetzen den Gegenstand zu erörtern, und dann auf Grund dieser gewonnenen Resultate das betreffende Recht des Herzogthums Schleswig zu entwickeln. §. 2. — Die willkürlichen, durch die Richtung auf gemeines Recht getrübten Ansichten der frühern Gelehrten, insbesondere *Lauterbach's*, *Mevius*, *Stein's*, *Scherer's*, *Danz's*, *Lange's*. §. 3—5. — Ihnen tritt *Hasse* entschieden entgegen mit vernichtender Kritik, aber ohne genügende positive Resultate zu liefern, wie ihm denn auch *Cropp*, *Mittermaier*, *Paulsen* mit Recht widersprechen. §. 6. 7. 8. — Die rechtliche Bedeutung der ältesten germanischen Familienverbindungen bringt es mit sich, dass Weiber und Kinder nur die passiven Schützlinge der wehrhaftigen männlichen Familienglieder waren, und in der Vogtschaft solcher standen. Damit hängt auch eine Bevorzugung der Männer in der Vermögensnachfolge zusammen. §. 9. — Grundstücke sind zwar Pfand der Familie, aber nicht in condominio. Auch unter Ehegatten kein condominium, ungeachtet dieses vielfach behauptet wird, jedoch gegen die germanische Auffassung der Ehe. §. 10. — Den Germanen ist das Ehepaar ein Leib und Leben, der Mann das Haupt, daher die Frau in seinem mundium, ihr Gut in seinen Wehren. Die niemals unwürdige und unberechtigte Stellung der Frau gewinnt noch durch den Einfluss des Christenthums. §. 11. — Jener innige Verein liess das beiderseitige Vermögen als Eine Masse erscheinen unter der Wehre und dem alleinigen Dispositionsrecht des Mannes (Gemeenschop, meenen Gude), so jedoch, dass er um des Familienbandes willen die Immobilien der Frau nicht unwiderruflich veräussern durfte. §. 12. — Wegen seines Administrationsrechts heisst er Vormund der Frau, alle Berechtigung der letztern ist aber ausgeschlossen rücksichtlich des dem Familiennexus nicht unterworfenen beiderseitigen Vermögens, und hier ist der Mann unbeschränkt in seiner Dispositionsfreiheit und alleiniges Rechtssubject. Eine solche von *Hasse* als *äussere* bezeichnete Gütergemeinschaft (im Gegensatz der *inneren*, welche die vermeinte Rechtsgleichheit bezeichnet), giebt es noch heut zu Tage in den

Herzogthümern während der Ehe, ungeachtet beim Zustand nach-getrennter Ehe und beim Wegfall der männlichen Vogtschaft grosse Modificationen eingetreten sind. §. 13. — Die Hauptverschiedenheiten des römischen und germanischen Güterrechts liegen in der nach dem Letztern wesentlichen Einheit des Hauswesens und in dem Grundsatze desselben, dass auch die Frau zu den Ehelasten concurrire. §. 14. 15. — Die Hauptveranlassung für die Germanisten, ein condominium der Frau anzunehmen, ist in der Art der Theilung der Güter nach Auflösung der Ehe enthalten, welche, insofern sie durch den Tod geschieht, eine Trennung des vorher ungezweiten Gutes herbeiführt, woraus man mit Unrecht auf ein condominium während der Ehe schloss. §. 16. — Die Theilungsweise selbst entstand durch Berücksichtigung des Billigkeitsgrundes, den Wittwern mehr als die etwa inferirten Immobilien zurückzugeben, vielmehr ihnen einen Theil des dem Familienbande nicht unterworfenen Gesammtgutes zu überlassen, eine Billigkeitsrücksicht, die auch auf die nächsten Erben der vor dem Manne sterbenden Frau ausgedehnt ward. §. 17. — Die behauptete äussere Gütergemeinschaft findet ihre Bestätigung im Sachsenspiegel, und auch dessen Bestimmungen über Güterrecht bei der Ehetrennung verstatten keinen Rückschluss auf eine innere Gütergemeinschaft während der Ehe. Jedoch setzt der überlebende Gatte mit den Kindern den gemeinschaftlichen Haushalt fort, und dadurch wird eine wahre innere Gütergemeinschaft (mit ideellen Antheilen) begründet, die nur nicht als Fortsetzung des Zustandes während der Ehe angesehen und communio bonorum prorogata genannt werden dürfe." §. 18. 19. — Das alte Lübsche Recht befolgt, ungeachtet besondere städtische Verhältnisse zu Modificationen führen mussten, nur mit einer unbedeutenden Ausnahme die Regel des S. S. §. 20. 21. — Auch das revidirte Statut erkennt entschieden das alte Recht an, und es ist diess in Ansehung der unbeerbten Ehe zugestanden. §. 22. 23. — Bei beerbter Ehe will aber *Hasse* eine innere Gütergemeinschaft annehmen. Seine Gründe werden widerlegt, und nach den besondern statutarischen Rechten einiger Holsteinischen Districte und der Insel Fehmarn das Resultat begründet, dass überall nur äussere Gütergemeinschaft während der Ehe Statt findet. §. 24—35.

VI. *Urkunden zur Kenntniss des Steuerwesens und der Finanzverwaltung in den Jahren* 1540. *bis* 1546. S. 200—290.

VII. *Miscellen.* S. 291—338.

Darunter S. 291—305. einige Urkunden zur Geschichte Blasius Ehrenbergers und seiner (öffentlich autorisirten) Uebersetzung des Jütschen Lowb.; ferner S. 305—323. eine Ausführung über das rechtliche Fortbestehen und die nothwendige Anerkennung der Dinggerichte in den Marschgütern, deren ganzes Resultat von dem erst noch zu erweisenden Satze abhängt, dass es im Verfassungsrechte kein derogirendes Gewohnheitsrecht gebe; von welchem die dasselbe anerkennenden richterlichen Urtheile nur die Erscheinungsweise sind.

X. *Ueber Kirchenverfassung; mit besonderer Rücksicht auf die Herzogthümer Schleswig und Holstein.* Von Dr. *Fr. Köster.* S. 278—431.

Der Verfasser beschreitet das Feld der bekannten Controverse über die Reform des äusseren Lebens der protestantischen Kirche, indem er von dem meist anerkannten Bedürfnisse derselben ausgeht. Einige Hauptsätze über Gewalt und Tendenz der Verfassung der Kirche, bei denen Philosophisches und Historisches zu sehr in einander fliessen, werden aufgestellt, sodann auf deren Realisirung durch eine wirkliche Verfassung übergegangen, die verschiedenen Verfassungsformen in der reformirten Kirche verworfen, und die Missbräuche und Uebelstände aufgezählt, die sich daraus ergeben mussten, dass unsere Kirchenverfassung, die das

Eigenthümliche der Uebertragung des Episcopats an die Landesherrn hat, auf dem Standpuncte der Zeit der Reformation ohne angemessene Fortentwicklung verharrte. Von Reformvorschlägen werden diejenigen geprüft, welche alle Kirchengewalt in die Repräsentation aller Kirchenmitglieder in Presbyterien und Synoden legen wollen, welche neben der alten Consistorialverfassung eine Repräsentation der Kirche auf den weltlichen Landtagen, oder eine gemischte Synodal-Presbyterial- und Consistorialverfassung wünschen, die Nationalsynode entscheidend, die Consistorien mit der Vollziehung des mehr weltlichen Theiles der Kirchengewalt beauftragt. Darauf stellt der Verfasser die Aufgabe der Verfassungsbildung in der protestantischen Kirche dahin, dass sie auf Grund der Aussprüche der symbolischen Bücher, im Anschluss an die nachmalige historische Gestaltung von Statten gehe. Zunächst wünscht er 1.) eine offene authentische und grundgesetzliche Erklärung der Staatsgewalt über ihre eigenen Rechte und Pflichten in kirchlichen Dingen, und über die der Einzelnen und der Gemeinden; dann soll 2.) das Consistorial- und Repräsentativsystem mit einander verbunden werden, jenes das stabile, dieses das perfectible Element der Kirche darstellend. Die Consistorien sind die Verwalter des bischöflichen Rechtes des Landesherrn, sie werden mit Juristen und Geistlichen, die letzteren an Zahl überwiegend, besetzt. Ferner bestehen Presbyterien unter dem Vorsitz des Predigers, durch welche das zu sehr geschwundene Bewusstsein der kirchlichen Gemeinschaft wieder hergestellt werden soll; sie besorgen im Auftrag der Regierung die Verwaltung des Kirchenguts, wachen über die Ordnung des Gottesdienstes und geniessen ein Petitionsrecht. Eine anderweite Vertretung der Kirche geschieht in einer nicht permanenten, blos berathenden Synode, die nur, wenn es Noth thut, nicht in regelmässig wiederkehrenden Terminen zusammentritt, auf Berufung durch den Landesherrn, der die Gegenstände der Berathung stellt, und durch seine Commissarien gegenwärtig ist. Auch Wahl und Zusammensetzung der Synode hängt von der Staatsgewalt ab, doch müssen, damit sie ihrem Zwecke genüge, eine gleiche Anzahl Geistlicher und Nichtgeistlicher derselben angehören. — Hiernach geht der Verfasser auf die kirchlichen Verhältnisse Schleswig-Holsteins über, und macht von seinen Reformvorschlägen auf die bestehende Kirchenverfassung dieses Landes Anwendung.

IV. Nachweisung von Recensionen in andern Zeitschriften.

Heidelberger Jahrbücher der Literatur. Neue Folge. 5. Jahrgang. (31. Jahrgang.)

5. *Heft.* 4. *April.* Nr. 21. S. 321—326.

Ferd. Mackeldey's Lehrbuch des heutigen Römischen Rechts. 11te Originalausgabe. Giessen, Heyer Vater. 1828. 2 Bde. (Vergl. oben S. 504. ff.)

Der Herausgeber, *Rosshirt*, zeigt selbst diese Ausgabe an. Er beklagt im Eingang, dass der Verleger gegen die ausdrückliche Vorschrift auf dem Titel statt „mit vielen Anmerkungen und Zusätzen vermehrt" das Wort „bereichert" gewählt habe. Er spricht sich hierauf über das Buch im Allgemeinen aus und bezeichnet einzelne von ihm im Systeme vorgenommene Anordnungen, so wie viele Vermehrungen und Zusätze näher. Er bittet, „in der Beurtheilung billig zu sein, wenn eine oder die andere Ansicht, ein oder der andere Punct nicht bestimmt genug ausgeführt wäre, denn die Oekonomie des Werkes vertrug dies nicht." Am Schlusse tröstet er sich mit dem Verleger, „dass sie es Allen doch wohl nicht Recht gemacht haben würden," doch belebt ihn die Hoffnung, „dass, da das Buch gewiss nicht schlechter geworden ist, es seinen alten guten Namen noch lange erhalten werde."

Göttingische gelehrte Anzeigen. 1838.

11. *Stück* 81. *Den* 21. *Mai.* *S.* 801—804.

Specimen historico-politicum inaug. de Gildarum historia, forma et auctoritate politica, medio imprimis aevo, scripsit *Cornel. Josin. Tortuyn.* Amsterdam. 1834. XIV. u. 244. S. 8.

„Vorliegende Dissertation, welche zur Erlangung der Doctorwürde bei der Univ. zu Leyden eingereicht wurde, erzwingt nicht minder durch die Wahl des Gegenstandes, als durch die Emsigkeit, mit welcher zur richtigen Beleuchtung desselben die vorzüglichsten geschichtlichen Quellen und Rechtsmonumente eines grossen Theils der europäischen Völker benutzt sind, eine besondere Theilnahme." Nach diesem Eingang und einigen Worten über die hohe Bedeutung des Zunftwesens im Mittelalter giebt der Recensent den Inhalt der Schrift an, und macht beim 5. Capitel, welches die deutschen Zünfte behandelt, einige ergänzende, belobende und berichtigende Bemerkungen. (Rec. *Hav.*)

Allgemeine Literatur - Zeitung. 1838.

12. *April Nr.* 61. 62. *S.* 485 — 492.

Allgemeine juristische Fundamentallehre. — Zugleich als erste Lieferung eines Lehrbuches der juristischen Einleitungs-Wissenschaften, insbesondere für Russland. Von Dr. *Heinr. Rob. Stöckhardt.* St. Petersburg, Eggers und Pelz. 1837. XIII. u. 222. S. 8. (1 Thlr. 6 Gr.).

Nachdem vom Rec. die äussere Veranlassung zu dieser Schrift angegeben und eine Uebersicht ihres Inhaltes mitgetheilt worden ist, betrachtet er dieselbe zunächst in Rücksicht auf ihre Bestimmung, eine Einleitung zu einem Gesammtlehrbuche der Encyklopädie und des Natur-, Staats- und Völkerrechts für die russischen Universitäten zu sein. Er billigt im Allgemeinen den Umfang, welchen der Verf. ihr gegeben, sowie die Form und Methode; tadelt jedoch, dass der Verf in seinen Mittheilungen, besonders in den Anmerkungen zu weit gegangen sei, und Vieles hineingezogen habe, was dem eigentlichen Zwecke des Buches fremd sei. Hierauf betrachtet der Rec. diese Schrift noch aus dem Gesichtspunct der Wissenschaft in ihrem gegenwärtigen Zustande. Er bemerkt: „Das Werk trägt die unverkennbaren Spuren eines eifrigen Studiums, tüchtiger Kenntnisse und des Strebens nach selbstständiger Auffassung und Fortbildung der Wissenschaft". Dagegen tadelt der Rec. die Ansicht des Verf., nach welcher alles Recht auf den Willen des Gesetzgebers zurückzuführen ist, und die Art, auf welche er das Naturrecht behandelt; auch rügt er den hie und da sichtbaren Mangel an Gründlichkeit und Genauigkeit, von welchem er einige Beweise anführt.

13. *April. Ergänzungsblätter. Nr.* 31 — 33. *S.* 243 — 260.

Das Gewohnheitsrecht. Von Dr. *Geo. Fried. Puchta*, k. Hofrath und o. Prof. d. R. an der Univ. zu Leipzig. Zweiter Theil. Erlangen, Palm. 1837. VI. u. 292. S. 8. (1 Thlr. 8 Gr.).

Auf eine Inhalts-Uebersicht folgt eine Betrachtung der vom Verf. angegebenen Gründe, aus welchen er zu Anfange dieses Theiles die Resultate über das Wesen des Gewohnheitsrechts, d. h. die des zweiten Buches im ersten Theile, recapitulirt habe. Nachdem der Rec. diese mit einigen widerlegenden Bemerkungen begleitet hat, giebt er den Inhalt des 5 — 10. Capitels des ersten Buches (im ersten Theile) an und bestreitet einzelne in denselben aufgestellte Ansichten des Verf. (S. 245 — 248.); hierauf wendet er sich zu der erwähnten Recapitulation der Resultate des zweiten Buches und macht Bemerkungen gegen die Ansichten des Verf., besonders gegen die von der Entstehung des G. Rs. (S. 248 — 253.). Dasselbe geschieht sodann rücksichtlich der folgenden Capitel des dritten Buches, unter welchen hauptsächlich das vom Beweise des G. Rs. dem Rec. Veranlassung zu Ausstellungen giebt. (Rec. *Sintenis* in Giessen.)

16. *Mai. Nr.* 78. 79. *S.* 17 — 30.

Die Lehre von den Servituten von Dr. *Carl Luden.* Gotha, Perthes, 1837. IV. u. 308. S. (1 Thlr. 8 Gr.)

Im Eingange lobt der Rec. zwar „das Streben des Verfs. nach Selbstständigkeit und seinen Eifer für juristisches Wissen," fügt aber hinzu: „Allein schon ein oberflächliches Ueberblicken des Buches zeigt deutlich, dass es hier an Vorarbeiten mangle, die nothwendig erforderlich sind, um einer juristischen Monographie einen höheren und bleibenden Werth zu sichern." Nachdem hierauf der Rec. die eigenthümlichen Schwierigkeiten hervorgehoben, welche eine Bearbeitung der Römischen Servitutenlehre habe, erklärt er sich gegen den Gesichtspunct, von welchem der Verf. ausgegangen; die Lehre mehr im Ganzen, als im Einzelnen darzustellen, und setzt hinzu: „Bei seinen Untersuchungen wird der Verf. unverkennbar durch ein Streben nach Eigenthümlichkeit geleitet, welches freilich an sich löblich, aber gar zu oft als viel zu übertrieben erscheint." Es folgt eine Inhaltsangabe und eine Reihe von Bemerkungen über einzelne Sätze und Entwickelungen des Verfs., namentlich gegen die Annahme eines moralischen und eines physischen Eigenthums, gegen die Definition der Servitut, gegen die Erklärung der Anomalie der serv. oneris ferendi aus der *operis novi nunciatio*, gegen die Deutung der Regeln: *nemini res propria servit*, und *servitus servitutis esse non potest*, so wie der Untheilbarkeit der Servituten, u. dgl. m. Am Schlusse heisst es: „Es findet sich in dem ganzen Buche fast keine, irgend bedeutendere Ansicht, die Hr. Dr. *Luden* nicht neu zu begründen versucht hätte, aber fast immer ohne Rücksicht auf Quellen und frühere wissenschaftliche Leistungen. Hätte der Verf. sich nicht damit begnügt, Uebersichten geben zu wollen, die, selbst wenn sie geistreich wären, am Ende doch zu nichts führen, so würde er sich durch Interpretation der Quellen ein Grundelement haben bilden können, das ihm der leitende Grundfaden bei den einzelnen Untersuchungen werden mochte; während er jetzt in Folge einer *a priori* construirten Idee vom physischen und moralischen Eigenthum Alles erklären und umstossen will. Und ist es überhaupt entschuldbar, wenn die Idee des Eigenthums an Rechten, nachdem sie besonders in neuerer Zeit ebenso scharfsinnig als gründlich widerlegt ist (*Mühlenbruch's* Cession §. 2. und 49.), ohne den geringsten Versuch, sie aus den Quellen zu construiren, ja! sie nur tiefer zu begründen, als die Basis einer ganzen und zwar sehr schwierigen Lehre des R. R. aufgestellt wird?"

17—19. *Mai.* *Nr.* 91. 92. *S.* 121—131..

a) Ueber den Kampf des Papstthums gegen die Staatsgewalt und den wahrscheinlichen Ausgang desselben. Halle, Schwetschke und Sohn. 1838. 32. S. (4 gr.)

b) Die katholische Kirche in der preussischen Rheinprovinz und der Erzbischof Klem. Aug. von Köln. Von einem Sammler historischer Urkunden. Frankf. a. M., Brönner. 1838. VIII. u. 150. S. (20 gr.)

c) Der Erzbischof von Köln in Opposition mit dem Preuss. Staatsoberhaupte, oder neuestes Beispiel der offenen Auflehnung und starrer Reaction wider die Kirchenhoheit der Staatsregierung, mit Rückblicken auf die vielfach vereinigten revolutionären Umtriebe, u. s. w. Von dem Herausgeber des Kanonischen Wächters. Karlsruhe, Müller. 1838. VIII. u. 363. S. (1 Thlr. 12 Gr.)

Die Vorbemerkungen des Rec. verbreiten sich hauptsächlich über die Bestrebungen der Hierarchie und Aristokratie und über die Stellung des Staats zur Kirche. Er giebt sodann kurz den Inhalt der ersten, und ausführlicher den der dritten Schrift an, und urtheilt über dieselbe insbesondere bei Erwähnung der in ihr enthaltenen, manche neue Thatsachen beibringenden Darstellung der Kölner Streitigkeiten: „Animosität gegen die katholische Kirche selbst haben wir auch hier eben so wenig, als in den früheren Abschnitten des Buches gefunden; wohl aber jenen sittlichen Eifer eines Gefühls, welches sich durch Trug und Lüge um so mehr verletzt fühlt, je mehr sie sich mit dem Mantel der Religiosität zu bedecken suchen." An der zweiten Schrift, deren Inhalt der Rec. ebenfalls referirt, lobt er besonders, „dass der Verf. Alles, was zur Aufklärung der Verhältnisse des Erzbischofs zur preuss. Regierung bis zu seiner Wegführung aus Köln dienen konnte, mit Sorgfalt gesammelt habe, ohne zu übersehen, was von verschiedenen Seiten geschah, um den Prälaten in einem möglich günstigen Lichte und die gegen ihn ergriffenen Massregeln als Willkür und Tyrannei erscheinen zu lassen." Auch die Darstellung der Angelegenheit wegen der gemischten Ehen billigt der Rec.

20. *Junius.* *Nr.* 99. *S.* 185—191.

Die Rechtsverhältnisse aus der ausserehelichen Geschlechtsgemeinschaft, so wie der unehelichen Kinder, u. s. w. Von *A. F. Gett.* München, Franz. 1836. (Vergl. Jahrb. 1837. S. 987. ff.)

Der Rec. bezeichnet im Eingang die Tendenz der Schrift und giebt deren Inhalt an. Hieran knüpft er zwei Ausstellungen. „Die eine ist, dass der Verf. dem gemeinen Recht nur das besondere Recht *einiger* deutschen Staaten oder Staatsgebiete an die Seite gestellt, und es so unterlassen hat, das besondere Recht *aller* deutschen Staaten oder Staatsgebiete darzustellen, also seine Monographie, seiner ausgesprochenen Tendenz gemäss, abzurunden.“ — „Die zweite Ausstellung ist in dem Umstande zu finden, dass der Verf. sich mit der Literatur seines Gegenstandes nur sehr unvollständig bekannt gemacht hat.“ Der Rec. giebt zur Motivirung beider Ausstellungen viele literarische Nachweisungen. (Rec. *Bopp.*)

21. *Junius.* *Nr.* 99. 100. *S.* 191. *f.* *u.* 199. *f.*

Archiv merkwürdiger Rechtsfälle und Entscheidungen der Rheinhessischen Gerichte mit vergleichender Berücksichtigung der Jurisprudenz von Frankreich, Rheinbaiern und Rheinpreussen. Herausgegeben durch die Anwältekammer in Mainz. Neue Folge. 1. Bd. 1. Heft. Mainz, v. Zabern. 1837. (Vergl. Jahrb. 1837. S. 948. ff.)

Geschichte und muthmasslicher Zweck dieser Zeitschrift wird vom Rec. im Eingange besprochen. Er fragt, warum bei der beabsichtigten vergleichenden Jurisprudenz nicht auch die Rechte von Belgien und Baden berücksichtigt werden sollen, und zählt sodann die einzelnen Beiträge dieses Heftes auf, von welchen er einzelne mit Bemerkungen begleitet. (Rec. *Bopp.*)

Jenaische Allgemeine Literatur-Zeitung, 1838.

9. *März.* *Nr.* 56. 57. *S.* 441—450.

Die wahre evangelische Kirche in Grundzügen des evangelischen Kirchenrechts dargestellt von *Ch. G. M. Jany*, evangel. Pfarrer und Coll. d. Kirchen zu Köstritz, u. s. w, Adorf, Verlagsbureau. 1836. XII. u. 230. S. 8. (1 Thlr.) (Vergl. Jahrb. 1837. H. 5. S. 428. ff.)

„Es ist eine betrübende Erscheinung, dass in unsern Zeiten ...... Fanatismus, Unduldsamkeit, Aberglaube und Mystik hie und da ihr Haupt wie ein Nachhall aus vergangenen Jahrhunderten erhebt. Mag auch Bornirtheit und Unverstand bisweilen Aeusserungen und Handlungen hervorrufen, deren Bedeutung und Folgen die Urheber selbst nicht zu fassen vermögen, um so beunruhigender bleibt es, wenn sogar Geistliche, die Träger und Spender des göttlichen Lichts und der Wahrheit, noch heut zu Tage jenem finsteren, mittelalterlichen Geiste der Intoleranz huldigen, Ansichten vertheidigen, welche unserem aufgeklärten Zeitalter Hohn sprechen, und so den Samen des Zweifels und der Zwietracht ausstreuen. Eine verwandte Richtung verräth der Verf. der obigen Schrift, welche dergleichen Ideen in der geschmacklosesten Form zur Schau trägt, und, ohne irgend Anspruch auf wissenschaftliche Bedeutung machen zu können, zur Curiosität herabsinkt.“ Nach diesem Eingang berichtet der Rec., welcher sich als einen Juristen und Lehrer des canon. Rechts bezeichnet, über den Inhalt, und macht dabei viele Gegenbemerkungen. Zum Ende sagt er: „Schliesslich glaubt Rec. dem Verf. seine aufrichtige Meinung nicht vorenthalten zu dürfen, dass vorliegendes Buch den Nutzen und das Heil nicht bringen werde, wie es derselbe ohne Zweifel bezweckte.“ (Rec. ..*x*..)

10. *März*. *Nr*. 57. *S*. 450—452.

Conflict zwischen geistlicher und weltlicher Macht in Sachen des Erzbischofs von Köln. Versuch einer Entscheidung aus dem Standpunkte des Kirchen- und Staatsrechtes, allen deutschen Rechtscollegien gewidmet vom Prof. *Krug*, D. d. Th. u. Ph. Leipzig, Kollmann. 1837. 52. S. 8. (6 gr.)

Der Rec. lobt die Klarheit und Freimüthigkeit des Verfs. und referirt den Inhalt mit Zustimmung. (Rec. *N. v. G.*)

11. *März*. *Nr*. 57. *S*. 452. *f*.

Gregor VII. und Gregor XVI., oder altes und neues Papstthum. Eine kritische Parallele, mit Hinsicht auf *Görres's* Athanasius, nebst Vorschlägen zur Güte vom Prof. *Krug*, D. d. Th. u. Ph. Leipzig, Kollmann. 1838. 88. S. 8.

Es berichtet der Rec über den von ihm gebilligten Inhalt dieser Schrift, welche als eine Ergänzung der vorher angezeigten zu betrachten sei, und rühmt die grosse Klarheit, mit welcher sie abgefasst sei. (Rec. *N. v. G.*)

13—15. *März*. *Nr*. 58. 59. S. 457—467.

a) Die landständische Verfassung des Königreichs Hannover, in Gemässheit des königl. Patents vom 1. Nov. 1837. Hannover, Gebr. Jaenecke. 1837. VI. u. 74. S. 8. (6 gr.)

b) Staatsrechtliche Würdigung des Patents Sr. Maj. d. Königs von Hannover vom 1. Nov. 1837. Hamburg, Perthes, Besser u. Maucke. 1837. V. u. 28. S. 8. (4 gr.)

c) Meine Ueberzeugung in Beziehung auf das Hannoverische Staatsgrundgesetz vom 26 Sept. 1833. Geschrieben im Nov. 1837. Zweite Aufl. Altona, Hammerich. 1837. 33. S. 8. (4 gr.)

d) Staatsrechtliche Bedenken über das Patent Sr. Maj. des Königs Ernst August von Hannover, vom 5. Juli 1837. (Aus der Allgemeinen Zeitung.) Zweite verm. u. verb. Auflage. Stuttgart und Tübingen, Cotta. 1837. 34. S. 8. (6 gr.) (Vergl. Jahrb. oben H. 1. S. 59. ff.)

Nachdem der Rec. einige Erläuterungen über den Punkt, von welchem die, über die Hannoverschen Verfassungs-Frage erschienenen Brochuren ausgehen, nämlich die Nothwendigkeit des letzten Grundgesetzes und die Vorzüglichkeit seiner Bestimmungen gegen die frühere jetzt wieder ins Leben gerufene Verfassung, hat vorausgehen lassen, (in welchen er grössten Theils von den herrschenden Ansichten abweicht,) urtheilt er über die einzelnen oben verzeichneten Schriften. Die erste, eine sich aller Erörterung enthaltende Zusammenstellung, bezeichnet er als eine „zur öffentlichen Belehrung nützliche und gewiss zeitgemässe Arbeit." Die zweite nennt er eine „gut geschriebene Abhandlung;" er billigt einige in ihr für die Gültigkeit des Staatsgrundgesetzes aufgestellte Gründe, bestreitet aber die Behauptungen des Verfs., „dass der jetzige König, als Unterthan seines Vorgängers, sich habe müssen die neue Verfassung gefallen lassen; dass er dieselbe auch de facto anerkannt gehabt, indem er nicht öffentlich, förmlich und landeskundigerweise gegen ihre Gültigkeit protestirte; endlich, dass er als Rechtsnachfolger seines Vorgängers anzusehen sei." Von der dritten Schrift urtheilt der Rec.: „In ihr wird das königl. Patent mit gleichen Gründen, aber mit gefährlicheren Waffen angegriffen." Der Verf. entwickelt eine vollständige Kenntniss des allgemeinen und provinziellen Staatsrechts und der Landesgeschichte, er würde auch bei einer beschränkteren Tendenz die Palme verdienen. Allein er urtheilt weniger, wie er deducirt; und, indem er so als Sachführer auftritt, liefert er einen neuen Beweis für die alte Erfahrung, dass die liberale Partei ihrer Sache selbst am meisten schadet." Der Rec. erklärt sich sodann gegen den „Zweck der Abhandlung, als Aufruf an die Hannoveraner, sich ihrem Könige nur in sofern zu unterwerfen, als er zum Grundgesetze v. J. 1833. zurückkehren werde, und bis dahin Steuern zu verweigern

u. s. w.," so wie gegen einige Sätze des Verfs., insbesondere über die Agnatenrechte. Die vierte Schrift endlich, bemerkt der Rec., „steht mit den beiden zuvor erwähnten Schriften in gleicher Linie, wie der Verf. denn auch dieselben Ansichten mit ziemlich denselben Gründen entwickelt." Es werden vom Rec. einzelne Behauptungen des Verfs. bestritten, namentlich die, dass durch die Auflösung des Lehnsnexus der Reichslande das, was die Familie Braunschweig an Gütern und Berechtigungen besessen, in einen freien Privatbesitz des jeweiligen Inhabers übergegangen sei, und die, dass der Adel nach der alten Verfassung Hannovers grosse Privilegien gehabt habe. Uebrigens wünscht der Rec. lebhaft mit dem Verf., dass die dem öffentlichen Vertrauen hier geschlagene Wunde aufs Schleunigste geheilt werden möge. (Rec. *V — W.*)

16. *April.* *Nr.* 68. *S.* 63. *f.*

Ueber den Ursprung des kirchlichen Zehnts. Eine kirchenhistorische Abhandlung, als Programm für das Studienjahr 1836 — 1837. Von Dr. *Jacob Marian Goeschl*, Prof. d. Kirchengeschichte und d. kanon. R. am k. Lyceum zu Aschaffenburg. Achaffenburg, Pergay, 1837. 15. S. 4. (4 gr.)

Der Verf. behauptet ein göttliches Recht für den Zehnten, und beruft sich auf die göttliche Einsetzung desselben im alten Bunde, auf die Aussprüche mehrerer Kirchenväter und einiger Concilien der lateinischen Kirche. Nachdem der Rec. diese ganze Tendenz der Schrift und Einiges am Ausdruck des Verfs. getadelt hat, schliesst er so: „Aus Allem ist ersichtlich, dass dem Verf. Fleiss, sorgfältigere Verwendung der ihm verliehenen Talente und Hülfsquellen, auch Lust, das Licht der Wahrheit zu fördern, gemangelt hat. Möchte derselbe seine gute Zeit zu ernstlichen Studien seines Faches besser anwenden, und somit Besseres und Nützlicheres in der Literatur leisten, als er bisher gethan!" (Rec. *H. P.*)

17. *April.* *Nr.* 69. *S.* 65 — 67.

Die verschiedenen Strafrechtstheorieen in ihrem Verhältnisse zu einander und zu dem positiven Rechte und dessen Geschichte. Eine criminalistische Abhandlung von *Jul. Friedr. Heinr. Abegg*, d. Phil. u. b. R. Doctor u. o. Prof. d. Rechtsw. an d. Univ. zu Breslau. Neustadt a. O., Wagner. 1835. VIII. 171. S. gr. 8. (21 gr.)

Es wird vom Rec. der Inhalt der Schrift referirt, hierauf Einiges zur Empfehlung der vom Verf. vertheidigten Gerechtigkeitstheorie bemerkt, und zuletzt hinzugefügt: „Schade übrigens, bei so vielen unverkennbaren Vorzügen, welche die mit Geist und Scharfsinn geschriebene Abhandlung hat, dass der Mangel an Klarheit und die weitschweifige, und, fast möchte es scheinen, absichtlich gewählte unverständliche Schreibart das Lesen verleidet. (Rec. *D. v. P.*)

Miscellen.

1. Mittheilung aus einer St. Gallener Handschrift.

Am Schlusse der St. Gallener Handschrift 722. hinter der sogenannten Lombardischen Umarbeitung des Alaricischen Breviars S. 248. beginnt ein, von derselben Hand des IX. Jahrh., welche die erwähnte Umarbeitung schrieb, beigefügter fremdartiger Anhang von 12. Capiteln strafrechtlichen Inhaltes. Dass derselbe im Zusammenhange mit dem Breviar stehe, ist nicht zu läugnen. Es ist darin offenbar die Lombardische Umarbeitung berücksichtigt worden, und auf gemeinschaftliches Vaterland deutet die Sprache. Auch gehört das Ganze wahrscheinlich einem Volksrechtsbuche an, und vielleicht geben die Worte des III. Capitels: *qui ad dominum remedium episcopum pertinent*, verbunden mit dem ersten und den beiden letzten Capiteln, in welchen die Worte: *can.* V., *in ipsa valle*, *domno remedio*, *in lege nostra*, *secundum legem nostram* zu berücksichtigen sind, dafern *Remedius* von Chur zu verstehen sein dürfte, näheren Aufschluss. Sonst gesteht aber der Unterzeichnete, dass er über jede andere genauere Bestimmung dieses Fragmentes im Dunkeln sei, und er theilt dasselbe genau mit allen Barbarismen zu dem Zwecke mit, sich von Sachkundigen Belehrung zu erbitten.*)

„Incipiunt Capitula. De dominicis diebus et reliquis festivitatibus sanctorum. De maleficia et sacrilegia. De homicidio. De Periurio. De inlicita coniugia. De rapto. De adulterio. De violencia. De falso testimonio. De furto. De rixa. De reclamaciones paupere vel oppressiones.

Ut dominicis diebus sicut cannones continentur cum omne devotione observentur nullus nisi quod ad nitorem domus vel victui diei illo pertenuerit facere praesumat. quod si quis fecerit ab scultaizio sive maiore qui locello illo praefuerit emendatus fiat taliter ut omnes res illas quae operate fiunt una cum probis plebis illius pauperibus distribuantur. quod si qui boves iuncxerint ipsos boves pauperibus dentur. de hac enim culpa ista *can.* V statuimus disciplina. Quia quantum ||p. 249.|| in hanc perseveraverit ignavia tantum amplius sustentantur pauperum inopia; quod si scultaizius vel maior qui loco illo praefuerit emendare neglexerit. presbyter qui in *ipsa valle* fuerit excommunicatus sit quam cito potuerit *domno remedio* innotiscere festinet et presbyter iam dictus omne dominico venture sollemnitate populo annuntiet et ut sciant om̄ quale feria. et si usque vesperum sive etiam usque missas debeant celebrare; De opera vero que abstinere decrevimus iste sunt arare. secare. excutere. vannare. vineam facere. rancale. sepe. nogarios battere. lovolone collegere. lavandarias. cosire. cerbisa facere. falce batere. fabricare. vel aliut magisterium facere et reliqua horum similia.

De Maleficiis vel Sacrilegia. Ut maleficus vel sacrilegus in populo inventus fuerit; Primum salvetur. mittatur pice capiti eius. ponatur super asinum et batendo ducatur circiter per vias. Si secundo hoc fecerit excidatur ei lingua et nasus. Si usque tertio perperaverit in potestate ||p. 250.|| stet iudicum et laicorum.

De homicidio; Ut nullus de romanis hominibus qui ad *domnum remedium* episcopum pertinent ausus sit unus alium occidere si quis fecerit condamnetur; si casu quis per rixa aut per aliqua contentione quod de ante habuer̄ pares alterum occiderit causa rei inquiratur a iudicibus et secundum culpa emendetur; Quod si quis nulla ex causa nisi per odii fomitem vel per invidia alium occiderit prima vice conponat. Secunda exorbetur; quod si evenet causa. que a domno episcopo. vel a iudicibus potestate accipiat. oculos suos redimere et post hanc consecutam misericordia testis perpetraverit homicidium potestas iudicum et laicorum sit de eo qualiter puniatur. Si q̄ de senioribus quinque ministribus occiderit. id sunt camerarius. butiglarius. senescalcus. iudicem publicum comestabulum. qui de hos quinque occiderit. de qualecumque linea fuerit. ad CXX. solidos fiat recompensatus. qui scultaizium ut reliquum capitanium ministeriale occiderit ||p. 251.|| inquiratur de quale linea fuit et ita conpositus fiat. si ingenuus fuit fiat conpositus ad CXX. solidos. si autem servus fuit fiat conp̄ ad solidos CX. si vasallū dominū de casa. sine ministerio aut iunior in ministerio fuit et domnus eum honoratum habuit si ingenuus fuit.

*) Die Abkürzungen sind nur dann, wenn sie zweifelhaft sind, beibehalten worden. Die in der H. vorkommenden Puncte und ähnliche Zeichen sind gleichfalls angegeben worden.

fiat conp ad sol. XC. Si servus ad LX. Item de patrianos qui ingenuum hoc modo occiderit. LX sold. conpō. qui libertum XL. qui servum XXX quod si quis in civitate aut castello aut in aliqua curte ubi domnus ipse fuerit. homicidium fecerit conponat quem occidit hoc modo. sicut superius eum conscripsimus. et pp quod infra castellum vel curte hoc fecerit. ubi domnus ipse fuerit addat in domnica sol. LX. Si qui spatam traxerit in dominica casa. hora qua ipse domnus episcopus ibi fuerit. abscidatur ei ipsa manus: quod si in alio loco traxerit et non fuerit in presencia domini sed tamen quia ipse domnus in civitā vel curte illa fuerit fiat battutus. hoc tamen statuimus. ut omnes has dictas iurgias a iudicibus prumtissime inquirantur considerantes culpam atque personam et omnem eventio||p. 252.||nem rei.

De Periurio Si quis in periurio cupiditatis aut infidelitatis quis inventus fuerit. primum fiat battutus et decalvatus missa pice. Si secundo hoc fecerit vapulet notetur eum in fronte cum calido ferro et recludatur in carcere quamdiu placuerit senioribus et deinceps non recipiatur eum in testimonio. Si tertio perpetraverit potestas de eo sit iudicum et laicorum. Si q̄ de supradictos istos periuros super alium voluerit mittere et non potuerit approbare si servus fuerit conpō sol. VIII. Si libertus X. si ingenuus XV hoc illi inferat cui periurium supermittere voluit.

De Inlicita Coniugia Ut nulli inlicitam liceat habere uxorem. si q̄ reclamaverit, quod vim accepisset uxorem aut illa virum si infra XV diebus reclamaverit in sua maneat potestate. nubat cui vult tantum in domino; si autem transactis in coniugio XV diebus aut noctibus et nulli suam adnotaverit violentiam non querat solutionem habeat cui se coniunxit. adtestante pa||p. 252.||ulo apostolo qui ait alligatus es uxori noli querere solutionem quindecim enim hos proposuimus dies et quod per experimentum didicimus parentum stulticia ante maturitatis sue tempore suasionibus atque terroribus coniungere non illorum consentiente expontanitatem et hoc statuimus ut nullus ante XII annum pueros copulare ansus sit.

De Rapto. Si quis puellam rapuerit. si liber liberam rapuerit conp̄. cui nocuit sol. LX. si servus ancillam conp̄. sol. XXX. si servus liberā LX conp. sol. et rapta reddatur et si liber ancillam serviat cum ipsa si eam voluerit; quod si dixerit quod se nescisset esse ancillam et cum lege potuerit facere permaneat liber tamen soluto precio id est sold. LX.

De adulterio. Si quis adulterium fecerit qui adhuc non est in matrimonio cum illa qui virum non habet fiat battutus aut conp̄ sol. XII. Si secundo hoc fecerit vapulet et recludatur in carcere quamdiu placuerit senioribus Si tertio hoc perpetraverit vapulet recludatur in carcere et XII conp̄ sol. si ipsam voluerit accipiat eam uxorem. Si quis uxorem habens adulteraverit cum illa qui virum non habet prima vice vapulet et conp̄ sol. XII. si secundo hoc fecerit ||p. 254.|| vapulet et recludatur in carcere et conp. sol. XII. Si tertio hoc fecerit vapulet similiter et in carcere recludatur et XVIII. conp̄. sold.

De violencia. Si quis sanctimonialem aud virginem deo sacratam violaverit seu viduam aut alterius uxorem conp̄. sol. LX. Simili modo de hoc scelere faciant sive servi sive liberi Si autem fuerit cum consensu. liber conp. sol. XXIIII. servus XII et si servus cum liberta XII. et si liber cum ancilla similiter. Si secundo hoc fecerit vapulet et conponat sicut supra scriptum est. Si tertio vapulet et in carcere recludatur et conp̄. quod superius diximus. Si quis uxorem alterius transtulerit liber libero LX conponat sol. servus servo XXIIII. Si servus libero XXX. Similiter et liber servo: et si iuratū ex ipsis quis domino habuit et fugire cum illa voluit si deprehensus fuerit fiat et sicut fieri debet qui periuravit soluto precio. Si secundo hoc fecerit idē defugire et de alterius uxorē conp̄. sicut prius et fiat battutus et missus in carcere; quod si uxorem aliam non habuit castretur, Si tertio hoc perpetraverit potestas iudicum et laicorum Sit de eo tam viri quam femine. Qui supradictus adulteraciones faciunt equali subiaceent sententiā pr̄ forcia virorum, ||p. 255.||

De Furto. Si quis furtum fecerit secundum quod *in lege nostra* scriptum est ita omnia solvat ad integrum.

De Falso Testimonio. Si quis testimonium falsum dixerit quia om̄ fratres sumus in Christo fiat *secundum legem nostram* condemnatus sicut fieri debuit illi quem nocere voluit;

De Rixa. Si quis alteri criminosum verbum dixerit in rixa aut ei probet quod verum dixisset aut iuratus faciat, quod per iram dixisset et verum illud non sciat et post tale sacramentum fiat battutus et redemat suum dossum ad VI sold. si pagare volunt de suo gradu potestatem habeant quod si de infedeletate aut de homicidium dictum fuit non eis liceat obmutiscere sed inquiratur prumtissime.

De Oppressione Pauperum Et Reclamationes. Ut nullus ausus sit in ambacto suo pauperum oppressiones exercere vel malo ordine de qualecunque. rem distringere aut inquietare. Quod si quis fecerit pauper ille licenciam habeat ad domnum venire et suam inquietudinem reclamare et dicere. Quod si quis fuerit qui eum proibeat ad domnum venire comp. sol. III. Et unusquisque in ambacto suo om̄ iusticias facere. et om̄ malicicias emendare non neglegat sed utiliter decertet. Quod si non fecerit. fiat degrada||p. 256.||tus de suo ministerio et in illius locum alterū constituatur maiores vero culpas senioribus iudicibus praesententur. Ut om̄. adventiones rei a senioribus iudicibus prumptissime inquirantur considerantes culpam atque persona quo orta vel gesta fuerit et secundum illoru consideratione omnia definiantur ne aliquis sine culpa condamnetur. Statuimus enim ut omnis presbyter habeat brevem istum semper haput se et in suo quoque mense duas vices legat eum coram omni populo et explanet eum illis. que illi possint intellegere unde se debeant emendare vel custodire."

Hänel.

---

2. Beförderungen.

Herr Dr. *Moriz von Stubenrauch*, bisheriger Adjunct des juridisch-politischen Studiums an der Wiener Universität, Amanuensis an deren Bibliothek u. s. w., ist zum Professor des Handels- und Wechselrechts, des alten polnischen Civilrechts und des gerichtlichen Verfahrens an der Universität zu Lemberg befördert worden. — Hr. Dr. *Joseph Waser*, bisher Supplent des Natur- und Criminalrechts an der Wiener Universität, ist zum Professor derselben Fächer an der Universität zu Innsbruck ernannt worden. — Hr. Dr. *Eduard Tomaschek* ist vom Supplenten der politischen Wissenschaften und politischen Gesetzkunde an der Universität und an der k. k. Theresianischen Ritterakademie zu Wien, zum Professor jener Fächer an der Universität zu Lemberg befördert worden. — Hr. Prof. Dr. *Haimberger* zu Lemberg hat den Charakter eines k. k. Raths taxfrei erhalten. — Hrn. Prof. Dr. *Bethmann-Hollweg* zu Bonn ist das Ritterkreuz des Ernestinischen Hausordens durch des Herzogs v. Sachsen-Coburg Durchl. verliehen worden.

Berichtigung.

S. 463. Z. 20. v. o. lies: „Eigenthums oder zur Ersitzung geeigneten Besitzes," statt: „Eigenthumsbesitzes selbst."

Lightning Source UK Ltd.
Milton Keynes UK
UKHW011234061118
331795UK00010B/1281/P

9 780267 049790